JN298156

織豊興亡史

三英傑家系譜考

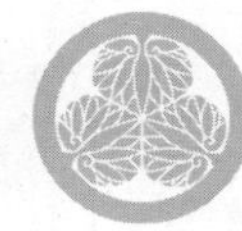

早瀬晴夫［著］

今日の話題社

まえがき

わが国には正式には系譜学というものは存在しない。系図は二次資料と見做され、その位置付けは低い。それは系図には作為があるからである。

天皇家の系図にしても、藤原氏の系図にしても、古い部分については疑義がある。古代、中世から近代まで、日本の上流（貴族）階級の中核の家系ですらそうであるのだから、成り上がりの武家の家系に疑義があっても当然である。かなり古い歴史のある武家の家系でも、表面にでない作為は存在する。ましてや戦国大名の家系など推して知るべしである。

勝者が歴史を書き換えるということは当然あり得る。分家の分家筋の信長の家系が、織田家の嫡流のような平家落胤系図を作ったのは、その典型的な例である。本家筋の清洲織田家、宗家筋の岩倉織田家を倒して尾張の覇権を握り、天下統一に手が届く所まで昇りつめた信長が意図したから、織田一族はそれに習って改編したのである。復元推定系図と現在流布している織田系図が整合しないのはあたりまえである。幕府公認の『寛政系図（寛政重修諸家譜）』は古岩倉家（敏広系）を完全に抹消している。

豊臣家については、太田亮氏がその大著『姓氏家系大辞典』で『塩尻』引用の系図を紹介しているが、ほとんど顧みられず、ほとんどの書物では、弥右衛門より系図を記しているにすぎない。十年くらい前に宝賀寿男氏（日本家系図学会会員）が大著『古代氏族系譜集成』（古代氏族研究会）を発表、その中で豊臣家の先祖に関する系図を紹介されたが、ほとんど顧みられていない。また、それ以前に元青山学院大学名誉教授の櫻井成廣氏の「豊臣家の女系研究――現存する豊臣氏の血統」が発表されている（昭和四十六年）が、これも『歴史読本』（新人物往来社）や『河出人物読本』（河出書房新社）などで紹介されたのみで、その後に出版されている豊臣関係の本でもほとんど触れられず、秀吉の母大政所は御器所の百姓女とされている（異説の一つとして美濃の関氏の女とするものはあるが）。

徳川家については、新田家の末裔であるということはすでに否定する説が通説化しているが、さらに家康の血統についても疑問視する説がある。小説の世界では替え玉説や影武者説が流布している。

三英傑は歴史雑誌でも小説の題材としてもよく取り上げられるが、その家系が真摯に研究されたことは、ほとんどないのが実状である。静岡大学の小和田哲男教授が関連図書を出版されているが、浅学のため後はすぐには頭に浮かばない。和歌森太郎氏や桑田忠親氏も筆者が手にした本では、家系の詳細については触れていない。系図はプロが手を染めるに値しない代物なのだろうか。

しかし、事件は人との関わりで動き、歴史も有名、無名の人々の関わりで展開する。現代のような個人主義、核家族の時代においては、家はたいした意味も持たないかもしれないが、あの時代にあっては、家は現在の企業にも匹敵する。主は社長で、生き残るためには大きな企業の系列に入る。業績を上げるためには有意な人材をスカウトしなければならない。身内はその最初の戦力である。

信長の父は清洲織田有限会社の重役であると同時に勝幡織田合資会社の社長であった。そして他の重役と時には対立し、時には協力し、地盤を固め、(清洲織田有限会社に匹敵するあるいはそれ以上の)近隣諸国の大名と渡り合った。

信長は実弟を殺し、庶兄を屈服させて勝幡織田合資会社の社長に就任すると、清洲織田有限会社の妨害を撥ね除け、逆にこれを倒し、勝幡織田合資会社を清洲織田有限会社に改組(この時期までに織田の有力武将は信長に仕えている)。ついで岩倉織田有限会社と争いこれを倒し、事実上尾張を統一した。その後、駿府今川株式会社と争い業務縮小に追い込んだ。さらには三河徳川有限会社と提携し、背後を固めて後、美濃斎藤有限会社と争い、数年の時を経て併合に成功し、尾張美濃株式会社となる。この時、係長クラスの木下藤吉郎が兄弟や知人の協力で功績を上げ課長クラスに昇格した。その後、明智光秀が朝倉株式会社から転職し、有力武将が終結し、信長は天下取りの地保を固めた。

しかし、信長が庶民や小豪族の出身なら無理な話であったろう。分家とはいえ織田家の家系の出身であり、協力してくれる身内(例外もあるがそれは排除している)や家臣があって可能であった。

秀吉にしてからが、弟や母方の一族、北政所の一族、縁戚、特異な仲間の存在があり、仕えたのが信長だったから可能だった。秀吉が天下を取れたのは政治力ばかりでなく、信長の生前に秀勝を養子に迎え、縁戚となっていたことも成功要因の一つであったといえる。

こう考えると、家系の持つ意味が少しはご理解頂けるのではないだろうか。

本書は、三英傑の評伝ではなく、系図考証を目的としているので、いささか物語的な面白みに欠ける点はご了解頂きたいが、あえて稗史、小説等にも広く素材をとり、秀吉の出自の謎や九州の豊臣末裔伝承、家康の出自に関する異説なども紹介したので、それなりに興味深くお読み頂けるのではないかと思う。本書によって一人でも多くの方に、系図に関心をもって頂ければ望外の喜びである。

平成十三年二月四日

織豊興亡史・目次

第二章 謎の豊臣一族――豊臣家興亡史……213

緒論　軽視される三英傑系図考証

天下三英傑、信長、秀吉、家康は現在の愛知県の出身である。信長、秀吉は尾張の出身。家康は三河の出身。

織田信長は清洲三奉行の一つ織田弾正忠（だんじょうのちゅう）家の織田信秀の嫡男（三男だが正室の腹なので）。美濃の蝮、斎藤道三の娘婿。桶狭間（田楽狭間）の合戦で今川義元を破り、さらには道三没後斎藤家と争い、後にこれを破り美濃を併合し、岐阜に移り、天下取りの足掛かりを固め、近江、越前、伊勢などを併合し、安土に移り、後に足利将軍と対立し、これを放逐し、当時の日本の中枢を勢力下において、事実上の天下人となる。毛利討伐のため京都に滞在中明智光秀の謀反のため本能寺で自刃。

豊臣秀吉は農民層の出身で小物より累進、美濃攻略の際の功により出世の足掛かりを掴む。金崎の撤退で殿（しんがり）を努め、武将としての地位を確かなものにした。北近江長浜城主となり大名となる。毛利討伐のため、備中に遠征中に信長の訃報を受け、毛利と講和して軍を反転、山崎で明智光秀を破り、信長後継の最有力候補となる。清洲会議で有力武将を味方につけ、織田三法師の擁立に成功する。賤ヶ岳の合戦で織田家宿老・柴田勝家を破り、事実上の二代目天下人となる。小牧・長久手の合戦の後、徳川家康を政治力で臣従させ、全国統一のための足掛かりを固める。小田原征伐の後、奥州仕置きを行い、全国を支配下に置く。

徳川家康は三河の小大名松平広忠の嫡男。織田、今川の人質を経て、今川家の武将となり松平元康と名乗る。桶狭間の合戦の後に独立し、徳川家康と改名、信長と同盟関係を結び、信長の天下取りに協力。信長の死後、秀吉に天下を横取りされ、小牧・長久手の合戦の局地戦に勝利しながら、秀吉の政治力に敗れ臣従する。秀吉没後、豊臣家臣団の対立を利用しながら関ヶ原の合戦を誘発し、硬軟織り混ぜた謀略により石田三成率いる西軍を破り、事実上の三代目天下人となる。征夷大将軍（将軍）となり、二年程で将軍職を嫡子秀忠に譲り、天下持ち回りの思想を一掃、徳川家の天下継承を明らかにした。その後、大坂冬の陣、夏の陣で豊臣家を葬り去り、憂いを断った。徳川家は大政奉還まで政権を維持した。

この三人の家系について、一般にはどのように紹介されているのか、オーソドックスなところは次頁の「天下三英傑略系図」を参考にしていただきたい。桑田忠親『日本武将列伝』、和歌森太郎『日本武将百選』、『日本史小辞典』が出典であるが、その他の出版物でも似たり寄ったりの系図が掲載されている。しかも、それらの系図は、ほとんど系図考証なしに掲載されており、過去に通説となっていたものをそのまま転載したという感は否めない。豊臣家についてはそれでも通用するかもしれないが、織田、徳川両家についてはいかがなものであろうか？　研究者が読むなら疑問を感じるかもしれないが、一般読者に対する影響は、知名度のある学者の著述だけに心配である。たいして気にしないかもしれないが、このような系図を鵜呑みにされると、系図研究者の端くれとしては、はなはだ遺憾というほかはない。

まず織田家の系図であるが、織田家は織田剣神社の神官の一族で、平家の落胤でないことは明白であ

天下統一三英傑略系図

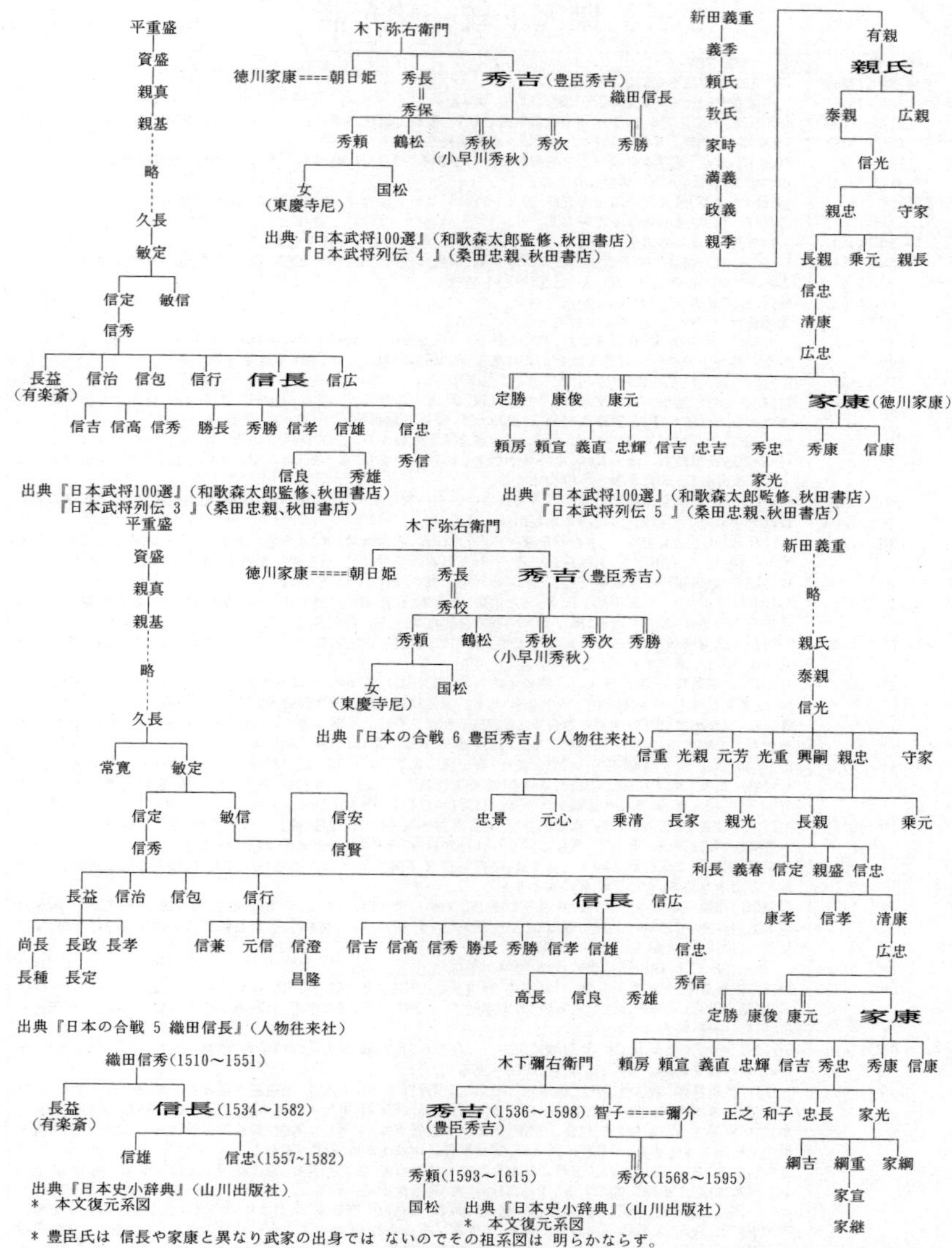

* 豊臣氏は 信長や家康と異なり武家の出身では ないのでその祖系図は 明らかならず。

* 三英傑の系図は 古い部分は 疑義があるが 一部の研究者を除き 上記の 系図を引用（或いは それに近い系図）している。
* 織田氏も徳川氏も系図を改竄しており現在の系図は江戸時代初期までに改竄されたものである。

三英傑天下統一略年譜

年代	備考
天文 3年(1534)	この年、織田信長(吉法師)誕生。
6年(1537)	この頃(2月6日?)　豊臣秀吉(子猿、日吉丸)誕生。
11年(1542)	今川義元、尾張に侵入、小豆坂で織田信秀と戦い 敗れて駿府へ退く。12月26日 徳川家康生まれる。
15年(1546)	3月中頃 吉法師、尾張古渡城で元服し、織田信長と名乗る。
18年(1549)	2月中頃 信長 美濃の斎藤道三の娘帰蝶(濃姫)を娶る。3月3日 織田信秀死去し、信長家督を継承するる。
23年(1554)	この年 藤吉郎(秀吉) 信長に仕える。
弘治元年(1555)	4月20日 信長 清洲城の織田彦五郎(信友)を攻め これを滅ぼす(清洲織田家＝大和守家滅亡)。
3年(1557)	11月2日 信長 実弟信行を謀殺する。
永禄 2年(1559)	3月 信長 岩倉の織田信賢を攻め、これを滅ぼして 事実上尾張を統一する。
3年(1560)	5月17日 今川義元、二万五千の兵を引き連れ、尾張に侵入。5月19日 信長 桶狭間で 今川軍を破る。
4年(1561)	この年 藤吉郎(秀吉) おね(ねね、北政所)を娶る。
5年(1562)	信長 松平元康(徳川家康)と和議を結ぶ。
6年(1563)	浅井長政 お市を娶り 信長と和議を結ぶ。
9年(1566)	この年 秀吉 川並衆(蜂須賀小六、前野一族ら)の協力を得て 美濃墨俣に砦(俗に言う一夜城)を築く。
10年(1567)	信長、稲葉山城に斎藤竜興を攻め、これを破って稲葉山城に入り、地名を岐阜に改める。
11年(1568)	9月29日 信長、足利義秋(義昭)を 奉じて上洛する。
元亀元年(1570)	4月20日 信長 若狭へ出陣する。4月26日 信長軍 金ヶ崎城を落とす。4月28日 浅井長政 信長に反旗を翻し江北で兵を挙げる。秀吉 殿軍を努め 信長軍 金ヶ崎より撤退する。4月30日 信長 京へ帰る。 信長・家康連合軍 4月28日未明、浅井・朝倉連合軍と対峙する。午前6時頃 姉川で両軍激突(姉川の合戦)し、浅井・朝倉連合軍敗れ、浅井長政 小谷城へ退く。8月23日 信長 京へ戻る。12月13日 信長 正親町天皇の綸旨により、浅井長政・朝倉義景と一時和睦する。
2年(1571)	5月12日 信長 尾張津島に出陣し、伊勢長島の一向一揆を攻める。8月28日 信長 和議を破棄し、小谷城の浅井長政を攻める。9月12日 信長軍 比叡山焼き打ち。
3年(1572)	3月5日 信長 兵5万を率い 小谷城を攻める。7月19日 朝倉義景 兵2万を率い南下し 小谷山麓で信長軍と対峙する。10月3日 武田信玄 家康討伐の為 甲府を出立。10月13日 一言坂で家康軍 武田軍に敗れ 浜松へ退く。12月22日 織田援軍と家康軍 三方ヶ原で武田軍と戦い 敗れて 浜松へ退く。
天正元年(1573)	4月12日 武田信玄 信州伊那で没す。6月中頃 家康軍 長篠城を包囲する。8月20日 織田軍 越前一乗谷の朝倉義景を攻め滅ぼす。8月28日 織田軍　小谷城を総攻撃、浅井長政自刃する。
2年(1574)	5月12日 武田勝頼 遠江の高天神城を包囲。7月12日 信長 伊勢長島の一向一揆を攻める。 9月29日 長島の一向一揆 信長に降伏する。
3年(1575)	4月5日 武田勝頼 三河へ侵入、長篠城を攻める。5月14日 武田軍 長篠城を総攻撃。 5月18日 織田・徳川連合軍 設楽高原に入り 極楽寺山と弾正山に布陣。 武田勝頼 長篠城包囲網を解き 清井田原に布陣。5月21日 武田勝頼 設楽原で 織田・徳川の連合軍と激突し 大敗を喫し、甲斐へ逃れる(長篠の合戦)。 8月14日 信長、越前敦賀へ出陣する(越前一向一揆攻め)。10月21日 本願寺顕如 信長と和睦する。
4年(1576)	2月23日 信長 岐阜城を 嫡子 信忠に譲り 安土城に入る。4月13日 織田軍 今宮口で 浪速の一向一揆と戦う。4月14日 信長、荒木村重、明智光秀らに 本願寺討伐を命じる。5月24日 越前一向一揆 前田利家に敗れる。7月14日 毛利水軍 本願寺へ兵糧を入れる。11月21日 信長 内大臣に任ぜられる。
5年(1577)	2月13日 信長 雑賀討伐の為 京を出立し 紀州雑賀へ入る。 3月2日 雑賀党の土豪衆 信長に降る。8月8日 松永久秀 大和信貴山に籠もり 信長に背く。10月10日 松永久秀・久通父子 織田軍に敗れ 自刃す。 9月18日 上杉謙信 名取川で織田軍を破る。10月23日 羽柴秀吉 姫路城へ入る。12月3日 秀吉 播磨上月城を攻略し 尼子勝久と山中幸盛を入れ 毛利軍に備える。
6年(1578)	2月23日 播磨三木城主 別所長治 毛利に呼応して挙兵す。3月13日 上杉謙信死去。3月29日 秀吉軍 三木城攻撃を開始する。7月3日 上月城落城し 尼子氏滅亡す。10月17日 荒木村重 信長に反旗を翻し 有岡(在岡)城で挙兵。11月9日 信長 摂津に出陣する。
7年(1579)	9月2日 荒木村重 織田軍に攻められ 尼崎へ逃亡。
8年(1580)	1月11日 秀吉軍 三木城総攻撃。1月17日 別所長治 自刃する。閏 3月5日 本願寺顕如 信長と和睦する。8月2日 本願寺教如 信長と和睦し大坂城(石山本願寺)を退去する。9月中頃 鳥取城主の山名豊国 秀吉の軍門に降る。11月中頃 秀吉 姫路へ戻る。
9年(1581)	3月18日 毛利方の吉川経家 鳥取城に入る。 6月25日 秀吉軍 鳥取城攻略の為 姫路を出立する。10月25日 秀吉軍 鳥取城を攻略。11月8日 秀吉 姫路へ戻る。
10年(1582)	2月2日 武田勝頼 諏訪へ出陣。織田軍 伊那口、木曽口より攻め入り 高遠城を落とし、諏訪へ侵入する。3月3日 信長 武田討伐の為 安土城を出立する。3月10日 家康軍 甲斐市川に至る。11日 武田勝頼 天目山の戦いで敗れ 自刃する。3月20日 信長、家康 上諏訪で会見する。4月4日 秀吉 備前岡山城に入る。5月7日 秀吉軍 備中高松城を包囲する。5月8日 秀吉軍 高松城周辺に堤を築き水攻め策をとる。5月15日 家康、安土城に 信長を訪れる。5月17日 秀吉、信長に救援を要請する。信長 明智光秀に 秀吉救援の先鋒を命じ、光秀 安土城より坂本に戻り 出陣準備をする。5月26日 光秀 丹波亀山城に入る。 5月27日 光秀 愛宕山に 戦勝祈願の為参詣。5月29日 信長 近臣と共に京都本能寺に入る。6月1日 明智軍 亀山より老ノ坂へ向かう。6月2日未明に明智軍京に入り、本能寺へ向かう。信長 明智軍に攻められ 本能寺に火をかけ自刃する。明智軍 二条城を攻め、織田信忠を自刃に追い込む。夕刻 近江坂本城へ帰還する。6月3日 清水宗治自刃し、高松城落ちる。 秀吉、安国寺恵瓊の仲介で直ちに毛利氏と和睦する。6月6日 秀吉軍 高松の陣を引き払い 姫路に向かう。6月7日 秀吉軍 姫路に到着し、各方面に手配りする。6月9日 秀吉軍 光秀討伐の為 東上する(途中で 神戸信孝らと合流する)。6月13日 羽柴秀吉、神戸信孝ら 山城国山崎で明智軍と戦いこれを破る。光秀 逃亡するも小栗

天正10年(1582)	栖で土民の落武者狩りに遭遇し殺される。 6月27日 清洲(清須)に 織田家重臣が集まり 信長後継者の選定会議を開く(清洲会議)。この時 筆頭重臣 柴田勝家は 神戸信孝を推薦したが 羽柴秀吉は 信長の嫡孫三法師を推薦し、柴田勝家ら反秀吉派と対立するが 丹羽長秀らが秀吉に賛同し 嫡孫三法師(織田秀信)が 織田家後継者となり、天下人との権利は 事実上 羽柴秀吉が継承した(天下の覇権と織田家家督の分離)。
11年(1583)	4月21日 秀吉軍 柴田勝家軍を賤ヶ岳で破る。勝家 北ノ荘城へ退避するも攻められ 4月24日に自刃する。4月25日 加賀を平定し、北陸の諸将を降し(この時 佐々成政も秀吉に降伏する)、事実上の 天下人となる。この年 大坂に城を築く。
12年(1584)	織田信雄 秀吉に不満を持ち 家康に接近する。3月28日 尾張で 家康・信雄連合軍と対峙する。4月9日 迂回中の秀吉軍(羽柴秀次、池田常興ら) 長久手で徳川軍と遭遇、合戦となり破れ 池田常興ら 戦死する(これらを総合して小牧・長久手の合戦という)。11月11日 秀吉 信雄と 単独講和を結ぶ。家康 大義名分を失い 11月16日撤兵。12月12日 秀吉、家康と和睦する。
13年(1585)	6月16日 四国討伐の為 弟秀長らを派遣する。7月11日 秀吉、関白職に就任し名実共に天下人となる。閏 8月越中の佐々成政を破り 北陸の支配権を確立する。
14年(1586)	4月5日 大友宗麟 大坂城で 秀吉と会見する。 5月14日 家康 秀吉の妹 朝日(旭)を娶る。10月27日 大坂城で家康と秀吉会見し、家康 正式に秀吉の軍門に降る。
15年(1587)	3月1日 秀吉 九州平定(島津氏征伐)の為 大坂を出立。3月28日豊前小倉に上陸する。 5月8日 島津義久 秀吉軍に降伏、翌日 秀吉は 島津氏の旧領をほぼ安堵し、九州平定は完了した(この時 佐々成政を越中から移封)。7月14日 秀吉 大坂城へ帰る。7月 肥後で佐々成政に反抗する一揆が起こる。
16年(1588)	4月 佐々成政 一揆の責任をとらされ、切腹を命じられる。4月14日 後陽成天皇 聚楽第へ行幸す。
18年(1590)	7月5日 秀吉軍 小田原北條氏を破る(関東以西を統一)(この時 奥州の伊達政宗参陣)。 9月中頃 秀吉軍 奥州を平定し、検地と刀狩りを行う。
19年(1591)	1月22日 豊臣秀長死去。6月20日 秀吉、豊臣秀次、徳川家康らに 九戸政実討伐を 命ずる。この年 秀吉、秀次に関白職を譲り 太閤となる。
文禄元年(1592)	4月12日 小西行長ら 釜山港へ上陸(文禄の役)。
2年(1593)	この年 お拾い(豊臣秀頼)生まれる。
4年(1595)	7月 関白秀次 謀反の嫌疑で 関白職を剥奪され 高野山で自害する。
慶長 3年(1598)	8月18日 豊臣秀吉没す。8月25日 五大老筆頭 徳川家康、前田利家と謀り 在鮮日本軍に帰国命令を発する。
4年(1599)	2月29日 前田利家、伏見城で家康と会見する。3月11日 家康、利家を見舞う。閏 3月3日 前田利家死去する。
5年(1600)	7月2日 家康 江戸城に入る。石田三成 大谷吉継と家康討伐を密議。7月7日 家康 諸大名に会津(上杉)征伐を指令する。7月16日 毛利輝元、大坂城へ入り、秀頼を擁立し、家康討伐軍の総大将となる。7月18日 西軍、伏見城を攻める。8月29日 家康、会津征伐を中止し、三成討伐の為 軍を反転、西上の途につく。8月1日 伏見城 西軍に攻められ落城(鳥居元忠 討死)。8月22日 東軍(福島正則ら) 岐阜城の織田秀信を攻める。家康 9月1日に三万の軍勢を率い 江戸城を出立。9月10日 家康 岡崎より熱田に入る。9月15日 明方 東軍 関ヶ原に集結。午前7時頃より両軍の戦いが始まる。昼頃 西軍の小早川秀秋 東軍に寝返り 西軍 大谷吉継隊を攻める。午後2時頃 西軍敗走し、関ヶ原の合戦終息に向かう。9月17日 東軍 佐和山城を攻める。9月19日 小西行長が伊吹山麓で捕らえられる。9月21日 石田三成 伊吹山中で捕らえられる。9月24日 毛利輝元 大坂城退去する。9月27日 家康 大坂城西の丸に入る(事実上天下の施政権を手に入れる)。10月1日 石田三成、小西行長、安国寺恵瓊ら 六条河原で斬首。
8年(1603)	2月 徳川家康 朝廷より 征夷大将軍の宣下を受け武家の頭領となり(事実上の天下人となる) 江戸に幕府を開く(豊臣家から武家を分離し天下の覇権を継承する)。
10年(1605)	4月16日 徳川秀忠 将軍宣下を受け 将軍職を継承する。
16年(1611)	3月28日 豊臣秀頼 徳川家康と二条城で会見する。
19年(1614)	家康、方広寺大仏殿供養の延期を命じる。10月1日 片桐且元 大坂城を退去。家康 大坂征討令を発する。10月13日 大坂方 今井宗薫らを捕らえる。2月23日 徳川家康 二条城に入る。 2月19日頃より大阪方と小競り合いが始まる(大坂冬の陣)。12月19日 大坂方と幕府軍の間で和議成立。
元和元年(1615)	3月12日 板倉勝重 大坂再挙を駿府の家康に報告。4月6日 家康 大坂征討令を 発する(大坂夏の陣)。4月25日頃、諸大名次々に着陣し、大和、河内より進撃を開始する。5月7日 幕府軍 大坂城総攻撃の態勢を 整える。5月8日 淀君、秀頼ら自殺する(大坂城落城)。5月23日 秀頼の子 国松 六条河原で斬首される(豊臣家滅亡)。
2年(1616)	4月17日 徳川家康 75歳で没す(徳川家の支配体制確立する)。
織田信長	(1534～1582) 安土、桃山時代初代天下人(1568～1582) 1568年の 上洛(足利義昭擁立)で 畿内の事実上の天下人(名目的には 十五代将軍足利義昭が天下人)となる。後に 織田家家督と天下人の資格を分離し、織田家家督を 信忠に譲り、美濃、尾張の支配権を譲った後も 天下人として中部、畿内、備前などを支配した。本能寺の変で自害し全国平定の夢は潰えた(中国地方併合の途上で没した)。
豊臣秀吉	(1536～1598) 安土、桃山時代二代天下人(1582～1598) 1582年の 織田家家督争いの時 嫡孫を擁立、後見人となる事に成功し、織田家より天下人の資格を横領する。その後 旧織田家中の反秀吉派を懐柔、若しくは 滅亡させ 畿内の天下を継承した。その後 毛利家や徳川家と提携(後に その支配下に組み込んだ) 駿河から 長州まで統一事業を発展させ、四国、九州、関東、東北の統一にも成功し、真の天下人になった。この間 1585年には 関白職を継承し、天皇の代理人として全国の施政権を名実ともに把握した。1591年に 養子秀次に 関白職を譲って太閤となるが 実質的な支配権は保持した。
徳川家康	(1542～1616) 安土、桃山時代三代天下人にして江戸時代初代天下人(1598～1616) 秀吉死後 前田利家と共に天下人代行となる(豊臣家筆頭大老、前田利家は 実質的には 次席大老)。関ヶ原の合戦で勝利し、事実上の天下人となる(宇喜多秀家は 西軍に加担して領地没収・流罪、毛利家は 減封、上杉家も減封、前田家は 代替わりして家康に帰順、五奉行の一人 石田三成は 捕らえられ斬首)。1603年に 征夷大将軍となり 江戸に幕府を開く(名実共に天下人となる)(豊臣家より 武家の支配権を 横領する事に成功する)。

り、また、信長の家系は織田宗家には直結しない分家の分家筋であり、その家系に関しては、小和田教授をはじめ何人かの方が復元に取り組んでいるが、完全復元系図は公表されていない。無難に扱うのなら信定以前は表示しない方がよい。

豊臣家の場合は弥右衛門が木下姓であったかどうか疑問の残る所だが、ひとまず俗説に従う事とする。問題は秀長、朝日と弥右衛門との関係だが、大政所（俗説 仲）の再婚の時期が問題になる。死別か、離縁か死別なら弥右衛門の子供ということになる。ただ、竹阿弥、弥右衛門同人説も俗説の一つとしてあるので、現段階なら通説に従っても問題ではない。

徳川家の場合、松平家の系譜と家康の出自についての検討が必要となる。信光以前の松平氏の系譜は疑問な点もあり、家康の出自は白旗党余類の末裔で松平家を横領したとの説（八切止夫）もあり、検討を必要とする。仮に徳川系図が信頼出来るとしても、信光以前は表示しない方が無難であろう。家康の家系は、系図上の祖父に当たる松平清康の出現により、宗家の地位を確立したと言っても過言ではない。その清康が、尾張の織田家攻略の守山の陣中で家臣に殺され、松平家は零落した。それ以後の松平家を見れば、松平元康と徳川家康が別人であっても横領出来る可能性はあったのである。その点については ここでは割愛する。

ただし、歴史学者としては著名な桑田忠親氏と和歌森太郎氏が、新田末裔徳川系図をなぜそのまま掲載したのか、はなはだ理解に苦しむところである。『尊卑分脈』を見ても、実線系図は記載されていない（吉川弘文館『新訂増補国史大系・尊卑分脈』参照）。系図を軽く見ているので、系図考証を省略したのだろうか？　在野で系図研究に係わる者としてはきわめて残念というほかはない。

＊『尊卑分脈』は破線系譜で徳川系図を繋げている（江戸時代以後に作成された『尊卑分脈』）。

まえおきはこれぐらいにして、第一章より、各家の系図について検討していくが、筆者の入手した系図資料で至らない所は先学（小和田哲男氏、横山住雄氏、宝賀寿男氏、櫻井成廣氏ら）の研究を参考とした。また、研究書としては発表されずに、小説という形を取った著述でも、参考資料となり得るものについては活用したことをお断りしたい。

第一章　謎の織田系譜

——織田家興亡史

織田氏家系譜考

織田氏の系図は何種類も作られているが、そのまま信用することができないことは、先達の研究により明らかとなっている。これは傍系の傍系である信長の系統を中心に作られている点と祖を平家に結び付けているという二点で問題である（『古代氏族系譜集成』の発行によって斎部氏末裔という系図も発表されているが、平家系図とさして変わらない）。

さらにこれらの系図は古文書等により推定復元された系図とはかなり異なる。

静岡大学の小和田哲男先生は『織田家の人びと』（河出書房新社）などで、その系図の復元に取り組まれているが、推定系図を提示されているだけで確定した系図は公表されていない。

『武功夜話』や『古代氏族系譜集成』『系図研究の基礎知識』などの発行により参考資料も増えているが、小和田先生の推定系図や横山住雄氏（『新編犬山城史』『織田信長の系譜』）の推定系図と比較しても整合させることは、難を極める（『姓氏家系大辞典』『系図纂要』『群書系図部集』『寛政重修諸家譜』などの織田氏系図も同様）。

織田氏を平氏とするのは後世の付加であり藤原氏または剣神社の関係から斎部（忌部）氏とするのが適当かもしれない。

いままで公表されている研究成果や資料等を整理、比較すると、共通点、或は類似点が次のように整理される。

一、織田常松（伊勢守）が織田氏初代の尾張守護代であるという事。

二、織田常竹（出雲守）が常松の又守護代（又代）である事。

三、織田敏広（伊勢守）は織田郷広の子供である事。

四、織田敏定（大和守）は織田久長の子供である事。

五、岩倉織田家（伊勢守・兵庫助系、広高以前）は常松の直系子孫であるらしいという点（尾張織田氏宗家）。

六、清洲（清須）織田家の当主は概ね大和守を襲名して敏定以後は尾張下四郡を支配したという点。

七、分立前の守護代（宗家）は常松、教長、淳広、（久広）、郷広、敏広であったという事（小和田、横山、新井氏ら）。

八、弾正忠（信長）家は良信以前は現時点では特定できない（清須家につなぐ平氏系図は疑問である）。

九、清洲（清須）織田家を常竹の子孫と断定する証拠はいまのところなく（受領守名が常竹は出雲守、久長以下は大和守）、法名、通字なら常松の子孫の可能性も考えられる（小和田氏、他）。

ここでは『武功夜話』は検討から一旦除外する。

『武功夜話』四巻に織田系図が掲載されているが、敏広を常松の子としている点、大和守久長を出雲守常竹の子とした点、清洲三奉行の因幡守を岩倉家の信安の兄弟とする点などで疑問あり（平家落胤説の影響あるか）とりあえず検討資料から除外する。

【推定守護代系譜】

織田常松＝織田教長＝淳広＝（久広）＝郷広―敏広＝寛広＝広高（以下続柄不明）信安―信賢

織田郷広―敏広―寛広
（兵庫助・伊勢守）

織田信安（岩倉織田家）（伊勢守家）

※織田敏信―信安―信賢

織田久長―敏定―寛村

織田信友（清洲織田家）（大和守家）

織田良信―信定―信秀―信長（勝幡織田家）（弾正忠家）（清洲三奉行）

織田寛故―寛維（藤左衛門家）（清洲三奉行）

織田某（因幡守家）（清洲三奉行）

織田常竹（織田常松の又代）

藤原道意―（某）―信昌―将広（兵庫助）

※常松と常竹は 兄弟か？

『武功夜話』以外の資料で検討を進めていくと、郷広と敏広が親子であること、久長と敏定が親子であることが確認される（敏広、敏定兄弟説は否定される）。

さて、常松以後の位置付けだが、教長（勘解由左衛門尉）を常松子とする点では、ある程度共通している。問題は淳広、久広、郷広、敏広の関係だが、淳広を郷広の前名、久広を敏広の前名と推定すると、横山系図（『織田信長の系譜』六頁）となる。

郷広と敏広は、親子で守護代を争ったという説もあるので可能性はある。

また、淳広を教長の改名とすると、郷広は教長（淳広）の弟という説と、教長の子供で久広の弟という説が生まれるが、郷広子の敏広の世代が下がるので、平家系図との整合という点から考えてとりあえず教長の弟に位置付ける。

次に『古代氏族系譜集成』『系図研究の基礎知識』は、寛定、寛村を敏広の系統（岩倉家）に結んでいるが、両者は大和守系の人物であるので（小和田、横山説、他）伊勢守系から分離する。

久長の流れは、平家系図の常任を常竹に比定すると常竹の孫となるが、久長の父とする勝久を弾正左衛門尉とする説（『古代氏族系譜集成』）があり、久長を弾正左衛門と記し、大和守とする横山説（『織田信長の系譜』二一頁）をみれば、久長の父に某（大和守）と記し、常松子としている（『織田信長の系譜』六頁）点から、常松系とする見方も否定できない。小和田先生も久長は常松系の傍系と推定されている（『織田家の人々』二〇頁）。

ただし、弾正忠（だんじょうのちゅう）良信を久長の子とする横山説には可能性はあるものの、平家系図でみた場合、弾正忠は他にも見られるので（常昌子常勝、久長兄弟常孝子常勝）即断は避けたい。一応、良信以前は不詳としておくべきであろう。当然、信貞（信定）を敏定の子とする説は、弾正忠家を大和守家へ結びつけるための改竄として否定する（古い傍系の可能性はある）。

織田氏の宗家は伊勢守、兵庫助、広の字を継承し、小木、岩倉などを中心に尾張上四郡を支配した。当初は尾張の守護代であったが、応仁の乱前後に清洲（清須）の敏定に守護代職と尾張下二郡（後に四郡）の支配権を奪われた。

織田氏は斯波氏支配下の尾張六郡の守護代だったが、敏広、敏定の時代に分立、後に一色氏の支配地の知多なども支配下に収め（清洲家）、上下各四郡を分割統治。応仁の乱以後は大和守（清洲家＝清須家）系が事実上の守護代となった（岩倉家一族が大和守の六角征伐に従軍している）。

岩倉家は広高以後その系譜がはっきりせず、清洲（清須）家の一族に乗っ取られた可能性もある（但し、一族は小口、木ノ下、犬山城主などとして存続）。後の岩倉家（信安、信賢）は信長に攻められ滅亡（広高から信安の間続柄不詳）。

応仁の乱以後、事実上の宗家となった清洲（清須）家は大和守を襲名、彦五郎（信友）の時、信長、信光に攻められ滅亡した。

『清洲町史』「織田系譜に関する覚書」などを参考に清洲（大和守）家の系譜を推定すると、織田大和守、久長、敏定（守護代に昇格）、（寛定）、寛村、五郎（達定か？）、達勝、彦五郎（信友）となる。しかし、寛村から彦五郎の間の系譜に関しては異説もあり、断定することはできない（続柄系図はともかく、守護代系譜としては小和田、横山、新井説はほぼ共通する）。

一方、岩倉家は敏広の死後没落し（千代夜叉丸＝寛広、広高）、清洲系と思われる織田家（敏信、信安、信賢）に岩倉の支配権を奪われた。岩倉を追われた旧岩倉家は下津へ移り、その後の動向は定かでない（一説に下津城を退去後、三河に移り以後不明との説もある）。しかし、岩倉家の傍系は小口や木之下（犬山）城主として残り、清洲守護代家や後の岩倉家に臣従した。

前岩倉家（守護代家）は伊勢守、兵庫助、広の字を継承したことは前に記したが、後岩倉家も伊勢守を継承し、信の字を通字とした。伊勢守を継承することで、岩倉城主継承の正当性を他の織田一族（特に岩倉傍系の織田家）に黙認させたと思われる。

一方、清洲家は大和守を継承し、守護の名前の一字（偏諱）を組み込んだ（斯波義敏＝織田敏定、斯波義寛＝織田寛村、斯波義達＝織田達定、織田達勝）。

岩倉織田家も斯波義敏に臣従した後に、偏諱を承けている（斯波義敏＝織田敏広、斯波義寛＝織田寛広）。

その他の有力織田家家臣も偏諱を承けている（斯波義敏＝織田敏信・備後守、斯波義良＝織田良信・弾正忠、織田良縁、織田良頼、斯波義寛＝織田寛近、織田常寛、織田寛敏、斯波義達＝織田達広・因幡守）。

また、小田井（おたい）の織田家は寛と藤左衛門を継承し、織田信長の家系は弾正忠と信を継承した（良信、信定、信秀、信長）。

これらにより、ある程度の系譜関係は類推することができる。

結果として、現在流布する織田系図（平家落胤系図）は改竄の後がかなり明瞭となる。

信長の家系は傍系の傍系で、現在の研究では織田宗家には直結しない。また清洲織田家も常竹の末裔説と常松の傍系説があり定かでない。

宗家である下津・岩倉織田家は応仁の乱以後没落し、清洲系と思われる織田家に岩倉城を奪われた。平成八年現在でも完全復元織田系図は発表されていない（小和田、新井、横山氏らが発表されているが、推定系図にとどまっている）。

平家落胤系図の大部分は、古い岩倉織田家を無視して世系を繋げ、敏定以下では後岩倉織田家と弾正忠織田家（信長家）を結び付けて、清洲織田家を無視している（『日本系譜綜覧』『日本姓氏家系総覧』その他）。これは信長家を織田家の宗家のように見せかけるため、世系を改竄した結果である。

なにより、これらの系図は古文書などにより推定復元された織田系図（新井、小和田、横山氏らの研究により作成された系図）とはほとんど重ならない。これこそ改竄の左証ではないかと思うがどうであろうか。

落胤系図と復元系図の人物比定により整合させようとするが、推定の域を出ず、謎多き家系と言わざるを得ない。いましばらく関係系図並びに関係著書（小和田、横山、新井、瀧喜義、福尾猛市郎、岡本良一氏ら）などを参考に追跡してみることにする。

織田氏の系譜は不明の点が多いし、異説もあり確定することは難しい。

その原因は、本来の伊勢守系岩倉織田家の系譜が抹殺され、大和守系清須織田一族の系譜と弾圧忠織田家一族の系譜をベースに平家落胤系図（『寛政重修諸家譜』その他）が作られているからである。従って当時の史料（文書など）と整合しないという問題を生じている。

本来、又代であろうと推定される大和守系織田氏が久長・敏定の時、実力を蓄え、応仁の乱前後の守護斯波氏の内紛に便乗し、岩倉家にかわって守護代職を獲得した。

その奉行の末裔である織田信長が尾張を統一し、天下を狙うようになって、平家の末裔を自称し、藤原から改姓、現在流布している系図の原型を作成したと推定される。

現在の段階では解明する決定打がなく、各先生方も推定系図を提示するだけである。結局は謎が深まったというのが私の結論である。

最後に織田氏略史を記して〆にする。

織田氏は越前織田庄を発祥の地とし、藤原を称し（本姓は剣神社との関係から忌部氏かと思われる）、一族に津田を称するものもあることから、近江とも関係があるかもしれない。

織田氏は応永九年（一四〇二）前後に、斯波氏の守護代、又代、奉行などとして尾張に入部（織田常竹）、在京の守護代として織田常松が登場する（剣神社置文の藤原将広かもしれない）。

織田の宗家は、常松の直系と推定される岩倉織田家（伊勢守系統）で、応仁の乱以前は尾張の守護代を継承したが、応仁の乱を境に、又代の家系と思われる清洲織田家が守護代となり、尾張下四郡を支配し、守護の斯波氏を擁立した。

この結果、岩倉織田家（前家）は没落し、清洲の一族と推定される織田家（信安ら）に岩倉城を奪われた（後岩倉家）。一方、清洲織田家も、時代が下ると、三奉行が実権を握り、特に弾正忠（だんじょうのちゅう）系統の織田家（信長の家）が突出した。

清洲織田家は、信友（彦五郎）のとき守護斯波義統を殺したが、尾張を統一するだけの力はなく、弘治元年（一五五五）信長、信光が清洲城を攻め、守護代清洲織田家は滅亡した。永禄二年（一五五九）には岩倉織田家も信長に攻められ没落、犬山織田家も信長に降り、尾張は信長の元に統一された。

尾張を統一した信長は、天下統一を目指したが、その途上で家臣の明智光秀に攻められ、本能寺で自刃した。その後の織田家は信雄と信孝（神戸信孝）で家督争いが起こったが、羽柴秀吉の擁立する信長の嫡孫の織田三法師（秀信）が家督を継承したが実権は重臣に握られ、柴田勝家が没落した後は羽柴秀吉（後の豊臣秀吉）が実権を握る。

織田一族は秀吉に臣従し、秀吉死後は徳川家康に接近、信雄（信長子）、長益（信長の弟）は小大名として存続した。

織田氏は信長の出現で天下を臨み、その死によって事実上没落した（信雄が秀吉に改易され尾張との関係は終わった）。

もしも信長が家督を継承し、尾張を統一しなければ、織田氏は今川氏に滅ぼされていたかもしれない。

斯波高経	織田常昌	藤原信昌	
斯波義将	織田教広	藤原将広(兵庫助)	常松
斯波義重(義教)		織田朝長(勘解由)	教長
斯波義淳	織田淳広		
斯波義郷	織田郷広		淳広
斯波義敏	織田敏定	織田敏広(伊勢守)	広久
斯波義廉		織田敏広(伊勢守)	
斯波義敏	織田敏定		
斯波義良(義寛)			良信
斯波義寛	織田寛村	織田寛広(兵庫助)	
斯波義達	織田達定		
斯波義達	織田達勝		
斯波義統	織田信友		
斯波義将	藤原将広	織田常松(伊勢守)	教信
	織田常松	織田常竹(出雲守)	常昌
	織田常竹	織田常任	
斯波義敏	織田敏定	織田敏信(備後守)	伊勢守
斯波義良	織田良信	織田良縁、良頼	
斯波義寛	織田寛広	織田寛近(小口)	
斯波義寛	織田寛村	織田常寛、寛敏(故)	
斯波義達	織田達勝	織田達広(因幡守)	

守護と守護代及び有力家臣には 偏諱関係が多いのでその対比からある程度推定の材料となる。又 親子通字、兄弟通字から一族の関係も 推定出来る。官名も補足資料となる。

氏名	小和田哲男	新井	横山	瀧
織田常松	藤原将広?	将広?	伊勢守	信広
織田常松	伊勢守	伊勢守	将広?	郷広
織田朝長?	教長、淳広	教長	教長	
織田淳広	教長	教長	郷広	
織田郷広	織田郷広	郷広	淳広	常松
織田久広	織田久広	久広	敏広	
織田敏広	敏広、伊勢守	敏広	久広	敏広
織田寛広	寛広、兵庫助	千代夜叉	寛広	寛広
織田広高	広高	広高	***	
織田伊勢守	某、伊勢守	***	某	敏信
織田信安	信安(伊勢守)	信安	信安	信安
織田信賢	信賢(伊勢守)	信賢	信賢	信賢
織田常竹	出雲守	出雲守	出雲守	出雲守
織田 某	**********	大和守	大和守	***
織田久長	久長、大和守	兵庫助	兵庫	久長
織田久長		大和守	大和守	
織田久長	常祐	常祐?	常祐	
織田敏定	敏定、大和守	大和守	大和守	大和守
織田敏定	常英	常英	常英	敏定
織田寛定	寛定、近江守	近江守	近江守	
織田寛村	寛村、大和守	常巨、六郎	常勝	
織田達定	達定	達定、五郎	達定、五郎	清須五郎
織田達勝	達勝、大和守	達勝	達勝、五郎	清須五郎
織田信友	信友、彦五郎	彦五郎	彦五郎	彦五郎

＊ 新井喜久夫、横山住雄、瀧喜義(敬称略)

織田氏初期の守護代（代行含む）、又代（代行）推定表

守護	守護代（代行）	又代（代行）（奉行格）	備考
斯波義重	甲斐氏		応永7年（1400）
斯波義重	織田常松（在京）	織田常竹（在郷）	応永9年（1402）頃〜応永35年（1428）頃
	織田常松	織田勘解由左衛門尉	応永35年（1428） 常松より文書発給。（常竹引退か?）
斯波義教	織田勘解由左衛門尉	某	正長2年（1429） 段銭奉行へ文書発給。（朝長=教長?）
	織田教長	織田民部	永享元年（1429）11月28日文書発給。
	織田教長		永享3年（1431）3月19日まで発給文書などで確認（新井氏）。
斯波義淳	織田淳広		永享3年（1431）3月28日在地へ文書発給。
	織田元阿、右長		永享7年（1435）12月24日在地へ文書発給。
斯波義郷	織田郷広		永享5年（1433）〜嘉吉3年（1443） この頃 郷広守護代か?
		織田大和守（某）	嘉吉3年（1443）3月妙興寺に禁制を掲げる。
	織田久広	織田五郎	嘉吉3年（1443）11月〜文安元年（1444）久広 文書発給（五郎へ）。
	織田敏広		宝徳3年（1451）元守護代 織田郷広 守護代復帰を 計るが 失敗。
斯波義敏	織田敏広	織田広成、豊後守	長禄2年（1458）6月文書発給。
斯波松王丸		織田大和守、豊後守	長禄3年（1459）松王丸より文書発給。
	織田新左衛門尉	織田豊後守、三河守	長禄3年（1459）新左（輔長）より発給。（三河守=広成）
斯波松王丸		織田大和守、豊後入道	長禄4年（1460）2月文書発給。
斯波義廉	（織田敏広）		寛正元年（1460）松王丸廃され、義廉尾張守護となる。（寛正2年?）
		織田兵庫助（久長）	文安5年久長の名前確認される（新井氏）。
斯波義敏、義良			応仁元年（1467）応仁の乱 義廉、義敏守護を争う。
		織田大和守（久長）	応仁2年（1468）久長この頃大和守に官名変更か?。
斯波義良	織田敏定（大和守）		文明10年（1478）敏定守護代となる（大和守家又代より守護代へ）。

参考出典『清須町史（第三 織田系譜に関する覚え書き、新井喜久夫）』（コピー）（愛知学院大学図書館蔵）

織田氏略系図

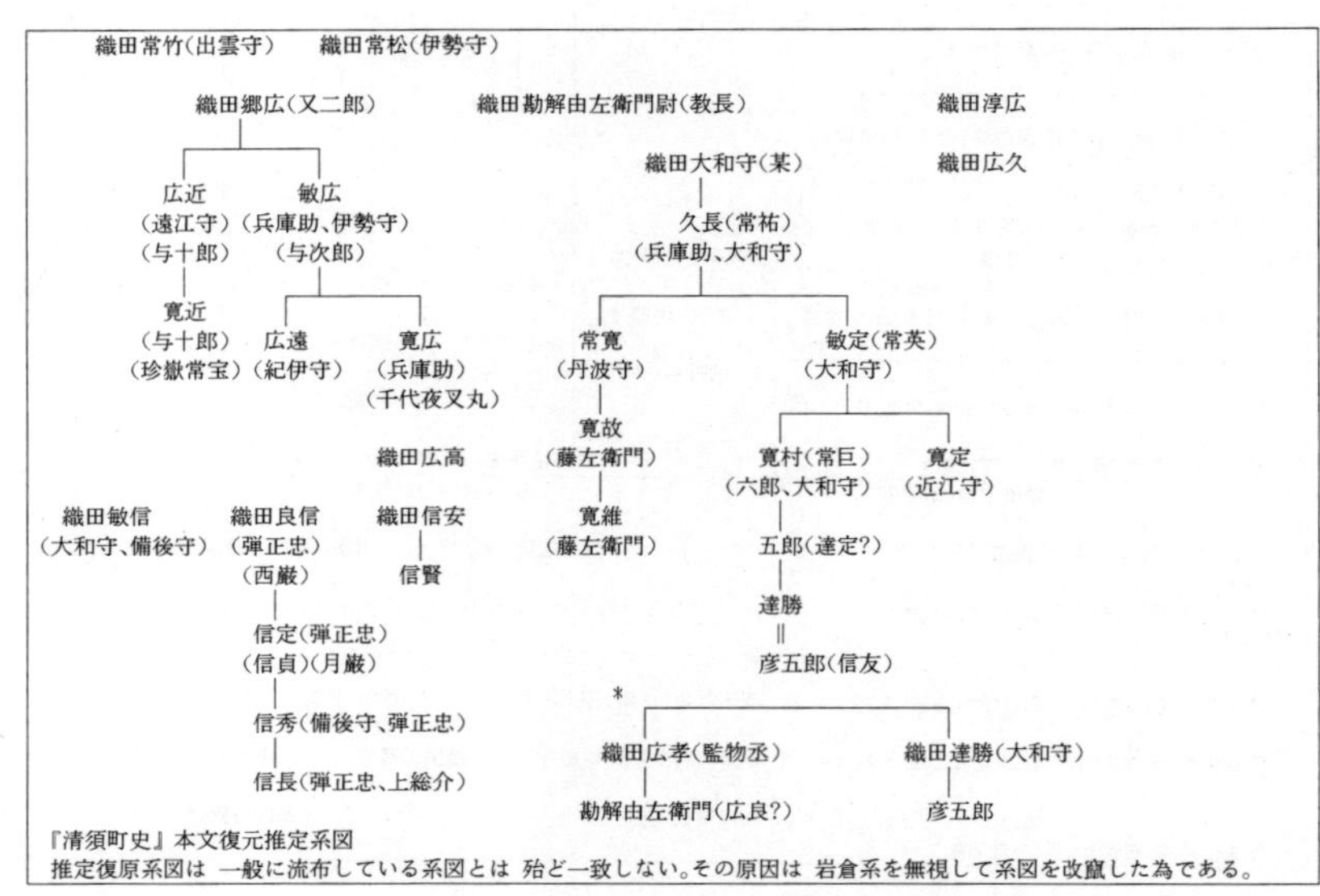

『清須町史』本文復元推定系図

推定復原系図は 一般に流布している系図とは 殆ど一致しない。その原因は 岩倉系を無視して系図を改竄した為である。

織田氏系図

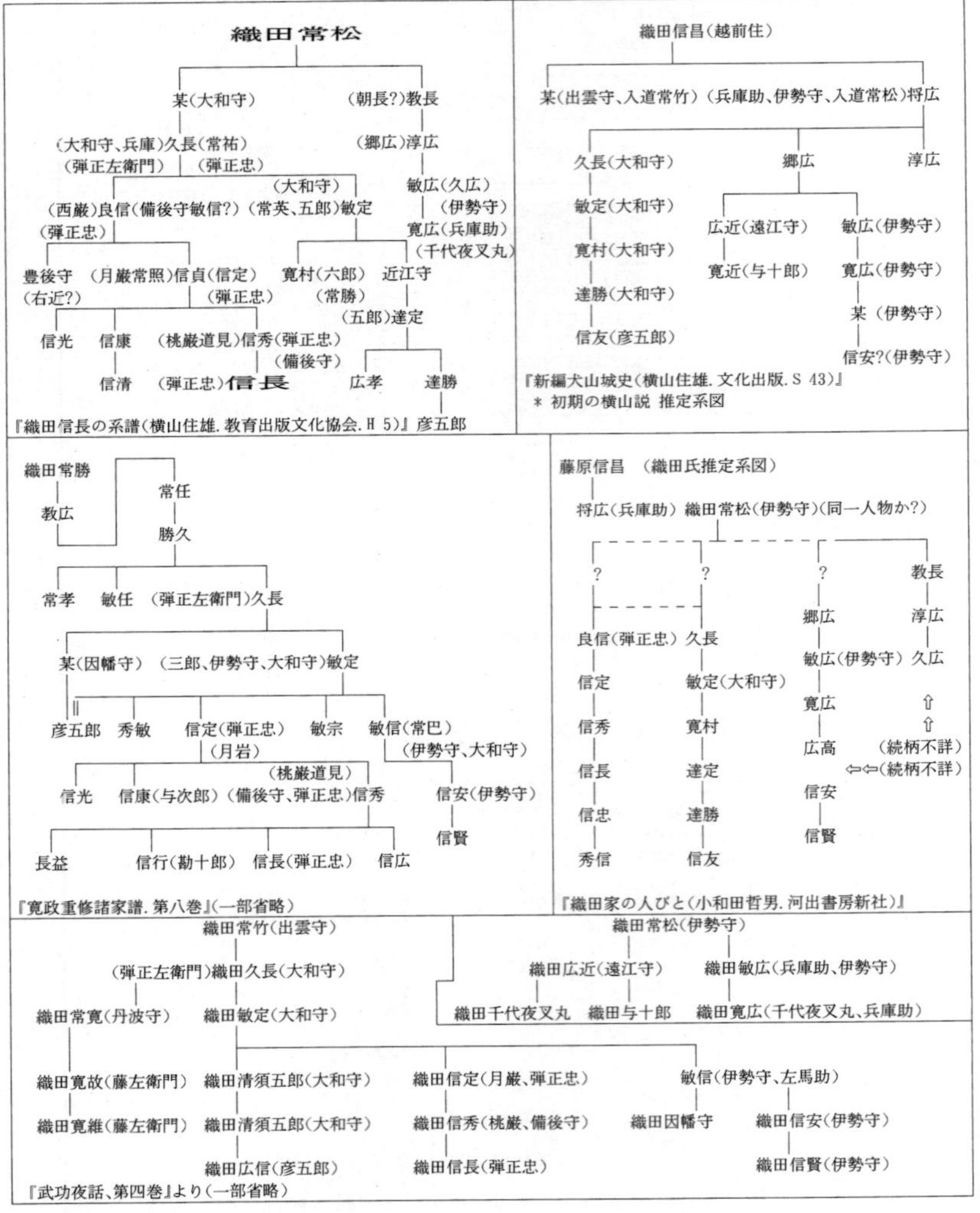
織田常松
某(大和守)
(朝長?)教長
(大和守、兵庫)久長(常祐)
(弾正左衛門)
(弾正忠)
(郷広)淳広
(大和守)
敏広(久広)
(西厳)良信(備後守敏信?)
(常英、五郎)敏定
(伊勢守)
(弾正忠)
寛広(兵庫助)
(千代夜叉丸)
豊後守
(右近?)
(月厳常照)信貞(信定)
(弾正忠)
寛村(六郎)
(常勝)
近江守
(五郎)達定
信光
信康
(桃厳道見)信秀(弾正忠)
(備後守)
信清
(弾正忠)信長
広孝
達勝
『織田信長の系譜(横山住雄.教育出版文化協会.H 5)』
彦五郎
織田信昌(越前住)
某(出雲守、入道常竹)
(兵庫助、伊勢守、入道常松)将広
久長(大和守)
郷広
淳広
敏定(大和守)
広近(遠江守)
敏広(伊勢守)
寛村(大和守)
寛近(与十郎)
寛広(伊勢守)
達勝(大和守)
某 (伊勢守)
信友(彦五郎)
信安?(伊勢守)
『新編犬山城史(横山住雄.文化出版.S 43)』
* 初期の横山説 推定系図
織田常勝
教広
常任
勝久
常孝
敏任
(弾正左衛門)久長
某(因幡守)
(三郎、伊勢守、大和守)敏定
彦五郎
秀敏
信定(弾正忠)
(月岩)
敏宗
敏信(常巴)
(伊勢守、大和守)
信光
信康(与次郎)
(桃厳道見)
(備後守、弾正忠)信秀
信安(伊勢守)
信賢
長益
信行(勘十郎)
信長(弾正忠)
信広
『寛政重修諸家譜.第八巻』(一部省略)
藤原信昌 (織田氏推定系図)
将広(兵庫助)
織田常松(伊勢守)(同一人物か?)
?
?
?
教長
良信(弾正忠)
久長
郷広
淳広
信定
敏定(大和守)
敏広(伊勢守)
久広
寛広
⇧
信秀
寛村
⇧
広高
(続柄不詳)
信長
達定
⇦⇦(続柄不詳)
信安
信忠
達勝
信賢
秀信
信友
『織田家の人びと(小和田哲男.河出書房新社)』
織田常竹(出雲守)
(弾正左衛門)織田久長(大和守)
織田常寛(丹波守)
織田敏定(大和守)
織田常松(伊勢守)
織田広近(遠江守)
織田敏広(兵庫助、伊勢守)
織田千代夜叉丸
織田与十郎
織田寛広(千代夜叉丸、兵庫助)
織田寛故(藤左衛門)
織田清須五郎(大和守)
織田信定(月厳、弾正忠)
敏信(伊勢守、左馬助)
織田寛維(藤左衛門)
織田清須五郎(大和守)
織田信秀(桃厳、備後守)
織田因幡守
織田信安(伊勢守)
織田広信(彦五郎)
織田信長(弾正忠)
織田信賢(伊勢守)
『武功夜話、第四巻』より(一部省略)

織田一族略年譜（織田家興亡略史）

年号(西暦)	守護(斯波氏)	記録
明徳　4年(1393)	斯波義将	藤原信昌、将広(兵庫助)父子 剣神社置文。
応永　5年(1398)	斯波義重	織田常松 この頃 尾張下向か?
7年(1400)		織田常松 下津城築城(瀧喜義氏 常松 前名信広 後 郷広とす)(『武功夜話のすべて』)。
8年(1401)		織田常松(伊勢入道)、常竹(出雲入道) 妙興寺寄進状に加判。
25年(1418)		斯波義重この頃没す。
29年(1422)		この頃 織田敏広 岩倉城築城(瀧氏常松嫡男と記す=武功夜話のすべて)。
永享 元年(1429)		この頃 常松、常竹死去?
2年(1430)	斯波義教	この頃 守護代 織田勘解由左衛門尉(教長)。(正長 2年 4月)
4年(1432)	斯波義淳	この頃 守護代 織田淳広。
7年(1435)	斯波義郷	この頃 守護代 織田郷広。
8年(1436)	斯波千代徳	この頃 織田久長(瀧氏 常竹長子と記す) 楽田城を築く。
嘉吉 元年(1441)		12月頃 織田郷広 追放?
3年(1443)		この頃 織田久広(後の 敏広?)守護代。3月頃 織田大和守(諱不詳)妙興寺へ禁制を下す。
文安　5年(1448)		織田久長 下文に署判を加える(この頃 又代となったか?)。
宝徳　3年(1451)		織田郷広 守護代復帰を計るが失敗。
享徳 元年(1452)	斯波義敏	この頃 守護代 織田敏広(伊勢守)。
長禄　3年(1459)	松王丸/義廉	斯波義敏 将軍義政の命により追放、松王丸廃され 渋川義廉が 斯波氏継ぐ。この頃 織田広近(敏広弟) 於久地(小口)城を築城。
寛正 元年(1460)	斯波義廉	
文正 元年(1466)	斯波義敏	斯波義廉方(織田敏広、弟広近、一族広久、広泰ら)と 義敏・義良(後 義寛)父子方(織田敏定)尾張の覇権を巡り争う。
応仁 元年(1467)	斯波義廉	応仁の乱。
2年(1468)		織田久長 この頃 大和守を称す。
文明 元年(1469)		織田広近 乾山(犬山)に 木ノ下城を築く。
8年(1476)		11月 織田敏定 織田敏広を攻め 下津城を 焼く。
10年(1478)	斯波義敏	8月 幕命を受け 織田敏定守護代として再入部。
11年(1479)		正月 和議成立し 織田敏定 下二郡の支配権獲得(後下四郡支配)。(分割支配)
13年(1481)	斯波義良	織田敏広 この頃没す。岩倉織田家 斯波義良に帰順、斯波義廉 尾張退去。
14年(1482)		法華宗論で 織田良信(弾正忠)、良縁(又七郎)ら これを 判ずる。
15年(1483)		斯波義良 清洲へ入城。
17年(1485)	斯波義寛	(義良改名) 9月 織田敏信(備後守) 万里集九を 清洲へ招き 犬追物を見る。
長享 元年(1487)		六角征伐。清洲敏定(大和守)、岩倉寛広(与次郎、兵庫助、千代夜叉丸)らこれに従軍。
		織田近広この頃隠居。寛近 於久地在城。大和守(備後守か?)敏信 伊勢守を称し岩倉城主。
		(瀧氏) 寛広 旧下津城へ退去(瀧氏 この年 楽田より 敏定 岩倉攻めると記す)。
延徳　3年(1491)		この頃 織田近広没す。第二次六角征伐、8月 斯波義寛上京。
明応 元年(1492)		岩倉二代寛広 国府縄手で敏定、敏信らに敗れ美濃へ逃れる。
4年(1495)		美濃陣中で 7月 敏定没、9月 近江守寛定も敗死、寛定弟六郎(寛村)が清洲家継承。(瀧説 9月 左馬助敏信没、清洲五郎大和守となる。)
永正 10年(1513)	斯波義達	4月 織田五郎(達定)殺害される。
13年(1516)		織田達勝(大和守)この頃守護代継承か? この頃 良頼、広延、信貞(信定、弾正忠)ら連署。
14年(1517)		この頃 織田敏信(清厳常世)(岩倉城主?)没す。
大永　7年(1528)		含笑院殿(信秀母)没す。(信定は この前年頃 没す)
天文　2年(1533)		織田信秀 山科言継ら招く。この頃 小口城 織田寛近(広近子)在城。
16年(1547)		織田信秀 9月 稲葉山攻め。織田寛近(小口城主)、因幡守、与次郎ら討死。
23年(1554)	斯波義統	織田彦五郎(信友) 斯波義統を殺す。
弘治 元年(1555)		織田信長、織田信光 清洲城(織田彦五郎信友)攻略。
2年(1556)		岩倉城主 織田信安 美濃金山へ隠居、信賢岩倉城主となる。
永禄　2年(1559)		織田信長 岩倉城(織田信賢)攻略。
7年(1564)		5月 織田信長 犬山城(織田信清)攻略し尾張統一。
11年(1568)		9月 織田信長 足利義昭を奉じ上洛。
天正 元年(1573)		6月 織田信長 将軍義昭を追放する。
10年(1582)		織田信長 本能寺で自刃。

織田氏系図

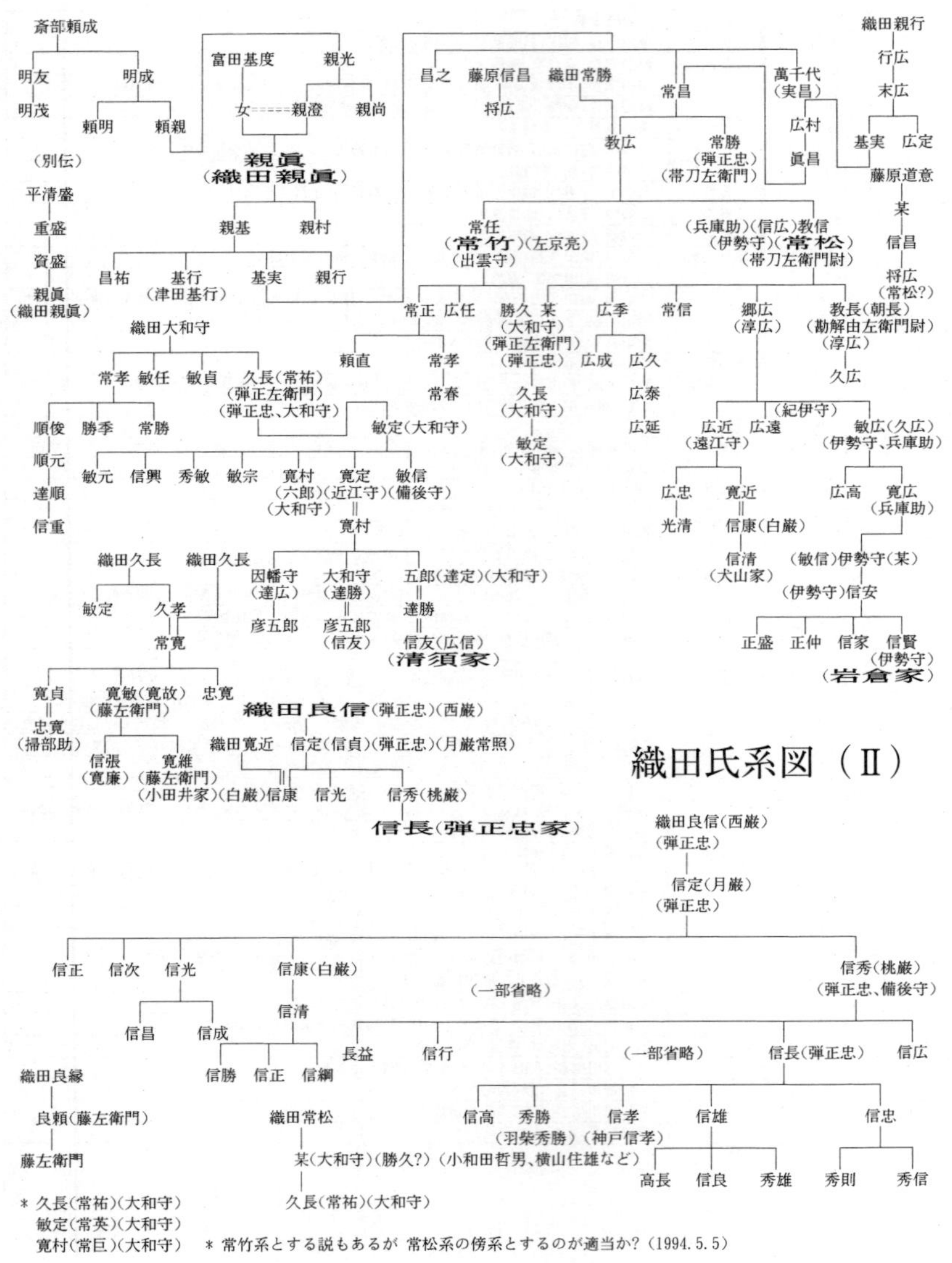

斎部頼成
明友
明成
明茂
頼明
頼親
富田基度
親光
女=====親澄
親尚
親眞
（織田親眞）
親基
親村
昌祐
基行
（津田基行）
基実
親行
（別伝）
平清盛
重盛
資盛
親眞
（織田親眞）
昌之
藤原信昌
織田常勝
将広
常昌
萬千代
（実昌）
広村
眞昌
教広
常勝
（弾正忠）
（帯刀左衛門）
織田親行
行広
末広
基実
広定
藤原道意
某
信昌
将広
（常松?）
常任
（常竹）（左京亮）
（出雲守）
（兵庫助）（信広）教信
（伊勢守）（常松）
（帯刀左衛門尉）
常正
広任
勝久
某
（大和守）
（弾正左衛門）
（弾正忠）
久長
（大和守）
敏定
（大和守）
頼直
常孝
常春
広季
広成
広久
広泰
広延
常信
郷広
（淳広）
教長（朝長）
（勘解由左衛門尉）
（淳広）
久広
（紀伊守）
広近
（遠江守）
広遠
敏広（久広）
（伊勢守、兵庫助）
広忠
光清
寛近
信康（白厳）
信清
（犬山家）
広高
寛広
（兵庫助）
（敏信）伊勢守（某）
（伊勢守）信安
正盛
正仲
信家
信賢
（伊勢守）
（岩倉家）
織田大和守
常孝
敏任
敏貞
久長（常祐）
（弾正左衛門）
（弾正忠、大和守）
順俊
勝季
常勝
順元
達順
信重
敏定（大和守）
敏元
信興
秀敏
敏宗
寛村
（六郎）
（大和守）
寛定
（近江守）
敏信
（備後守）
寛村
因幡守
（達広）
彦五郎
大和守
（達勝）
彦五郎
（信友）
五郎（達定）（大和守）
達勝
信友（広信）
（清須家）
織田久長
織田久長
敏定
久孝
常寛
寛貞
忠寛
（掃部助）
寛敏（寛故）
（藤左衛門）
忠寛
信張
（寛廉）
寛維
（藤左衛門）
（小田井家）（白厳）信康
織田良信（弾正忠）（西厳）
織田寛近
信定（信貞）（弾正忠）（月厳常照）
信光
信秀（桃厳）
信長（弾正忠家）
織田氏系図（Ⅱ）
織田良信（西厳）
（弾正忠）
信定（月厳）
（弾正忠）
信正
信次
信光
信昌
信成
信康（白厳）
信清
信勝
信正
信綱
（一部省略）
信秀（桃厳）
（弾正忠、備後守）
長益
信行
（一部省略）
信長（弾正忠）
信広
信高
秀勝
（羽柴秀勝）
信孝
（神戸信孝）
信雄
高長
信良
秀雄
信忠
秀則
秀信
織田良縁
良頼（藤左衛門）
藤左衛門
織田常松
某（大和守）（勝久?）（小和田哲男、横山住雄など）
久長（常祐）（大和守）
＊ 久長（常祐）（大和守）
敏定（常英）（大和守）
寛村（常巨）（大和守）
＊ 常竹系とする説もあるが 常松系の傍系とするのが適当か？（1994. 5. 5）

以上の記述は、平成六年五月に友人、知人などに配布した私家版小冊子『織田氏家系譜考——謎の織田系譜』による。この小冊子では、結局、織田家の系譜は謎だらけという結論で終わってしまった。その後『南朝興亡史』の調査執筆のため中断していたが、何か今一スッキリせず、再度考証を進めることにした。

織田家の系図は平家落胤系図が流布し、現在でも転載されている。落胤系図を否定し、復元に挑戦している有名、無名の研究者がいるにもかかわらず、である。歴史雑誌では、いくつかの研究成果を紹介しているが、系図の専門書を改訂させるまでには至っていない。

一例として、三大系譜集(『尊卑分脈』『系図纂要』『寛政重修諸家譜』)の一つ、『系図纂要』は当初、真名本として出版された。当然、平家落胤系図である。その後、同書は活字本として出版され、現在も刊行中であるが、平家落胤系図のままである(平成九年現在)。織田家を平家の末裔とするのは、系図の改竄であるが、本来の系図の姿は不明である。これからは暫く復元推定系図も含め各種織田家系図を見てもらうことにする。

朝倉氏の研究著書もある松原信之氏は、昭和五十三年発行の別冊歴史読本『織田信長その激越なる生涯』の中で新井喜久夫「織田系譜に関する覚書」(『清洲町史』)をベースにして、「信長以前の織田家の系譜」を発表、織田剣神社置文の藤原信昌、将広父子と尾張守護代織田常松、そして岩倉織田家、清須織田家、弾正忠織田家の推定略系図を紹介している。これは新井論文を一般の読者にわかりやすくコンパクトにまとめたものである。これは筆者(早瀬)が出会った最初の復元推定系図である。

ここで注目すべきは、織田敏広(尾張守護代)と織田敏定(後の尾張半国守護代)が兄弟ではなく、最低従兄弟以上の関係であるという点と、織田信長の直接の先祖が織田良信（すけのぶ）であるという点である。

この良信という人物は『信長公記』の首巻で紹介されている西巌（サイガン）に相当する。『信長公記』は信長の家系（弾正忠家）を西巌、月巌、今の備後と記す。今の備後は信長の父、織田信秀、月巌は祖父織田信貞（信定）、西巌は織田良信とする説が有力である。その系譜について、静岡大学の小和田哲男教授の著書『織田家の人びと』（河出書房新社）によって補足すれば、織田良信は敏定の時代の文明十四年（一四二八）、清須宗論に奉行の一人として登場し、官途名は弾正忠（だんじょうのちゅう）という。官途名と「信」という通字により、織田信秀の祖父に間違いないと思われる、と記されている。これによって信定の父を敏定とする系図は誤りである、と指摘されている。この見解は復元系図に挑戦している大部分の研究者の見解と一致する（新井喜久夫、小和田哲男、奥野高廣、横山住雄、福尾猛市郎、宝賀寿男ら）。しかし、その先となると定かでない。織田敏信（備後守）を良信の父とする説もあるが、年代が接近しているので、兄弟、あるいは同一人物の可能性もある。この点については後述する。

さて、織田家の系譜は弾正忠家ばかりでなく、清須織田家、岩倉織田家についても謎が多い。織田常松、常竹の系譜と両者の位置関係、歴代尾張守護代家の系譜、伊勢守家と大和守家の系譜、小田井織田家と清洲三奉行家の系譜、楽田（がくでん）織田家と犬山織田家の系譜等々。もちろん、このいくつかは重複するわけであるが、その点が明確にならないと織田家の系譜の復元は難しい。

松原氏の「信長以前の織田家の系譜」によれば、常竹の子孫の記述はなく、歴代守護代は織田常松、勘解由左衛門教長（淳広？）、淳広（あつひろ）、久広、織田郷広、敏広と記している。しかし、これらの名前は平家落胤系図にはない。

岩倉織田家は、郷広、敏広（兵庫助・伊勢守）、寛広（千代夜叉丸・兵庫助）、その後継者（系譜関係不明）として広高を記している。傍系として寛広の兄弟に広遠（紀伊守）、敏広の兄弟に広近（遠江守）、その子に寛近（与十郎）を記している。

清須織田家は、久長（兵庫・大和守）、敏定（大和守・法名常英）、その子に寛定（近江守）、その後継者（系譜関係不明）、寛定の兄弟に寛村（六郎）を記している。

清須奉行家（弾正忠家）は、良信、信定（弾正忠）、信秀（弾正忠・備後守）、信長、その弟に信勝（勘十郎）（達成・信成）を記す。清須奉行家（弾正忠家）については『信長公記』の記述もあり、おおむね信頼できると思う。

しかし、岩倉家と清須家の系譜に関しては、さらに検討を必要とする。

『織田信長の系譜』（横山住雄・教育出版文化協会）によれば、岩倉家は織田常松（伊勢守入道）、教長（朝長?）（永享三年頃まで確認される）、淳広（郷広）（永享六年頃まで確認される）、敏広（久広・伊勢守）、寛広（千代夜叉丸）、清須家は某（大和守・教長の兄弟）、久長（兵庫・大和守・法名常祐）、敏定（五郎・大和守・法名常英）（明応四年七月没）、某（近江守・石丸利光娘婿）（明応四年九月戦死）、某（近江守の弟）（明応四年九月戦死）、寛村（近江守の弟・法名常勝）（明応四年九月相続）、達定（五郎・近江守の子）（永正十年殺害される）、達勝（五郎・大和守）（大永五年妙興寺文書）、彦五郎（達勝継嗣）、広孝（監物尉・達勝の兄弟）（天文二年『言継卿記』）と記されている。さらに、弾正忠家の系譜は清須家（大和守家）の傍系に位置付け、久長（弾正左衛門あるいは弾正忠・大和守）の子敏定（五郎・大和守）の兄弟に良信（弾正忠・西巌）（備後守敏信か?）、その子に信貞（弾正忠・月巌常照）

（信定）、その子に信秀（三郎・弾正忠・備後守）（桃巌道見）、その子に信長（三郎・弾正忠）を記している。

なお、横山氏は織田久長（弾正左衛門・大和守）が弾正忠であることは、福井県大野市洞雲寺の朝倉系図によって紹介している（『織田信長の系譜』二〇頁）。しかし、弾正忠の官途名だけで良信を久長の子（敏定の弟）に位置付けてよいのであろうか？　この点についてはしばらく留保することにする（ただし、近い親族である可能性までは否定できない）。

織田備後守敏信との関係についてもさらなる検討が必要となるので、参考系図など確認してから検討したい。

考察　織田氏系図（1）
（信長以前の織田氏系図）

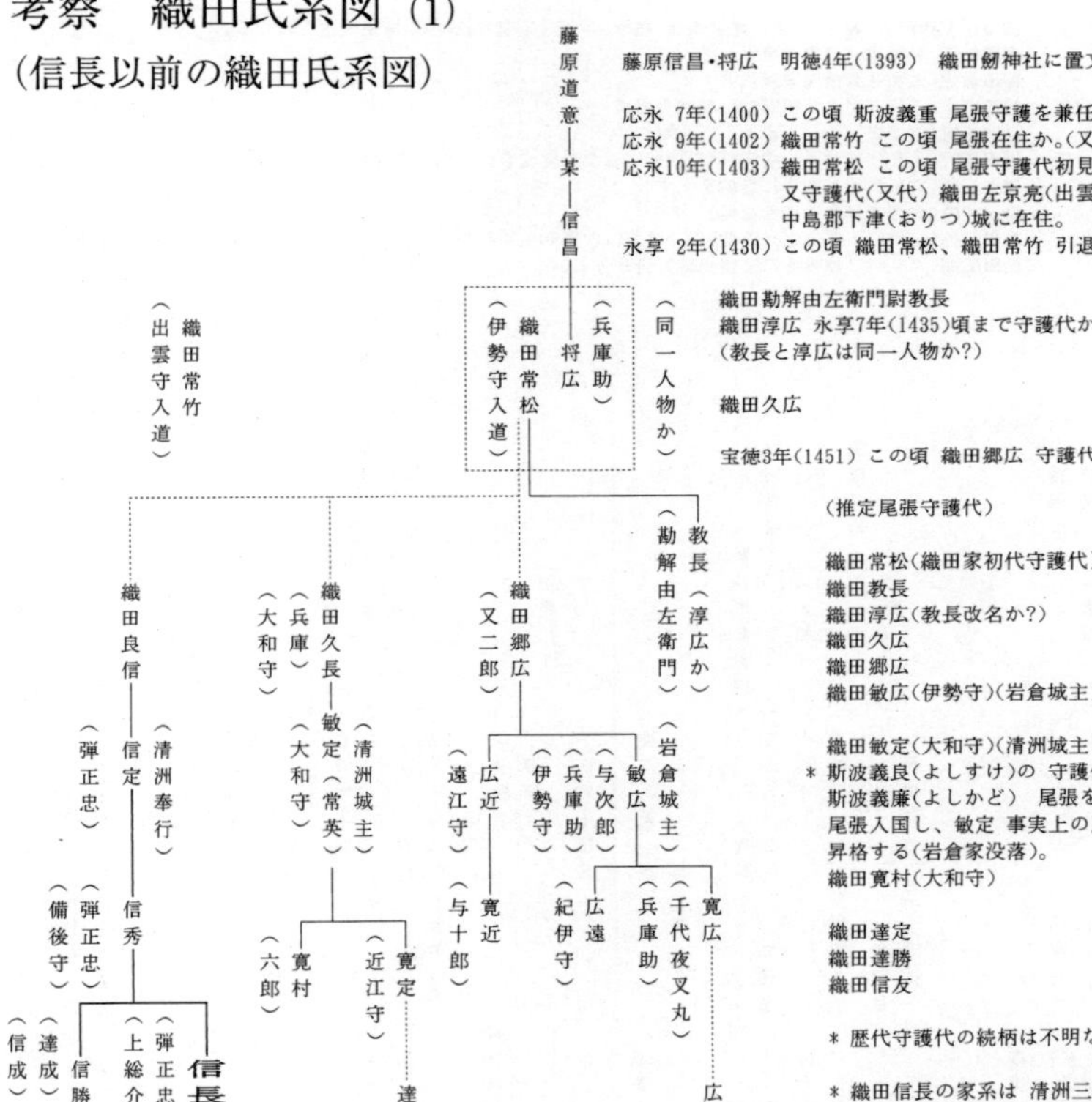

藤原信昌・将広　明徳4年(1393)　織田劒神社に置文を残す。

応永 7年(1400)　この頃 斯波義重 尾張守護を兼任。
応永 9年(1402)　織田常竹 この頃 尾張在住か。(又守護代)
応永10年(1403)　織田常松 この頃 尾張守護代初見。
又守護代(又代) 織田左京亮(出雲守常竹入道)
中島郡下津(おりつ)城に在住。
永享 2年(1430)　この頃 織田常松、織田常竹 引退又は 死亡。

織田勘解由左衛門尉教長
織田淳広 永享7年(1435)頃まで守護代か。
(教長と淳広は同一人物か?)

織田久広

宝徳3年(1451) この頃 織田郷広 守護代就任か?

(推定尾張守護代)

織田常松(織田家初代守護代)
織田教長
織田淳広(教長改名か?)
織田久広
織田郷広
織田敏広(伊勢守)(岩倉城主)

織田敏定(大和守)(清洲城主)
＊ 斯波義良(よしすけ)の 守護代となる。
斯波義廉(よしかど) 尾張を去り 義良が尾張入国し、敏定 事実上の尾張守護代に昇格する(岩倉家没落)。
織田寛村(大和守)

織田達定
織田達勝
織田信友

＊ 歴代守護代の続柄は不明な点が多い。

＊ 織田信長の家系は 清洲三奉行の 一系、傍系の傍系と推定されるが詳細は不詳。平家落胤系図は 信長が天下を意識して後に 岩倉系を抹殺し清洲系をベースに改竄したもので 左記の 系図とは 整合しない。(筆者補筆)

出典『信長以前の織田家系譜(松原信之)』〔別冊歴史読本.織田信長 その激越なる生涯(新人物往来社)〕
＊ 原出典『清洲町史(織田系譜に関する覚書)』

(守護)　(守護代及びそれに準ずる者)　(又代 又は 奉行及びそれに準ずる者)
斯波義重　織田常松⇨応永34年12月25日 遵行状⇨織田常竹
織田常松⇨応永35年閏3月23日破田郷の公事茶に関する命令⇨織田勘解由左衛門尉
斯波義教(義重)⇨織田教長(勘解由左衛門尉)⇨永享元年11月28日 破田村段銭に関する発給文書⇨織田民部入道、坂井彦左衛門。
織田淳広⇨永享3年3月11日 破田に対する文書。
斯波義淳　織田淳広(勘解由左衛門尉改名か?)⇨織田修理亮(永享3年)、織田若狭守・織田因幡入道(永享6年)、織田彦九郎(永享7年)らに文書発給。
織田元阿・織田右長⇨永享7年12月14日 段銭奉行に文書発給。
斯波義郷　織田郷広(永享5年から嘉吉3年の間の守護代と推定される)
織田久広
斯波義敏　織田敏広(享徳元年頃よりこの名前で登場)
斯波義敏(遵行状)織田敏広⇨長禄2年6月通達⇨織田参川守(広成)、織田豊後守。
斯波松王丸⇨⇨⇨⇨⇨(遵行状直接通達)⇨⇨⇨織田大和守、織田豊後守。(長禄3年)

出典『清洲町史』愛知学院大学図書館.蔵

斯波松王丸　　　織田新左衛門尉（輔長）⇨織田豊後入道、織田三河守（広成）（長禄3年催促停止を命じる）
斯波義廉　　　　織田敏広（伊勢守）（守護代復帰）
斯波義敏　　　　織田敏定（大和守）（清洲守護代）
斯波義良（義寛）⇨織田寛広（千代夜叉丸）（明応8年 判物を出す）
　　　　　　　　織田寛定（近江守）
　　　　　　　　織田寛村（大和守）（常巨）（明応5年9月23日 萱津の実成寺に安堵状を発給）
　　　　　　　　織田五郎（文亀3年 妙興寺に禁制を下す）
斯波義達　　　　織田達勝（大和守）（永正13年初見）
　　　　　　　　織田広遠（紀伊守）（寛広弟）（延徳2年 9月3日 妙興寺へ禁制を下す）
　　　　　　　　織田広高（天文6年 妙興寺に文書発給）（岩倉方）

『織田家推定系図（早瀬作成）』

織田常松（伊勢守）（秀峯）
- 大和守（某）
  - 常孝—勝久
    - 広孝—広良
    - 達勝（達勝）
  - 久長（大和守）（常祐）
    - 敏定（大和守）（常英）
      - 敏信
      - 寛定
      - 寛村（近江守）（六郎・大和守）（常巨）……五郎（達定？）……達勝‖彦五郎（信友）〈清洲家〉
    - 達広
- 教長（淳広）　久広　郷広
- 郷広
  - 敏広（伊勢守）
    - 寛広〈千代夜叉丸〉（兵庫助）（伊勢守）……広高〈岩倉家〉
    - 広遠（紀伊守）
  - 広近（兵庫助）（遠江守）—寛近 与十郎

織田因幡守—彦五郎

織田某
- 信安（伊勢守）—信賢
- 宗信（常永）

織田良信（弾正忠）（西厳）—信定（月厳）—信秀（備後守）—信長（弾正忠）

織田某
- 達勝
- 達広
（達勝・達広）‖彦五郎

藤原信昌—将広

織田常松（伊勢守）（秀峯）
勘解由左衛門尉（教長）（淳広）
郷広
- 敏広（伊勢守）（兵庫助）
  - 寛広（千代夜叉丸）
  - 広遠（紀伊守）
- 広近（遠江守）

織田某
- 常孝—勝秀
  - 広孝（監物丞）—勘解由左衛門
  - 達勝
- 久長—敏定（大和守）—達勝（大和守）⇨⇨⇨織田敏定—達勝

織田勘解由左衛門（広良）

織田常松（新井喜久夫説）—某（大和守）—久長（大和守）（常祐）—敏定（常英）
織田常竹

織田常竹—某—常祐（織田敏定）（奥野高広説）

（重松明久説）
織田敏定（大和守）—敏信（大和守）—常祐（大和入道）（常祐）

織田広近—寛近（与十郎）

織田某
- 宗信
- 信安

織田某
- 常祐（大和入道）（敏定？）‖彦五郎（信友）
- 因幡守（達広）—彦五郎

織田信安（伊勢守）（常永）（岩倉城主）—信賢

＊ 常祐は 諸説あり断定しがたい。

参考出典『織田系譜に関する覚書（新井喜久夫）』（『清洲町史』所収）（コピー）（愛知学院大学図書館．蔵）

考察 織田氏系図 (2)

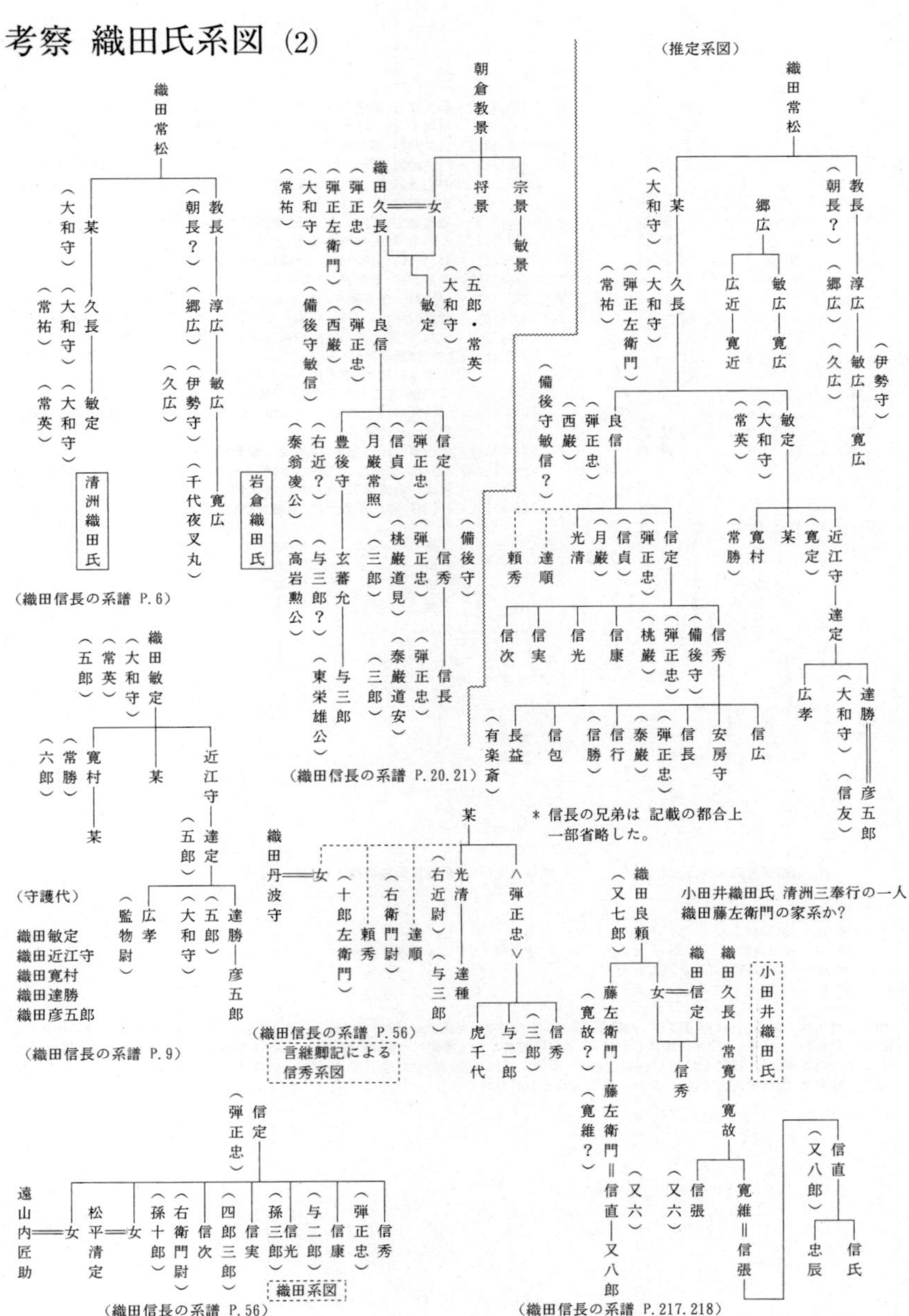

織田常松
教長（朝長？）—淳広（郷広）—敏広（伊勢守）（久広）—寛広（千代夜叉丸）
某（大和守）—久長（大和守）（常祐）—敏定（大和守）（常英）
清洲織田氏
(織田信長の系譜 P.6)
朝倉教景
宗景—敏景
将景
織田久長（弾正忠）（弾正左衛門）（大和守）（常祐）══女
敏定（大和守）（五郎・常英）
良信（弾正忠）（西巌）（備後守敏信）
信定（弾正忠）（信貞）（月巌常照）
信秀（備後守）（弾正忠）（桃巌道見）（三郎）
信長（弾正忠）（泰巌道安）（三郎）
豊後守（右近？）（泰翁凌公）
玄蕃允（与三郎？）（高岩勲公）
与三郎（東栄雄公）
岩倉織田氏
(織田信長の系譜 P.20.21)
（推定系図）
織田常松
教長（朝長？）—淳広（郷広）（久広）—敏広（伊勢守）—寛広
郷広—敏広—寛広
郷広—広近—寛近
某（大和守）—久長（大和守）（弾正左衛門）（常祐）
良信（弾正忠）（西巌）（備後守敏信？）
敏定（大和守）（常英）
近江守（寛定）—達定
達勝（大和守）（信友）══彦五郎
広孝
某
寛村（常勝）
信定（弾正忠）
信貞（月巌）
光清
達順
頼秀
信秀（備後守）（弾正忠）（桃巌）
信康
信光
信実
信次
信広
安房守
信長（弾正忠）（泰巌）
信行（信勝）
信包
長益（有楽斎）
* 信長の兄弟は 記載の都合上一部省略した。
織田敏定（大和守）（常英）（五郎）
近江守（五郎）—達定
達勝（五郎）（大和守）—彦五郎
広孝（監物尉）
某
寛村（常勝）（六郎）—某
（守護代）
織田敏定
織田近江守
織田寛村
織田達勝
織田彦五郎
(織田信長の系譜 P.9)
某
〈弾正忠〉
信秀（三郎）
与二郎
虎千代
光清（右近尉）（与三郎）—達種
達順
頼秀（右衛門尉）
（十郎左衛門）
織田丹波守══女
(織田信長の系譜 P.56)
言継卿記による信秀系図
信定（弾正忠）
信秀（弾正忠）
信康（与二郎）
信光（孫三郎）
信実（四郎三郎）
信次（右衛門尉）（孫十郎）
松平清定══女
遠山内匠助══女
織田系図
(織田信長の系譜 P.56)
小田井織田氏 清洲三奉行の一人
織田藤左衛門の家系か?
織田良頼（又七郎）
藤左衛門（寛故？）—藤左衛門（寛維？）══信直（又六）—又八郎
女══織田信定
信秀
織田久長—常寛—寛故
信張（又六）
寛維══信張
信直（又八郎）
信氏
忠辰
小田井織田氏
(織田信長の系譜 P.217.218)

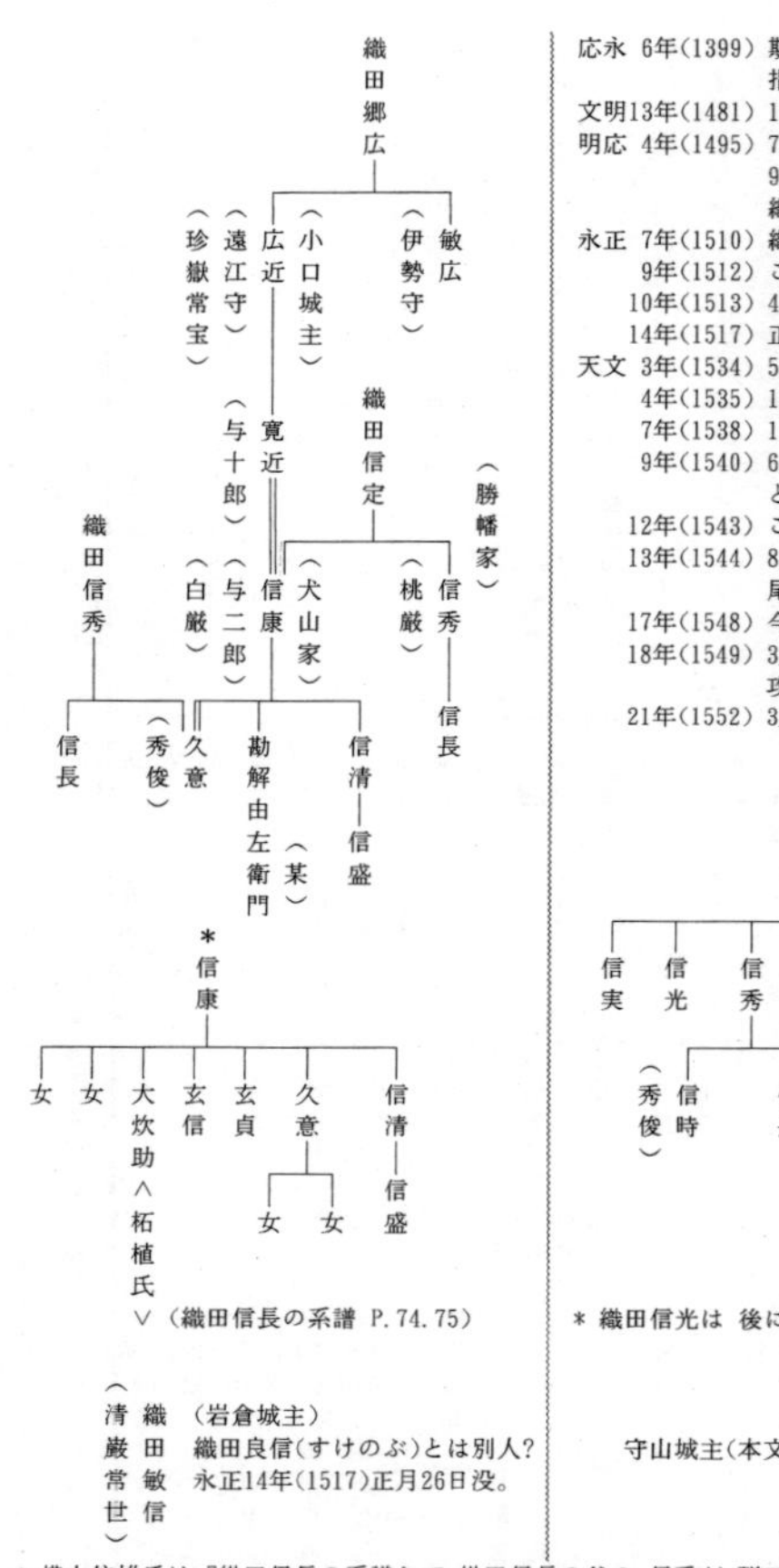

応永 6年(1399) 斯波義将 尾張守護に就任、守護代に織田常松、又代に織田常竹指名する。(織田家初代守護代織田伊勢守常松)

文明13年(1481) 10月29日 織田敏定『犬追物記』を筆写する。

明応 4年(1495) 7月 船田合戦の最中 織田敏定病没する(46歳)。近江守家督相続 9月 近江守と弟、岩倉織田家の軍と戦い戦死する。六郎家督相続 織田寛村(とおむら)。

永正 7年(1510) 織田達定(五郎) この頃 清洲織田家(守護代)の家督を相続する。

9年(1512) この頃 織田信秀誕生す。

10年(1513) 4月14日(別説 5月5日) 織田達定戦死(殺害?)。

14年(1517) 正月26日 岩倉城主 織田敏信(清厳常世) 没す。

天文 3年(1534) 5月28日 織田信長勝幡城にて誕生。

4年(1535) 12月3日 松平清康 尾張へ侵入、翌 4日 守山に布陣中殺される。

7年(1538) 10月 守護代織田達勝の布告により 那古野城修築。

9年(1540) 6月 織田信秀 西三河に侵入、安祥城を攻略し、庶子信広を城主とする。同年 亀岳山万松寺を創建する。

12年(1543) この年 皇居修復の為 織田信秀 四千貫文を寄進する。

13年(1544) 8月 大垣城攻略後 稲葉山城を攻めるも 9月22日 斎藤軍に大敗北尾張へ逃げ戻る。

17年(1548) 今川軍三河へ侵入 小豆坂で織田軍と戦う。

18年(1549) 3月6日 松平広忠 家臣に殺害される。11月9日 今川軍 安祥城を攻略、織田信広 今川軍に降伏する。

21年(1552) 3月3日 織田信秀没す(別説 天文18年)。

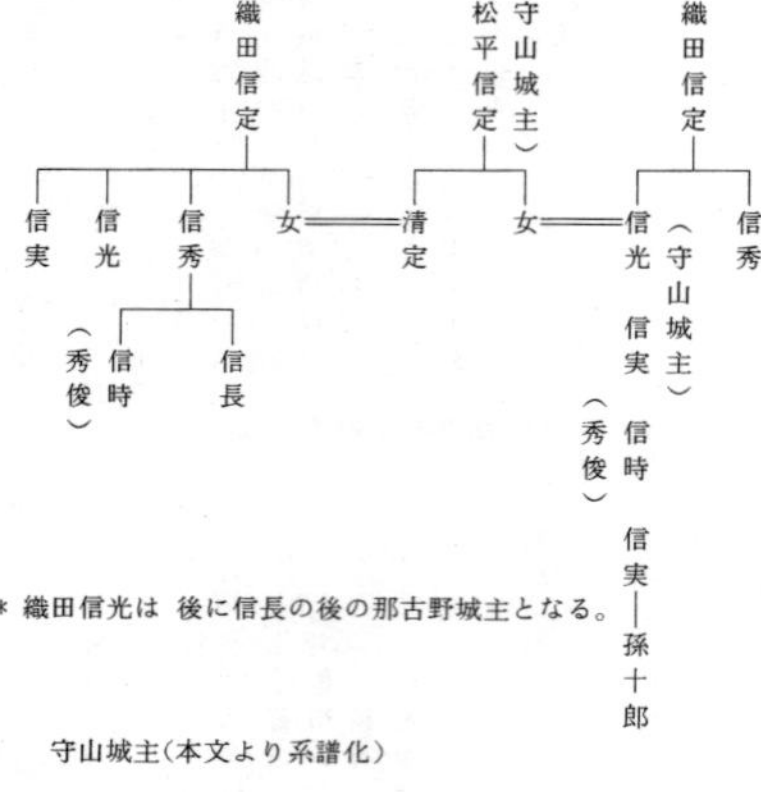

* 織田信光は 後に信長の後の那古野城主となる。

守山城主(本文より系譜化)

* 横山住雄氏は『織田信長の系譜』で 織田信長の父の 信秀が 弾正忠が 備後守に進んだ事と対比させ 斯波義良が 守護の時に 良信、その良信が 義敏が 守護に復帰した時に 敏信に改名したと推定し 良信・敏信同一人物説を提唱している。しかし 敏信が岩倉城主である事には 疑問を呈している。文明十七年に清洲(清須)にいた敏信が 岩倉城主になり得たか疑問。しかし 法名で見た場合、清厳は 西巌・西岩に通じ 清洲一族の流れとも思われる。

考証 織田氏系図 (1)

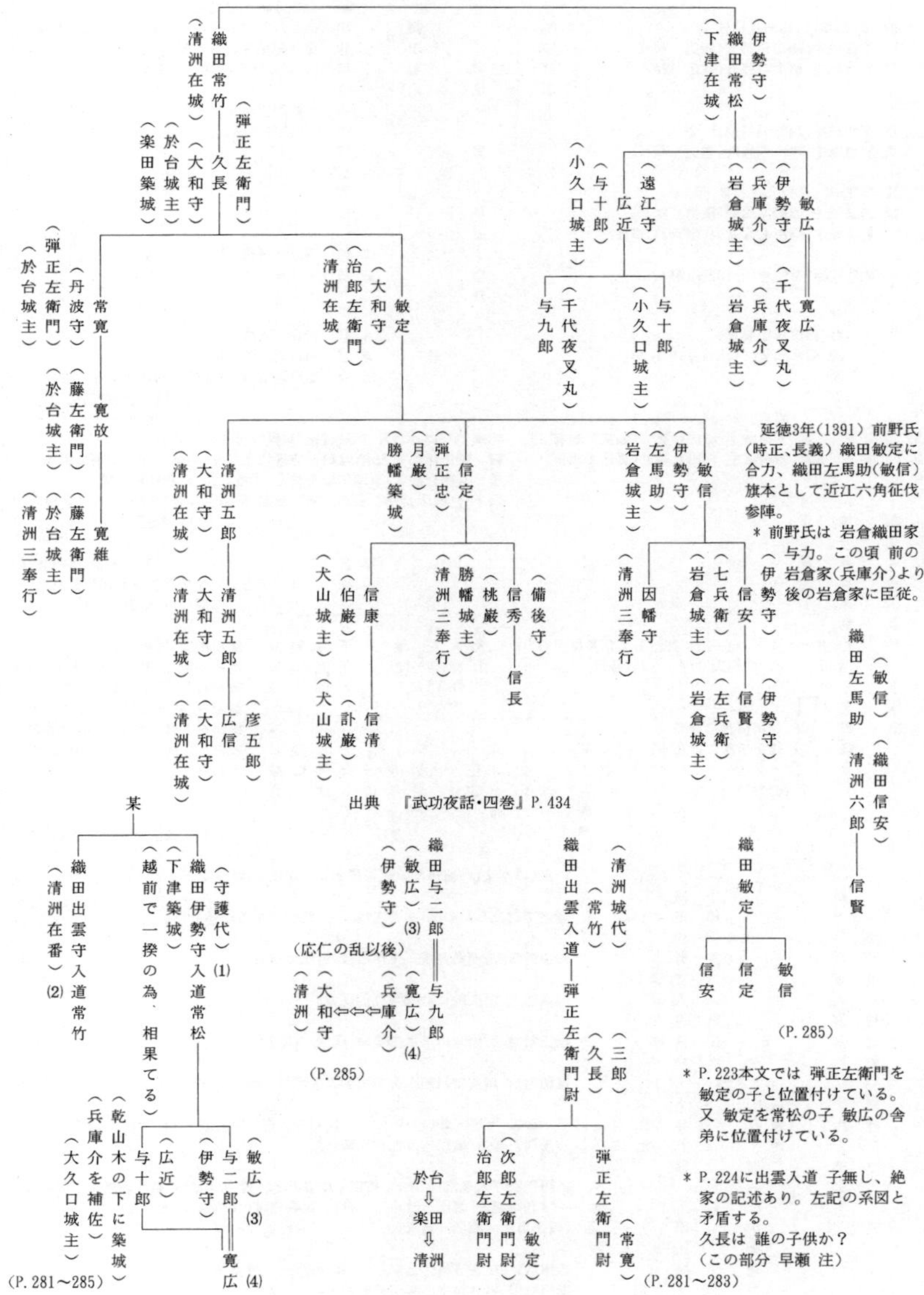
織田常松(伊勢守)(下津在城)
敏広(伊勢守)(兵庫介)(岩倉城主)
寛広(千代夜叉丸)(兵庫介)(岩倉城主)
広近(遠江守)(与十郎)(小久口城主)
与十郎(小久口城主)
与九郎(千代夜叉丸)
織田常竹(清洲在城)
久長(弾正左衛門)(大和守)(於台城主)(楽田築城)
常寛(丹波守)(弾正左衛門)(於台城主)
寛故(藤左衛門)(於台城主)
寛維(藤左衛門)(於台城主)(清洲三奉行)
敏定(大和守)(治郎左衛門)(清洲在城)
清洲五郎(大和守)(清洲在城)
清洲五郎(大和守)(清洲在城)
広信(彦五郎)(大和守)(清洲在城)
信定(弾正忠)(月巌)(勝幡築城)
信康(伯巌)(犬山城主)
信清(計巌)(犬山城主)
信秀(備後守)(桃巌)(勝幡城主)(清洲三奉行)
信長
敏信(伊勢守)(左馬助)(岩倉城主)
因幡守(清洲三奉行)
信安(伊勢守)(七兵衛)(岩倉城主)
信賢(伊勢守)(左兵衛)(岩倉城主)
延徳3年(1391) 前野氏(時正、長義)織田敏定に合力、織田左馬助(敏信)旗本として近江六角征伐参陣。
＊前野氏は 岩倉織田家与力。この頃 前の岩倉家(兵庫介)より後の岩倉家に臣従。
織田左馬助(敏信)
清洲六郎(織田信安)
信賢
出典 『武功夜話・四巻』P. 434
某
織田伊勢守入道常松(守護代)(1)(下津築城)(越前で一揆の為、相果てる)
織田出雲守入道常竹(清洲在番)(2)
与二郎(敏広)(伊勢守)(3)
与十郎(広近)(乾山木の下に築城)(兵庫介を補佐)(大久口城主)
寛広(4)
(P. 281～285)
織田与二郎(敏広)(伊勢守)(3)
与九郎(寛広)(兵庫介)(4)
(応仁の乱以後)
(大和守)(清洲)⇦⇦⇦
(P. 285)
織田出雲入道(清洲城代)(常竹)
弾正左衛門尉(三郎)(久長)
弾正左衛門尉(常寛)
次郎左衛門尉(敏定)
治郎左衛門尉
於台⇩楽田⇩清洲
(P. 281～283)
織田敏定
敏信
信定
信安
(P. 285)
＊P. 223本文では 弾正左衛門を敏定の子と位置付けている。又 敏定を常松の子 敏広の舎弟に位置付けている。
＊P. 224に出雲入道 子無し、絶家の記述あり。左記の系図と矛盾する。久長は 誰の子供か？
(この部分 早瀬 注)

考証 織田氏系図 (1)—2

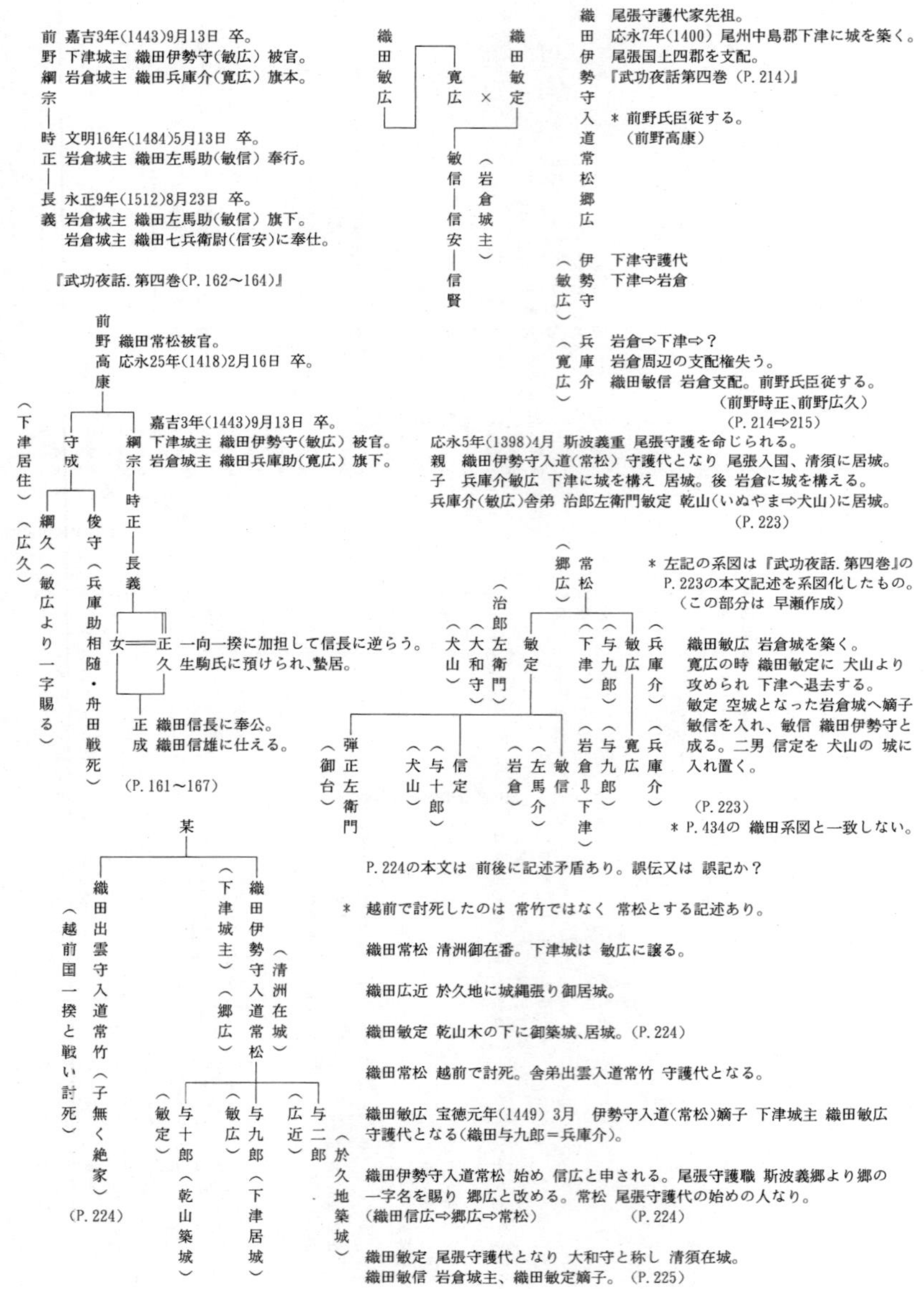
前野綱宗 嘉吉3年(1443)9月13日 卒。
下津城主 織田伊勢守(敏広) 被官。
岩倉城主 織田兵庫介(寛広) 旗本。
時正 文明16年(1484)5月13日 卒。
岩倉城主 織田左馬助(敏信) 奉行。
長義 永正9年(1512)8月23日 卒。
岩倉城主 織田左馬助(敏信) 旗下。
岩倉城主 織田七兵衛尉(信安)に奉仕。
『武功夜話.第四巻(P.162～164)』
織田敏広
寛広 × 織田敏定
敏信—信安—信賢 (岩倉城主)
織田伊勢守入道常松郷広
尾張守護代家先祖。
応永7年(1400) 尾州中島郡下津に城を築く。
尾張国上四郡を支配。
『武功夜話第四巻 (P.214)』
* 前野氏臣従する。(前野高康)
伊勢守(敏広) 下津守護代 下津⇨岩倉
兵庫介(寛広) 岩倉⇨下津⇨?
岩倉周辺の支配権失う。
織田敏信 岩倉支配。前野氏臣従する。
(前野時正、前野広久)
(P.214⇨215)
前野高康 織田常松被官。
応永25年(1418)2月16日 卒。
守成 (下津居住)
綱久 (広久) (敏広より一字賜る)
俊守 (兵庫助相随・舟田戦死)
綱宗 嘉吉3年(1443)9月13日 卒。
下津城主 織田伊勢守(敏広) 被官。
岩倉城主 織田兵庫助(寛広) 旗下。
時正—長義
女══正久 一向一揆に加担して信長に逆らう。生駒氏に預けられ、蟄居。
正成 織田信長に奉公。織田信雄に仕える。
(P.161～167)
応永5年(1398)4月 斯波義重 尾張守護を命じられる。
親 織田伊勢守入道(常松) 守護代となり 尾張入国、清須に居城。
子 兵庫介敏広 下津に城を構え 居城。後 岩倉に城を構える。
兵庫介(敏広)舎弟 治郎左衛門敏定 乾山(いぬやま⇨犬山)に居城。
(P.223)
常松 (郷広)
敏定 (治郎左衛門) (大和守) (犬山)
与九郎 (下津)
敏広 (兵庫介)
弾正左衛門 (御台)
信定 (与十郎) (犬山)
敏信 (左馬介) (岩倉)
与九郎 (岩倉⇩下津)
寛広 (兵庫介)
* 左記の系図は『武功夜話.第四巻』のP.223の本文記述を系図化したもの。(この部分は 早瀬作成)
織田敏広 岩倉城を築く。
寛広の時 織田敏定に 犬山より攻められ 下津へ退去する。
敏定 空城となった岩倉城へ嫡子敏信を入れ、敏信 織田伊勢守と成る。二男 信定を 犬山の 城に入れ置く。
(P.223)
* P.434の 織田系図と一致しない。
某
織田出雲守入道常竹 (越前国一揆と戦い討死) (子無く絶家)
(P.224)
織田伊勢守入道常松 (下津城主) (郷広) (清洲在城)
与十郎 (敏定) (乾山築城)
与九郎 (敏広) (下津居城)
与二郎 (広近) (於久地築城)
P.224の本文は 前後に記述矛盾あり。誤伝又は 誤記か?
* 越前で討死したのは 常竹ではなく 常松とする記述あり。
織田常松 清洲御在番。下津城は 敏広に譲る。
織田広近 於久地に城縄張り御居城。
織田敏定 乾山木の下に御築城、居城。(P.224)
織田常松 越前で討死。舎弟出雲入道常竹 守護代となる。
織田敏広 宝徳元年(1449) 3月 伊勢守入道(常松)嫡子 下津城主 織田敏広 守護代となる(織田与九郎=兵庫介)。
織田伊勢守入道常松 始め 信広と申される。尾張守護職 斯波義郷より郷の一字名を賜り 郷広と改める。常松 尾張守護代の始めの人なり。
(織田信広⇨郷広⇨常松) (P.224)
織田敏定 尾張守護代となり 大和守と称し 清須在城。
織田敏信 岩倉城主、織田敏定嫡子。(P.225)

考証 織田氏系図 (1)—3

『武功夜話』による推定織田氏系図

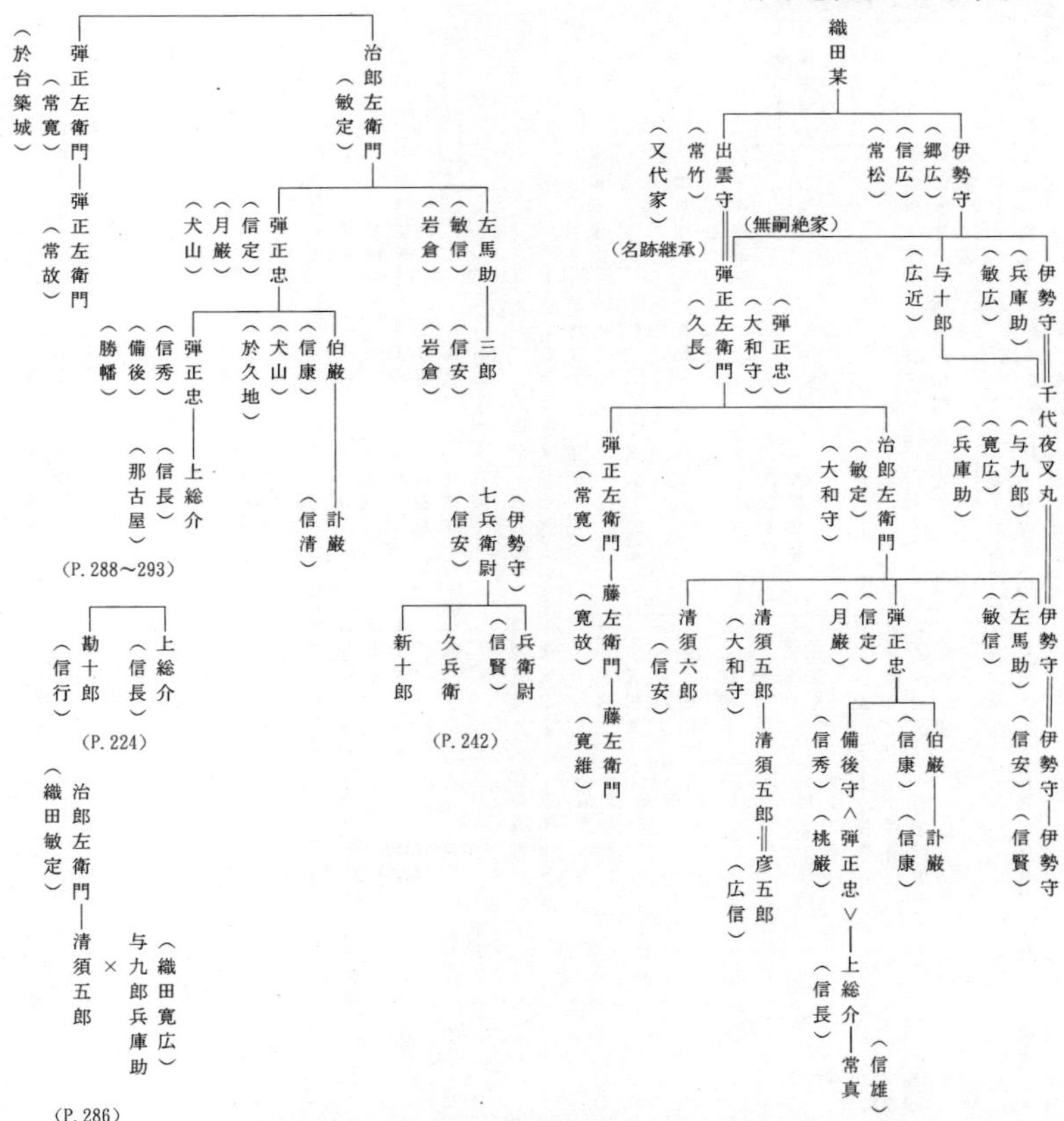

＊『武功夜話』は 尾張の戦国史を知る上では 画期的な史料であるが 記述に矛盾があり、全面的に信頼する事は 危険である。例えば 常竹 子なく絶家(P.224)としながら 久長を 常竹嫡男とする記述。 或いは 敏定を久長の子としながら別の箇所では 敏広舎弟とする記述(P.223)。 又 信長の祖父 弾正忠信定を 敏定子とする記述は 江戸時代の織田系図の影響を受けていると推定される。

『武功夜話』が 信長の美濃併合時代以前に書かれたものなら より信憑性も高まるが 江戸時代の成立という事で 既に信長が系図操作を行った(藤原から平氏への改姓及び 自家系図の嫡流化)後の時代という事で割り引いて読まねばならない。

『武功夜話』の示す守護代系譜及び織田系図は 新井氏、横山氏、小和田氏らの推定復元系図とは異なる。今後とも充分吟味しなければなるまい。(この部分 早瀬)

『清洲守護代』

治郎左衛門（織田敏定）

兵庫助（織田寛広）　斎藤氏の後援で一時清須守護代家となったか？（他の部分では 下津在城）

＊ 岩倉守護代家は 信安。

清須五郎 (P.291)

出典『武功夜話第四巻(吉田蒼生雄.全訳、新人物往来社)』

考証 織田氏系図 (2)

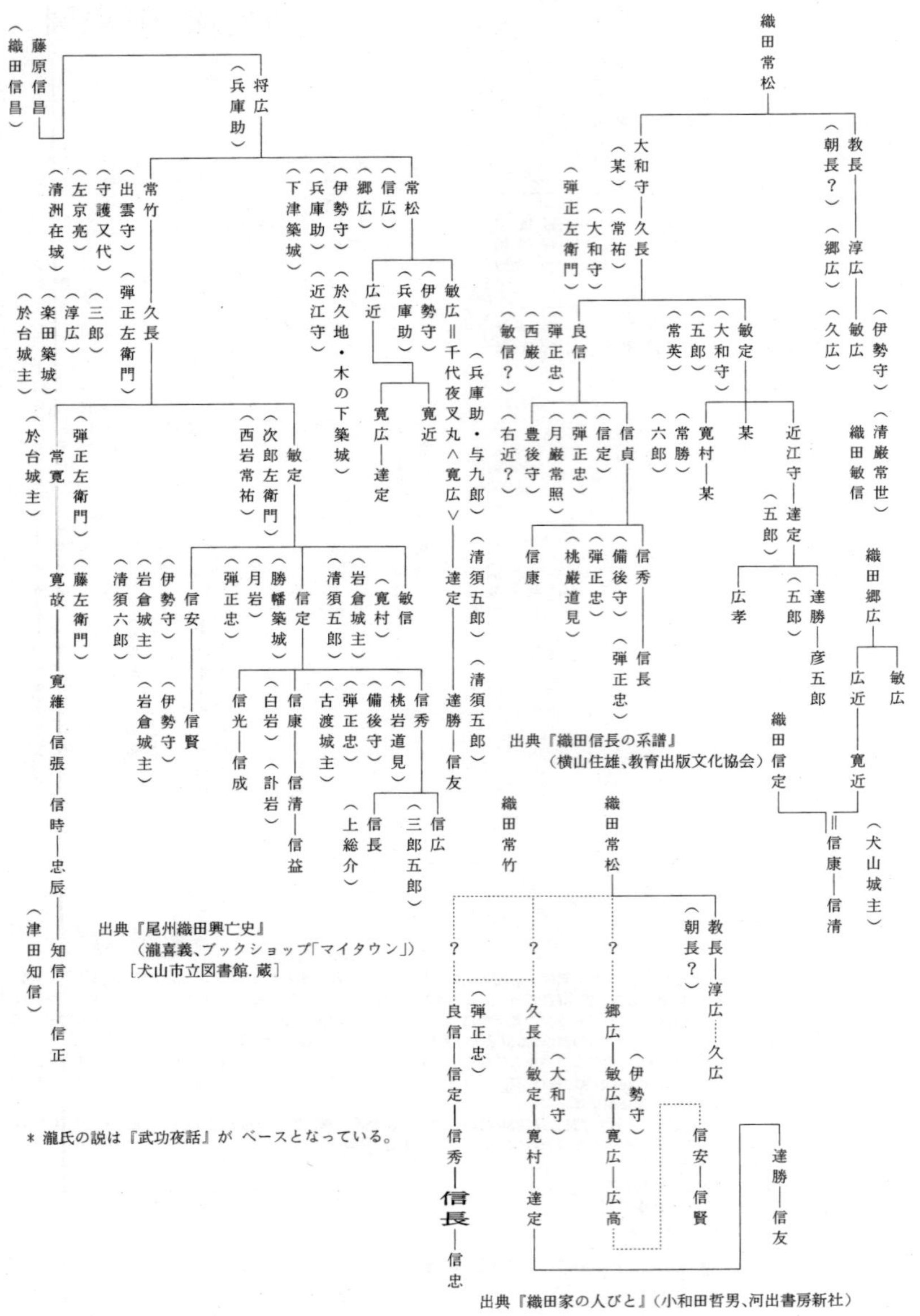
出典『尾州織田興亡史』
（瀧喜義、ブックショップ「マイタウン」）
［犬山市立図書館. 蔵］
＊ 瀧氏の説は『武功夜話』が ベースとなっている。
出典『織田信長の系譜』
（横山住雄、教育出版文化協会）
出典『織田家の人びと』（小和田哲男、河出書房新社）

織田諸家系図

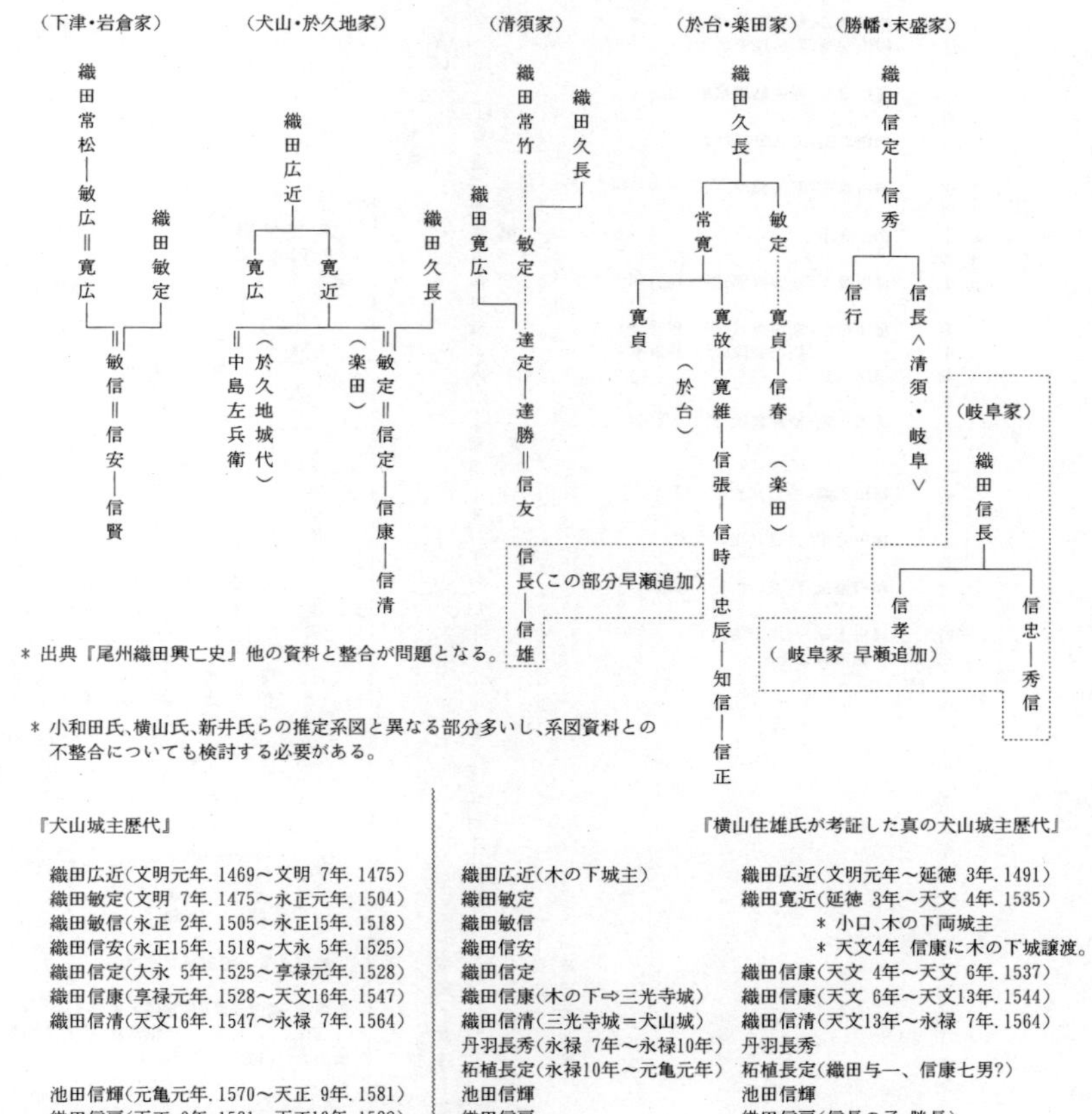

＊ 出典『尾州織田興亡史』他の資料と整合が問題となる。

＊ 小和田氏、横山氏、新井氏らの推定系図と異なる部分多いし、系図資料との不整合についても検討する必要がある。

『犬山城主歴代』

織田広近（文明元年.1469～文明 7年.1475）
織田敏定（文明 7年.1475～永正元年.1504）
織田敏信（永正 2年.1505～永正15年.1518）
織田信安（永正15年.1518～大永 5年.1525）
織田信定（大永 5年.1525～享禄元年.1528）
織田信康（享禄元年.1528～天文16年.1547）
織田信清（天文16年.1547～永禄 7年.1564）

池田信輝（元亀元年.1570～天正 9年.1581）
織田信房（天正 9年.1581～天正10年.1582）
中川定成（天正10年.1582～天正12年.1584）

出典 東海双書第15巻『国宝犬山城』
（城戸 久、名古屋鉄道株式会社）
［犬山市立図書館.蔵］

『横山住雄氏が考証した真の犬山城主歴代』

織田広近（木の下城主）	織田広近（文明元年～延徳 3年.1491）
織田敏定	織田寛近（延徳 3年～天文 4年.1535）
織田敏信	＊ 小口、木の下両城主
織田信安	＊ 天文4年 信康に木の下城譲渡。
織田信定	織田信康（天文 4年～天文 6年.1537）
織田信康（木の下⇨三光寺城）	織田信康（天文 6年～天文13年.1544）
織田信清（三光寺城＝犬山城）	織田信清（天文13年～永禄 7年.1564）
丹羽長秀（永禄 7年～永禄10年）	丹羽長秀
柘植長定（永禄10年～元亀元年）	柘植長定（織田与一、信康七男?）
池田信輝	池田信輝
織田信房	織田信房（信長の子、勝長）
中川定成	中川定成

出典『新編犬山城史』
（横山住雄、文化出版）

＊ 織田敏定は 文明 8年には 清須在城、明応 4年(1495)9月には 没しているので 敏定が犬山城主ではあり得ない。
織田敏信は 文明17年には 清須に屋形を構え、万里集九に面会しており、更に 明応 4年 岩倉方と戦い 戦死しているので永正 2年から永正15年の在城は 否定される。又 織田信定は 大永年間には 津島（或いは 勝幡）周辺を 領有しており、木の下城に居住するのは 無理がある。従って 犬山城主（木の下、三光寺城主）は 織田広近、寛近、信康、信清という事になる。永禄7年（1564）信長に攻められ、甲州に逃れる。以後は 信長配下の武将が城主となる。この結果から『尾州織田興亡史』が示す織田諸家は 全面的に信頼する事は 危険である事が判る。敏定、敏信、信安、信定の位置付けは 充分に 検討されなければならない。

考証 織田氏系図 (3)

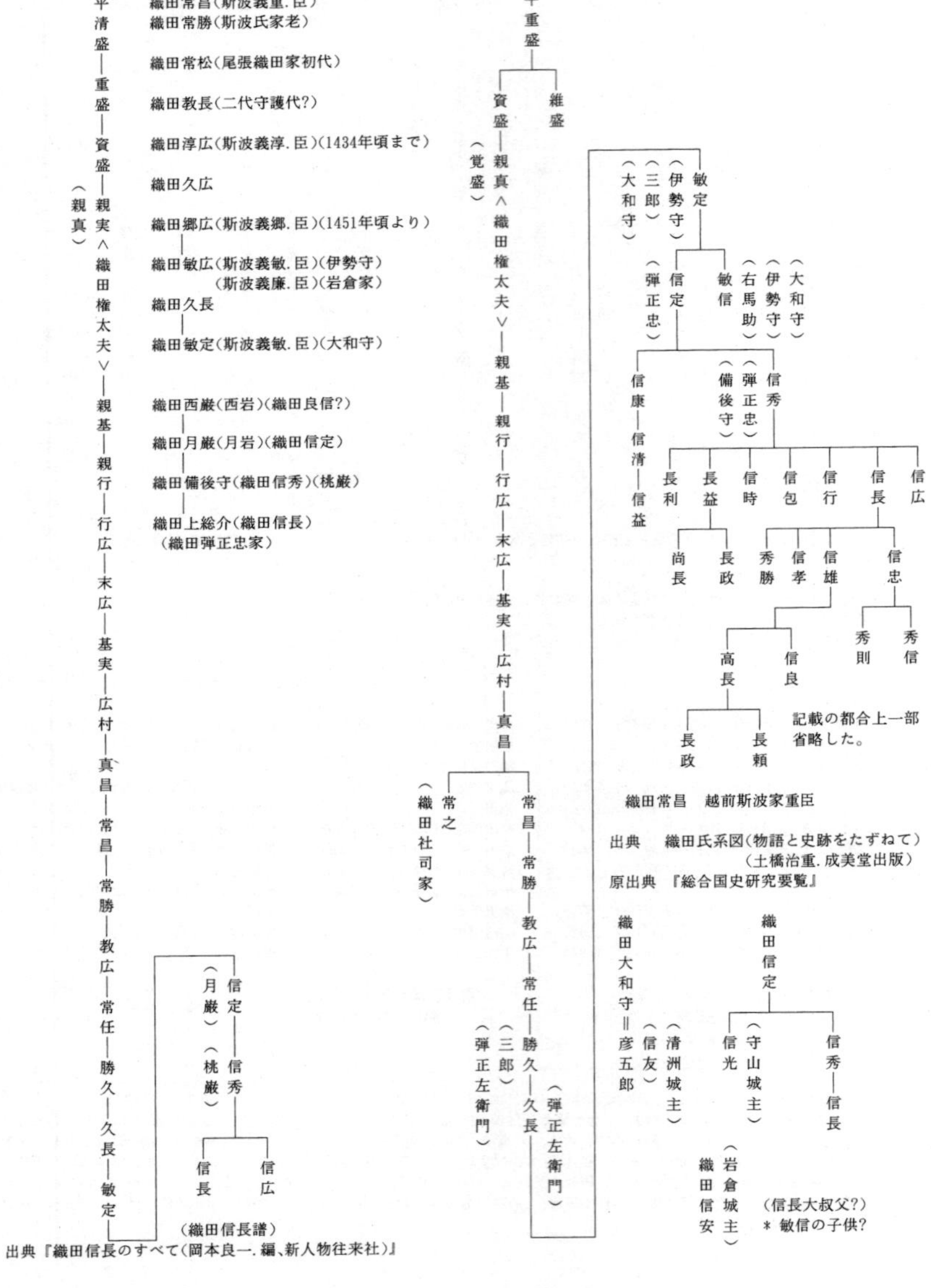
平清盛―重盛―資盛―親実（親真）〈織田権太夫〉―親基―親行―行広―末広―基実―広村―真昌―常昌―常勝―教広―常任―勝久―久長―敏定
信定（月厳）―信秀（桃厳）
信長
信広
（織田信長譜）
出典『織田信長のすべて（岡本良一．編、新人物往来社）』
織田常昌（斯波義重．臣）
織田常勝（斯波氏家老）
織田常松（尾張織田家初代）
織田教長（二代守護代？）
織田淳広（斯波義淳．臣）（1434年頃まで）
織田久広
織田郷広（斯波義郷．臣）（1451年頃より）
織田敏広（斯波義敏．臣）（伊勢守）
（斯波義廉．臣）（岩倉家）
織田久長
織田敏定（斯波義敏．臣）（大和守）
織田西厳（西岩）（織田良信？）
織田月厳（月岩）（織田信定）
織田備後守（織田信秀）（桃厳）
織田上総介（織田信長）
（織田弾正忠家）
平重盛
資盛
維盛
親真（覚盛）〈織田権太夫〉―親基―親行―行広―末広―基実―広村―真昌
常之（織田社司家）
常昌―常勝―教広―常任―勝久（三郎）（弾正左衛門）―久長（弾正左衛門）
敏定（伊勢守）（三郎）（大和守）
信定（弾正忠）
敏信（右馬助）（伊勢守）（大和守）
信康―信清―信益
信秀（弾正忠）（備後守）
長利
長益
信時
信包
信行
信長
信広
尚長
長政
秀勝
信孝
信雄
信忠
高長
信良
秀則
秀信
長政
長頼
記載の都合上一部省略した。
織田常昌　越前斯波家重臣
出典　織田氏系図（物語と史跡をたずねて）
（土橋治重．成美堂出版）
原出典　『総合国史研究要覧』
織田大和守＝彦五郎（信友）（清洲城主）
織田信定
信光（守山城主）
信秀―信長
織田信安（岩倉城主）
（信長大叔父？）
＊敏信の子供？

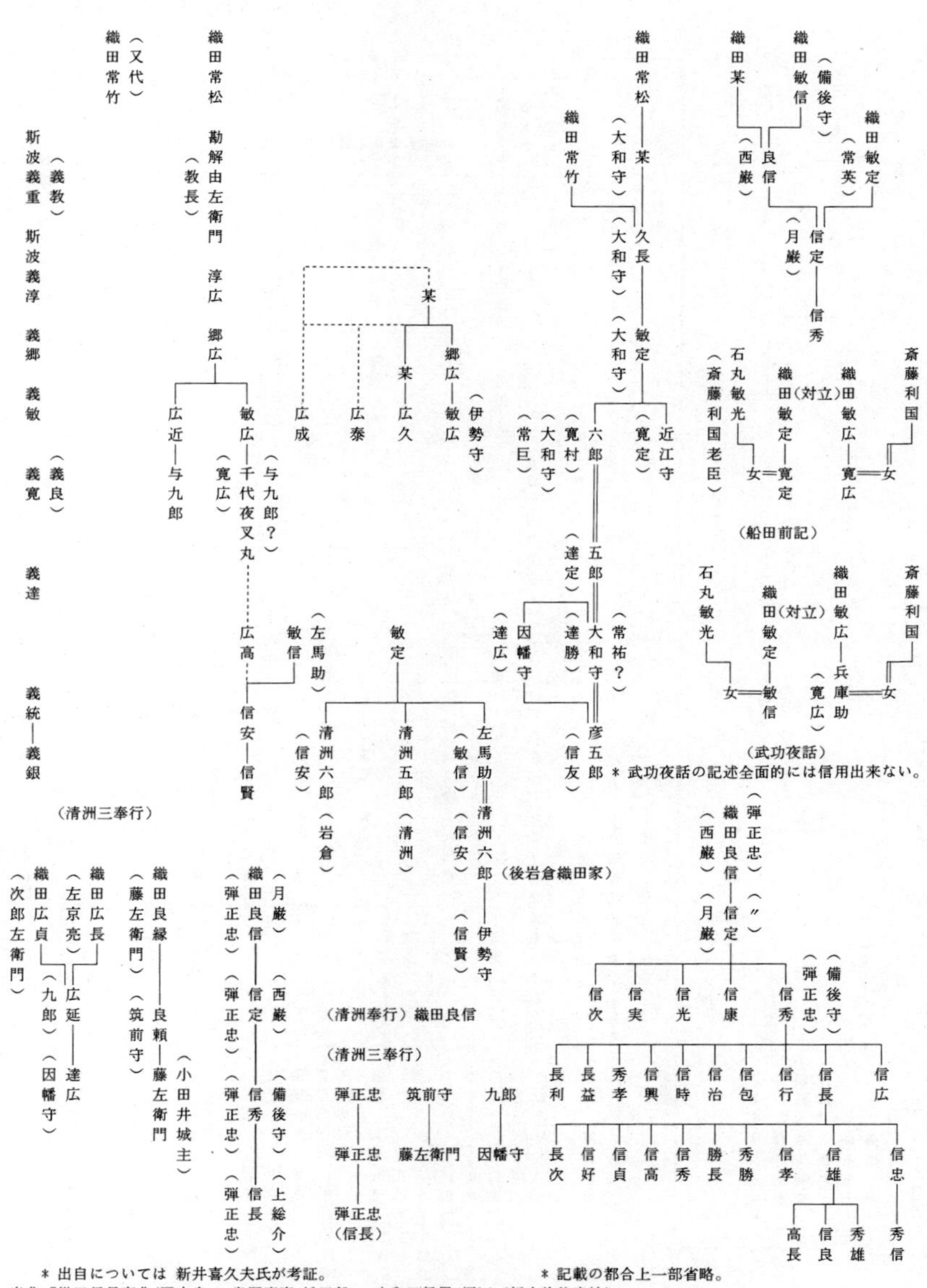

＊ 出自については 新井喜久夫氏が考証。

＊ 記載の都合上一部省略。

出典『織田信長事典(岡本良一、奥野高廣、松田毅一、小和田哲男. 編)』(新人物往来社)

考証 織田氏系図 (4)

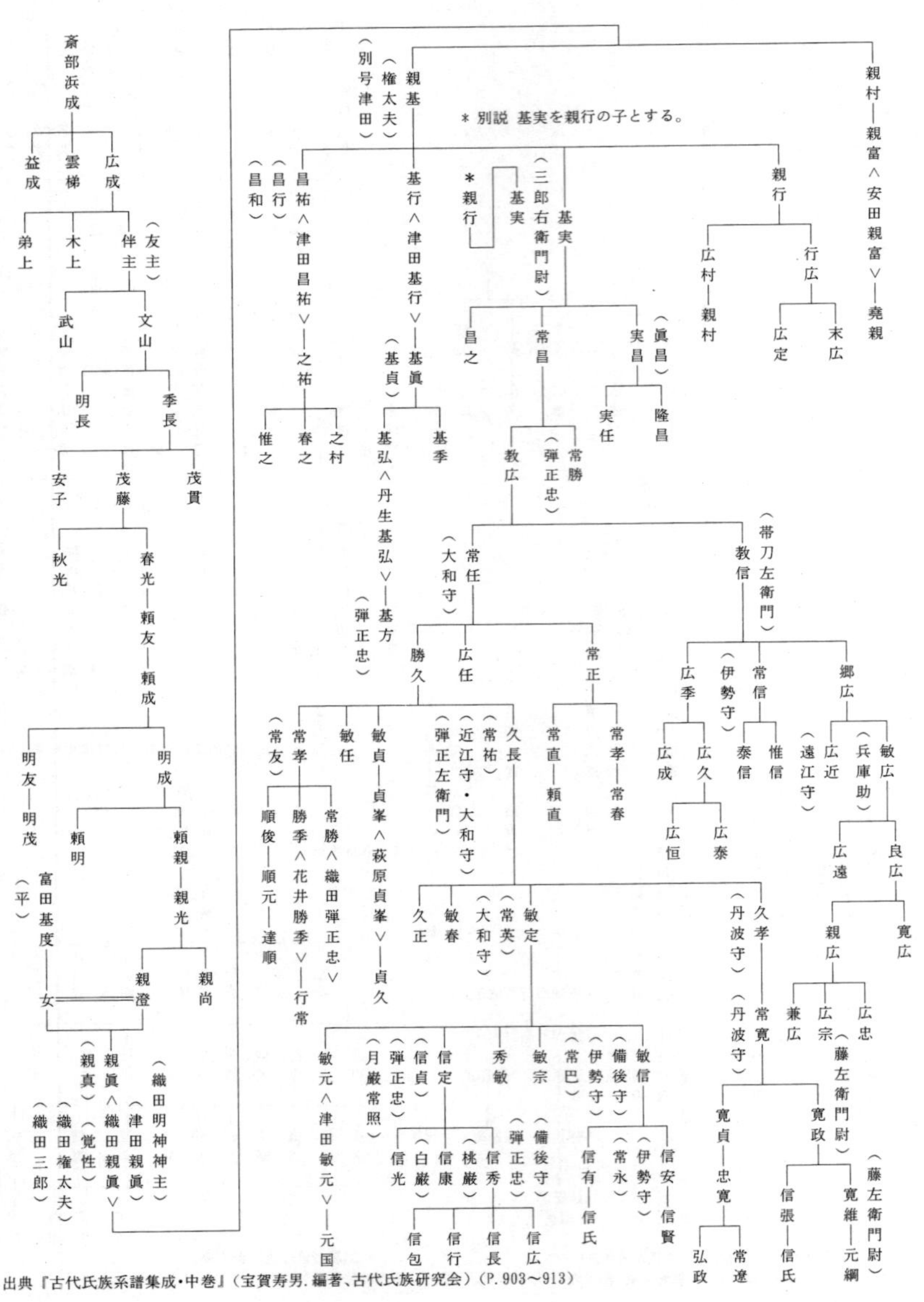

出典『古代氏族系譜集成・中巻』(宝賀寿男.編著、古代氏族研究会)(P.903〜913)

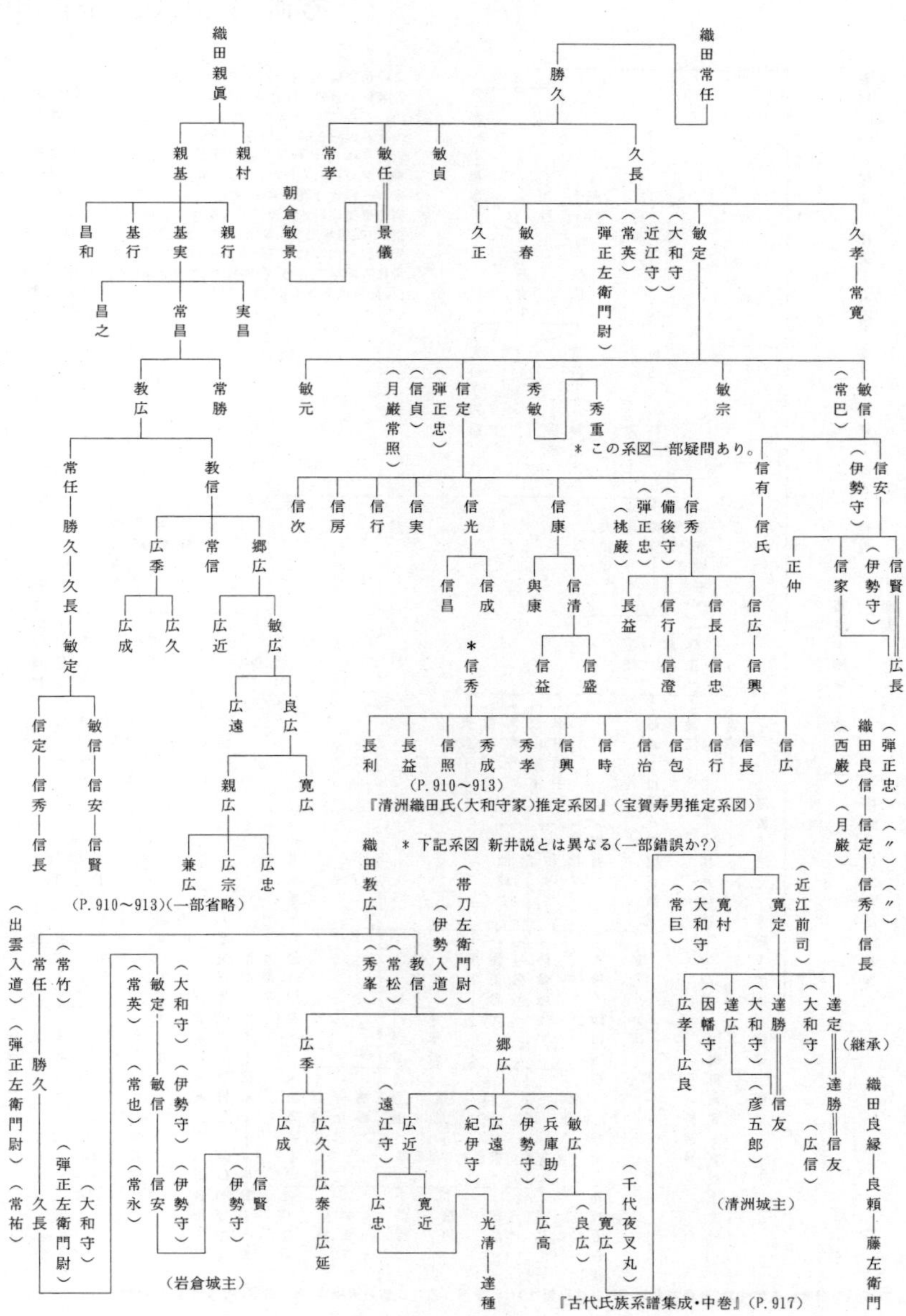
織田親眞
親基 親村
昌和 基行 基実 親行
昌之 常昌 実昌
教広 常勝
常任—勝久—久長—敏定
教信
広季 常信 郷広
広成 広久 広近 敏広
広遠 良広
親広 寛広
兼広 広宗 広忠
信定—信秀—信長
敏信—信安—信賢
(P. 910〜913)(一部省略)
織田常任
勝久
常孝 敏任 敏貞 久長
朝倉敏景
景儀
久正 敏春 (弾正左衛門尉) (常英) (近江守) (大和守) 敏定 久孝—常寛
敏元 (月巌常照) (信貞) (弾正忠) 信定 秀敏 秀重 敏宗 (常巳) 敏信
＊この系図一部疑問あり。
信次 信房 信行 信実 信光 信康 (桃巌) (弾正忠) (備後守) 信秀
信有—信氏 (伊勢守) 信安
信昌 信成 與康 信清 長益 信行—信澄 信長—信忠 信広—信興
正仲 信家 (伊勢守) 信賢
広長
信益 信盛
＊信秀
長利 長益 信照 秀成 秀孝 信興 信時 信治 信包 信行 信長 信広
(P. 910〜913)
『清洲織田氏(大和守家)推定系図』(宝賀寿男推定系図)
織田良信—信定—信秀—信長
(西巌) (月巌) (弾正忠) (〃) (〃)
織田教広 (帯刀左衛門尉)
＊下記系図 新井説とは異なる(一部錯誤か?)
(秀峯) (常松) 教信 (伊勢入道)
(出雲入道) 常任 (常竹) (弾正左衛門尉) (常祐)
勝久
久長 (弾正左衛門尉) (大和守)
(常英) 敏定 (大和守)
(常也) 敏信 (伊勢守)
(常永) 信安 (伊勢守)
信賢 (伊勢守)
(岩倉城主)
広季
広成 広久—広泰—広延
郷広
(遠江守) 広近 (紀伊守) 広遠 (伊勢守) (兵庫助) 敏広
広忠 寛近
光清—達種
広高 (良広) 寛広 (千代夜叉丸)
(常巨) (大和守) 寛村 寛定 (近江前司)
広孝—広良 (因幡守) 達広 (大和守) 達勝 (大和守) 達定 (継承)
(彦五郎) 信友 (広信) 達勝‖信友
(清洲城主)
織田良縁—良頼—藤左衛門
『古代氏族系譜集成・中巻』(P. 917)

考証 織田氏系図 (5)

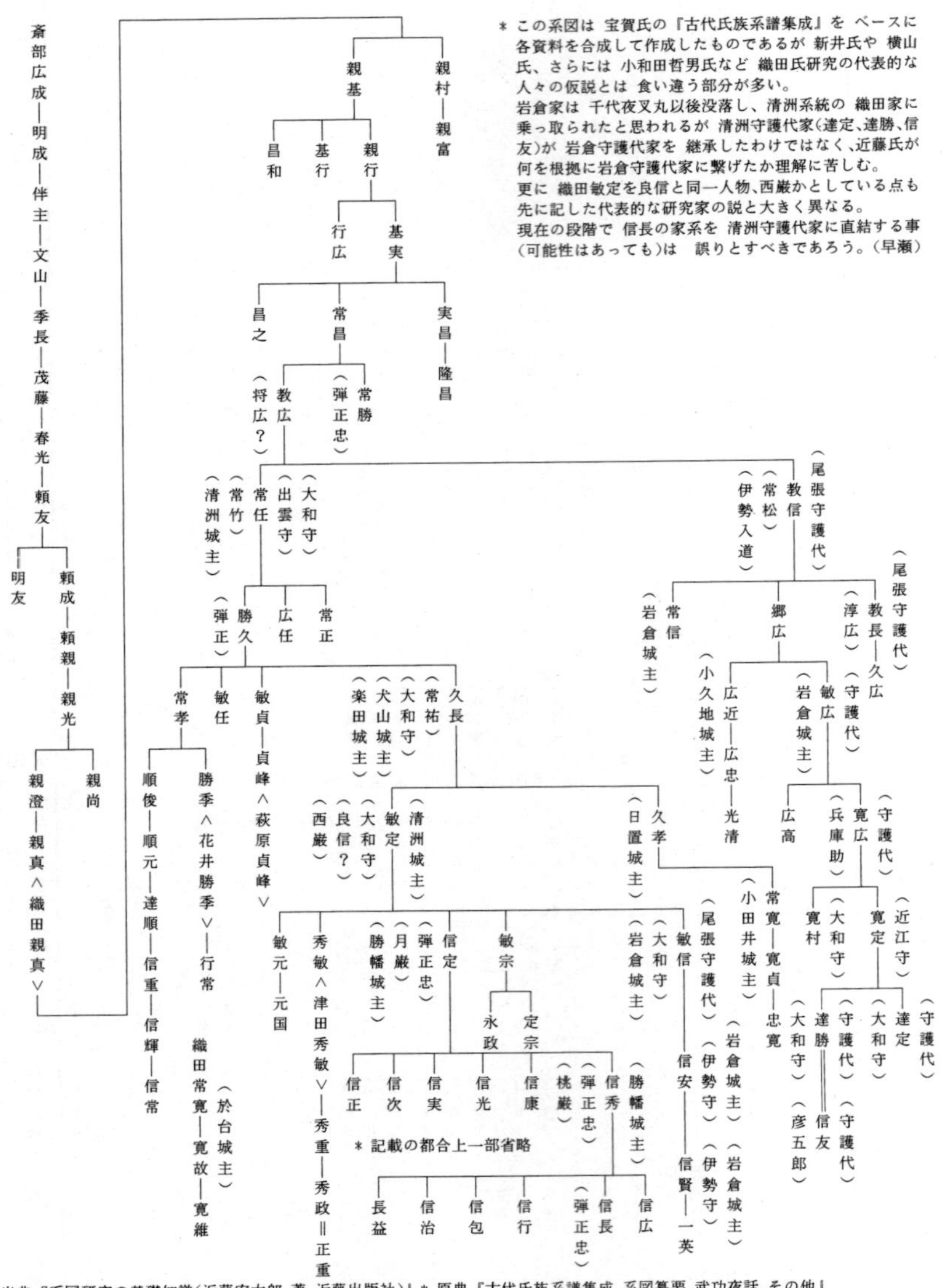

＊この系図は 宝賀氏の『古代氏族系譜集成』を ベースに各資料を合成して作成したものであるが 新井氏や 横山氏、さらには 小和田哲男氏など 織田氏研究の代表的な人々の仮説とは 食い違う部分が多い。
岩倉家は 千代夜叉丸以後没落し、清洲系統の 織田家に乗っ取られたと思われるが 清洲守護代家（達定、達勝、信友）が 岩倉守護代家を 継承したわけではなく、近藤氏が何を根拠に岩倉守護代家に繋げたか理解に苦しむ。
更に 織田敏定を良信と同一人物、西巌かとしている点も先に記した代表的な研究家の説と大きく異なる。
現在の段階で 信長の家系を 清洲守護代家に直結する事（可能性はあっても）は 誤りとすべきであろう。（早瀬）

出典『系図研究の基礎知識（近藤安太郎．著、近藤出版社）』＊ 原典『古代氏族系譜集成、系図纂要、武功夜話、その他』

考証 織田氏系図 (6)

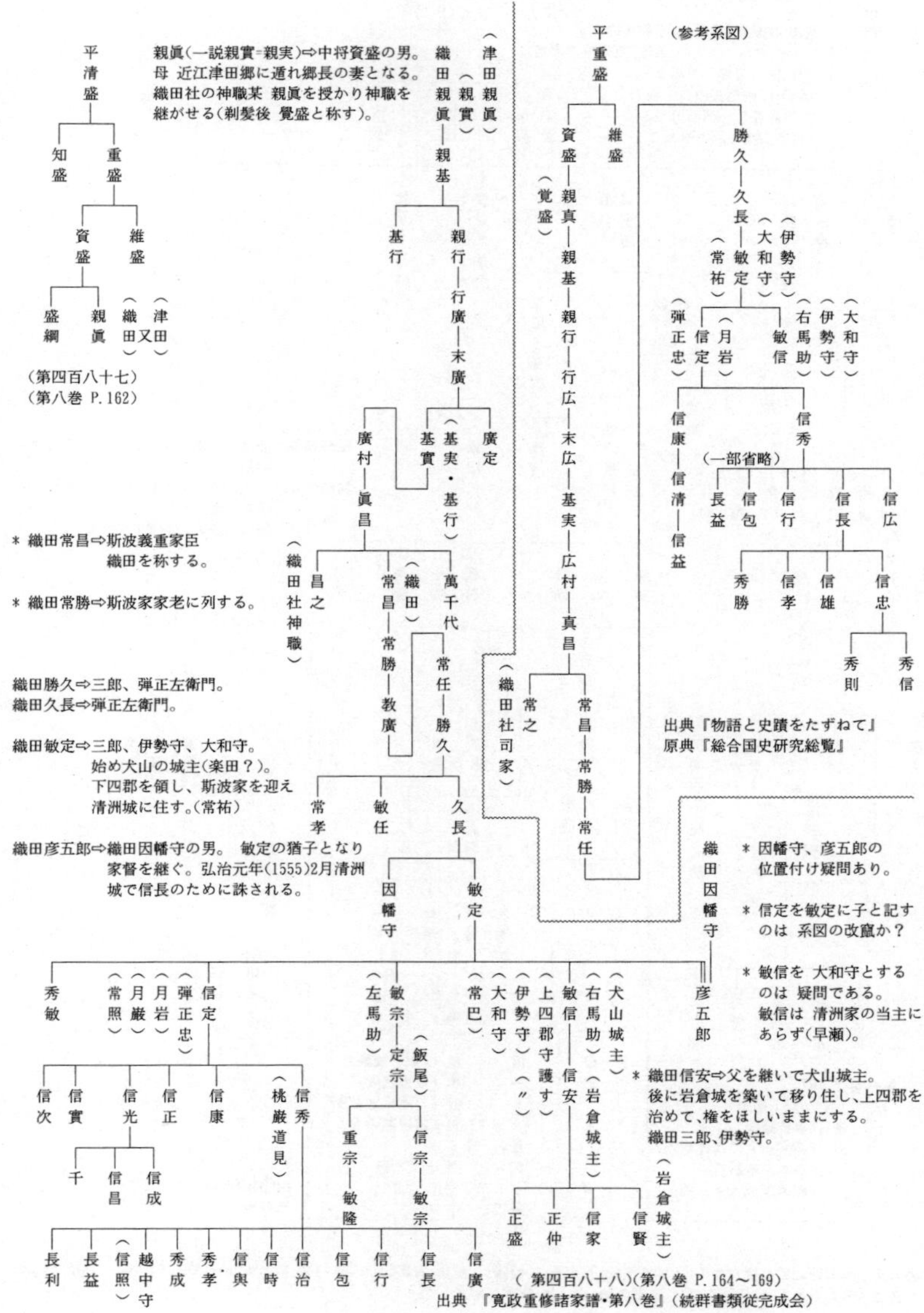

親眞(一説親實=親実)⇨中将資盛の男。
母 近江津田郷に逼れ郷長の妻となる。
織田社の神職某 親眞を授かり神職を
継がせる(剃髪後 覺盛と称す)。
(参考系図)
(第四百八十七)
(第八巻 P.162)
(一部省略)
* 織田常昌⇨斯波義重家臣
織田を称する。
* 織田常勝⇨斯波家家老に列する。
織田勝久⇨三郎、弾正左衛門。
織田久長⇨弾正左衛門。
織田敏定⇨三郎、伊勢守、大和守。
始め犬山の城主(楽田？)。
下四郡を領し、斯波家を迎え
清洲城に住す。(常祐)
織田彦五郎⇨織田因幡守の男。 敏定の猶子となり
家督を継ぐ。弘治元年(1555)2月清洲
城で信長のために誅される。
出典『物語と史蹟をたずねて』
原典『総合国史研究総覧』
* 因幡守、彦五郎の
位置付け疑問あり。
* 信定を敏定に子と記す
のは 系図の改竄か？
* 敏信を 大和守とする
のは 疑問である。
敏信は 清洲家の当主に
あらず(早瀬)。
* 織田信安⇨父を継いで犬山城主。
後に岩倉城を築いて移り住し、上四郡を
治めて、権をほしいままにする。
織田三郎、伊勢守。
(第四百八十八)(第八巻 P.164〜169)
出典 『寛政重修諸家譜・第八巻』(続群書類従完成会)

織田氏系図（弾正忠家）

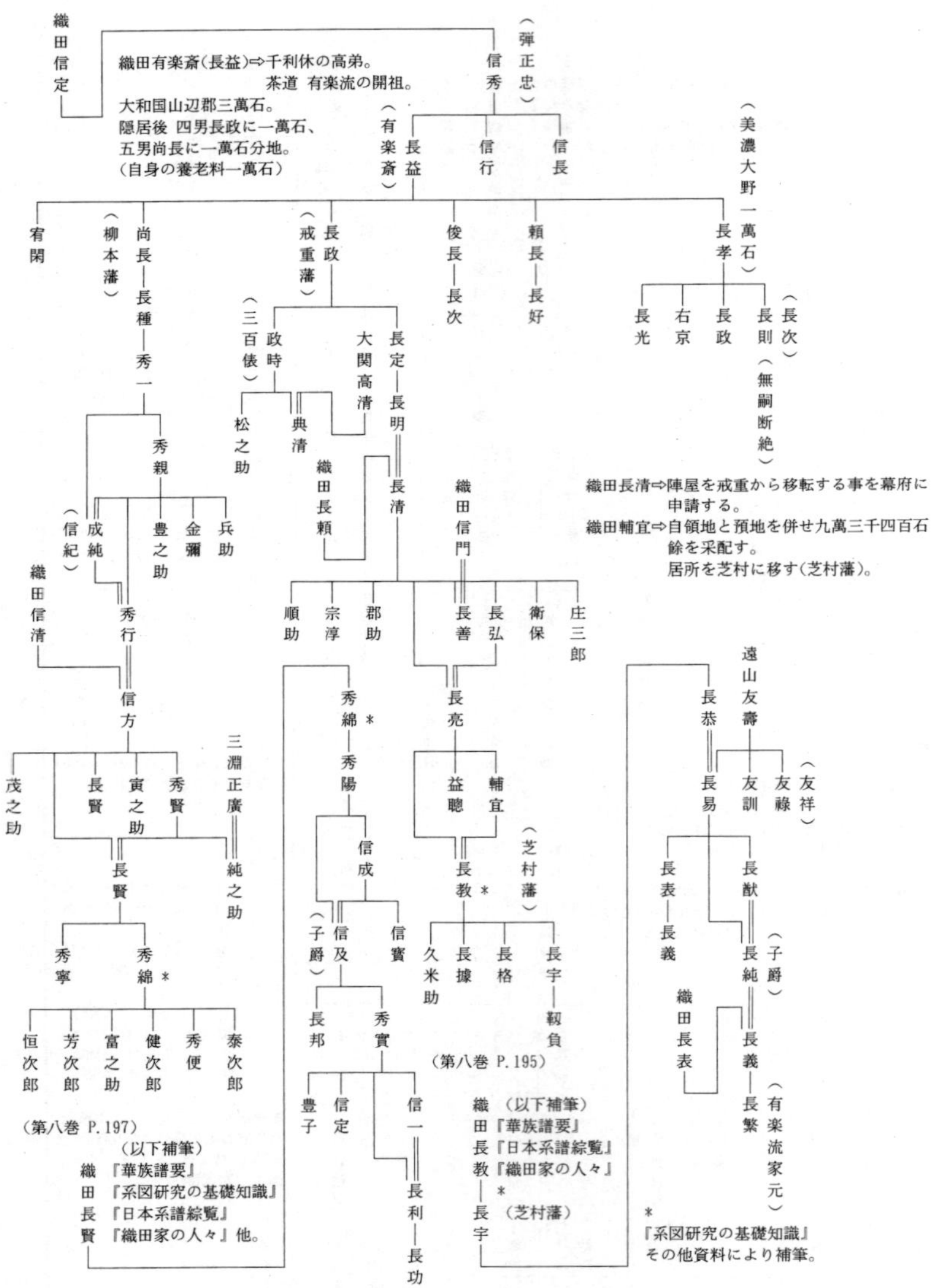

＊ 織田氏で大名として存続したのは 信雄系統（天童藩、柏原藩）と長益（有楽）系統（芝村藩、柳本藩）のみである。織田、豊臣時代に大名であった系統も 徳川時代には 無嗣断絶、或いは 旗本に零落した。

織田氏一族系図（旗本家）

――考証 織田氏系図（7）――

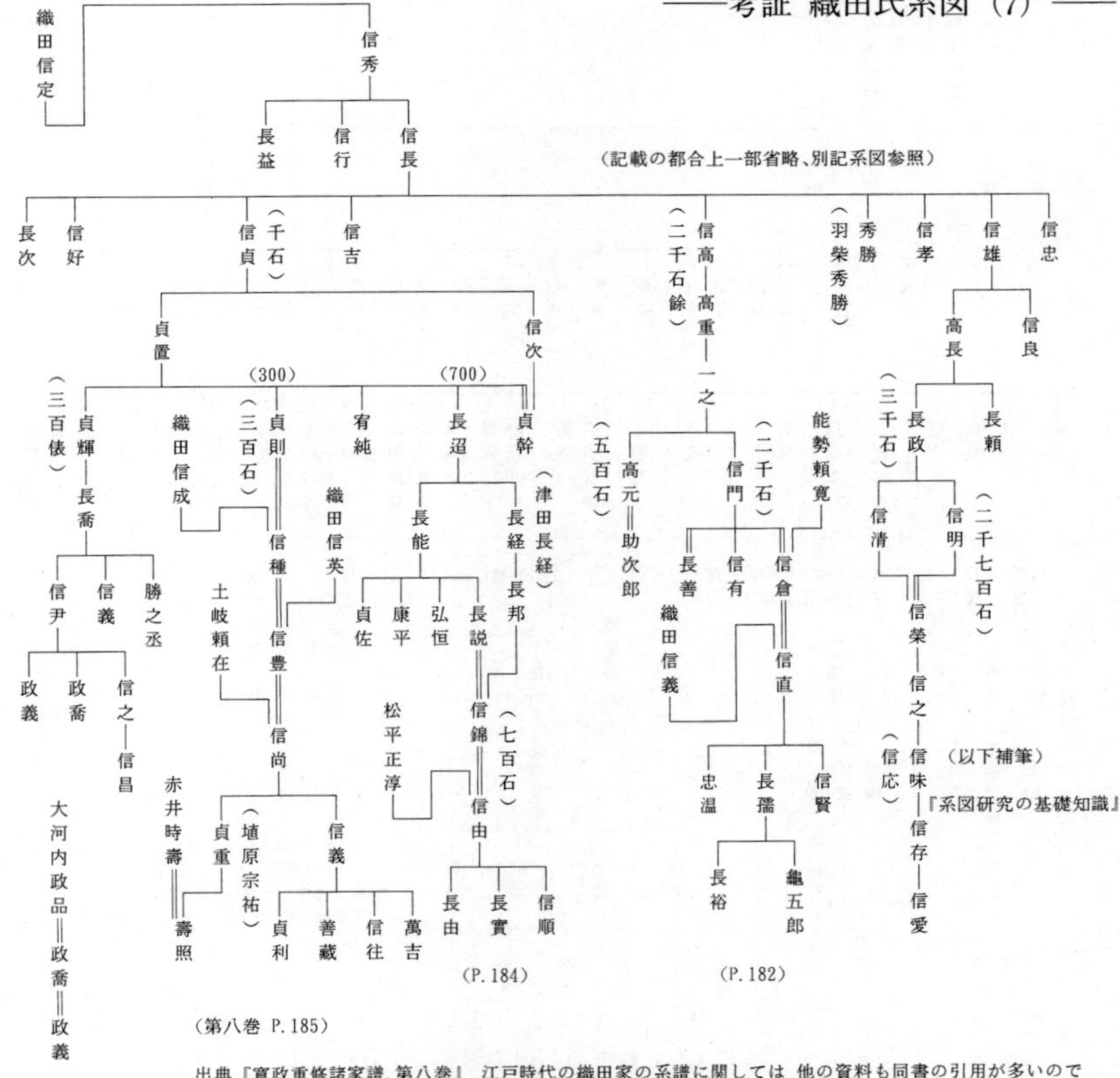

（第八巻 P. 185）

（参考略系図）

織田長政—信清

信安—信序（寄合三百石）

出典『寛政重修諸家譜. 第八巻』 江戸時代の織田家の系譜に関しては 他の資料も同書の引用が多いので本書もこれを基本出典とした。一部『系図研究の基礎知識』で 補筆。

大名として存続した織田家は 四家だが 旗本(幕臣)として 寛政年間まで存続した家が数家ある。

信雄末裔の旗本家 信之は 寄合に列し、表高家となっている(二千七百石)。
信序の家は 寄合に列し、三百石。

信高末裔の旗本家 長孺の家は 二千石(上記系図参照)。

信貞末裔の旗本家 寄合や高家となる(上記系図参照)。

これ以外にも 信長の弟 信行系統も 一時 津田を称したが、後に織田に復した。
信行系統は 別に記す。

＊ 織田一族末裔を称する旗本家は『寛政重修諸家譜. 第八巻』に 記載されている(嶋、津田、梶川、中川、柘植氏)。

織田氏系図（弾正忠家）

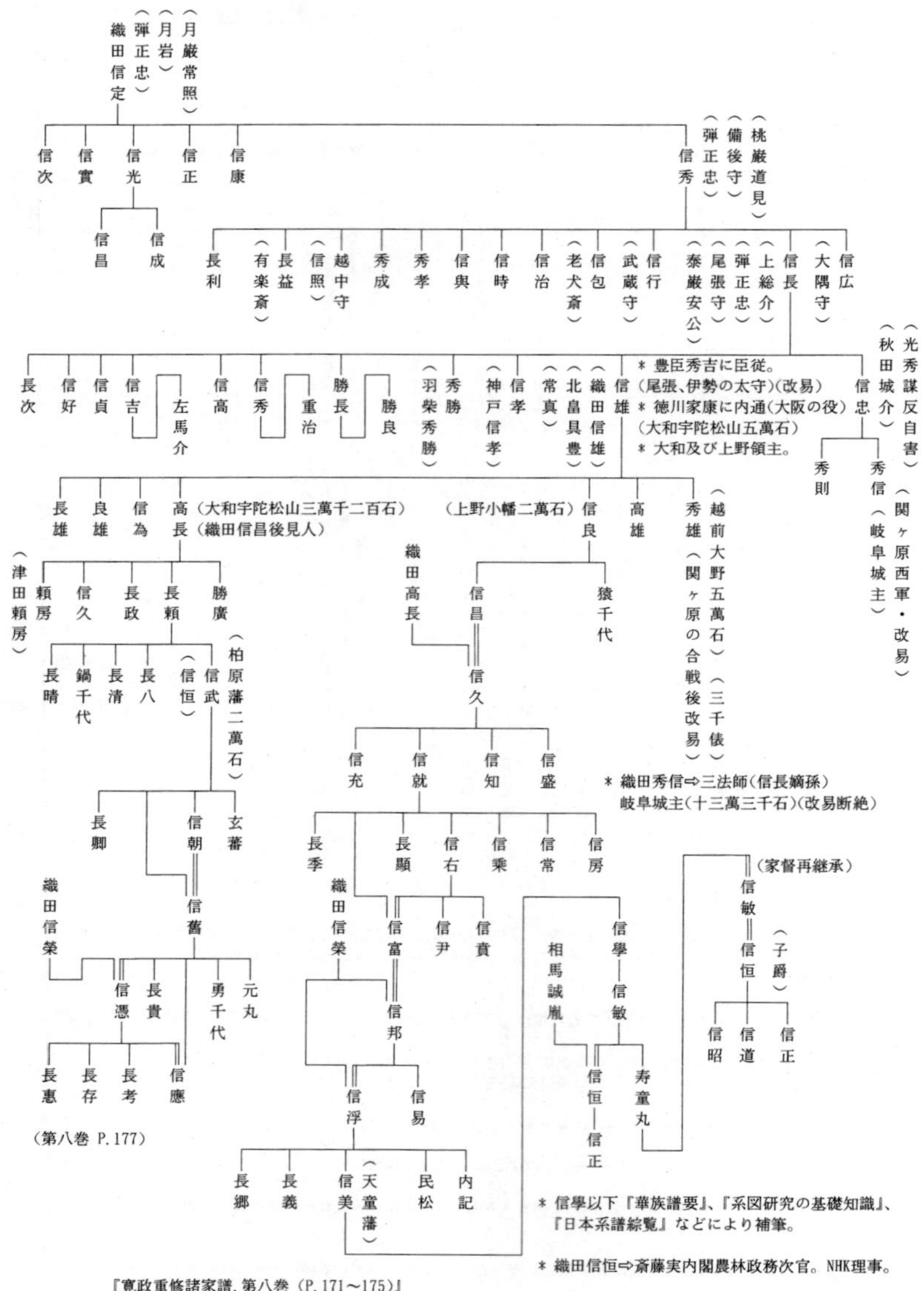
（月巌常照）
（月岩）
（弾正忠）
織田信定
信次
信實
信光
信正
信康
（桃巌道見）
（備後守）
（弾正忠）
信秀
信昌
信成
長利
（有楽斎）
長益
（信照）
越中守
秀成
秀孝
信與
信時
信治
（老犬斎）
信包
（武蔵守）
信行
（泰巌安公）
（尾張守）
（弾正忠）
（上総介）
信長
（大隅守）
信広
（光秀謀反自害）
（秋田城介）
信忠
＊豊臣秀吉に臣従。
（尾張、伊勢の太守）（改易）
＊徳川家康に内通（大阪の役）
（大和宇陀松山五萬石）
＊大和及び上野領主。
長次
信好
信貞
信吉
左馬介
信高
信秀
重治
勝長
勝良
（羽柴秀勝）
秀勝
（神戸信孝）
信孝
（常真）
（北畠具豊）
（織田信雄）
信雄
秀則
秀信
（関ヶ原西軍・改易）
（岐阜城主）
長雄
良雄
信為
高長（大和宇陀松山三萬千二百石）（織田信昌後見人）
（上野小幡二萬石）信良
高雄
（越前大野五萬石）
（三千俵）
秀雄
（関ヶ原の合戦後改易）
（津田頼房）
頼房
信久
長政
長頼
勝廣
織田高長
信昌
信久
猿千代
長晴
鍋千代
長清
長八
（信恒）
信武
（柏原藩二萬石）
信充
信就
信知
信盛
＊織田秀信⇨三法師（信長嫡孫）
岐阜城主（十三萬三千石）（改易断絶）
長卿
信朝
玄蕃
長季
長顯
信右
信乗
信常
信房
（家督再継承）
信敏
信恒
（子爵）
織田信榮
信舊
織田信榮
信富
信尹
信貴
相馬誠胤
信學
信敏
信昭
信道
信正
信憑
長貴
勇千代
元丸
信邦
長惠
長存
長考
信應
信浮
信易
信恒
信正
寿童丸
（第八巻 P. 177）
長郷
長義
信美
（天童藩）
民松
内記
＊信學以下『華族譜要』、『系図研究の基礎知識』、『日本系譜綜覧』などにより補筆。
＊織田信恒⇨斎藤実内閣農林政務次官。NHK理事。
『寛政重修諸家譜．第八巻（P. 171～175）』

織田氏系図（弾正忠家）

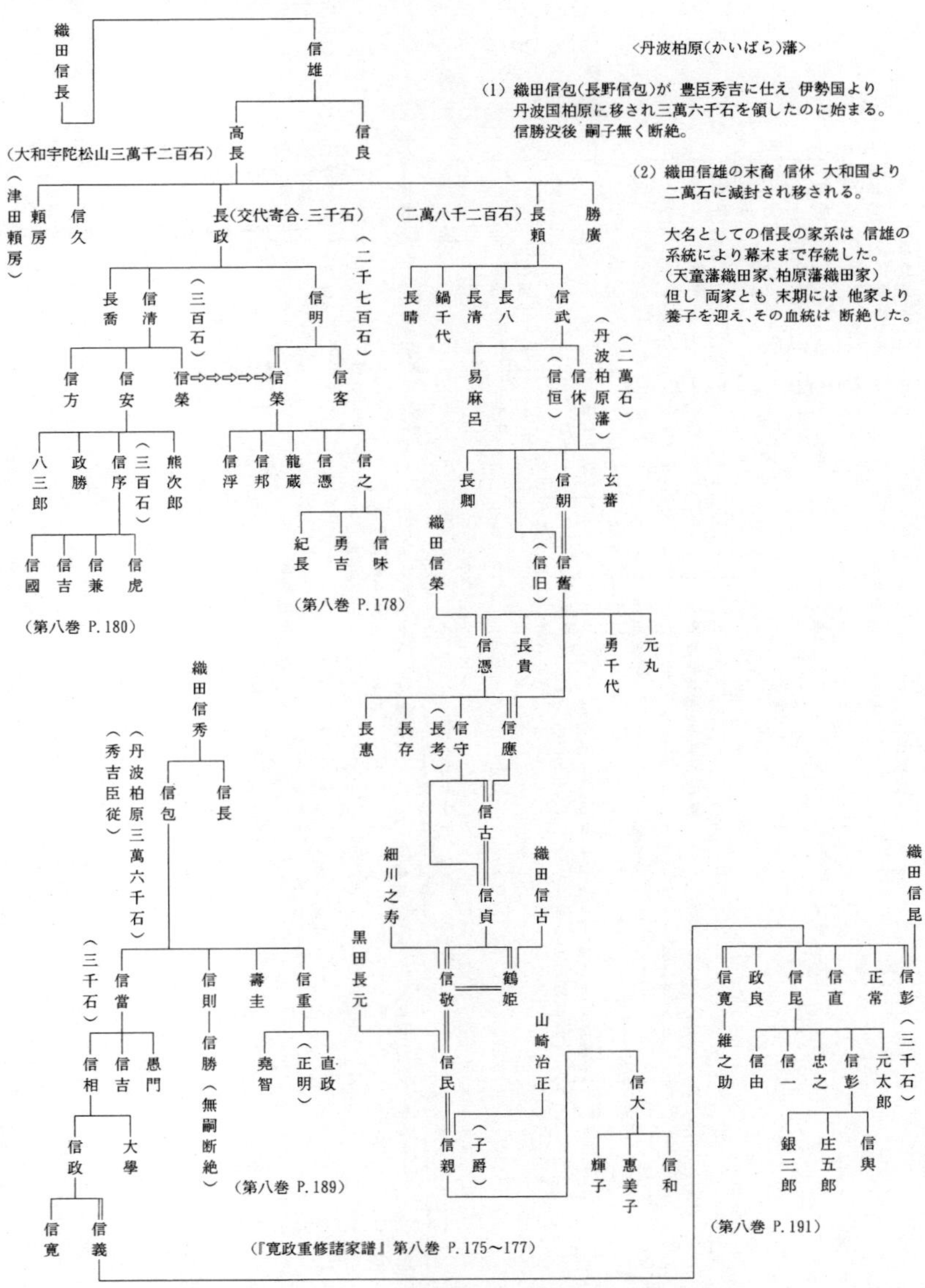

織田信長
信雄
<丹波柏原（かいばら）藩>
（1）織田信包（長野信包）が 豊臣秀吉に仕え 伊勢国より
丹波国柏原に移され三萬六千石を領したのに始まる。
信勝没後 嗣子無く断絶。
（2）織田信雄の末裔 信休 大和国より
二萬石に減封され移される。
大名としての信長の家系は 信雄の
系統により幕末まで存続した。
（天童藩織田家、柏原藩織田家）
但し 両家とも 末期には 他家より
養子を迎え、その血統は 断絶した。
高長
信良
（大和宇陀松山三萬千二百石）
（津田頼房）
頼房
信久
長政（交代寄合．三千石）
（二萬八千二百石）長頼
勝廣
（二千七百石）
長喬
信清
（三百石）
信明
長晴
鍋千代
長清
長八
信武
（丹波柏原藩）
（二萬石）
信方
信安
信榮⇨⇨⇨⇨⇨信榮
信客
易麻呂
（信恒）
信休
八三郎
政勝
信序
（三百石）
熊次郎
信浮
信邦
龍蔵
信憑
信之
長卿
信朝
玄蕃
紀長
勇吉
信昧
織田信榮
（信旧）
信舊
信國
信吉
信兼
信虎
（第八巻 P.178）
（第八巻 P.180）
信憑
長貴
勇千代
元丸
織田信秀
（丹波柏原三萬六千石）
（秀吉臣従）
信包
信長
長恵
長存
（長考）
信守
信應
信古
細川之寿
信貞
織田信古
織田信昆
黒田長元
信敬
鶴姫
信寛
政良
信昆
信直
正常
信彰
（三千石）
（三千石）
信當
信則
壽圭
信重
山崎治正
維之助
信由
信一
忠之
信彰
元太郎
信相
信吉
愚門
信勝
（無嗣断絶）
堯智
（正明）
直政
信民
信大
信政
大學
信親
（子爵）
輝子
恵美子
信和
銀三郎
庄五郎
信與
（第八巻 P.189）
信寛
信義
（『寛政重修諸家譜』第八巻 P.175～177）
（第八巻 P.191）

＊ 信古以下『系図研究の基礎知識』、『華族譜要』、その他資料で補筆。

織田氏一族系図

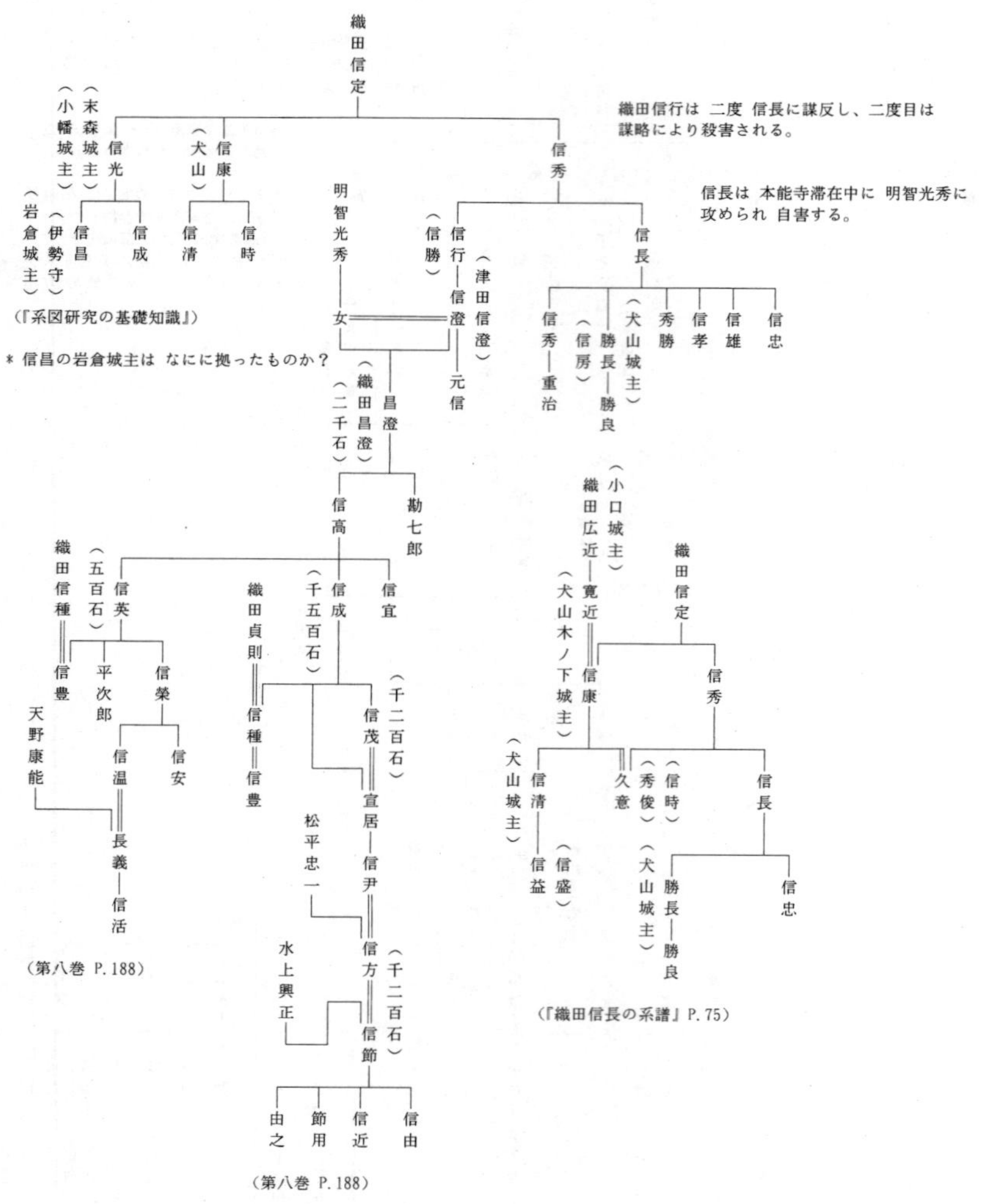

織田信定
信光
（末森城主）
（小幡城主）
信康
（犬山）
信秀
信昌
（伊勢守）
（岩倉城主）
信成
信清
信時
明智光秀
信行
（信勝）
信長
女
信澄
（津田信澄）
元信
昌澄
（織田昌澄）
（二千石）
信秀
重治
信房
勝長
勝良
（犬山城主）
秀勝
信孝
信雄
信忠
織田信行は 二度 信長に謀反し、二度目は謀略により殺害される。
信長は 本能寺滞在中に 明智光秀に攻められ 自害する。
（『系図研究の基礎知識』）
＊ 信昌の岩倉城主は なにに拠ったものか？
信高
勘七郎
織田信種
信英
（五百石）
信豊
平次郎
信榮
天野康能
信温
信安
長義
信活
信成
（千五百石）
信宜
織田貞則
信種
信豊
信茂
（千二百石）
宣居
松平忠一
信尹
信方
（千二百石）
水上興正
信節
由之
節用
信近
信由
（第八巻 P. 188）
（第八巻 P. 188）
織田広近
（小口城主）
寛近
（犬山木ノ下城主）
信康
織田信定
信秀
信清
（犬山城主）
信益
（信盛）
久意
（秀俊）
（信時）
（犬山城主）
信長
勝長
勝良
信忠
（『織田信長の系譜』 P. 75）

考証 織田氏系図 (8)

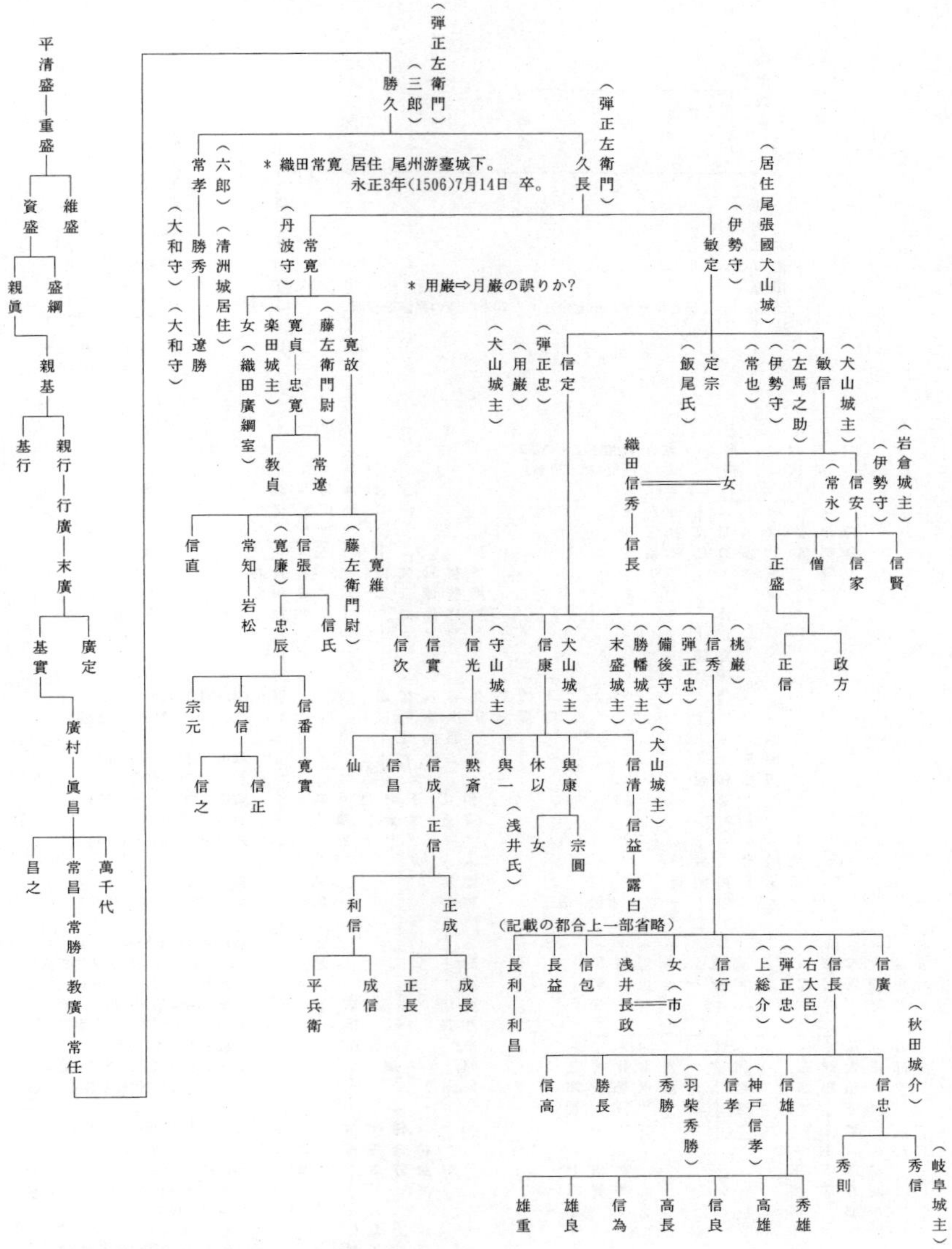

出典『群書系図部集. 第四巻』(續群書類従完成會)

考証 織田氏系図 (9)

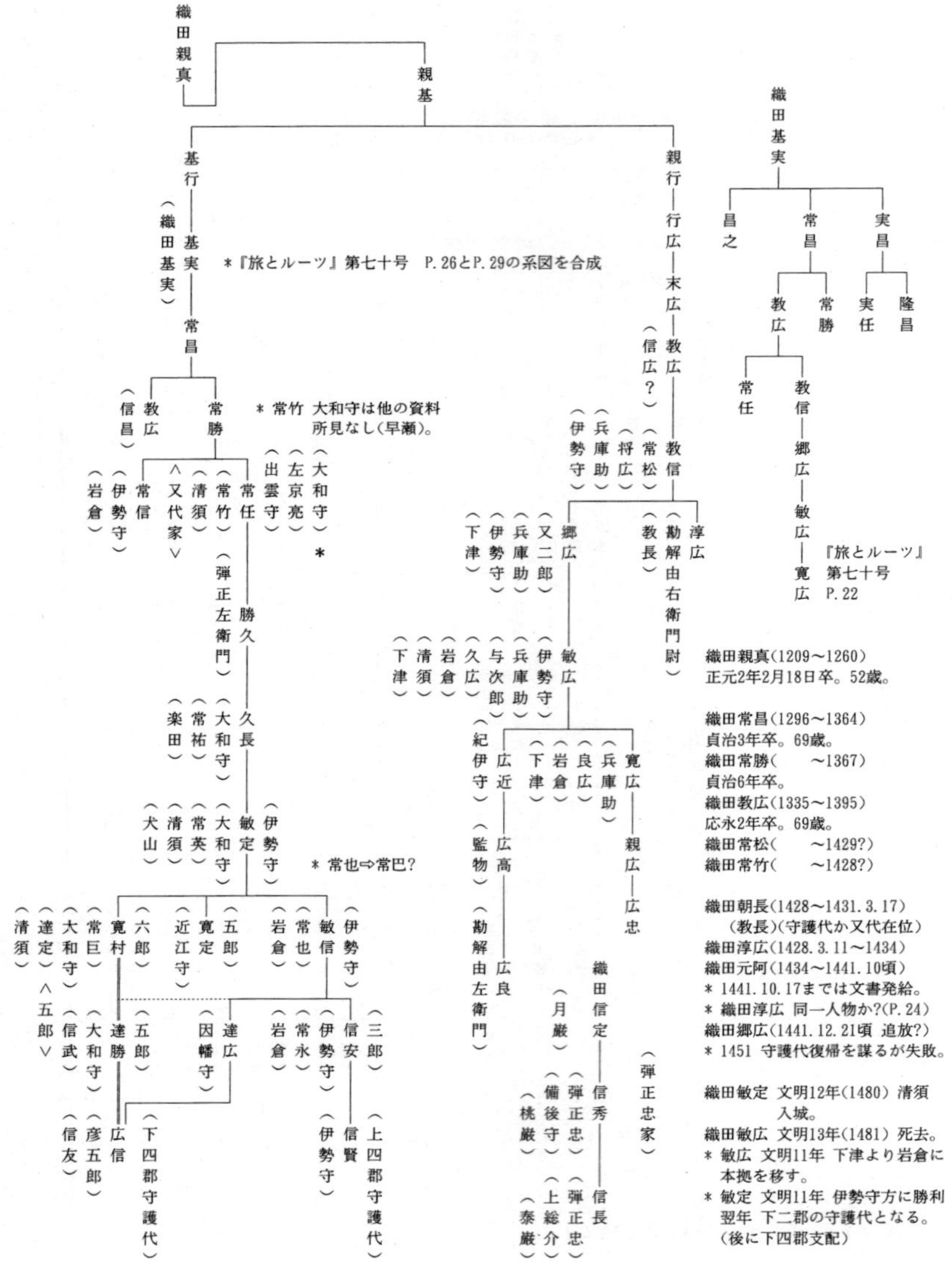
織田親真
親基
基行
(織田基実)
基実
常昌
教広
(信昌)
常勝
常任
(常竹)
(清須)
〈又代家〉
常信
(伊勢守)
(岩倉)
(大和守)
(左京亮)
(出雲守)
*
* 常竹 大和守は他の資料所見なし(早瀬)。
(弾正左衛門)
勝久
久長
(大和守)
(常祐)
(楽田)
敏定
(伊勢守)
(大和守)
(常英)
(清須)
(犬山)
* 常也⇨常巴?
(伊勢守)
敏信
(常也)
(岩倉)
(五郎)
寛定
(近江守)
(六郎)
寛村
(常巳)
(大和守)
(達定)
(清須)
〈五郎〉
(三郎)
信安
(伊勢守)
(常永)
(岩倉)
達広
(因幡守)
(五郎)
達勝
(大和守)
(信武)
(上四郡守護代)
信賢
(伊勢守)
(下四郡守護代)
広信
(彦五郎)
(信友)
*『旅とルーツ』第七十号 P.26とP.29の系図を合成
親行
行広
末広
教広
(信広?)
教信
(常松)
(将広)
(兵庫助)
(伊勢守)
淳広
(勘解由右衛門尉)
(教長)
郷広
(又二郎)
(兵庫助)
(伊勢守)
(下津)
敏広
(伊勢守)
(兵庫助)
(与次郎)
(久広)
(岩倉)
(清須)
(下津)
寛広
(兵庫助)
(良広)
(岩倉)
(下津)
広近
(紀伊守)
広高
(監物)
広良
(勘解由左衛門)
親広
広忠
織田信定
(月巌)
信秀
(弾正忠)
(備後守)
(桃巌)
(弾正忠家)
信長
(弾正忠)
(上総介)
(泰巌)
織田基実
昌之
常昌
実昌
教広
常勝
実任
隆昌
常任
教信
郷広
敏広
寛広
『旅とルーツ』第七十号 P.22
織田親真(1209～1260)
正元2年2月18日卒。52歳。
織田常昌(1296～1364)
貞治3年卒。69歳。
織田常勝(　～1367)
貞治6年卒。
織田教広(1335～1395)
応永2年卒。69歳。
織田常松(　～1429?)
織田常竹(　～1428?)
織田朝長(1428～1431.3.17)
(教長)(守護代か又代在位)
織田淳広(1428.3.11～1434)
織田元阿(1434～1441.10頃)
* 1441.10.17までは文書発給。
* 織田淳広 同一人物か?(P.24)
織田郷広(1441.12.21頃 追放?)
* 1451 守護代復帰を謀るが失敗。
織田敏定 文明12年(1480) 清須入城。
織田敏広 文明13年(1481) 死去。
* 敏広 文明11年 下津より岩倉に本拠を移す。
* 敏定 文明11年 伊勢守方に勝利翌年 下二郡の守護代となる。(後に下四郡支配)

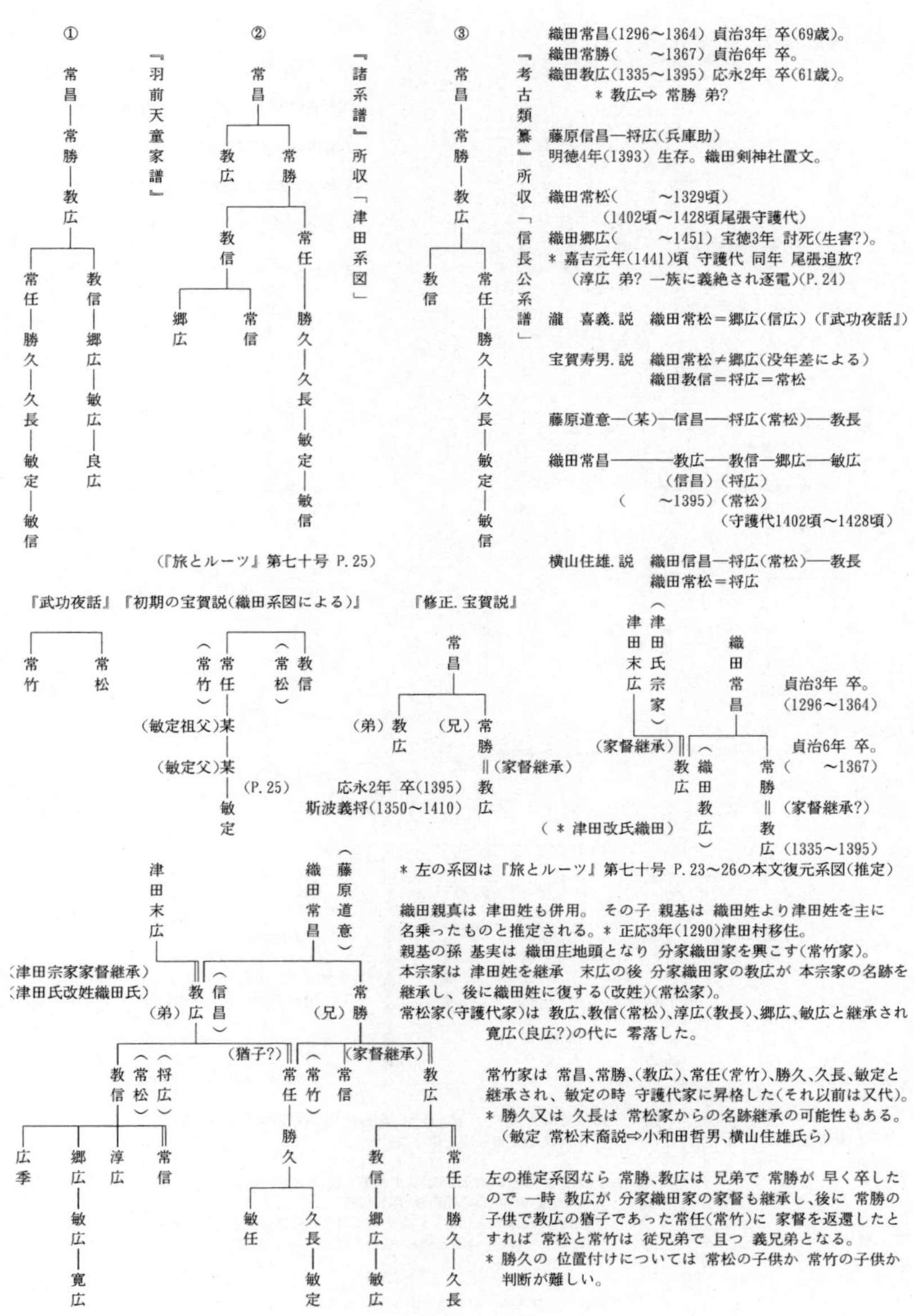

①
常昌―常勝―教広
常任―勝久―久長―敏定―敏信
教信―郷広―敏広―良広
『羽前天童家譜』
②
常昌
教広
常勝
教信
常任
郷広
常信
勝久―久長―敏定―敏信
『諸系譜』所収「津田系図」
③
常昌―常勝―教広
教信
常任―勝久―久長―敏定―敏信
『考古類纂』所収「信長公系譜」
織田常昌(1296～1364) 貞治3年 卒(69歳)。
織田常勝(～1367) 貞治6年 卒。
織田教広(1335～1395) 応永2年 卒(61歳)。
＊教広⇨ 常勝 弟?
藤原信昌―将広(兵庫助)
明徳4年(1393) 生存。織田剣神社置文。
織田常松(～1329頃)
(1402頃～1428頃尾張守護代)
織田郷広(～1451) 宝徳3年 討死(生害?)。
＊嘉吉元年(1441)頃 守護代 同年 尾張追放?
(淳広 弟? 一族に義絶され逐電)(P.24)
瀧 喜義.説 織田常松＝郷広(信広)(『武功夜話』)
宝賀寿男.説 織田常松≠郷広(没年差による)
織田教信＝将広＝常松
藤原道意―(某)―信昌―将広(常松)―教長
織田常昌―教広―教信―郷広―敏広
(信昌)(将広)
(～1395)(常松)
(守護代1402頃～1428頃)
横山住雄.説 織田信昌―将広(常松)―教長
織田常松＝将広
(『旅とルーツ』第七十号 P.25)
『武功夜話』
常竹
常松
『初期の宝賀説(織田系図による)』
常任(常竹)
教信(常松)
(敏定祖父)某
(敏定父)某
敏定
(P.25)
『修正.宝賀説』
常昌
(弟)教広
(兄)常勝
(家督継承)
応永2年 卒(1395) 教広
斯波義将(1350～1410)
津田末広
(津田氏宗家)
織田常昌
貞治3年 卒。
(1296～1364)
(家督継承)
教広
(織田教広)
常勝
貞治6年 卒。
(～1367)
(家督継承?)
教広(1335～1395)
(＊津田改氏織田)
＊左の系図は『旅とルーツ』第七十号 P.23～26の本文復元系図(推定)
津田末広
織田常昌(藤原道意)
(津田宗家家督継承)
(津田氏改姓織田氏)
(弟)教広(信昌)
(兄)常勝
(猶子?)
(家督継承)
教信
常松
将広
常任(常竹)
常信
教広
広季
郷広―敏広―寛広
淳広
常信
勝久
敏任
久長―敏定
教信―郷広―敏広
常任―勝久―久長
織田親真は 津田姓も併用。 その子 親基は 織田姓より津田姓を主に名乗ったものと推定される。＊正応3年(1290)津田村移住。
親基の孫 基実は 織田庄地頭となり 分家織田家を興こす(常竹家)。
本宗家は 津田姓を継承 末広の後 分家織田家の教広が 本宗家の名跡を継承し、後に織田姓に復する(改姓)(常松家)。
常松家(守護代家)は 教広、教信(常松)、淳広(教長)、郷広、敏広と継承され寛広(良広?)の代に 零落した。
常竹家は 常昌、常勝、(教広)、常任(常竹)、勝久、久長、敏定と継承され、敏定の時 守護代家に昇格した(それ以前は又代)。
＊勝久又は 久長は 常松家からの名跡継承の可能性もある。
(敏定 常松末裔説⇨小和田哲男、横山住雄氏ら)
左の推定系図なら 常勝、教広は 兄弟で 常勝が 早く卒したので 一時 教広が 分家織田家の家督も継承し、後に 常勝の子供で教広の猶子であった常任(常竹)に 家督を返還したとすれば 常松と常竹は 従兄弟で 且つ 義兄弟となる。
＊勝久の 位置付けについては 常松の子供か 常竹の子供か判断が難しい。

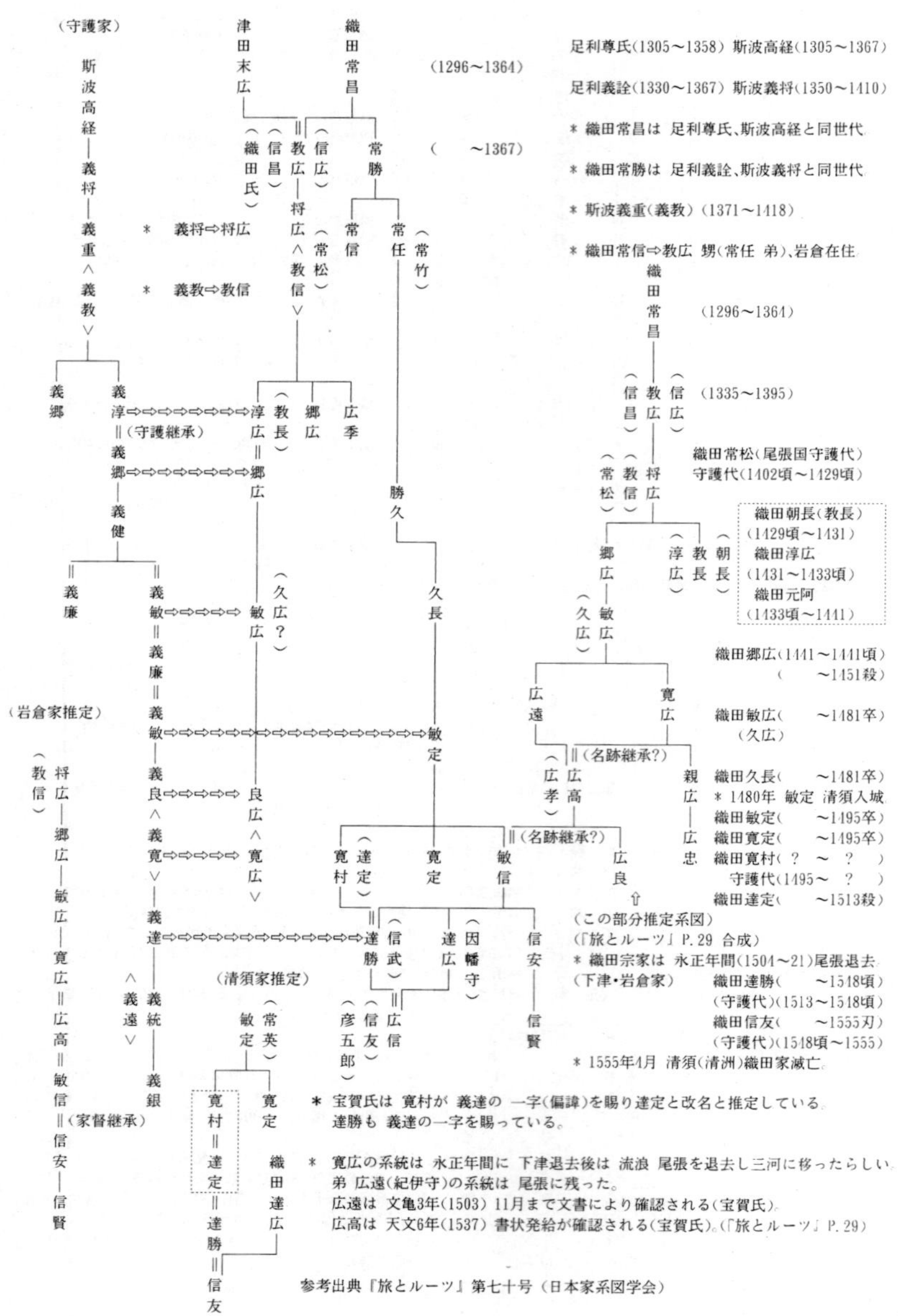
（守護家）
斯波高経
義将
義重〈義教〉
義郷
義淳
‖（守護継承）
義郷
義健
義廉
義敏
義廉
義敏
義良〈義寛〉
義達
義統
義銀
〈義遠〉
* 義将⇨将広
* 義教⇨教信
津田末広
織田常昌
(1296～1364)
（織田氏）
（信昌）
教広
（信広）
常勝
（　～1367）
将広〈教信〉
（常松）
常信
常任
（常竹）
淳広
（教長）
郷広
広季
郷広
勝久
久長
敏広
（久広？）
敏定
良広〈寛広〉
（岩倉家推定）
将広
（教信）
郷広
敏広
寛広
広高
敏信
‖（家督継承）
信安
信賢
寛村
（達定）
寛定
敏信
達勝
（信武）
達広
（因幡守）
信安
信賢
（彦五郎）
（信友）
広信
（清須家推定）
敏定
（常英）
寛村‖達定
寛定
織田達広
達勝
信友
足利尊氏(1305～1358) 斯波高経(1305～1367)
足利義詮(1330～1367) 斯波義将(1350～1410)
* 織田常昌は 足利尊氏、斯波高経と同世代
* 織田常勝は 足利義詮、斯波義将と同世代
* 斯波義重(義教) (1371～1418)
* 織田常信⇨教広 甥(常任 弟)、岩倉在住
織田常昌 (1296～1364)
（信昌） 教広 （信広） (1335～1395)
（常松） （教信） 将広
織田常松(尾張国守護代)
守護代(1402頃～1429頃)
郷広 （淳広） 教長 （朝長）
織田朝長(教長)
(1429頃～1431)
織田淳広
(1431～1433頃)
織田元阿
(1433頃～1441)
（久広） 敏広
織田郷広(1441～1441頃)
(　～1451殺)
広遠
寛広
織田敏広(　～1481卒)
(久広)
‖(名跡継承?)
（広孝） 広高
親広
広忠
‖(名跡継承?)
広良
⇧
(この部分推定系図)
(『旅とルーツ』P.29 合成)
織田久長(　～1481卒)
* 1480年 敏定 清須入城
織田敏定(　～1495卒)
織田寛定(　～1495卒)
織田寛村(? ～ ?)
守護代(1495～ ?)
織田達定(　～1513殺)
* 織田宗家は 永正年間(1504～21)尾張退去
(下津・岩倉家)
織田達勝(　～1548頃)
(守護代)(1513～1548頃)
織田信友(　～1555刃)
(守護代)(1548頃～1555)
* 1555年4月 清須(清洲)織田家滅亡
* 宝賀氏は 寛村が 義達の 一字(偏諱)を賜り達定と改名と推定している
達勝も 義達の一字を賜っている
* 寛広の系統は 永正年間に 下津退去後は 流浪 尾張を退去し三河に移ったらしい
弟 広遠(紀伊守)の系統は 尾張に残った。
広遠は 文亀3年(1503) 11月まで文書により確認される(宝賀氏)
広高は 天文6年(1537) 書状発給が確認される(宝賀氏)。(『旅とルーツ』P.29)
参考出典『旅とルーツ』第七十号（日本家系図学会）

織田一族検証一覧 (1)

人名/出典	系図纂要	群書系図部集	寛政重修諸家譜	古代氏族系譜集成	旅とルーツ
織田親真の父	平資盛(清盛孫) 1185年(元暦2年)3月24日 壇ノ浦にて入水。	平資盛(清盛孫) 元暦2年3月24日 於壇浦沒海 28歳。	平資盛(清盛孫) 寿永2年(1183)7月 一族西海へ走る。	斎部親澄、織田明神 神主。貞永2年(1233) 3月18日 卒。	斎部親澄 ＊別伝(実父) 柏木(伴)家次
織田親真の母				富田(平)基度の女。	富田(平)基度女 別伝 蒲生親長女
織田親真 (親眞)	織田明神神官 猶子。 称 津田又は織田。覚盛 法師。津田先生。	江州津田、越前織 田元祖。親真在胎 中。津田庄 在。	権太夫、覺盛。 今の呈譜 親實。 織田、又 津田。	織田三郎、権太夫。 貞永2年 織田神主。 正嘉2年(1258)出家。 覚性。正元2年(1260) 2月28日卒。(親實)	織田三郎、権太夫 貞永2年 織田神主 正元2年 2月28日 卒 52歳。 (1209～1260)
織田親基	権太郎、津田権太夫。 親真 子。	権太郎。 親真 子。	権太郎。 親眞遺腹の子。	織田権太夫。継神主。 親眞 子。正応3年(12 90)5月 近江津田村へ 移住。(津田親基)	正応3年 津田村 移住。 親真 子。
織田親行	孫太郎。親基 子。	左に同じ。	左に同じ。	織田孫太郎。正安元年 (1299)5月 鎌倉御家人。 正安3年(1301)11月 卒。	親基 子。
織田基行	孫次郎 親基 子。	左に同じ。	左に同じ。	津田孫三郎。親基 子。	親基 子。
津田昌和				津田四郎。親基 子。	
織田行広 (行廣)	太郎兵衛。親行 子。	左に同じ。	左に同じ。	太郎兵衛尉。親行 子。 津田四郎兵衛。文保2 年(1318)11月5日 卒。	親行 子。
織田末広 (末廣)	三郎、太郎兵衛。 行広 子。	三郎太郎兵衛。 行広 子。	三郎、太郎兵衛。 行広 子。	津田太郎兵衛尉。 行広 子。	行広 子。
織田広定 (廣定)	末廣 子。(廣定)	末廣 子。早世。	左に同じ。	三郎兵衛。早世。 行広 子(末広兄弟)。	
織田基実 (基實)	三郎。斯波高経 寵童。 末廣 子。	三郎。末廣 子。	三郎。末廣 子。 今の呈譜 基行。	織田三郎右衛門尉。親 基 子(一説 親行 子)。	基行 子(親真 孫)。織田地頭。
織田広村 (廣村)	三郎四郎。 基實 子。	三郎四郎。 基實 子。	三郎四郎。 基實 子。	織田九郎左衛門尉。 織田親行 子。	
織田親村				織田三郎左衛門尉。 広村 子。	
織田眞昌	三郎右衛門尉。廣村 子。	三郎右衛門。 廣村 子。	三郎右衛門。 廣村 子。	織田実昌、三郎右衛門。 織田基実 子。	
織田実昌				織田三郎右衛門。 織田基実 子(眞昌)。	三郎右衛門尉。 織田基実 子。
織田隆昌				太郎。織田嗣官之祖。 実昌 子。	左に同じ。 〃 。
織田実任				三郎。隆昌 子。	左に同じ。
織田 某	萬千代。眞昌 子。	左に同じ(早世)。	左に同じ。		
織田常昌	二郎四郎。眞昌 子。 臣属 斯波義重。	次郎四郎。眞昌 子。	次郎四郎。眞昌 子。 斯波義重 臣。	織田次郎四郎。右馬助。 斯波高経 属。貞治3年 (1364)8月14日 卒(69)。	二郎三郎。基実 子。貞治3年 卒。 (1296～1364) 69
織田昌之	津田三郎五郎。眞昌 子。 継織田神社神職。	左に同じ。	左に同じ。	織田三郎五郎。 眞昌 子。	左に同じ。
織田常勝	助二郎、帯刀、左衛門尉。 常昌 子。	助次郎帯刀左衛門 常昌 子。	助次郎、帯刀左衛門 常昌 子。斯波家老。	帯刀左衛門尉、助次郎。 常昌 子、弾正忠。	帯刀左衛門尉。 常昌 子。1367卒。
織田教広 (教廣)	織田二郎。左衛門尉。 常勝 子。	次郎左衛門。 常勝 子。	次郎左衛門。 常勝 子。	次郎左衛門尉。応永2 年(1395) 11月7日 卒、 61歳。常昌 子。	次郎左衛門尉。 常昌 子(信昌) 末広 継嗣子。 守護代家祖。 信広か? 応永2年 卒 61歳。 (1335～1395)
織田常任	織田二郎。兵衛尉。 教広 子。	次郎兵衛。 教広 子。	次郎兵衛。 教広 子。	次郎兵衛尉、大和守。 教広 子。	次郎兵衛尉。 常勝 子、教広 猶子か?(常竹) 又代家祖。
織田勝久	三郎、弾正左衛門尉。 常任 子。	三郎弾正左衛門。 常任 子。	三郎、弾正左衛門 常任 子。	弾正左衛門尉、小三郎。 属、斯波義淳。 文安5年(1488)正月18 日 卒。常任 子。	常任 子。

人名/出典	系図纂要	群書系図部集	寛政重修諸家譜	古代氏族系譜集成	旅とルーツ
織田教信	帯刀 左衛門尉。 常勝 子。			帯刀左衛門尉。守護代 仕、義淳。教広 子。	織田教広 子。 将広?（常松）
織田常信	伊賀守。居 岩倉城。 教信 子。			織田三郎、伊勢守。 岩倉城主。教信 子。	教信 子。＊ 教広 甥（常任 弟）。
織田久長	三郎 弾正左衛門。 勝久 子。	弾正左衛門。 勝久 子。	弾正左衛門。 勝久 子。	弾正左衛門尉、大和守。 近江守、常祐。 勝久 子。延徳2年（14 90）2月5日 卒。71歳。 （1420～1490）	勝久 子。三郎。 大和守、常祐。 在 楽田、犬山。
織田敏任	二郎九郎。久長 子。		次郎九郎。勝久 子。	二郎九郎。勝久 子。	
織田常孝	六郎。常友。勝久 子	六郎。勝久 子。	六郎。勝久 子。	六郎。勝久 子。	
織田敏定	三郎。伊勢守。犬山城主。 守 清須城。蓮光院常英。 久長 子。	三郎。伊勢守。居 住。犬山城。 久長 子。	三郎。伊勢守。 大和守。犬山城主。 住 清洲城。常祐。 久長 子。	三郎。大和守。伊勢守。 延徳2年 襲封（継承）。 居 犬山城又岩倉城。 仕 斯波義敏、義廉。 明応4年（1495）4月21日 卒 44歳。（1452～1495） 法名 常英。久長 子。	三郎。大和守。伊 勢守。久長 子。 犬山城。清須城。 明応4年7月 陣没。 （　　～1495） 常英。 下四郡守護代。
織田敏信	右馬助。大和守。常巴。 犬山城主。岩倉城主。 領 上四郡。 天文8年（1539）没。 敏定 子。	左馬助。伊勢守。 尾州上四郡犬山城。 法名 常巴。 敏定 子。	右馬助（今の 呈譜 左馬助）。伊勢守。 大和守。犬山城に 住し、上四郡守護す。 某年死す。常巴。	左馬助。備後守。伊勢守。 大和守。仕 斯波義寛。 居 犬山城、岩倉城。 領 上四郡。天文17年 （1548）7月15日卒 73歳。 （1476～1548）常也（巴）。	左馬助。備後守。 大和守。伊勢守。 犬山城、岩倉城。 常巴（常也）。 仕 斯波義寛。
織田信安	三郎。伊勢守。法名 常永。 犬山城 後移 岩倉城。 敏信 子。	三郎。伊勢守。犬山 城、岩倉城。常永。 天正19年（1591）10 月24日 卒。 敏信 子。	三郎。伊勢守。犬山 城、岩倉城。天正19 年（1591）10月24日 卒。法名 常永。 敏信　子。	三郎。伊勢守、大和守。 法名 常永。岩倉城主。 上四郡守護代。弘治 2年（1556）信長来攻、 戦死（45歳）。 （1512～1556） 敏信 子。	三郎。伊勢守。 常永。岩倉城主。 上四郡守護代。 敏信 子。
織田信賢	兵衛尉。伊勢守。居岩倉城。 （信武又信知、大和守） 永禄2年（1559）3月の深野（ 浮野の 誤記か?）合戦之後 流落。 信安 子。	兵衛尉。伊勢守。 岩倉在城。永禄2年 講和開城。 信安 子。	父、信安 美濃へ 走 る後 岩倉城へ入る。 織田右府（信長）と 戦争。永禄2年 3月 降伏。	兵衛尉。伊勢守。岩倉城 主。（信時、信知、定信） 永禄2年3月 織田信長に 投降。信安 子。	兵衛尉。伊勢守。 上四郡守護代。 岩倉城主。 信安 子。
織田信家	仕 信忠卿（織田信忠）。 天正10年（1582）戦死。 信安 子、信賢 弟。	属 城介信忠卿。 天正10年2月6日 信 州高遠で討死。 信安 子、信賢 弟。	仕 城介信忠。 天正10年 美濃で戦 死（信州の誤りか?）。 信安 子、信賢 弟。	久兵衛。仕 織田右府公 （信長）。天正10年2月6 日 戦死、信州高遠城主。 信安 子、信賢 弟。	
織田剛可	僧、本名 正仲。安土總見 寺開基。信賢 弟。	僧（名前記さず）。 江州、安土惣見寺 住持。信賢 弟。	正仲（剛可）。 僧と なり 安土に摠見寺 開基。信賢 弟。	正仲。号 剛可。江州 安土摠見寺開基。 信安 子、信賢 弟。	
織田正盛	津田新十郎（一に政盛）。 信安 子。信賢 弟。	新十郎。仕 中納言 光義卿（徳川光義）。 寛文元年（1661）卯 月晦日 卒（79歳）。 （1583～1661）	新十郎。尾張大納 言義直卿（徳川義直） に 仕える。 信賢 弟。	新十郎。津田新兵衛。 仕 尾州徳川公。寛文 元年 4月 死。 信賢 弟。	
織田宗信	大和守。入道常祐。居 清 須。天文初年 死。 敏信 子、信安 弟。				
織田定信	因幡守。天文16年（1547） 9月22日 従 信長伐 美濃 戦死。敏信 子。				
織田信友	彦五郎（一に廣信又信豊）。 祖父敏信家督。 天文8年（1539）嗣敏信家督。 清須城主。 ＊ 一説 因幡守達勝 子。 又 織田玄蕃允信平 子。		某（彦五郎）。因幡 守（某）（敏定 弟） 子、敏定猶子。 弘治元年4月2日清 州城において信長 に誅せられる。	彦五郎（又 広信）。 弑 斯波義統、天文23年 （1554）。弘治元年（155 5）為信長清洲落城、滅 亡。因幡守（達広）子、 大和守達勝養子。	広信（彦五郎）（一 に信友）。大和守 達勝養子、敏信孫 （因幡守達広 子）。 下四郡守護代。 弘治元年（1555）4 月 信長叔父信光 に攻められ自害。
織田因幡守	定信。天文16年美濃戦死。		某。敏定 弟。	達広。天文16年討死。	達広。敏信 子。

人名/出典	系図纂要	群書系図部集	寛政重修諸家譜	古代氏族系譜集成	旅とルーツ
織田敏信 女	織田弾正忠信秀室。	織田弾正忠信秀室。		織田弾正忠信秀室。	
織田信有				六郎左衛門。伊賀守。敏信 子、信安 弟。	
織田信氏				伊賀守。津田氏祖。	
織田因幡守	定信。天文16年(1547)9月22日 従 信長 伐 美濃 戦死。敏信 子。 ＊一説 達勝。		某(久長 子)	達広。寛定 子、達定、達勝 弟。天文16年(1547)討死。	達広。敏信 子。
織田彦五郎	信友(廣信又信豊)。清須城主。天文8年(1539)嗣敏信家督。定信 子(敏信孫)。＊一説 因幡守達勝子。又 織田玄蕃允信平の子。		某。因幡守 子。敏定猶子。弘治元年(1555)4月2日 清洲城にをいて 信長に誅される。	信友(又 広信)。弑 斯波義統、天文23年(1554)。弘治元年(1555)為信長清洲落城滅亡。 達広(因幡守)子。 大和守達勝養子。	広信(又信友) 下四郡守護代。 清洲城主。
織田達勝	因幡守。敏定 子、敏信の弟。			五郎。大和守。守護代。永正13年(1516)～天文12年(1543)頃 仕 義達(斯波義達)。 寛定 子、達定 弟。	大和守(又 信武)。大和守寛村家督継承。敏信 子? 清洲城主。
織田敏宗	彦三郎。左馬助。奥田城主。天文17年(1548)9月 討死。(稲葉山)法名 宗安 又 士伯。敏定 子、敏信 弟。		左馬助。奥田城主。敏定 子、敏信 弟。	左馬助。奥田城主。 宗伯入道。仕 斯波氏。 於濃州岐阜 戦死。 敏定 子。敏信 弟。為敏春 子。	
織田敏春				紀伊守。明応4年(1495)討死。久長 子、敏定弟。	
織田久正				津田下野守。久長 子、敏定 弟。	
織田永政	左馬允。永沼左馬進。 天文14年(1545) 遁世。 法名 月心。敏宗 子。		織田右馬允(永継)。 ＊織田の末流。	右馬允。左馬助。 敏宗 子。	
藤掛永勝	美作守。永政 子。		藤懸永勝。三河守、美作守。永継 子。 元和3年(1617) 6月5日 京都で死す。	藤掛三蔵。三河守。 元和3年 卒。永政 子。	
織田定宗	飯尾近江守。奥田城主。 後守 鷲津城。法名 常空。 永禄3年(1560)5月19日 守鷲津城 今川軍に攻められ討死。敏宗 子。	飯尾近江守。奥田城主。法名 常室。 永禄3年5月19日 今川義元上洛の時 為押之楯籠鷲津城。 戦死。敏定 子。	飯尾近江守。奥田城住。法名 常空。 永禄3年5月 鷲津城。5月15日今川義元の兵と戦い討死。 敏宗 子。	飯尾近江守。 法名 常空。飯尾敏之養子。 永禄3年5月19日 於 尾州鷲津城、戦死。 敏宗 子。	
飯尾信宗	茂助。壱岐守。出羽守。 天正19年(1591)2月22日卒。 64歳。法名 常貞。 飯尾定宗 子。	茂助。壱岐守。出羽守。定宗 子。	茂助。壱岐守。出羽守。織田右府(信長)、信雄に仕える。 天正19年2月22日卒。 年 64歳。定宗 子。	茂助。壱岐守。出羽守。 仕 信長公、秀吉公。 天正19年2月卒。 飯尾定宗 子。	
織田秀敏	七郎。玄蕃頭。居 岩倉。 織田敏定 子。		七十郎。玄蕃頭。 敏定 子。	玄蕃頭。津田七郎。 住 岩倉。	
津田秀重	織田七郎。津田七郎右衛門。 秀敏 子。 慶長4年(1559)8月28日卒。		七郎。七郎右衛門。 秀敏 子。	津田七郎。七郎右衛門。 法名 宗岩。慶長4年(1559)8月20日卒。秀敏子。	
織田敏元				津田敏元。九郎二郎。 織田敏定 子。	
津田元固				九郎二郎。二郎兵衛。 津田敏元 子。	
織田敏貞				次郎左衛門尉。応仁2年(1468)8月23日 卒。 織田勝久 子。	
織田敏任				二郎九郎。勝久 子。	
織田景儀				孫九郎。左衛門尉。 敏任養子、朝倉敏景 子。	
織田貞峯				萩原貞峯。敏貞 子。	

織田一族検証一覧（2）

人名/出典	系図纂要	群書系図部集	寛政重修諸家譜	古代氏族系譜集成	旅とルーツ
織田久長	三郎 弾正左衛門。 勝久 子。	弾正左衛門。 勝久 子。	弾正左衛門。 勝久 子。	弾正左衛門尉、大和守。 近江守、常祐。 勝久 子。延徳2年(14 90) 2月5日 卒。71歳。 (1420～1490)	勝久 子。三郎。 大和守、常祐。 在 楽田、犬山。
織田敏任	二郎九郎。久長 子。		次郎九郎。勝久 子。	二郎九郎。勝久 子。	
織田常孝	六郎。常友。勝久 子	六郎。勝久 子。	六郎。勝久 子。	六郎。勝久 子。	
織田敏定	三郎。伊勢守。犬山城主。 守 清須城。蓮光院常英。 久長 子。	三郎。伊勢守。居 住。犬山城。 久長 子。	三郎。伊勢守。 大和守。犬山城主。 住 清洲城。常祐。 久長 子。	三郎。大和守。伊勢守。 延徳2年 襲封(継承)。 居 犬山城又岩倉城。 仕 斯波義敏、義廉。 明応4年(1495)4月21日 卒 44歳。(1452～1495) 法名 常英。久長 子。	三郎。大和守。伊 勢守。久長 子。 犬山城。清須城。 明応4年7月 陣没。 (　　～1495) 常英。 下四郡守護代。
織田景儀				孫九郎。左衛門尉。 敏任養子、朝倉敏景 子。	
織田貞峯				萩原貞峯。敏貞 子。	
織田常孝 *	六郎。常友。勝久 子。	六郎。勝久 子。	六郎。勝久 子。 常高。	六郎。勝久 子。常友 又 常高。	
織田勝秀		大和守。居住 尾州 清洲城。常孝 子。			
織田達勝		大和守。(達勝) 勝秀 子。			
織田常勝				織田弾正忠。常孝 子。	
織田勝季				花井主税助。常孝 子。	
花井行常				勘解由助。行常 子。	
織田順俊			彌七郎。常高 子。	弥七郎。常孝 子。	
織田順元			金左衛門。對馬守。 津田順元。今の呈 譜 信元。順俊 子。 16歳より 織田右府 (信長)に仕える。	順俊 子。	
織田順高			金左衛門。今の呈 譜 信高。順元 子。		
織田達順				右衛門尉。深田城主。 織田信秀死後、坂井大 膳と結び 信長に敵対。 順元 子。	
織田久孝				六郎。丹波守。小田井 城主。移 日置城。 永正3年(1506)7月14日 卒。織田久長 子。	
織田常寛	丹波守。小田井城主。 永正3年(1506)7月14日 死。 織田久長 子。小田井殿。	丹波守。居 游臺城 下。永正3年7月14日 卒。東雲寺殿。 開巌化元居士。		丹波守。居 小田井城。 後移 清洲。永正13年(1516) 7月 卒(49歳)。 (1468～1516)久孝 子。	
織田寛貞	筑後守。楽田城主。常寛 子。寛敏(寛故) 弟。			筑後守。楽田城主。常 寛 子。寛政 弟。	
織田忠寛	掃部助。常寛 子。			掃部助。仕 信長。後 被誅 天正4年(1576)12 月15日。寛貞 子。	
織田寛敏	藤左衛門。(一に寛故) 兵部大輔。常寛 子。				
織田藤左衛門	寛敏(寛故?)。兵部大輔。 常寛 子。	寛故。兵部大輔。 住 淤臺城。天文19 年(1550)2月7日 卒。 古岩元陳。常寛 子。		寛政。兵部大輔。 藤左衛門尉。天文19年 1月7日 卒。常寛 子。	
織田寛維	藤左衛門。天文11年(1542) 9月21日　斎藤山城守と 戦い 死す(大垣)。(22歳?) 寛敏 子。	藤左衛門。　天文11 年9月21日 於 大垣 討死。23歳。 天岩 以青。寛故 子。		藤左衛門尉。丹波守。 天文16年(1546) 9月23 日 討死(23歳)。 寛政 子。	
織田常知	飯尾又二郎。西尾で戦死。	飯尾又三郎(又二郎)			

人名/出典	系図纂要	群書系図部集	寛政重修諸家譜	古代氏族系譜集成	旅とルーツ
織田信弘	又六郎。太郎左衛門。信張。寛敏 子。				
織田信張	上記参照。	又六郎。太郎左衛門尉(寛廉)。大永7年(1527) 生 淤臺城。文禄3年(1594) 9月22日 大津卒(68歳)。寛故 子。		又六郎。寛廉。属 信長。文禄3年 卒(68歳)。寛政 子。	
織田信時	又八郎。信直。天正2年(1574) 9月29日討死(長島)。(29歳) 信弘 子。				
織田信直	上記参照。	又八郎。天正2年 9月29日 於勢州長島討死。29歳。 寛故子。妻 信長 妹。			
織田信氏	角蔵。天正13年(1585)6月3日 死す。信時 子。	角蔵。属信長公、信雄公。天正12年(1584) 6月2日 卒。信張 子。		角蔵。母 信長 妹。信張 子。	
織田忠辰	監物。祖父信弘家督。信忠卿(織田信忠) 仕。小田井城主。信時 子。	監物。居 淤臺城。慶長18年(1613)2月20日 於京卒(43歳)。信張 子。(1571～1613)		兵部大輔。信張 子。	
織田良信				弾正忠。法名 西巌。文明14年(1482)頃の人。	
織田信定	弾正忠。弾正右衛門尉。居 犬山城。築 勝幡城。法名 月巌。敏定 子。	弾正忠。法名 用巌(月巌の誤り?)。尾州犬山城主。敏定 子。	弾正忠。法名 月岩。今の呈譜 月巌常照。敏定 子。	八郎。弾正忠。信貞。居 尾州 勝幡城。法名 月巌常照。天文7年(1538)11月2日卒。敏定 子。(別伝あり)弾正忠。備後守。法名月巌。良信 子。永正13年(1516)頃の人。	八郎。弾正忠。法名 月巌。
織田信秀	弾正忠。備後守。永正8年(1511) 生まれ。 勝幡城、古渡城、末森城 移居。天文18年(1549)3月3日卒。萬松院桃巌道見。信定 子。	弾正忠。備後守。居 勝幡城。天文17年(1548) 末盛城築城。天文18年3月3日卒(42歳)。桃巌。信定 子。	弾正忠。備後守。斯波義廉、義統に仕える三奉行の 一人。天文18年3月3日末盛城で卒。(42歳)。桃巌道見萬松寺。信定 子。	弾正忠。備後守。勝幡城主。築 古渡、末盛に城。天文18年(1549) 3月3日 卒(42歳)。法名 桃巌。信定 子。(別伝)弾正忠。三郎。備後守。信定 子。	三郎。弾正忠。備後守。桃巌。信定 子。
織田信廣	三郎五郎。大隅守。安祥城主。天正2年(1574) 9月29日 討死、長島。信秀 子。	三郎五郎。大隅守。天正2年 申戌29日 於尾州長島、戦死。信秀 子。	三郎五郎。大隅守。天正2年 7月伊勢國長島の役にて戦死。信秀 子。	三郎五郎。大隅守。天正2年9月29日伊勢長島戦死。信秀 子。	
織田信長	上総介。弾正忠。安土城。天文3年(1534)5月28日生、名古屋城(那古野城)。天文18年(1549) 上総介。弘治元年(1555)移 清洲城。永禄11年(1568) 10月28日弾正忠。天正4年(1576)移安土城。同年11月21日 内大臣。同 5年11月20日 右大臣。天正10年(1582)6月2日、為 惟任光秀(明智光秀)遇弑干本能寺(49歳)。總見院泰巌安公(天徳院)。信秀 子。	天文3年生 勝幡城。天文11年(1542) 名護屋(那古野)城主。弘治元年4月19日清洲城織田彦五郎 誅伐、移 清洲城。上総介。弾正忠。内大臣。右大臣。天正10年6月2日 惟任日向守光秀叛逆。本能寺で自殺 49歳。惣見院殿泰巌眞公。信秀 子。	三郎。尾張守。上総介。弾正忠。内大臣。右大臣。弘治元年 清洲城。天正4年 移安土城。天正10年6月2日 明智光秀の為 生害。49歳。信秀 子。	弾正忠。三郎。上総介。右大臣。右大将。天正10年6月2日 於 京都、本能寺生害。49歳。信秀 子。	三郎。上総介。弾正忠。泰巌。
織田信忠	秋田城介。光秀生害。大雲院仙巌。信長 子。	秋田城介。自殺。大雲院仙巌。信長子。	秋田城介。光秀生害。仙巌大雲院。信長子。	左近衛中将。生害、天正10年。信長 子。	

人名/出典	系図纂要	旅とルーツ	寛政重修諸家譜	古代氏族系譜集成	織田家の人びと
織田常松		織田教信(将広?)伊勢守。斯波義将、斯波義教(義重)臣。尾張守護代(1403頃~1428頃)		織田伊勢入道(教信?)尾張守護代。応永9年(1402)頃 より。織田教広 子。	織田伊勢入道。伊勢守。応永9年或いは 応永10年初めより守護代。1430年頃没か?
織田常竹		織田常任? 大和守。左京亮。出雲守。尾張又守護代(又代)。常松(教信)の 従兄弟で義兄弟。 教広猶子。		常任。左京亮。次郎兵衛尉。又代。応永34年(1428)頃迄。教広 子。教信(常松)兄弟。	左京亮。出雲守。又代。
織田教長		又代又は守護代。(1428~1431)			勘解由左衛門尉。(朝長?) 守護代(1429~1431頃)
織田淳広		又代又は 守護代。(1431~1434) * 勘解由左衛門尉(教長)。教信 子。			又代又は守護代。(1431~1435) 教長と同一人か?
織田元阿		又代又は守護代。(1435~1441頃) 淳広同人か?			
織田久広					又代又は守護代。(1443頃~1444)
織田郷広		織田常松 子、淳広弟。 家督・守護代(1441頃~1441末) 1441末、一族より絶交、逐電。1451年頃守護代復帰を 謀るが 失敗 討死。兵庫助。伊勢守。在下津。又二郎。		教信 子。応仁の乱中越前に於いて自刃。(68歳) * 別伝 守護代。応仁の乱中、越前に 於いて自刃。	宝徳3年(1451)頃在京 守護代として 名前が 確認される。斯波義郷に仕える。常松直系末裔。
織田敏広		郷広 子。与次郎。兵庫助。伊勢守。在下津、清洲。移 岩倉(文明11年)。(初 久広?) 文明13年(1481)没。		郷広 子。与次郎。兵庫助。居、清洲。仕、斯波義敏。応仁、文明頃。* 別伝 次郎左衛門尉。伊勢守。与次、兵庫助。宝徳3年(1451)頃守護代。文明13年頃 死。	郷広 子。斯波義敏、義廉守護代。応仁の乱西軍(斯波義廉)。美濃守護代 斎藤妙椿婿。清洲の織田敏定と争う。文明11年頃講和。上四郡守護代(丹羽、葉栗、中島、春日井郡)。文明13年頃 死。
織田寛信		三郎。織田教信 甥(常任 弟) 岩倉城。伊勢守。		教信 子。郷広 弟。三郎。伊勢守。尾州岩倉城主。* 別伝 記載無し。	
織田広季		常松 子。郷広 弟。		又三郎。 郷広 弟。	
織田広久				三郎。広季 子。	岩倉家一族。
織田広成				三河守。広季 子。(広久 弟 ?) * 別伝 文正元年(1466)頃 又代。	岩倉(伊勢守系)家一族。* 続柄は 不詳。
織田広泰				九郎三郎。広久 子。	岩倉家一族。
織田広延				* 別伝 広泰 子。九郎。永正13年(1516)頃。	
織田広恒				大野八郎。	
織田惟信				対馬守。常信 子。	
織田泰信				右馬助。居 三河。	
織田広近				与十郎。遠江守。郷広 子。* 別伝 郷広 子。	

* 古文書等からの復元系図と 平家落胤系図(系図纂要等)は 宝賀氏の復元系図(古代氏族系譜集成、他)以外 古い部分整合しない。

織田一族検証一覧 (3)

人名/出典	旅とルーツ	古代氏族系譜集成	古代氏族系譜集成(別伝)	織田家の人びと	寛政重修諸家譜
織田教広	常昌 子。	常昌 子。応永2年(1395) 11月7日 卒(61)。	応永2年卒。61歳。		次郎左衛門。 常勝 子。
織田常松	織田教信(将広?)伊勢守。斯波義将、斯波義教(義重)臣。尾張守護代(1403頃～1428頃)	織田伊勢入道(教信?)尾張守護代。応永9年(1402)頃 より。 織田教広 子。	教信。尾張国守護代。伊勢入道。常松。秀峰。応永9年守護代。	織田伊勢入道。伊勢守。応永9年或いは 応永10年初め頃 守護代。1430年頃没か?	
織田常竹	織田常任? 大和守。左京亮。出雲守。尾張又守護代(又代)。常松(教信)の 従兄弟で義兄弟。 教広猶子。	常任。左京亮。次郎兵衛尉。又代。応永34年(1428)頃迄。 教広 子。教信(常松)兄弟。	常任。左京亮。出雲入道常竹。仕 斯波義重。 又代。応永34年頃迄。	左京亮。出雲守。又代。	
織田教長	又代又は守護代。(1428～1431)			勘解由左衛門尉。(朝長?) 守護代(1429～1431頃)	
織田淳広	又代又は 守護代。(1431～1434) * 勘解由左衛門尉(教長)。教信 子。			又代又は守護代。(1431～1435) 教長と同一人か?	
織田元阿	又代又は守護代。(1435～1441頃) 淳広同人か?				
織田久広				又代又は守護代。(1443頃～1444)	
織田郷広	織田常松 子、淳広弟。 家督・守護代(1441頃～1441末) 1441末、一族より絶交、逐電。1451年頃守護代復帰を 謀るが 失敗 討死。 兵庫助。伊勢守。在下津。 又二郎。	教信 子。応仁の乱中越前に於いて自刃。(68歳) * 別伝 守護代。応仁の乱中、越前に 於いて自刃。	守護代。於 越前自刃。 応仁乱中。 又二郎。次郎太郎。	宝徳3年(1451)頃在京 守護代として 名前が 確認される。斯波義郷に仕える。 常松直系末裔。	
織田敏広	郷広 子。与次郎。兵庫助。伊勢守。在下津、清洲。移 岩倉(文明11年)。(初 久広?) 文明13年(1481) 没。	郷広 子。与次郎。兵庫助。居、清洲。仕、斯波義敏。応仁、文明頃。 * 別伝 次郎左衛門尉。伊勢守。与次、兵庫助。宝徳3年(1451)頃守護代。文明13年頃 死。	郷広 子。伊勢守。兵庫助。 宝徳3年頃守護代。文明12年頃死。仕 義敏。居 清洲。	郷広 子。斯波義敏、義廉守護代。応仁の乱西軍(斯波義廉)。美濃守護代 斎藤妙椿婿。清洲の織田敏定と争う。文明11年頃講和。上四郡守護代(丹羽、葉栗、中島、春日井郡)。 文明13年頃 死。	
織田常信	三郎。織田教信 甥(常任 弟) 岩倉城。伊勢守。	教信 子。郷広 弟。 三郎。伊勢守。 尾州岩倉城主。 * 別伝 記載無し。			
織田広季	常松 子。郷広 弟。	又三郎。 郷広 弟。	又三郎。郷広 弟。		
織田広久		三郎。広季 子。	三郎。広季 子。	岩倉家一族。	
織田広成		三河守。広季 子。(広久 弟 ?)	文正元年(1466)頃 又代。三河守。広季 子。	岩倉(伊勢守系)家一族。 * 続柄は 不詳。	
織田広泰		九郎三郎。広久 子。	九郎三郎。広久 子。	岩倉家一族。	
織田広延		広泰 子。九郎。	広泰 子。九郎。 永正13年(1516)頃。		
織田広恒		大野八郎。広久 子。			
織田惟信		対馬守。常信 子。			
織田泰信		右馬助。居 三河。			
織田広近		郷広 子。与十郎。遠江守。	与十郎。遠江守。犬山城主。珍嶽常宝。郷広 子。		

人名/出典	旅とルーツ	古代氏族系譜集成	古代氏族系譜集成(別伝)	織田家の人びと	寛政重修諸家譜
織田広近		与十郎。遠江守。郷広 子。敏広 弟。	与十郎。遠江守。犬山城主。珍獄常宝。郷広 子。		
織田広遠	紀伊守。敏広 子。文亀3年(1503)11月頃まで文書確認。	紀伊守。清洲四郎。	紀伊守。五郎。		
織田広高	監物。広遠 子?天文6年(1537)文書確認。広孝?		敏広 子。寛広 弟。	岩倉家一族。寛広 後継者?(系図 寛広 子)	
織田広孝	広高 同一人?監物。		監物。寛定 子。達定(大和守)弟。		
織田広良	勘解由左衛門尉。広孝(広高?)子。				
織田敏広	与次郎。兵庫助。伊勢守。(初、久広)下津・清洲⇨岩倉。郷広 子。文明13年(1481)没。	与次郎。兵庫助。居清洲。仕 斯波義敏。応仁・文明の頃。郷広 子。	与次。兵庫助。伊勢守。次郎左衛門尉。宝徳3年(1451)頃 守護代。文明12年(1480)頃 死。	伊勢守。郷広 子。仕 斯波義敏。下津⇨岩倉。斎藤妙椿 娘婿。文明11年 織田敏定と 講和。尾張上四郡守護代。	
織田良広	敏広 子。後 寛広。	千代夜叉丸、敏広 子。住 三河国。治部少輔。			
織田寛広	与次郎。兵庫助。(初、良広)大和守?岩倉⇨下津。妻 斎藤利国養女。船田合戦に参戦。永正年間(1504～21)三河へ移る。*永正元年までは 尾張在住。	二郎。良広 子。敏広孫。(三河国 在住?)* 兄弟有り(親広)。	兵庫助。与次郎。領 下四郡守護代(上四郡の誤りか?)(初 千代夜叉丸)良広か? 敏広 子。仕 斯波義良・義敏。 明応頃(1492～1500)。	文明12年か 13年頃 家督継承。千代夜叉丸。仕、斯波義寛。 敏広弟、広近 子。敏広 養子(家督)。	
織田親広	左衛門尉。寛広 子。	左衛門尉。良広 子。寛広 弟。			
織田広忠	左衛門二郎。親広子。	左衛門二郎。親広 子。			
織田広宗		左衛門五郎。親広 子。			
織田兼広		主膳允。親広 子。			
織田寛近			与十郎。広近 子。		
織田広忠			与三郎。広近 子。文明14年(1482)頃の人。		
織田光清			右近丞。広忠 子。		
織田達種			与三郎。光清 子。		
織田敏定	三郎。大和守。伊勢守。常英。明応4年(1495)7月陣没。在 犬山⇨清洲。	大和守。三郎。 伊勢守。常英。仕 斯波義敏・義廉(よしかど)。延徳2年(1490) 継承。明応4年4月21日 陣没。44歳。久長 子。	大和守。伊勢守。三郎。常英。守護代。仕 斯波義良。明応4年 卒(44歳)。岩倉城主。久長(常祐)子。	大和守。常英。仕 斯波義良(義寛)。 在 清洲。久長(常祐) 子。	三郎。伊勢守。大和守。常祐。犬山城⇨清洲城。下四郡領す。
織田寛定	五郎。近江守。 敏定 子。 明応4年(1495)討死。石丸利光 娘婿。		近江前司。五郎。寛広子。	近江守。敏定 子。仕 斯波義寛。	
織田寛村	六郎。大和守。(後達定?)(常巨)居 清洲。敏定 子。		六郎。大和守。守護代。常巨。寛広 子。	大和守。敏定 子。仕 斯波義寛。	
織田敏信	常也(或いは常巴)伊勢守。敏定 子。在 岩倉。	左馬助。備後守。伊勢守。大和守。敏定 子。仕 斯波義寛。守護代。居 犬山城⇨岩倉城。領 尾張上四郡。天文17年7月15日 卒。73歳(1476～1548) 常也(巴)	左馬助。備後守。伊勢守。大和守。常也。天文17年(1548) 7月15日 卒。73歳。領 上四郡。岩倉城主。	備後守。 瀧喜義説否定(岩倉織田家とは みなす事は できないように思われる)。系統不詳。 信長家一族か?	右馬助(今の呈譜左馬助)。伊勢守。大和守。 犬山城に住し、上四郡守護す。某年 死す。常巴。敏定 子。
織田信安	三郎。伊勢守。岩倉城。常永。	伊勢守。大和守。三郎。常永。岩倉城主。	伊勢守。大和守。三郎。常永。岩倉城主。	岩倉城主。 系譜不詳。伊勢守。	三郎。伊勢守。常永。敏信 子。

* 寛政重修諸家譜(平家落胤系図)は 古岩倉家と清洲家の大部分を抹消しているので復元推定系図と一致しない。

人名/出典	旅とルーツ	古代氏族系譜集成	古代氏族系譜集成(別伝)	織田家の人びと	寛政重修諸家譜
織田信安	三郎。伊勢守。岩倉城。常永。敏信 子。	伊勢守。大和守。三郎。常永。上四郡守護代。弘治2年(1556) 信長来攻、戦死(45歳)。岩倉城主。(1512～1556)	三郎。大和守。伊勢守。常永。弘治2年 卒(45歳)。岩倉城主。	岩倉城主。系譜不詳。伊勢守。弘治2年 美濃 白金に隠居。	三郎。伊勢守。常永。敏信 子。犬山城、岩倉城。天正19年(1591) 10月24日 卒。
織田信賢	兵衛尉。伊勢守。岩倉城。信安 子。上四郡守護代。永禄元年(1558) 家督。永禄2年 退去。	兵衛尉。伊勢守。岩倉城主。(又 信時、信知、定信) 永禄2年 3月 信長に投降。信安 子。	兵衛尉。伊勢守。永禄2年 岩倉城落城。信安 子。	信安 子。弟 信家と 家督を争う。永禄2年(1559) 3月、信長に 岩倉攻略される。	父、信安 美濃へ走る後 岩倉城へ入る。織田右府(信長)と戦争。永禄2年3月 降伏。
織田寛村	六郎。大和守。(後達定?)(常巨) 居 清洲。敏定 子。		六郎。大和守。守護代。常巨。寛広 子。寛定(近江前司) 弟。	大和守。敏定 子。仕 斯波義寛。	
織田達定	寛村 同一人?		五郎。大和守。守護代。寛定 子。	寛村 後継(子?)。仕 斯波義達。永正13年頃引退?	
織田達勝	五郎。大和守。(信武?) 寛村(達定?) 後継者。清洲城。		大和守。五郎。仕、斯波義達。永正13年(1516)頃より 天文12年(1543)頃 守護代。寛定 子。	永正13年より 天文12年頃 守護代。仕 斯波義達。	
織田因幡守	達広。敏信 子。信安 弟?		達広。寛定 子、達勝 弟。天文16年(1588) 討死。		某。久長 子。敏定 弟。
織田彦五郎	広信。又 信友。下四郡守護代。達広(因幡守) 子。達勝 後継者。		信友。又 広信。守護代。弑 斯波義統。天文23年(1554)。 弘治元年(1555) 為信長、清洲城落城滅亡。	信友。天文23年(1554)7月12日 坂井大膳と謀り 守護 斯波義統を殺す。弘治元年4月 信長に殺される。	某。因幡守 子。敏定 猶子となり 家を継ぐ。 弘治2年 4月2日 信長に 誅せられる。
織田良縁			藤左衛門。又七郎。文明14年(1482)頃から 延徳2年(1490)頃の人。		
織田良頼			藤左衛門。筑前守。永正13年(1516)頃 の人。良縁 子。		
織田藤左衛門			某。良頼 子。		
織田良信			弾正忠。西厳。文明14年(1482)頃の人。	西厳。弾正忠。文明14年(1482) 清洲宗論奉行。	
織田信定	弾正忠。月巌。八郎。	八郎。弾正忠。(又 信貞) 勝幡城、楽田城。月巌常照。天文7年(1538) 11月2日 卒。敏定 子。敏信 弟。	弾正忠。備後守。月巌。永正13年(1516)頃の人。良信 子。	弾正忠。又 信貞。月巌(月岩)。永正13年頃の人。織田達勝 老臣。良信 子。	弾正忠。某年 死す。月岩(月巌常照)。敏定 子。敏信 弟。
織田信秀	弾正忠。備後守。三郎。桃巌。	弾正忠。備後守。桃巌。勝幡城、古渡城、末盛城。天文18年(1549) 3月3日 卒(42歳)。(1508～1549) 信定 子。	弾正忠。備後守。三郎。信定 子。	弾正忠。備後守。信定 子。勝幡城。織田達勝 家臣。一時 達勝と争う。永正7年(1510)～天文20年(1551)3月3日 没。桃巌。別説 天文18年又21年没。	弾正忠。備後守。斯波義廉、義達に仕える。文明3年(1471) 義廉、甲斐氏に殺され、義達 尾張に至る。下四郡を 義達の領とす。 天文18年3月3日 末盛城にて 卒(42歳)。(1508～1549) 桃巌道見萬松寺
織田信長	弾正忠。上総介。三郎。泰巌。	弾正忠。上総介。三郎。右大臣。右大将。天正10年(1582)6月2日 於京都本能寺生害。49歳(1534～1582)。	弾正忠。上総介。三郎。	天文3年(1534) 5月12日 那古野城で 誕生。(別説、勝幡) 吉法師、三郎。弘治元年 清洲家を滅ぼす。天正10年 6月2日 本能寺で自刃。	弾正忠。上総介。尾張守。三郎。天文3年生まれ。右大臣。天正10年6月2日 京都本能寺、明智光秀 為生害。49歳。泰巌安公摠見院。

* 寛政重修諸家譜 信長の家を織田家の正統のように改竄しているので 記述が年代と整合しない部分あり(例 因幡守、信秀の記述)。

織田一族検証一覧（4）

人名/出典	清洲町史	尾州織田興亡史	織田信長の系譜	武功夜話・四巻	織田信長事典	織田家の人びと
藤原信昌	剣神社置文署名	剱神社置文署名				剣神社置文署名。
織田将広	剣神社置文署名	信昌 子。 兵庫助。置文署名。仕、斯波義将。			織田常松と 同一人か?	剣神社置文署名。信昌 子。兵庫助。
織田常松	伊勢入道。応永10年(1403)頃より尾張守護代。＊応永35年(1428)頃まで。 伊勢守。秀峯。 実名(諱) 不詳。	郷広(信広)。伊勢守。初代守護代。仕、斯波義郷。下津築城。兵庫助。応永34年頃まで。	伊勢守入道。尾尾国初代守護代。仕、斯波義将。実名(諱) 不詳。	伊勢守。下津在城。郷広。応永5年(1398) 尾張入国。応永8年(1401)9月 越前討死。(始 信広)	応永9年頃より尾張守護代。	織田伊勢守入道。応永9年(1402)頃より永享2年頃まで 守護代。居城春日井郡小木村。実名(諱) 不詳。
織田常竹	常松 又守護代(又代)左京亮、出雲入道。応永10年頃より35年頃まで又代。 守護所 下津城。	出雲守入道。 常松舎弟、守護又代。常松死後守護代。 清須御城代。	常松 又守護代(又代、小守護代)出雲守入道。 実名(諱) 不詳。 続柄不詳。	常松舎弟。出雲守入道。越前討死。子無絶家。(P.224) 応永5年 尾張入国。応永8年 兄継 守護代。	下津在城。 守護又代。 出雲入道(左京亮)。 永享初年頃 死去。	左京亮。 出雲入雲(出雲守)。 下津在城。又代。
織田教長	解由左衛門尉(朝長)。 応永35年(正長元年)(1428)頃 又代?。正長2年(1429)4月頃より 永享3年(1431) 3月19日頃まで守護代。 仕、斯波義教(義重)。		初名 朝長か? 永享3年頃まで確認される。 織田常松 子。		解由左衛門尉。朝長か? 始め在国又代(正長年間)、後 在京守護代。永享3年3月19日まで確認される。 仕、斯波義教。	解由左衛門尉(朝長)。常松 子。 正長2年(1429)4月頃より守護代。 永享3年(1431)3月19日まで確認。
織田淳広 (あつひろ)	永享3年(1431)3月11日より 永享6年(1434)12月15日まで確認(在京守護代?)。 仕、斯波義淳。 教長と同一人物の可能性も考えられる。	斯波義淳に仕える。織田久長同一人物か?	永享6年(1434)頃まで確認される。 織田郷広同一人? 織田教長 子。		永享3年頃より永享6年頃まで守護代。 仕、斯波義淳。	永享3年頃より永享6年末頃まで守護代(永享7年頃)。 教長と 同一人物の可能性もある。 詳細不詳。 仕、斯波義淳。
織田元阿 織田右長	永享7年(1435) 12月14日 文書発給。 両名 淳広後継者か?					
織田久広	嘉吉3年(1443) 11月22日及び文安元年(1444)閏6月23日 織田五郎に文書発給。		織田敏広同一人? 織田淳広 子。		織田敏広同一人物?	嘉吉3年から文安元年に名前が 確認される。 淳広と親子関係が 想定さるが 確かな事は 不明。
織田郷広	前名不詳。元守護代(永享5年から 嘉吉3年の間のどこかで守護代就任)。仕、斯波義郷。宝徳3年(1451)守護代復帰を謀るが 失敗する。	織田常松。初名信広。尾張織田家初代守護代。	織田淳広同一人?	織田常松。応永5年(1398) 尾張入国。(P.223) 清須 居城。仕、斯波義郷(P.224)。応永8年(1402) 越前で討死。	嘉吉元年(1441)12月尾張追放(逐電?)。斯波義郷に仕える。宝徳3年(1451)守護代 復帰を謀り 騒動を起こす(失敗)。	宝徳3年(1451)頃在京守護代。 ＊一時的に 復帰したか?(早瀬)
織田敏広	前名不詳。郷広 子。 織田与次郎。兵庫助。	郷広 子。 初代岩倉城主。兵庫助。伊勢守。宝徳3年(1451) 守護代。応仁の乱西軍。文明13年(1481)没す。	織田久広同一人? 郷広 子。伊勢守。	郷広(常松)嫡子。 岩倉築城、城主。(P.223) 宝徳元年(1449)3月 守護代となる(伊勢守)。(P.224)	織田久広 同一人物? 伊勢守。 仕、斯波義廉。 応仁の乱西軍。 文明13年 没す。	織田郷広 子。斯波義敏、後 斯波義廉に仕える。 文明10年 清須の織田敏定を攻撃。 文明11年(1479)講和(分割支配)。 文明13年頃 没す。
織田寛広	千代夜叉丸。兵庫助。 仕、斯波義寛(義良)。 明応8年(1499) 文書発給。敏広 子。	千代夜叉丸。兵庫助。二代岩倉城主。広近 子。 敏広 継嗣子。	千代夜叉丸。敏広 子。	与九郎。兵庫助。 広近 子。敏広世嗣(家督継承)。 (P.283) 岩倉より 下津へ移る。	千代夜叉丸。 兵庫助。伊勢守。 妻は 斎藤利国養女。	千代夜叉丸。 斯波義寛に仕える。 広近 子、敏広 嗣子(養子)。

人名/出典	清洲町史	尾州織田興亡史	織田信長の系譜	武功夜話・四巻	織田信長事典	織田家の人びと
織田広近	織田与十郎。織田敏広 弟。	与十郎。遠江守。敏広 弟。於久地築城。木ノ下城築城。	記載無し。＊新編犬山城史 敏広 弟。遠江守。(横山住雄.著)	与十郎。遠江守。敏広 弟(P.434)。於(大)久地城主。(P.282)		織田敏広 弟。
織田広遠	紀伊守。寛広兄弟。				岩倉家一族。	
織田与十郎		寛近。広近 子。(常任)	寛近。小口城主。	広近 子。小久地城主。		
織田広高	天文6年(1537)文書発給。岩倉方?				寛広 後継者? 天文6年文書発給。(P.43)	寛広 後継者? 続柄不詳。
織田敏信	備後守。文明17年(1485)頃より 明応2年(1493)頃の人(織田氏人名表)。 ＊織田良信 父(奥野高広.説)	三代目岩倉城主。文明14年(1482)岩倉城主となり、大和守、後 伊勢守と称す。左馬助。敏定 子。法名 常也。明応4年(1495)の 船田合戦で 戦死。内室は 石丸利光女。清洲五郎(寛村)	備後守。文明17年(1485)9月8日 万里集九を 清須の屋敷に招き、犬追物を 見物。斯波義敏に仕える。織田良信(弾正忠)同一人物か? 清巌常世大居士。永正14年(1517)1月26日没。	左馬介。伊勢守。楽田殿(敏定)嫡子(P.215)。延徳3年(1491) 近江出陣す(P.285)。明応4年(1495) 船田合戦で討死。内室 石丸利光(丹波)の女。	岩倉城主説 疑問。(敏定の子の見解否定) 織田良信の 父説も疑問。続柄 詳細不祥。斯波義敏 時代の人か?(早瀬)	岩倉城主説否定。信長家の一族か? ＊織田広泰、織田広久、織田広成の名前あり。上記の内の 誰かが 広高の後継者か?(詳細不祥)
織田信安	岩倉城主。天正19年(1591) 10月24日卒。常永。伊勢守。	清洲六郎(敏信末弟)。七兵衛。伊勢守。常永。四代目岩倉城主。		伊勢守。七兵衛。岩倉城主。(P.434) 清洲六郎。敏信襲跡。(P.285)	清洲六郎。三郎。伊勢守。敏定四男、敏信跡継。明応4年継承は疑問。弘治年間 子の信賢に追放される。天正19年没。	岩倉城主。弘治2年(1556)岩倉城退城、白金に隠居。(家督争い?)
織田信賢	岩倉城主。信安 子。	五代岩倉城主。伊勢守。信安嫡男。		左兵衛。伊勢守。岩倉城主。(P.434) 信安嫡子。(P 244)	永禄2年(1559) 岩倉城落城。伊勢守。岩倉城主。	岩倉城主。弟 信家と家督争う。永禄2年3月 織田信長に 攻められ滅亡する。
織田大和守	嘉吉3年(1443)文書確認。久長 父?		某、常松 子。久長 父と推定される。		某。嘉吉3年(1443) 妙興寺禁制。常松 子?	某。常松 子。久長 父?
織田大和守	長禄3年(1459)10月末から11月頃 斯波松王丸より 文書下達。織田久長か?					
織田久長	文安4年(1447)文書兵庫助。文安5年の文書も兵庫助。応仁2年(1468)文書大和守。常祐? ＊常祐祖父は 常松(新井喜久夫)。＊常祐祖父は 常竹(奥野高広)。＊常祐祖父は 常竹 但し、常祐は 敏定と推定(重松明久)(参考)。	弾正左衛門。三郎。出雲入道 子。常竹の又守護代。楽田殿。大和守淳広 同一人物? 初代於台城主。初代楽田城主。正室は 朝倉教景女。享徳元年(1452)没。	大和守 子。文安5年文書 兵庫。常松 孫? 大和守。法名 常祐。妻、朝倉教景娘(敏定母)。弾正左衛門、弾正忠。	三郎。出雲入道御子(P.283)。弾正左衛門尉。於台在城。(P.283) 常竹 子、於台在城、楽田築城(P.434 系図)	大和守 子。大和守、常松 孫。法名 常祐。	大和守 子。大和守。常松 末裔。法名 常祐。＊小島広次説(常松末裔説)を支持。
織田敏定	大和守。久長 子。法名 常英。仕、斯波義敏。応仁の乱 東軍。清須守護代。文明10年(1478) 尾張下二郡を 確保する。明応4年(1495) 美濃出陣中に陣没。	大和守。久長 子。文明8年(1476)下津城焼き打ちし、敏広 国府に逃れる。文明10年 清須城 入城。二代清須城主。長享2年(1488) 尾張平定。明応4年討死。	大和守。五郎。久長 子。常英。明応4年7月没。 ＊文明14年(1482)清須宗論を主催。	久長二男(P.283)。楽田築城 移住。治郎左衛門尉。濃州船田で果てる。清須在城。大和守。(P.434系図)	守護代。大和守。久長 子。清須在城。常英。応仁の乱 東軍。文明10年 尾張入部し、文明11年 下二郡確保。明応4年7月 陣没。	久長 子。大和守。応仁の乱 東軍。清須守護代。斯波義敏・義良(義寛)臣従。清須在城。法名 常英。

人名/出典	清洲町史	尾州織田興亡史	織田信長の系譜	武功夜話・四巻	織田信長事典	織田家の人びと
織田敏定	大和守。久長 子。法名 常英。仕、斯波義敏・義良(義寛)。清須守護代。明応4年(1495) 陣没。	大和守。久長 子。二代清須城主。明応4年討死。西岩常祐。	大和守。五郎。久長 子。常英。明応4年7月没。	久長二男(P.283)。楽田築城。清須在城。濃州船田で果てる。大和守(P.434)。	守護代。大和守。久長 子。清須在城。常英。明応4年7月 陣没。	久長 子。大和守。応仁の乱 東軍。清須在城。守護代。法名 常英。
織田寛定	近江前司。 石丸利光 婿。明応4年(1495)9月 美濃で討死。延徳3年文書所見の織田五郎? 敏定 子。仕、斯波義寛。				近江守。 船田合戦で討死。石丸利光 婿。*『船田前記』『船田後記』	近江守。敏定 子。仕、斯波義寛。
織田近江守	近江前司。 石丸利光 婿。織田寛定?		敏定 子。石丸利光女婿。明応4年9月 戦死。某。		寛定。 船田合戦で討死。	
織田六郎(清須六郎)	明応5年(1496)9月23日 実成寺に 文書発給。織田寛村? 大和守。法名 常巨。敏定 子。	織田信安?(岩倉城主) * 織田信安の 項目参照。	明応4年(1495)9月相続。寛村(とおむら)。敏定 子。法名 常勝。文亀3年(1503)頃 没?	織田信安(岩倉)。* 織田信安の項目参照。	寛村。大和守。法名 常巨。敏定 子。清須守護代。	
織田寛村	六郎。大和守。 法名 常巨。敏定 子。	清須五郎。敏信。三代岩倉城主。船田合戦戦死。	六郎。敏定 子。法名 常勝。大和守。		大和守。六郎。敏定 子。常巨。	大和守。敏定 子。仕、斯波義寛。
織田五郎(清須五郎)	文亀3年(1503) 妙興寺へ禁制を下す。織田達定か?	達定。 三代清須城主。寛広(岩倉城主) 子。	文亀3年(1503)11月 妙興寺へ制札。達定。近江守 子。永正10年(1513) 殺害される。	大和守。清須在城。敏定 子。(P.434)	達定? 永正10年 殺害される。仕、斯波義達。	
織田達定	織田五郎?	三代清須城主。	近江守 子? 五郎。永正10年 殺害される。		五郎。 永正10年 殺害される。	守護代。寛村 後継者。仕、斯波義達。
織田五郎(清洲五郎)		四代清須城主。達勝。大和守。兵庫助。広信。小守護代。	大永5年(1525)文書発給(妙興寺)。達勝。大和守。達定の 後継者。	大和守。清須在城。清須五郎の子?(P.434)		
織田達勝	大和守。永正13年(1516)文書初見。守護代。	五郎。大和守。兵庫助。広信。小守護代。	大永5年文書発給。大和守。五郎。		大和守。永正13年 初見。天文18年(1549)まで確認。	永正13年 初見。達定 後継者。天文12年(1543)まで確認される。
織田彦五郎	大和守養子。信友。因幡守 子?		達勝 後継者。	大和守。清須在城。広信。清須五郎(二代目)の後継者。(P.434)	信友。 弘治元年(1555) 信長に攻められ 滅亡。因幡守 子、達勝の養子。	信友。天文23年(1554) 守護 斯波義統を弑逆する。弘治元年 信長に攻められ滅亡。
織田信友	彦五郎。守護代。	清須五郎。 小守護代。達勝 後継者。五代清須城主。			彦五郎。 弘治元年 信長に攻められ 滅亡。	彦五郎。 天文23年 守護、斯波義統を 殺害。弘治元年 信長に攻められ 滅亡。
織田敏信	備後守。良信 父?(奥野高広.説)	岩倉城主。寛村。清須五郎。				文明17年 初見あり。仕、斯波義寛。
織田良信	弾正忠。文明14年(1482)清須宗論 奉行(判者)。法名 西巌(別伝.材岩)。		織田久長(弾正忠、大和守、弾正左衛門) 子。敏定 弟。西巌。 備後守敏信か? 斯波義良、斯波義敏に 仕える。文明14年 清須宗論 判定者。		西巌。弾正忠。文明14年 清須宗論 判者。	弾正忠。 清須宗論 奉行。 西巌(材岩)。
織田信定	月巌。西巌 子。弾正忠。信貞。	月岩。弾正忠。犬山城主。 勝幡築城。敏定 子。	信貞。弾正忠。月巌常照。 良信子。勝幡築城。	弾正忠。治郎左衛門(敏定)二男。勝幡築城。(P.283) 月巌(P.434) 敏信 弟。	弾正忠。月巌。良信 子。	弾正忠。月巌。良信 子。信貞。織田達勝 老臣。

人名/出典	清洲町史	尾州織田興亡史	織田信長の系譜	武功夜話・四巻	織田信長事典	織田家の人びと
織田信定	月巌。西巌 子。信貞。弾正忠。	月岩。弾正忠。 敏定 子。 初代勝幡城主。	信貞。弾正忠。 月巌常照。 良信子。勝幡築城。	弾正忠。月巌。 敏定 二男。	弾正忠。月巌。 良信 子。	弾正忠。月巌。 良信 子。信貞。 織田達勝 老臣。
織田信秀	桃巌。月巌 子。 弾正忠。備後守。 三郎。	備後守。弾正忠。 桃岩道見。三郎。 二代勝幡城主。 古渡築城、城主。	備後守。弾正忠。 三郎。桃巌道見。 永正9年(1512)生。 天文21年3月没。	弾正。月巌次男。 備後守。桃巌。 勝幡城主。清須三奉行。	弾正忠。備後守。 信定 子。桃巌。 天文20年 又は 天文21年3月3日 没す。	弾正忠。備後守。 永正7年(1510)生。天文20年(1551)3月3日 没す。 別説 18年、21年。 勝幡、古渡、末盛城主。桃巌。
織田信長	上総介。弾正忠。	上総介。三郎。 尾張守。	三郎。上総介。尾張守。弾正忠。那古野城主。泰巌。	信秀 子(P.434) 上総介(P.242)	上総介。右大将。 右大臣。天正10年(1582)6月2日 本能寺で殺される(自刃)。泰巌安公。	天文3年(1534)5月12日 那古野城で生まれる。信秀の三男。三郎。吉法師。天正10年6月2日未明の本能寺の変で自刃。

人名/出典	旅とルーツ 71号	寛政重修諸家譜	系図纂要	武功夜話・四巻	織田信長事典	織田信長の系譜
織田勝久	弾正左衛門尉。小三郎。	弾正左衛門。三郎。 常任 子。	三郎。弾正左衛門尉。常任 子。			
織田久長	弾正左衛門尉。近江守。楽田城主後移犬山城。勝久 子。 (初代楽田城主?)	弾正左衛門。勝久子。	三郎。弾正左衛門尉。勝久 子。	弾正左衛門。大和守。於台城主。 楽田築城(P.434) 三郎。弾正左衛門尉(P.283)。 常竹 子(P.434)	兵庫助。大和守。 常祐。敏定 父。	大和守(某)子。 織田常松 孫? 兵庫。大和守。 常祐。敏定 父。
織田久孝	太郎。丹波守。小田井、日置岡城主。					
織田常寛	居小田井、移居清須。 丹波守。久孝 子。		小田井城主。丹波守。久長 子。	弾正左衛門尉。 久長 長男。於台。		
織田寛故	藤左衛門尉。小田井城主。常寛 子。		藤左衛門。寛敏。 兵部大輔。常寛子。	藤左衛門尉。常寛 子。於台。 清須奉行。		寛故? 藤左衛門。 天文19年2月7日 没? 小田井家。
織田寛貞	筑後守。楽田城主。 常寛 子。寛故 弟。		筑後守。楽田城主。 常寛 子。寛故 弟。	某。筑後守。 楽田城主。		
織田寛維	藤左衛門尉。寛故の子。		藤左衛門。寛敏(寛故)子。	藤左衛門。於台城主。清須三奉行。寛故 子。		寛維? 藤左衛門。 天文年間大垣で戦死。
織田信張	又六。越前守。小田井城主。寛故 子。		又六郎。信張(信弘)。寛故 子。		小田井城主。 犬山信康娘婿。	
織田信時	小田井城主。 信張 子。		又八郎。信時(信直)。信弘 子。 天正2年 9月29日 討死(29歳)。		又八郎。信張子。信秀娘婿。 天正2年9月29日 討死。	信直。又六。小田井家継承。 文禄3年9月21日 没。岸和田城主。
織田又八郎			信時(信直)。 信張(信弘)子。		信時。信張 子。 天正2年9月29日 討死。	又八郎。信直と別人か? 天正2年9月29日討死。
織田敏定	三郎。伊勢守。大和守。犬山城主後移岩倉城。久長 子。	三郎。伊勢守。大和守。犬山の城主。 下四郡を領し、斯波家とともに 清洲に住す。常祐。	三郎。伊勢守。犬山城主。領尾張下四郡交守清洲城。 号蓮光院常英。	治郎左衛門。大和守。清須在城。 常祐。	大和守。清須在城。久長 子。 常英。	五郎。大和守。 久長 子。常英。 住 清須。
織田敏貞	次郎左衛門尉。勝久子、久長 弟。 応仁2年(1468) 8月23日 病死。 子に 萩原貞峯あり。					

* 織田敏貞は『古代氏族系譜集成』中巻 P.911に 久長の兄弟(位置づけは弟?)として記載されている。『旅とルーツ』は 同書より転載している(著者は 宝賀寿男氏)。
* 織田敏貞弟に 敏任、常友(初め常孝)、敏貞子に貞峯(萩原中務丞)を記す。(『古代氏族系譜集成』参照)

楽田織田家一族推定系図

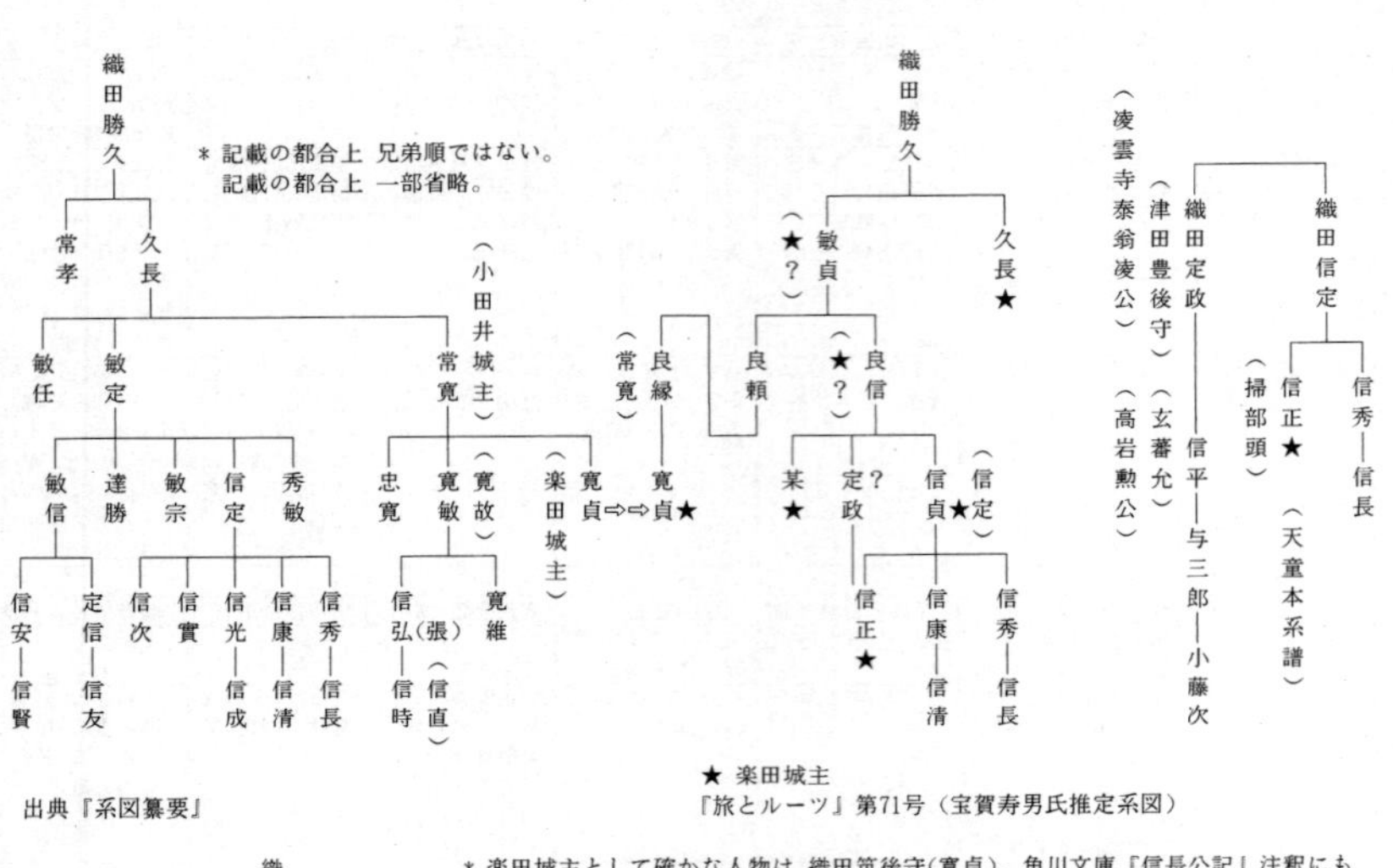

出典『系図纂要』

★ 楽田城主
『旅とルーツ』第71号（宝賀寿男氏推定系図）

＊ 楽田城主として確かな人物は 織田筑後守(寛貞)。角川文庫『信長公記』注釈にも楽田城主、筑後守として記されている(P. 23)。

織田常竹—久長（楽田築城）（於台城主）①
- 常寛（於台城主）—藤左衛門（寛故）—藤左衛門（寛維）
- 敏定 ②＝寛貞 ③—信春 ④（楽田城主）

出典『尾州織田興亡史』（瀧 喜義、ブックショップマイタウン）

織田信定
- 信正（掃部頭）★
  - 左近（嶋左近）
  - 庄右衛門
  - 一正（嶋一正）
    - 信由
    - 三安
    - 正直
  - 信重（嶋信重）＝信由
  - 信久
- 信秀

出典『桓武平氏國香流系図』（千葉琢穂、展望社）

＊ 嶋系図では 織田信定の子と記すが 信定家の系図では 信秀の兄弟に 信正の名前無し。

嶋系図 信正を楽田(学伝)城主と記す(P. 357)。

同様の記述は『寛政重修諸家譜』嶋系図(第八巻 P. 199)にも 見られる。同系図は 一説 信定の三男と記す。同系図も 信正を 學傳城主と記す。

信正の系図は 今一つハッキリしないが 弾正忠家(信定家)一族である可能性までは 否定出来ない。

この点を考慮すれば 宝賀氏の推定も頷ける。(上記『旅とルーツ』参照)

楽田城主の系譜は ハッキリしないが 何人かの人物が特定されつつある。
初代の城主は 織田久長(楽田家、弾正忠家、小田井家の共通の祖)。
勝幡進出前の織田信定が一時 城主であった可能性もある。
その後 楽田城主となったのは 信定一族の 織田信正と 小田井家出身の織田寛貞である。但し その歴代の詳細は 不明である。

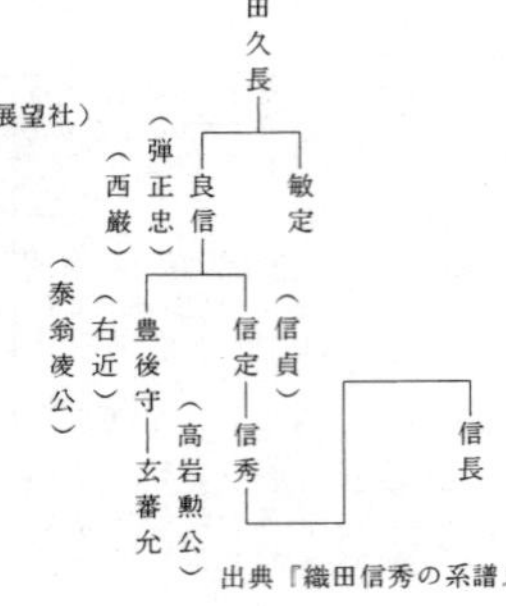

出典『織田信秀の系譜』

論考 信長以前の織田系譜について

織田家系図は、復元推定系図も含めると、数種類にも及び、正確に復元することはきわめて難しい。現段階において、完全無欠の復元系図を作成することは、なかなか困難をきわめる。現在公開されている系図のみならず、非公開の系図、家譜などもすべて集めて比較考証しない限り、正確な復元は無理であろう。

しかし、ある程度の輪郭を描くことは可能と考え、先達の研究を参考にしながら手持ちの資料、参考雑誌の記事、関係図書などを参考に挑戦していくことにする。

織田家の系図を復元するポイントは、平家落胤系図を分解し、どこまで先達の復元系図と整合させるかということになるが、復元系図に登場する人物が、落胤系図ではかなり欠落していることが泣き所となる。

『姓氏家系大辞典』の著者太田亮氏も避けて通っている感じがするし、『群書系図部集』や『系図纂要』『寛政重修諸家譜』『日本系譜綜覧』(日置昌一)は落胤系図が基本となっているので、これらがどれだけ復元系図に近づけられるかが鍵となる。

この点で、鈴木真年や、中田憲信などの研究資料などからアプローチされた宝賀寿男氏の推定系図はかなり参考となる。宝賀氏が『旅とルーツ』（日本家系図学会）や『古代氏族系譜集成』（古代氏族研究会）で発表された研究と論考を柱に、各研究者の推定を加味しながらアプローチすることにする。

織田家の家系が平家の末裔でないことは、明白である。

なぜなら、三大系譜集の一つ『尊卑分脈』の平家系図には、落胤系図が織田家の先祖とする織田親真（覚盛）は記載されていないからである。『尊卑分脈』も完全無欠ではないが、比較的信憑性の高い系譜集で、源、平、藤、橘と一部の氏族（大江、高階、和気、丹波など）を載せているが、この中に織田氏の系図はない（資盛の子供に長崎盛綱の名前はあるが織田親真はない）。

『系図纂要』にしても『群書系図部集』にしても江戸時代の編纂であり、古い部分に関しては『寛政重修諸家譜』同様信用できない。江戸時代に編纂された系図集は、落胤系図の影響が強く、地方で編纂された物でも同様である（尾張藩の『士林泝洄』にも織田家の系図があるが、資盛末裔とする）。

しかし、親真から敏定に至る系譜が出鱈目かと云えば、そうとばかりも云い切れない。モデルになった系譜が存在するはずである。

それが宝賀氏が『古代氏族系譜集成』や『旅とルーツ』で示した斎部姓織田氏系図である。

織田剣神社の神官、織田（津田）氏の一部が斯波氏の被官となり、尾張に移り、尾張織田氏になったのである。尾張織田氏は守護代、又代（又守護代）、あるいは奉行として、斯波氏にかわり尾張の実質的な支配権を確立していった。

信長登場以前の織田家の系譜は混乱しており、幾多の有名、無名の研究者が系譜の復元に挑戦しているが、未だ完全なる復元系図は登場していない。本書においても完全復元は不可能ではあると思うが各先達の研究結果を整理しつつ、輪郭を組み立ててみたいと思う。

織田家が平家の末裔でないことは先に記した通りである。織田家の系図を追求する上でポイントになるのは、初代守護代織田常松の実名と系図上の位置関係、又代織田常竹の系譜、そして岩倉と清洲（清須）の守護代家の系譜、そして信長の家系である弾正忠織田家の系譜である。これらがどのように連環するかが復元のポイントになる。

「信長以前の織田家系譜」（松原信之）によれば、岩倉織田家、清洲織田家、弾正忠織田家は、すべて織田常松の末裔と推定している。横山住雄氏も『織田信長の系譜』によって織田常松の末裔とした系図を示している。しかし、織田常松と常竹の系譜関係は明確ではない。

『武功夜話』は常松と常竹を兄弟とし、古岩倉家と小久地織田家は常松の末裔、新岩倉家、清洲家、小田井織田家、弾正忠織田家は常竹の末裔としている。ただし、『武功夜話』は記述矛盾があるので、全面的には信用できない。

『古代氏族系譜集成』は、常松（教信）と常竹（常任）を兄弟と位置付け、古岩倉家は常松の末裔、新岩倉家、清洲家、小田井家、弾正忠家は常竹の末裔としている。ただし、『古代氏族系譜集成』にも誤記があるので注意を要する。宝賀氏はその後、『旅とルーツ』において一部修正した説を発表されているので、そちらに注目したい。

宝賀氏は、織田親真の子親基は祖母（親真母）の縁により近江国津田村に移り、津田氏を称し（父親真も津田姓を称したという所伝あり）、その子基実（親真の孫）が織田庄の地頭となり、再び織田を号する。ただし、その本宗や一族の多くは津田村に残り、津田姓を継承したと記す。その後、基実の子実昌が織田庄地頭を継承し、その子隆昌が織田祠官を継承し、基実の次男と思われる常昌が斯波高経に仕え、尾張進出の切掛けを掴んだ。その子常勝は、貞治五年（一三六六）、将軍義詮より越前に領地を賜る。常昌は貞治三年（一三六四）卒、六十九歳（一二九六〜一三六四）。その子常勝は貞治六年卒（?〜一三六七）。つまり、常昌常勝親子は、斯波高経義将親子に仕えたことになる。また常勝の弟とされる教広は、応永二年に六十一歳で卒去、と伝えられる（一三三五〜一三九五）、と『旅とルーツ』で記している。

ここで問題となるのが、明徳四年（一三九三）六月十七日に織田剣神社に置文を残した藤原信昌・将広と織田氏との関係である。

藤原信昌の父（あるいは祖父）といわれる藤原道意と信昌・将広は、織田家系図では、その名前は確認できない（『系図纂要』『群書系図部集』『寛政重修諸家譜』『日本系譜綜覧』他）。

松原信之氏は「信長以前の織田家系譜」の中で、藤原将広（兵庫助）が織田常松（伊勢守入道）と同一人物か？と推定している。横山住雄氏は『新編犬山城史』において、藤原将広は兵庫助、入道常松、伊勢守とし、さらにその兄弟某は入道常竹、出雲守としている。小和田哲男氏も『織田家の人びと』において、「将広は常松と同一人物か?」とした上で、さらに織田常昌または常勝と同一人物と示唆している（「織田氏出自略系図試案」）。瀧喜義氏は、藤原将広（兵庫助）の子信広が常松で、郷広と同一人物としている（『尾州織田興亡史』）。

しかし、この瀧氏の説に対して、宝賀寿男氏は『旅とルーツ』で、常松の死亡時期からみて宝徳三年（一四五一）に死亡した郷広とは同一人物でないと否定している。宝賀氏は「藤原道意が織田常昌」「藤原信昌が織田教広」「藤原将広が織田教信で織田常松」としている（『旅とルーツ』）。つまり、織田常松は、はじめ斯波義将の偏諱をもらい将広と名乗り、後に義将の子義教の偏諱で教信と名乗り、最後に入道となり、常松と号したいうわけである。

また、新井喜久夫氏は「織田常松が越前の藤原将広と同一人物とする説は年代等から断定はできないとしても可能性はある」と述べておられる（『織田信長事典』）。

つまり、「将広を常松」とする見方は研究者の間では、かなり有力な見解となっている。

織田常竹については、横山住雄氏は諱は明らかにしていないが、常松の兄弟に位置付け出雲守としている（『新編犬山城史』）。『武功夜話』は常松、常竹を兄弟と記す。

新井喜久夫氏は、常竹は常松の又代であるが、その系譜関係は不明としている（「織田系譜に関する覚書」『清洲町史』所収）。

瀧喜義氏は、常竹は常松の兄弟と位置付け、左京亮・出雲守・又守護代（又代）と記し、さらに楽田（がくでん）城主といわれる織田久長の父としている（『尾州織田興亡史』）。

宝賀寿男氏は各種系図等により、織田教広の子で織田教信の弟にあたる織田常任を常竹としている。ただし、系譜上は兄弟となる常松と常竹が血統上は兄弟ではない可能性があることも示唆している。

つまり、常勝の兄弟教広が津田氏本宗家の末広の名跡を継承し、織田の宗家（常松家）となり、教広の兄常勝が分家織田の常昌の家督を継承（常竹家）し、その子常任（常竹）が一時教広の猶子となっていれば、血統上は従兄弟で系譜上は義兄弟となる。また、教信の庶兄常任が分家常勝の家督を継承したとすると、血統上は兄弟で系譜上は従兄弟の関係になる。なお、宝賀氏は常竹の方が常松よりも年上であったみている（『旅とルーツ』）。

織田常松（尾張織田家初代守護代）は、居城を春日井郡小木村（小牧市小木）に定めた（原典『張州府志』、出典『織田家の人びと』）が、在京することが多く、織田常竹を又代として現地支配を任せていた。織田常竹は中嶋郡（稲沢市下津町）の下津城に在城し、勢力を在地に伸ばして行った。瀧喜義氏は常松は、下津築城、常竹は清洲在城としている（『尾州織田興亡史』）。

ここからは系譜考証をする前に、各資料から織田家の人物の動静を確認することにする。

承元　三年（一二〇九）　この頃、織田親真誕生。一説承元元年（『旅とルーツ』）。
貞永　二年（一二三三）　織田親真、神職を継承する（『旅とルーツ』）。
正元　二年（一二六〇）　織田親真（親実・覚盛・覚性）卒去、五十二歳（『旅とルーツ』）。
永仁　四年（一二九六）　この頃、織田基実次男常昌誕生（『旅とルーツ』）。
貞治　三年（一三六四）　織田常昌卒す、六十九歳（『旅とルーツ』）。
貞治　五年（一三六六）　織田常勝、将軍義詮より越前に食邑（領地）を賜る（『旅とルーツ』）。
貞治　六年（一三六七）　織田常勝、卒す（『旅とルーツ』）。
明徳　四年（一三九三）　六月十七日、藤原信昌・将広父子、織田剣神社に仮名置文を残す（『旅とルーツ』『織田家の人びと』『清洲町史』『尾州織田興亡史』『別冊歴史読本織田信長その激越なる生涯』）。
応永　二年（一三九五）　織田教広死去（『旅とルーツ』）。

応永　九年（一四〇二）織田左京亮（入道常竹）、織田九郎、津田彌九郎等、尾張入国（原典『三宝院文書』、出典『新編犬山城史』）。

応永一五年（一四〇八）織田常竹、妙興寺天祥庵規式案に加判（「織田系譜に関する覚書」『清洲町史』所収）。

応永一八年（一四一一）織田左京亮（常竹）下津城に在城（常松より織田京兆宛文書）（出典『清洲町史』）。

応永二四年（一四一七）この頃、織田久長生まれる（『旅とルーツ』）。

応永三四年（一四二七）織田常松、大徳寺文書を最後に記録なく、この頃没したか？（『新編犬山城史』）。

応永三四年（一四二七）十二月二十五日の遵行状を最後に、常松から常竹の命令系統消滅（常竹引退か死亡）（『清洲町史』）。

応永三五年（一四二八）閏三月二十三日、常松より破田郷の公事茶につき織田勘解由左衛門尉に命令が出される。同年八月六日、満済准后日記に「織田伊勢入道所労以外聞」とあり、常松も重病に罹ったらしい。見舞いの使者が三宝院満済から送られ、織田弾正が接待する。（『清洲町史』）

正長　二年（一四二九）四月二十九日、織田勘解由左衛門尉朝長、段銭奉行宛に文書を差し出す（守護代継承？）（『清洲町史』）。

永享　元年（一四二九）十一月二十八日、織田教長、破田村の段銭に関して織田民部入道・坂井彦

永享　三年（一四三一）　左衛門入道宛てに文書発給する（『清洲町史』）。＊この頃、守護斯波義教。従って織田教長が正しいか？

永享　三年（一四三一）　織田淳広の名前が見える。斯波義淳の守護代。宝徳元年頃没（『新編犬山城史』）。

永享　三年（一四三一）　三月十九日、織田勘解由左衛門尉の名前『建内記』にて確認される（『清洲町史』）。

織田淳広、三月十一日、破田に対する公事茶、三月二十八日、京上夫役の催促停止の文書を発給する（『清洲町史』）。＊この頃、守護斯波義淳。

永享　六年（一四三四）　八月十一日、織田淳広三人の段銭奉行に文書発給。淳広の名前、同年十二月十五日まで確認される（『清洲町史』）。＊織田淳広の名前は永享六年まで確認（『旅とルーツ』）。

永享　七年（一四三五）　十二月十四日、段銭奉行に対する文書発給者が織田元阿・右長に代わる（『清洲町史』）。

永享一二年（一四四〇）　織田広近、木ノ下城築城（『尾州織田興亡史』）。

嘉吉　元年（一四四一）　十月十七日、織田元阿織田三郎に遵行状を発給（『旅とルーツ』）。十二月二十一日、『建内記』元阿の死後守護代となった織田郷広（淳広の弟とみられる）は、寺社領等を横領したため、斯波千代徳の後見人や織田一族等に絶交され、逐電と記す（『旅とルーツ』）。

嘉吉　三年（一四四三）　三月、織田大和守（諱欠落で不明）妙興寺に禁制を掲げる。十一月二十二日、織田久広より織田五郎に文書発給（『清洲町史』）。

文安　元年（一四四四）　閏六月二十三日、織田久広、昨年十一月に続いて織田五郎に北野社領下浅野保反銭につき、「春日井郡司」の催促を止めるよう命令する文書を発給（『清洲町史』）。

文安　五年（一四四八）　織田久長、妙興寺文書「天祥庵規式案」の奥に署判。同時に作られたと思われる案文により、当時、兵庫（助）の官途名を称していた（『清洲町史』『旅とルーツ』）。

宝徳　二年（一四五〇）　淳広の弟と思われる織田郷広とその嫡子兵庫助敏広が、守護代の地位を巡って争い、敏広が守護代となり、郷広は越前に退き没する（原典『応仁略記』、出典『新編犬山城史』）。

宝徳　二年（一四五〇）　この頃、織田敏定誕生（参考出典『織田信長の系譜』。明応四年四十六歳から逆算、満年齢なら宝徳元年生まれ）。

宝徳　三年（一四五一）　織田又二郎郷広、将軍足利義政の口入れで守護代復帰を謀るが、斯波千代徳と甲斐入道の反対に遇い、失敗に終わる。当時の守護代は郷広の長子織田敏広（『清洲町史』）。＊この時の敏広の諱は不明。敏広の名乗りは斯波義敏が家督（守護職）を継承してからのもの。

宝徳　三年（一四五一）　織田郷広守護代への復帰をはかるが、失敗して討死。『応仁略記』は郷広越前にて生害と記す（『旅とルーツ』）。

享徳　元年（一四五二）　織田久長没し、敏定跡目を継ぐ（『尾州織田興亡史』は一四五一年没とするが、それだと宝徳三年）。

長禄　二年（一四五八）　六月、破田郷に諸公事の免除と守護使の入部を停止する遵行状が斯波義敏より、織田敏広宛て発給され、敏広は織田参川守（広成）と織田豊後守両名に宛て執達している（『清洲町史』）。

長禄　三年（一四五九）　織田広近、丹羽郡小口村（現在の丹羽郡大口町下小口）に築城（於久地城・小口城・箭筈城等と呼ばれる）。翌年正月入城（『新編犬山城史』）。

長禄　四年（一四六〇）　二月四日、斯波松王丸織田大和守・織田豊後入道宛てに妙興寺領安堵の遵行状を発給する（『清洲町史』）。＊長禄四年は寛正元年。

文正　元年（一四六六）　斯波氏の家督争いから京都に大乱が起こる。遠江に出兵中の織田敏広は斯波義廉の要請により下津へ引き上げ、上洛の準備をするが斯波義敏派の勢力に阻まれた。七月十八日、織田次郎左衛門敏貞が単騎出陣、続いて織田参河守広成が敏広に代わり軍勢を率いて上洛、八月下旬には敏広の弟与十郎広近が従兄弟の三郎広久、九郎三郎広泰を始め大軍を指揮して参陣するに及んでようやく義敏と義廉の間に和議が成った（原典『文正記』、出典『新編犬山城史』）。

応仁　二年（一四六八）　八月、織田敏貞病死。

文明　元年（一四六九）織田広近、犬山木ノ下村に築城（一説永享年間）（『新編犬山城史』）。

文明　八年（一四七六）織田敏定、織田伊勢守と戦い、十一月十三日夜、下津城を焼いて退く。伊勢守宮に陣を張る（原典『和漢合符』、出典『清洲町史』）。＊この伊勢守は織田敏広と推定される。

文明一一年（一四七九）織田兵庫助敏広が本拠を下津より岩倉に移す（『旅とルーツ』）。

文明一二年（一四八〇）織田敏定、清洲（清須）入城。

文明一三年（一四八一）織田敏広死去。七月、敏広子千代夜叉丸、斯波義良に帰順（『旅とルーツ』）。

文明一三年（一四八一）正月、織田久長卒去、六十五歳（『旅とルーツ』）。

文明一四年（一四八二）織田敏定、清洲宗論を開催。この時判者（判定者）と奉行として織田弾正忠（弾正左衛門）良信、織田又七郎良縁、織田次郎左衛門尉広貞、織田左京亮広長らがいた（『清洲町史』）。

文明一四年（一四八二）清洲（清須）宗論敏定の三老臣の一人として弾正忠良信と並んで織田次郎左衛門尉広貞の名前が見える。広貞は次郎左衛門（尉）敏貞の子（『旅とルーツ』）。

文明一四年（一四八二）織田敏信（常也）が岩倉城主となり、大和守後伊勢守となり、左馬助と称す（『尾州織田興亡史』）。

文明一七年（一四八五）斯波義良、名を義寛と改め左兵衛佐に任官。

長享　元年（一四八七）斯波義寛、清須・岩倉両織田家を率いて、将軍義尚の第一次六角征伐に従

軍。織田大和守（敏定）、兵庫助（寛広?）、新三郎、又六郎、次郎右衛門尉（次郎左衛門尉と同一人物・広貞?）、四郎右衛門尉、遠江守（広近）、中務丞、紀伊守（広遠）、次郎左衛門尉、六郎（寛村?）、豊前守等の一族が従軍。

延徳　三年（一四九一）　第二次六角征伐。織田大和守（敏定）、与十郎（広近子寛近）、紀伊守（広遠）、五郎、豊前守、備後守（敏信）、藤左衛門（良縁）、越中守、次郎左衛門尉（敏貞）等従軍（『清洲町史』）。＊宝賀寿男氏は『旅とルーツ』において第二次六角征伐の次郎左衛門尉は敏貞ではなく、その子広貞の誤りと指摘している。＊すでに第一次六角征伐で次郎右衛門尉（広貞）と次郎左衛門尉が同一人物の可能性を示唆しているので（『清洲町史』）、その可能性は高い。

十一月十八日、織田大和守（敏定）は大手方の先陣大将として大津八町町之道場にて活躍し、功名を挙げた。この折りに織田次郎左衛門尉（『清洲町史』は敏貞、『旅とルーツ』は広貞）討死。十一月二十九日、京都で葬儀が営まれる（『清洲町史』）。

延徳　三年（一四九一）　九月二十四日、織田広近没す（珍岳常宝庵主）（『新編犬山城史』）。

延徳　四年（一四九二）　三月、六角氏浪人四千余蜂起（近江愛智河原の合戦）。明応元年（一四九二）十月十二日、織田藤左衛門（良縁）近江の陣より帰国。同年十二月、近江の騒動鎮定される（『清洲町史』）。

明応　四年（一四九五）　四月、船田合戦。織田次郎左衛門（敏定）討死（『尾州織田興亡史』）。

明応　四年（一四九五）　七月、美濃の船田合戦で石丸利光を支援出兵中陣没す。四十六歳（『織田信長の系譜』）。九月、近江前司（近江守）と弟某戦死、弟六郎（寛村）（法名常勝）が大和守家を相続する（『織田信長の系譜』）。＊寛村の法名常勝は実成寺過去帳による（横山住雄氏『織田信長の系譜』）。

明応　五年（一四九六）　五月七日、美濃の斎藤利国（妙純）の調停で、織田兵庫助と織田寛村講和。九月二十三日、織田寛村甚目寺萱津の実成寺に寺領寄進状を出す。同年十一月三日、笠寺別当職などについて沙汰状を出す（『織田信長の系譜』）。

文亀　三年（一五〇三）　十一月、織田五郎妙興寺へ制札を出す（『織田信長の系譜』）。

永正　七年（一五一〇）　春日井の密蔵院に織田達定（五郎）より無断開帳禁止の書状が発給される。

永正　九年（一五一二）　この頃、織田信秀誕生（天文二十一年没年より逆算）（『織田信長の系譜』）。

永正　十年（一五一三）　織田達定殺害される。『定光寺年代記』は四月十四日、『東寺過去帳』は五月五日と記す（『織田信長の系譜』）。横山住雄氏は、前守護斯波左兵衛佐が四月十七日に亡くなったことから、後継者争いはそれ以後であると考え、達定殺害は五月五日説が有力と考えている（『織田信長の系譜』）。永正一〇年から十三年の間に織田達勝が守護代（清須）となる。

永正一三年（一五一六）　十二月一日、清洲三奉行妙興寺へ連署判物発給。織田弾正忠信貞、織田筑前守良頼、織田九郎広延連署（『織田信長の系譜』）。

永正一四年（一五一七）　正月二十六日、岩倉城主織田敏信没す（龍潭寺殿清巖常世大居士）（『織田信長の系譜』）。＊この敏信は文明十七年、清須城において万里集九と犬追物を見物した人物。左馬助敏信（法名常也あるいは常巴）とは別人か？　清巖という法名は信長の先祖西巖にも通じ弾正忠家一族の可能性もある。この備後守敏信を弾正忠良信（西巖）の父とする説や敏定の子とする説があるが、敏信は敏定や良信とほぼ同時代の人であり、新井喜久夫氏は敏信と良信を親子とするのは少々問題があると指摘している（『織田信長の系譜』＊新井説は『織田信長事典』より引用）。横山住雄氏は、斯波義良より偏諱を貰い弾正忠良信と名乗っていた者が、文明十四年（一四八二）の清洲宗論以後、文明十七年までの間に備後守に進み、その間、義敏が再度守護になった時に偏諱を貰い敏信に改名したと考え、良信・敏信同一人物説を提唱している（『織田信長の系譜』）。

大永　六年（一五二六）　四月、連歌師宗長（そうちょう）、津島の正覚院にて織田三郎（信秀）に面会。＊織田信貞は四月以後翌年までの間に没したか？（『織田信長の系譜』）

大永　七年（一五二七）　六月二十四日、含笑院殿茂嶽凉繁大禅定尼（信秀母）没す（『織田信長の系譜』、原典『名古屋市史』）。

天文　二年（一五三三）　四月、織田大和守織田兵部丞を上洛させる。織田信秀、織田兵部丞に飛鳥井雅綱（雅世）に蹴鞠指導のために下向することを依頼。
七月八日、飛鳥井雅綱、山科言継（ときつぐ）、津島に到着。織田信秀、織田大膳を遣わし、勝幡へ案内する。同日、織田信秀両者と歓談する。

天文　三年（一五三四）　五月二十三日、織田信長誕生。

天文二一年（一五五二）　三月三日、織田信秀没す（原典『織田信長事典』、出典『織田信長の系譜』）

織田家の歴史と主要人物の動静をやや走り気味に記したが、ここで登場する人物の大部分は、平家落胤系図には登場しない。しかし、彼らこそが織田家の歴史を織り成したのである。織田常松は初代守護代として又織田常竹は初代又代（又守護代）として尾張織田家の基礎を築いたが、その系譜は明確ではない。また、その子孫の系譜もまだ充分解明されてはいない。

二代目又代は織田勘解由左衛門尉らしい。後に二代目守護代に就任（朝長または教長）、三代目守護代は織田淳広（織田元阿同一人物？）その後は織田郷広、織田久広、敏広などが守護代となる。しかし、その続柄は定かでない。各種復元系図などから織田郷広と敏広が親子であることは間違いないがあとは推定の域にすぎない。

又代の歴代は、守護代の歴代以上にハッキリしない。織田元阿（淳広同一人物？）時代の織田三郎（大和守？）、織田久広時代の織田五郎（久長？）、織田敏広時代の、織田三河守（広成）、織田豊後守やや遅れて織田大和守（敏定）。織田敏定は応仁の乱の斯波家家督争いの時、守護代となり、守護代家は岩倉家と清洲（清須）家に分裂した。後に岩倉家（古岩倉家）の嫡流は尾張を放逐され、三河に移ったようである。江戸時代につくられた系図からは古岩倉家の系図は抹消されている。

下津・岩倉織田家（古岩倉家）は常松（教信？）、淳広（教長同一人物？）、その弟と思われる郷広、その子敏広（久広同一人物?）、その後嗣寛広（敏広養子か?）その一族広高（寛広甥、若しくは従兄弟）へと継承されたと推定される。

＊系図によっては郷広の前に常信という人物が伊勢守・岩倉城主として記されているものもあるので、歴代に加わるかもしれない。

その後、岩倉家は清洲家一族系統の織田家に継承（乗っ取り）されたようである。織田敏定の子とされる織田敏信（常也若しくは常巴）、信安（敏信弟あるいは子）、その子信賢と継承されたらしい。

＊織田敏信は備後守、法名清巌とする所伝もあるので（『織田信長の系譜』）、二人の敏信が存在した可能性もある。この点については後で検討したい。

瀧喜義氏は、寛広の後の岩倉家は敏定の子敏信（寛村、清洲五郎船田合戦戦死）が継承し、その後は敏信弟 信安（清洲六郎）が継承し、その後は信安子 信賢が継承したとしている（『尾州織田興亡史』）。

しかし、敏信が寛村と同一人物となり得るかは疑問である。

他の研究者によれば、敏信の法名は常也あるいは常巴、異説としては清巌。一方、寛村は近江守寛定の弟で、法名は常巨。これが事実なら敏信と寛村は同一人物とはなりえない。

また、横山住雄氏は『新編犬山城史』において、寛村は兄二人（寛定と某）が船田合戦で戦死したので、大和守家を継承したと記している。また、横山氏は同書の中で、敏広の弟に広近（遠江守）を記し、小口・木ノ下城主としている。その子寛近（与十郎・遠江守）が小口・木ノ下織田家二代目を継承したと記している。

一方、宝賀氏は『旅とルーツ』等で、岩倉家の傍系は敏広の従兄弟に広久、広成を記し、敏広の兄弟に広近（於久地・犬山織田家祖）、寛広の兄弟に広遠を記し、広遠の子に広高（古岩倉家最後の当主か?）を記している。この点については後述する。

一方、清洲（清須）家は敏定の陣没後、近江守寛定が継承したようであるが、二カ月後に弟某（敏信か?）と共に戦死し、大和守は襲名せず、歴代からは除外されている。その後は、六郎寛村（大和守・法名常巨あるいは常勝）が継承し、その後は達定（大和守・五郎）（『織田信長の系譜』近江守の子）、永正十年（一五一三）五月以降、永正十三年までの間に達勝（大和守・五郎）が継承し、その後は、養子の彦五郎（信友・広信）が継承し、織田信長の叔父信光に攻められ、清洲織田家は滅亡した。

＊宝賀氏は達定は寛村の改名、達勝は敏信の子で伊勢守信安の弟としている。彦五郎は達勝の甥らしい。

＊寛村は家督相続時は斯波義寛の偏諱により寛村、斯波義達の家督相続後にその偏諱により達定と改名したとしている（『旅とルーツ』）。

瀧喜義氏は、船田合戦によって大和守系の織田家は壊滅し、伊勢守系の兵庫助寛広が、嫡子達定を清洲城主とし、その後は達勝（広信）、ついで信友が清洲城主になったと記す（『尾州織田興亡史』）。しかし、寛村は敏定没後も清洲城を守り、また寛広のうしろ盾、斎藤妙純（利国）は明応五年（一四六九）十二月、近江の蒲生貞秀と戦い敗死して、その威勢は永く続かなかった。寛村は明応七年十一月にも健在であり（『織田信長の系譜』）、大和守家が壊滅したという瀧氏の記述とは矛盾する。また、寛広が尾張で勢力を回復するのなら、岩倉の本領の回復を図るはずで、下津・岩倉周辺には一族の広遠、広高などが残っているのだから、寛広に力があれば、それら一族の協力で古岩倉家を復活できたはずである。

宝賀氏によれば、寛広の動向は永正元年（一五〇四）以後不明で、この頃、尾張を退去したらしい。古岩倉家は傍系（寛広の弟と思われる）広遠は尾張に残り、文亀三年（一五〇三）十一月まで確認され、その子と思われる広高は、天文六年（一五三七）にもその存在が確認される。また織田信秀・信長時代に確認される織田監物広孝は、織田広高と同一人物の可能性がある（『旅とルーツ』）。その子広良は勘解由左衛門尉という官職名を持つ。この官職名は、二代目守護代と思われる朝長（教長）勘解由左衛門尉との系譜関係を伺わせる。古岩倉家の衰退後は、大和守系の織田家が清洲・岩倉を支配したことは誤りないであろう。

小田井家に関する考察

清洲（清須）・岩倉両守護代家については、だいたいの輪郭を掴むことができたが、勝幡織田家（弾正忠家）、小田井織田家（藤左衛門家）、因幡守家のいわゆる清洲三奉行家の系譜や、小口（於久地）・木ノ下織田家、楽田織田家の系譜については、さらなる検討が必要となる。これらの系図は、最終的には重なる部分もかなりあると思われるが、極力個別に検討して行きたい。

まず、小田井家であるが、織田久長（大和守敏定の父）の子、丹波守久孝（愛知郡日置岡城主後小田井城主）を初代とし、常寛（丹波守）、寛故（藤左衛門尉・兵部太輔）、寛維（藤左衛門尉）、その弟信張（越前守・又六）、その子信時と続く。さらに、寛故の兄弟に寛貞（筑後守）を記し、楽田城主としている（『旅とルーツ』71号）。

『古代氏族系譜集成』は、楽田城主織田久長の子、日置城主久孝（丹波守）を初代小田井城主としている。同書は久孝の没年月日を永正三年（一五〇六）七月十四日としている。二代目は常寛（丹波守）。没年月は永正十三年（一五一六）七月、没年齢は四十九歳としている。三代目は寛政（藤左衛門尉・兵部太輔）。没年月日は天文十九年（一五五〇）一月七日。四代目は寛維（藤左衛門尉・丹波守）。天文十六年（一五四七）九月廿三日討死、廿三歳と記している。

寛維の子は元綱（藤左衛門）。寛維の後は弟信張（始め寛廉・又六郎）。信長に属し、文禄三年（一五九四）没、六十八歳。その子に信氏と忠辰を記す。さらに寛政の弟に寛貞（筑後守・楽田城主）を記す。その子に忠寛（掃部助）を記す。ところが別の頁では織田藤左衛門（又七郎・良縁）文明十四年頃あるいは延徳二年頃と記し、その子に藤左衛門（筑前守・良頼）永正十三年頃と記し、その子に藤左衛門（諱不明）と記す。

宝賀寿男氏は『旅とルーツ』において、次のように説明している。

藤左衛門家の人で史料で確認される人物は、文明十四年（一四八二）清洲宗論の時の署名人、織田又七郎良縁である。良縁は延徳二年（一四九〇）頃、藤左衛門と号し、延徳三年の第二次六角征伐には織田敏定（大和守・清洲守護代家）と共に従軍している。その子、筑前守良頼は、永正十三年（一五一六）十二月一日付けの妙興寺領安堵状に弾正忠信貞と共に連署、三奉行の一人となっている。藤左衛門は小田井城主として天文元年（一五三二）織田信秀と争い、後に和睦している。小田井城は、明応元年（一四九二）頃の築城で、『張州府志』によって同城は守護代大和守敏定の持ち城で、後に藤左衛門が在城したとする。敏定以後、久孝（常寛）、寛故、寛維、信張、信時、忠辰の歴代が在城と記す。小田井家の中に藤左衛門が確認されることから、藤左衛門家とは小田井家のことで、丹波守久孝の子孫ということになる。久孝と常寛は、親子か同一人物か確定できないが、親子なら久孝は敏定と同世代、同一人物なら敏定の子の世代となる。いずれにせよ、久孝を敏定の兄とすることには疑問がある、と宝賀氏は記している。

常寛の系図上の位置は不安定で、たとえば『群書系図部集』は、敏定の弟の位置に記して、没年月日を永正三年（一五〇六）丙寅七月十四日、法名を開巖化元居士とする。その子藤左衛門尉寛故は、天文十九年（一五五〇）庚戌二月七日卒、法名は古岩元陳。その子寛維（藤左衛門尉）は、天文十一年（一五四二）九月二十一日に大垣で討死。二十三歳。法名天岩以青と記す。その弟は信張（寛廉）文禄三年（一五九四）九月二十二日、大津で卒す。六十八歳。信張の子として信氏、忠辰を記す。

『系図纂要』は敏定の弟に常寛（丹波守・開巖化元）を位置付け、小田井城主としている。常寛は永正三年（一五〇六）七月十四日没したと記している。その子に忠寛（掃部助）、その兄弟に寛敏（藤左衛門・寛故・兵部太輔）その子に寛維（藤左衛門）を記し、天文十一年（一五四二）九月廿一日、大垣で没、二十二歳。その弟に信弘（又六郎・信張）を記し、その子に信時（又八郎・信直）を記し、天正二年（一五七四）九月廿九日、長嶋で討死、廿九歳。その子に信氏と忠辰を記す。また、寛敏（藤左衛門・寛故）の弟に寛貞（筑後守）を記し、楽田（がくでん）城主としている。

『武功夜話』四巻の巻末系図は、織田久長を於台（おたい）城主として、次代於台城主は敏定（大和守）の兄弟

（本文では兄）常寛（丹波守）を記し、次は寛故（藤左衛門）、その子は寛維（藤左衛門・清洲三奉行）としている。

横山住雄氏は『織田信長の系譜』で、織田良頼（又七郎・筑前守）、藤左衛門（寛故？）、藤左衛門（寛維？）、その養嗣子信張、その子又八郎としている。

瀧喜義氏は『尾州織田興亡史』で、於台歴代は楽田城主織田久長を初代として、二代目は丹波守常寛、三代目は藤左衛門寛故（兵部太輔・因幡守）、四代目藤左衛門寛維（播磨守・大垣戦死）、五代目信張（又六郎・泉州守護）、六代目信時（又六郎・長島討死）、七代目忠辰、八代目知信（津田を称す）、九代目信正と記す。

『士林泝洄』（『名古屋叢書続編17』所収）津田系図によれば、織田久長（弾正左衛門）の子敏定の弟、常寛（丹波守・開巌化元居士）を小田井家の祖とする。常寛は永正三年七月十四日没と記す。二代目は寛故（藤左衛門・兵部太輔）天文十九年戊二月七日卒と記す。三代目寛維（藤左衛門）天文十一年大垣で死す。天巌以青。弟信張（又六郎）、その子信直（又八郎、天正二年戊九月二十九日長嶋において戦死、二十九歳）、その子信氏および忠辰（津田氏、子孫尾張藩士、以下略）と記す。

『日本系譜綜覧』（日置昌一、名著刊行会）は、常寛を敏定の弟に記す。

太田亮氏は『姓氏家系大辞典』において、久長二男（敏定弟）常寛（開巌化元居士）、ついで寛故（寛政・藤左衛門・古岩元陣）、ついで寛維（藤左衛門・天岩以青）、ついで寛維弟信張（寛廉）、ついで信直（信時）と記す。

つまり、系図上では、常寛は敏定の兄弟あるいは甥、ということになる。

しかし、この小田井（おたい）織田家は、清洲三奉行藤左衛門家とどう重なるのか？　はたして敏定の兄弟であろうか？

横山氏が『織田信長の系譜』で示した系図は、それを考慮した推定系図である。二代の藤左衛門（寛故、および寛維か？）が鍵となる。

宝賀寿男氏は、久孝が敏定の兄とすることに疑問を呈し、藤左衛門家の初代は、敏定時代の又七郎良縁（清洲宗論奉行）であり、小田井家系図の久孝が重なると推定し、さらに良縁の子良頼が小田井家の常寛に当たるとしている。宝賀氏は、斯波義良が守護のとき良頼と名乗った筑前守が、斯波義良が義寛と改名したのにあわせて、常寛（開巌化元）と改名したとしている。その子が寛故（藤左衛門・古岩元陣）、その子が寛維（天岩以青）。このあたりで各系図がほぼ一致してくる（前記各系図参照）。

これによって、藤左衛門家が小田井家であることは理解できたが、問題はその出自である。

『武功夜話』によれば、久長の長男が弾正左衛門常寛（丹波守）で、於台（小田井）城主。次男が次郎左衛門敏定で、楽田（がくでん）城主（楽田殿）としている。さきに宝賀氏によって、久孝が敏定の兄であることは否定されているが、大和守家から分離された藤左衛門家は、いかなる出自の家系なのであろうか？

ここで注目したいのは、『武功夜話』四巻の記述と系図である。主な系図書が織田敏定を三郎・大和守と記すのに対し、『武功夜話』は治郎左衛門と記す。瀧喜義氏は『尾州織田興亡史』において次郎左衛門と記す。『武功夜話』における敏定は尾張織田家中興の祖とでも云いたげな書かれ方で登場する。於台城主と記し、犬山城築城と記す。あるいは、楽田城主（楽田（がくでん）殿）と記し、嫡子敏信を岩倉に配し、その舎弟弾正忠（信定）は犬山城主。その子信康も犬山城主。その兄弟信秀は勝幡築城。敏定の兄弟常寛は於台（小田井）城主。つまり織田敏定は尾張を統一し、一族を尾張の各拠点に配したのである。

『尾州織田興亡史』によれば、織田常竹嫡男で於台城主の三郎弾正左衛門久長（楽田殿）が、伊勢守の所領春日井郡を侵食（興亡史は蚕食）し、美濃勢の尾張侵入に備え、楽田に築城。享徳元年（一四五二）に没した久長の跡目を継承した敏定が、文正の乱（一四六六）の大功によって、尾張における威勢も増大し、本宗の伊勢守を凌ぐ様子であった。長享元年（一四八七）に大和守敏定は、その一統をあげて、伊勢守系統の諸城の攻略に移る。まず、岩倉城を攻め、兵庫助を追い出し、於久地城、木ノ下城を攻め、岩倉に敏定嫡男敏信、木ノ下城に信定、その子信康を入れ、城を三狐寺山に移し、伊勢守系の諸城は敏定の手中に帰した。

『尾州織田興亡史』『武功夜話』は、敏定が尾張を平定したように記すが、はたして事実か？　敏定が大和守家を守護代家に押し上げたことは事実だが、いくつかの疑問点がある。

第一に敏定は楽田（がくでん）城主か？『楽田村史』によれば、楽田城は織田弾正左衛門久長の築いたもの。資料が欠けて此城に関し考察を試みることはできぬが、古記によれば、犬山城主織田信清が両城をあわせ有した。『角川地名大辞典23愛知県』によれば、織田久長が創築し、その後、犬山城主織田信清に攻め落とされた、と記す。『史跡散策 愛知の城』（山田柾之編、名古屋市立鶴舞中央図書館蔵）によれば、楽田城は永正元年（一五〇四）の頃、織田久長が築城、永禄の頃、犬山城主の織田信清に奪われ、永禄七年、織田信清が織田信長に追われ、その後は坂井政尚が守将となった。つまり、敏定が楽田城主であった明確な記録、証拠はないのである。

第二に敏定は犬山城主であったのか？　横山住雄氏は『新編犬山城史』において、通説歴代城主が虚説であるとして、考証歴代城主を発表している。当然、敏定の犬山城主は否定されている。つまり『武功夜話』や『尾州織田興亡史』が主張する敏定犬山城主説、あるいは楽田城主（楽田殿）説は、否定されることになる。宝賀寿男氏は『津田系図』によって、織田久長は文明十三年（一四八一）六月没、六十五歳（従って生年は一四一七）。つまり楽田築城が永正元年なら、築城者は久長ではなくなる。宝賀氏は永享年間の築城、一説永享五年としている。久長はその後、犬山城に移り、楽田城は弟の次郎左衛門敏貞に受け継がれたと推定している。

ただし、犬山城とするのは、二つの犬山城が存在しないかぎり、誤りである。

犬山城の前身は木ノ下城で文明元年の築城、当時の城主は織田広近（この部分は横山住雄氏の『新編犬山城史』により補筆）。久長が広近を放逐したという事実はないので、久長を犬山城主とすることには難がある。可能性としては、楽田城を譲った後の久長は、小田井（於台）城に在って又代、後に半国守護代となった織田敏定を後見したのではなかろうか。宝賀氏が拠典とした『津田系図』が正しければ、久長は享徳年間から長享年間に事実上隠居し、息子たち（常寛、敏定）の後見にまわったことになる。あるいは、木ノ下城北方の三狐寺（三光寺）あたりに屋形か砦を築いて移ったのかもしれない。しかし、それを裏付ける資料は未見である。また犬山市役所の職員でもあった横山住雄氏も、その後に出版された『織田信長の系譜』の「与二郎信康の項」でも触れられてはいない。

話を元に戻すと『武功夜話』や『尾州織田興亡史』で、織田家のスーパーマンのように記す織田次郎左衛門（治郎左衛門）敏定は、三郎大和守敏定と次郎左衛門某が合成されたものではないのか？

では、織田家の中に本物の次郎左衛門は存在するのか？　答えは……存在するのである。

『清洲町史』に、織田次郎左衛門尉敏貞という人物が紹介されている。同史には敏貞とその子と思われる広貞（次郎右衛門尉あるいは次郎左衛門尉）が登場する。『清洲町史』ではその系譜は明確でないが、『古代氏族系譜集成』では、織田勝久の子で久長の兄弟の位置に敏貞を記す。つまり、大和守敏定の叔父にあたる。

宝賀氏は『旅とルーツ』において『津田系図』『文正記』『蔭涼軒日記』等の文献、史料により織田次郎左衛門敏貞の系譜を明かにしている。

『津田系図』では、敏貞の子は萩原貞峯しか記さないが、その他の史料により広貞（次郎左衛門尉・清洲宗論奉行・敏定三老臣）、さらには弾正忠良信（清洲宗論判者・敏定三老臣）も活躍年代、およびその子とされる弾正忠信貞（一般には信定と記されている）の名前の「貞」の字の共通性などから敏貞の子と推定されている。

『武功夜話』四巻の記述と系図が一般の系図書と食い違ったことが、二人の「としさだ」を浮上させ、宝賀氏の研究によって、藤左衛門家、弾正忠家が次郎左衛門敏貞の流れを汲むことが明かにされた。

藤左衛門家を久長の流れとするのは、藤左衛門家を大和守家に結び付けたためであり、『武功夜話』が敏定を楽田（がくでん）城主・次郎左衛門（治郎左衛門）とするのは、敏貞の誤りということになる。藤左衛門家の初代は敏定時代の良縁（小田井家系図の久孝）で、二代目は良頼（小田井家系図の常寛）、三代目は藤左衛門（寛故）となる。良縁、良頼は斯波義良の偏諱を下賜され、織田宗家の良広（後の寛広？）、清洲本家の敏定の時代に該当し、良頼が常寛と改名したのは、斯波義良が義寛と改名したことに由来する。さすれば、常寛は織田宗家の寛広、於久地（小口）・木ノ下織田家の寛近、清洲本家の寛定・寛村の時代に該当し、『武功夜話』が記すように大和守敏定の兄には位置付けできない（敏定の兄弟に無理やり位置付けるとすれば、歳の離れた弟ということになるが……。この点でも『武功夜話』を善意に見れば、錯誤による記述矛盾、悪意に見れば創作・偽書ということになる。常寛は宝賀氏が推定したように、久長の弟、次郎左衛門敏貞の子供、従って大和守敏定の従弟で、次郎左衛門広貞、弾正忠良信の弟に位置付けられる）。

後述する「織田としさだの系譜」で、久孝を久長の子供（敏定の兄）に位置付けたが、以上の展開により、敏定家より分離せざるを得ない。小田井（おたい）家の出身で楽田（がくでん）城主となった人物に寛貞があり、「貞」の文字の共通性からも、同家が敏貞の一族であることを伺わせる。楽田織田家、弾正忠織田家の系譜検討、さらには常寛以下三代の法名に、「巌」あるいは「岩」を用いる点からも、同家が弾正忠一族と近い関係が推定される。宝賀氏の研究がこれを明かにした。

話の展開上、記述が前後し、記述の都合上一部重複した部分もあるが、これで藤左衛門家の系譜・出自が理解いただけたものとして、楽田家、弾正忠（だんじょうのちゅう）家の系譜・出自の問題に入っていきたいと思う。

楽田城主に関しては、藤左衛門家の系譜の中でも触れているが、初代城主を織田久長とする点では、諸説は概ね一致する。しかし、それ以後の歴代城主は明かではない。

『群書系図部集』では、小田井家の藤左衛門寛故の弟の寛貞を楽田城主と記す。『系図纂要』も同様に寛敏（寛故）の弟寛貞を楽田城主と記す。

『寛政重修諸家譜』では、織田信秀の弟に信正（嶋氏祖）を記し、學傳の城主と記す。

『尾州織田興亡史』では、楽田の歴代城主を初代城主久長、二代敏定、三代寛貞、四代信春と記す。

宝賀寿男氏は『旅とルーツ』で、久長の後の楽田城主（楽田殿）は大和守敏定ではなく、次郎左衛門敏貞としている。その後は敏貞の子と推定される弾正忠良信（居城不明）の子の信貞（信定）が『天童織田系譜』に勝幡城後遷楽田城と記述があることにより、良信が敏貞の後の楽田城主と推定している。良信の後は信貞（信定）。その後は『天童織田系譜』で信定の次男とされる織田信正（『信長公記』信秀弟に信正の記述なし、『寛政系譜』織田家支流の部分に嶋家の祖として記載されている）が継承したようである。『信長公記』信秀の弟に信正の記述がないことから、宝賀氏は信貞（信定）の実子ではなく、甥ではないかと推定している。甥または縁者で猶子とした（従って信秀義弟）ものと思われる（『寛政系譜』も疑問を呈しつつも信秀の弟と解説している）。それなら勝幡は信秀が継承し、楽田は信正が継承したとしても問題はない。

その後はハッキリしないが（宝賀氏は『旅とルーツ』でもう一人弾正忠家の人物が継承したような印を系図に記している）、小田井家の寛貞が継承したようである。寛貞が楽田城主であることは『信長公記』（奥野高広校注・角川文庫）の注記の部分にも記されている。また、先述した『系図纂要』や『群書系図部集』などの系図書にも記されている。

天文十八年（一五四九）頃の楽田城主は織田寛貞であった。後に、楽田城は犬山城主の織田信清に奪われ、犬山の支城と化した。永禄七年（一五六四）、信長が犬山を攻略した後は、信長配下の坂井政尚、次いで梶川高秀が在城したといわれる（『旅とルーツ』）。

以上の宝賀氏の研究をベースに歴代楽田城主の推定系図を作ると、次のようになる（詳細な系図は別記参照）。

織田久長＝敏貞　良信―信貞―信正＝寛貞（織田信清に奪われる）＝信清＝信長（城代、坂井政尚―梶川高秀）

＊信貞は一般には信定と表記されるが横山住雄氏が『織田信長の系譜』で古文書などにより信貞と考証されているので、同書の記述に従う。

＊信正については信貞の実子ではなく、猶子（実際は甥）の可能性もあるが、系線は実線表示とする。

＊この系図は推定系図であるが、その一部は系図書によっても裏付けられる（前記参照）。

宝賀説をベースに作成した系図は、瀧喜義氏が『尾州織田興亡史』で記した歴代系図とは、一部を除き、一致しない。

瀧氏が楽田四代目城主とした織田信春は、いかなる家系に属する人物であろうか？　筆者の所持する系図書では、その名前は確認できない。また、犬山織田家について考証されている横山住雄氏の著書（『新編犬山城史』『織田信長の系譜』）でも、この人物については触れられていない。

楽田城は『史跡散策・愛知の城』によれば、永禄の始め頃には犬山城主の織田信清に奪われ、永禄七年には織田信長の配下の坂井政尚が守将となり、元亀元年（一五七〇）堅田の戦いで坂井が戦死した後は、梶川高盛（あるいは梶川高秀）が城主（城代）となり、梶川の死後、しばらくして廃城になった様である。楽田織田家は、永禄七年、信清（犬山城主兼任）の時滅亡とするのが、妥当のように思われる。従って、今の段階では、信春は楽田歴代とは考えず、宝賀説の歴代に従うこととする。

今後、楽田歴代を明らかにする新資料の出現に期待したい。

織田としさだの系譜（1）

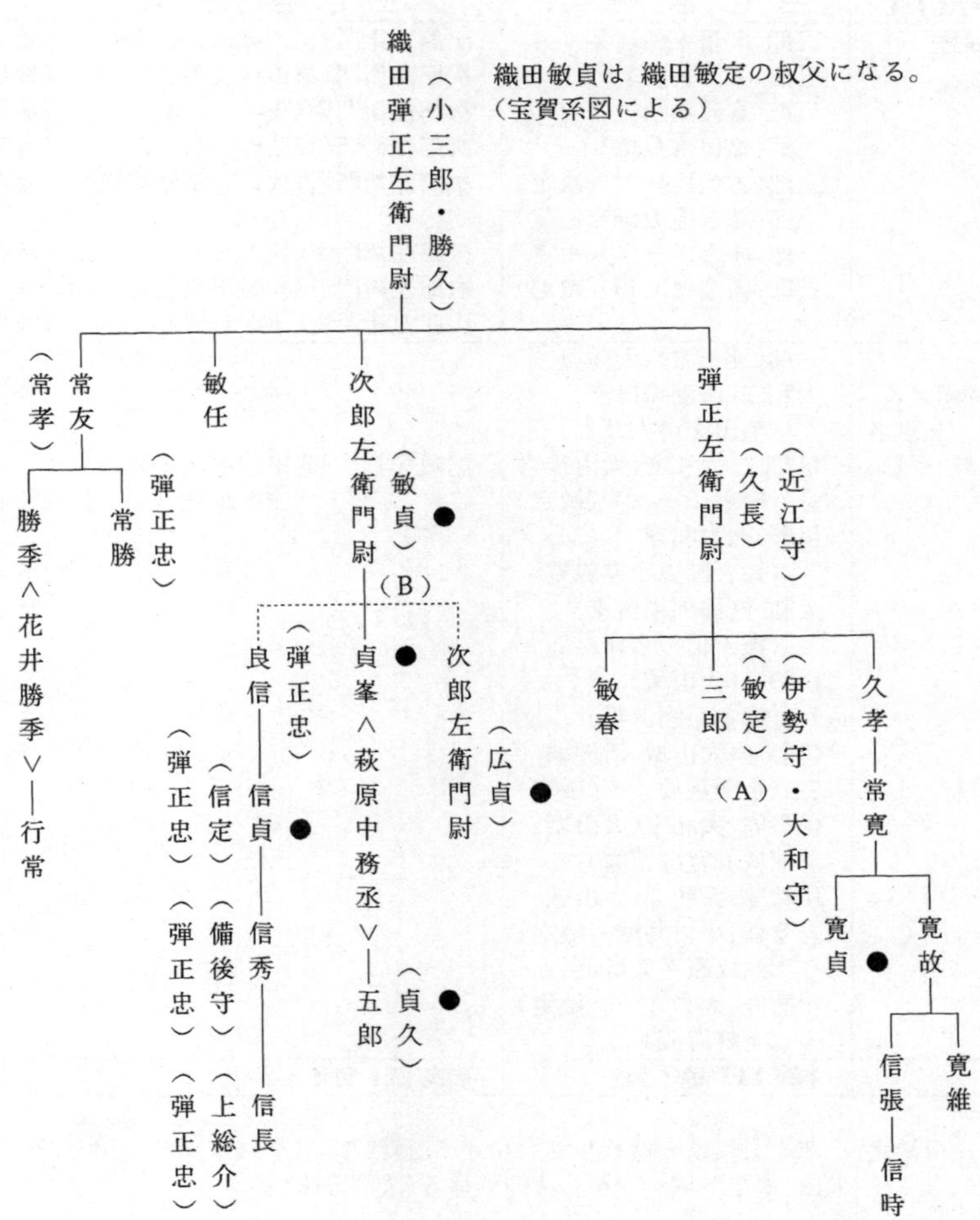

＊ 上記系図は『旅とルーツ』の 宝賀寿男氏作成系図をベースに作成したもの。
破線系線は 推定部分（手持ちの系図資料では 確認出来ない）。
弾正忠家の系図は 別記する。

織田としさだの系譜 (2)

＊ 織田信長譜⇨『織田信長のすべて』
『としさだ基本データー』＊ 寛政系図⇨『寛政重修諸家譜』
＊ 夜話⇨『武功夜話・四』＊ 古代氏族⇨『古代氏族系譜集成』

項目	としさだ A	としさだ B
通称	三郎(群書系図部集) 三郎(系図纂要) 三郎(寛政系図) 三郎(織田信長譜) 三郎(古代氏族) (敏定) 三郎(総合国史研究総覧) 三郎(旅とルーツ)(敏定) 三郎(興亡史P.43)(敏定) 三郎(姓氏家系大辞典)	次郎左衛門(尾州織田興亡史) (敏定) 次郎左衛門(織田信長事典P.40) (敏貞) 次郎左衛門尉(夜話P.283) (敏定) 次郎左衛門(夜話P.214) (敏定) 次郎左衛門(古代氏族系譜集成) (敏貞) 次郎左衛門尉(旅とルーツ) (敏貞) 次郎左衛門(尾州織田興亡史P.72)(敏定) 次郎左衛門尉(清洲町史) (敏貞)
受領名& 官途名 (城、屋形)	大和守(清洲織田家) (織田家の人びと) 伊勢守、大和守(犬山後岩倉)(旅とルーツ)(敏定) 伊勢守、大和守 (総合国史研究総覧) 大和守(清洲織田家) (織田信長事典P.39) 伊勢守(犬山城) (群書系図部集) 伊勢守(犬山城、清洲城) (系図纂要) (敏定) 伊勢守、大和守(犬山城、清洲城)(寛政系図) 伊勢守、大和守(犬山城、岩倉城、小田井城)(敏定) (姓氏家系大辞典) 伊勢守、大和守 (敏定) (士林泝洄)	記載なし。(楽田城主か?) (旅とルーツ) (敏貞)
	織田敏定	織田敏貞

＊ 織田敏定 三郎。又代家を継承して大和守、守護代職(宗家)を継承して伊勢守。
犬山(木之下城か?)から清洲へ移る(清洲守護代)。

＊ 織田敏貞 次郎左衛門(尉)。宝賀寿男氏によれば 敏定の叔父になる。
応仁2年(1468)8月23日病死。従って 敏定を次郎左衛門とする『武功夜話』や『尾州織田興亡史』の記述は 二人の『織田としさだ』を 混同した結果という事になる。宝賀氏は 敏貞を楽田城主と推定している。

織田弾正家一族推定系図

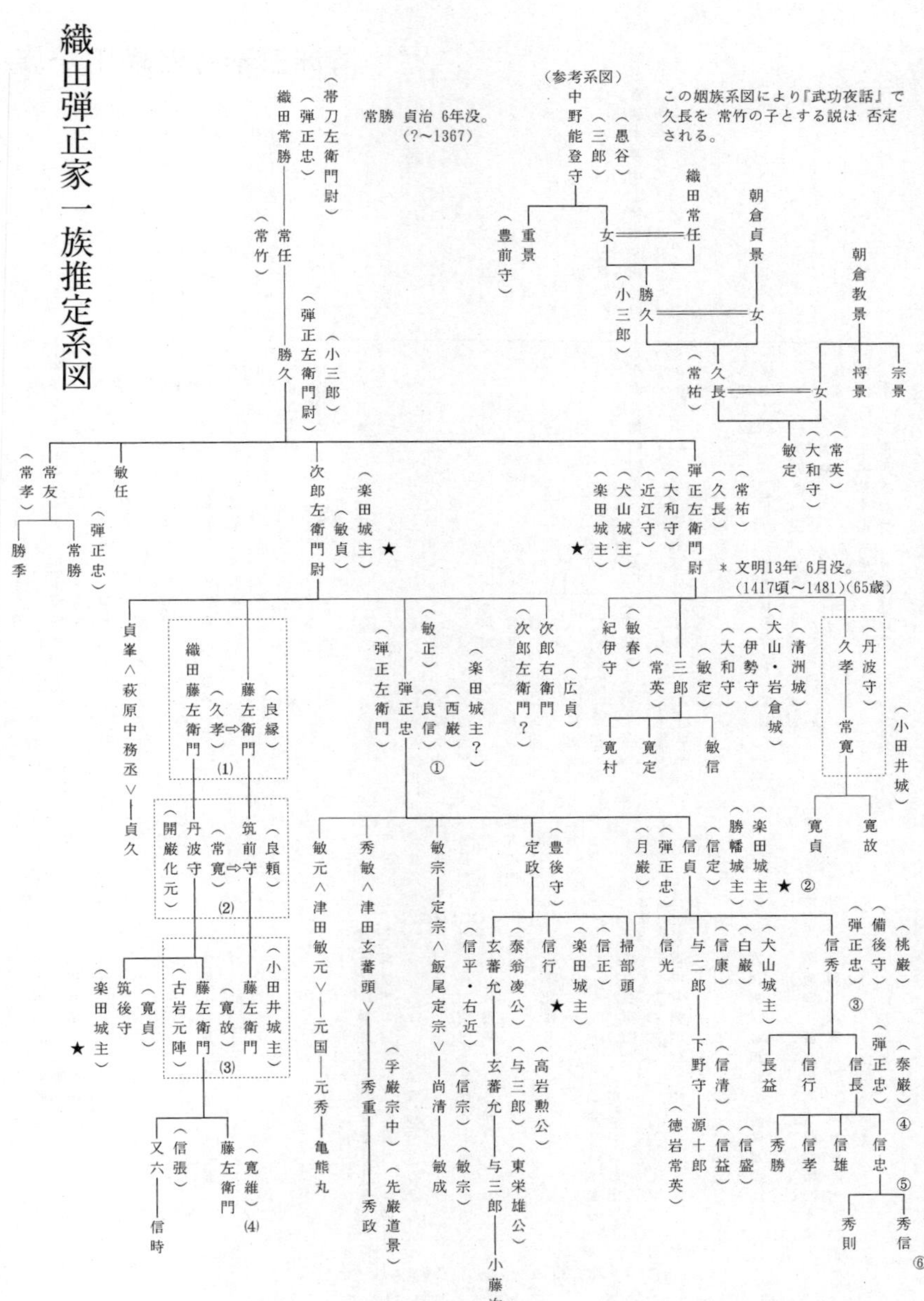

『旅とルーツ』の 宝賀寿男氏推定系図をベースに作成。『系図纂要』、『群書系図部集』、『織田信長の系譜』などを参考に加記推定。

清洲三奉行と織田一族

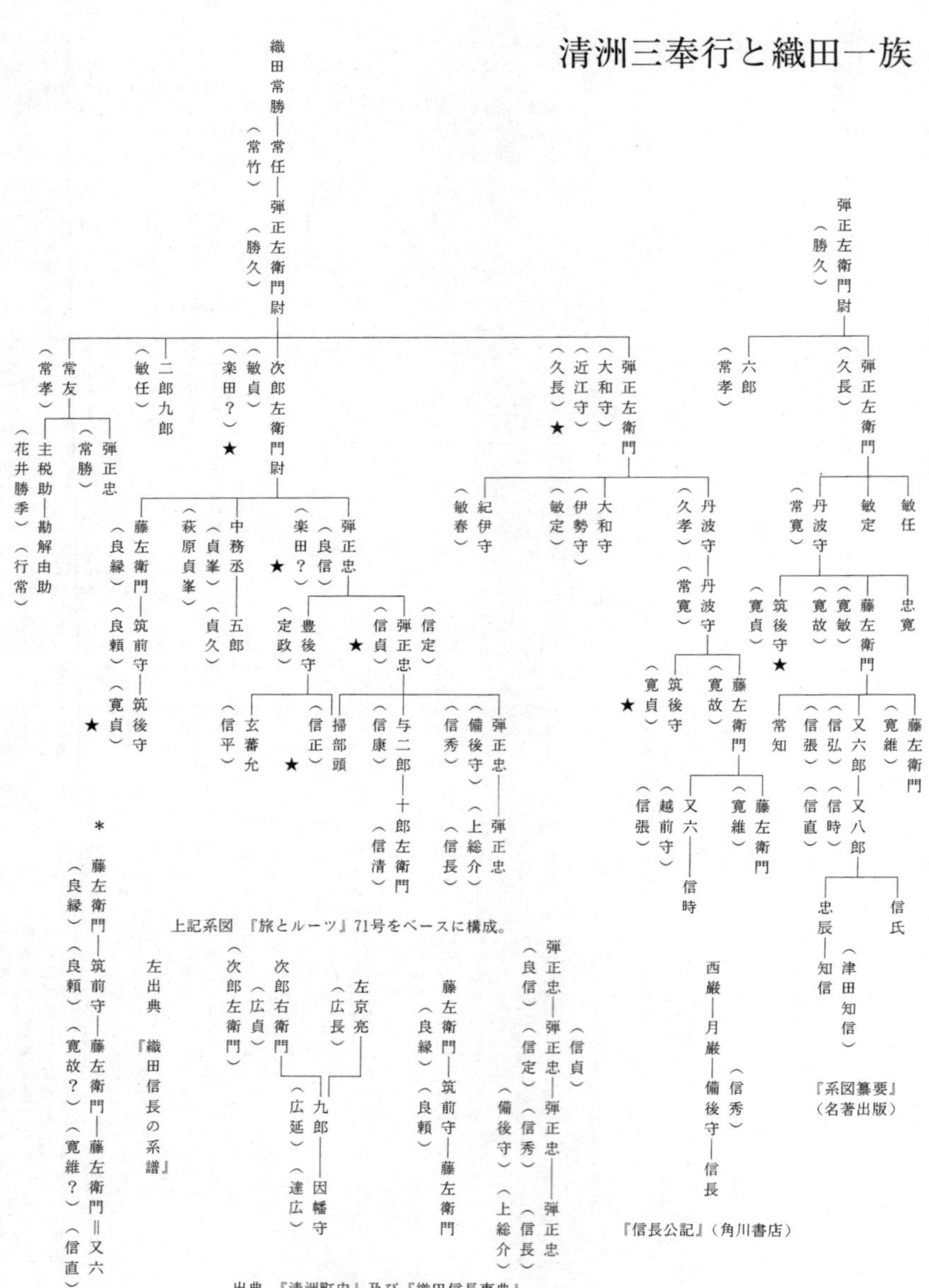

弾正左衛門尉（勝久）
弾正左衛門（久長）
六郎（常孝）
敏任
敏定
丹波守（常寛）
忠寛
藤左衛門（寛敏）
（寛故）
筑後守（寛貞）★
藤左衛門（寛維）
又六郎（信弘）—又八郎（信時）
（信張）（信直）
常知
信氏
忠辰—知信（津田知信）
『系図纂要』（名著出版）
織田常勝（常竹）—常任—弾正左衛門尉（勝久）
弾正左衛門（大和守）（近江守）（久長）★
丹波守（久孝）—丹波守（常寛）
藤左衛門（寛故）
筑後守（寛貞）★
藤左衛門（寛維）
又六（越前守）（信張）—信時
大和守（伊勢守）（敏定）
紀伊守（敏春）
次郎左衛門尉（敏貞）（楽田？）★
弾正忠（良信）（楽田？）★
弾正忠（信定）（信貞）★
豊後守（定政）
弾正忠（備後守）（信秀）—弾正忠（上総介）（信長）
与二郎（信康）—十郎左衛門（信清）
掃部頭
（信正）★
玄蕃允（信平）
中務丞（貞峯）—五郎（貞久）
（萩原貞峯）
藤左衛門（良縁）—筑前守（良頼）—筑後守（寛貞）★
二郎九郎（敏任）
常友（常孝）
弾正忠（常勝）
主税助—勘解由助（花井勝季）（行常）
上記系図 『旅とルーツ』71号をベースに構成。
弾正忠（良信）—弾正忠（信定）（信貞）—弾正忠（信秀）（備後守）—弾正忠（信長）（上総介）
藤左衛門（良縁）—筑前守（良頼）—藤左衛門
左京亮（広長）
次郎右衛門（広貞）
九郎（広延）—因幡守（達広）
（次郎左衛門）
出典 『清洲町史』及び『織田信長事典』
西巌—月巌—備後守（信秀）—信長
『信長公記』（角川書店）
＊藤左衛門（良縁）—筑前守（良頼）—藤左衛門（寛故？）—藤左衛門（寛維？）＝又六（信直）
左出典『織田信長の系譜』

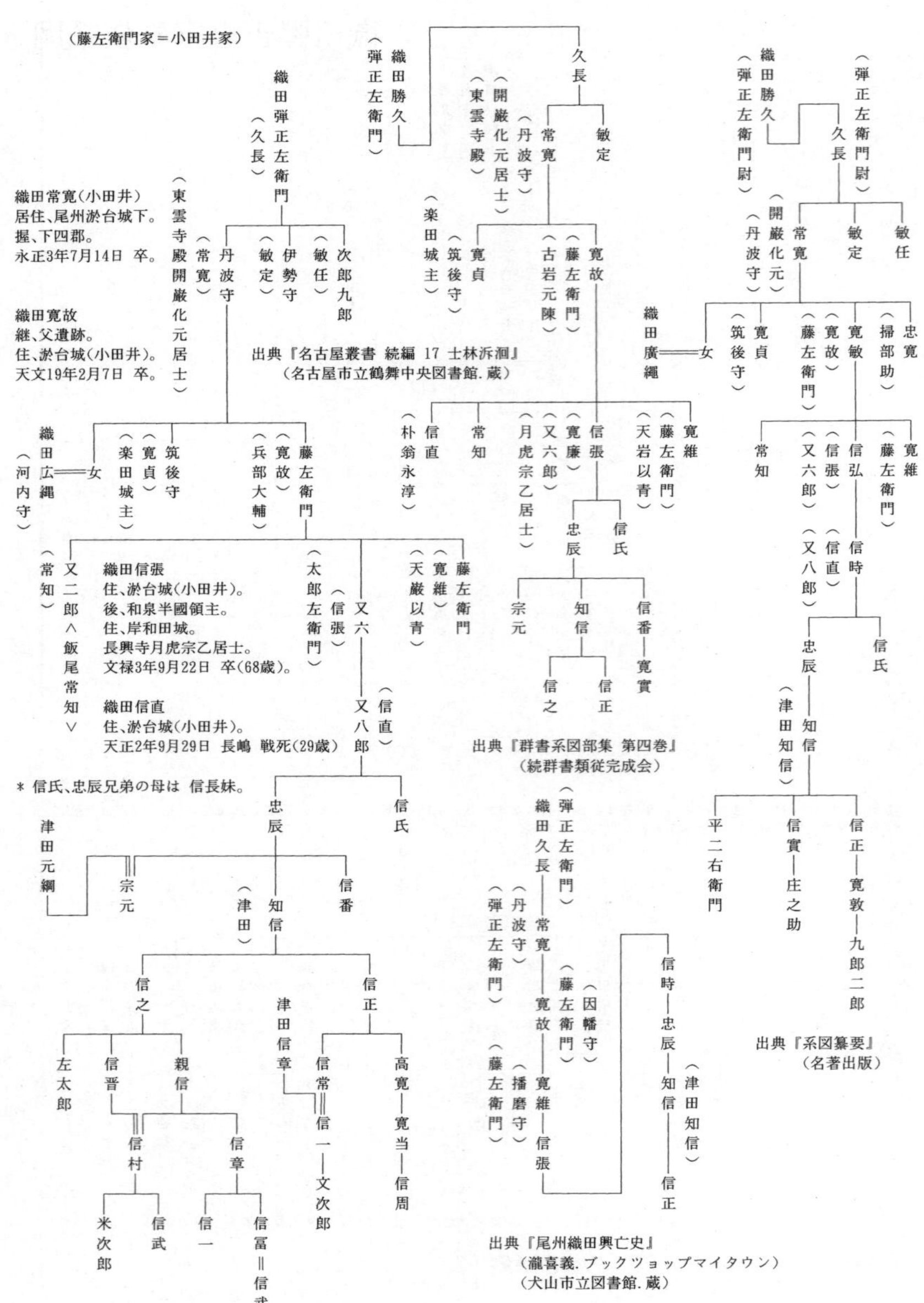
（藤左衛門家＝小田井家）
織田弾正左衛門（久長）
次郎九郎
（敏任）
伊勢守
（敏定）
丹波守
（常寛）
（東雲寺殿開巌化元居士）
織田常寛（小田井）
居住、尾州渋台城下。
握、下四郡。
永正3年7月14日 卒。
織田寛故
継、父遺跡。
住、渋台城(小田井)。
天文19年2月7日 卒。
藤左衛門
（寛故）
（兵部大輔）
筑後守
（寛貞）
（楽田城主）
織田広縄
（河内守）
女
藤左衛門
（寛維）
（天巌以青）
又六
（信張）
（太郎左衛門）
又二郎
（常知）
<飯尾常知>
織田信張
住、渋台城(小田井)。
後、和泉半國領主。
住、岸和田城。
長興寺月虎宗乙居士。
文禄3年9月22日 卒(68歳)。
織田信直
住、渋台城(小田井)。
天正2年9月29日 長嶋 戦死(29歳)
又八郎
（信直）
* 信氏、忠辰兄弟の母は 信長妹。
忠辰
信氏
津田元綱
宗元
知信
（津田）
信番
信之
信正
左太郎
信晋
親信
津田信章
信常
高寛
信村
信章
信一
文次郎
寛当
信周
米次郎
信武
信一
信冨
信武
織田勝久
（弾正左衛門）
久長
常寛
（丹波守）
（開巌化元居士）
（東雲寺殿）
敏定
寛貞
（筑後守）
（楽田城主）
寛故
（藤左衛門）
（古岩元陳）
出典『名古屋叢書 続編 17 士林泝洄』
（名古屋市立鶴舞中央図書館.蔵）
寛維
（藤左衛門）
（天岩以青）
信張
（寛廉）
（又六郎）
（月虎宗乙居士）
常知
信直
（朴翁永淳）
信氏
忠辰
信番
知信
宗元
寛實
信正
信之
出典『群書系図部集 第四巻』
（続群書類従完成会）
織田久長
（弾正左衛門）
常寛
（丹波守）
（弾正左衛門）
寛故
（藤左衛門）
（因幡守）
寛維
（藤左衛門）
（播磨守）
信張
信時
忠辰
知信
（津田知信）
信正
出典『尾州織田興亡史』
（瀧喜義.ブックツョップマイタウン）
（犬山市立図書館.蔵）
織田勝久
（弾正左衛門尉）
久長
（弾正左衛門尉）
常寛
（開巌化元）
（丹波守）
敏定
敏任
織田廣縄
女
寛貞
（筑後守）
寛故
（藤左衛門）
寛敏
忠寛
（掃部助）
寛維
（藤左衛門）
信弘
（信張）
（又六郎）
常知
信時
（信直）
（又八郎）
信氏
忠辰
知信
（津田知信）
信正
寛敦
九郎二郎
信實
庄之助
平二右衛門
出典『系図纂要』
（名著出版）

織田弾正忠家姻族系図

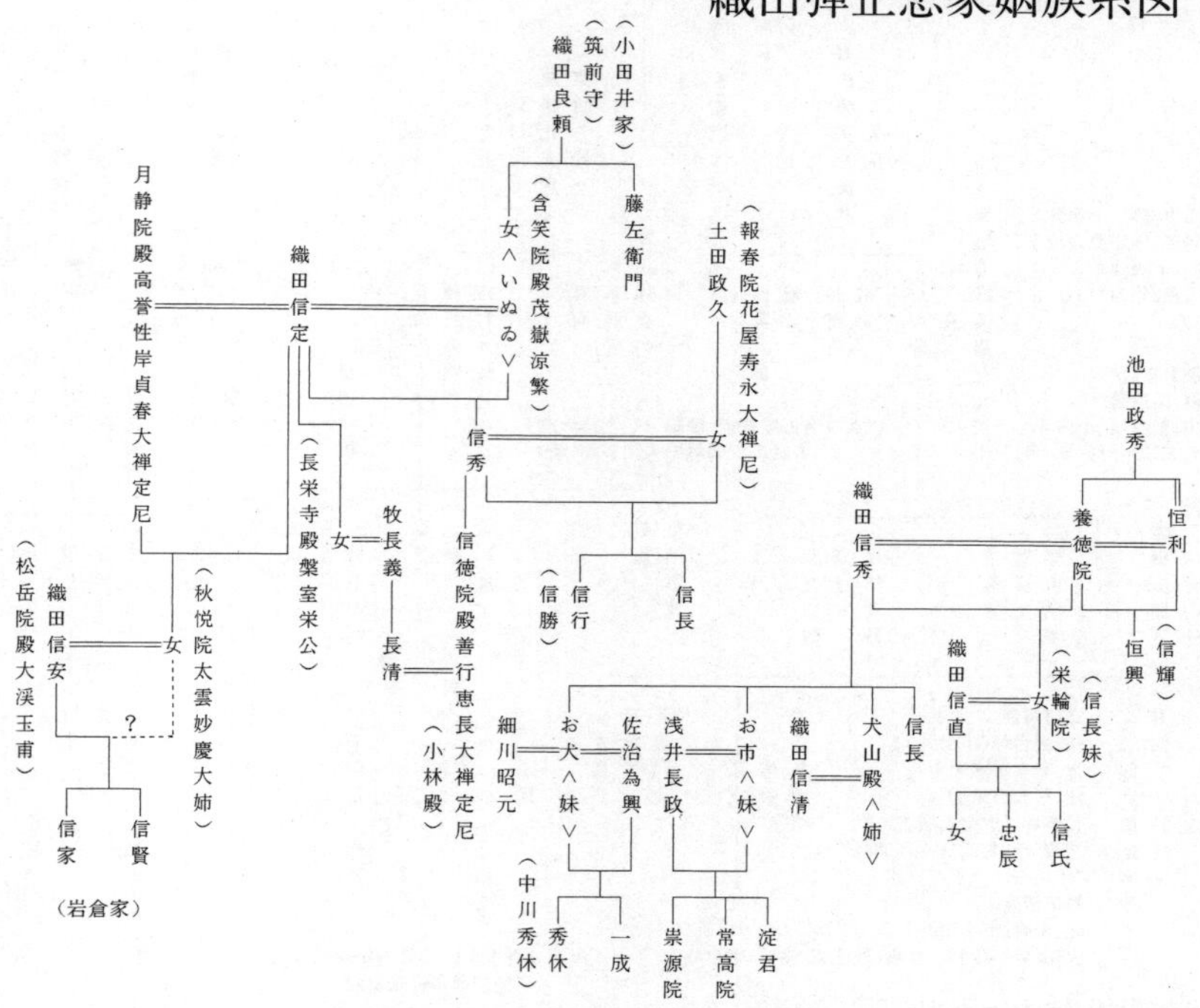

＊ 上記は 1992年3月号『歴史読本 特集 織田信長一族の女性たち』掲載の 歴史研究家.岡田正人氏編集の 永久保存板『織田信長をめぐる女性人物事典』の一部を系図化したものである。

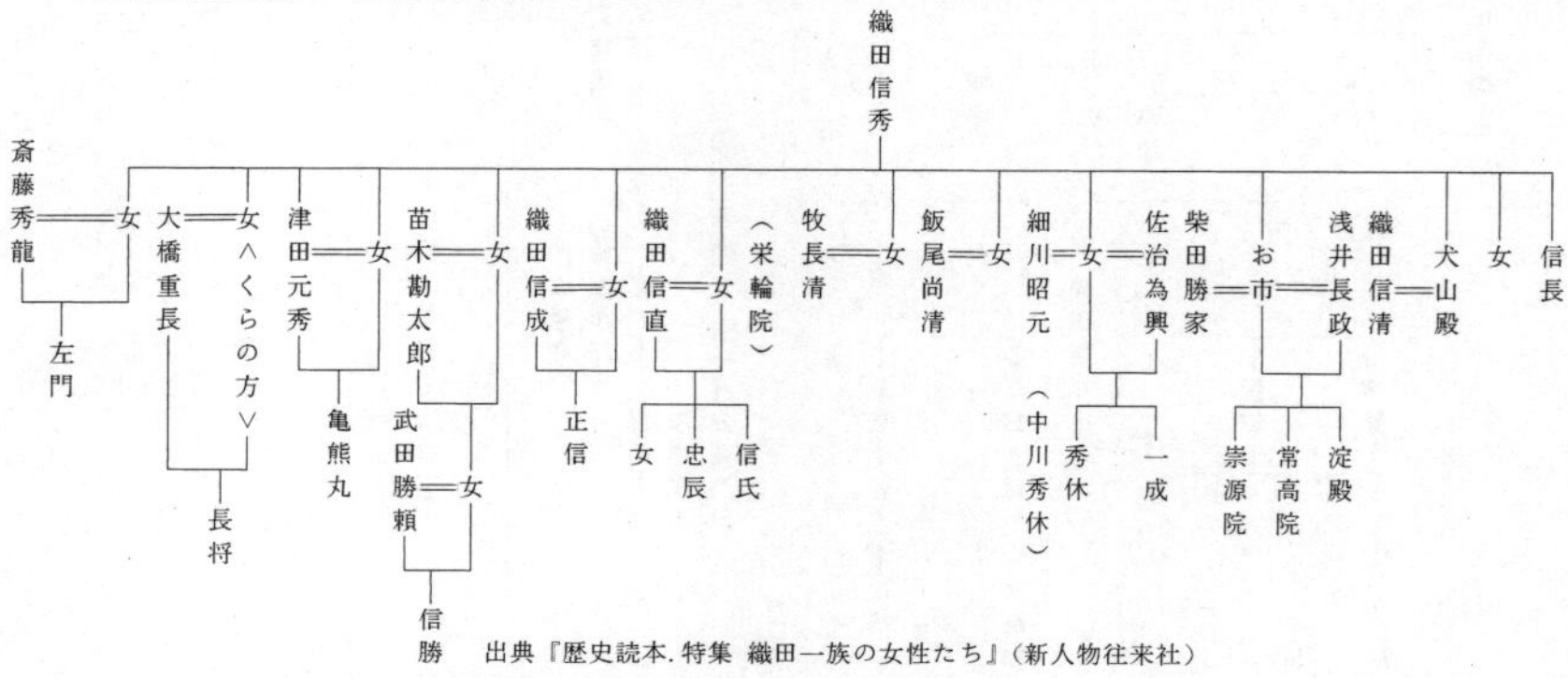

出典『歴史読本.特集 織田一族の女性たち』(新人物往来社)

＊ 岡田正人氏は『保田文書』により犬山殿は 信長の姉と位置付けている。

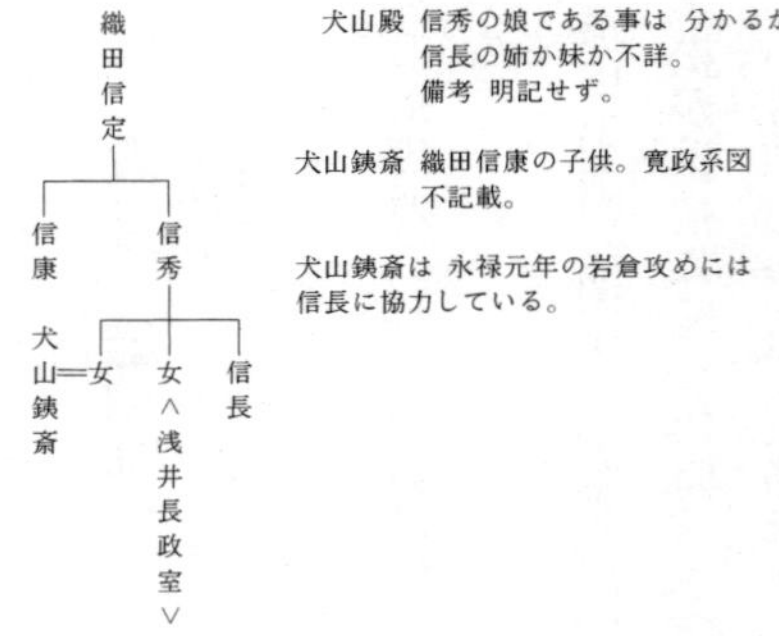

犬山殿　信秀の娘である事は　分かるが
信長の姉か妹か不詳。
備考　明記せず。

犬山鎮斎　織田信康の子供。寛政系図
不記載。

犬山鎮斎は　永禄元年の岩倉攻めには
信長に協力している。

犬山殿　信秀の二女。
兄弟順明記せず(織田信長事典)。

織田信清室　信長異母姉(別冊.歴史読本織田信長その激越なる生涯)(78年夏　第7号)(徳永真一郎)

織田信清　信長姉婿(新編.犬山城史、横山住雄)。
姉婿説(甲陽軍鑑や視聞図会)
妹婿説(犬山里語記)
横山氏は　両説紹介の後、暫定と断りながら
姉婿説を支持(従って犬山殿は　信長姉)。

犬山殿　信秀の二女、織田信清夫人。出生年からみて
信長の姉とする事に疑問を呈している。
(織田信長の系譜、横山住雄)

織田信清　信康の長男、信長の従兄弟。犬山鉄斎とも
称した。犬山城主、信長の妹を妻とした。
永禄元年の岩倉攻めには　信長に協力する。
(昭和61年　歴史読本　特集.織田信長一族の
謎)(織田一族人物総覧、蒲生真紗雄)

『寛政重修諸家譜・第八巻』抜粋。

織田信清　信長姉婿(1992年3月号　歴史読本)(織田信長をめぐる女性人物事典、岡田正人)。

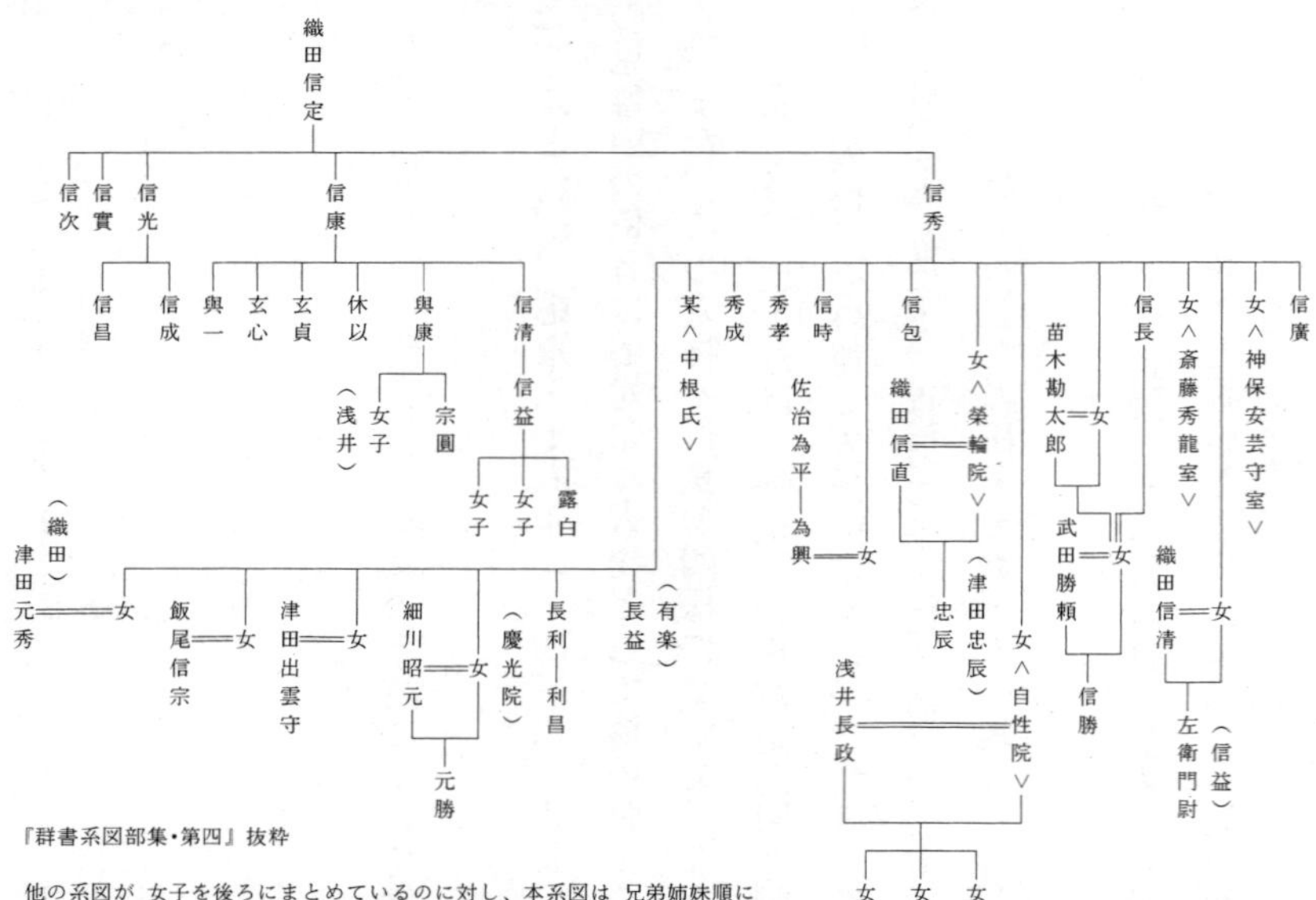

『群書系図部集・第四』抜粋

他の系図が　女子を後ろにまとめているのに対し、本系図は　兄弟姉妹順に表示している可能性が高いので　犬山殿(織田信清の室)は　信長の姉に位置付けられ、浅井長政室(お市)は　信長の妹に位置付けられる事が分かる(但し　系図の表示が正しいという前提による)。

* 『系図纂要』は　女子を男子の後に記しているので　犬山殿が　信長の　姉か妹か特定できない。又　佐治為興(信方)の妻と　細川昭元の後室を同一人物としている(他の資料とも概ね共通)。
* 横山住雄氏は　若い時　織田信清は　信長姉婿説を取り、その後の研究で　妹婿説に変わっている。異母兄妹(姉弟)なので　出生年が同じ年の可能性があるわけで　そうなると両者の正確な生年月日が確認されないと断定出来ない。現在の資料では　姉(一説妹)と記するか　妹(一説姉)と　記するのが妥当では　ないかと思う。『寛政系譜』と『纂要』に記載されていないのは残念である

論考　織田弾正忠家について

楽田歴代のことは一応これで区切りにして、信長の一族弾正忠家の系譜について検討することにする。

「織田系譜に関する覚書」（『清洲町史』）によれば、応永三十五年（一四二八・正長元年）八月、織田常松が重病に陥った時、三宝院満済の見舞いの使者に応対した人物として織田弾正の名前が挙げられている。しかし、実名は明らかでなく、また、この人物と信長の関係についてはなんら言及されていない。『古代氏族系譜集成』および『旅とルーツ』によれば、弾正（弾正左衛門尉、弾正忠）を冠する人物は織田常勝、その孫勝久（常任子供）、久長、その甥（久長弟常友の子）常勝、そして織田良信（清洲宗論奉行の一人、宝賀氏は久長弟敏貞の子と推定）、良信の子供に位置付けられる信貞（信定、信長祖父、清洲奉行）、信秀（信長父、清洲奉行）、そして織田家を天下人の地位に押し上げた織田信長があげられる。

宝賀氏は「織田系譜に関する覚書」（『清洲町史』）で、正長元年八月六日に登場する織田弾正は子に三郎がいることから、常任（常竹入道）の子、織田勝久と推定している（この人物は平家落胤系図でも確認される）。

織田信長の系譜は、『信長公記』（角川文庫）によれば、織田大和守の三奉行の一人、織田弾正忠の家系で勝幡城を拠点とした。その歴代は、信長の父今の備後守（信秀）、その先代は月巖（信貞）、その先代は西巖（良信）、備後守の舎弟は与二郎（信康）、孫三郎（信光）らである。西巖の先代は『信長公記』は明らかにしていない。

月巖（信貞）から信長に至る系譜は、復元系図でも、落胤系図でもほぼ共通しており、おおむ信頼できる。問題は月巖の父と、西巖の父の問題である。

落胤系図は、月巖の父を常英（大和守敏定）としており、この点は『信長公記』と整合しない。『尾州織田興亡史』は、敏定の法名を西岩常祐として、信定（月岩）の父としている。しかし、横山住雄氏の『織田信長の系譜』によれば、敏定の法名は常英で、常祐は敏定の父、久長の法名としている。『系図纂要』は、敏定の法名を蓮光院常英と記す。新井喜久夫氏は「織田系譜に関する覚書」において、『犬山里語記』『実成寺過去帳』『系図纂要織田系図』などにより敏定の法名を常英としている（蓮光院常英）。小和田哲男氏（静岡大学教授）は、「弾正忠」という官途名と「信」という字が通字となっているという二点で、清洲宗論奉行の織田弾正忠良信を織田弾正忠信定（信貞・法名月巖）の父と見なし、法名は西巖としている。小和田氏は、織田久長の法名を常祐、大和守敏定の法名を常英とし、その結果として、信定を敏定に繋げる系図を否定している（『織田家の人びと』）。宝賀寿男氏は敏定開基の本要寺の山号「常英山」により、敏定の法名を常英としている（『旅とルーツ』）。またその裏付けとして、実成寺の織田敏定画像の画中題や津田系図をあげている。信貞（信定・月巖）の先代が西巖なら、織田敏定は、信貞（信定）の父ではあり得ない。この場合、西巖は弾正忠良信に当たると思われる。この点は新井氏や横山氏あるいは小和田氏、宝賀氏の推定は、ほぼ共通する。このことにより、落胤系図や『尾州織田興亡史』の説は退けられる。

織田弾正忠良信（西巌）＝弾正忠信定（信貞）（月巌常照）＝弾正忠（備後守）信秀（桃巌道見）＝弾正忠（上総介）信長（泰巌安公）＝秋田城介信忠

信貞（信定・月巌）の父を良信（西巌）とすることは、ほぼ問題はないが、問題はその父である。

小和田哲男氏は、一説にと断りながら、織田備後守敏信をその父とする説を紹介している。備後守敏信は第二次六角征伐に守護、斯波義寛に従軍した武将で、文明十七年（一四八五）九月八日、万里集九と犬追物を見物した人物である。小和田氏は、「信」の通字と織田信秀が弾正忠から備後守となったこと等から推定している。ただし、この推定が当たっている保証はない、とも記している（『織田家の人びと』）。新井喜久夫氏は『織田信長事典』において、敏信は良信とはほとんど同時代に重なり、親子とみるのは少々問題があると述べておられる。また、横山住雄氏は、織田久長（弾正左衛門・大和守）が洞雲寺朝倉系図に弾正忠とあることなどにより、良信は久長の息子で、敏定の弟に位置付けられるのが妥当としている（『織田信長の系譜』）。はたしてそうなのか？

宝賀寿男氏はこの点について検討を重ねられ、『武功夜話』に登場する次郎左衛門敏定は大和守敏定ではなく、次郎左衛門敏貞であるとし、「二人のとしさだ」を明確にすることで、織田家庶流派生（小田井、楽田、弾正忠各家）の謎を解きほぐすきっかけを作った（藤左衛門家の項参照）。

宝賀氏は、良信の父を久長の弟敏貞と推定している。「織田としさだ」の系図に注記したが、広貞、貞峯、貞峯の子貞久、良信の子信貞などの「貞」の共通性、および又代家と弾正忠家の分離を久長の代と推定、『旅とルーツ』で紹介されている系図では、久長の甥に弾正忠常勝をあげる。その後の弾正忠が良信で、以後その子孫が継承し、信長に至ったものと思われる（あるいは、良信から信貞の間に一時常勝が弾正忠を称したか？）。良信が織田大和守敏定の清洲宗論奉行の一人である点から推定しても、久長の弟敏貞の子という位置付けは、大きな問題にはならない。また、宝賀氏は清洲宗論の時の敏定の老臣次郎左衛門広貞は、次郎左衛門敏貞の子で、弾正忠良信の兄弟としている。つまり、前の藤左衛門家の系譜、楽田（がくでん）城主の系譜と重ね合わせると、大和守家の三老臣（あるいは四老臣）のほとんどが、弾正忠家（敏貞家）一族の出自となる。これはそのまま織田達勝時代の清洲三奉行家へと繋がっていく（後述）。宝賀氏の研究は、ミッシング・リンクを解きほぐし、敏貞家という一大家系を浮上させた。また、明確な証拠はないが、左馬助敏信（常也あるいは常巴または常西）と混同された備後守敏信（清巌常世）が敏貞家の一族なら、後岩倉家も弾正忠家の一族となる。これについては後で検討したい。

次に参考に弾正忠家の各説を一部重複するが紹介する。

◎奥野高廣説『清洲町史』本文紹介より

織田弾正……敏信（備後守）――良信（弾正忠）――信定（弾正忠）――信秀（備後守）（弾正忠）――信長（上総介）（弾正忠）

織田信長（弾正忠家）の家系は信貞（一般には信定と記される）までは各系図、各説は共通するがその先代については良信とする説と

◎新井喜久夫説『清洲町史』『織田信長事典』

織田良信（西巌）――信定（月巌）――信秀（桃巌）――信長（泰巌）

◎瀧喜義説『尾州織田興亡史』

織田常竹――久長（弾正左衛門）――敏定（次郎左衛門）（西岩常祐）――信定（弾正忠）（月岩常照）――信秀（備後守）（弾正忠）（桃岩道見）――信長（上総介）（尾張守）

◎小和田哲男説『織田家の人びと』

織田常松……良信（弾正忠）（西巌）（材岩）――信定（信貞）（弾正忠）（月巌）（月岩）――信秀（備後守）（弾正忠）――信長（弾正忠）

◎横山住雄説『新編犬山城史』『織田信長の系譜』

織田常松――某（大和守）――久長（弾正左衛門）（大和守）（常祐）（弾正忠？）――良信（敏信？）（弾正忠）（西巌）――信貞（信定）（弾正忠）（月巌常照）――信秀（備後守）（弾正忠）（桃巌道見）――信長（三郎）（弾正忠）

◎宝賀寿男説『古代氏族系譜集成』『旅とルーツ』

織田常任（常竹）――勝久（弾正左衛門尉）――敏貞――良信（敏正）（西巌）（弾正忠）――信貞（信定）（月巌常照）（弾正忠）――信秀（桃巌道見）（弾正忠）――信長（泰巌）（弾正忠）

敏定にする説に別れる。『信長公記』の西巌が良信であるならば信長の家系は曾祖父の世代まで溯ることができる。

新井喜久夫氏、小和田哲男氏、宝賀寿男氏、横山住雄氏らはこの説を採用している。奥野高廣氏も良信までは前記各氏と同様の見解を採っている。

一方、『系図纂要』『群書系図部集』『寛政重修諸家譜』等の系図書は平家落胤系図で信定を敏定に結び付けている。これは、傍系の信長が天下を狙った際に、系図を改竄して嫡流に近づけようとしたためである。

古岩倉家の宗家が尾張を退去してからは、大和守家が事実上の尾

※勝久の祖父 常勝は弾正忠

◎浅野清春説『岩倉市史』

(小三郎)(次郎左衛門)　(八郎)　(三郎)　(三郎)
織田将広——郷広——敏定——信定——信秀——信長
(常松)(伊勢守)　(大和守)　(五郎)(常英或常裕)(大和守)

◎浅野平雄説『岩倉市史』

織田常昌——郷広——敏定——信定——信秀——信長
(常勝)(常松)　(常英)

◎『読史備要』『岩倉市史』

織田常任—勝久—久長——敏定——信定——信秀——信長
(三郎)(蓮光院常英)(伊勢守)　(正左衛門尉)(弾正忠)

◎吉田蒼生雄説『武功夜話』四巻

織田常竹——久長——敏定——信定——信秀——信長
(出雲守)　(大和守)(弾正左衛門)　(大和守)(次郎左衛門)　(弾正忠)(月巌)　(備後守)(桃巌)

※四巻二二四頁では「常竹 子無く、この家絶家」と記す。巻末系図と食い違う。

張織田家の嫡流となった。故に信長も大和守家に結び付けて系図を改竄したのである。

従って敏定に繋げた系図は、すべて偽系図と云っても云い過ぎではないであろう。

弾正忠家の系譜の鍵を握る人物は織田良信である。良信が如何なる出自であるか解明されれば、真の織田系譜が浮上する。

良信が織田宗家の出自でないことは明らかである。となれば、次に検討されるのは又代系統の織田家である。大和守の直系でないことは明らかだが、どの段階で又代家と分岐したのであろうか？

前段本文でも紹介したが、おおよそ二つの説に絞り込まれる。一

◎『信長公記』（角川文庫）

織田西巌――月巌――備後守――上総介

（信定）（信秀）（信長）

◎『寛政重修諸家譜』第八巻

織田常勝―教廣―常任―勝久―久長―敏定――信定――信秀――信長

（弾正左衛門）（三郎）（三郎）

（伊勢守）（備後守）（上総介）

（大和守）（弾正忠）（弾正忠）（弾正忠）

（常祐）（月巌常照）（桃巌道見）（泰巌安公）

◎『系図纂要』

織田常勝―教廣―常任―勝久―久長―敏定―信定―信秀―信長

（三郎）（三郎）（三郎）（弾正右衛門）（三郎）

（弾正左衛門）※正式には弾正左衛門尉

（伊勢守）（弾正忠）（弾正忠）

（備後守）

（蓮光院常英）（月巌）（桃巌道見）（泰巌安公）

◎『群書系図部集』

織田常勝―教廣―常任―勝久―久長―敏定――信定――信秀――信長

（三郎）（三郎）（三郎）

（弾正左衛門）※勝久・久長

（伊勢守）（弾正忠）（弾正忠）（弾正忠）

（用巌）（桃巌）（泰巌）

※用巌は月巌の誤記。正解は月巌。

つは久長の息子で大和守敏定の弟と推定する横山説。もう一つは久長の弟、次郎左衛門敏貞の子と推定する宝賀説である。

どちらも可能性は高く、判定に苦しむ。しかし、清洲宗論の時の良信の位置付けを考えると敏定の弟とするのはちょっと接近し過ぎの様な気がする。一門というよりも実務を掌る家臣という位置付けなので、少なくとも一世代前、つまり敏定からみれば、従兄弟以上の距離に位置付けられると思われる。また、藤左衛門家や楽田（がくでん）織田家の系譜もあわせて検討していくと、宝賀説の方がやや有利な様な気がする。

どちらを採用するにしても、良

信から信長に至る系譜は揺るがない。つまり織田信長の系譜は、織田家傍系の又代家（大和守家）の傍系で、大和守敏定の叔父、敏貞を始祖とする一族の分流ということになる（藤左衛門家、楽田（がくでん）織田家一門）。そうなると、瀧喜義氏が『尾州織田興亡史』で示した系図は見直す必要に迫られる。

『武功夜話』も、平家落胤系図の影響を受けており、私は古文書のことは解らないが、系図の比較検証という観点から云えば、疑問を持たざるを得ない。なによりも、信定を敏定に結び付けたことは、系図偽造の決定的な証拠である。宝賀氏は、本来、敏貞—信貞である系譜を、発音が同じ敏定—信定に書き改めた結果、信長の家系が大和守に繋がる落胤系図が出来あがったとしている。この見解は妥当なものであると思う。

宝賀氏の研究は、弾正忠家一族の骨格を明らかにし、横山氏の研究で補完すれば、その一族の全容はかなり明確になる。そのことは後述する。

織田系図はかなり複雑で、完全な復元系図の作成は抹消された系譜もあり、事実上不可能である。しかし、推定と云えどもここまで復元されたことは、宝賀氏の精力的な調査解析の結果である。『古代氏族系譜集成』では未完成であったが、『旅とルーツ』でほぼ完成された。

清洲三奉行の系譜

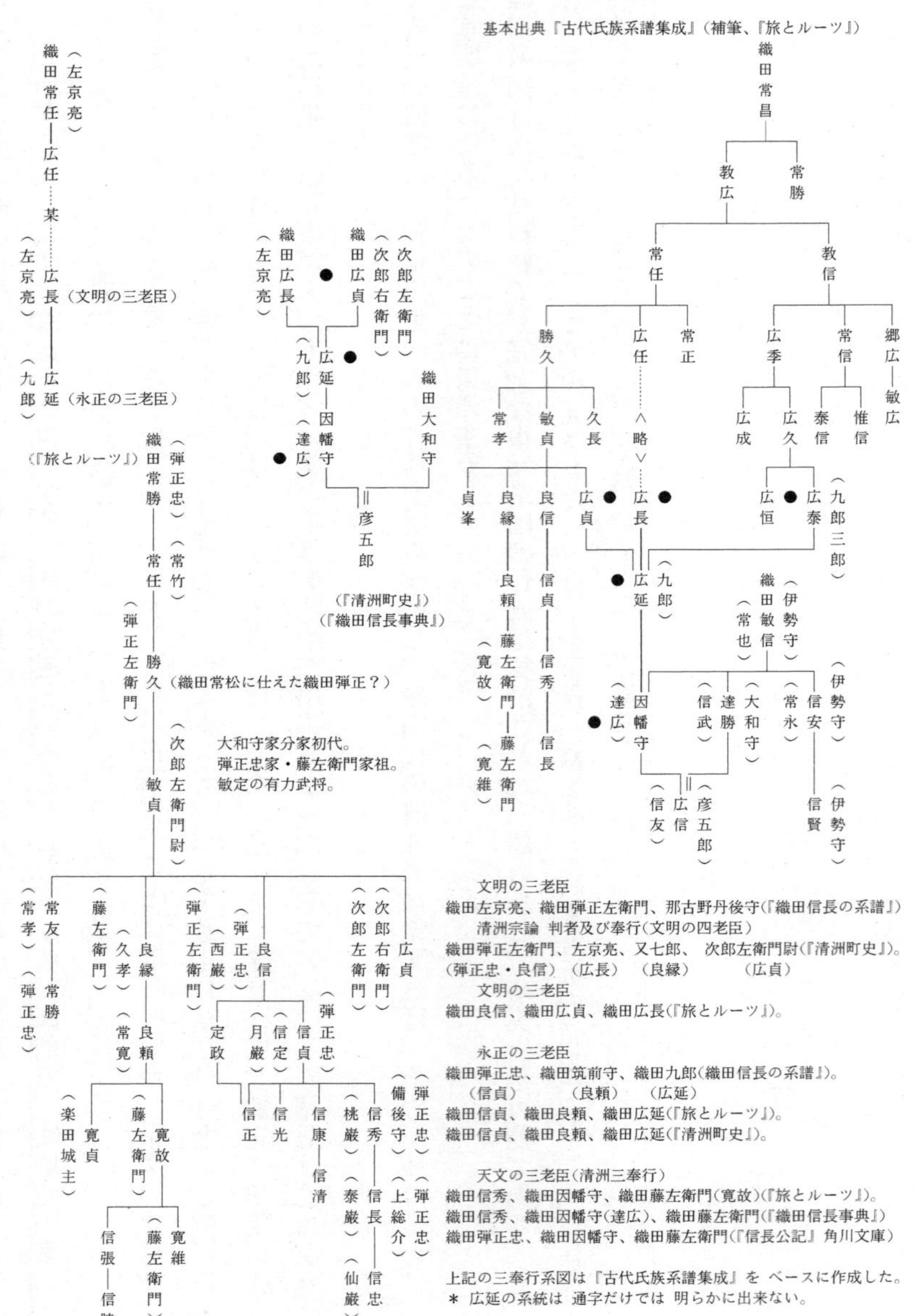
基本出典『古代氏族系譜集成』(補筆、『旅とルーツ』)
(『清洲町史』)
(『織田信長事典』)
(『旅とルーツ』)
勝久(織田常松に仕えた織田弾正?)
大和守家分家初代。
弾正忠家・藤左衛門家祖。
敏定の有力武将。
広長(文明の三老臣)
広延(永正の三老臣)
文明の三老臣
織田左京亮、織田弾正左衛門、那古野丹後守(『織田信長の系譜』)
清洲宗論 判者及び奉行(文明の四老臣)
織田弾正左衛門、左京亮、又七郎、次郎左衛門尉(『清洲町史』)。
(弾正忠・良信) (広長) (良縁) (広貞)
文明の三老臣
織田良信、織田広貞、織田広長(『旅とルーツ』)。
永正の三老臣
織田弾正忠、織田筑前守、織田九郎(織田信長の系譜』)。
(信貞) (良頼) (広延)
織田信貞、織田良頼、織田広延(『旅とルーツ』)。
織田信貞、織田良頼、織田広延(『清洲町史』)。
天文の三老臣(清洲三奉行)
織田信秀、織田因幡守、織田藤左衛門(寛故)(『旅とルーツ』)。
織田信秀、織田因幡守(達広)、織田藤左衛門(『織田信長事典』)
織田弾正忠、織田因幡守、織田藤左衛門(『信長公記』角川文庫)
上記の三奉行系図は『古代氏族系譜集成』を ベースに作成した。
* 広延の系統は 通字だけでは 明らかに出来ない。

織田弾正一族系図

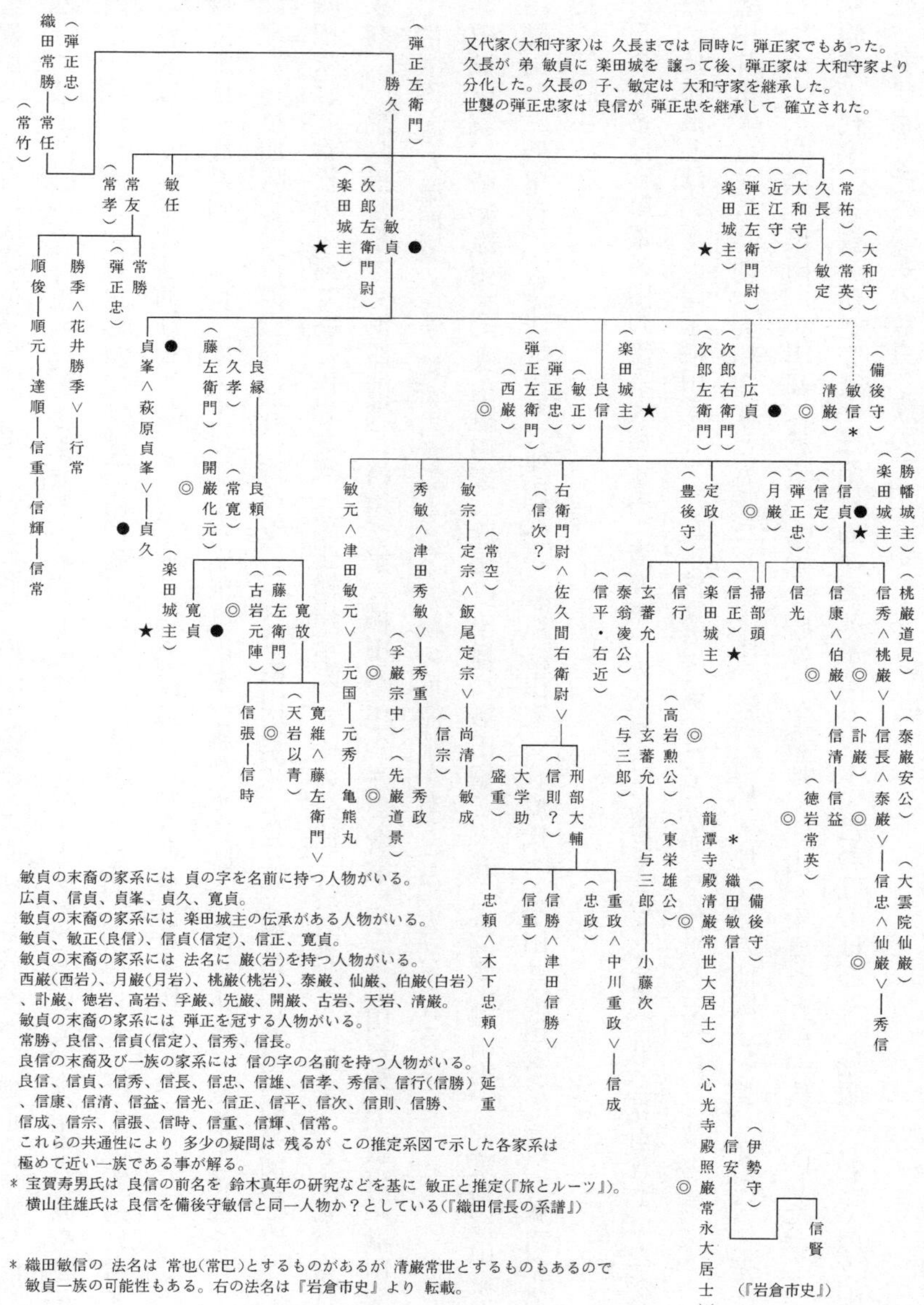

又代家(大和守家)は 久長までは 同時に 弾正家でもあった。
久長が 弟 敏貞に 楽田城を 譲って後、弾正家は 大和守家より 分化した。久長の 子、敏定は 大和守家を継承した。
世襲の弾正忠家は 良信が 弾正忠を継承して 確立された。

敏貞の末裔の家系には 貞の字を名前に持つ人物がいる。

広貞、信貞、貞峯、貞久、寛貞。

敏貞の末裔の家系には 楽田城主の伝承がある人物がいる。

敏貞、敏正(良信)、信貞(信定)、信正、寛貞。

敏貞の末裔の家系には 法名に 巌(岩)を持つ人物がいる。

西巌(西岩)、月巌(月岩)、桃巌(桃岩)、泰巌、仙巌、伯巌(白岩)、計巌、徳岩、高岩、孚巌、先巌、開巌、古岩、天岩、清巌。

敏貞の末裔の家系には 弾正を冠する人物がいる。

常勝、良信、信貞(信定)、信秀、信長。

良信の末裔及び一族の家系には 信の字の名前を持つ人物がいる。

良信、信貞、信秀、信長、信忠、信雄、信孝、秀信、信行(信勝)、信康、信清、信益、信光、信正、信平、信次、信則、信勝、信成、信宗、信張、信時、信重、信輝、信常。

これらの共通性により 多少の疑問は 残るが この推定系図で示した各家系は 極めて近い一族である事が解る。

* 宝賀寿男氏は 良信の前名を 鈴木真年の研究などを基に 敏正と推定(『旅とルーツ』)。
横山住雄氏は 良信を備後守敏信と同一人物か？としている(『織田信長の系譜』)

* 織田敏信の 法名は 常也(常巴)とするものがあるが 清巌常世とするものもあるので 敏貞一族の可能性もある。右の法名は『岩倉市史』より 転載。

(『岩倉市史』)

宝賀氏は、『古代氏族系譜集成』で、ある程度の織田系図復元に成功していたが、弾正忠一族や清洲三奉行の系譜については未解決のままであった。その後、『旅とルーツ』において、弾正忠一族や藤左衛門の一族が、大和守敏定の叔父次郎左衛門敏貞の末裔であることを明らかにされた。その家系に含まれる各家はいくつかの共通性を有し、その共通性によって、一族であることを傍証した。

織田弾正一族系図（前頁）は、先に記した楽田（がくでん）織田家一族推定系図、織田弾正家一族推定系図をベースに宝賀説を加味して再編成したものである。これは織田家の一大分流（傍系）敏貞家の系図である。

織田家は、常松の末裔である古岩倉家（尾張織田宗家）、その分流・於久地（おぐち）（小口）・木ノ下家、常竹の末裔（一説常松傍系）である清洲（清須）家（織田本家）、新岩倉家（尾張織田宗家）、敏貞系織田家（弾正忠家、藤左衛門家、さらに新岩倉家もこの系統の可能性がある）に大別される。

楽田織田家、勝幡織田家、犬山織田家、守山（小幡）織田家、末森（末盛）織田家、稲葉地織田家、奥田織田家（飯尾氏）、鷲津織田家（津田氏）、萩原織田家（萩原氏）、小田井（おたい）織田家などは、敏貞系織田家に包括される。

信長の家系は、尾張織田の傍系大和守家（清洲家）の三奉行の家系ということで低く見られていたが、実際には傍系とはいえ、尾張織田家を支えた中核家系であることが明らかになった。

織田弾正家はある時期、大和守家とも重なり、下津、岩倉、於久地などの地域を除き、楽田、三光寺（後に犬山）、萩原、奥田、小田井（於台）、清洲、勝幡、稲葉地、守山、末盛などに一族を配した。

尾張守護代家（岩倉・伊勢守家）は絶対的な支配権を有していたわけではなく、尾張に対しての支配権は、又代家とその傍系の敏貞一族の方が強かった。

その結果、応仁の乱の前年、文正元年（一四六六）の騒乱の時、敏定方の敏貞が単騎上洛した後に、敏広方は慌てて大軍を上洛させたのである。応仁の乱の時には敏貞は敏定を助けて斯波義敏方に属し、応仁二年八月病死したとされる（『旅とルーツ』）。敏貞一族の力を背景とした敏定は、やがて斯波義敏を助けた功績により、又代より半国守護代の地位に昇格し、清洲を拠点に尾張を支配し、一時的には尾張を統一したとも云われる（『尾州織田興亡史』）。

その絶頂期に、清洲において、法華宗の法嫡問答（清洲宗論）を主催し、織田弾正忠（良信）や織田次郎左衛門（広貞）、織田左京亮（広長）、織田又七郎（良縁）らが判者や奉行として臨席した（文明十四年、『清洲町史』）。その後も暫くは平安で、文明十七年には、万里集九が清洲の織田備後守敏信の屋形を訪問し、犬追物見物している。しかし、和平は長続きせず、長享元年頃より、再び清洲と岩倉は対立し、敏定は岩倉を攻め、寛広は旧下津城へ退去している。

その後、岩倉方の織田兵庫助（寛広）や、その後援者の美濃の斎藤氏（斎藤利国）らと争い、美濃船田の合戦の時陣没し、その後、息子・近江守寛村、その弟某（左馬助敏信か？）も戦死し、大和守家（清洲家）は一時壊滅状態に追い込まれた（明応四年）。

大和守家は寛定が相続し、その後、達定（寛定改名か？）、達勝が継承した。達勝の時代、信貞（弾正忠信定）、良頼、広延らがこれを補佐して斯波氏を擁立し、守護代家の名目を保った。ここに登場する奉行は、出自の明瞭でない広延を除き、敏貞系の末裔である。

寛定を古岩倉家の系に繋げる説もあるが（『尾州織田興亡史』）、敏貞系の人々がバックアップしたことを勘案すれば、その可能性は低いと云わざるを得ない（古岩倉家の嫡流は尾張を退去したという説もあるので、その可能性は低いし、もし寛定が岩倉の血統なら、敏貞系は新岩倉家を支援して寛定を滅ぼしているか、敏貞系の有力者が守護代を称して、大和守家に取って替わっていたはずである。小田井家にも、弾正忠家にもそれだけの力はあったはずである)。古岩倉家にそれだけの力があれば、敏定・寛村親子が陣没した後、尾張の支配権を回復したはずである。しかし、岩倉系統は織田広高の後、勢力を失ったようで、大和守系（あるいは敏貞系）の新岩倉家（敏信―信安―信賢）に支配権を奪われ、犬山は弾正忠家（信康―信清）に奪われ、広高系統の動向は判然としなくなる。古岩倉家は広高で没落し、新岩倉家が継承したと見るのが、現時点では妥当であると思う（清洲・岩倉織田家については後述する）。

その後、清洲家（大和守家）を継承したのは彦五郎（広信あるいは信友）で、その当時の奉行は織田信秀（弾正忠・備後守）、織田藤左衛門、織田因幡守であった。この三奉行は時には協力し、時には対立しながら、尾張の外敵と戦った。特に織田信秀は守護代にかわり、軍事司令官として、同族の織田家や土豪らを指揮して外敵と戦った（天文十六年の稲葉山攻めでは於久地（おぐち）城主織田寛近、三奉行の一人織田因幡守、実弟与次郎などが従軍して討死している）。

信秀は守護代にかわる実力を持ちながらも、清洲・岩倉守護代家に取って代わろうとはしなかった。名目上は守護や守護代の家臣として、軍事権を委任されて、一族・家臣を指揮したのである。

しかし、その没後、守護代家は信秀の後継者の信長と争い、清洲織田家は信長の叔父織田信光によって弘治元年（一五五五）攻め滅ぼされ、一方、岩倉織田家は永禄二年（一五五九）春、信賢の代に滅亡した（事実上尾張統一）。永禄七年には、犬山の織田信清を放逐し、完全に尾張を統一した。

その後、美濃の稲葉山城を攻略（永禄七年説と永禄十年説がある）、永禄十年には稲葉山城に移り、完全に美濃尾張の国主となり、天下取りの足掛かりを掴んだ。

信長に至り、敏貞家（弾正家）は織田の棟梁家となり、織田本家の大和守家に系を繋ぐ系図改竄を行い（敏貞―良信―信貞―信秀―信長を敏定―信定―信秀―信長と改竄、あわせて古岩倉家を抹消）、寛政系譜（『寛政重修諸家譜』）のベースになった系図を作成したものと思われる。

平家落胤系図は、信長が足利将軍家に代わって天下人になるプロセスで作成され、そのモデルは織田家の同族津田一族の系譜であろう。ここに至って完全に裏付けがある訳ではないが（一部推定も含む）、弾正家の系譜検討については一区切りとする。

この後は、中断した両守護代家の系譜について再検討することにする（概略については各種系図を併記して前述したのでそちらを参考にされたい）。記述が重複する部分もあるかとは思うが、記述の展開上の都合もあり、御容赦願いたい。

岩倉織田家の系譜

尾張守護代家は文正・応仁の乱の時に岩倉と清洲の守護代家に分裂し、それぞれ伊勢守家と大和守家が継承した。両家は文明年間まで争い、古岩倉家（伊勢守家）は敏広の死後、守護を擁立する清洲家（大和守家）に一時降り、寛広の時、下津に退去したが、美濃の斎藤氏の支援を得て清洲家と争う。この間、大和守家も敏定、寛村、その弟某などを失い打撃を受けた。その後、古岩倉家は勢力を失い、大和守一族の敏信（弾正忠一族か？）、信安、信賢が継承したことは前述した通りである。

ここで問題となるのが、敏信である。敏信は各系図書によれば、おおむね左馬助・伊勢守と記す。法名は常也、あるいは常巴、または常西である。しかし、岩倉の龍潭寺の位牌には、「龍潭寺殿清巌常世大居士永正十四年正月二十六日」とあり、横山住雄氏は『織田信長の系譜』において、文明十七年、清洲で万里集九に面会している敏信が、岩倉城主であることには疑問を呈している。横山氏は西巌（西岩）との類似性などから、弾正忠良信が備後守敏信と改名したのではないかと推定している。

『岩倉市史』では龍潭寺の位牌を紹介して、敏信の法名を「龍潭寺殿清巌大居士永正十四年（一五一七）正月二十六日」、信安の法名を「心光寺殿照巌常永大居士文禄三年（一五九四）三月十五日」としている。清巌、照巌は弾正忠一族に通じるものがある。

『岩倉市史』は、信安の法名については、もう一つ下本町誓願寺の墓碑を紹介している。そちらは「松岳院殿大溪玉甫大居士」となっている。先に敏貞一族の推定復元系図を記したが、「巌」が弾正忠一族を中心にした敏貞一族に共通する事から、敏信が敏貞一族の可能性が高まってくる。

二人の敏信（左馬助と備後守）が存在すると仮定すると、船田合戦で陣没したのは、敏定の次男左馬助敏信（常也）、万里集九に面会し、後に岩倉城主になったのは、備後守敏信（清巌）ということになる。岩倉城主であったとしても、永正元年（一五〇四）までは、下津に兵庫助寛広（前岩倉城主）が健在であり、その前年文亀三年（一五〇三）の十一月までは、一族（弟？）紀伊守広遠も健在であり、古岩倉家の支配地すべてを把握したわけではない。天文六年（一五三七）までは、広遠の子と思われる広高が中島郡妙興寺周辺を支配しており（『旅とルーツ』）、また、傍系の寛近も、天文四年（一五三五）までは木ノ下城（犬山）の城主であり（『新編犬山城史』）、古岩倉一族は健在であった。

小和田哲男氏（静岡大学教授）は、寛広の後は広高が継承し、その後、信安が岩倉城主となった、と推定している（広高から信安の間は不詳）（『織田家の人びと』）。備後守敏信を岩倉城主とすることには、織田広高が岩倉城主であった場合には、疑問が残る。岩倉城主であった織田信安の父ということで、岩倉城主とされた可能性も残る（織田広高が岩倉城主として天文六年まで勢力を保持していたら永正十四年に没した備後守敏信は岩倉城主とはなり得ない）。古岩倉家が下津へ退去してから岩倉城主に復帰していなければ、敏信が城主であった可能性も残るので、何とも微妙なところである。

次に各資料の抜粋を比較のために併記する。

◎『新編犬山城史』（横山住雄）（『岩倉市史』にも掲載）

織田信昌―将広（常松）―郷広―敏広―寛広―某―信安
（兵庫助）（伊勢守）（伊勢守）（伊勢守）（伊勢守）（伊勢守）
（伊勢守）（兵庫助）？

◎『織田信長の系譜』（横山住雄）

織田常松―教長―淳広―敏広―寛広
（朝長？）（郷広）（伊勢守）（千代夜叉丸）
（久広）（兵庫助）

◎『織田家の人びと』（小和田哲男）

織田信昌―将広
常松……？……郷広―敏広―寛広―広高……信安―信賢
（岩倉織田家）
（伊勢守）
※寛広は敏広の養子？　※広高は寛広一族

岩倉織田家は織田郷広の子敏広より始まる、とする説が有力である。一説に織田常信を岩倉城主とする説もある。

古岩倉家（守護代家）は、敏広、その後継者寛広までは明らかだが、その後は清洲家に押され不明である。寛広の後は一族の広高が継承した、

◎『尾州織田興亡史』

※信昌は藤原信昌と記されるが便宜上織田に統一

織田信昌—将広—常松（信広）——敏広—寛広—達定—達勝—信友
（郷広）（兵庫助）（伊勢守）①　寛広（敏広養子）（兵庫助）②　達定（清洲城主）

織田信昌—将広—常竹—久長——敏定—敏信＝信安—信賢
久長（兵庫助）（伊勢守）（初代岩倉城主）　×（対立）　敏信（寛村）　信賢（伊勢守）
常竹（清洲在城）　敏定（大和守）（清洲城主）③　敏信④　信安⑤

※数字は岩倉城主歴代
※信安を敏信の弟としている。

※『尾州織田興亡史』（瀧喜義）では岩倉家と清洲家が入れ替わった事になっている。

（推定岩倉歴代系譜）　※織田敏広—寛広—敏信—信安—信賢

◎『寛政重修諸家譜』

織田教廣—常任——勝久——久長—敏定—敏信—信安—信賢
敏定（犬山城）（三郎）（伊勢守）（大和守）（常祐）
敏信（右馬助・左馬助）（伊勢守）（大和守）（常巳）
信安（岩倉城主）（三郎）（伊勢守）（常永）

◎『群書系図部集』

織田教廣—常任——勝久——久長—敏定—敏信—信安—信賢
敏定（犬山城）（三郎）（伊勢守）
敏信（左馬助）（伊勢守）（常也）
信安（岩倉城）（三郎）（伊勢守）（常永）（大渓玉甫）
信賢（兵衛尉）（伊勢守）

との見方もあるが、明確ではない。

岩倉宗家は没落し、三河へ退去したとの説もある。

瀧喜義氏はその著『尾州織田興亡史』において、寛広の子、達定が清洲城主と記すが俄には信じがたい。岩倉家は、清洲家の敏信、その弟信安、信賢と継承されたと瀧氏は記す（同書）。

各系図書は平家落胤系図がベースであり、古岩倉家の系譜は抹殺され、新岩倉家の歴代が示されているにすぎない。

新岩倉家は、通説では敏信・信安・信賢の三代が示

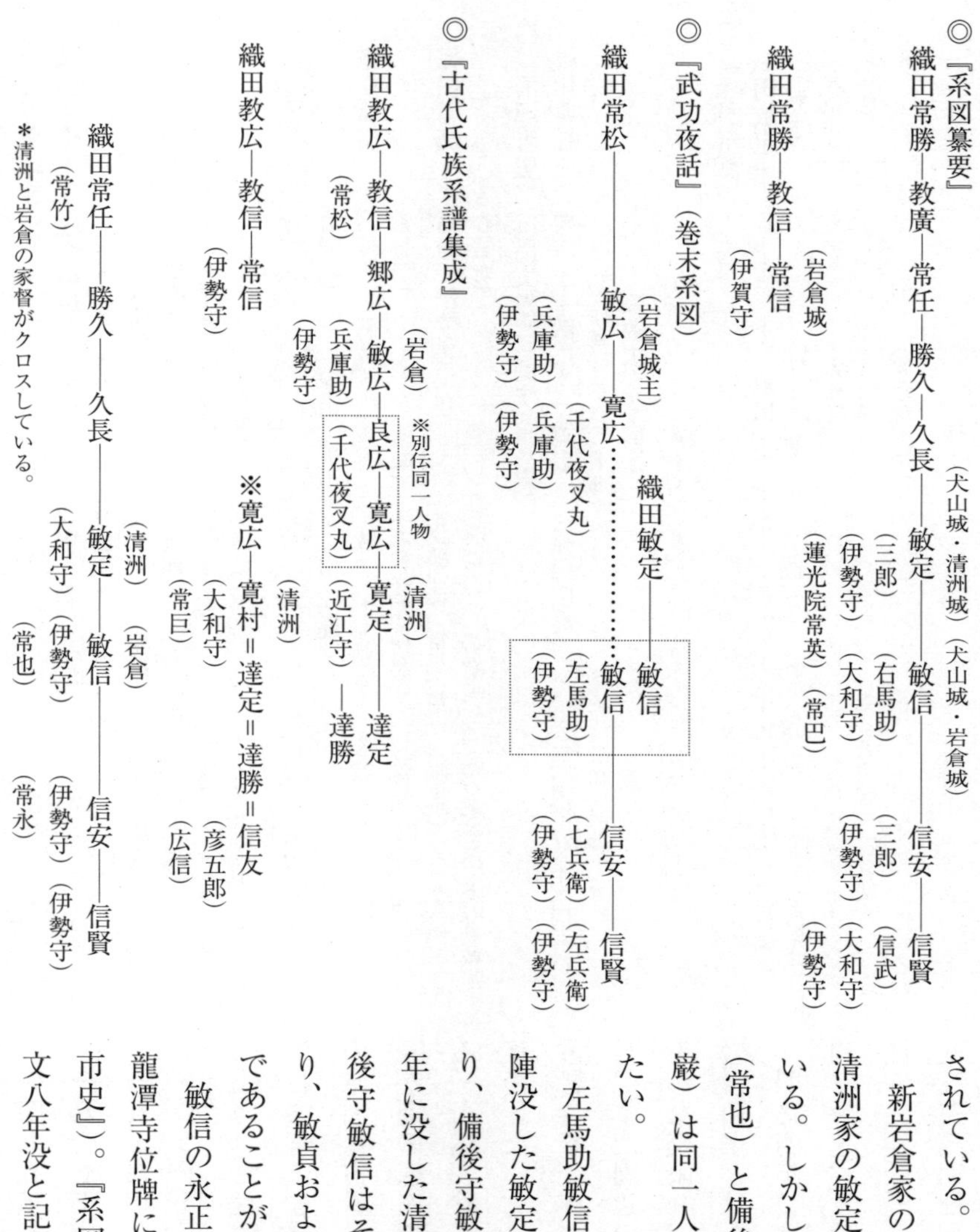

されている。

新岩倉家の初代、敏信は清洲家の敏定の子とされている。しかし、左馬助敏信（常也）と備後守敏信（清巌）は同一人物とは考えがたい。

左馬助敏信は明応四年に陣没した敏定の次男某であり、備後守敏信は永正十四年に没した清巌である。備後守敏信はその法名により、敏貞および弾正忠一族であることが推察される。

敏信の永正十四年死亡は龍潭寺位牌による（『岩倉市史』）。『系図纂要』は天文八年没と記す。

◎宝賀寿男『旅とルーツ』

織田教広（信広？）―郷広（又二郎）（兵庫助）（伊勢守）（下津城）―敏広（久広）（兵庫助）（伊勢守）（下津城）（清洲城）（岩倉城）①―寛広（良広）（兵庫助）（与次郎）（岩倉城）②（下津城）―親広―広忠

※敏広―広遠（紀伊守）―広高※（監物）―広良

※広高は古岩倉家最後の当主？（小和田哲男氏）（前記参照）

織田常勝―常任（清洲城）（常竹）―勝久―久長（楽田・犬山）（常祐）―敏定（犬山・清洲）（大和守）（伊勢守）（常英）―敏信（伊勢守）（常也・常巴）（岩倉城）③―信安（伊勢守）（常永）（岩倉城）④―信賢（伊勢守）（兵衛尉）（岩倉城）⑤

織田常勝―常信（伊勢守）（在岩倉）

◎『清洲町史』（織田系譜に関する覚書）

織田常松……郷広―敏広（伊勢守）―寛広（兵庫助）

※敏広―広遠（紀伊守）

織田広高

織田信安（伊勢守）（常永）（大渓玉甫）―信賢

◎『士林泝洄』

織田敏定（伊勢守）（大和守）（常祐）―敏信（右馬之助）（大和守）（常西）（岩倉城主）―信安（三郎）（伊勢守）（犬山城・岩倉城）―信賢（兵衛尉）（伊勢守）

一四九五年（明応四年）
一五一七年（永正十四年）
一五三九年（天文八年）

いずれが真実なのか？

敏信の位置付けが難しいことは前にも記したが、その原因は古岩倉家と新岩倉家が別の家系である事による。当然、養子縁組関係は存在しない。ということは、古岩倉家一族が岩倉を退去し、また周辺の施政権を壊失しない限り、新岩倉家は岩倉領主とはなり得ない。

明応四年には、清洲の大和守敏定、及びその子の近江守（寛定）、近江守の弟某（左馬助敏信）は陣中で

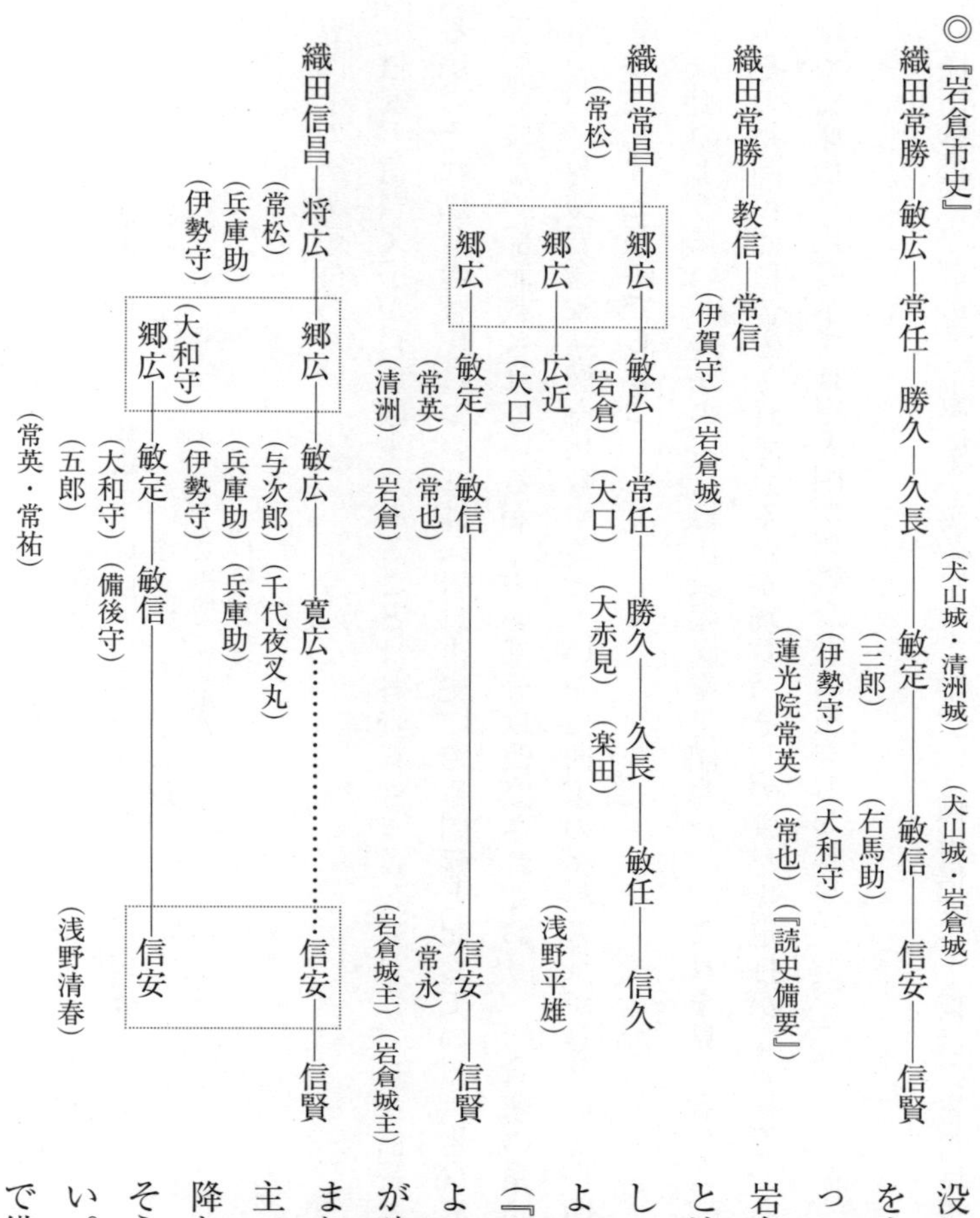

没し、とても清洲家が岩倉を支配できる状況ではなかった。翌年（明応五年）、岩倉家の織田兵庫助(寛広)と清洲家の織田寛村が和睦している。『岩倉市史』によれば、織田寛広は書状（『密蔵院寺領寄進状』）によって永正元年までは実在が確認されるとのこと。つまり、備後守敏信が岩倉城主であるとすると、それ以降という事になる。しかし、そう単純には断定はできない。なぜなら、天文六年まで織田広高の存在が確認され、書状が発給され、岩倉家当主の可能性が残るから

◎『信長以前の織田系譜（松原信之）（『別冊歴史読本・織田信長その激越なる生涯』）である（『旅とルーツ』）。

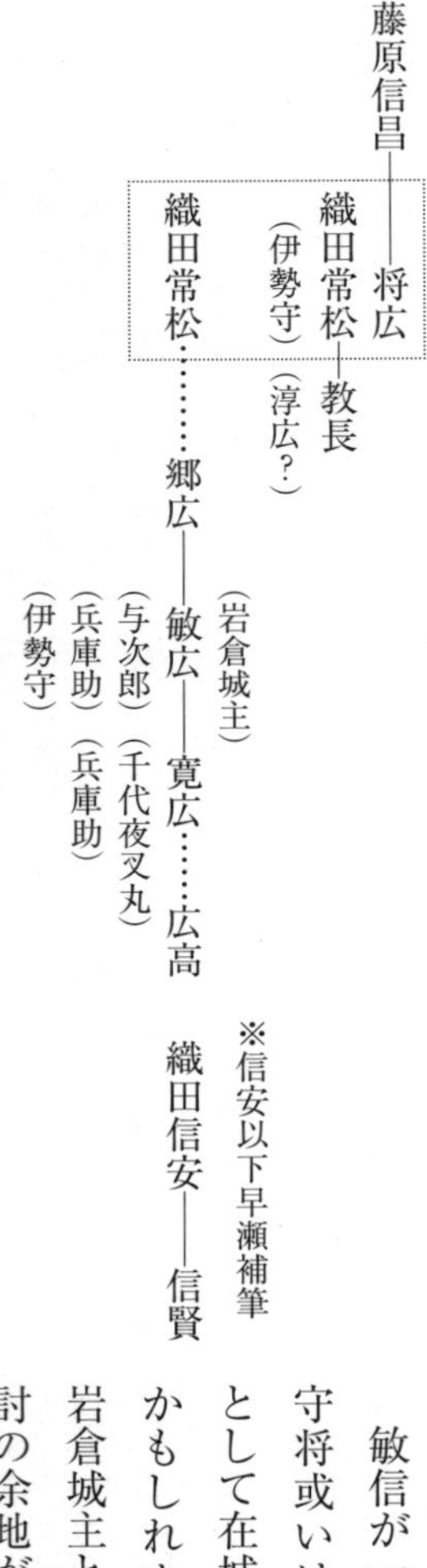

敏信が一時期、岩倉城の守将或いは城代（敏定の）として在城した事はあったかもしれぬが、岩倉領主、岩倉城主とするにはまだ検討の余地がある。この点は専門家の解明を待ちたい。

信安、信賢父子が岩倉城主であることは各資料も一致しており、また信長との関わりから明らかであるが、それ以前の歴代については『岩倉市史』でも困難と記している。岩倉家の末裔については『士林泝洄』にも一部記載されているが、古い部分は改竄されており、岩倉家の系譜を明らかにすることは出来ない。各種岩倉家系図を比較すると、いかに同家の系譜考証が難しいかが明瞭となる。これは織田家全体にも言える事である。

以上のようにいくつかの岩倉織田家系図を併記したが、これを見てもらえば、いかに各研究者の方々がその系図復元に苦労されているかが解る。そして未だ決定打がない状態である。今のところ小和田教授や松原信之氏の示す推定系図が無難なところかもしれない。

織田常松……郷広━敏広━寛広……広高　織田信安━信賢（岩倉城退去）━一英

岩倉織田家（津田氏）系図

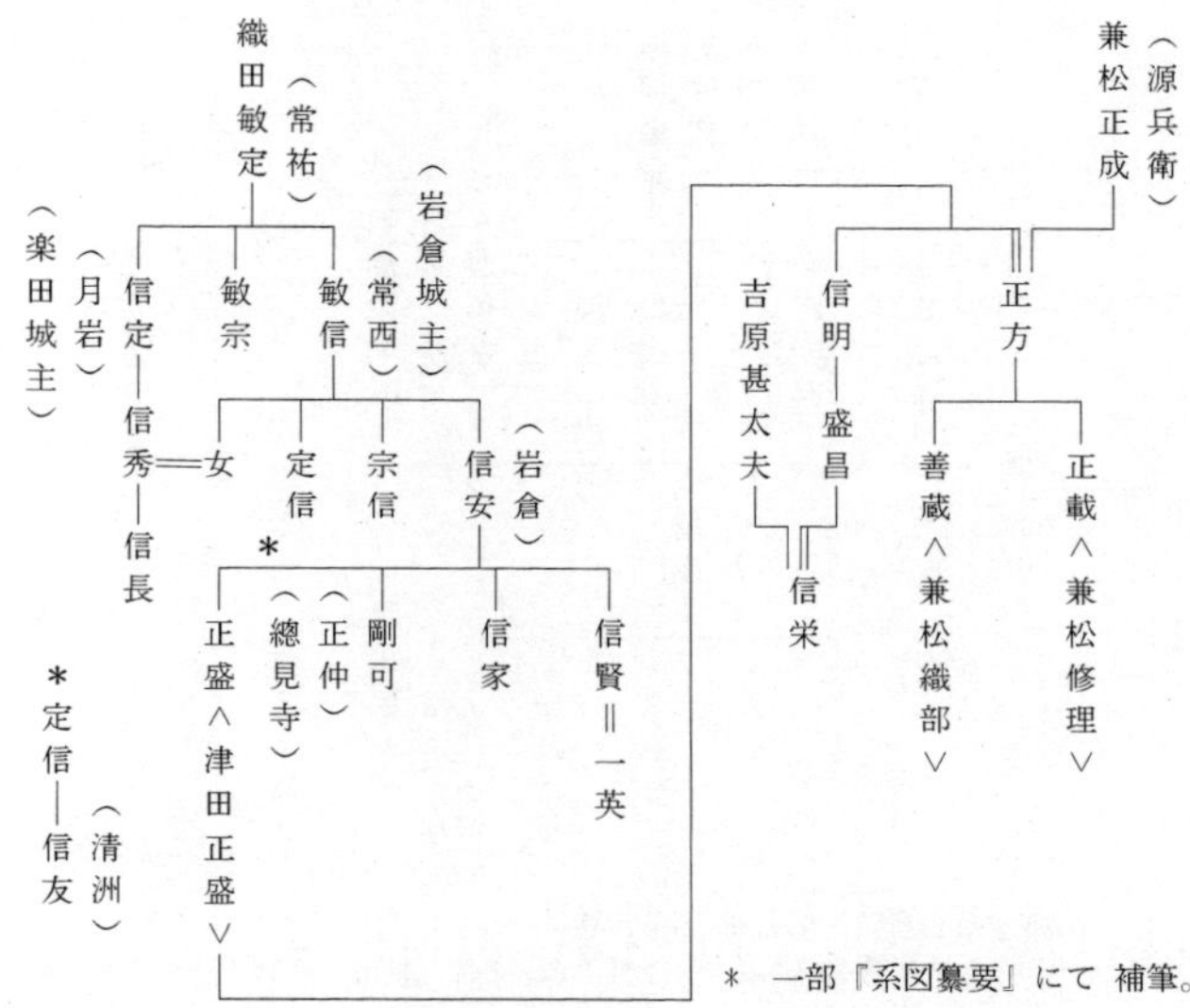

出典『名古屋叢書 続編 19 士林泝洄』（名古屋市立鶴舞中央図書館 蔵）

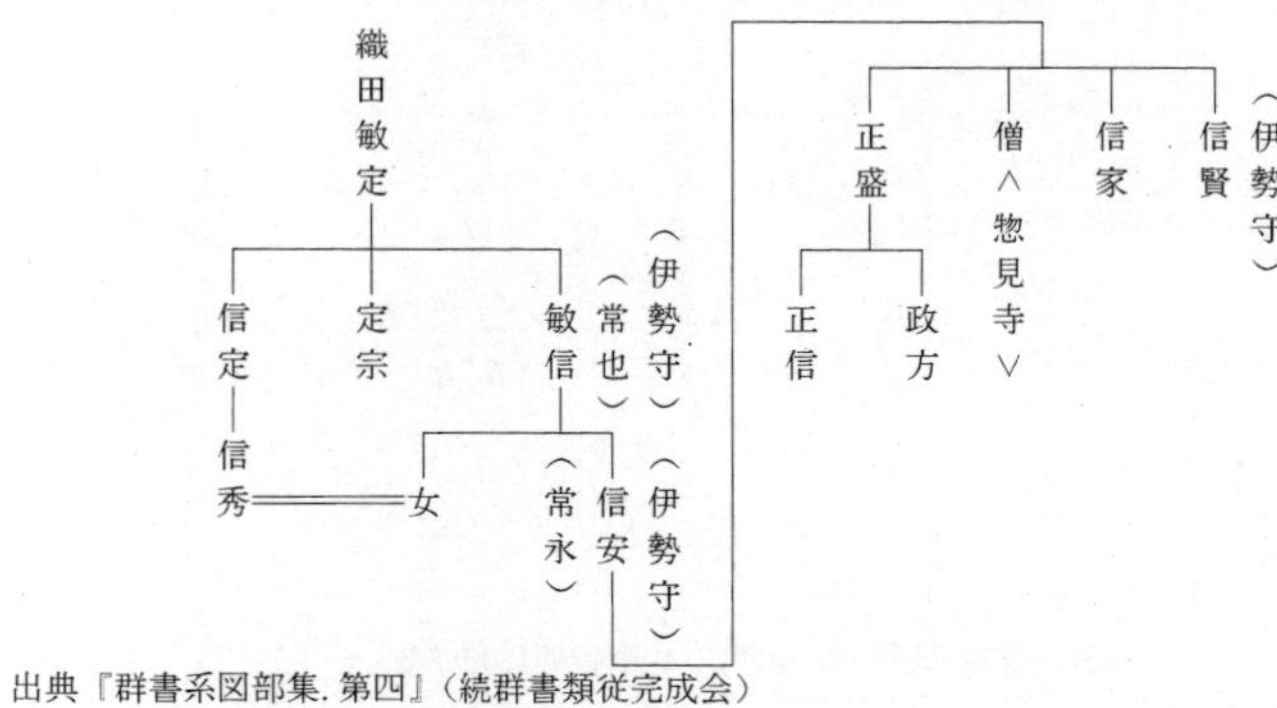

出典『群書系図部集. 第四』（続群書類従完成会）

犬山織田家（津田氏）系図

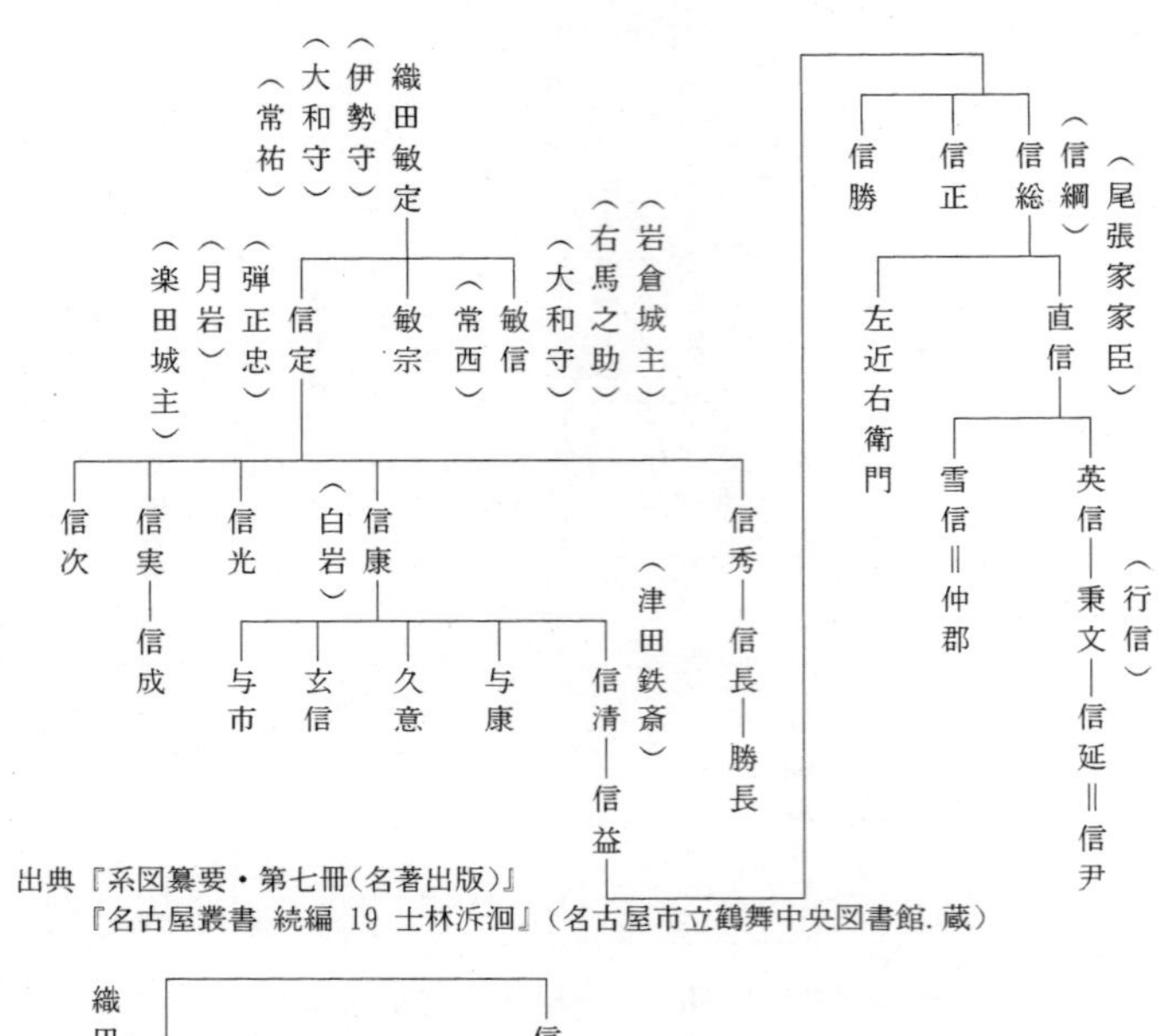

出典『系図纂要・第七冊（名著出版）』
『名古屋叢書 続編 19 士林泝洄』（名古屋市立鶴舞中央図書館. 蔵）

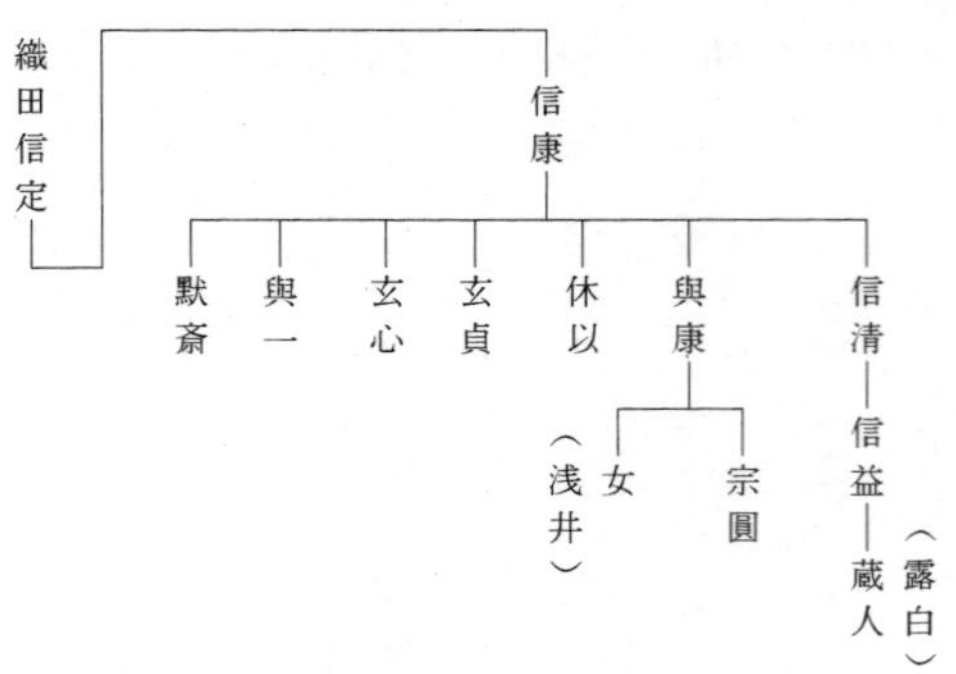

出典『群書系図部集. 第四』（続群書類従完成会）

清洲織田家について

岩倉織田家の系譜は、現在公開され或いは筆者が入手した系図資料、参考雑誌、書籍では完全復元は不可能である。

古岩倉家と新岩倉家には、系譜の連続性は血統上も義理の血統上（家督継承関係上）も成立しない。現段階では信安以前の岩倉家の系譜については不明と言わざるを得ない。前記した各種岩倉系図は推定の域を出るものではない。新岩倉家の系譜（津田系図）も古い部分は改竄されているので、ミッシングリングを解き明かす資料とはなり得ない。尾張織田宗家の岩倉家系譜にしてこの始末、当然清洲織田家についても同様の事が言える。

清洲織田家の歴代は織田敏定（大和守）、（近江守寛定）、六郎（大和守寛村・常巨）、五郎（達定?）、織田達勝（大和守・五郎・常祐?）、彦五郎（信友）と言われている。

＊近江守寛定は正式に家督継承する前に陣没しているので歴代と見做さないこともあり、この場合は敏定、寛村、達定、達勝、彦五郎が清洲織田家の歴代となる（参考出典『清洲町史』）。

静岡大学教授の小和田哲男氏もその著書『織田家の人びと』（河出書房新社）で清洲家の歴代を敏定（大和守・常英）、寛村（大和守・斯波義寛家臣）、達定（斯波義達家臣）、達勝、彦五郎（信友）と記している。しかし、その系譜関係は決して明確ではない。

清洲織田家最後の当主は彦五郎であることは、各研究者の研究で明らかであり、各種系図にも紹介されている。しかし、その実父、養父については必ずしも一致しない。『寛政重修諸家譜』第八巻では養父は大和守敏定、実父は敏定の弟因幡守某（実名不明）としている。しかし、年代などからみて疑問な点が多い。『系図纂要』第七巻は、敏定の子敏信（常巴・岩倉城主）の子に信安（常永・伊勢守・岩倉城主）、宗信（常祐・大和守・居清洲）、定信（因幡守）を記し、定信（因幡守）の子に彦五郎（信友、廣信又は信豊・清洲城主）を記し、敏信の家督としている。しかしこれはおかしい。何故なら敏信は清洲城主ではなく、また系譜上の敏信の家督は信安であるからである。『古代氏族系譜集成』（宝賀寿男）は、織田寛定の子に達定（大和守）、達勝（大和守）、達広（因幡守）、広孝を記し、達広の子に彦五郎を記し、達勝の養子としている。『旅とルーツ』第70号（日本家系図学会）では、彦五郎は広信（信友）と記し、因幡守（達広）の実子、達勝（大和守・信武）の養子としている。『織田信長の系譜』（横山住雄・教育出版文化協会）は、単に達勝の子と記し、養子か実子かの補注はない。『織田信長事典』（新人物往来社）は、彦五郎（信友）は達勝（大和守）の養子としている。『尾州織田興亡史』（瀧喜義・ブックショップマイタウン）でも、彦五郎（信友）は達勝（大和守・広信）の子に記している。系図に養子か実子かの補注はない。『武功夜話』第四巻は、彦五郎（広信）は大和守（清洲五郎）の養子と記している。

次に彦五郎の先代達勝について検討する。彦五郎の先代を達勝とするのは『織田家の人びと』『旅とルーツ』第70号『古代氏族系譜集成』『尾州織田興亡史』『織田信長事典』『清洲町史』『織田信長の系譜』

などである。『系図纂要』には達勝の名前はなく、達勝に当たる人物として宗信（大和守・常祐）が記されている。問題はこの達勝の血脈である。『群書系図部集』は、敏定の父久長の弟常孝の子勝秀（大和守）の子遼勝（逵勝）を達勝とみなしている。『清洲町史』もこの系図の抜粋を紹介している。『古代氏族系譜集成』は寛定の子、達定弟に位置付けている。『旅とルーツ』第70号では敏信の子、信安の弟に位置付け、寛村（後の達定）の後継者（養子）としている。『織田信長の系譜』は、近江守の子達定の子に位置付けている。『系図纂要』の宗信（他の資料の達勝に比定）は敏信の子、信安の弟に位置付けている。『織田家の人びと』は達勝は達定の家督継承者とするが、その血脈は明らかにされていない。『尾州織田興亡史』は達定の子に位置付けている。『寛政重修諸家譜』には達定・達勝の記載はない。『武功夜話』四巻の巻末系図には達定・達勝の名前はなく、清洲五郎が二代記され、その祖は大和守敏定としている。

つまり、達勝は敏定の血脈とする説と、非敏定の血脈とする説に別れる。達勝の先代の大和守は達定とされている。

そうすると『群書系図部集』の勝秀（大和守）は達定となるのであろうか？『系図纂要』では達勝に当たる人物として宗信（大和守常祐）を記し、弟に定信（因幡守）を記し、彦五郎の実父としながら同時に敏信の弟に達勝を記し、因幡守としている。しかし補注の没年から他の資料の因幡守に当たるのは定信であり、因幡守達勝は宙に浮いてしまう。小和田氏や横山氏らは達勝を大和守としている。『系図纂要』編纂の時、大和守達勝が大和守宗信と因幡守達勝に分離され、併記されたのであろうか？『系図纂要』においては達定に当たる人物が見出せない。系図を改竄する過程で書き落としたものであろうか？　宝賀寿男氏は『古代氏族系譜集成』において、達定を近江前司寛定の子に位置付け、寛村（大和守常巨）の後継者に位置付け、後に『旅とルーツ』において寛定の弟、六郎寛村（大和守常巨）が家督継承後斯波義達が守護となって、後に改名して達定となったものではなかろうかと考えられると記している。

瀧喜義氏は『尾州織田興亡史』において、達定は古岩倉系統の兵庫介（寛広）の嫡子五郎と記している。達定の短い守護代在位の後達勝（五郎広信）、彦五郎（信友）と清洲守護代家は継承されたとしている。しかし、応仁の乱以後、尾張を支配したのは敏定を中心にした久長一族（清洲家、楽田（がくでん）家、小田井家、勝幡家）であり、古岩倉傍系の小久地（おぐち）・木之下（後の犬山）家はその支配に屈した。船田合戦に於いて敏定が陣没、近江守（寛定）と弟某が戦死し、清洲家が打撃を受けた事は確かだが、清洲家一族が全滅したわけではない。従って瀧氏の主張は他の研究者（小和田、新井、横山、宝賀氏など）とはかなり食い違い、清洲家が岩倉家に替わったする説は、にわかには受け入れがたい。新岩倉家も久長一族の流れである可能性が高いので尚更である。

現在の段階では、達定を寛広の嫡子とする説は除外する事にする。達定は寛村同一人物あるいは寛村の養子（家督継承者・近江守の子）と見做すのが無難かもしれない。敏定と彦五郎を結ぶ系譜を完全に立証する事は現段階では困難である。

敏定―(寛定)―寛村―達定―達勝―彦五郎（信友）とする系譜が無難なところか？

織田大和守系図

＊詳細は 前記 各種考証系図参照

出典『織田信長の系譜』
（横山住雄、教育出版文化協会）

(2)〜(6) 清洲歴代
『旅とルーツ 第70号』
（宝賀寿男、日本家系図学会）

出典『尾州織田興亡史』
（瀧喜義、ブックショップ「マイタウン」）

(2)〜(5) 清洲歴代
①〜⑤ 岩倉歴代

『織田家の人びと』
（小和田哲男、河出書房新社）

『信長公記』（角川文庫）

謎の織田系譜

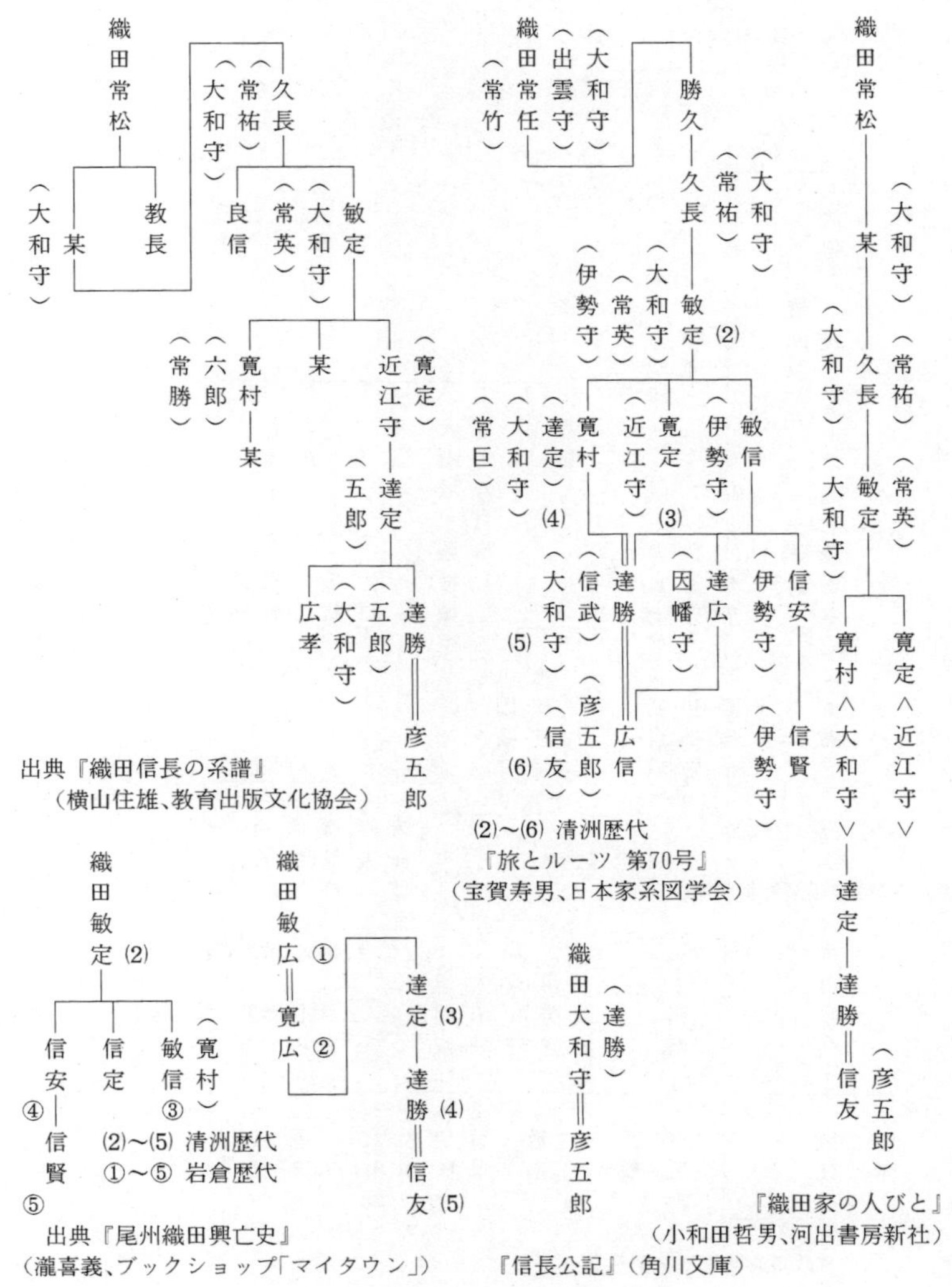

織田大和守系図

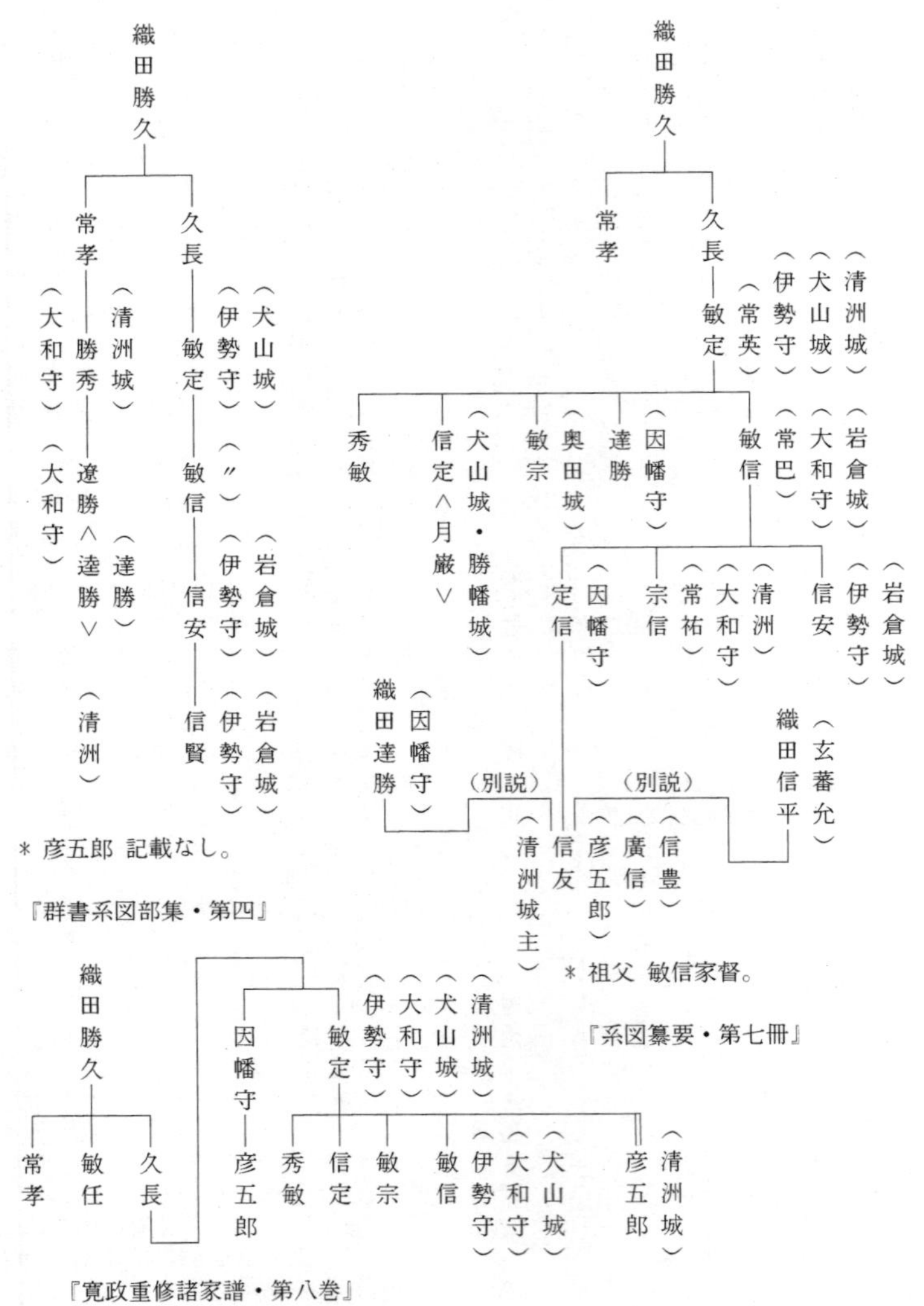

『系図纂要・第七冊』

『群書系図部集・第四』

『寛政重修諸家譜・第八巻』

犬山城と織田家

織田一族の系譜は難解である。ここまで公開され、入手した各系図を比較検討してきたが、確かな答えを得るには至っていない。それほど複雑なのである。研究者が復元した系図と各種系図が整合しないという事実がその難解さを物語っている。信長が天下統一に乗り出した後、系図が改竄されたことがなお一層複雑にしているのである。

小田井織田家、楽田織田家、弾正忠織田家、守護代家（岩倉家、清洲家）と検討を進めてきたが、ここで一番問題となるのが織田敏定である。織田敏定は犬山城主で清洲の守護代として大和守であり、実質的な織田一族の長として伊勢守であり、清洲、岩倉両守護代家の家祖であるとする説もある。『織田信長物語と史蹟をたずねて』（土橋治重・成美堂出版）巻末所収の織田系図（原出典『総合国史研究要覧』）は、敏定の補注に「伊勢守、大和守」とあり、その子敏信の補注にも「伊勢守、大和守」とある。『尾州織田興亡史』によれば、織田大和守敏定の子敏信は始め大和守、後に伊勢守になったと記す。

於台城主織田久長が楽田城を築き、永享十二年（一四四〇）織田広近が木之下城を築く。享徳元年（一四五二）、織田敏定楽田殿（久長）の家督を継承、文明十年（一四七八）清洲城入城。岩倉には嫡男敏信、木之下には信定、信定が勝幡に移った後は、その子信康が入城、後に木之下から三狐寺山へ移す

（別の頁では織田敏定が城を三狐寺山へ移すと記す）。ついでに同書によって、木之下城、三狐寺山城、犬山城の城主と保城年を記す。

織田広近（近江守）（文明元年築城、保城七年）（一四六九から一四七五）
織田敏定（大和守）（文明七年三光寺山城、保城三十一年）（一四七五から一五〇五）
織田敏信（伊勢守）（永正元年保城十四年）（一五〇四から一五一八）
織田信安（伊勢守）（永正十五年保城八年）（一五一八から一五二五）
織田信定（弾正忠）（大永五年保城五年）（一五二五から一五二九）
織田信康（与次郎）（享禄元年保城二十年）（一五二八から一五四七）（天文四年小口より移る）
織田信清（下野守）（天文十六年保城十七年）（一五四七から一五六三）（永禄六年）

この保城年数は、今後のために注意しておいて欲しい。次いで名古屋鉄道発行の『国宝犬山城』（犬山市立図書館蔵）によって同様の歴代在城を記す。

織田広近（近江守）（文明元年より文明七年）
織田敏定（伊勢守）（文明七年より永正元年）
織田敏信（左馬助）（永正二年から永正十五年）
織田信安（伊勢守）（永正十五年から大永五年）
織田信定（弾正忠）（大永五年から享禄元年）
織田信康（与次郎）（享禄元年から天文十六年）（天文六年木下より転城）（三光寺山城）
織田信清（天文十六年から永禄七年）

これらの資料は、織田敏定が犬山の城主であったことを記す。しかし、これを額面通り受け入れることは出来ない。織田敏定は守護の斯波氏を擁立して文明十年には清洲にあり、犬山に在城することは不可能である。このことは、先に記した考証系図の中で紹介した横山住雄氏の『新編犬山城史』（文化出版）「真の犬山城主歴代」によって説明されている。詳細は同書に譲るとして、その一部は織田諸家系図の下段に引用紹介しておいたので、そちらを参考にされたい。

とにもかくにも、大和守敏定が犬山城主とする説については再考を要する。

歴代で確実に犬山城主（三狐寺山城主）だったのは信康、信清の二代に過ぎない。木之下城の初代城主は小口（於久地）城主織田広近（文明元年から延徳三年）、二代城主は織田寛近（延徳三年から天文四年）、三代城主は織田信康（織田信秀の弟、天文四年から同六年）。初代三狐寺山（三光寺山）城主織田信康（天文六年から天文十三年）、二代三狐寺山城主織田信清（天文十三年から永禄七年）。三狐寺山城主は犬山城主として扱われている。

『群書系図部集』（原典は江戸時代に編纂された『群書類従』）『系図纂要』『寛政重修諸家譜』でも、敏定は、犬山城主あるいは犬山の城主と記されている。なぜそうなったのか？　おそらく長享二年（一四八八）頃、一時的にしろ敏定が尾張を事実上再統一した（瀧喜義氏）、あるいは江戸時代織田系図が改竄された時に織田家中興の祖と位置付けられたことによるのではないか？　前に「二人のとしさだ」について触れたが、敏定が犬山城主とされたのは、楽田城主を継承したと思われる次郎左衛門敏貞と大和守敏定を混同、あるいは誤伝されたためではないのか？　敏定が犬山（木之下）城主であり得ないことは、明応四年の船田合戦で陣没しているので（一四九五）、永正元年（一五〇四）まで在城することは不可能であったことからも明らかである。

また、信定を犬山に入れたという伝承も、敏貞の孫（良信の子）の信貞（信定）が勝幡城築城以前に楽田城を継承していたことを、書き換えたものではないのか？　信定が敏定の子でないことは、まず間違いないので、敏貞の事績を敏定の事績に融合させるプロセスで、信貞を信定と書き換えたのではないか？　信定（信貞）の子の信康が犬山城主になったこともあわせて、信定を犬山城主にしたと思われる。敏定については、事実以上に粉飾された部分があり、それが色々な伝承を生むことになったのである。

宝賀寿男氏、横山住雄氏らの研究結果を踏まえて類推すれば、敏定が犬山城主であった可能性はかなり低くなる。しかし、敏定が又代織田家の家系を継ぐ者であるなら、広い意味での「犬山」と無関係とは言い切れない。今までの先達諸氏の研究をベースに類推すれば、又代織田家一族が尾張を事実上支配し、小田井、楽田、奥田、勝幡、清洲などに築城、あるいは在城し尾西、尾北地区に一族を配していた。守護代織田一族は小木、下津、岩倉辺りを拠点とし、後には於久地（おぐち）（小口）、木之下に築城した。応仁の乱以前には、後に言われるように上四郡と下四郡（当初は二郡）を分割支配したわけではなく、守護代家、又代家、一族被官という関係で形式上は支配されていた。

織田家は、織田敏定の台頭と応仁の乱により、清洲守護代家と岩倉守護代家に分裂した。敏定の父と云われる久長が小田井から出て、楽田城を築城したとされているので、広い意味での「犬山」とは縁があるわけで、それが敏定=犬山城主説を生むきっかけになったかもしれない。

さらに、後世書き換えられた系図によって、敏定の子とされた信定も犬山城主とされている。しかし、この当時、犬山城はなく、木之下城の城主は於久地（小口）城主の織田寛近（延徳三年から天文四年）

であった（詳細は横山住雄氏の『新編犬山城史』を参照されたい）。織田信定（信貞）の子信康が、木之下城を継承し、三狐寺山（三光寺山）へ築城し、事実上の犬山城主となったことは、周知の事実なので、それらのことも踏まえて、書き換えられたと思われる。

『信長公記』によっても明らかなように、信定（月巖）は敏定の子ではない。従って敏定、信定を犬山城主とする記述は、十中八九改変であり、これを引用している文書、系図類は古い部分については信用できないといっても言い過ぎではないであろう。

さて、敏定と犬山城に触れた以上、犬山織田家についても多少触れないわけにはいくまい。

犬山（木之下）織田家は、岩倉織田家の織田遠江守広近が長禄三年（一四五九）、於久地（小口）織田家として、岩倉より分家したのに始まる。正式には文明元年（一四六九）、木之下（木ノ下）に築城したことにより始まる（於久地家と一体）。延徳三年（一四九一）九月、織田広近没し、その子寛近が相続する（於久地・木ノ下両家）。天文四年（一五三五）、弾正忠家の与二郎（織田信康）、木ノ下織田家を継承する（寛近は於久地織田家当主として、又織田家長老として織田信秀の美濃攻めに協力）。

天文六年（一五三七）、織田信康（白巖）木ノ下城を三光寺山へ移す（三光寺山城・古犬山城）。天文十三年（一五四四）九月、織田信康上加納の戦いで戦死。織田信清（下野守・犬山鉄斎・津田信清）犬山織田家を継承、織田信秀の庶子、織田安房守某（秀俊）が信清後見となる。天文十九年（一五五〇）犬山織田家謀反、織田信秀弟孫三郎（守山織田家）と協力、犬山勢を切り崩す。織田信秀二女を織田信清に嫁す。永禄元年（一五五八）、永禄二年（一五五九）、信長の岩倉攻めに協力する。その後、信長と不和になり、美濃の斎藤家と結び信長と対立する。永禄二年、信長軍、犬山家の支城となっていた小口城を攻める（勝村公氏による）。永禄三年（一五六〇）、信長、小牧山城築城（勝村公氏による。一般には永禄六年築城と云われている）。永禄五年（一五六二年）、犬山城内通工作に成功（勝村公『校訂美濃勢諸城攻略の編年』による）。

犬山城の落城は諸説あるので、併記紹介する。

永禄七年（一五六四）八月、犬山・猿啄（さるばみ）落城（勝村公『校訂美濃勢諸城攻略の編年』）。

永禄七年（一五六四）織田信清、丹羽長秀に城を明け渡し、甲斐へ赴く（横山住雄『新編犬山城史』昭和四十三年）。

永禄七年（一五六四）信長、三千騎で犬山城を襲い、信清は城を捨て、甲斐へ逃れる（城戸清『国宝犬山城』昭和四十年、犬山市立図書館蔵）。

永禄七年（一五六四）信清、城を開き、甲州へ退く（瀧喜義『尾州織田興亡史』平成五年、犬山市立図書館蔵）。

永禄七年（一五六四）九月九日、上杉輝虎に美濃・北伊勢攻略と犬山城陥落を報ず（『別冊歴史読本・織田信長その激越なる生涯』昭和五十三年）。

永禄七年（一五六四）信清叛信長走甲州 津田鐵斎 又犬山鐵斎（『系図纂要』）。

永禄八年（一五六五）犬山城落城（横山住雄『国宝犬山城図録』昭和六十二年、犬山市立図書館蔵）。

永禄八年（一五六五）犬山城を攻略され、逃れて甲州の武田信玄の食客となる（横山住雄『織田信長の系譜』平成五年）。

永禄八年（一五六五）六月末頃から七月の初旬に落城（梅田薫『信長犬山美濃を平定』平成八年）。織田信清の退去により、犬山織田家は消滅したが、その血脈は、尾張藩士などとして存続した（『士林泝洄』）。その後、丹羽長秀が犬山城代となり、その後は永禄十年（一五六七）栢植長定（大炊助）（信清の弟）が犬山城主となった（一説に永禄七年犬山城主となり元亀元年まで在城）。元亀元年より天正九年まで池田信輝が在城、天正九年には、織田信房（勝長、信長の五男）が犬山城主となった。

その後は、織田家の武将や秀吉の一族、武将さらには家康の武将が在城し、やがて成瀬氏が犬山城主となり、幕末まで世襲した。信清の犬山退去により、信長は尾張統一に成功し、美濃攻略へと向かうのである。信清も一時は尾張北部（楽田、小口、犬山、奥田）を支配し、信長に対抗したが、抗しきれなかった。もし、もう少し粘っていたら、その後の状況は変わったに違いない。

織田広近（於久地家）—寛近　織田信康—信清（犬山家）　丹羽長秀　栢植長定　池田信輝　織田勝房（勝長）　中川定成　池田信輝

織田信貞——織田信康——大炊介（栢植長定）

織田信貞（信定）——信秀（弾正忠家）——信長——御坊丸（織田勝長）（『新編犬山城史』）

＊詳細は考証系図参照。

推定織田氏系図 (1)

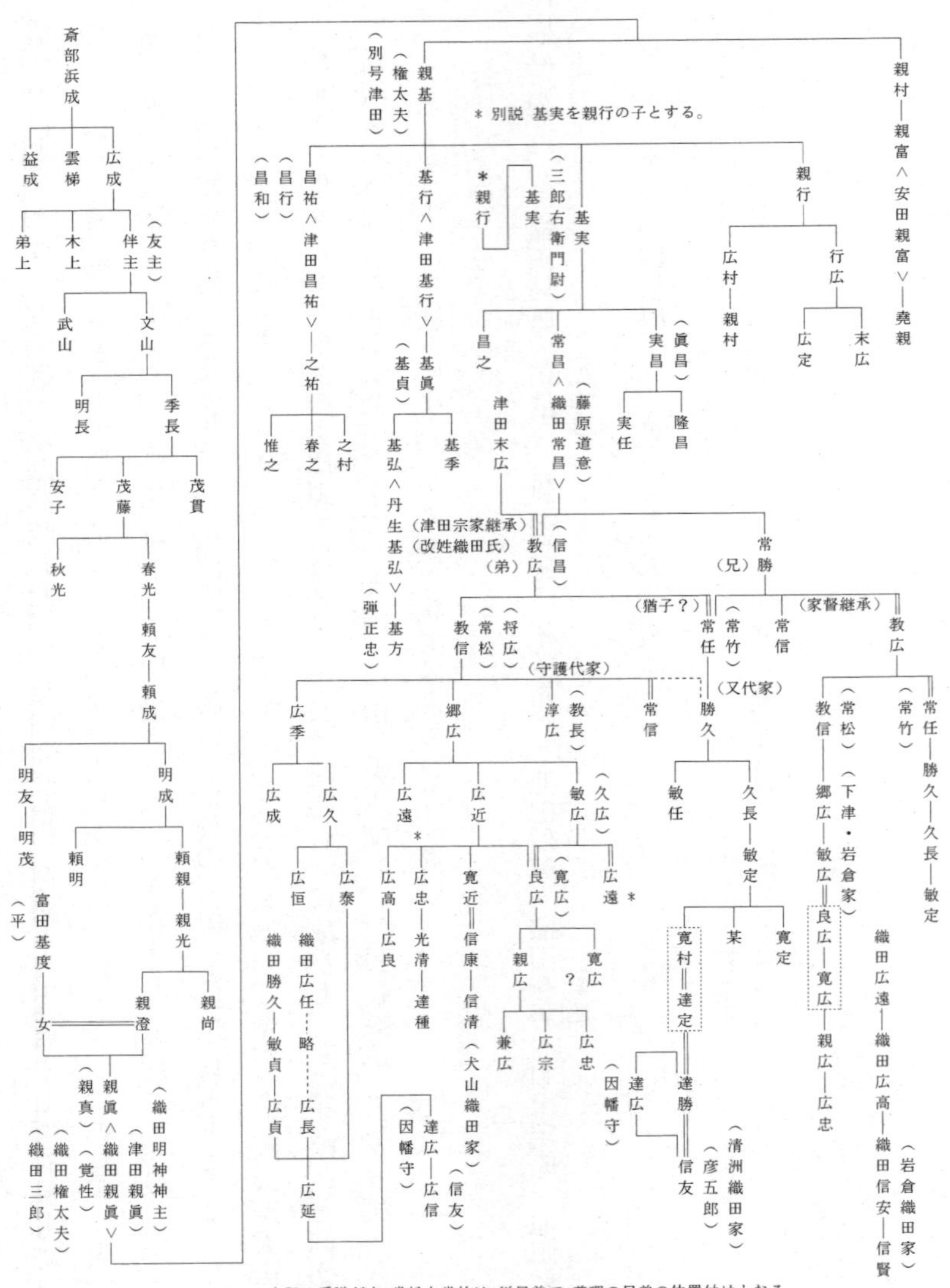

上記の系譜だと 常松と常竹は 従兄弟で 義理の兄弟の位置付けとなる。
『古代氏族系譜集成・中巻』(宝賀寿男.編著、古代氏族研究会)(P.903～913)及び『旅とルーツ』を ベースに作成。

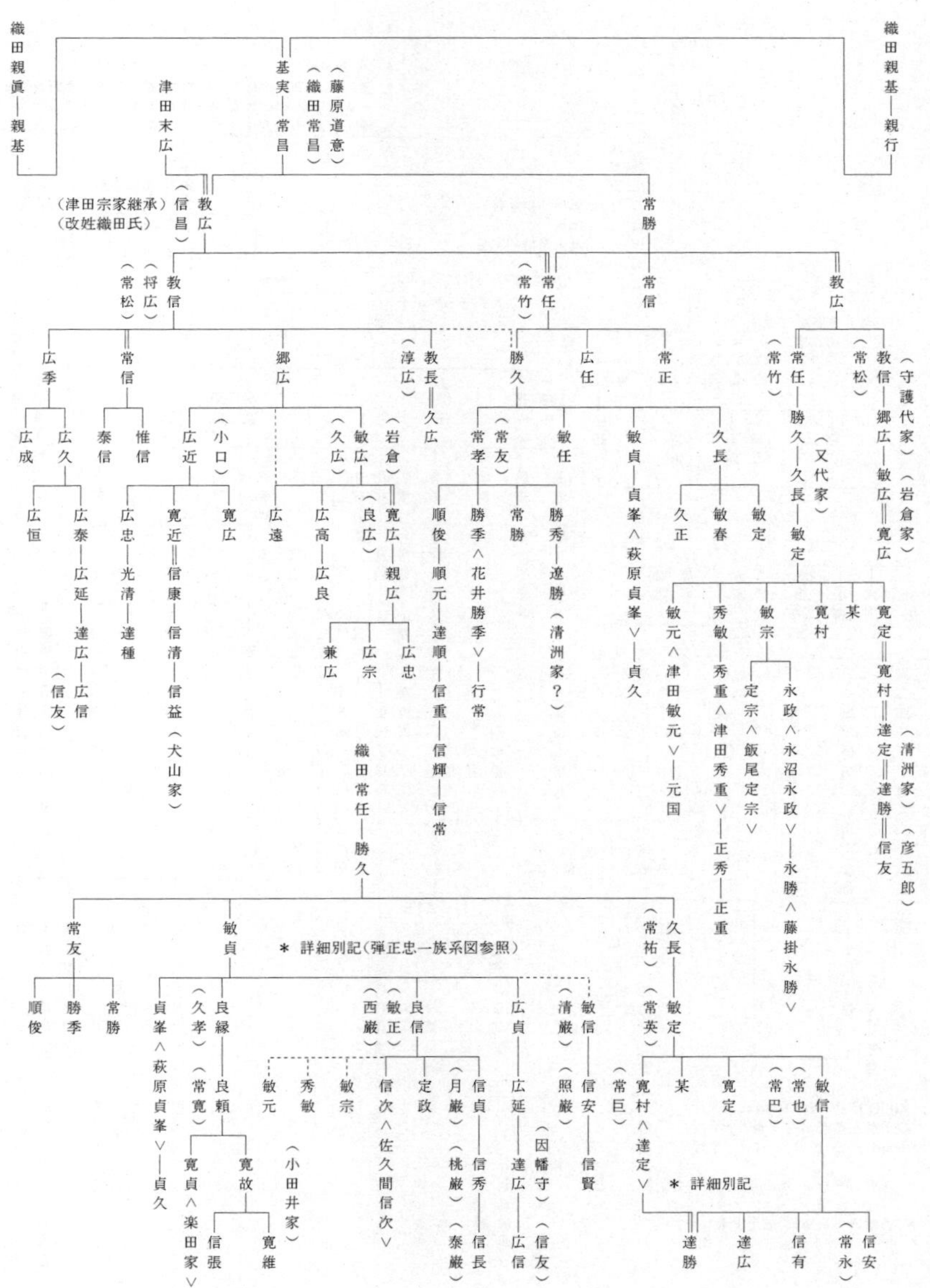
織田親眞—親基
基実—常昌
（藤原道意）
（織田常昌）
織田親基—親行
津田末広
教広
（信昌）
（津田宗家継承）
（改姓織田氏）
常勝
教信
（将広）
（常松）
常任
（常竹）
常信
教広
広季
常信
郷広
教長‖久広
（淳広）
勝久
広任
常正
常任—勝久—久長—敏定
（常竹）
（又代家）
教信—郷広—敏広‖寛広
（常松）
（守護代家）（岩倉家）
広成
広久
泰信
惟信
広近
（小口）
（久広）
敏広
（岩倉）
常孝
（常友）
敏任
敏貞—貞峯＜萩原貞峯＞—貞久
久長
広恒
広泰—広延—達広—広信
（信友）
広忠—光清—達種
寛近‖信康—信清—信益（犬山家）
寛広
広遠
広高—広良
寛広—親広
（良広）
兼広
広宗
広忠
順俊—順元—達順—信重—信輝—信常
勝季＜花井勝季＞—行常
常勝
勝秀—達勝（清洲家？）
久正
敏春
敏定
敏元＜津田敏元＞—元国
秀敏—秀重＜津田秀重＞—正秀—正重
敏宗
定宗＜飯尾定宗＞
永政＜永沼永政＞—永勝＜藤掛永勝＞
寛村
某
寛定‖寛村‖達定‖達勝‖信友
（清洲家）（彦五郎）
織田常任—勝久
常友
順俊
勝季
常勝
敏貞
＊ 詳細別記（弾正忠一族系図参照）
久長
（常祐）
貞峯＜萩原貞峯＞—貞久
良縁
（久孝）
良頼
（常寛）
寛貞＜楽田家＞
寛故
信張
寛維
（小田井家）
良信
（敏正）
（西巌）
敏元
秀敏
敏宗
信次＜佐久間信次＞
定政
信貞—信秀—信長
（月巌）
（桃巌）
（泰巌）
広貞
広延—達広—広信
（因幡守）
（信友）
敏信
（清巌）
信安—信賢
（照巌）
敏定
（常英）
（常巨）
寛村＜達定＞
某
寛定
（常巴）
敏信
（常也）
＊ 詳細別記
達勝
達広
信有
信安
（常永）

推定織田氏系図 (2)

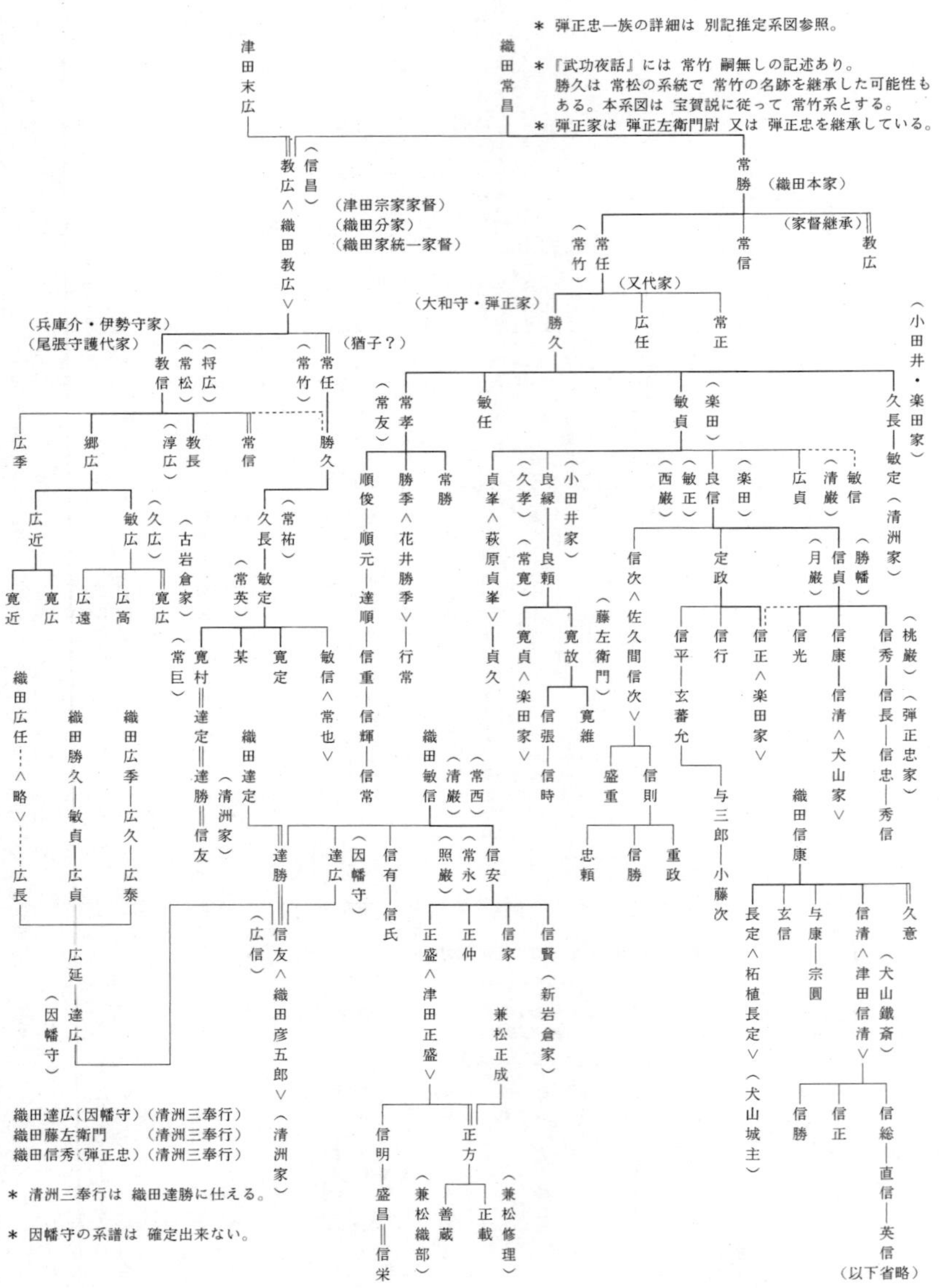
＊ 弾正忠一族の詳細は 別記推定系図参照。
＊『武功夜話』には 常竹 嗣無しの記述あり。
勝久は 常松の系統で 常竹の名跡を継承した可能性もある。本系図は 宝賀説に従って 常竹系とする。
＊ 弾正家は 弾正左衛門尉 又は 弾正忠を継承している。
織田達広（因幡守）（清洲三奉行）
織田藤左衛門 （清洲三奉行）
織田信秀（弾正忠）（清洲三奉行）
＊ 清洲三奉行は 織田達勝に仕える。
＊ 因幡守の系譜は 確定出来ない。
（以下省略）

近代織田家略系図

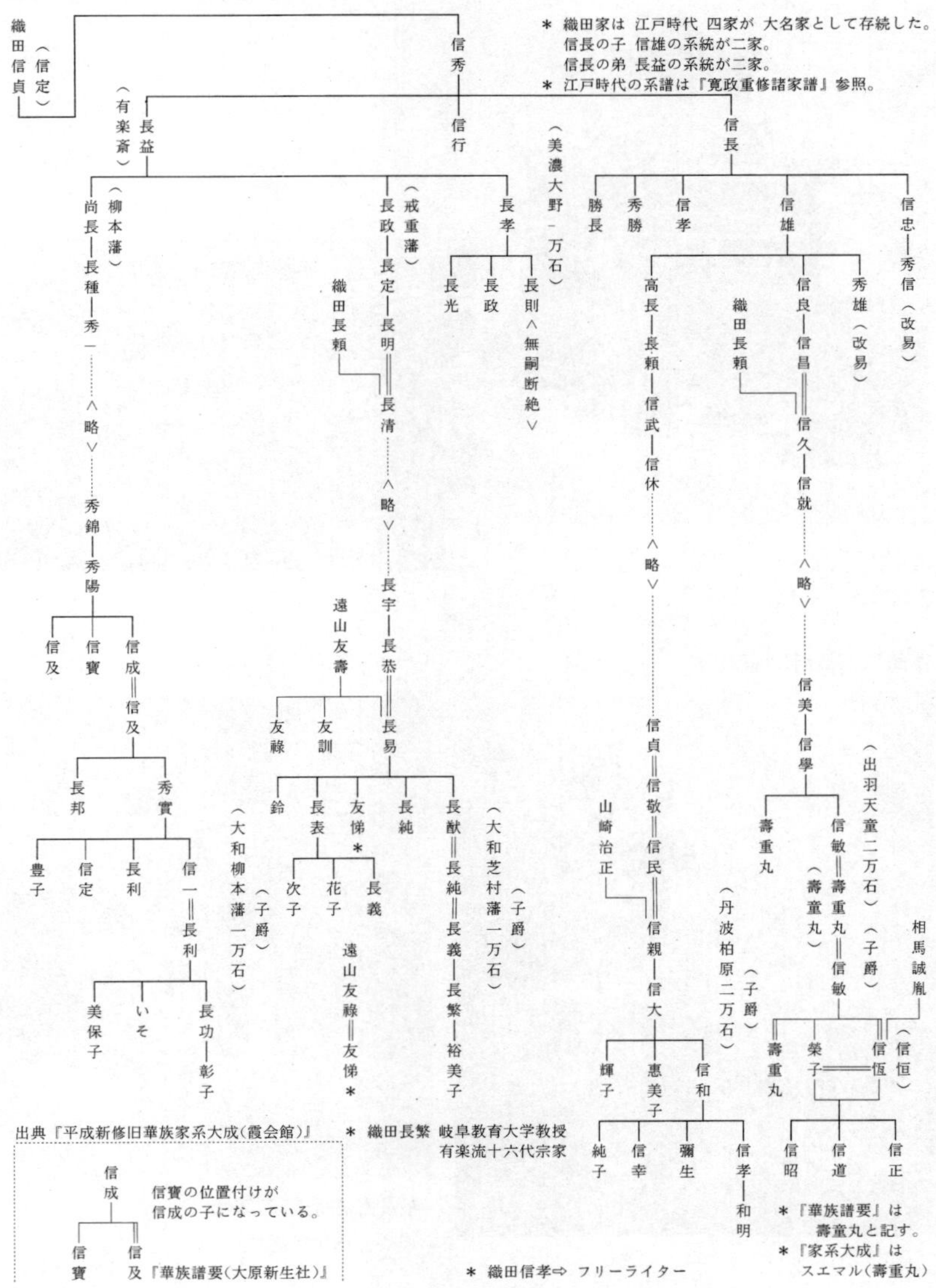

＊ 織田家は 江戸時代 四家が 大名家として存続した。
信長の子 信雄の系統が二家。
信長の弟 長益の系統が二家。
＊ 江戸時代の系譜は『寛政重修諸家譜』参照。
織田信貞（信定）
信秀
信行
長益（有楽斎）
信長
（美濃大野一万石）
尚長（柳本藩）
長政（戒重藩）
長孝
勝長
秀勝
信孝
信雄
信忠
長種
秀一
略
秀錦
秀陽
信及
信寶
信成
信及
長邦
秀實
豊子
信定
長利
信一
長利
美保子
いそ
長功
彰子
長定
長明
織田長頼
長清
略
長宇
長恭
遠山友壽
友祿
友訓
長易
鈴
長表
友悌＊
長純
長猷
次子
花子
長義
遠山友祿
友悌＊
（大和柳本藩一万石）（子爵）
長純
長義
長繁
裕美子
（大和芝村藩一万石）（子爵）
長光
長政
長則〈無嗣断絶〉
高長
長頼
信武
信休
略
信貞
信敬
信民
山崎治正
信親
信大
輝子
惠美子
信和
純子
信幸
彌生
信孝
和明
（丹波柏原二万石）（子爵）
織田長頼
信良
信昌
信久
信就
略
信美
信學
壽重丸
信敏
壽重丸（壽童丸）
信敏
壽重丸
榮子
信恒
信昭
信道
信正
秀雄（改易）
秀信（改易）
（出羽天童二万石）（子爵）
相馬誠胤
（信恒）
出典『平成新修旧華族家系大成（霞会館）』
信成
信寶
信及
信寶の位置付けが
信成の子になっている。
『華族諸要（大原新生社）』
＊ 織田長繁 岐阜教育大学教授
有楽流十六代宗家
＊ 織田信孝⇨ フリーライター
＊『華族諸要』は
壽童丸と記す。
＊『家系大成』は
スエマル（壽重丸）

復元清洲城

信長像（清洲公園内）

清洲古城址前の筆者
（撮影　浅田昌宏氏）

木ノ下城跡

現犬山市立図書館に隣接。織田広近の築城といわれる。

岩倉城跡（岩倉市）

犬山城
鵜沼側より眺める

織田家興亡史まとめ

織田家は、信長による美濃併合をきっかけに、天下統一へと走りだした。やがて織田家は東海、甲信、近畿、北陸を制覇し、京を押さえて、天下人の地位を固めつつあった。

信長は、滝川一益と、盟友の徳川家康を対関東の押さえとし、柴田勝家らを対越後の押さえとし、中国と四国を併合するための軍事行動を起こした。その途中、明智光秀の謀反により、信長は自害し、織田家は天下人の地位を明智光秀に奪われた（その後、秀吉を中心にした織田軍に山崎の合戦で敗れ、光秀の天下は十一日あまりで崩壊した）。

光秀から天下を奪回した織田家であったが、一族に天下を継承するだけの力量を持ったものがなく、信長の嫡孫三法師（織田秀信）の擁立に成功した秀吉により、織田家重臣間のバランスは崩れ、柴田勝家の敗死により、秀吉の天下人としての地位は事実上、確定した。織田家は信長と嫡男信忠を同時に失ったこと、信雄と信孝が、置かれた状況を充分に認識せず争ったことが秀吉に付け入る隙を与えることとなった。信孝は自害に追い込まれ、信雄は天下人となった秀吉の逆鱗に触れ一時失脚した。その後、御伽衆として復権したが、かつての大大名の地位にはほど遠いものであった。

織田家の有力家臣で生き残った者は、大名として独立し、信雄を擁立すべき勢力は消滅していた。その後、秀吉の死によって豊臣の天下が瓦解し、関ヶ原の合戦が起こった時には、織田家には天下奪取の力は残っていなかった。その後、天下を握ったのは徳川家康であり、織田一族ではなかった。信長の嫡孫秀信は関ヶ原の合戦で西軍に属し、東軍に岐阜城を攻められ、降伏して高野山に上った。

織田一族は信雄と信長の弟有楽斎（長益）が小大名として存続、それぞれの子孫が二家づつ、都合四家大名として存続した。それ以外にも旗本家として数家存続した。

斯波家の守護代として尾張に入部した織田一族は、各地に拠点を築き、守護代、又代、代官、奉行として同地を支配した。戦国時代に入り、一族で争い、その中から弾正忠織田家が頭角を表し、信貞（信定）、信秀によって、勝幡・津島を中心に拠点を築き、信長による尾張統一のための基礎を固めた。

しかし、その系譜は謎だらけで、未だ確定した系譜は発表されていない。今回作成した系図もあくまで推定系図である。

織田家の系譜の概略を記すと、尾張織田家は織田常松と織田常竹に始まり、尾張守護代家、又代家として尾張を支配した。両織田家は、猶子関係などで複雑な系譜を形成し、戦国時代へ突入する。織田敏広と敏定の時代、両家は対立し、又代系の敏定の台頭で、尾張守護代家は岩倉守護代家（伊勢守家）と清洲守護代家（大和守家）に分裂した。

古岩倉家は教信、郷広、敏広、寛広と続き、やがて没落する。

清洲家は小田井・楽田家より起こり、常任、勝久、久長、敏定、寛村と続き、一時壊滅の危機に瀕するが、寛村、達定（寛村同人か？）、達勝（その系譜は諸説あり）、彦五郎（信友、達勝の甥）と続き、信長と信光に滅ぼされた。

岩倉家は、古岩倉家没落後、小田井・楽田家（織田敏貞一族）系統と思われる織田敏信（清巌）、信安（照巌）、信賢と続き、信長と信清（犬山家）により放逐された。

犬山家は、古岩倉家の分家の於久地（おぐち）（小口）家が木之下（木ノ下）に支城を築いたことに始まり、広近、寛近の後弾正忠家の信康、信清へと続き、この間木ノ下より三光寺山へ移った。信清の時、信長により放逐された。

楽田家は、寛貞の時、信清により永禄年間楽田城を奪われた。寛貞は小田井家の出身で、楽田家の初代は小田井家の出身と思われる久長で、その後は弟の敏貞、その子良信（西巌）、その孫と思われる信正、その後に小田井家の寛貞が継承したと思われる。小田井家は良縁が継承し、良頼、寛故（藤左衛門）、寛維（藤左衛門）と続いた。

弾正忠家は、楽田家出身と思われる良信（西巌）に始まり、信貞（月巌）が清洲家の重臣として勝幡に進出し、その子信秀の時に大いに飛躍し、守護代家（大和守家）に代わって、一族や国人を指揮して近隣の大名と戦った。その子が織田一族一番の奇才（鬼才？）織田信長である。信長の家系は『信長公記』において西巌まで紹介している。弾正忠家の嫡流は、信長の孫の秀信で断絶した。織田家は信長の時代超新星のように輝き、その死により事実上消滅し、燃えカスのように燻りながら、豊臣時代、徳川の時代を生きながらえた。

信長による尾張統一、美濃併合で天下取りの足掛かりを掴んだ信長一族は、系図を改竄して、平家落胤系図を作り上げた。しかし、その実は斎部（忌部）氏あるいは藤原氏である。しかし、この系図改竄により、本来の系譜は失われ、織田系図は謎の系図となったのである。

本章では先達の研究をベースに推定系図の作成に挑戦し、信長の家系を中心に織田家の興亡を追跡した。その結果は先に記した通りである。

以上で第一章「謎の織田系譜——織田家興亡史」の筆を置くが、第二章「謎の豊臣一族——豊臣家興亡史」に入る前に、付論として「美濃攻略と川並衆」というテーマで信長の美濃攻略にまつわる謎の歴史に言及しておきたい。坪内氏や蜂須賀氏、生駒氏などの系図を紹介し、一夜城の謎についても触れることにする。

美濃攻略は、信長にとっても、秀吉にとっても、飛躍のきっかけとなった戦いであり、避けては通れない。とくに秀吉の出世には大いに関係があり、美濃攻略は大いなる節目なのである。その結果、伝説が生まれ、あたかも史実であったかの如く展開していくのである。

付論　謎の美濃攻略史——美濃攻略と川並衆

通説への疑問

織田信長の尾張統一から美濃攻略・併合までのプロセスには、いくつかの謎がある。

小牧山城築城、一夜城伝説、稲葉山城攻略、美濃併合。在野の研究者からはいくつかの説が唱えられているが、渡辺世祐博士の「墨俣一夜城築城＝永禄九年、稲葉山城攻略＝永禄十年説」による路線によって退けられている。

私の研究対象（系譜研究）とは異質のものだが、「織豊興亡史」を本書のタイトルとしている以上、避けて通れないので、従来発表されている書籍、雑誌の論文および個人的に提供あるいは教授頂いた資料などもあわせて紹介、私の論考も若干加えて述べていくこととする。

永禄四年（一五六一）五月十一日、美濃の斎藤義竜が急死した。信長軍は五月十三日、墨俣下流の森部で長良川を渡河し、美濃へ侵入するが、美濃勢の長井隼人、日根野備中らに敗れ、尾張へ退散する。

次いで翌永禄五年（一五六二）五月、墨股を渡河して、墨股を木下秀吉に守らせ、軽海十九条砦には犬山の織田信益を置き、自身は大垣方面へ侵入した。しかし、長井隼人、日根野備中らの美濃勢が軽海十九条砦を攻め、織田信益は戦死、織田軍は尾張へ退去した。永禄五年の墨股渡河の前に、信長は木下秀吉に命じて、墨股に構築させた（元岐阜城天守閣館長郷浩）。

翌永禄六年（一五六三）四月十八日、信長軍は一万騎にて木曾川を渡河して、各務野（かがみの）の台上から稲葉山目指して進軍し、芋島、平島、蔵前付近（新加納地区）で合戦となる。

この時、竹中半兵衛の「十面埋伏の陣」という虚法により、織田軍は苦境に陥る。この時、殿軍の木下秀吉は雇い入れた農民を瑞竜寺山に配し、織田勢危機の時、松明を掲げさせ、稲葉山に向かって移動させ、空の稲葉山城が攻められているかの如く見せかける奇法で、斎藤勢を撤退させ、信長の窮地を救った。新加納の合戦に敗れた信長は、四月下旬、本城を清洲から小牧山に移すことを決し、九月には信長も小牧山へ移る。

この頃、墨股にいた秀吉は美濃三人衆に対して内応の工作を行い、成功しつつあった（郷浩）。

永禄七年（一五六四）二月六日、竹中半兵衛が安藤伊賀守と協力し、一時稲葉山城を乗っ取る。信長は竹中に城譲り渡しを求めるが、断られる（竹中はこの後、城を龍興に返し、田舎に引き籠もる）。七月末、郡上八幡城の騒動で、長井隼人、稲葉山を出て郡上へ向かう。このチャンスに信長は一万二千騎を小牧山へ招集、八月一日、稲葉山を攻撃、八月十五日、日根野備中ら降伏する。この時、木下秀吉、蜂須賀小六ら数名と裏山より堀尾茂助の案内で城に潜入し、天守閣を占領したと云われる。この時の逸話が千成瓢箪の伝説の端緒となるのである。八月末、城に残っていた敗残兵が再度反抗したため、信長は包囲して食料の尽きるのを待った。

敗残兵は、九月には退散したが、信長も美濃を平定したわけではなく、美濃勢は抵抗を繰り返した。斎藤龍興は八月十五日、長井隼人の関城へ移る。永禄八年（一五六五）八月、加治田城の佐藤忠能、堂洞城の岸信周、猿啄城の多治見修理が長井隼人に同調して信長に反旗をひるがえす。佐藤は信長に再度内応するが、岸は抵抗した。八月二十八日、信長軍は猿啄城を総攻撃する。

九月一日には関城を総攻撃し、長井隼人と斎藤龍興は、近江の浅井長政の元へ落ちていった。後にそこも退去し朝倉氏を頼った。ここで注目すべきは、墨股築城が永禄五年である事。永禄六年、小牧山移城。永禄七年八月、稲葉山攻略。永禄八年、斎藤家美濃退去ということである（この部分は郷浩氏の論考を参考にした。出典、臨時増刊『歴史と旅・織田信長総覧』秋田書店）。

美濃攻略・併合は、渡辺世祐の説により、永禄十年（一五六七）説が通説化している。これにより墨股一夜城築城は永禄九年とする説が定説化しつつある。

信長は小牧山に拠点を移し、犬山を攻略して美濃攻略の足掛かりとした。しかし、在野の研究家からは、その年次について疑問も呈されている。

愛知県丹羽郡扶桑町の文化財保護委員で地名研究家の勝村公氏は、『郷土文化』第五〇巻第二号（通巻第一七四号、名古屋郷土文化会）で、小牧山城築城は『道家祖看記』と『信長公記』の巻首編年記述の誤記および疑問から、永禄二年六月下旬の小口城攻撃の翌年永禄三年としている。また、その目的は美濃攻略のためではなく、小口・犬山城攻略を目的としている、と記しておられる（詳細は『郷土文化』参照）。また、勝村氏は同書において小牧山城は陣城であって、本城ではないとも記しておられる。理由は永禄五年一月十五日の松平元康（徳川家康）との会見、永禄七年九月二十八日の正親町天皇の勅使立入宗継との会見が清洲城で行われている事、および永禄六年春と八月の美濃進攻の帰還先が清洲城であったこと（『総見記』）などによる。

また、小牧から木曾川を渡って、美濃に進攻することと、清洲から木曾川を渡って、美濃に進攻することには、大差ないというのも、小牧本城説を否定した勝村氏の見解である。

勝村氏より提供された資料により、尾北および美濃攻略の編年を記すと、次のようになる。

第一次浮野合戦	永禄元年五月二十八日
第二次浮野合戦	永禄元年七月十二日
上洛将軍に謁見	永禄二年二月二日
岩倉城落城	永禄二年初春
小口城攻撃	永禄二年
小牧山城造築	永禄三年正月末着工、春中に移
森部合戦	永禄三年五月十三日
桶狭間合戦	永禄三年五月十九日
美濃侵入	永禄三年六月二日
美濃再侵入	永禄三年八月二十三日
十四条合戦	永禄四年五月上旬

永禄三年五月十三日、森部合戦

加治田城帰服	永禄四年
美濃侵入	永禄四年六月十八日
軽海交戦	永禄五年五月三日
犬山城内通	永禄五年
鵜沼城帰服	永禄五年
井之口城攻略失敗	永禄六年春
伏屋城砦構築	永禄六年二月
猿啄城攻略	永禄六年三月上旬
堂洞城攻撃	永禄六年九月二十八日
新加納進出	永禄七年四月上旬
井之口城攻略	永禄七年八月
犬山・猿啄落城	永禄七年八月
堂洞城落城	永禄八年八月二十八日
関城落城	永禄八年九月
龍興退散	永禄九年八月十五日
河野島合戦	永禄九年八月二十八日
信長岐阜城入城	永禄十年九月

勝村公『校訂美濃勢諸城攻略の編年』

永禄五年五月軽海合戦（この前に墨股に砦構築）

永禄六年四月十八日、新加納合戦九月小牧山に移る

永禄七年八月一日、稲葉山城攻撃、
　八月十五日、美濃勢降伏
永禄八年八月二十八日、信長軍猿啄(さるばみ)城総攻撃
永禄八年九月一日、関城総攻撃、斎藤龍興近江へ逃る

臨時増刊『歴史と旅』（郷浩）

上段が勝村氏による美濃攻略史、下段が郷氏による美濃攻略史である。郷氏は墨股城築城は永禄五年、稲葉山城攻略は、永禄七年、斎藤龍興の美濃退去は永禄八年としている。

一方、勝村氏は永禄六年、春井之口城（稲葉山城）攻略失敗、永禄六年二月、伏屋(ふせや)城砦構築（墨股の砦はすでに存在しており、墨股一夜城は幻）、永禄七年、井之口城攻略（郷氏の説とも通じる）、永禄八

年九月、関城落城、永禄九年八月十五日、龍興美濃退散としている。郷氏も勝村氏も永禄十年八月稲葉山攻略説とは異なる立場に立っておられる。

ここでもう一人在野の研究家の尾北、美濃攻略史を紹介しておくことにする。

この研究家の著書によれば、次のようになる（上段）。

小牧城着工	永禄六年二月
小口城攻撃	永禄六年六月下旬
小牧山城完成	永禄六年七月
稲葉山城乗取り	永禄七年（竹中半兵衛）
犬山城落城	永禄八年七月頃
伊木山布陣	永禄八年八月頃

信長　犬山美濃を平定

永禄二年三月　岩倉城攻撃、攻略

永禄三年五月十三日　西美濃へ侵入、翌十四日、御敵長井甲斐守ら洲俣より森辺口へ出陣、長井ら討ち取る

永禄四年五月上旬　美濃へ乱入、在々所々放火候て、其後洲俣御要害丈夫に仰付けられ、御居陣候の処

永禄四年五月二十三日　十四条合戦、翌二十四日、洲俣へ御帰城

永禄五年六月下旬　小口城攻撃

永禄六年七月　小牧山に移陣

永禄七年　丹羽五郎左衛門（長秀）犬山城包囲

永禄七年　伊木山布陣

永禄七年八月　信長、猿啄（さるばみ）城攻略

永禄七年八月二十八日　堂洞城包囲

永禄七年九月二十九日　美濃退去（長井、斎藤勢反撃）

永禄八年四月上旬　織田軍、美濃加賀見野に侵入、新加納で対峙

年号未記入のため文脈、段脈から年次を推察すると前後一年の誤差を生じる。また『信長公記』には一部に年次の誤りがあり注意

鵜沼城落城　永禄八年八月（秀吉、大沢氏を謀略）
猿啄城落城　永禄八年八月
堂洞城包囲　永禄八年九月二十八日
堂洞城占拠　永禄八年九月二十八日夕方
信長、美濃退去　永禄八年九月二十九日（斎藤勢反撃）
岐阜に布陣　永禄八年九月
大沢氏清洲伺候　永禄十年一月五日（秀吉同道）

を要する。
例　天文廿一年壬子五月十七日、今川義元沓懸へ参陣。（誤り）
永禄三年庚申　今川義元池鯉鮒(ちりゅう)（知立）在陣。（正解）
永禄八年八月朔日　美濃三人衆の人質受取り前に瑞竜寺山占拠
永禄九年八月十五日　斎藤龍興船で美濃退去、川内長島へ向かう
永禄九年八月二十八日　木曾川を渡り、河中島に在陣
永禄九年閏八月八日　織田軍尾張へ退去。
永禄九年九月五日　北方より墨股へ入る。
永禄十年、信長稲葉山城へ入城、井之口を岐阜と改める

これらの説は、通史とは一致しない点もあるが、尾北および美濃攻略史の謎を追う上では参考になるので、紹介した。

通史（現在の定説）によれば、おおよそ次のようになる。

永禄二年三月　岩倉城主織田信安を追放（織田信賢とする説もある）。
永禄三年六月二日　美濃に侵入（『総見記』）。八月二十三日、再度美濃侵入。
永禄四年五月十四日　美濃森辺の合戦で斎藤龍興軍を撃破。
永禄五年五月三日　美濃軽海の合戦で斎藤龍興と戦う（『美濃明細記』）。十月二十八日、正親町天皇密勅を下す（『道家祖看記』）。

永禄六年春　稲葉山城攻略に失敗（敗戦退去）。

永禄七年　木下藤吉郎、美濃松倉城主坪内利定と謀り、川並の土豪を懐柔する（坪内系譜）。

永禄七年九月九日　美濃・北伊勢攻略と犬山城陥落を上杉輝虎に報ずる（『歴代古案』）。

永禄八年九月三日　坪内利定に分国内での狩猟を許可する（坪内文書）。九月、犬山寂光院に寺領を安堵する。

永禄八年十一月二日　木下藤吉郎、坪内利定に信長の知行宛行状の副状を発給する（秀吉初見文書、坪内文書）。

永禄九年八月二十九日　濃尾境に出陣、閏八月八日、斎藤龍興軍に敗れる（中島文書）。九月二十四日、木下藤吉郎に命じて墨俣に築城、斎藤勢を撃破。

永禄十年八月十五日、美濃三人衆の内応により稲葉山城攻略、斎藤龍興、伊勢長島に退去。

永禄十年　**織田信長、美濃を併合。**

（永禄十年稲葉山城攻略・美濃併合説による）

美濃併合が永禄十年（一五六七）であることは、永禄七年陥落説でも永禄十年説陥落説でも動かしがたい事実である。

永禄七年に稲葉山城を陥落させたとして、斎藤龍興が美濃を退去したわけではないし、斎藤家の家臣もすべてが信長に内応したわけではなく、反信長派の強硬派も存在したわけで、すんなり併合できたわけではない。西美濃の美濃三人衆の内応と中美濃の川並衆といわれた土豪衆（尾張の川並衆も含む）の協力があって併合に成功したのである。

その蔭には、川並衆とも関係のあった木下藤吉郎の存在が大きい。『太閤記』などはフィクションを混じえて誇張し過ぎているが、その部分を差し引いても、かなりのウエイトを占めている。柴田勝家や佐久間盛政などには真似できないことである。特に美濃松倉の坪内一族、尾張の蜂須賀党、信長の愛妾(『武功夜話』によれば吉乃)の実家生駒一族などの持つネットワークは、当時、下士官程度の地位でしかなかった藤吉郎を織田家中において上昇させるバックボーンとなった。

秀吉がいつ、どういう功績で出世したかがわかれば、美濃攻略の謎も、ある程度、解明されるのではないだろうか? 永禄十年美濃攻略説のキーポイントになるのは、墨俣一夜城築城伝説である。墨俣城(砦)がいつ構築され、秀吉や川並衆がどう関わったかがポイントになる。墨俣一夜城=永禄九年構築説は、明治四十年に渡辺世祐によって史実とされてしまったことは、静岡大学の小和田哲男教授などによって指摘されている。

墨俣築城が織田家の美濃攻略の重要戦略の一環であったなら、なぜ『信長公記』は、墨俣築城について触れていないのであろうか?

考えられることは、墨俣の一夜城築城がなかったか、築城が事実であっても、橋頭堡構築という意味合いがなかったからではないだろうか?

永禄九年の墨俣一夜城築城が幻なら、永禄十年の稲葉山城陥落も疑わしくなるし、藤吉郎が何によって出世したかという疑問も生じる。

もし稲葉山城陥落が永禄七年なら、橋頭堡は永禄六年から永禄七年前半に構築されたことになるし、反信長派の斎藤家家臣団壊滅のために諜報・謀略活動を行い、信長の美濃平定（攻略ではなく併合のための平定戦略）を側面から支えた功績が評価され、足軽組頭から武将の地位に昇格した可能性が強い。

藤吉郎が永禄八年に副状を発給する地位にあったということは、その段階では足軽組頭程度の地位ではなかったことを示唆している。大沢氏調略は、信長より任せられて、坪内一族や蜂須賀党などの協力で行っているので、ある程度の地位に昇格していたことが想定される。となると、それ以前に何か手柄を立てていたことになる。となると、稲葉山城攻略以前に新加納地区か濃尾国境近くに橋頭堡を構築し、美濃攻略の足掛かりを作ったとしか考えられない。

岐阜県羽島郡岐南町の歴史民俗資料館・図書館に勤務されている社会教育指導員の小島誠治氏より提供いただいた『岐南町史・通史編』によれば、この地には、かつて伏屋（ふせや）城が存在し、築城時期は不明だが、伏屋城は織田信長が生前に木下藤吉郎に命じて構築したとある。この伏屋城は天正九年（一五八一）には伏屋市兵衛が守り、二月に岐阜城主織田信忠より所領安堵状を受領している。伏屋市兵衛は天正十年八月には織田信雄に属していたが、天正十二年六月には羽柴秀吉に味方し、六月十二日には伏屋城（砦）の留守居を命じられている。

この伏屋城は、一宮市北方（きたかた）より稲葉山（金華山）を結ぶ線上に位置し、当時の木曾川の流れからすると橋頭堡を構築するには絶好の場所である。清洲からでも小牧からでも稲葉山進軍のポイントであり、墨俣経由稲葉山攻めのルートより遥かに現実味がある。墨俣に意味があるとすれば、上洛するためのポイント（北伊勢および西濃を押さえるため）という事であろうか。

また、小島氏より頂戴したコピーの『岐南町歴史民俗資料館資料集Ⅶ 境川の昔と今』によれば、天正十四年以前の境川（木曾川）は、前渡より西北に流れ、現在の境川と合流し、加納の近くを通り、墨俣の下流で長良川に合流したと『木曾川流路図（木曾八流）』で紹介している。これは現在の岐南町が尾張の領国であったことを意味している。従って、伏屋の地は、橋頭堡を構築するには好都合であった。後ろは尾張領であるので、前面の境川筋を防衛し、攻める時には河一本渡河すればよいのだから、二回も渡河する墨俣よりは、織田方にとっては、稲葉山攻略という点だけで云えば、はるかにメリットがある。

では秀吉に協力して、この伏屋城を築城したのは何人であろうか？　小島氏から頂戴したコピーの『尾濃葉栗見聞集』と『美濃明細記』によれば、約千二百人余りの土豪（篠木、栢井、科野、秦川、小幡、守山、根上および川筋衆）と、その配下約五千人総計六千余人で、その代表的な人物として、稲田大炊介、青山新七、青山小助、蜂須賀小六、蜂須賀又十郎、河口久介、長江半之亟（長江半之丞）、加治田隼人、日比野六太夫（日比野六吉）、松原内匠介らを記す。「六千人は二分し、七月より九月に材木を集め、舟桴に乗て、北方より川際に到て積て砦を構えんと欲す。井ノ口より八千の兵を出す。秀吉稲田、加治田らと相議して砦を出て敵陣を窺う。この時、敵の首十三を得る」と記されている。これらの人物は『永禄洲俣記』や『太閤記』などで墨俣一夜城構築に関わった人物と同じである。

これは何を意味するのか？　墨俣一夜城が『太閤記』などによるフィクションであったなら、伏屋城（砦）こそ、そのモデルではなかったのではないだろうか？　これについては後述する。

さて、先に記したように墨俣一夜城が永禄九年築城とするのは、明治四十年の渡辺世祐『安土桃山時

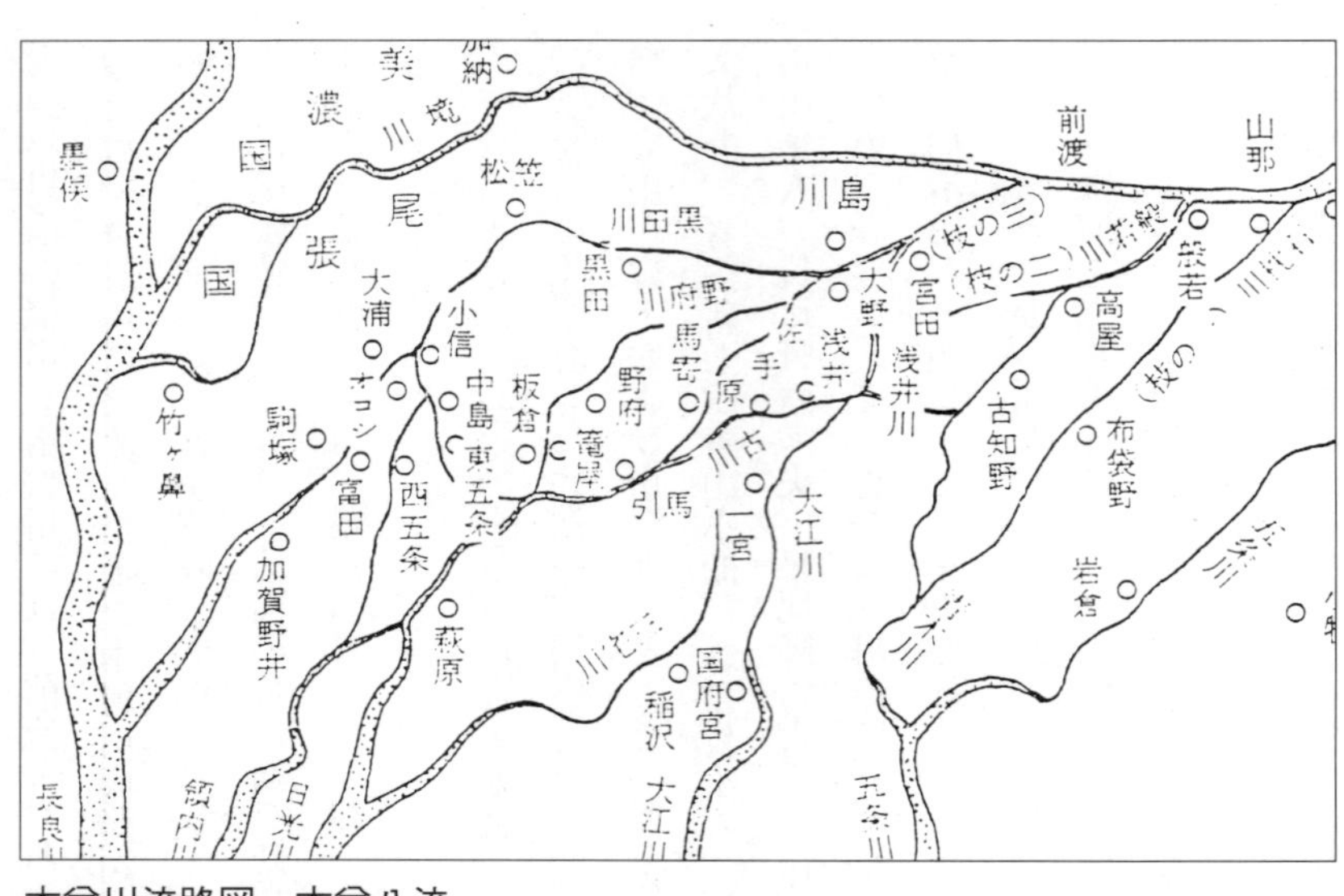

木曾川流路図　木曾八流

代史』によるとなると、『永禄洲俣記』については疑問を持たざるを得ない。『太閤記』についてはすでにフィクションを含み信憑性が低いことは周知のことなので深入りはしない。

次に美濃攻略史について、検証一覧にて若干比較検討し、その後、一夜城について、触れることにする。永禄九年の墨俣一夜城が幻なら、永禄十年の稲葉山城陥落は疑わしくなる。となれば、永禄七年＝稲葉山城陥落、龍興美濃退去、永禄十年＝美濃併合説が再浮上する。その結果によって、『永禄洲俣記』に対する疑問が氷解するか、ますます疑いが深まるかも明らかとなろう。

小島誠治氏よりご提供いただいた資料は、当時の濃尾国境を知る事が出来、墨俣一夜城について、疑問を深める事となった。木曾川流路に従えば、墨俣は長良川との合流地点よりやや上流となり、筏で木材を流すのには、やや無理があるのではないだろうか？　また、起（おこし）付近は木曾川の枝川が流れているが、大河という程のものではなく、そこを渡っても、そこは尾張領であ

岐南町歴史民俗資料館資料集Ⅶ

境川のむかしと今

資料　『境川のむかしと今』

り、大袈裟に記述する程の事ではない。また、この図に従えば加納の伏屋も　境川流域であり、ここを織田家が押さえる事は、稲葉山城攻略の上では　重要な意味をもってくる（前記参照）。

伏屋なら、資材の調達が一部を除き、尾張領内で準備出来、斎藤勢と対峙するにしても、前面防衛だけで対応可能となる。逆に墨俣だと、資材の調達は長良川上流でなければ不都合であるが、長良川上流は反信長派の長井氏の拠点、関であり、如何に藤吉郎に異能があっても無理ではないだろうか。境川周辺なら、坪内一族の協力も得られるが、美濃、関方面では無理がある。この点からも　墨俣一夜城築城には疑問を感じる。加納や伏屋の方が可能性が高く、加納と伏屋では位置関係から見て、伏屋の方が可能性が高いと思う。ただし、決定的な証拠がないので推測の域を出るものではない。

小牧城築城と岐阜攻略史

郷土文化(勝村 公)	信長公記(角川文庫)	別冊歴史読本
永禄2年2月 織田信長 上洛、将軍 義輝に謁見。	永禄2年2月 信長上洛、将軍 義輝に謁見。	永禄2年2月 上洛、謁見。
永禄2年 岩倉城攻略。	永禄2年3月 岩倉城攻略(P. 73)。	永禄2年3月 岩倉城攻略。
永禄2年6月 小口(於久口)城攻略。		
永禄3年正月末より小牧城普請(築城)。		
永禄3年春中 小牧へ移る。(出典『道家祖看記』)		
	永禄3年5月 今川義元を破る(P. 73)。	永禄3年5月19日 今川義元を 田楽狭間に奇襲して討つ(桶狭間の合戦)。
永禄3年5月13日 森部合戦。	永禄3年5月13日 西美濃へ御働き。 翌日	永禄3年6月2日 美濃侵入。
永禄3年5月14日 美濃勢 州俣より森辺口へ人数を出し候。 (これ以前に墨俣城[砦]は 存在した。)	5月14日 御敵 州俣より森辺口へ人数を出し候(P. 74)。	8月23日 再度美濃侵入。 永禄4年5月14日 森辺合戦、斎藤軍を撃破。
永禄4年5月上旬 十四条合戦。	永禄4年5月上旬 西美濃へ 乱入。其の後	
永禄4年5月上旬 西美濃へ乱入、其の後 州股(墨俣)御要害丈夫に仰せ付けられ、御居陣候。	(5月23日、24日) 洲俣御要害丈夫に 仰せ付けられ、御居陣候。	
永禄5年1月15日 清洲で松平元康と会見。		永禄5年 正月 松平元康と同盟する。
		永禄5年5月3日 軽海合戦。(斎藤龍興と美濃軽海で)
永禄6年2月 藤吉郎 伏屋城(火車輪城)(一夜城)構築。		
永禄6年春 美濃出兵、清洲帰還。		
永禄6年3月 猿啄城攻略。		
	永禄6年7月 信長 小牧山城へ移る。	この頃 小牧山城に移る。
永禄6年8月23日 美濃出兵、信長其夜は 州俣(墨俣)の城に御泊まり、翌日清洲へ御凱陣。 (出典『総見記』)		
永禄6年9月28日 堂洞城攻略。		
永禄7年8月 稲葉山城攻略。	永禄7年8月 信長 猿啄城攻略。	
永禄7年9月28日 正親町天皇の 勅使、立入宗継を 清洲に迎える(従って小牧城は 本城ではない)。		永禄7年9月28日 正親町天皇 立入宗継を遣わし、御領の回復を命ず。
永禄9年8月29日 河野島の合戦。	永禄9年8月28日 木曽川を渡り川中島に布陣。閏 8月8日 信長軍大敗する。9月5日に秀吉北方より墨俣に入り、築城(P. 80)。	永禄9年8月29日 濃尾境に出陣。閏 8月8日 敗れる。9月24日 秀吉に命じ 墨俣に 築城。
	永禄10年8月 美濃三人衆信長に内応。	永禄10年8月 三人衆内応。
	永禄10年8月15日 川内長嶋へ 龍興退散。信長小牧山城より稲葉山城へ移る。	8月15日 稲葉山城を陥す。小牧山より移る。
(墨俣一夜城は 幻、伏屋城こそ 秀吉の 一夜城)		

竹中半兵衛(池内昭一、新人物往来社)	竹中半兵衛(池内昭一、新人物往来社)	その他
永禄4年 この頃より斎藤家家中に 内部対立が 起こる(日根野備中守と美濃三人衆)。 永禄4年 織田信長 美濃侵入。 永禄5年 信長 松平元康と同盟。 永禄5年 竹中半兵衛 家督相続(19歳)。 永禄6年 信長 清洲より小牧山城に移る。 永禄7年5月 信長軍 犬山城を攻略。 永禄7年2月6日 竹中半兵衛(重虎) 安藤伊賀守と協力して稲葉山城を占領する(斎藤龍興を放逐)。織田信長 半兵衛に 稲葉山城譲渡の交渉をするが断られる。	* 池内氏は『武功夜話』により 秀吉の墨俣築城はないという説を 否定し、その史実は 疑う余地がないと 断定している。 永禄9年閏8月 河野島の 合戦で 織田軍敗退。9月14日 信長墨俣に滞陣、3日後 小牧へ帰陣。 永禄10年8月 信長 稲葉山城を攻略。 * 池内氏は『中島文書』と『武功夜話』により 永禄7年稲葉山城陥落説を否定永禄10年説を肯定している。	永禄4年5月14日 信長 洲俣に城を築かせ在陣。 永禄9年7月5日 某所に秀吉 築城する(墨俣築城とは 記していない)。 明治40年 渡辺世祐氏 墨俣築城永禄9年説を完成。 永禄10年8月15日 稲葉山陥落。(『中公新書. 豊臣秀吉<小和田哲男>)
永禄7年8月 半兵衛 龍興に 稲葉山城を返還する。	斎藤道三と稲葉山城史(村瀬茂七、雄山閣)	
永禄7年8月15日 秀吉の奇策で稲葉山城攻略。 (池内氏は『真書太閤記の説』としてこれを虚説と断定) 永禄8年8月 織田軍 猿啄城攻略。同月 鵜沼の大沢基康秀吉に 降伏を申し出る。秀吉 大沢親子の助命を 信長に 嘆願、坪内一族らの協力で助命に成功する。9月 織田軍 堂洞城攻略。 永禄9年 正月 秀吉 大沢正秀(次郎右衛門)を 同道して清洲へ参候し 信長に 謁する。 永禄9年9月 秀吉 川並衆の協力で 墨俣城築城。	永禄5年 信長 濃州墨俣に足溜の砦築く。 永禄7年2月6日 竹中重治 稲葉山城奪取。 永禄7年8月14日 龍興城を捨て近江に 落行く。(諸舊記) 永禄7年9月 龍興城を捨て近江に落行く。(明細記) 永禄7年 美濃三人衆 信長に一味し、稲葉山の城を攻取る。(岐陽雑記) 永禄10年8月15日 稲葉山開城(兩國通史)。	永禄8年8月15日 龍興、稲葉山城退去(臨時増刊 歴史と旅『織田信長総覧』)。 永禄5年5月 木下秀吉 墨俣築城を命じられる。 永禄7年8月15日 龍興、稲葉山城退去。永禄8年9月1日 関城落城、長井隼人、斎藤龍興美濃を退去。

岐阜城攻略史

『武功夜話・第四巻』

永禄5年　州俣取出(墨俣砦)築く。
永禄7年　上総介(織田信長) 美濃宇留間を取り詰め。(P. 16)
永禄9年　前野一族、蜂須賀小六ら 木下秀吉に協力、州俣の取出跡に再築。(P. 69) (永禄州俣記)
永禄9年4月6日　蜂須賀小六 前野長康へ書状を送る。(P. 18)
永禄9年　9月12日 州俣に砦構築。13日 馬止柵 大部分取り付け。14日明方より 美濃勢 二千余 押し寄せる。9月15日 織田信長 州俣砦(墨俣城)へ 入城。9月19日 信長 帰陣、藤吉郎 城代を拝命。(P. 55)

『斎藤道三と稲葉山城史(村瀬茂七、雄山閣)』

永禄3年　夏、信長 西濃に 侵入(長井甲斐守らに応戦され退却する)。
永禄4年　5月 森部合戦。6月 稲葉山近郊に迫り、民家に放火する。
永禄5年　5月 西濃に侵入、塁を墨股におく。
十九条砦の織田信益救援の為 軽海で戦う(信益は戦死)。(P. 75)
永禄6年　春、新加納、芋島の合戦で 織田軍敗れる。9月に再度 進攻するも 再び敗れる。
永禄7年　8月 猿啄を 陥れ、9月 堂洞に 岸勘解由を討つも退却の時 長井、斎藤の軍に攻められ敗走する。
永禄9年　8月 河野島へ侵入したが 洪水の為 退却。9月 藤吉郎(秀吉)をして 墨股に砦を築かせる。
永禄10年　4月 各務野に侵入。

*

永禄4年　5月信長西濃に出陣、5月13日 長井甲斐守、日根野下野守ら 森部に尾兵を防ぎて敗死し、信長墨俣に塞を堅む。(信長公記、江濃記、永禄沙汰)
永禄9年　8月26日 信長出兵河野島に陣す。洪水ありて閏 8月8日 尾州軍敗る。(中島文書)
永禄9年　9月5日 墨俣に入り築城に着手す。(甫安太閤記、武家事紀古安…兩國通史)
永禄5年夏より濃州墨俣に足溜の砦を築く。(諸舊記)
永禄7年　2月6日 竹中重治、安藤守就と 謀って、稲葉山城急襲、龍興 城を出る。(雑事記、兩國通史)
永禄10年　8月15日 龍興 稲葉山城開城、船で長島に退く。

*

永禄7年　8月下旬 信長 稲葉山の四方を 放火して囲む。龍興の舊臣、不破道貞、安藤守龍、氏家直元、稲葉良通ら 心替りし、尾州へ内通。龍興 城を明け、関の城へ 立退き、長井通利、道勝らと江州浅井氏の許へ落行く。(諸事傳記)
永禄7年　8月14日 信長の為に 攻落され、龍興 城を捨てて 近江国へ落行く。(諸舊記)
永禄7年　9月 尾州より 織田信長 大軍を催し来りて當城を攻む。龍興は城を捨て近江國へ落行く。(明細記)(岐陽故事)(美濃誌)
永禄10年　8月 信長 美濃三人衆の内応により 稲葉山を攻め、龍興 8月15日 開城する。(兩國通史)

*( )は 村瀬氏の 引用出典。

『織田信長(物語と史蹟をたずねて)』

永禄6年　小牧山城築城(4年より縄張)。
永禄7年　織田信清(犬山城)攻略。
* 土橋治重氏は 信賢としているが 信賢は 岩倉城主で誤り。
永禄9年　9月5日から8日に 木下藤吉郎墨股に築城。
永禄10年　8月 稲葉山城攻略し、小牧山より移り 岐阜と改める。

『織田家の人々(小和田哲男)』

永禄6年　小牧山に築城。
永禄10年　8月 稲葉山城攻略。

『織田信長の正体(別冊歴史読本)』

永禄4年　5月13日 西美濃に侵入する。5月14日 森部合戦。墨俣砦を奪い在陣。5月23日 軽海合戦。5月24日 墨俣に戻り、さらに清洲に帰城。
永禄6年　春 稲葉山を攻め敗れる。この頃 小牧山に築城し移る。
永禄7年　8月 鵜沼、猿啄両城攻略。稲葉山(井の口)城下まで 進攻近辺に砦を築く。
9月28日 正親町天皇 立入宗継を 尾張(清洲)へ派遣する。

『織田信長の正体』

永禄7年　春 竹中半兵衛ら稲葉山城占領。
永禄8年　9月28日 堂洞城攻略。
永禄9年　8月28日河野島で斎藤軍に敗れる。閏 8月8日 未明、斎藤軍に大敗。
永禄10年　9月 稲葉山城を攻略し、小牧より移り、岐阜と改名する。

『武功夜話のすべて』

永禄3年　桶狭間の合戦。
永禄4年　西美濃に出兵。佐々成政に墨俣砦を作らせる。同年 森部合戦
永禄6年　小牧山へ移る。
永禄7年　犬山城(織田信清)攻略。同年 木下藤吉郎　加納に砦を築く。
永禄7年　2月 竹中半兵衛稲葉山城占拠。
永禄9年　墨俣城築城。
永禄10年　8月 稲葉山城攻め取る。

(瀧喜義、新人物往来社)

『織田信長一族の謎』

永禄6年春　稲葉山攻めに失敗。この年 小牧山城築城。
永禄9年　9月 木下秀吉に命じ 墨俣築城。
永禄10年　8月 稲葉山城陥落。

(『歴史読本』S 61. 9月号)

『墨俣築城伝説と美濃攻略』

〈藤本論文による幻の一夜城〉　出典『中公新書784. 豊臣秀吉』(小和田哲男、中央公論社)
基本出典『墨俣一夜城は実在したか? (藤本正行、歴史読本)』

史実から虚説へ	創作された史実
太田牛一『信長公記』　永禄4年5月14日 信長 洲俣に城を築かせ在陣。 ⇩ 小瀬甫庵『甫庵信長記』　永禄5年 墨俣に築城。 ⇩ 『甫庵太閤記』　永禄9年9月 某所に築城。 ⇩ 『信長公記』　永禄9年 某所に築城。	竹内確斎『絵本太閤記』　永禄9年 墨俣城築城。

⇩　　⇩

渡辺世祐『安土桃山時代史』 永禄9年9月　墨俣に築城。

明治40年 秀吉が 墨俣に築城(墨俣一夜城)した事が『史実』として完成する。

⇩

角川文庫『信長公記』解説は 永禄9年9月5日 秀吉 北方より墨俣に入り築城(P. 80)と記す。

勝村 公(かつむらただし)(地名研究家、愛知県丹羽郡扶桑町柏森中屋敷)氏は 信長の稲葉山城攻略を 永禄7年8月であってみれば各否定説(藤本正行、小和田哲男氏ら)を 俟までもなく史実でなかったことは 明晰であると 認められようと 名古屋郷土文化会発行の『郷土文化』第49巻 第2号『藤吉郎出世城の史実 伏屋一夜城』という論考の中で述べておられる。

* 稲葉山攻略は 永禄7年、信長の稲葉山移住は 永禄10年。

岐阜城攻略史と墨俣築城伝説

校訂美濃勢諸城攻略の編年(勝村 公<かつむら ただし>)			織田信長その激越なる生涯(別冊.歴史読本)
永禄元年 5月28日	第一次浮野合戦。	(『総見記』)	
永禄元年 7月12日	第二次浮野合戦。		7月12日 織田信清と共に 織田信安を浮野に破る。(総見記)
永禄 2年 2月 2日	上洛、将軍に謁見。	(『言継卿記』)	2月 2日 上洛し、将軍足利義輝に謁す。(言継卿記・信長公記)
永禄 2年 初春	岩倉城落城。	(『総見記』)	3月 岩倉城攻略。
永禄 2年	小口城攻略。		
永禄 3年 正月末	小牧山城着工、春中に移。	(『道家祖看記』)	
永禄 3年 5月13日	森部合戦。		
永禄 3年 5月19日	桶狭間の合戦。		5月19日 田楽狭間(桶狭間)の戦。
永禄 3年 6月 2日	美濃侵入。	(『総見記』)	6月 2日 美濃に侵入して義竜と戦う。(総見記)
永禄 3年 8月23日	美濃再侵入。	(『総見記』)	8月23日 再び美濃に侵入。(総見記)
永禄 4年 5月上旬	十四条合戦。		5月14日 森辺で龍興の兵と戦い撃破する。
永禄 4年	加治田城帰服。		
永禄 4年 6月18日	美濃侵入。	(『仁岫録』)	6月18日 美濃に侵入。(仁岫録)
永禄 5年 5月 3日	軽海交戦。	(『美濃明細記』)	5月 3日 美濃軽海に斎藤龍興と戦う。(美濃明細記)
永禄 5年	犬山城内通。		
永禄 5年	鵜沼城帰服。		
永禄 6年 春	井之口城攻略失敗。	(『総見記』)	春 稲葉山城に斎藤龍興を攻めて敗れる。(総見記)
永禄 6年 2月	**伏屋城砦構築**。	(『定光寺年代記』)	
永禄 6年 3月上旬	猿啄城攻略。	(『道家祖看記』)	
永禄 6年 9月28日	堂洞城攻略。	(『明智軍記』)	この頃(或いは 永禄7年) 小牧山城へ移る。
永禄 7年 4月上旬	新加納進出。	(『柳津光沢寺文書』)	
永禄 7年 8月朔日	井之口城攻略。		
永禄 7年 8月	犬山・猿啄落城。	(『直江大和守宛書状案』)	8月 9日 上杉輝虎に美濃、犬山攻略を報ず。(歴代古案)
永禄 8年 8月28日	堂洞城落城。	(『堂洞軍記』)	
永禄 8年 9月朔日	関城落城。	(『堂洞軍記』)	
永禄 9年 8月15日	龍興退散。		
永禄 9年 8月28日	河野島合戦。	(『中島文書』)	8月29日 濃尾境に出陣。
永禄 9年 閏8月			8月 8日 斎藤龍興と戦い敗れる。(閏8月) (中島文書)
永禄 9年 9月24日			9月24日 木下秀吉に命じ 墨俣築城、龍興の兵撃破。(太閤記)
永禄10年 8月15日			8月15日 稲葉山城攻略。龍興、伊勢長島へ退去。
永禄10年 9月	信長岐阜入城。		8月 小牧山から岐阜へ移城。8月 北伊勢侵入。
永禄11年 7月			7月25日 足利義昭を美濃立政寺に迎える。
永禄11年 9月			9月 7日 信長 上洛の為 岐阜出陣。

悲願！稲葉山城攻略(郷 浩)(歴史と旅<織田信長総覧>)	
永禄 4年 5月13日	美濃へ侵入(森部合戦)。
永禄 5年 5月	木下秀吉に墨俣築城を命じる。
永禄 6年 4月18日	美濃へ侵入、新加納周辺の戦いで敗れる。
永禄 6年 9月頃	小牧山城へ転居。
永禄 7年 2月 6日	竹中半兵衛、安藤伊賀守 稲葉山城占拠。
永禄 7年 7月末	郡上八幡城の遠藤一族に騒動起こる。関城主の長井隼人 郡上へ向かう。
8月 1日	信長 長井隼人の不在をねらい稲葉山城を攻撃。
8月15日	木下秀吉、蜂須賀小六ら堀尾茂助の案内で稲葉山の搦め手より侵入し、織田軍進攻の突破口を開く。日比野備中兄弟ら降伏する。斎藤龍興は退去し 長井隼人の関城へ逃れる。
永禄 8年 8月	堂洞城の岸信周ら 再び叛旗をひるがえす。
8月28日	織田軍 堂洞城を攻める。
9月 1日	織田軍 関城総攻撃。斎藤龍興、長井隼人ら江州浅井長政をたよって落ち延びる。

『武功夜話』のすべて(瀧喜義)	
永禄 4年	佐々成政に命じて墨俣砦を築き、そこを拠点に西美濃侵攻(森部合戦、他)。
永禄 6年	小牧山へ移る。
永禄 7年	犬山城及び東美濃攻略。
永禄 7年	木下秀吉 坪内一族の協力で 新加納砦構築に成功(翌年信長 坪内へ恩賞を与え、秀吉が添状を発給)する。9月9日 信長 直江大和守へ報告。この頃 大沢基康諜略、美濃三人衆内応。
永禄 9年	墨俣一夜城構築。六角承禎 和田惟政に命じ 浅井長政と織田家(お市)の縁組を斡旋。
永禄10年 8月13日	信長 伊勢攻めより反転、稲葉山を攻める。

その他

墨俣一夜城のプレハブ工法は 鳥取城攻めや高松城攻めより進んだものであり、畿内を統一した桃山時代のものを さかのぼって 当てはめたものであろう。(『秀吉の謎』<丸山淳一、学研>)(『信長公記』にも記載なく伝説が史実化)

秀吉の墨俣一夜城伝説は『甫庵太閤記』の創作

永禄 4年 墨俣には すでに砦があった。(『秀吉の謎』<『信長公記』を引用して秀吉の築城を否定>)

伝説の 墨股築城は 永禄9年で この成功が 秀吉出世のきっかけとなったいわれるが……。

① 墨股に城を築く軍事的必要がない。(永禄9年以前に 稲葉山近くの加納城が 信長方に攻略されている。又 稲葉山城は 長良川の手前にあるのに 対岸に 渡河して 築く必要性は ない。⇨稲葉山を攻めるのに二回も長良川を渡るのは マヌケな事である。)

② 工法は 物理的に不可能。(墨股の上流は 稲葉山、或いは関であり 斎藤家の 勢力圏。プレハブ工法の場合パーツが 順番に全て揃わなければ築城は不可能。

* 永禄年間、木曾川は 現在より 岐阜市寄りを流れ 墨股あたりで長良川と合流しているが 木曾川が墨俣上流とは 言いかねる(早瀬補筆)。

③ キチンとした史料には 出てこない。
『信長公記』には 永禄4年 墨股にすでに砦があったと記しているし、永禄9年に 秀吉が墨股に築城したという記載は ない。永禄9年 墨股城築城は 明治40年東大教授の渡辺世祐が『安土桃山時代史』で確定した。

(『誰も知らなかった豊臣秀吉<後藤寿一、勁文社>)

④ 秀吉は 永禄9年には 副状を出せる武将であった。
永禄8年 坪内氏に信長の安堵状の副状を発給している。

幻の墨俣一夜城

信長の美濃攻略史については色々な説があり、謎が多い。先に勝村公氏や郷浩氏の見解の一部を紹介し、さらに比較のためにいくつかの攻略史を紹介したが、ハッキリしない。確かなことは、永禄十年に信長が反対勢力を押さえて完全に美濃を併合し、天下統一への歩みを始めた、という事のみである。

その中で最大の謎は、第二章に登場する豊臣秀吉と関わりのある一夜城の謎である。軍事史家の藤本正行氏は『歴史読本』一九八五年正月号において「墨俣一夜城は実在したか?」という論文で通説に対し疑問を呈している(中公文庫『豊臣秀吉』小和田哲男)。

筆者はその論文については知らないが、洋泉社の『逆転の日本史・つくられた秀吉神話』において、藤本氏の説を知ることができた。藤本氏は「〈墨俣一夜城〉なんてなかった」というタイトルで自説を展開されている。藤本氏によれば、当時の信憑性の高い古文書や日記などの史料には墨俣一夜城に関する記述はないという点、また墨俣には永禄九年以前に砦があったという点、さらに軍事史家という立場から信長の戦略、用兵の手法から見て疑問を感じるという点、さらに『武功夜話』における墨俣一夜城の絵図の疑問、絵図に示された城郭の構造上の疑問、その他『武功夜話』そのものの記述における疑問などにより、「墨俣一夜城」はフィクションとされている。永禄九年=墨俣一夜城築城説は、明治四十年、渡辺世祐によって作られたものであると指摘されている。詳細については同書の藤本論文を参考にされたい。

また、静岡大学の小和田哲男教授も、中公文庫『豊臣秀吉』において『信長公記』に墨俣一夜城に関する記述がない事や、藤本説などにより「幻の一夜城」とされている。そして、その原因は竹内確斎の『絵本太閤記』にあるとされている。

後藤寿一氏は『誰も知らなかった豊臣秀吉』（勁文社）において、秀吉が永禄八年には添状を出していたという点から、秀吉は墨俣築城の功により出世したのではなく、すでにある程度の地位にあったと指摘し、通説は根拠がないとしている。理由は軍事的必然性がないという点、プレハブ工法は物理的に無理、信憑性の高い史料には出てこないという点の三点を挙げている。墨俣から稲葉山を攻めるには、一度長良川を渡って墨俣砦に入り、もう一度長良川を渡って攻める、というマヌケな方法を採ることになる。墨俣の上流は稲葉山城であり、材料を調達したというのは疑問、さらにプレハブ工法で材料を流して運ぶというのは無理がある。藤本説に異論がないという理由による。

扶桑町文化財保護委員の勝村公氏は、永禄七年=稲葉山城陥落説の立場から、『信長公記』『明智軍記』その他史料により、墨俣一夜城は史実でないとされ、その上で史実としての一夜城を追跡し、「伏屋城」こそが史実の一夜城であろうとされている。筆者も直接話を伺ったことがあるが、『永禄洲俣記』を含む『武功夜話』は、さる人物によって書かれたものであると述べられている。ただし、その実名については明らかにされていない。先に記した藤本氏も『武功夜話』の偽書説を示唆している。

墨俣が幻であるならば、一夜城はフィクションかあるいは史実の投影ということになる。

墨俣一夜城が史実の投影であるとしたら、「真実の一夜城」はいかなる場所に存在したのか？
勝村氏は『郷土文化』第四十九巻第二号（通巻第一七一号）において、「藤吉郎出世城の史実・伏屋一夜城」という論考を発表されている。勝村氏によれば、『定光寺年代記』の永禄六年二月火車輪城鍬始めは、小牧山城築城の事ではなく、伏屋城築城の事であると述べておられる。なお、『太閤記』が永禄九年七月五日としたのは、足利義秋（後の義昭）の要請により援護出兵した際、美濃勢の反抗に合い、対峙した永禄九年八月二十九日の河野島合戦と混同したことによるとされている。永禄六年、信長の本城は清洲城であり、永禄七年の猿啄城および堂洞城攻撃は、清洲から北方、中野、円城寺、伏屋を経由したものと推察されている。

永禄四年には墨俣砦は存在しており、西美濃に侵入した織田軍は、墨俣砦を奪ったものの維持できず撤退、中濃からの美濃進攻に方針を転換し、伏屋に築城したのが史実であろうと述べておられる。詳細は同誌を参照されたい。

「伏屋城」のことに関しては、先に岐南町図書館の小島誠治氏からの提供資料により伏屋城（砦）が一夜城のモデルであった可能性が高いことを記したが、勝村氏の見解とあわせてみると、ますますその可能性は高くなる。

伏屋は北方（一宮）より稲葉山を結ぶルート上に位置し、当時の木曾川の流れからみれば、濃尾の国境に位置し、橋頭堡と呼んでも差し支えない（『木曾川流路図』参照）。現在の伏屋は一宮より国道22号バイパスを岐阜に向かうと国道21号と出会う手前右側になる。21号から見た伏屋の位置の詳細は『郷土文化』の勝村論文に記されている。

伏屋一夜城は墨俣一夜城（幻の一夜城）ほどに著名でなく、筆者自身も勝村氏に教示されるまで知らなかった。その後勝村氏より『郷土文化』を贈呈いただき、またいろいろ御教授いただき、現地の取材に際してはナビゲーションいただいた。

伏屋城跡には沿革説明パネルがあるだけでひっそりしている。一応岐南町指定文化財にはなっているが、周辺に案内看板もなく、地味な存在である。沿革パネルによれば、築城年は明らかにされていないが、永禄年間としている（勝村説は永禄六年二月）。永禄六年から永禄九年の間のどこかで築城されたとみるのが妥当な線かもしれない。稲葉山城陥落が永禄七年ならば、一夜城の築城は永禄六年から永禄七年前半ということになる。また、稲葉山城陥落が永禄十年なら、永禄六年であろうが永禄九年だろうが関係ない。橋頭堡を構築した事で本格的な攻勢が可能になったことには変わりはないのだから。

とにもかくにも墨俣一夜城構築の功績によって秀吉が出世したとする説は、永禄八年の坪内氏へ発給した副状の存在によって否定される。しかも、墨俣城（砦）が永禄四年もしくは永禄五年にすでに実在した事実によって、墨俣は秀吉の出世には関係ないとなると、川並衆（川筋衆）の諜略と橋頭堡の構築こそが秀吉出世のバックボーンであり、伏屋城はその体現である。

ただそれを裏付ける資料が少ないのが残念である。

岐南町指定文化財

史跡　伏屋城跡（ふせやじょうあと）

織田信長が美濃を攻めるため、木下藤吉郎（後の豊臣秀吉）に命じて築かせた城と、伝えられています。

古書によると、秀吉は、木曾川周辺に勢力をもつ土豪らの助けを借り、材木を集めていかだに組み、木曾川を利用してこの伏屋に運び込み、砦のような城を築いたとあります。これが「伏屋城」で、短期間に造られたことから「一夜城」とも呼ばれています。永禄年間（一五五八～一五六九）ころ築かれたと考えられます。

天正十二年（一五八四）の小牧・長久手の戦いで、秀吉は、最北端の砦として、この伏屋城を伏屋市兵衛に守らせました。

昭和五十三年九月五日指定

羽島郡四町教育委員会

管理　岐南町歴史民俗資料館

伏屋城跡から見た稲葉山城

伏屋城跡

伏屋城跡の説明パネルの前に立つ勝村公氏（扶桑町文化財保護委員）

一夜城址と筆者（撮影　浅田昌宏氏）

復元墨俣一夜城

木下藤吉郎秀吉の像

織田家の美濃併合過程において、一夜城（それが伏屋であれ墨俣であれ）の築城が、それなりの意味を持ったことは確かであろう。

川並衆のその後

この美濃併合の成功で、信長も天下を狙うポジションを確保し、東海・畿内地区の天下を握った。秀吉の場合は、この美濃併合過程において武将クラスに昇格し、信長没後は織田家中の有力武将を謀略して、家中最大のライバル、柴田勝家を葬り、事実上の信長の後継者となった。

その過程で秀吉を支えたのが、美濃併合過程の謀略戦で彼を助けた川並衆（川筋衆）である。その何人かは秀吉の時代、大名となり、あるいはその有力家臣となった。蜂須賀小六は大名となり、子孫は江戸時代、阿波藩主となり、明治まで大名として存続した。前野長康も大名となったが、秀次事件に連座、改易自刃に追い込まれた。稲田氏は蜂須賀家の筆頭家老となり、江戸時代洲本城代となり、明治まで存続した。坪内氏もそれなりの地位を確保し、江戸時代には旗本として現在の各務原（かがみがはら）周辺を支配した。生駒氏は大名となったが、生駒騒動により改易され、寄合旗本として存続した。また分流の生駒家は尾張徳川家などに仕えた。川並衆ではないが、秀吉の稲葉山城攻略戦の時、裏道を案内した堀尾茂助は、その後、大名となる（堀尾吉晴）。堀尾家は江戸時代嫡流が出雲松江の大名となったが、後に無嗣断絶となる。

この時代秀吉と関わった人々は、ある者は一時期栄誉ある地位を占め、ある者は江戸時代もその地位を維持し、ある者は没落し、ある者はそれ以前に歴史の闇に消えて行った。

しかし、この美濃併合の戦で秀吉を支えたのは幕下も含めれば、六千人といわれる川並衆であることは、墨俣一夜城伝説でも伏屋城築城伝承でも、ほぼ共通する（前記参照）。これらのことから見て、秀吉が、織田家中において下士官程度の地位にありながら、独自のネットワークを持っていた異能な存在であったことがわかる。川並衆を含む当時の土豪達は、顔馴染みだからといって単純に協力するほど甘っちょろい連中ではない。その彼らが藤吉郎といわれた、ほとんど無名の秀吉に協力したのである。信長なら成功後の報酬や地位を約束できたであろうが、当時の秀吉にはそんな力はない。在野の研究家や小説家が闇の系譜の出身と位置付ける所以である（後述）。

とにもかくにも、川並衆の存在なくして信長、秀吉の天下取りは成就せず、信長、秀吉について触れている本書で、彼らを扱わない理由にはいかないので、代表的な蜂須賀氏、坪内氏、前野氏、生駒氏などの系譜について紹介することにする。系譜については諸説があり、疑問がないわけではないが、主な系譜資料（『寛政重修諸家譜』他）を拠典として紹介する。

彼らの系譜はその一部が織田家や豊臣家とも繋がっていく。その鍵となるのが生駒一族であるので、その系譜にも注目して欲しい。本書では系譜の紹介だけなので、詳細は個々に関係資料を当たられたい。

富樫氏庶流坪内氏一族系図 (1)

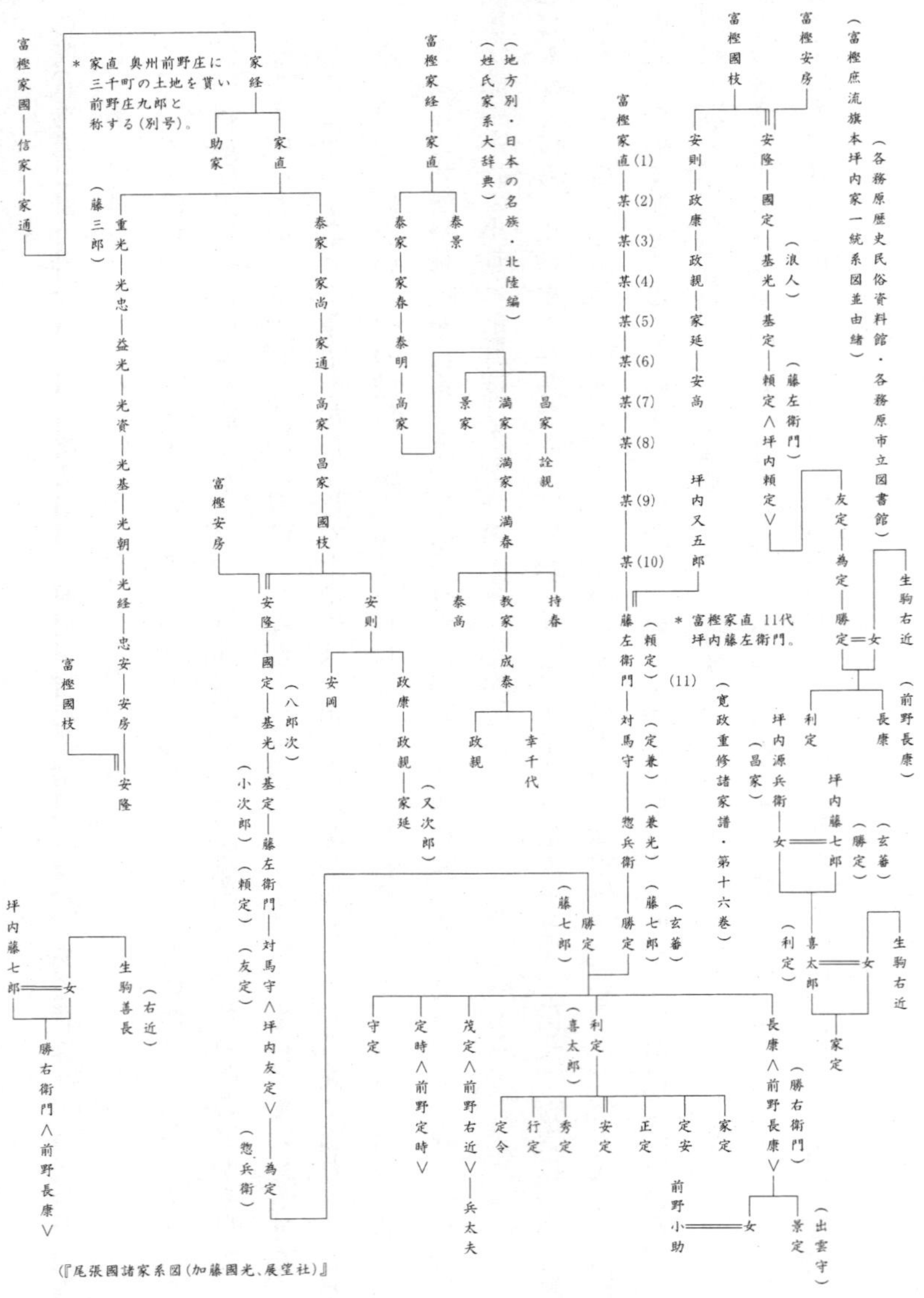

(『尾張國諸家系図(加藤國光、展望社)』

富樫氏一族系図

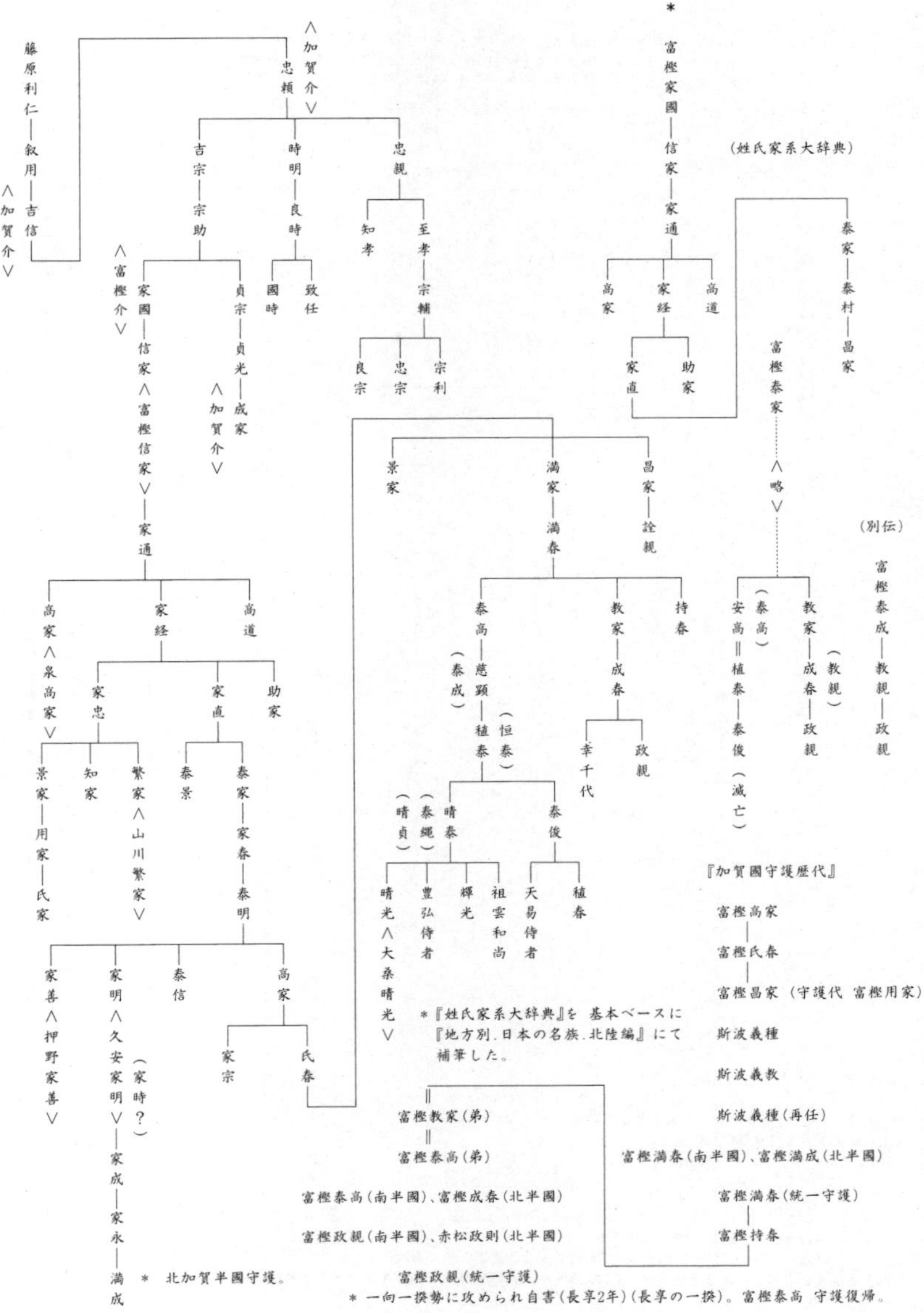

藤原利仁―叙用―吉信〈加賀介〉
忠頼〈加賀介〉
吉宗―宗助
時明―良時
忠親
知孝
至孝―宗輔
良宗
忠宗
宗利
國時
致任
家國〈富樫介〉―信家〈富樫信家〉―家通
貞宗―貞光―成家〈加賀介〉
高家〈泉高家〉
家経
高道
家忠
家直
助家
景家―用家―氏家
知家
繁家〈山川繁家〉
泰景
泰家―家春―泰明
家善〈押野家善〉
家明〈久安家明〉―家成―家永―満成
（家時？）
泰信
高家
家宗
氏春
＊　北加賀半國守護。
＊
富樫家國―信家―家通
（姓氏家系大辞典）
高家
家経
高道
家直
助家
泰家―泰村―昌家
富樫泰家
〈略〉
景家
満家―満春
昌家―詮親
泰高―慈顕（泰成）―植泰（恒泰）
教家―成春
持春
幸千代
政親
晴泰（泰縄）（晴貞）
泰俊
晴光〈大桑晴光〉
豊弘侍者
輝光
祖雲和尚
天易侍者
植春
安高（泰高）‖植泰―泰俊（滅亡）
教家―成春―政親（教親）
（別伝）
富樫泰成―教親―政親
＊『姓氏家系大辞典』を基本ベースに『地方別.日本の名族.北陸編』にて補筆した。
『加賀國守護歴代』
富樫高家
富樫氏春
富樫昌家（守護代 富樫用家）
斯波義種
斯波義教
斯波義種（再任）
富樫満春（南半國）、富樫満成（北半國）
富樫満春（統一守護）
富樫持春
‖
富樫教家（弟）
‖
富樫泰高（弟）
富樫泰高（南半國）、富樫成春（北半國）
富樫政親（南半國）、赤松政則（北半國）
富樫政親（統一守護）
＊ 一向一揆勢に攻められ自害（長享2年）（長享の一揆）。富樫泰高 守護復帰。

富樫氏庶流坪内氏一族系図 (2)

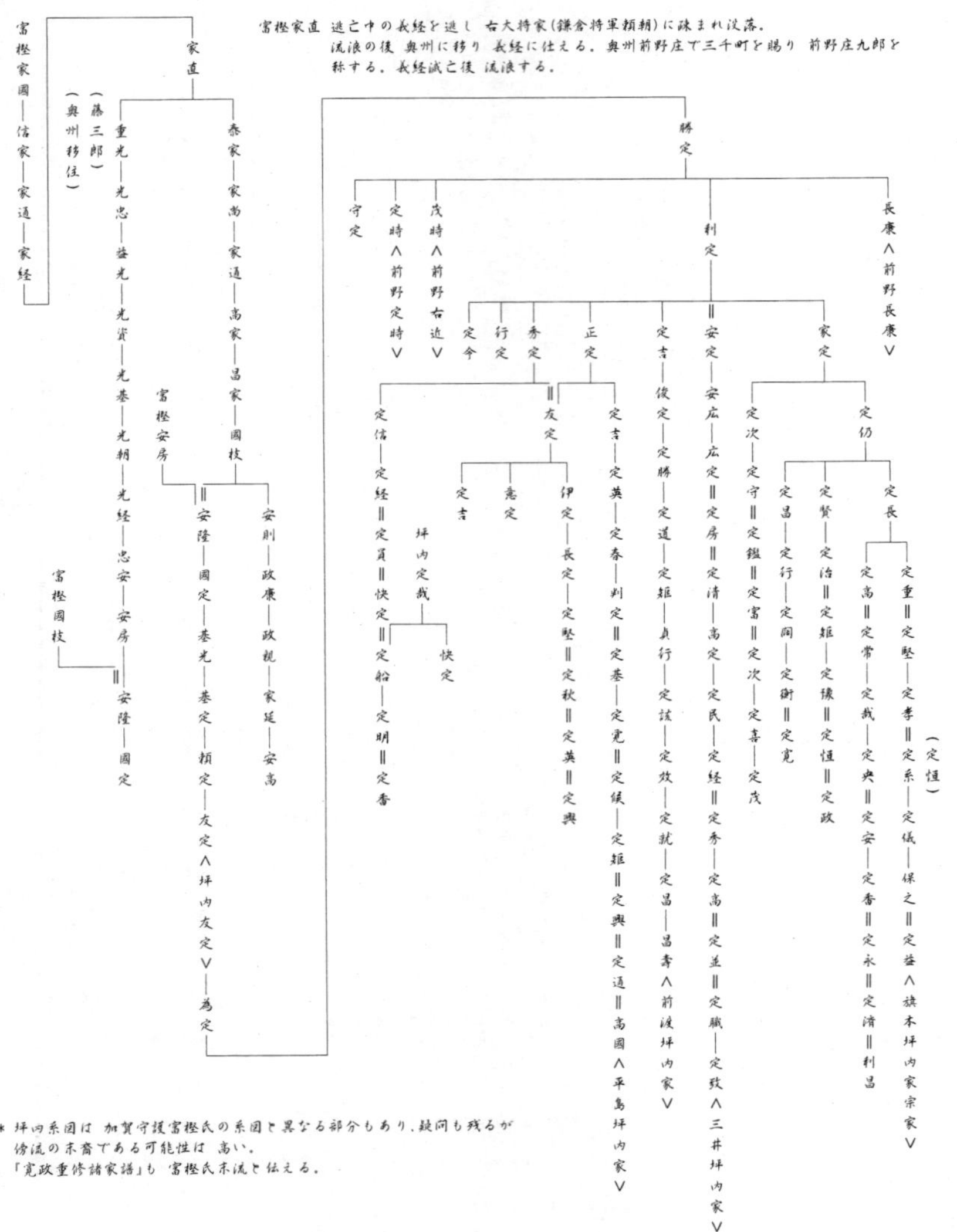

＊ 坪内系図は 加賀守護富樫氏の系図と異なる部分もあり、疑問も残るが
傍流の末裔である可能性は 高い。
「寛政重修諸家譜」も 富樫氏末流と伝える。

＊ 前野長康⇨坪内勝定(玄蕃頭)嫡男。別家号前野を継ぐ。
前野は 富樫家直の別家号(一時 奥州前野庄に住した事に由来)。
「富樫氏庶流旗本坪内家一統系図並由緒」(各務原市歴史民俗資料館.編集、各務原市立中央図書館.蔵)

坪内氏一族系図

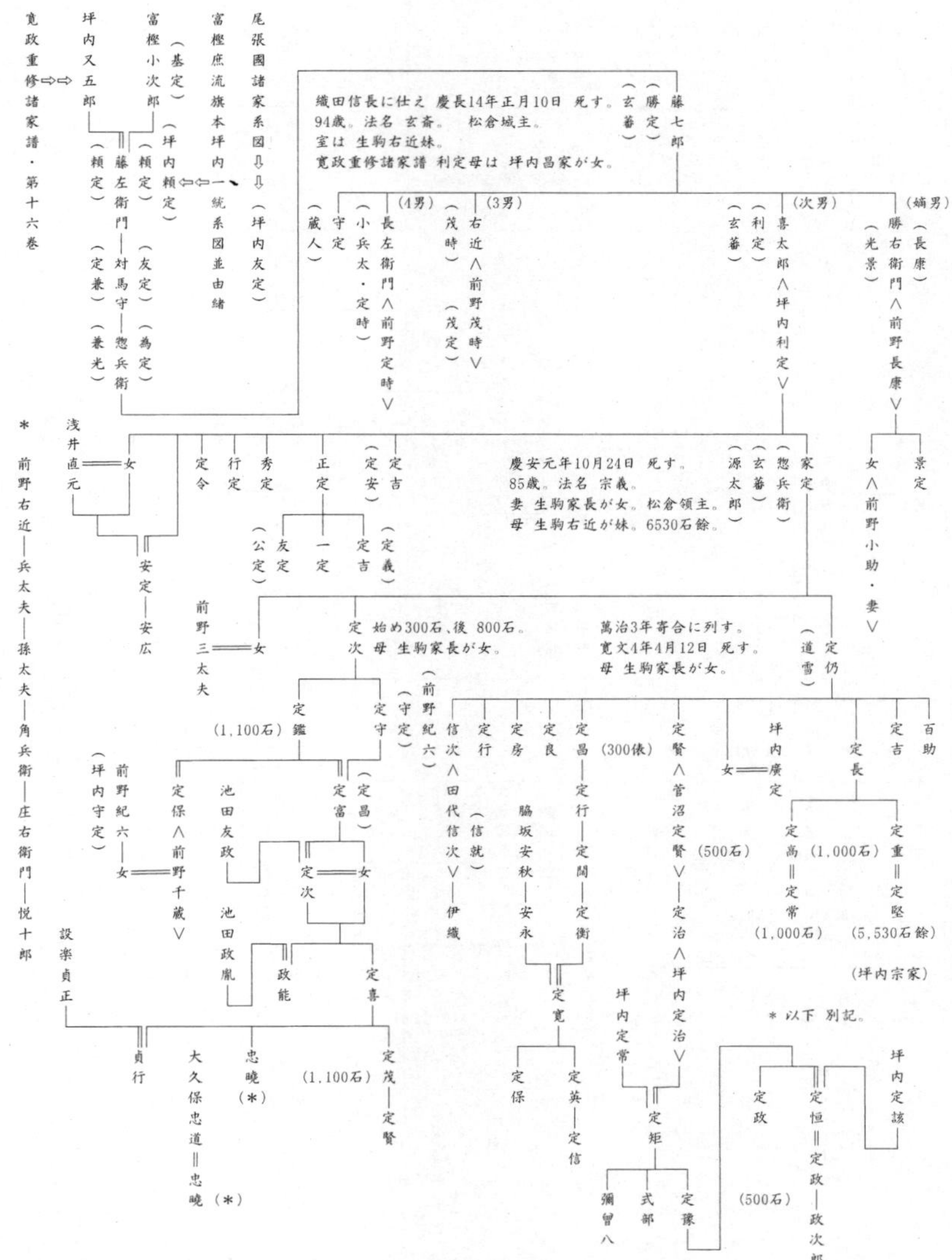

出典『寛政重修諸家譜・第十六巻』、『富樫庶流旗本坪内家一統系図並由緒』、『尾張國諸家系図』

坪内氏一族系図（宗家姻族系図）

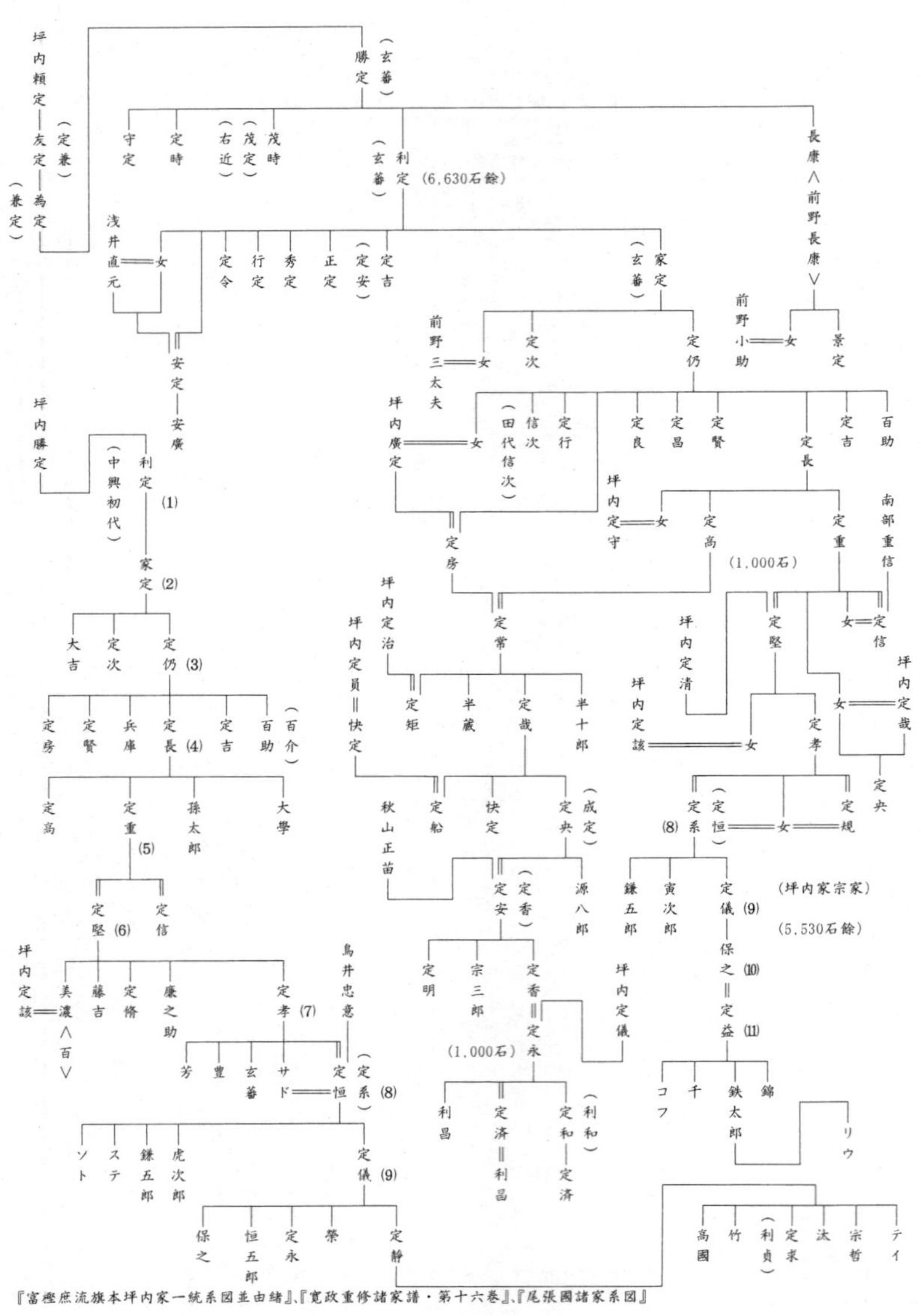

『富歴庶流旗本坪内家一統系図並由緒』、『寛政重修諸家譜・第十六巻』、『尾張國諸家系図』

坪内氏一族系図

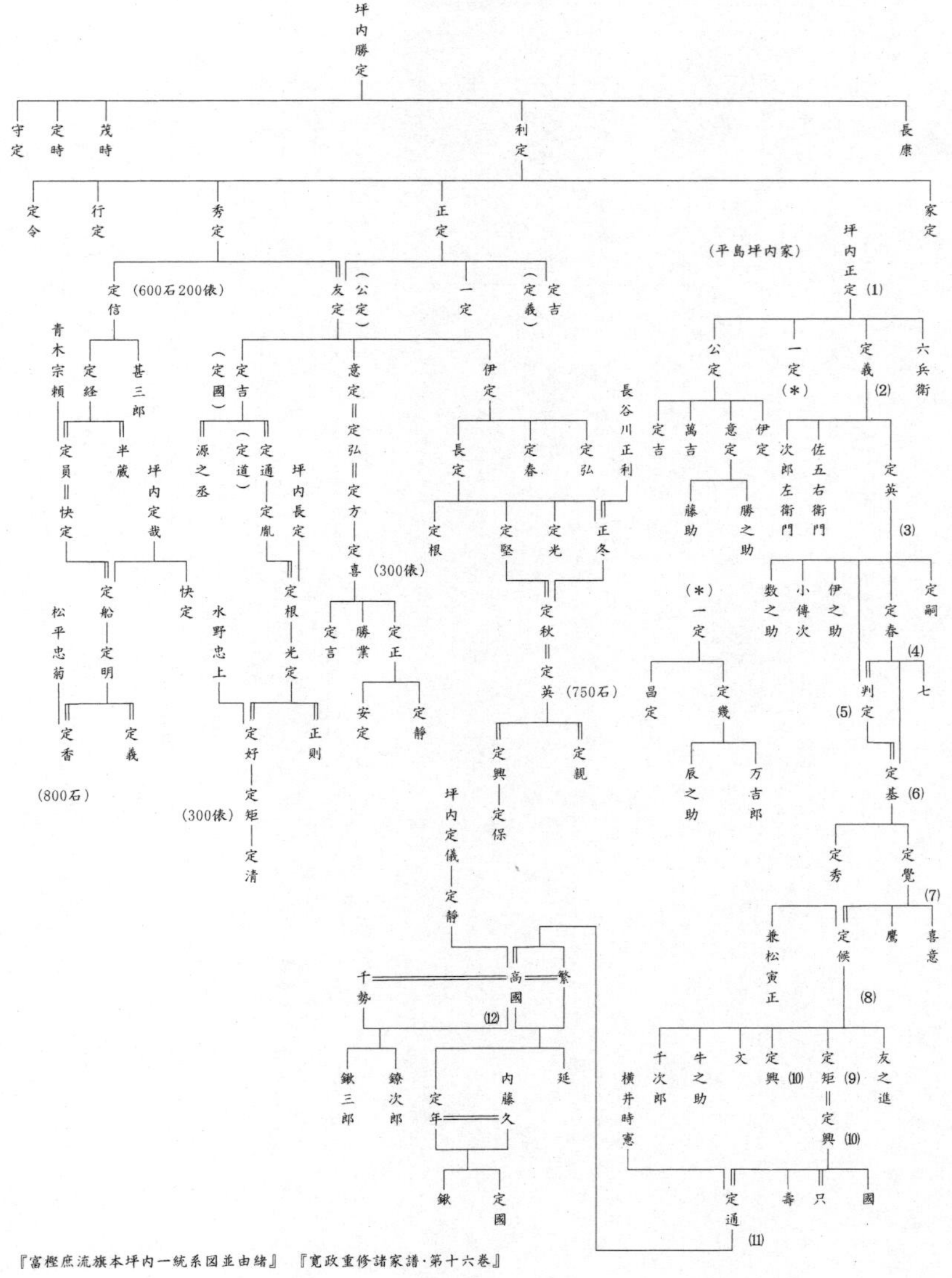

『富樫庶流旗本坪内一統系図並由緒』 『寛政重修諸家譜・第十六巻』

坪内氏一族系図

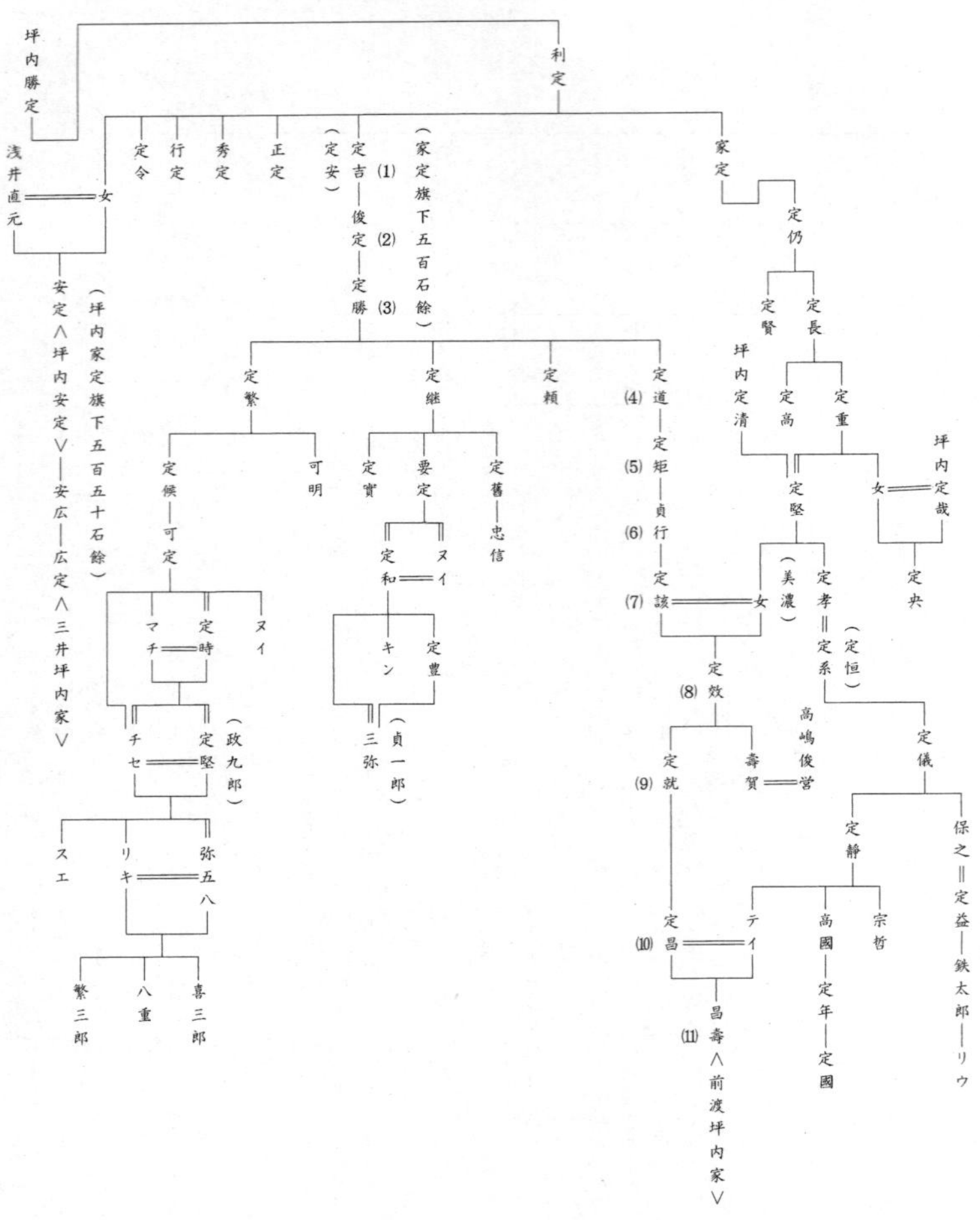

坪内勝定
利定
浅井直元
女
定令
行定
秀定
正定
(定安)
定吉 (1)
(家定旗下五百石餘)
俊定 (2)
定勝 (3)
安定〈坪内安定〉
安広
広定〈三井坪内家〉
(坪内家定旗下五百五十石餘)
定繁
定継
定頼
(4) 定道
(5) 定矩
(6) 貞行
(7) 定該
定候
可明
可定
定實
要定
定舊
忠信
定和
ヌイ
マチ
定時
ヌイ
キン
定豊
チセ
定堅
(政九郎)
三弥
(貞一郎)
スエ
リキ
弥五八
繁三郎
八重
喜三郎
家定
定仍
定賢
定長
坪内定清
定高
定重
坪内定裁
女
定堅
定央
女
(美濃)
定孝
定系
(定恒)
(8) 定效
高嶋俊営
壽賀
(9) 定就
定儀
定静
保之
定益
鉄太郎
リウ
(10) 定昌
テイ
高國
宗哲
定年
定國
(11) 昌壽〈前渡坪内家〉

坪内氏一族系図

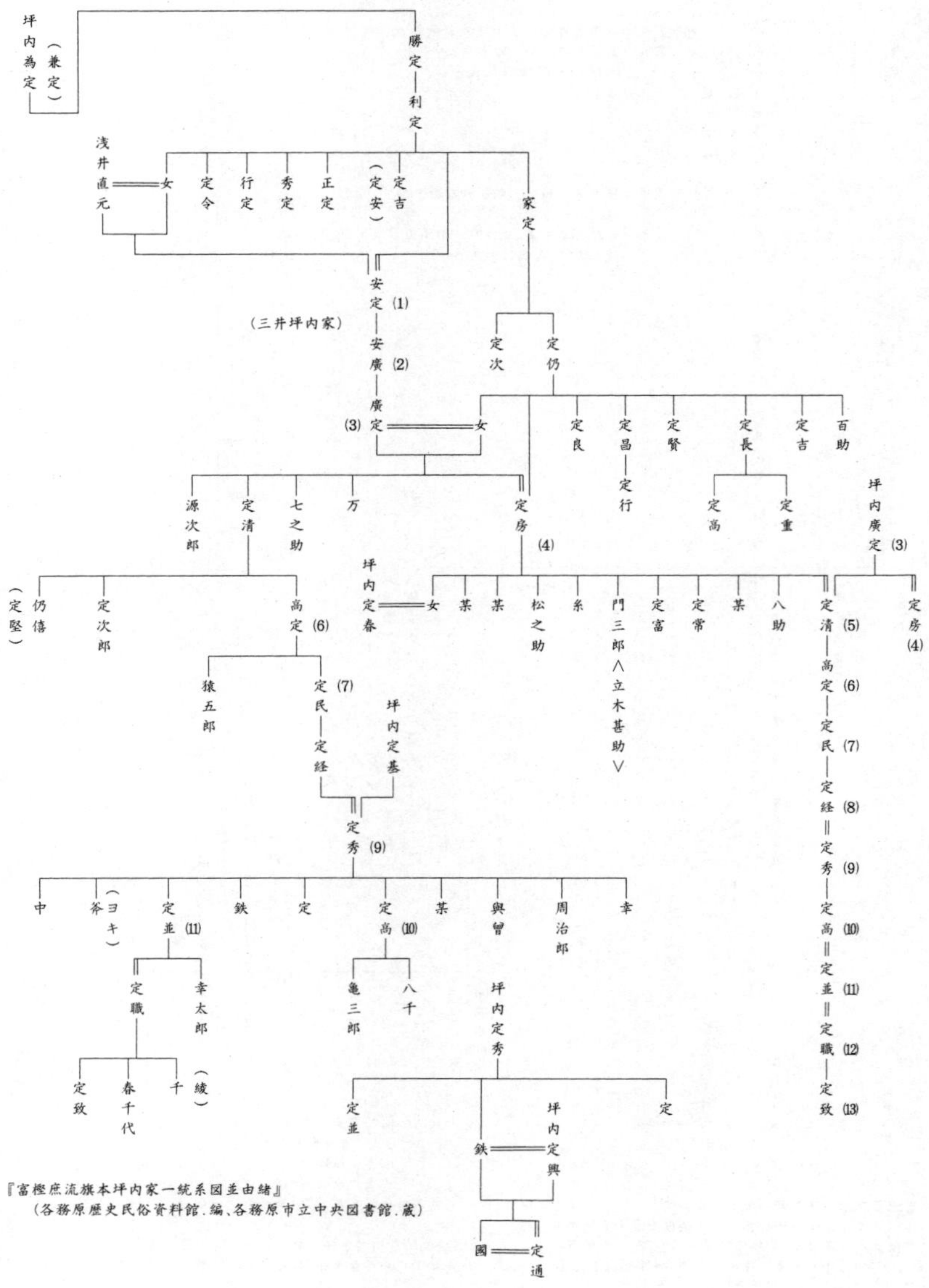

『富樫庶流旗本坪内家一統系図並由緒』
（各務原歴史民俗資料館.編、各務原市立中央図書館.蔵）

前野氏系図 (1)

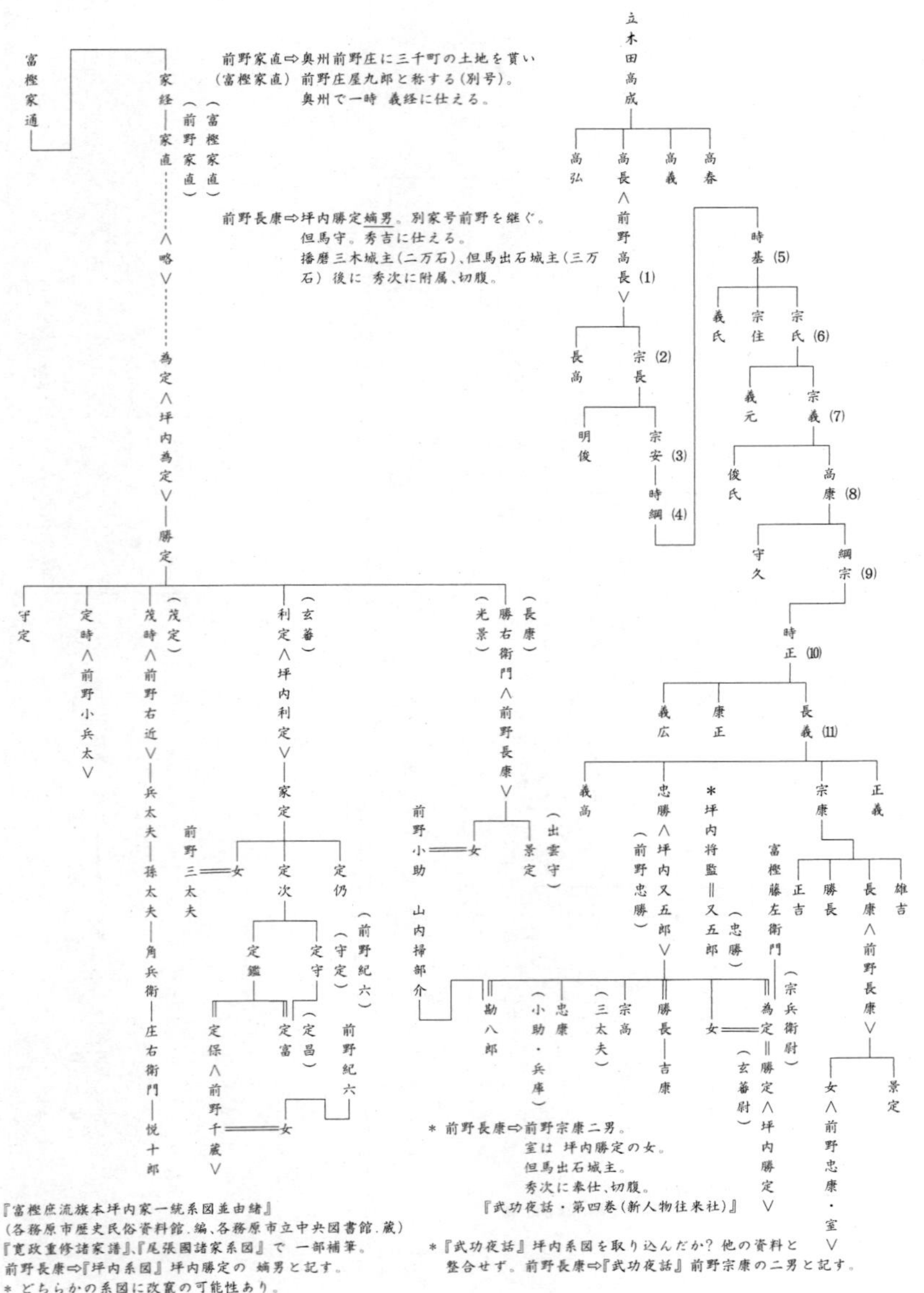
立木田高成
高弘
高長〈前野高長 (1)〉
高義
高春
長高
宗長 (2)
明俊
宗安 (3)
時綱 (4)
時基 (5)
義氏
宗住
宗氏 (6)
義元
宗義 (7)
俊氏
高康 (8)
守久
綱宗 (9)
時正 (10)
義広
康正
長義 (11)
義高
忠勝〈坪内又五郎〉（前野忠勝）
＊坪内将監‖又五郎（忠勝）
宗康
正義
正吉
勝長
長康〈前野長康〉
雄吉
女〈前野忠康・室〉
景定
富樫藤左衛門（宗兵衛尉）
勘八郎
忠康（小助・兵庫）
宗高（三太夫）
勝長―吉康
女
為定‖勝定〈坪内勝定〉（玄蕃尉）
前野小助
山内掃部介
富樫家通
家経―家直（富樫家直）（前野家直）
〈略〉
為定〈坪内為定〉
勝定
守定
定時〈前野小兵太〉
茂時〈前野右近〉（茂定）
兵太夫―孫太夫―角兵衛―庄右衛門―悦十郎
利定〈坪内利定〉（玄蕃）
家定
勝右衛門〈前野長康〉（長康）（光景）
女
景定（出雲守）
前野三太夫
女
定次
定仍（前野紀六）
定鑑
定守（守定）
定保〈前野千蔵〉
定富
（定昌）
前野紀六
女
前野家直⇨奥州前野庄に三千町の土地を貰い
（富樫家直）前野庄屋九郎と称する（別号）。
奥州で一時 義経に仕える。
前野長康⇨坪内勝定嫡男。別家号前野を継ぐ。
但馬守。秀吉に仕える。
播磨三木城主（二万石）、但馬出石城主（三万石）後に 秀次に附属、切腹。
＊前野長康⇨前野宗康二男。
室は 坪内勝定の女。
但馬出石城主。
秀次に奉仕、切腹。
『武功夜話・第四巻（新人物往来社）』
『富樫庶流旗本坪内家一統系図並由緒』
（各務原市歴史民俗資料館．編、各務原市立中央図書館．蔵）
『寛政重修諸家譜』、『尾張國諸家系図』で 一部補筆。
前野長康⇨『坪内系図』坪内勝定の 嫡男と記す。
＊どちらかの系図に改竄の可能性あり。
＊『武功夜話』坪内系図を取り込んだか？ 他の資料と
整合せず。前野長康⇨『武功夜話』前野宗康の二男と記す。

前野氏系図 (2)

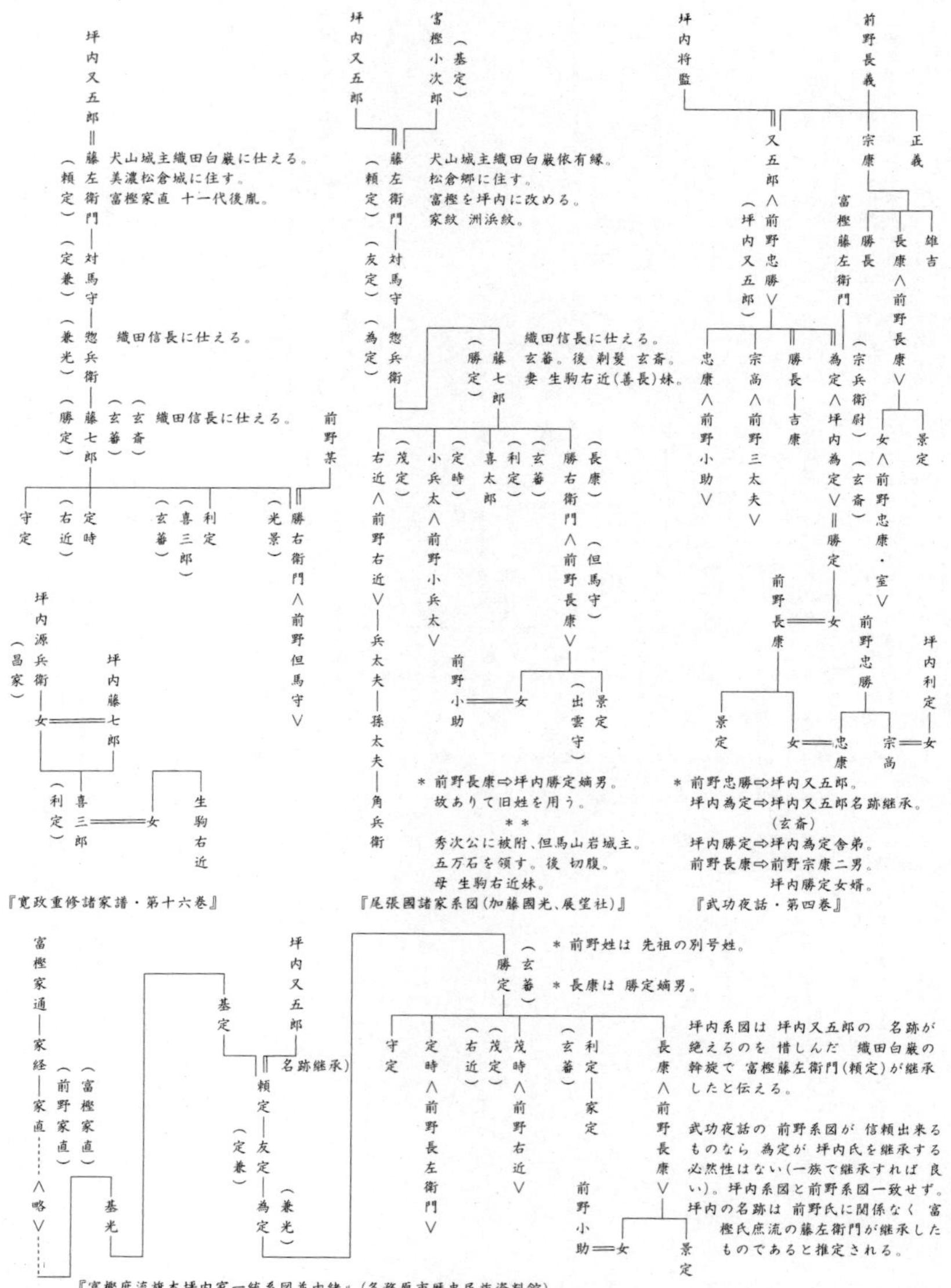
坪内又五郎
藤左衛門（頼定）犬山城主織田白巌に仕える。美濃松倉城に住す。富樫家直 十一代後胤。
対馬守（定兼）
惣兵衛（兼光）織田信長に仕える。
藤七郎（勝定）（玄蕃）（玄斎）織田信長に仕える。
前野某
守定
定時（右近）
利定（喜三郎）（玄蕃）
勝右衛門（光景）＜前野但馬守＞
坪内源兵衛（昌家）
坪内藤七郎
喜三郎（利定）
生駒右近
『寛政重修諸家譜・第十六巻』
坪内又五郎
富樫小次郎（基定）
藤左衛門（頼定）犬山城主織田白巌依有縁。松倉郷に住す。富樫を坪内に改める。家紋 洲浜紋。
対馬守（友定）
惣兵衛（為定）
藤七郎（勝定）織田信長に仕える。玄蕃。後 剃髪 玄斎。妻 生駒右近（善長）妹。
右近＜前野右近＞
兵太夫
孫太夫
角兵衛
小兵太（茂定）＜前野小兵太＞
（定時）
喜太郎
（利定）
（玄蕃）
勝右衛門（長康）＜前野長康＞（但馬守）
前野小助
景定（出雲守）
＊前野長康⇨坪内勝定嫡男。故ありて旧姓を用う。
＊＊秀次公に被附、但馬山岩城主。五万石を領す。後 切腹。母 生駒右近妹。
『尾張國諸家系図（加藤國光、展望社）』
坪内将監
前野長義
宗康
正義
又五郎＜前野忠勝＞（坪内又五郎）
富樫藤左衛門
勝長
長康＜前野長康＞
雄吉
忠康＜前野小助＞
宗高＜前野三太夫＞
勝長
吉康
為定＜坪内為定＞（宗兵衛尉）（玄斎）
勝定
女＜前野忠康・室＞
景定
前野長康
前野忠勝
坪内利定
景定
忠康
宗高
＊前野忠勝⇨坪内又五郎。坪内為定⇨坪内又五郎名跡継承。（玄斎）坪内勝定⇨坪内為定舎弟。前野長康⇨前野宗康二男。坪内勝定女婿。
『武功夜話・第四巻』
富樫家通
家経
家直（富樫家直）（前野家直）
＜略＞
基光
坪内又五郎
基定
頼定 名跡継承
友定（定兼）
為定（兼光）
勝定（玄蕃）
＊前野姓は 先祖の別号姓。
＊長康は 勝定嫡男。
守定
定時＜前野長左衛門＞
茂時（右近）（茂定）＜前野右近＞
利定（玄蕃）
家定
長康＜前野長康＞
前野小助
景定
坪内系図は 坪内又五郎の 名跡が絶えるのを 惜しんだ 織田白巌の斡旋で 富樫藤左衛門（頼定）が継承したと伝える。
武功夜話の 前野系図が 信頼出来るものなら 為定が 坪内氏を継承する必然性はない（一族で継承すれば 良い）。坪内系図と前野系図一致せず。坪内の名跡は 前野氏に関係なく 富樫氏庶流の藤左衛門が継承したものであると推定される。
『富樫庶流旗本坪内家一統系図並由緒』（各務原市歴史民族資料館）

生駒氏系図

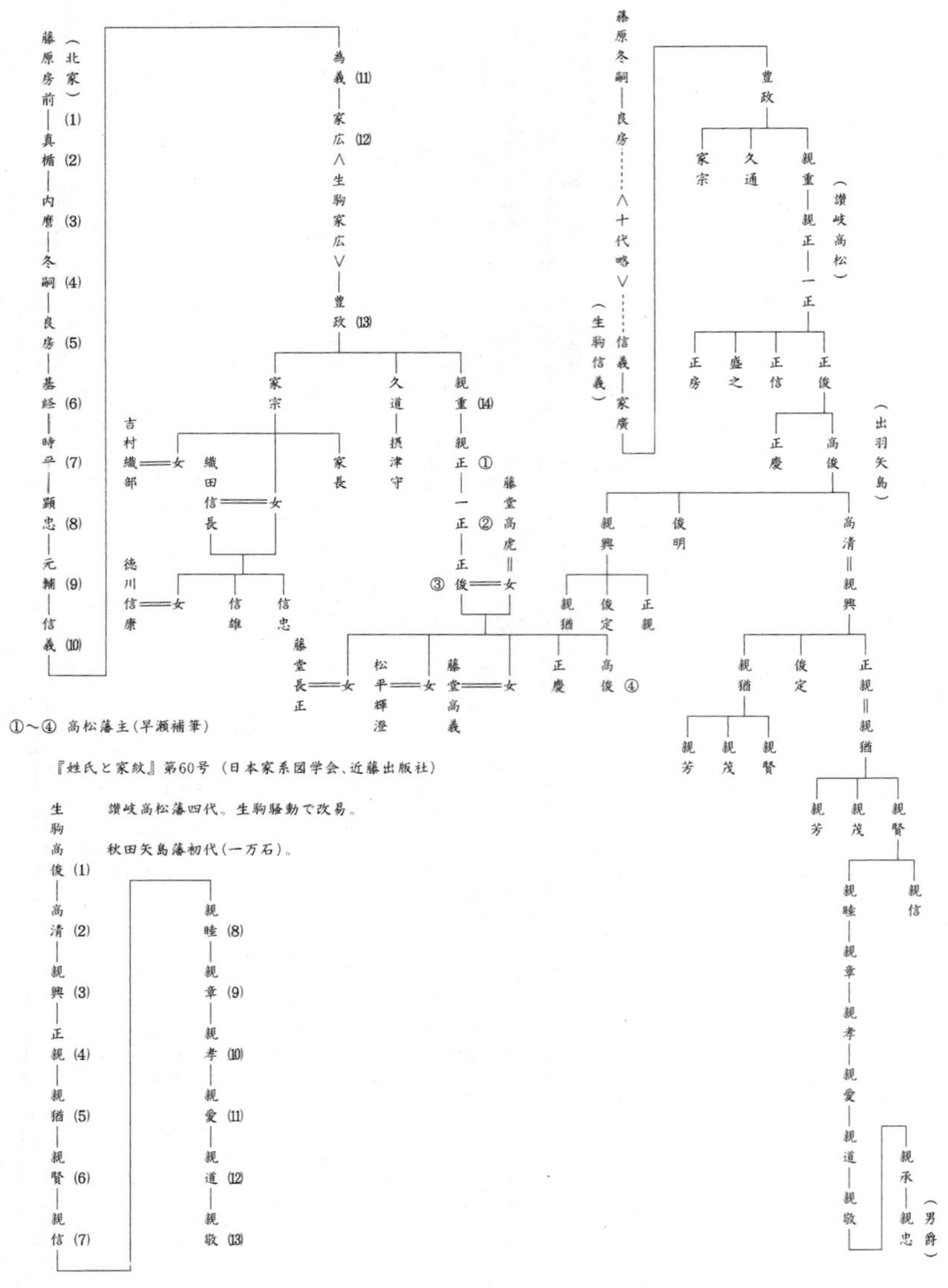

『旅とルーツ（「姓氏と家紋」改題）』第62号（日本家系図学会、芳文館出版）

『日本系譜綜覧（日置昌一、名著刊行会）』

生駒氏系図（大名・幕臣）

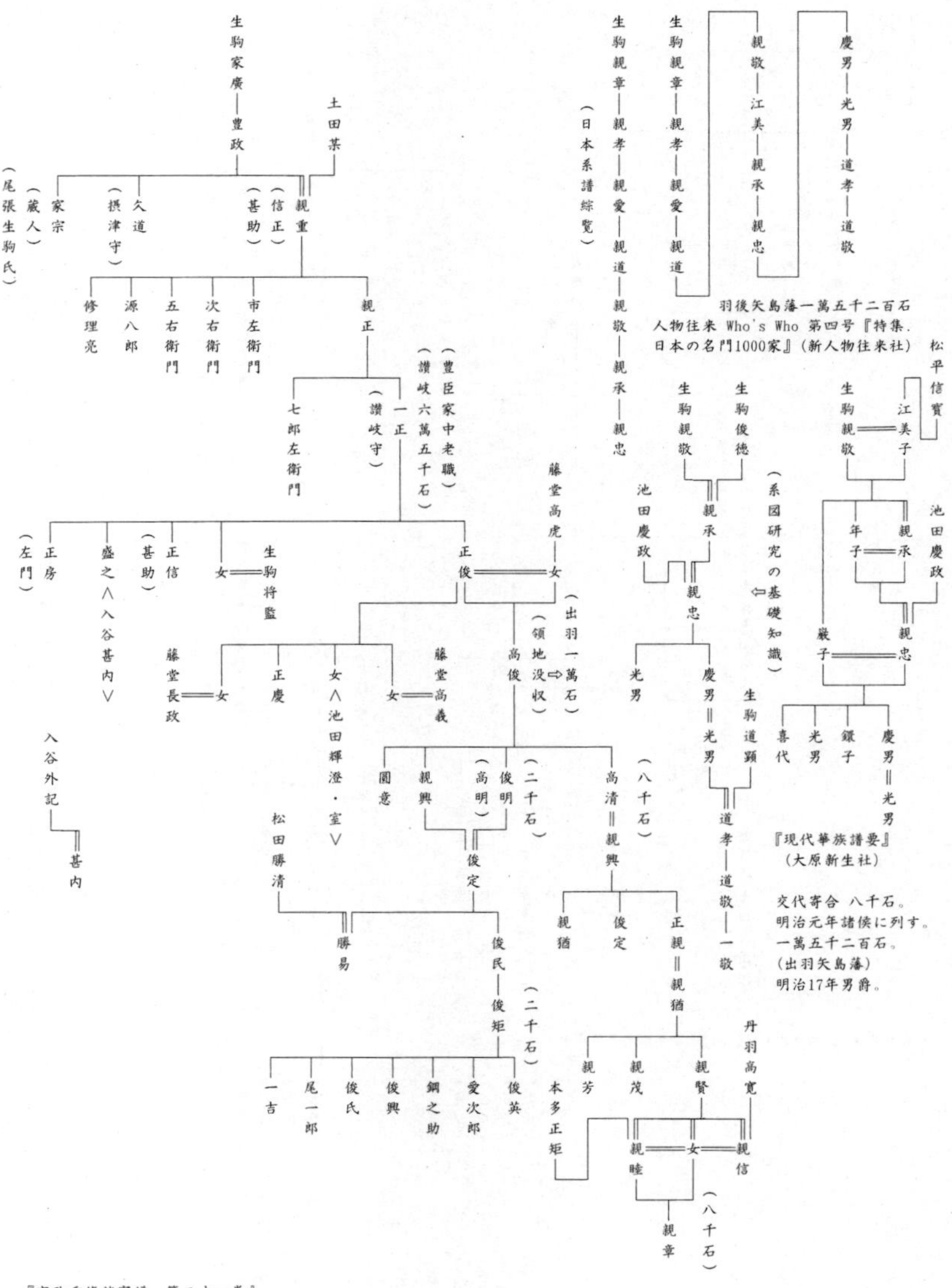

『寛政重修諸家譜・第二十一巻』

尾張生駒氏系図 (1)

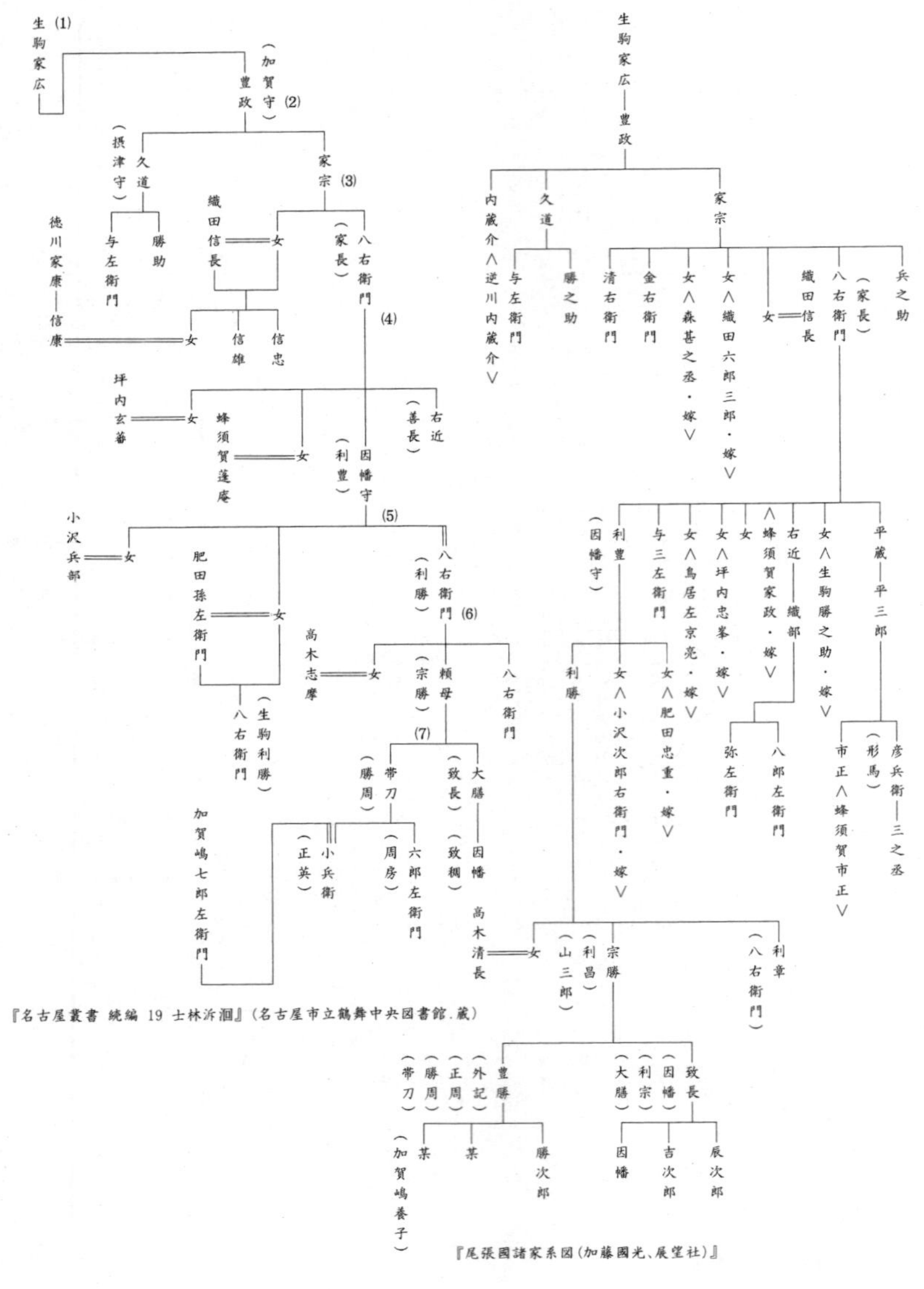

『名古屋叢書 続編 19 士林泝洄』(名古屋市立鶴舞中央図書館.蔵)

『尾張國諸家系図(加藤國光、展望社)』

尾張生駒氏系図 (2)

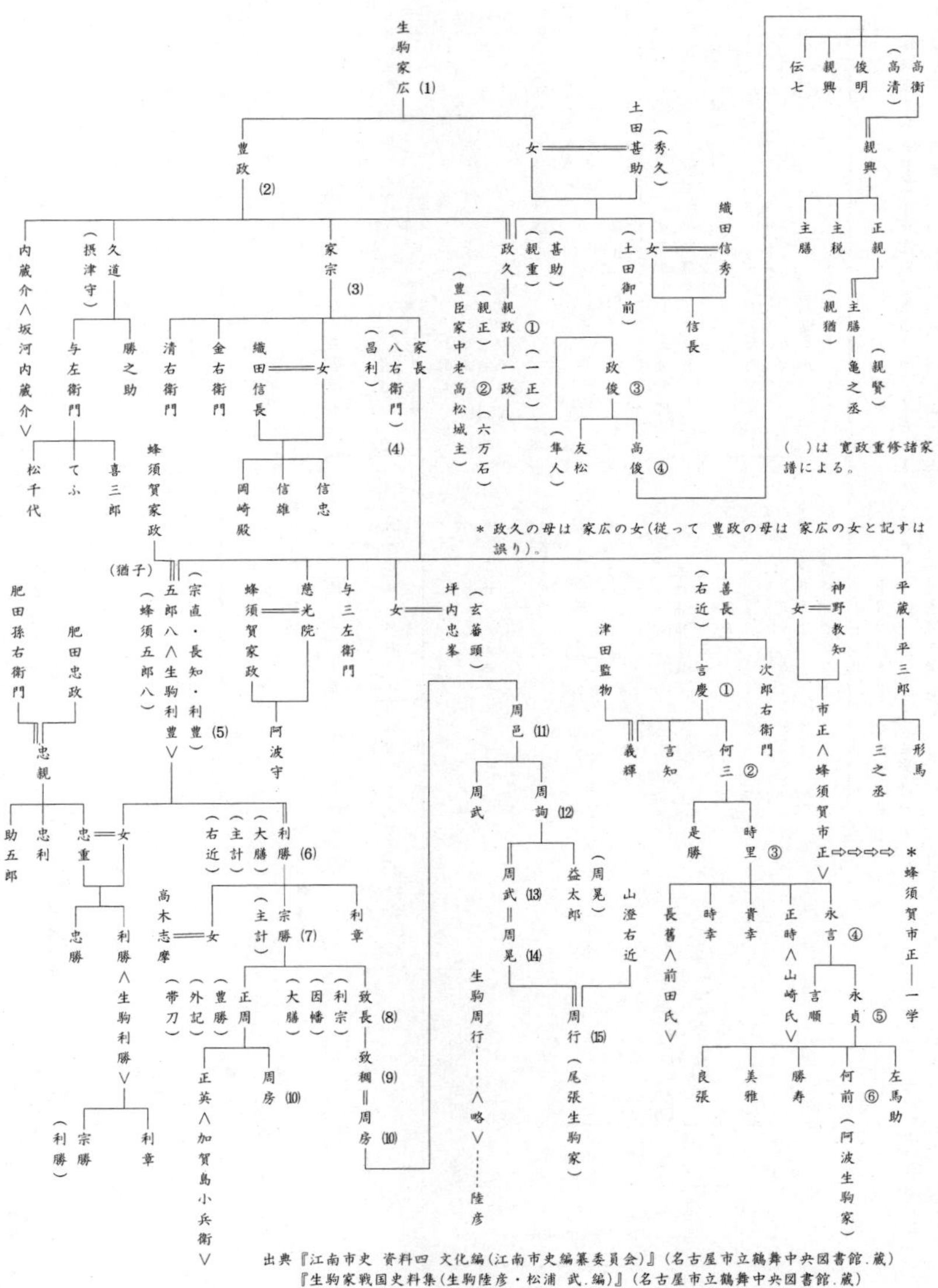

出典『江南市史 資料四 文化編（江南市史編纂委員会）』（名古屋市立鶴舞中央図書館．蔵）
『生駒家戦国史料集（生駒陸彦・松浦 武．編）』（名古屋市立鶴舞中央図書館．蔵）

建部氏一族系図（土田氏・生駒氏）

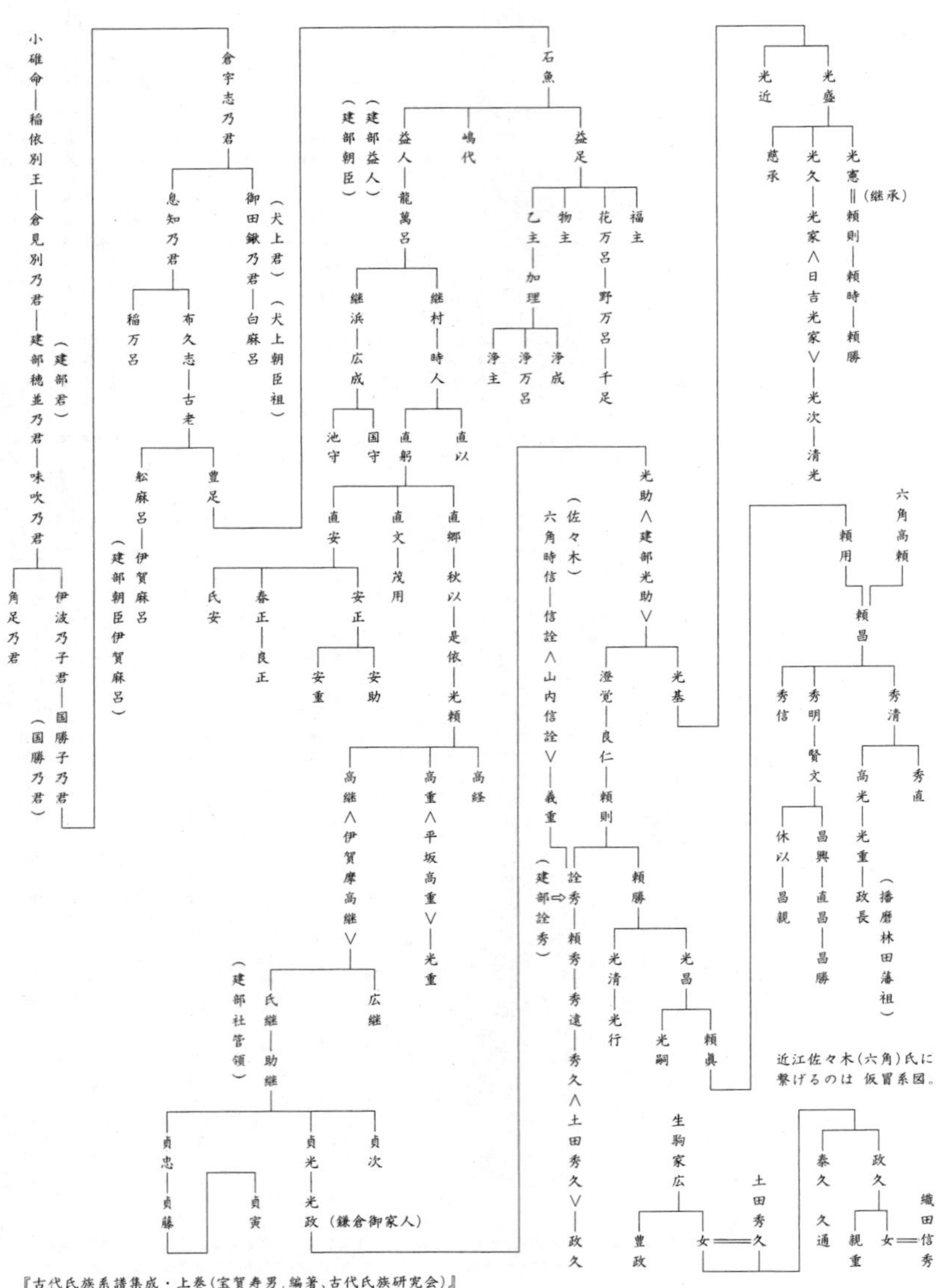

『古代氏族系譜集成・上巻（宝賀寿男 編著、古代氏族研究会）』

生駒氏・土田氏一族系図

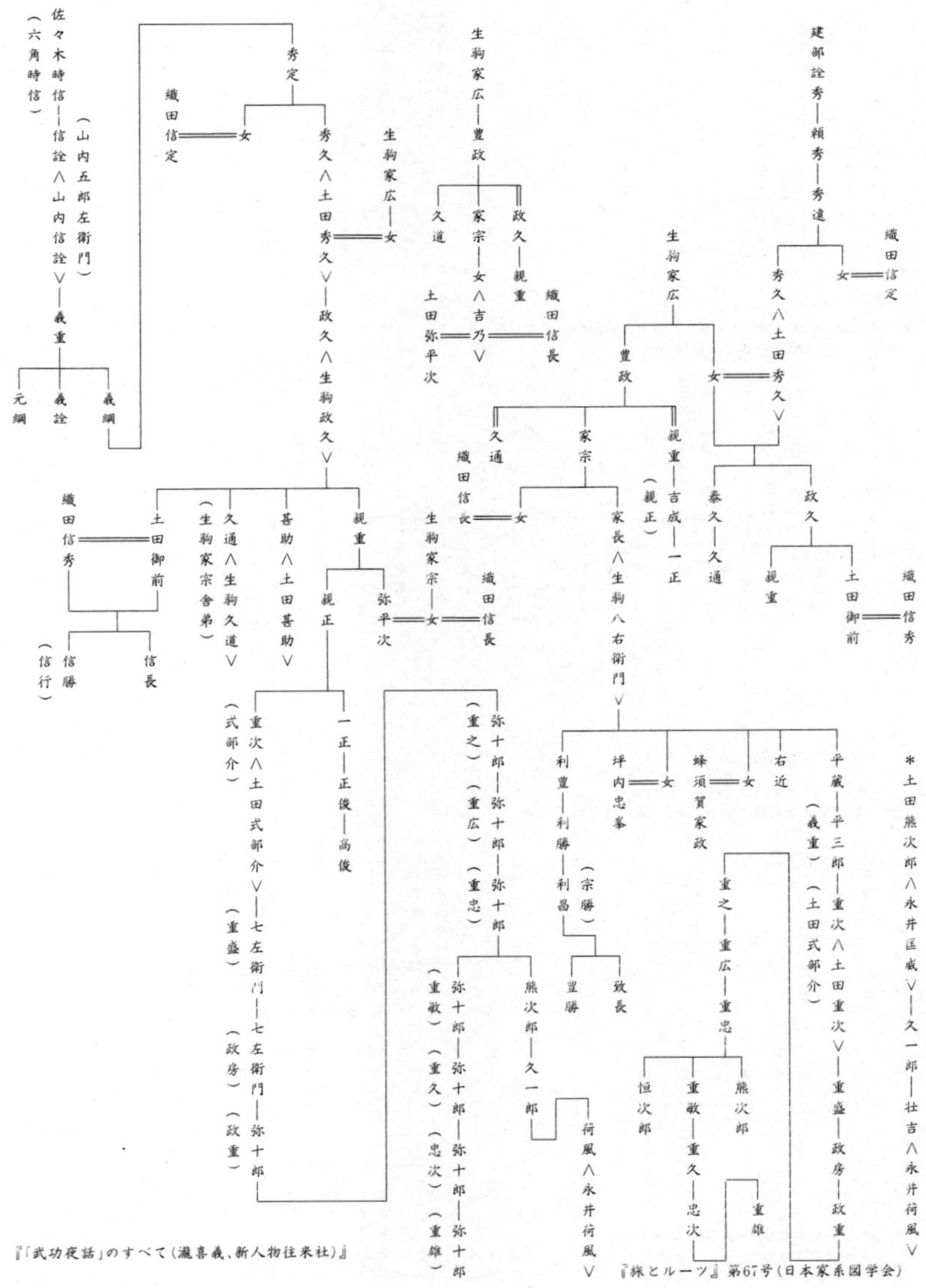

佐々木時信（六角時信）—信詮〈山内信詮〉（山内五郎左衛門）—義重
元綱
義詮
義綱
秀定
織田信定＝女
秀久〈土田秀久〉＝生駒家広—女
政久〈生駒政久〉
織田信秀＝土田御前
信長
信勝（信行）
久通〈生駒久道〉（生駒家宗舎弟）
甚助〈土田甚助〉
親重
親正
弥平次＝生駒家宗—女＝織田信長
一正—正俊—高俊
重次〈土田式部介〉（式部介）—七左衛門（重盛）—七左衛門（政房）—弥十郎（政重）
弥十郎（重之）—弥十郎（重広）—弥十郎（重忠）
弥十郎（重敬）—弥十郎（重久）—弥十郎（忠次）—弥十郎（重雄）
熊次郎—久一郎—荷風〈永井荷風〉
『「武功夜話」のすべて（瀧喜義、新人物往来社）』
生駒家広—豊政
久道
家宗—女〈吉乃〉
政久—親重
土田弥平次＝女〈吉乃〉＝織田信長
建部詮秀—頼秀—秀遠
秀久〈土田秀久〉
女＝織田信定
生駒家広
豊政
女＝土田秀久
久通
家宗
親重—吉成—一正（親正）
泰久—久通
政久
親重
土田御前＝織田信秀
織田信長＝女
家長〈生駒八右衛門〉
利豊—利勝—利昌（宗勝）
豊勝
致長
坪内忠家＝女
蜂須賀家政＝女
右近
平蔵（義重）—平三郎—重次〈土田重次〉（土田式部介）—重盛—政房—政重
重之—重広—重忠
恒次郎
重敬—重久—忠次
重雄
熊次郎
＊土田熊次郎〈永井匡威〉—久一郎—壮吉〈永井荷風〉
『旅とルーツ』第67号（日本家系図学会）

川並衆関係系図 (1)

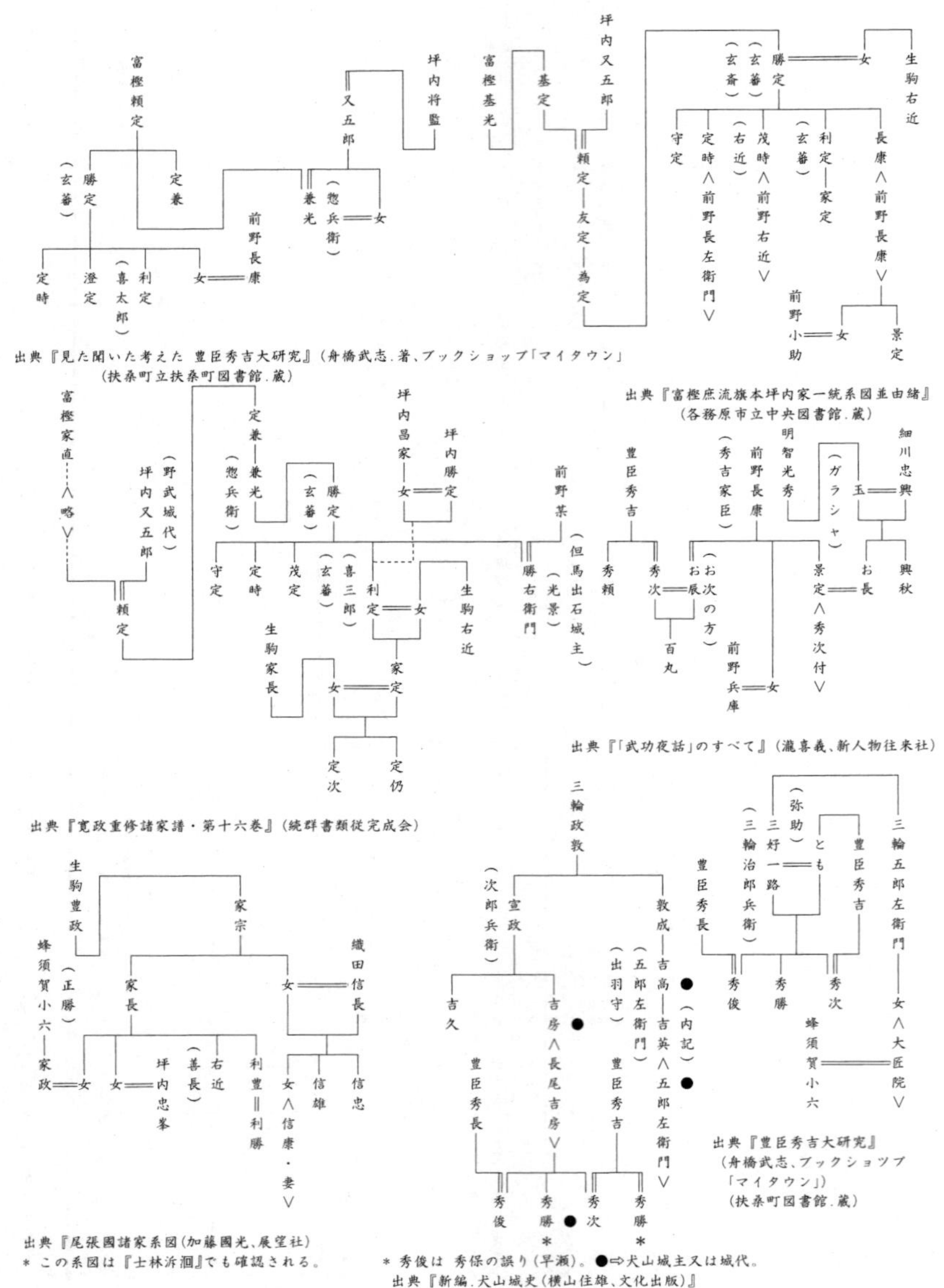

出典『見た聞いた考えた 豊臣秀吉大研究』(舟橋武志.著、ブックショップ「マイタウン」(扶桑町立扶桑町図書館.蔵)

出典『富樫庶流旗本坪内家一統系図並由緒』(各務原市立中央図書館.蔵)

出典『「武功夜話」のすべて』(瀧喜義、新人物往来社)

出典『寛政重修諸家譜・第十六巻』(続群書類従完成会)

出典『豊臣秀吉大研究』(舟橋武志、ブックショツプ「マイタウン」)(扶桑町図書館.蔵)

出典『尾張國諸家系図(加藤國光、展望社)
* この系図は『士林泝洄』でも確認される。

* 秀俊は 秀保の誤り(早瀬)。●⇨犬山城主又は城代。
出典『新編.犬山城史(横山住雄、文化出版)』

川並衆関係系図 (2)

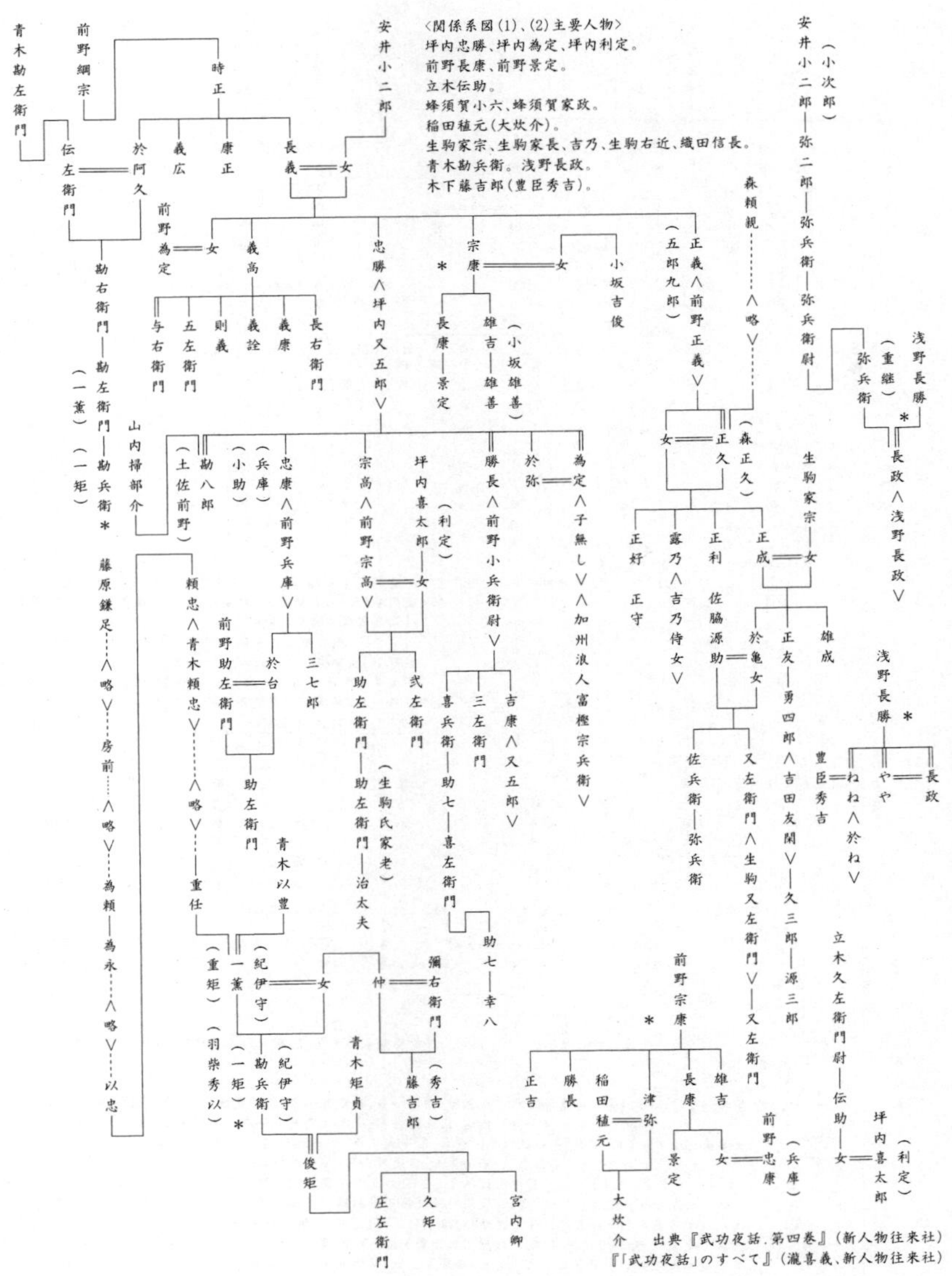
〈関係系図(1)、(2)主要人物〉
坪内忠勝、坪内為定、坪内利定。
前野長康、前野景定。
立木伝助。
蜂須賀小六、蜂須賀家政。
稲田稙元(大炊介)。
生駒家宗、生駒家長、吉乃、生駒右近、織田信長。
青木勘兵衛。浅野長政。
木下藤吉郎(豊臣秀吉)。
出典『武功夜話.第四巻』(新人物往来社)
『「武功夜話」のすべて』(瀧喜義、新人物往来社)

川並衆関係系図 (3)

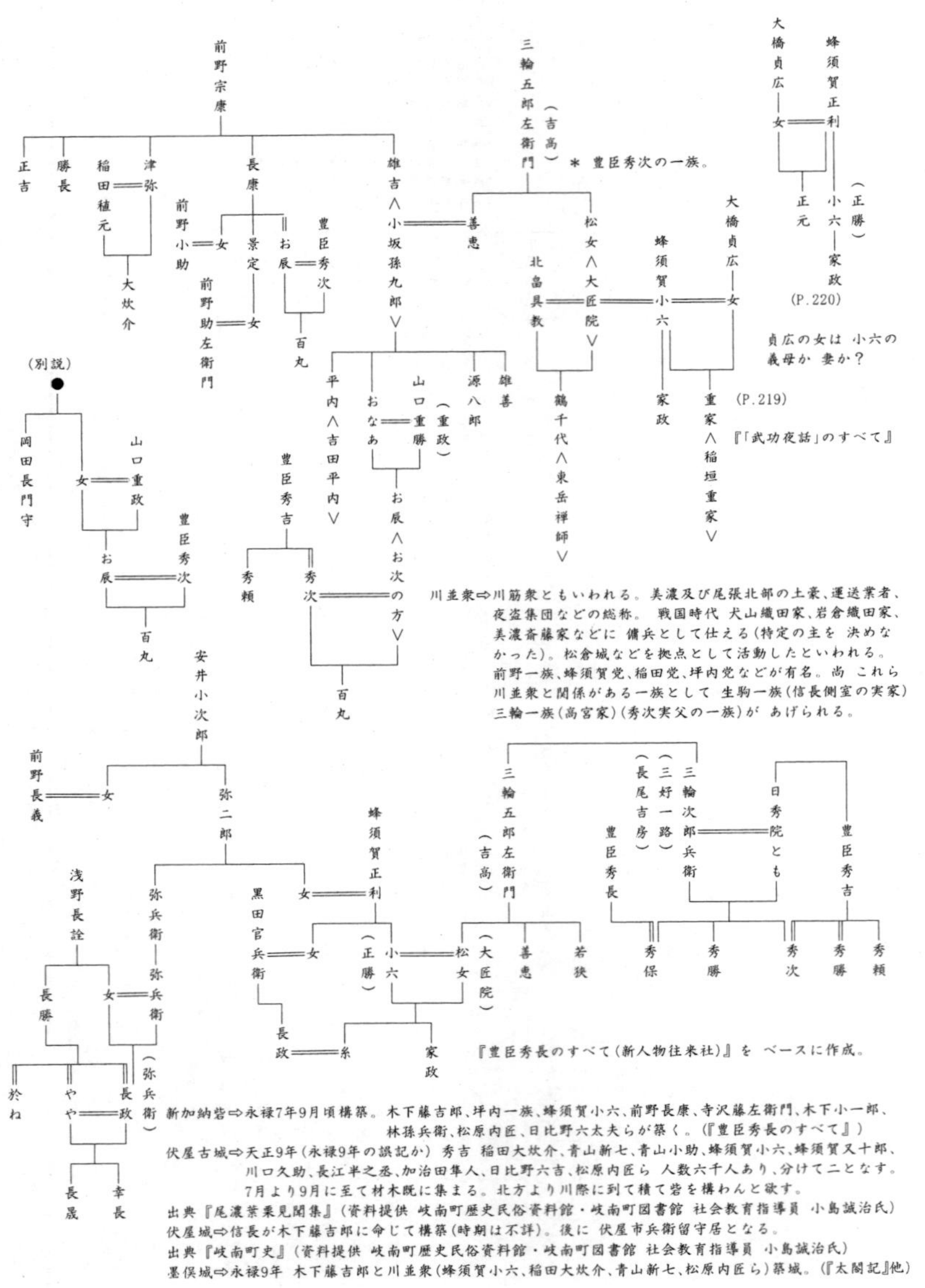

新加納砦⇨永禄7年9月頃構築。木下藤吉郎、坪内一族、蜂須賀小六、前野長康、寺沢藤左衛門、木下小一郎、林孫兵衛、松原内匠、日比野六太夫らが築く。(『豊臣秀長のすべて』)

伏屋古城⇨天正9年(永禄9年の誤記か) 秀吉 稲田大炊介、青山新七、青山小助、蜂須賀小六、蜂須賀又十郎、川口久助、長江半之丞、加治田隼人、日比野六吉、松原内匠ら 人数六千人あり、分けて二となす。7月より9月に至て材木既に集まる。北方より川際に到て積て砦を構わんと欲す。

出典『尾濃葉栗見聞集』(資料提供 岐南町歴史民俗資料館・岐南町図書館 社会教育指導員 小島誠治氏)

伏屋城⇨信長が木下藤吉郎に命じて構築(時期は不詳)。後に 伏屋市兵衛留守居となる。

出典『岐南町史』(資料提供 岐南町歴史民俗資料館・岐南町図書館 社会教育指導員 小島誠治氏)

墨俣城⇨永禄9年 木下藤吉郎と川並衆(蜂須賀小六、稲田大炊介、青山新七、松原内匠ら)築城。(『太閤記』他)

蜂須賀氏 (1)

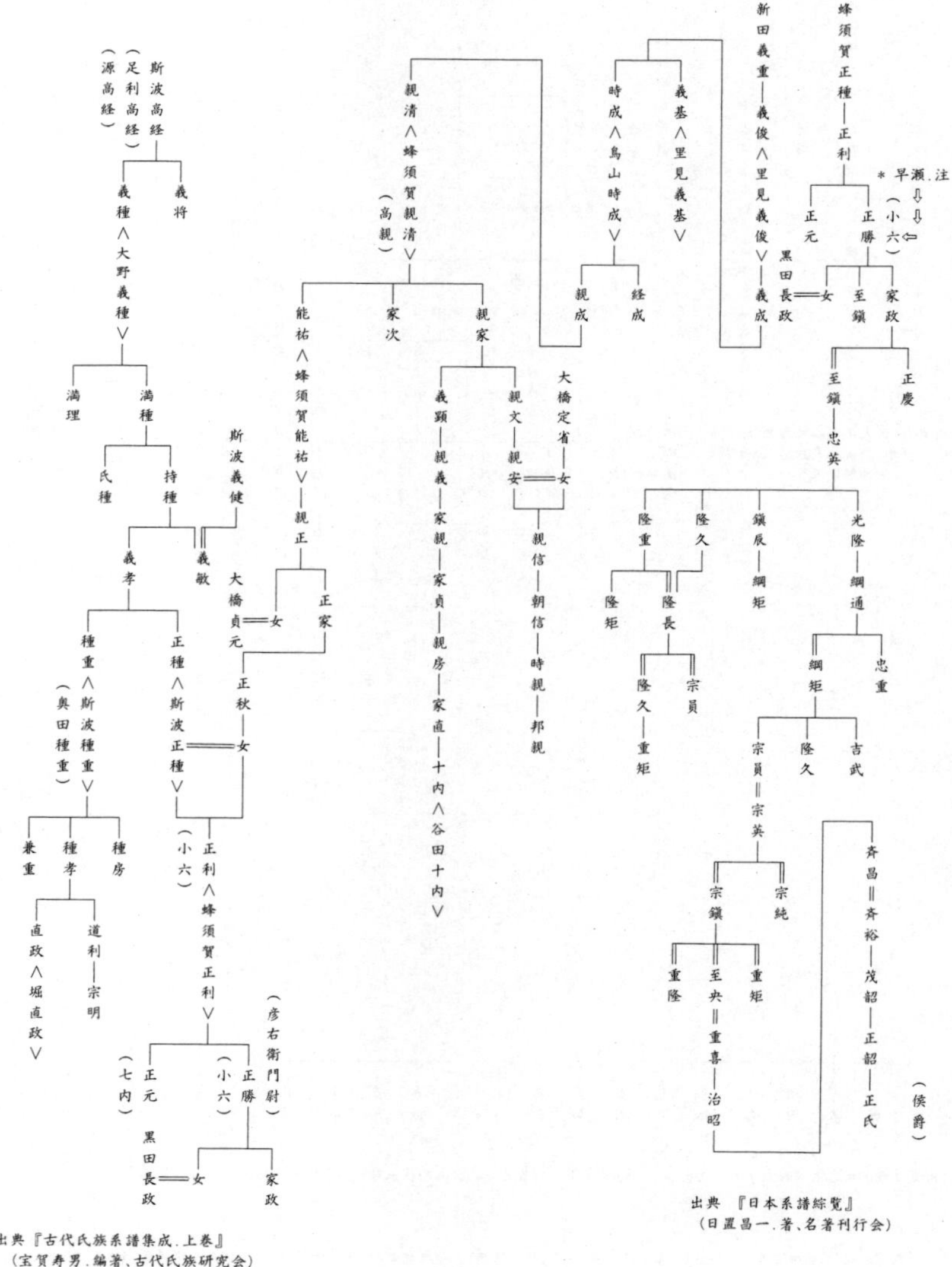

出典『古代氏族系譜集成.上巻』（宝賀寿男.編著、古代氏族研究会）

出典 『日本系譜綜覧』（日置昌一.著、名著刊行会）

蜂須賀氏 (2)

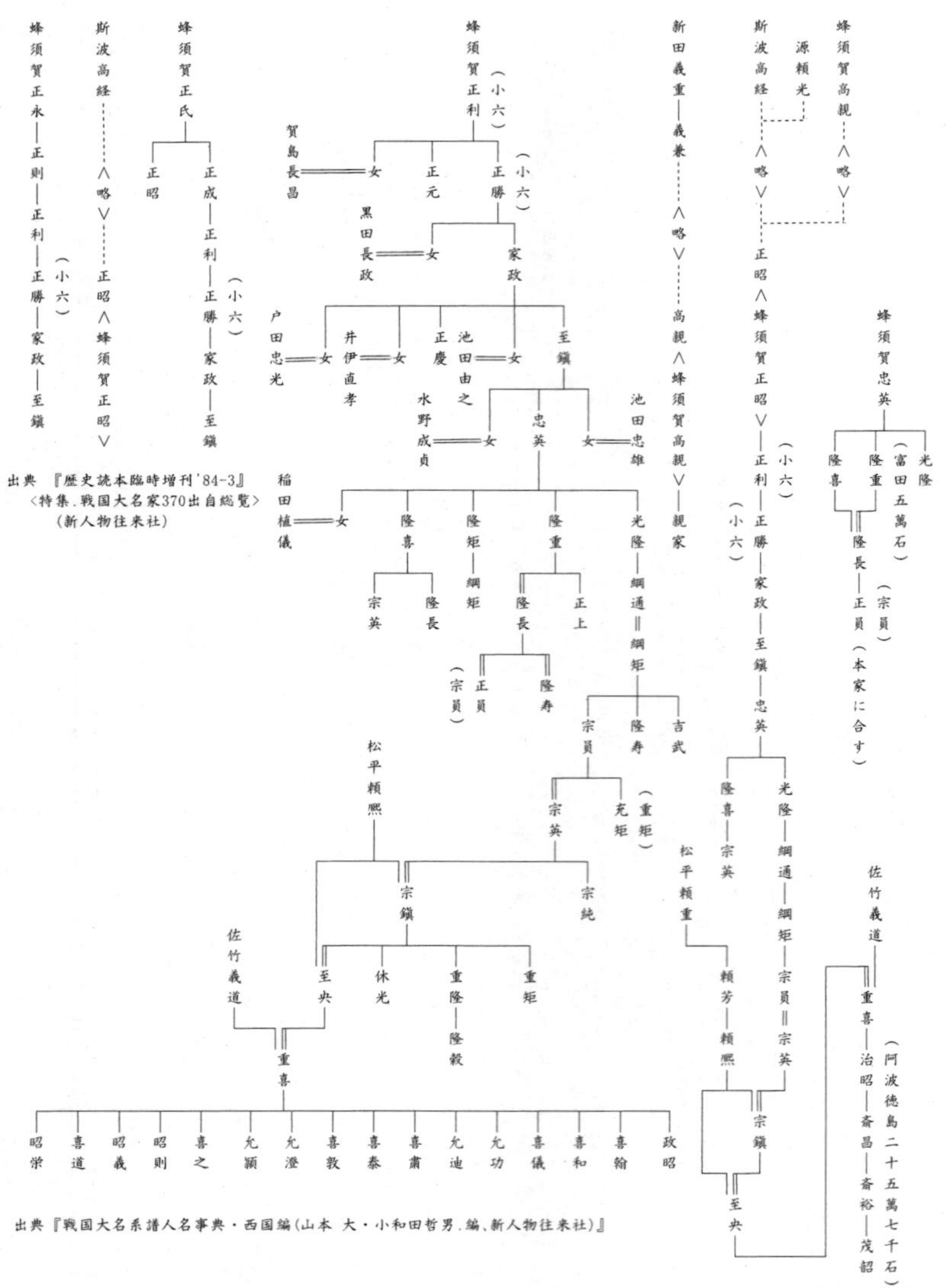

出典『新編.姓氏家系辞書(太田亮.著・丹羽基二.編、秋田書店)』、『歴史と旅 臨時増刊 3/5 「姓氏家系総覧.第3巻」(秋田書店)』

蜂須賀氏 (3)

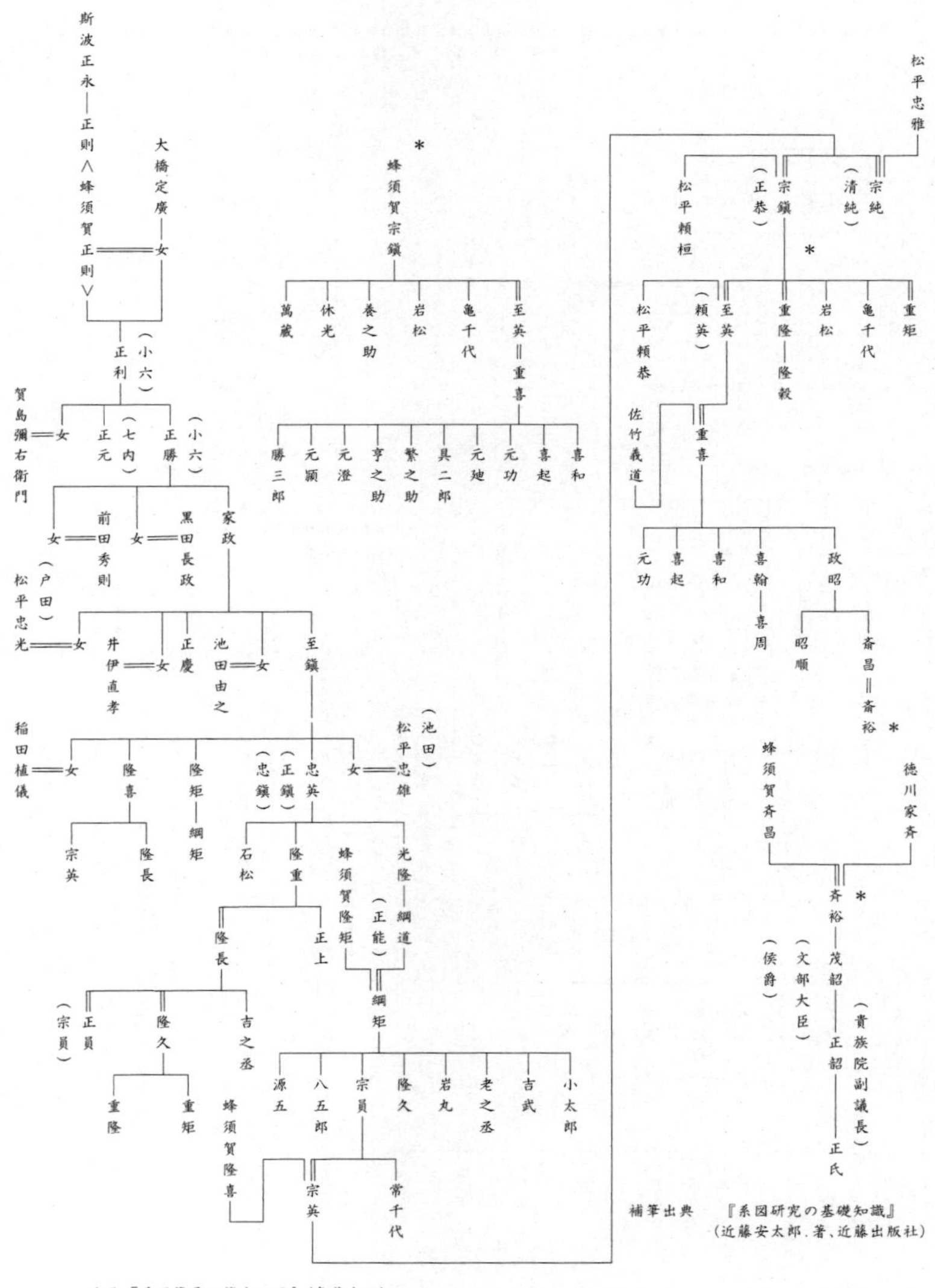

出典『系図纂要・第十一冊』(名著出版)

補筆出典　『系図研究の基礎知識』(近藤安太郎.著、近藤出版社)

蜂須賀氏 (4)

尾張海東郡蜂須賀村に住す。至鎮(よししげ)が時 はじめて松平の御称号をたまう。

蜂須賀小六(正勝) 犬山の織田信清、岩倉の織田信賢、美濃の斎藤道三などに仕える。
永禄3年より織田信長に仕える。後に秀吉に仕える。

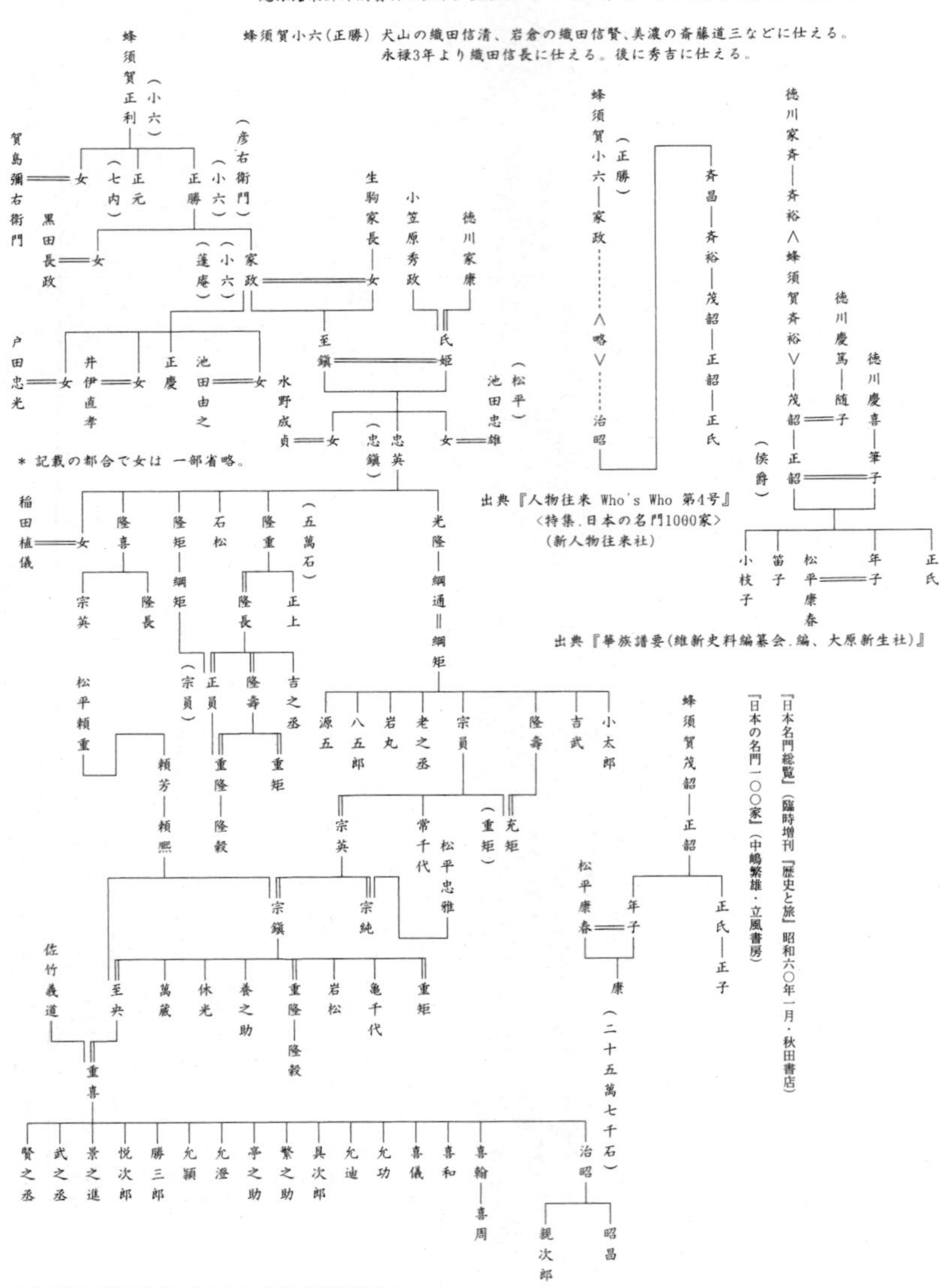

出典『寛政重修諸家譜・第六巻』(続群書類従完成会)

蜂須賀氏 (5)

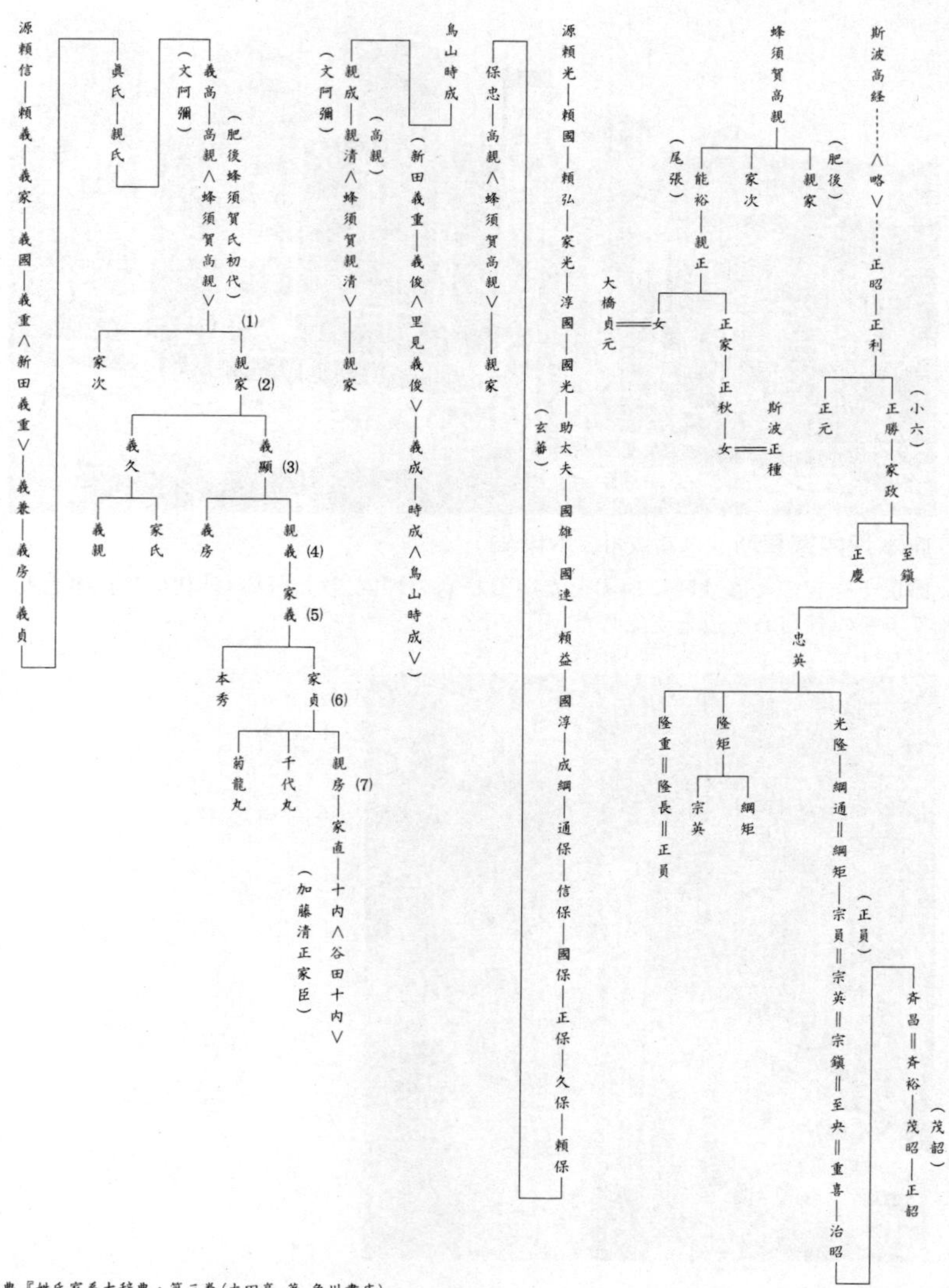

出典『姓氏家系大辞典・第三巻（太田亮.著、角川書店）

旗本坪内家墓所（各務原市、小林寺）

信長—秀吉の美濃攻略に協力した美濃松倉の坪内氏は、江戸時代には旗本として現在の各務原周辺を支配した。

なぜ川並衆は秀吉に協力したのか？

川並衆は、織田家の美濃攻略過程において、木下藤吉郎に協力して大沢氏の諜略や稲葉山城攻略のための付け城（砦）の築城に協力（墨俣一夜城築城伝説）し、蜂須賀小六や松倉の坪内一族が知られている。坪内氏は秀吉が最初に添え状（副状）を発給した。この書状により、永禄八年には、藤吉郎は足軽小物ではなく、それなりの地位にあったことが証明された。

その後も、かなり川並衆が秀吉に協力し、秀吉軍団は、織田家中でも異能の軍団として活躍し、秀吉の天下取りをサポートした。しかし、なぜ一癖も二癖もある彼らが秀吉に協力したのかは謎である。この謎が、秀吉の出自がしばしば闇の系譜に結びつけられる所以となっている（小林久三『秀吉・奇跡の天下取り』、月海黄樹『秀吉の正体』、丸田淳一『秀吉の謎』）。

秀吉が武士の出自でないことは明らかだが、その出自に関しては未だ定かではない。蜂須賀家にしても、現在の系譜は江戸時代に整えられたものであり、その出自には疑問もある。蜂須賀小六が年下の秀吉をあれほどバックアップしたことは、たんに秀吉に魅せられたからという理由だけでは納得できない。両者が知られざる血族の同族であった可能性もあるが、筆者の手許にはそれを証明する資料はない。

以下、次章において、秀吉一族の血脈について考察したい。

第二章　謎の豊臣一族

——豊臣家興亡史

豊臣氏一族系図（前川ルポを中心に構成）

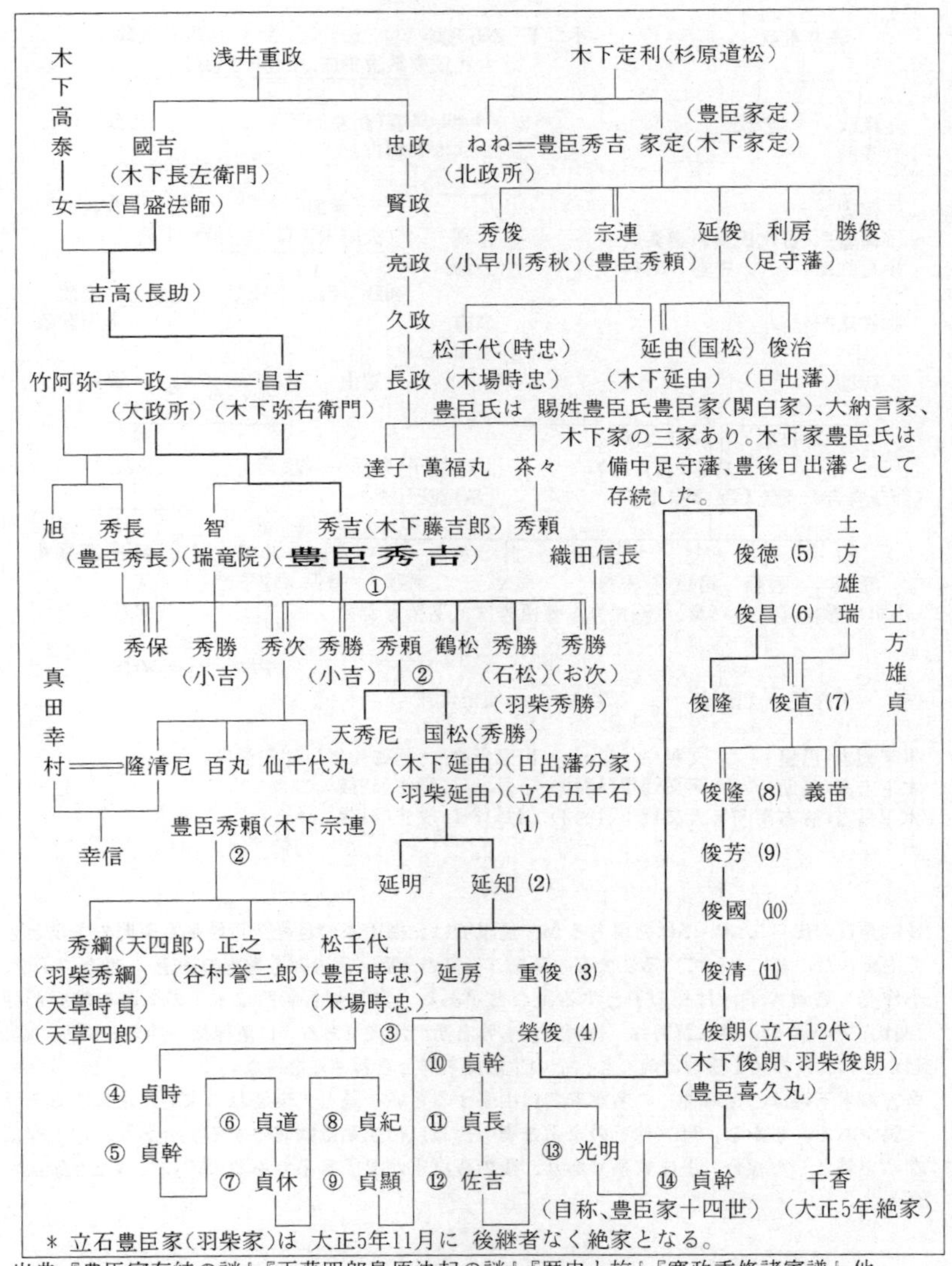
木下高泰
浅井重政
木下定利（杉原道松）
（豊臣家定）
國吉
（木下長左衛門）
忠政
ねね＝豊臣秀吉
家定（木下家定）
（北政所）
女＝（昌盛法師）
賢政
秀俊
宗連
延俊
利房
勝俊
亮政
（小早川秀秋）
（豊臣秀頼）
（足守藩）
吉高（長助）
久政
松千代（時忠）
延由（国松）
俊治
竹阿弥＝政＝昌吉
長政
（木場時忠）
（木下延由）
（日出藩）
（大政所）
（木下弥右衛門）
豊臣氏は 賜姓豊臣氏豊臣家（関白家）、大納言家、木下家の三家あり。木下家豊臣氏は備中足守藩、豊後日出藩として存続した。
達子
萬福丸
茶々
旭
秀長
智
秀吉（木下藤吉郎）
秀頼
（豊臣秀長）
（瑞竜院）
（豊臣秀吉）
織田信長
俊徳 (5)
土方雄瑞
①
俊昌 (6)
秀保
秀勝
秀次
秀勝
秀頼
鶴松
秀勝
秀勝
土方雄貞
（小吉）
（小吉）
②
（石松）
（お次）
真田幸村
（羽柴秀勝）
俊隆
俊直 (7)
天秀尼
国松（秀勝）
隆清尼
百丸
仙千代丸
（木下延由）
（日出藩分家）
（羽柴延由）
（立石五千石）
俊隆 (8)
義苗
豊臣秀頼（木下宗連）
(1)
幸信
②
俊芳 (9)
延明
延知 (2)
俊國 (10)
秀綱（天四郎）
正之
松千代
（羽柴秀綱）
（谷村誉三郎）
（豊臣時忠）
延房
重俊 (3)
俊清 (11)
（天草時貞）
（木場時忠）
（天草四郎）
③
榮俊 (4)
俊朗（立石12代）
⑩ 貞幹
（木下俊朗、羽柴俊朗）
④ 貞時
（豊臣喜久丸）
⑥ 貞道
⑧ 貞紀
⑪ 貞長
⑤ 貞幹
⑬ 光明
⑦ 貞休
⑨ 貞顕
⑫ 佐吉
⑭ 貞幹
千香
（自称、豊臣家十四世）
（大正5年絶家）
＊ 立石豊臣家（羽柴家）は 大正5年11月に 後継者なく絶家となる。

出典『豊臣家存続の謎』、『天草四郎島原決起の謎』、『歴史と旅』、『寛政重修諸家譜』、他。

豊臣秀吉系図

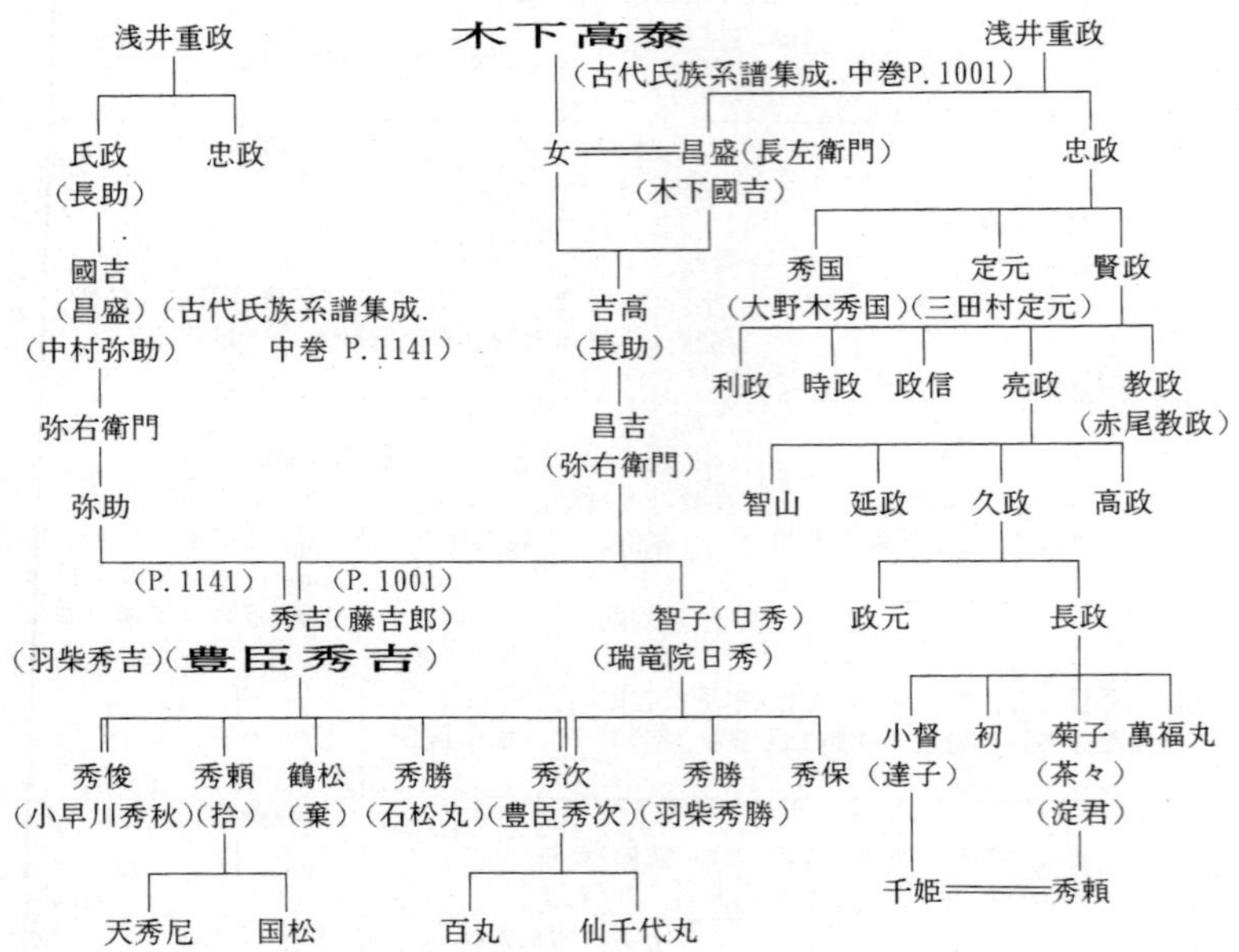

木下國吉（昌盛）　　文明 4年（1472）出家（8歳）、延徳元年（1489）還俗。
木下吉高（長助）　　天文 9年（1540）11月 6日 没す（50歳）。
木下昌吉（弥右衛門）天文12年（1543） 4月18日 没す（31歳）。

豊臣秀吉の出自については諸説あるが、通説では元織田家の足軽、百姓弥右衛門の子供として生まれたことになっている。公家の落胤、天皇の落胤（両説とも秀吉の捏造）、野合の子説、小作農・貧農の子、村長の子とする説などがある。実父弥右衛門は木下の名跡を継いだ仲（関氏）の入り婿、継父筑阿弥（竹阿弥）も弥右衛門没後（あるいは離縁後）仲の元に入り婿、しかし、二人の父を秀吉は疎んじ、その生涯は不詳と言わざるを得ない。
秀吉の木下姓は、母（仲）の名跡家名に由来するという説と、妻於ねの家名に由来するという説がある。しかし、母（仲）の家系と妻（於ね）の家系は姻戚とする説もあり、木下家は女系を軸とした複合、混成家系であり、後の豊臣家が混成家系である要因になったと想像される。

豊臣家大政所系図

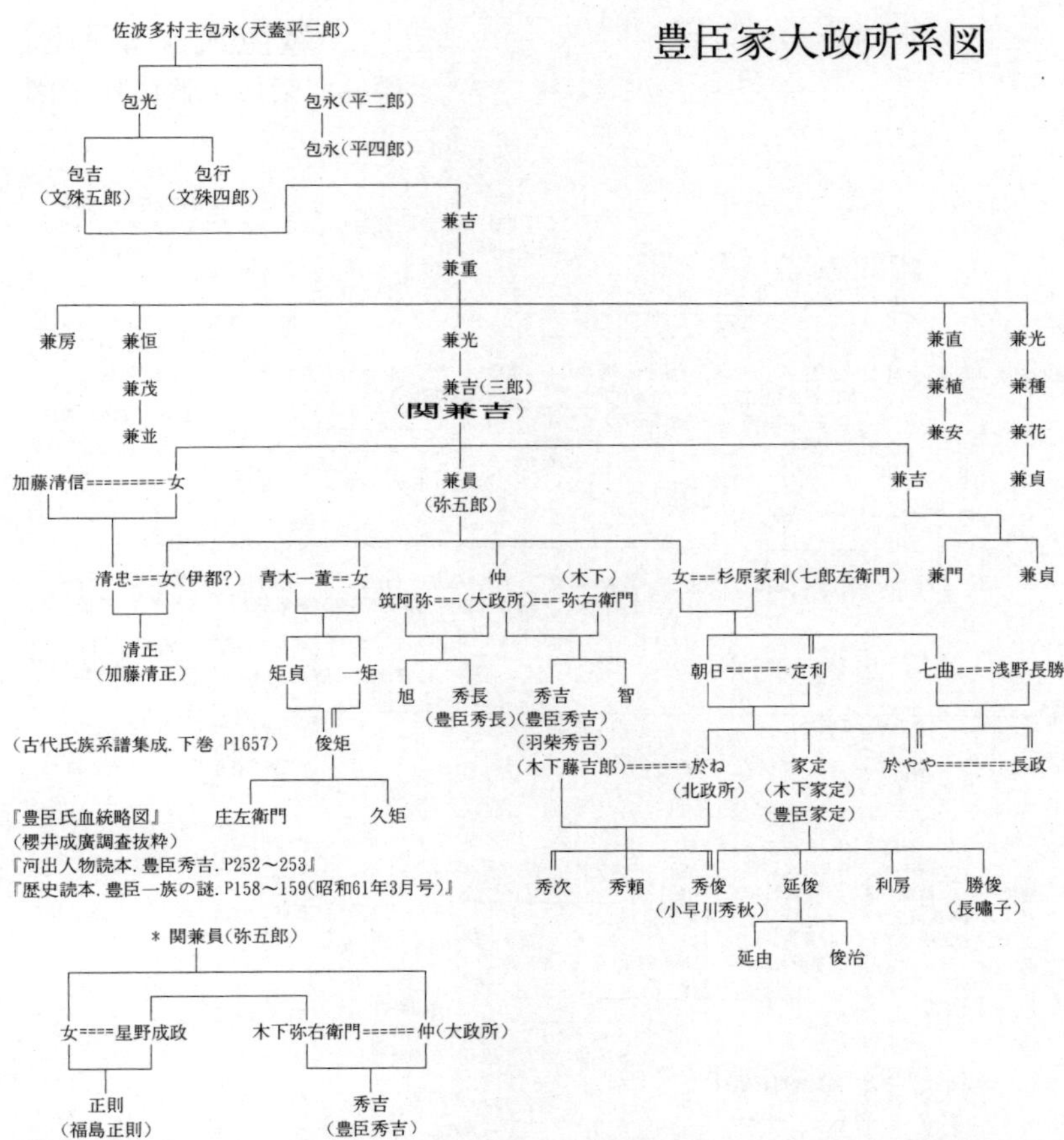

この系図が信用できるものであるとするなら、豊臣一族（秀吉、秀長、北政所、大政所）は、秀吉の先代よりネットワークを形成していたことになり、秀吉と於ね（北政所）の結婚も、そのネットワークの中で行われたことになる。また、この系図が信用できるものなら、秀吉を貧農の出身とするのは、出世を強調するための作為ということになる。富裕農民というのは疑問だが、尾張を出る時、一貫文の銭を所持していたという所伝が信用できるなら、普通クラス（自作、半小作農）とみるのが妥当か？　なお、仲が木下の名跡を継承し、弥右衛門、筑（竹）阿弥が入夫したとすると、両者の存在感の薄さも納得できる。（ただし、断定するだけの証拠はない）

※大政所の実名は不明､太閤記などにより､おなか（仲）とされている（本系図も俗説に従い仲と記す）。

※木下氏は関氏の隠姓か、あるいは仲が木下の名跡を継承したか？

※関兼員以下は、櫻井氏の調査系図（櫻井系図）で確認される。刀鍛治の一族（櫻井系図は御器所村の禰宜としている）。

関氏の隠姓が木下氏なら、福嶋正則の母は秀吉叔母木下氏となる（伯母は誤り）。

豊臣氏一族系図

通説羽柴氏・豊臣氏系図

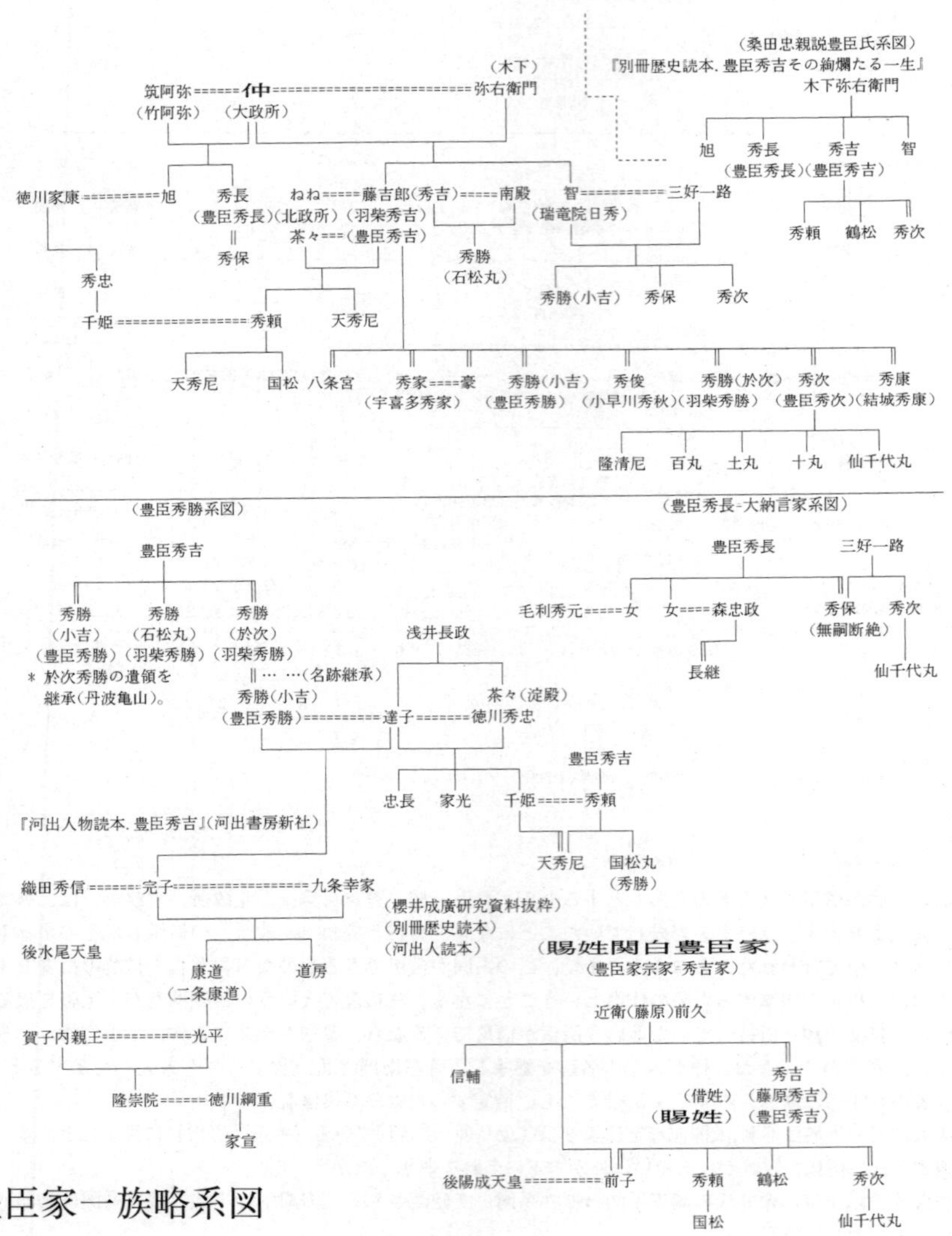

（木下）
筑阿弥 仲 弥右衛門
（竹阿弥）（大政所）
徳川家康 旭 秀長 ねね 藤吉郎（秀吉） 南殿 智 三好一路
（豊臣秀長）（北政所）（羽柴秀吉）（瑞竜院日秀）
秀保 茶々（豊臣秀吉）
秀勝（石松丸）
秀忠
秀勝（小吉） 秀保 秀次
千姫 秀頼 天秀尼
天秀尼 国松 八条宮 秀家 豪 秀勝（小吉） 秀俊 秀勝（於次） 秀次 秀康
（宇喜多秀家）（豊臣秀勝）（小早川秀秋）（羽柴秀勝）（豊臣秀次）（結城秀康）
隆清尼 百丸 土丸 十丸 仙千代丸
（桑田忠親説豊臣氏系図）
『別冊歴史読本. 豊臣秀吉その絢爛たる一生』
木下弥右衛門
旭 秀長 秀吉 智
（豊臣秀長）（豊臣秀吉）
秀頼 鶴松 秀次
（豊臣秀勝系図）
豊臣秀吉
秀勝 秀勝 秀勝
（小吉）（石松丸）（於次）
（豊臣秀勝）（羽柴秀勝）（羽柴秀勝）
＊ 於次秀勝の遺領を継承（丹波亀山）。
……（名跡継承）
浅井長政
秀勝（小吉） 茶々（淀殿）
（豊臣秀勝） 達子 徳川秀忠
豊臣秀吉
忠長 家光 千姫 秀頼
天秀尼 国松丸（秀勝）
『河出人物読本. 豊臣秀吉』（河出書房新社）
織田秀信 完子 九条幸家
後水尾天皇 康道（二条康道） 道房
賀子内親王 光平
隆崇院 徳川綱重
家宣
（豊臣秀長-大納言家系図）
豊臣秀長 三好一路
毛利秀元 女 女 森忠政 秀保 秀次
（無嗣断絶）
長継 仙千代丸
（櫻井成廣研究資料抜粋）
（別冊歴史読本）
（河出人読本）
（賜姓関白豊臣家）
（豊臣家宗家-秀吉家）
近衛（藤原）前久
信輔 秀吉
（借姓）（藤原秀吉）
（賜姓）（豊臣秀吉）
後陽成天皇 前子 秀頼 鶴松 秀次
国松 仙千代丸

豊臣家一族略系図

豊臣秀次系図

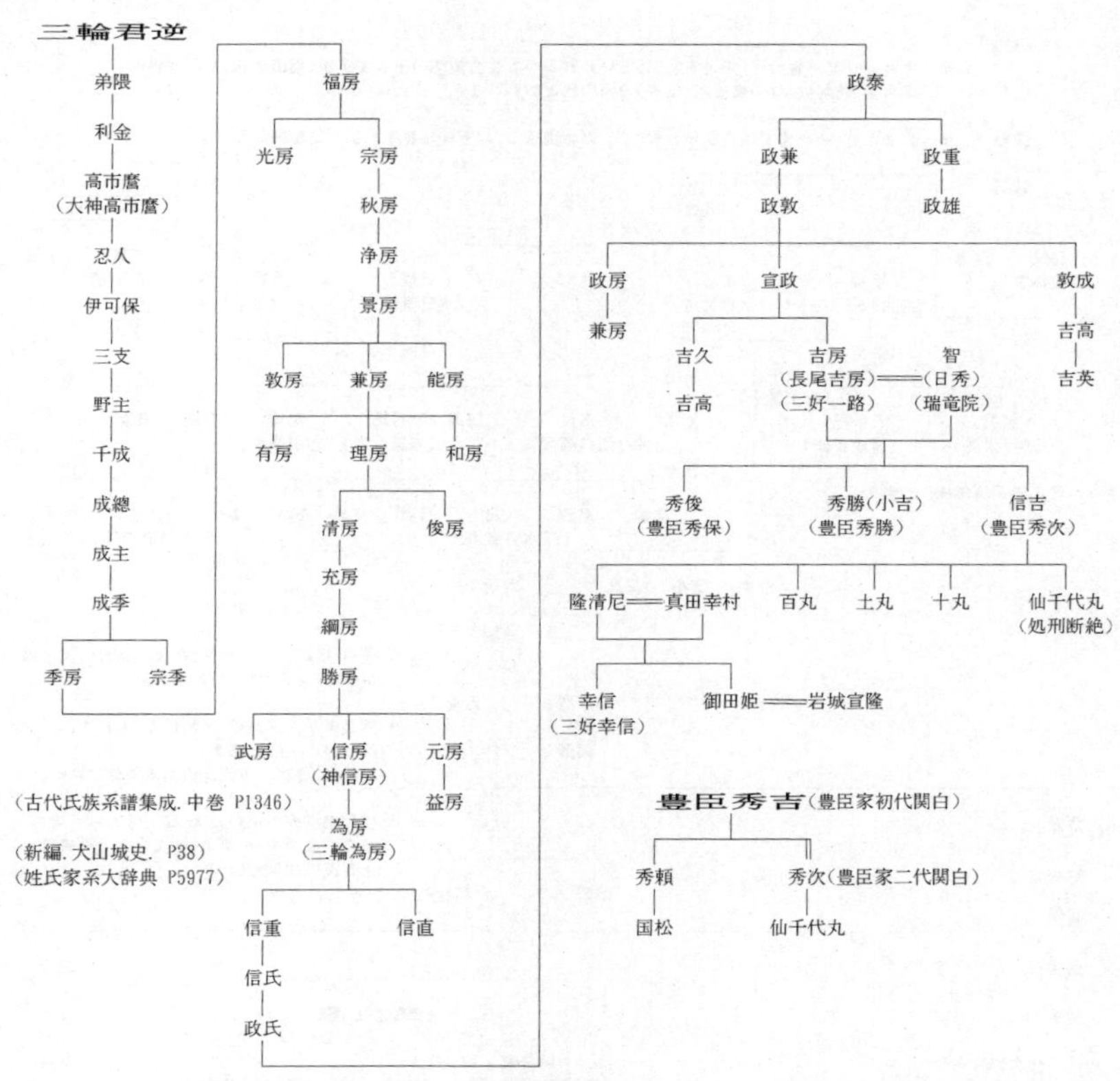

秀次（始め信吉）　三好の家系を継承し、後に秀吉の養子となり、羽柴氏、後に豊臣姓を秀吉より与えられる。秀次の一族は後に犬山城主となった。秀次は、豊臣家二代目継承候補として二代目関白を継承したが、後に謀反の疑いをかけられ（石田三成の謀略か）、関白および豊臣家の継承権を剥奪され、高野山へ追放、後に切腹に追い込まれた。

豊臣（羽柴）秀次→秀吉の甥（姉の智=瑞竜院日秀）の長子として、永禄11年（1568）に生まれた。天正19年（1591）豊臣家の後継候補となり（秀吉の子捨=棄=鶴松が早世、弟の大納言秀長病没により）、同年12月27日に関白を譲られ、左大臣となる（実権は太閤と称した秀吉が引き続いて把握、形式上一部の権限を委譲されたにすぎない）。文禄2年（1593）、秀頼誕生により秀吉との関係が微妙になり、ついに文禄4年7月8日、謀反の疑いで関白職を剥奪され追放となり、15日には高野山で自刃に追い込まれた。秀次の妻、子供、側室は、秀吉の命令で虐殺され、秀次の男系は断絶した。奇跡的に助かった隆清尼が、真田幸村側室として幸信を生み、幸信が秀次の旧姓三好氏の名跡を復活継承した。子孫は真田姓となる。

豊臣秀長系図

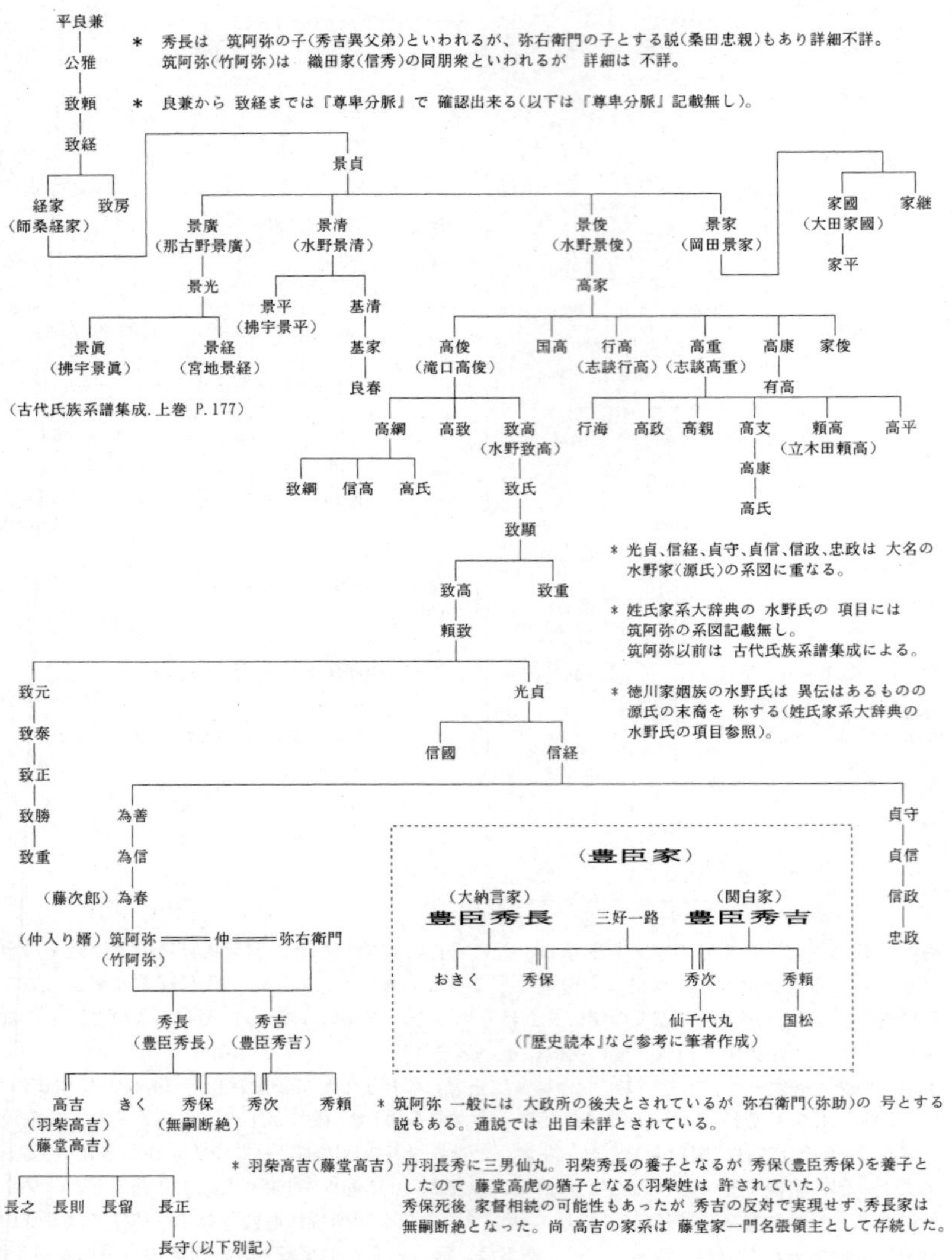
平良兼
公雅
致頼
致経
＊ 秀長は 筑阿弥の子(秀吉異父弟)といわれるが、弥右衛門の子とする説(桑田忠親)もあり詳細不詳。
筑阿弥(竹阿弥)は 織田家(信秀)の同朋衆といわれるが 詳細は 不詳。
＊ 良兼から 致経までは『尊卑分脈』で 確認出来る(以下は『尊卑分脈』記載無し)。
経家
(師桑経家)
致房
景貞
景廣
(那古野景廣)
景清
(水野景清)
景俊
(水野景俊)
景家
(岡田景家)
家國
(大田家國)
家継
家平
景光
景平
(拂宇景平)
基清
基家
良春
景眞
(拂宇景眞)
景経
(宮地景経)
(古代氏族系譜集成. 上巻 P. 177)
高家
高俊
(滝口高俊)
国高
行高
(志談行高)
高重
(志談高重)
高康
家俊
有高
高綱
高致
致高
(水野致高)
行海
高政
高親
高支
頼高
(立木田頼高)
高平
致綱
信高
高氏
致氏
高康
高氏
致顕
＊ 光貞、信経、貞守、貞信、信政、忠政は 大名の
水野家(源氏)の系図に重なる。
＊ 姓氏家系大辞典の 水野氏の 項目には
筑阿弥の系図記載無し。
筑阿弥以前は 古代氏族系譜集成による。
＊ 徳川家姻族の水野氏は 異伝はあるものの
源氏の末裔を 称する(姓氏家系大辞典の
水野氏の項目参照)。
致高
致重
頼致
致元
光貞
致泰
信國
信経
致正
致勝
為善
貞守
致重
為信
貞信
(藤次郎) 為春
信政
(仲入り婿) 筑阿弥 ══ 仲 ══ 弥右衛門
(竹阿弥)
忠政
(豊臣家)
(大納言家)
豊臣秀長
三好一路
(関白家)
豊臣秀吉
おきく
秀保
秀次
秀頼
仙千代丸
国松
(『歴史読本』など参考に筆者作成)
秀長
(豊臣秀長)
秀吉
(豊臣秀吉)
高吉
(羽柴高吉)
(藤堂高吉)
きく
秀保
(無嗣断絶)
秀次
秀頼
＊ 筑阿弥 一般には 大政所の後夫とされているが 弥右衛門(弥助)の 号とする
説もある。通説では 出自未詳とされている。
＊ 羽柴高吉(藤堂高吉) 丹羽長秀に三男仙丸。羽柴秀長の養子となるが 秀保(豊臣秀保)を養子と
したので 藤堂高虎の猶子となる(羽柴姓は 許されていた)。
秀保死後 家督相続の可能性もあったが 秀吉の反対で実現せず、秀長家は
無嗣断絶となった。尚 高吉の家系は 藤堂家一門名張領主として存続した。
長之
長則
長留
長正
長守(以下別記)

出典『古代氏族系譜集成・上巻(宝賀寿男. 著、古代氏族研究会)』、『別冊歴史読本. 豊臣一族のすべて』、『豊臣秀長のすべて』、他。

北政所（杉原氏）系図(1)

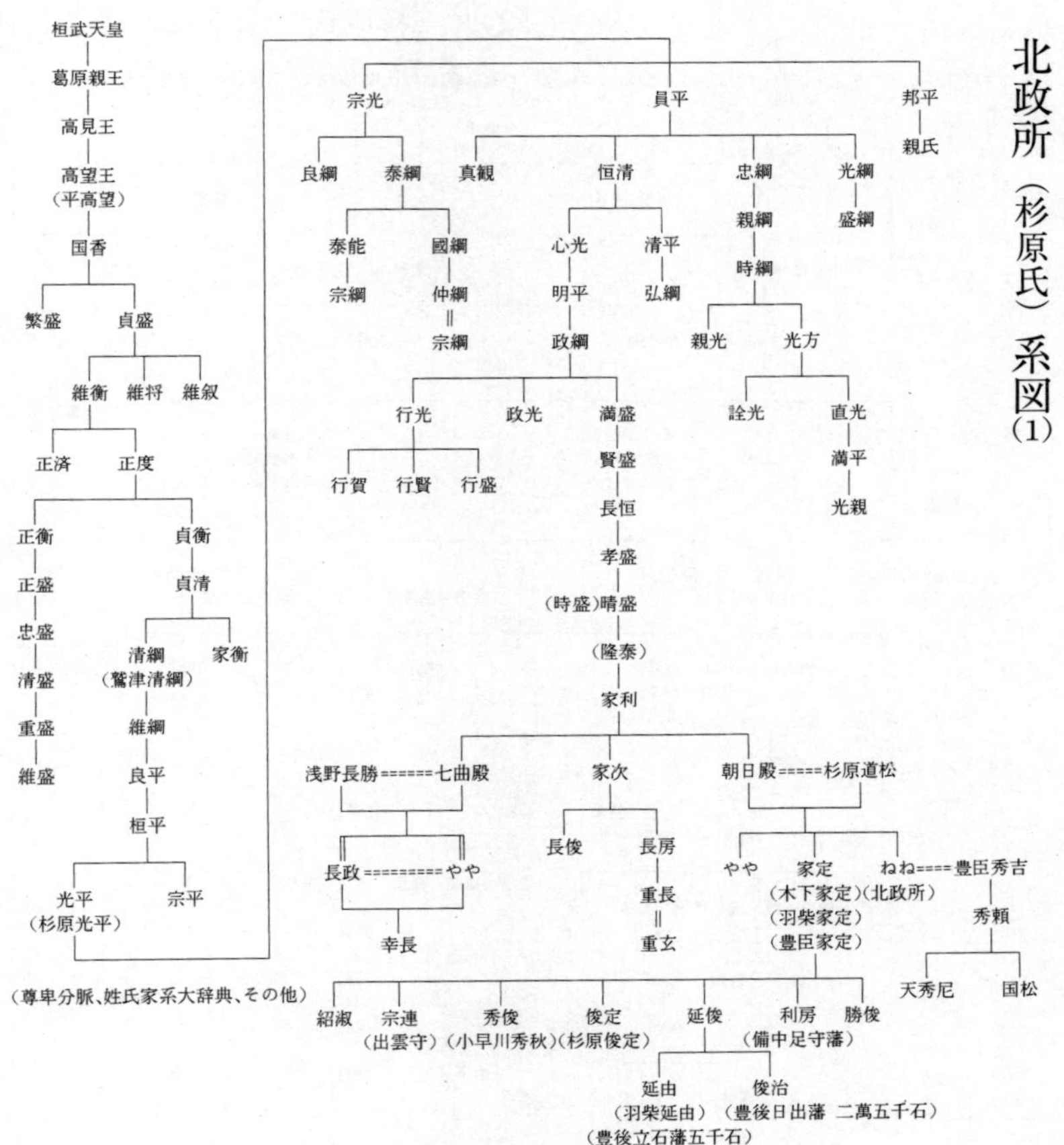

※通史においては、豊臣家は、秀吉系統が断絶した後は、杉原系木下氏が（羽柴延由）（豊後日出藩二萬五千石）豊臣姓を称し、江戸幕府もこれを認め、寛政重修諸家譜においても（豊後立石藩五千石）豊臣姓に記している（苗字は木下、姓は豊臣を称した）。

※杉原晴盛までは『尊卑分脈』により確認される。杉原氏は龍野の出身といわれるが、龍野時代の杉原氏が木下姓を称した形跡はない（『尊卑分脈』記載なし）。木下姓は秀吉より賜ったものか？家利以下は『寛政重修諸家譜』などで確認できる。

※豊後日出藩主木下家（杉原流豊臣家）には、分家立石木下家（羽柴家）の初代木下延由が豊臣秀頼の子国松丸（豊臣秀勝）とする一子相伝（口伝）がある（前川和彦氏の『豊臣家存続の謎』で紹介されている）。

北政所（杉原氏・木下氏）系図（2）

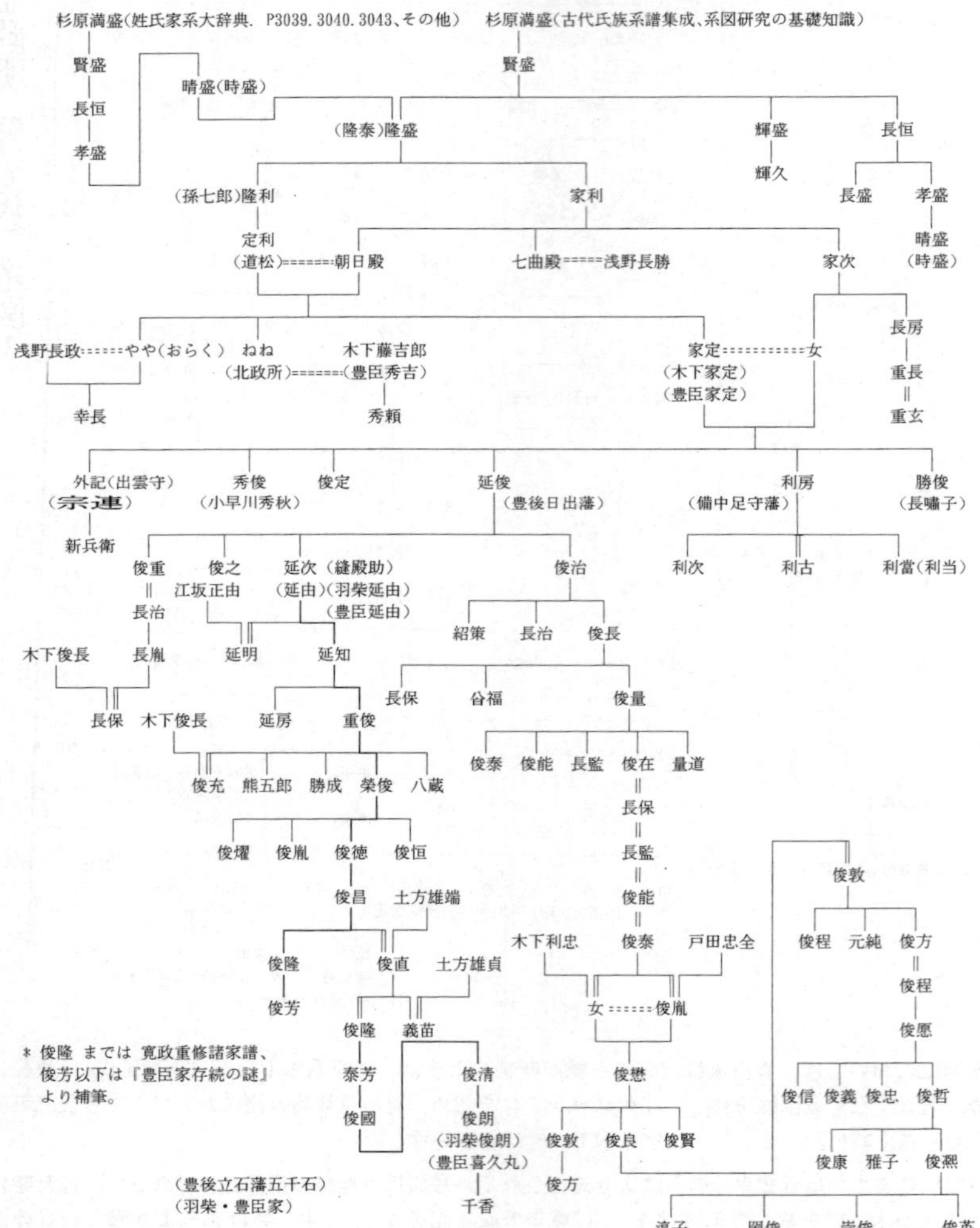

※木下俊熈　日出豊臣十八世、一子相伝公開者（前川ルポ参照）。

※日出藩主木下家の一子相伝については、木下崇俊氏が『別冊歴史読本豊臣一族のすべて』の「豊臣一族の後裔として」のコーナーで、「ご先祖様たちからの贈り物」というタイトルで寄稿し、その中でも触れている。

北政所（木下氏）系図（3）

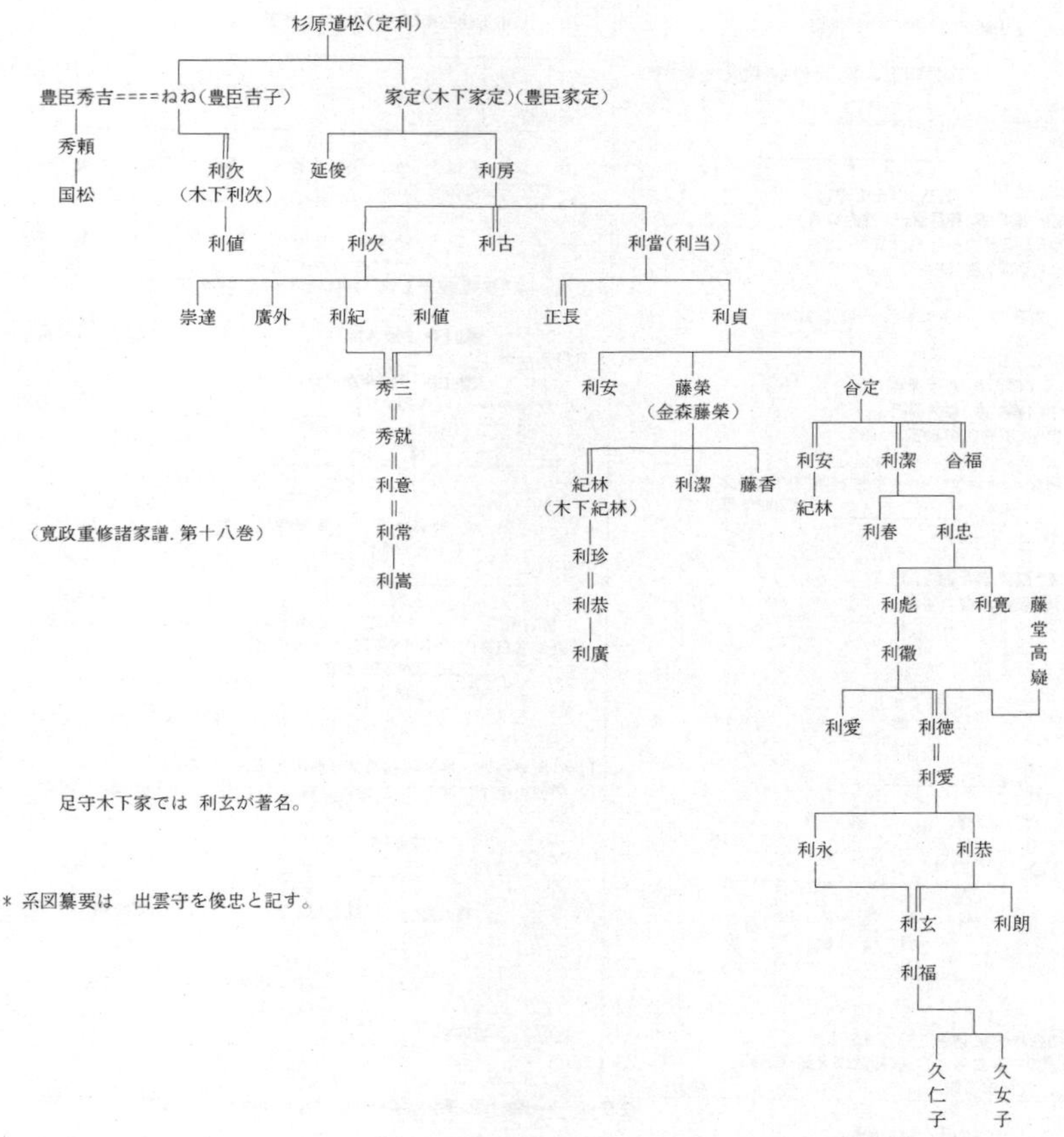

※木下系図（1）（2）参照。

※木下家は備中足守藩、豊後日出藩の二家の大名家と、寄合の木下家が数家ある。豊後日出藩分家の立石家（羽柴木下家）が、豊臣家の落胤末裔との所伝を持つ（前川ルポより）。

※『姓氏家系大辞典』『寛政重修諸家譜』『系図纂要』『系圖綜覧下巻』『尊卑分脈』『系図研究の基礎知識』『古代氏族系譜集成』『新編姓氏家系辞書』『日本系譜綜覧』『歴史読本』『歴史と旅』その他雑誌参照。『豊臣家存続の謎』（前川和彦、日本文芸社）『天草四郎・島原決起の謎』（前川和彦、日本文芸社）

※木下利次→豊臣吉子（北政所・高台院）の養子となったが、幕府からは遺領相続を認められず、高台院流豊臣家は一代で消滅、改めて采地三千石を賜り寄合となった。

豊臣一族参考系図（異説・虚説・異聞）

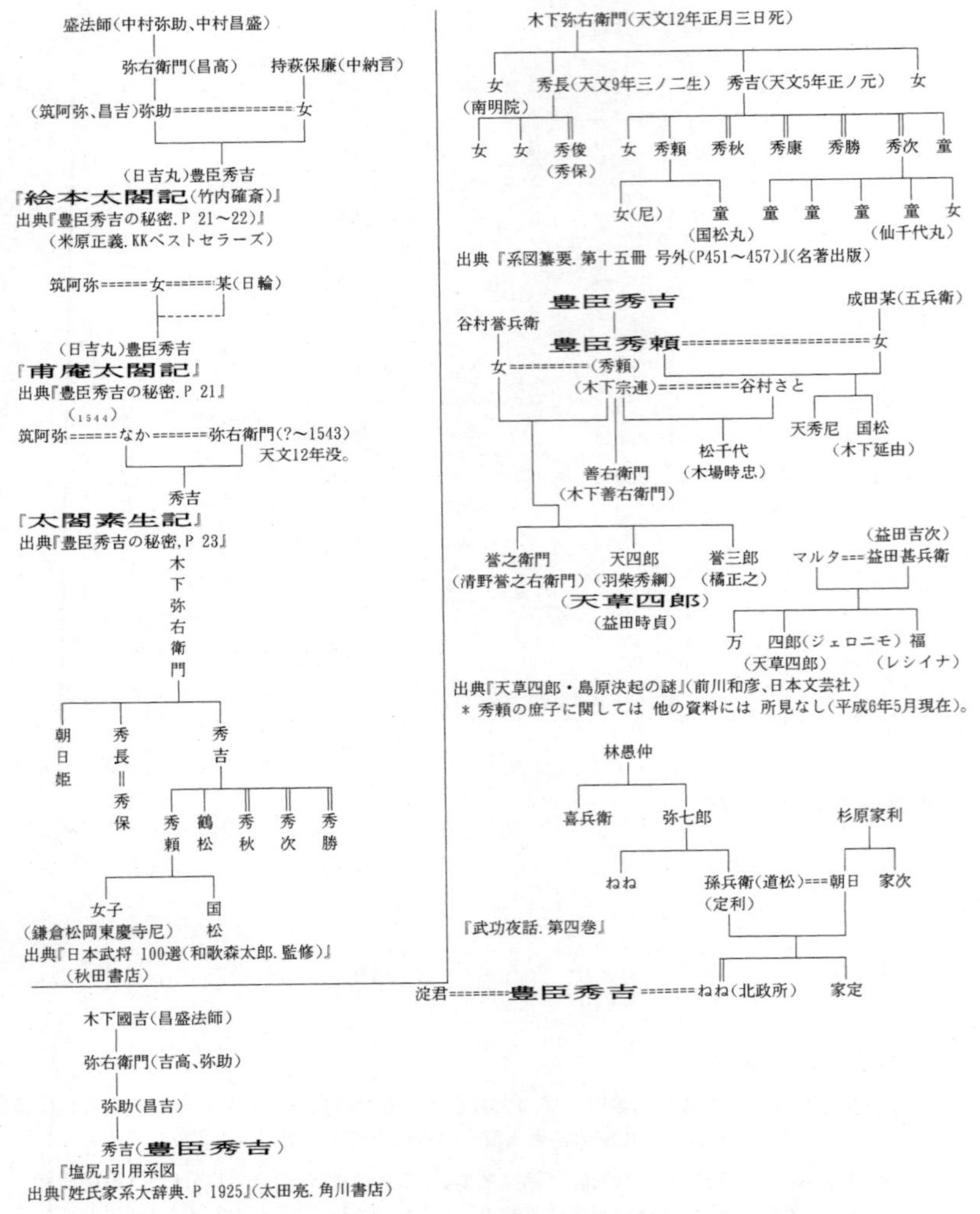

豊臣一族は謎の多い一族である。まず、その出自が明確でなく、さらに秀吉自身が諸説を流布し（当然でっちあげ）、秀吉伝説を産む原因を作っている。また、子孫についても秀頼の薩摩落ち伝説があり、謎が多い（この点は前川ルポを参照されたい）。豊臣家は秀吉の係累とねねの係累の複合家系であり、両家系とも出自に異説があり、謎解きは難を極める。

『豊臣秀頼参考系図』

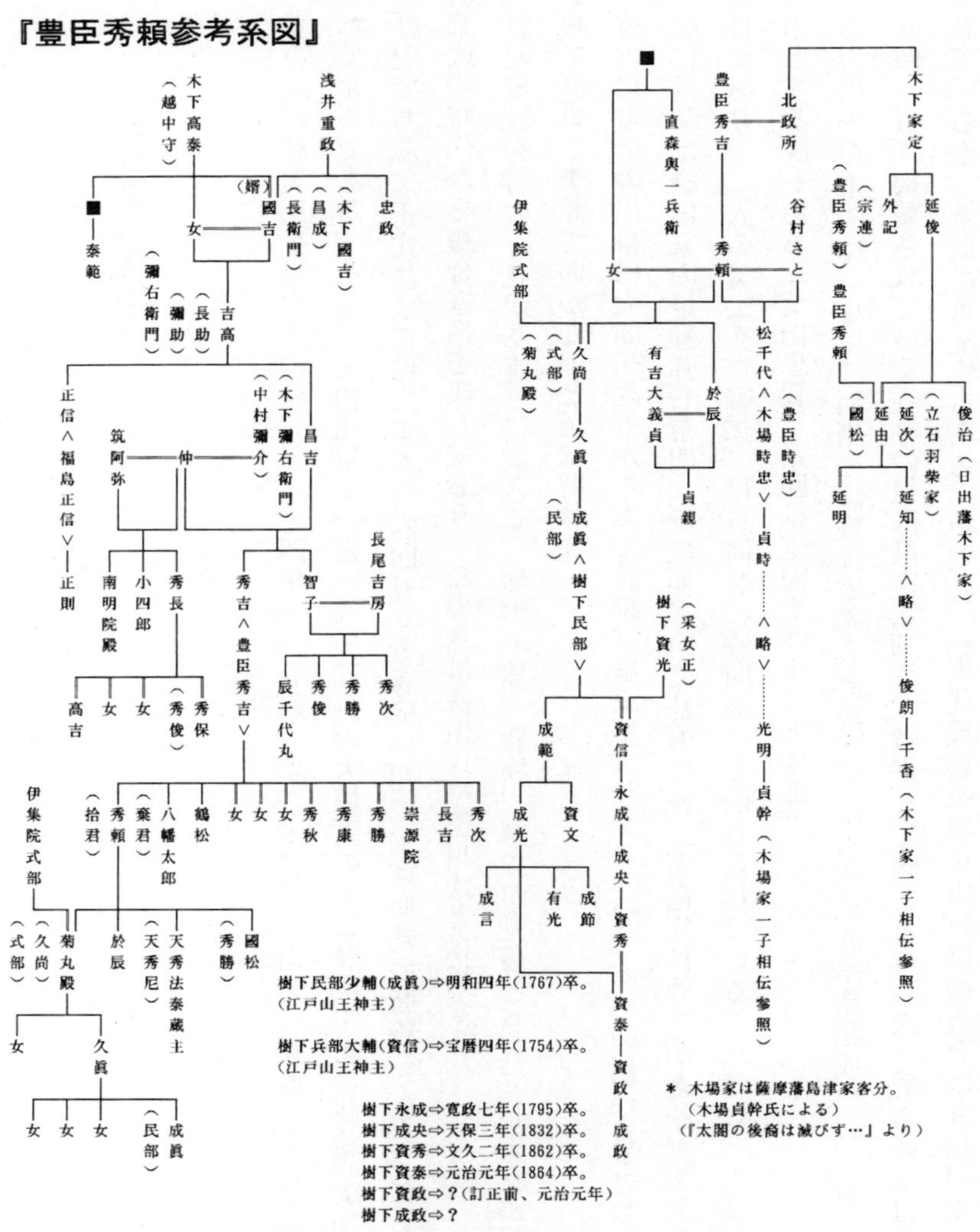

＊ 伊集院・樹下系図⇨『復刻版．皇胤志（木村信行、日本歴史研究所）（国立国会図書館．蔵）』より補筆。
原典は『諸系譜．第二冊（中田憲信．編？）』

＊ 先祖の部分は『古代氏族系譜集成（宝賀寿男．編著、古代氏族研究会）』と『復刻版．皇胤志』による。

出典『復刻版．皇胤志（日本歴史研究所）』、『古代氏族系譜集成（古代氏族研究会）』、『臨時増刊．歴史と旅．昭和58年8月号（秋田書店）』、『豊臣家存続の謎（日本文芸社）』、『天草四郎・島原決起の謎（続．豊臣家存続の謎）（日本文芸社）』

豊臣氏家系譜考（一）

豊臣氏が歴史に登場するのは、天正十四年（一五八六年）十二月、羽柴（藤原）秀吉が豊臣姓を下賜されてからである。そして元和元年（一六一五）五月の大坂夏の陣で豊臣宗家は断絶した。僅か三十年の歴史である（正式には正保二年〈一六四五〉天秀尼の死で宗家血統は断絶した）。しかし、豊臣家は羽柴氏の時代から複合家系を成しており、この点は織田氏や徳川氏とは異なる。

豊臣家は秀吉の存在があまりに大きく、他の一族、親族、姻族が見落とされてしまうが、このあたりからアプローチしていかないと謎は解けない。

秀吉にはその出自に太閤伝説もからんで異説、虚説が入り交じって、その詳細が杳として知れないが、一般には父は織田家の足軽弥右衛門、母は仲、同父姉弟に智（瑞竜院日秀）があり、異父弟妹に秀長と朝日があり、二人の父（秀吉継父）は筑阿弥（竹阿弥）と伝えられている。ただし、秀長と朝日も同父兄弟とする説もある（桑田忠親、系図は定説をベースとする）

秀吉の先祖系図は『塩尻』引用の『姓氏家系大辞典』と『古代氏族系譜集成』に二編（一〇〇一頁、一一四一頁）掲載されている。その祖は昌盛法師で、還俗して國吉と称した。秀吉の父は弥右衛門といわれているが、弥助の可能性もある。ただし、『古代氏族系譜集成』は國吉を浅井氏の支族としているが、浅井氏系図には異説もあり、この点は肯定しかねる。浅井郡司の末裔一族の可能性までは否定できないが、ここでは弥右衛門の家系は出自未詳としておく。

次に弟（ここでは異父弟とする）秀長の家系であるが、『古代氏族系譜集成』によれば、平家流水野氏の一族ということになる（『系図研究の基礎知識』でも一部紹介されている）。しかし、秀長の実父と思われる筑阿弥（織田家同朋衆）は資料もほとんどなく、正体不明の人物と言わざるをえない。

次に関白を継承した秀次の家系であるが、『姓氏家系大辞典』および『古代氏族系譜集成』では三輪氏の一族として紹介されている。実父の吉房は一時長尾氏を称し、秀次（信吉）が阿波の三好氏の名跡を継承後は、三好一路と称した（一時犬山城主となる）。秀次の母は秀吉の姉の智（瑞竜院日秀）、実弟に小吉（豊臣秀勝）、秀長の養子秀俊（秀保）がある。

秀次の子供は秀次切腹の後、ほとんど処刑された。ただし、真田幸村の室隆清尼が二子を遺し、幸信が秀次の旧名跡三好氏を復活させた（子孫は真田に改姓）。次に秀長と並び、秀吉の名補佐役であり豊臣家のもう一方の柱豊臣吉子（ねね、北政所）の家系であるが、『姓氏家系大辞典』『古代氏族系譜集成』『寛政重修諸家譜』『系図纂要』『系図綜覧』下巻などによって桓武平氏・杉原一族であることがわかる。しかし、細部では異説もあり、系譜の完全復元は難しい。従って系図も異説を併記した。

杉原（木下）一族は早くより秀吉に従い、羽柴姓を許され、秀吉が豊臣吉となると豊臣姓を許された（『寛政重修諸家譜』にはもと平氏にして杉原を称す。家定の時豊臣太閤より豊臣氏および木下の称号を与えられるとある）。

木下氏（杉原流豊臣氏）は、備中足守藩と豊後日出藩の大名として明治維新まで続いた。この内、日出の木下家分家の立石家は、国松の末という所伝がある（木下家一子相伝）。

ねねの家系が複合家族豊臣家の一族では、比較的家系がはっきりしているということになる。ねねの家系と秀吉の身分では、二人の結婚は難しいと思われる。だが、現実には二人は結婚し、豊臣家を興すが、その裏には、あるネットワークが存在した。これは櫻井成廣氏の豊臣家女系系図の研究によって明らかになった。

複合豊臣家をつなぐ鍵は大政所の家系にある。大政所は御器所の百姓の娘とする説と、美濃の鍛冶関兼員（兼貞）の娘とする説がある。後者は『古代氏族系譜集成』で紹介されているが、これはある部分では櫻井氏の調査研究とも一致する。この系図によれば、秀吉と北政所は遠い一族ということになる。また、弥右衛門も姻族関係になり、木下家に入り婿ということになる。北政所の実家が木下家とする所伝も、関氏が木下の名跡を継承しているとしたら、大政所（仲）の姉妹の系統である杉原氏が女系の縁で木下を称しても不思議はない。従って、秀吉の木下姓は、外祖父（関氏=木下氏）に由来するということになる。それでなければ『塩尻』木下系図の昌盛法師が木下氏を称していたことになる（但し、確定するに至る証拠はない）。

さて、初期の豊臣家は養子により構成されていたが、鶴松誕生の頃より整理され、関白家の秀吉系、大納言家の秀長系、北政所実家の杉原流豊臣家の三家となった（但し、豊臣姓を与えられた大名は他にも存在した）。

秀頼誕生後はさらに整理され、一時関白を継承した秀次も追放絶家に追い込まれ、同じ頃、大納言家を継承した秀保も横死し、残るは太閤家（秀吉・秀頼）のみとなってしまった。

秀秋は小早川家を嗣ぎ、秀康は結城家を嗣ぎ、結果、関ケ原の合戦では、秀康は家康により関東に留め置かれ、秀秋は東軍に内応し、西軍敗走のきっかけを作った。

関ケ原以後残った豊臣家は、豊臣宗家（秀頼家）と杉原流豊臣家（木下家）のみとなった。

しかし、北政所（ねね）が大坂城より退去した段階で、杉原流豊臣氏は複合家系としての豊臣家から離れ、一大名として徳川家に仕えた。結果、幕府も木下家の豊臣姓を認め、幕府編纂の『寛政重修諸家譜』にも豊臣姓と記載した（他の大名は松平姓か本姓に復している。家臣も含めた疑似一族――秀吉は配下の大名にも豊臣姓や羽柴姓を与えて一族並としたが、家康の覇権確立で崩壊した）。

一大名として残った秀頼家も、大坂城を明け渡して公家になっていれば、存続の可能性はあったが、大坂城にとどまっていた事で危険視され、元和元年五月、大坂夏の陣で公史の上では滅亡した。

（豊臣家男系略系図）

豊臣秀吉――秀頼――国松（秀勝）（豊臣家宗家）

以上の記述は、平成六年（一九九四）六月友人、知人に配布した私家版小冊子『豊臣氏家系譜考（豊臣家興亡略史）』による。

（豊臣秀次家）

豊臣秀吉＝秀次――仙千代丸（関白家）

豊臣秀吉＝秀勝――完子（九条幸家室）――道房

（豊臣秀勝家）

豊臣秀長＝秀保（大納言家）

（豊臣秀長家）

秀吉が没した時に残ったのは、豊臣宗家（秀吉家）のみである。豊臣秀俊が豊臣家を離籍し、小早川隆景の養子になった段階で、杉原流豊臣家は豊臣宗家より離れ、豊臣吉子（高台院）家の一門家となり、さらには豊臣家を離れて、一大名家として徳川家に臣従した。

豊臣吉子＝利次（木下利次）――利値＝秀三＝秀就＝利意

（豊臣吉子家）

豊臣吉子（高台院）は、秀吉より一万六千石の領地を与えられていた。この領地は家康からも追認され、さらに別に寺領五百石も領していた。吉子は血縁の利次を独自の養子としていたが、幕府に相続が認められず改易、改めて領地を与えられ旗本となった。

高台院が没した時、秀吉一族の豊臣家は完全に消滅しており、残ったのは杉原流の豊臣家（木下家）

のみである。そのうちの豊後日出藩木下家には、豊臣宗家の血脈が日出藩の分家立石家（羽柴家）となり存続したという口伝がある（前川和彦氏の『豊臣家存続の謎』に詳しい）。

豊臣家の男系は断絶したが、女系については宗家を除いて存続した。これについては、櫻井成廣青山学院大学名誉教授の『現存する豊臣家の血統』に詳しい。小吉秀勝家と秀次家は、女系が現代まで続いている。とくに、小吉秀勝家は女系により、天皇家まで血統が続いている。豊臣宗家は大坂の陣（冬の陣と夏の陣）で滅亡し、その女系も天秀尼の死亡で断絶したが、秀吉の直系以外は歴史の陰で存続したのである。

また、木下家の一子相伝が事実なら、宗家の血統も存続したことになる。

豊臣家は短期間で歴史の舞台から消え去ったので、織田家や徳川家より人気がある。

豊臣家が早く消滅したのは、秀吉がわが子可愛さのために数少ない一門を切り捨てたからである。秀次一族を粛正し、大納言家（秀長家）を断絶させ、秀俊（小早川秀秋）を離籍（小早川家へ養子）する事で、宗家を支えるべき一門家は消滅した。その結果、宗家のみで徳川家と対峙することになったのである。その結果は歴史（公史）からの消滅である。

豊臣家の血脈や謎については、先の『豊臣氏家系譜考』を踏まえつつ、再度挑戦することにした。そのことについては後述する。あくまで公開された資料や論文によるので限界はあるが、先の家系譜考よりは参考資料が増えているので、それなりのものになったと思う。また、陰のネットワークを示唆する樹蔭（このかげ）にも注目したい。

木場氏（薩摩豊臣家）系図

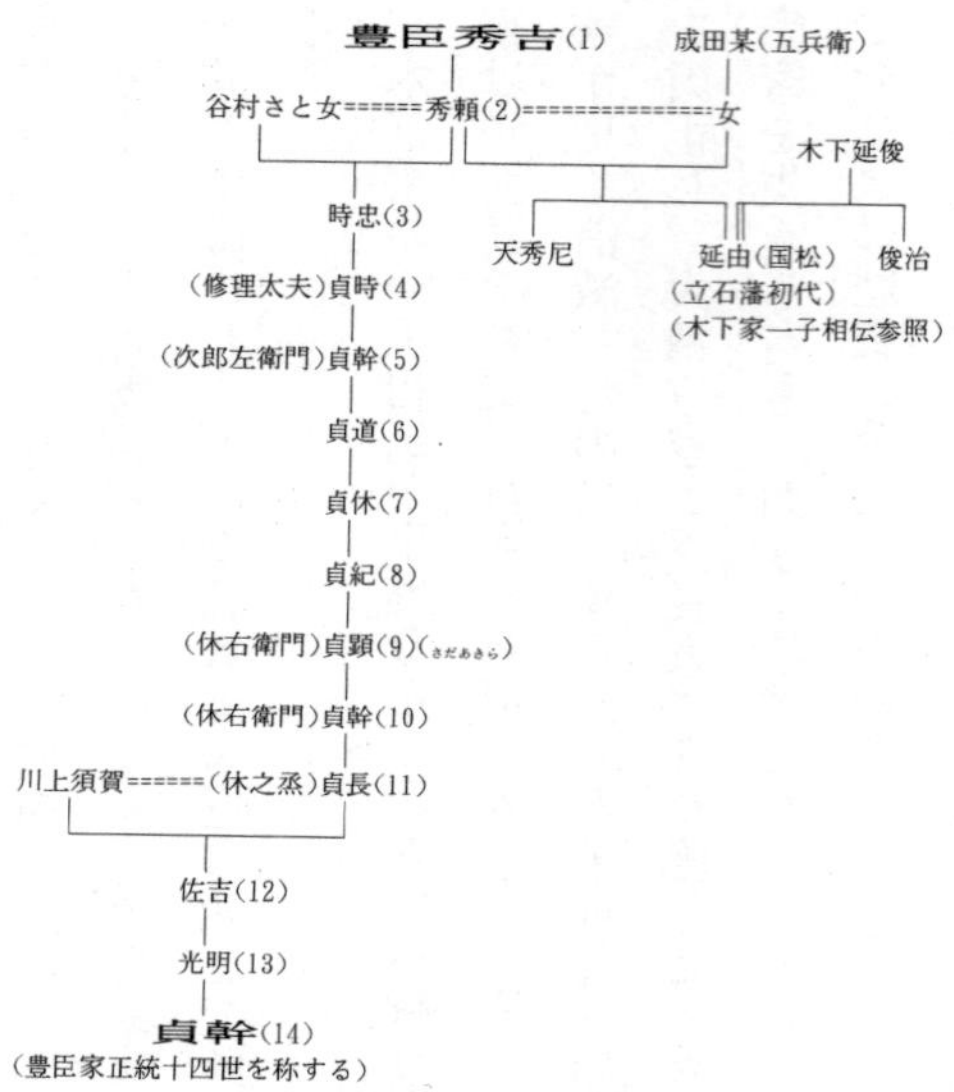

木場家略伝

天正13年（1585）7月11日、羽柴秀吉、近衛関白家の猶子（養子格）となり、藤原を称す。翌年、勅旨を以て豊臣の姓を賜る。元和元年（1615年）5月7日、山里丸の避難櫓より豊臣秀頼、国松、真田大助、木村重成、薩摩の伊集院某らが脱出、淀川・大坂湾（大阪湾）より、島津家の軍船で薩摩に逃がれ、翌朝、淀君と影武者（秀頼ら）主従自害する（死体は黒こげで人相の確認不可）。

薩摩に逃れた一行は、谷山村に隠れる。後に日出藩木下家（杉原流豊臣家）の申し入れにより、国松は木下家の次男縫殿助として届けられ、延由と名乗り、立石を分封され羽柴家（立石豊臣家）を興す。

薩摩に残った秀頼は、谷村家の息女を千姫に替わる正室として迎え、松千代を儲け、元服後は時忠と命名され、豊臣家の継嗣とされた（秀頼には他に庶子があったようだが、木場家一子相伝はその名を伝えていない。前川ルポは数人の庶子の名を挙げている）。

薩摩客分となった秀頼は、豊臣の旧苗木下と亡命の功労者馬場文次郎の名前より一文字を合わせ、仮の家名を木場とし、その由緒は日向の伊東家の一族とした。

元和元年8月後水尾天皇の密勅により豊臣朝臣の称号と家格が保証され、内伝により現在に至る（木場貞幹氏は薩摩豊臣家十三代、正統豊臣家十四世を称す）。

※『歴史と旅』掲載の写真の位牌「木場家初代、豊臣秀頼之霊」

寛永14年（1637）豊臣秀頼、谷山家の奥座敷で死す（45歳）。（前川ルポは異説あり）

出典「太閤の後裔は亡びず…その後の豊臣家（木場貞幹）」（臨時増刊.歴史と旅.昭和58年8月号）「天草四郎・島原決起の謎（続・豊臣家存続の謎）」（前川和彦、日本文芸社）

豊臣家の人々一覧

（木下）弥右衛門	（……～天文12年） （……～1543）	（秀吉実父）織田家の足軽。戦の傷がもとで帰農。（妙雲院殿栄本）
仲（大政所）	（永正10年～文禄元年） （1513～1592）	（秀吉母）御器所の百姓の娘（一説美濃の関氏の娘）。（天瑞院殿春巌）天正20年7月22日
智（瑞竜院日秀）	（天文3年～寛永2年） （1534～1625）	（秀吉の姉）秀次、秀勝（小吉）、秀保の母。三好一路の妻。
豊臣（羽柴）秀吉	（天文6年～慶長3年） （1537～1597）	（賜姓関白家初代関白）（全国統一者、天下人）（関白・太政大臣）（豊臣家初代）（国泰祐松院霊山俊竜）
豊臣（羽柴）秀長	（天文9年～天正19年） （1540～1591）	（秀吉弟）（大和大納言）（大光院殿前亜相春岳紹栄大居士）（豊臣大納言家初代）
朝日（旭）	（天文12年～天正18年） （1543～1590）	（秀吉妹）徳川家康に嫁ぐ。（南明院殿光室総旭大姉）
豊臣吉子（ねね）	（天文17年～寛永元年） （1548～1624）	（秀吉正室）（北政所）（杉原系木下氏）（高台院湖月心公）
羽柴秀勝	（元亀元年～天正4年） （1570?～1576）	（秀吉長子）（実母、側室南殿）（本光院朝覚居士）（石松丸）
羽柴秀勝	（永禄11年～天正13年） （1568～1585）	（織田信長四男）（秀吉養子）天正5年から6年頃養子と（於次丸）なる。（瑞林院殿賢岩才公大禅定門）（大善院松貞圭岩大居士）
豊臣（羽柴）秀勝	（永禄12年～文禄元年） （1569～1592）	（秀次実弟）（秀吉甥）秀吉養子となり於次丸秀勝の名跡（小吉）継承する。（光徳院陽厳）
豊臣（羽柴）秀次	（永禄11年～文禄4年） （1568～1595）	（賜姓関白家二代）（秀吉甥）天正19年（1586）12月27日（関白・左大臣）秀吉の関白職を継承する。文禄4年7月8日謀反の疑いで関白職剥奪、7月15日切腹。（高厳道意善正寺）
小早川秀秋 （豊臣秀俊）	（天正10年～慶長7年） （1582～1602）	（ねね甥）（秀吉の養子）一時秀吉の名代となる。金吾権中納言、文禄3年（1594）小早川隆景の養子となる。関ケ原の合戦では始め西軍、後東軍に内応、家康の勝利に貢献。慶長7年狂死。（瑞雲院秀厳日詮）
八条宮智仁	（天正5年～寛永6年） （1577～1692）	（後陽成天皇実弟、秀吉猶子）天正18年皇籍に復帰。（桂宮家の祖となる）（八条宮家）
宇喜多秀家	（天正元年～明暦元年） （1573～1655）	（秀吉猶子）天正17年秀吉の養女豪姫と結婚。豊臣姓を許される。五大老の一人に列し、関ケ原では西軍として活躍、敗れて八丈島へ流される。
結城秀康	（天正2年～慶長12年） （1574～1607）	（徳川家康次男）（秀吉養子）後に結城氏の名跡を継承、関ケ原の合戦では関東に留め置かれる。越前松平家祖。
豊臣秀頼	（文禄2年～元和元年） （1593～1615）	（秀吉嗣子）（豊臣家二代·賜姓関白家三世候補）（右大臣）公史では大坂夏の陣で自害。（薩摩落ち伝説あり）
豊臣国松丸（秀勝）	（慶長13年～元和元年） （1608～1615）	
天秀尼	（慶長14年～正保2年） （1609～45）	

豊臣氏家系譜考（二）

豊臣氏を語るには秀吉の出自から語らねばならない。その点については前述の『豊臣氏家系譜考』でも触れたが、ここでも一部記す。

木下氏　本姓不詳（由来は父弥右衛門の苗字とする説、母なかが木下の名跡を継承し、弥右衛門が入婿したとする説、妻ねねの実家杉原氏が木下の名跡を継承し、秀吉が入婿したとする説）。弥右衛門が名主層の出身なら木下を名乗ったことも考えられるが、秀吉が木下を名乗った事からの連想とするべきか、あるいは木に拘わる一族（わたり）の出身と考えるべきか（決定打はない）。

羽柴氏　（無姓、秀吉が信長没後一時平氏を称す）（織田家重臣柴田勝家と丹羽長秀の苗字の合成姓氏）秀吉が前将軍足利義昭を河内へ護送した頃、木下より改姓。この後、秀吉は織田家重臣として本格的に活動する。秀吉はこの氏姓を愛し、一族、姻族にも名乗らせ、天下統一後は有力家臣にも与えた。秀吉は信長没後、足利義昭（源氏）の養子になることを画策して失敗後、信長の後継者として平氏を称す。後近衛家の猶子となり藤原姓を借姓する。

豊臣氏　（本姓賜姓豊臣姓）羽柴秀吉（藤原秀吉）が太政大臣に任ぜられた時、豊臣姓を下賜されたのに始まる。天正十四年、源氏、平氏、藤原氏、橘氏に次ぐ天下第五の姓として創設され、秀吉に下賜された。秀吉は一族と有力大名、家臣にも名乗らせた（家康には与えていない）。秀吉、ねねと養子を中心にした初代関白家（賜姓関白家、後に太閤家となる）、弟秀長の大納言家（秀長、秀保）、秀次の二世（二代）関白家、ねねの実家木下（杉原）流豊臣家が豊臣一族として混成（複合）家系豊臣氏を成した。

（主な豊臣氏）豊臣秀長（秀吉弟）、豊臣秀次（秀吉養子）、豊臣秀家（宇喜多秀家、秀吉猶子）、豊臣利家（前田利家）、豊臣秀康（結城秀康、秀吉猶子）、豊臣秀勝（秀吉養子）、豊臣勝俊（木下勝俊）、豊臣輝政（池田輝政）、豊臣長益（織田長益）、豊臣秀信（織田秀信）、豊臣利勝（木下利勝）、豊臣高次（京極高次、秀吉義弟）、豊臣忠政（森忠政）、豊臣定次（筒井定次）、豊臣義統（大友義統）、豊臣貞通（稲葉貞通）、豊臣長重（丹羽長重）、豊臣頼隆（蜂屋頼隆）、豊臣秀頼（毛利秀頼）、豊臣忠興（細川忠興）、豊臣氏郷（蒲生氏郷）、豊臣秀政（堀秀政）、豊臣秀一（長谷川秀一）、豊臣義康（里見義康）。

これらは羽柴の家号を名乗らせたので、例えば前田利家は、羽柴加賀大納言豊臣利家となる（『系図研究の基礎知識』より引用）。

しかし、これらの豊臣姓は秀吉の没後消滅し、僅かに秀頼と木下氏（ねね実家）の系統にのみ伝えられ、大坂落城以後は、公式には木下氏のみの氏姓となった（『系図研究の基礎知識』）。羽柴の称号は消滅した。

（以上、平成六年六月発行の私家版小冊子『豊臣家家系譜考（豊臣氏興亡略史）』より転載）

参考　豊臣氏姻族系図（高台院）

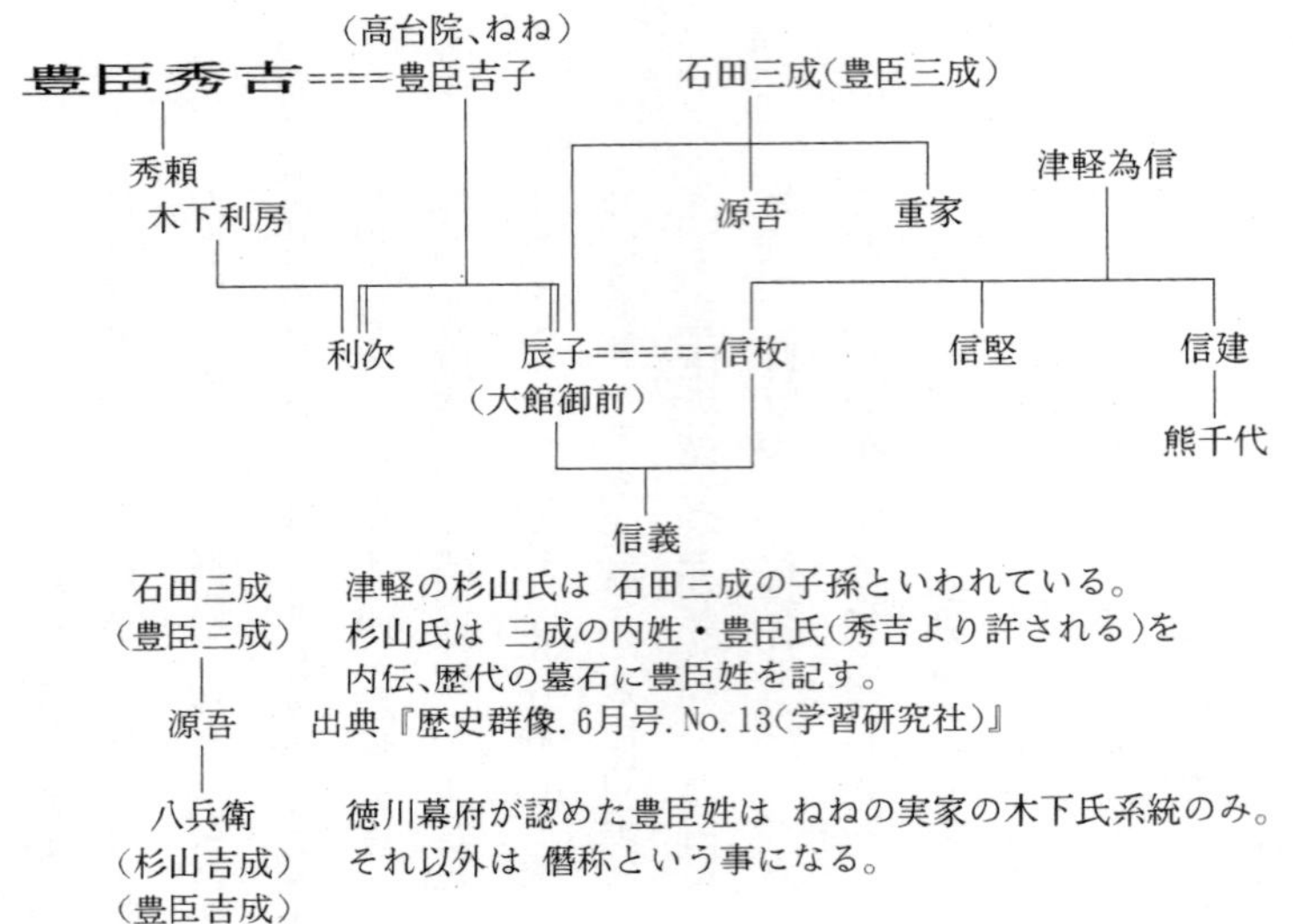
（高台院、ねね）
豊臣秀吉====豊臣吉子
石田三成（豊臣三成）
秀頼
木下利房
源吾
重家
津軽為信
利次
辰子======信枚
（大館御前）
信堅
信建
熊千代
信義
石田三成
（豊臣三成）
源吾
八兵衛
（杉山吉成）
（豊臣吉成）
津軽の杉山氏は 石田三成の子孫といわれている。
杉山氏は 三成の内姓・豊臣氏（秀吉より許される）を
内伝、歴代の墓石に豊臣姓を記す。
出典『歴史群像. 6月号. No. 13（学習研究社）』
徳川幕府が認めた豊臣姓は ねねの実家の木下氏系統のみ。
それ以外は 僭称という事になる。

豊臣姓は秀吉により史上に登場し、その後継者の死によって事実上消滅した。しかし、秀頼の死亡は正式には確認されておらず（情況証拠で秀頼死亡と公表）、当時から生存伝説があり、薩摩落ち伝説が有名である。ねねの家系の木下家の一子相伝や秀頼落胤の末裔と称する木場家の一子相伝は、伝説を歴史に近付けるものだが、肝心な部分には物的証拠がないのが残念である（江戸時代を生き抜くには物的証拠は危険極まりないものだったかもしれないので仕方がないか）。木下家は秀吉縁者という事で小藩に甘んじ、薩摩はつねに警戒されていたことを考えれば、口伝という方法しかなかったかもしれない。しかし、口伝は時と場合、内容によっては重要な意味を持つことは、古今伝授の伝承者、細川幽斎が籠城中に勅命によって救われた事でもわかる。

歴史は勝者の歴史であり、敗者の歴史は伝説となる。豊臣氏は秀吉の死によって天下家の地位を事実上喪失した。大坂夏の陣は幕引きのための歴史の演出に過ぎない。

豊臣家を滅ぼしたのは家康ということになっているが、真犯人は石田三成であり、太閤秀吉である。秀吉は大陸侵略のために朝鮮出兵を計画し、そのために関白を辞任せざるを得なかった。しかし、そのままでは関白職は藤原一族に戻り、豊臣家の存在基盤を失わせることになるので、甥の三好（羽柴）秀次を正式な嗣子として関白を譲った。これにより、小吉秀勝と北政所の甥の豊臣秀俊（小早川秀秋）は豊臣家の継承権を失った。朝鮮出兵が失敗すると、再度国内統治に乗り出すが、すでに関白秀次が存在しており、秀吉の統治権は形式的には消滅していた。この頃、秀頼も誕生しており、秀吉は形式的な統治権も回復する必要に迫られた。その結果、秀吉の意を汲んだ石田三成らが因縁を付け、秀次の関白職を解任し、高野山へ追放の後、切腹させ、その妻子や側室を虐殺した。また朝鮮出兵で苦労した武断派加藤清正や小早川秀秋らは讒言され、叱責されている。このことが尾を引き、関ヶ原の合戦では北政所の助言もあり東軍に属する。その結果、三成は敗れ、豊臣家は六十五万石の大名に転落するのである。その頃には豊臣家は宗家以外消滅しており（秀吉が消滅させた）、関ヶ原での西軍の敗戦は、名実共に豊臣家の天下人の地位を失わしめた。それでも将軍家に臣従しようとはしなかったので処断されることになったのである。

豊臣家興亡史（謎の豊臣一族）

戦国三英傑の中で際立って人気が高いのは豊臣秀吉であることは、いまさら述べるまでもない。それは庶民階層から出て天下を取ったということと、豊臣家が僅かの期間に消滅したことと不可分ではない。短期間に消滅した故に、江戸時代の大名家のように家譜や系図を整えることもなく、その系譜は謎に包まれている。

本章では公開されている系図資料（『寛政重修諸家譜』『尊卑分脈』『系図纂要』『群書系図部集』など）をベースに、各種雑誌に発表された家譜・系図などを参考に検討していくことにする。

ところで本章の巻頭に系図を掲載しておいたが、これは以前友人・知人に配布した私家版小冊子『豊臣氏家系譜考（豊臣氏興亡略史）』から転載したものである。タイトルには考察としているものの内容は不充分なので、今回再論することにした。記載の都合上、一部重複する部分もあるが、了解いただきたい。

従来、豊臣家の家系は瑞龍院日秀（とも）と秀吉が百姓弥右衛門（木下弥右衛門とする書もあり）と大政所（なか）の出生で、秀長と南明院（朝日）が筑阿弥と大政所の出生とされ、それ以前は明らかにされていなかった。

青山学院大学名誉教授の櫻井成廣氏は、豊臣家の婦女子の系図を追跡され、関弥五郎兼員より始まる「現存する豊臣氏血統略図」を発表されている。

櫻井氏によれば、大政所は御器所の禰宜関弥五郎の娘で木下家の名跡を保持し、始め弥右衛門（星野氏?）を入夫、日秀と秀吉を産み、その後、弥右衛門を離縁し、筑阿弥と再婚、秀長と南明院を産んだ。弥右衛門は南明院が産まれる天文十二年一月二日に没している。櫻井氏は、入夫というのは跡取り娘が夫を迎える事で、木下姓は関氏が木下家と関係があって、次女の大政所が木下家を嗣いだものと考えられると述べている。櫻井氏は、福島正則の関係資料から、弥右衛門は星野氏であったかと思われると述べておられる（『歴史読本』『河出人物読本』他）。

一方、国学院大学客員教授の桑田忠親氏は、瑞龍院木下系図により、秀吉兄弟姉妹の生年と弥右衛門の没年から同父母兄弟としている（『別冊歴史読本』）。また、弥右衛門と大政所の素性については『太閤素性記』などを紹介するのみで明らかにはされていない（『別冊歴史読本』）。

豊臣秀吉の系図は当然のことながら『尊卑分脈』には記載されていないし、『寛政重修諸家譜』『断家譜』にも記載されていない。残るは三大系譜集の一つ『系図纂要』である。『内閣文庫本「系図纂要」号外十八』に豊臣朝臣の項目があり、木下弥右衛門から秀吉兄弟姉妹、秀吉の養子および実子秀頼その子国松丸・天秀尼に至る系図が記載されている（同書は真名本が名著出版から刊行されている。活字本も随時出版されているが、この部分については平成九年八月現在刊行されていない）。同書においては、弥右衛門以前は明らかにしていない。つまり秀吉の家系は（木下）弥右衛門と大政所以前は不詳ということになる。

しかし、先の櫻井氏の研究により、大政所の父関弥五郎までは明らかになった。一方、弥右衛門であるが、鉄砲足軽というのは誤りでも、足軽あるいは小物として織田信秀に仕えた可能性は残る。

問題はその出自である。尾張藩士が残した『塩尻』には、その先祖系譜が記されている。近江出身の昌盛法師（国吉）、吉高、昌吉、秀吉。つまり秀吉の曾祖父までの系図である。太田亮博士はその著『姓氏家系大辞典』において同系図を紹介しているが、ほとんどの学者が無視していることは『織豊興亡史』の前書きで触れた通りである。

今から十年ほど前に宝賀寿男氏（元大蔵省官僚、富山県副知事）が『古代氏族系譜集成』を出版、その中でも同様の系図が紹介されている。同書によれば、浅井一族に繋がっているが、これは他に比較する資料がないことと、浅井系図自体に異説があるので全面的には賛同しかねる。宝賀氏は鈴木真年の系譜研究などをベースに同書を編集されているので、太田氏とは別のルートで秀吉の先祖系図を発掘されたのであろうか？　これに類する系譜は『絵本太閤記』などにもあるので、江戸時代にはモデルとなる系譜伝承が存在したものと思われる。

『塩尻』や『古代氏族系譜集成』の系譜を信用するなら、秀吉の先祖は、元比叡山塔頭の僧侶の昌盛法師まで遡ることになる。同様の系図は『尾陽雑記』にも一本系譜として紹介されている。

比叡山と関係があるなら、信長の比叡山焼き打ちの際、秀吉が自分の持ち場から脱出する僧侶や神官を見逃したり、その後再興に協力したということも、先祖の縁によるものか？　秀吉の神話の中には日吉山王伝説があることは周知の事実なので（日輪伝説や『太閤記』などでの幼名日吉丸）それらも考えあわせると軽々しく無視は出来ない（比叡山が鬼門封じであることは知られているが、鬼がなにを意味するものであるかがわかれば、自ずと答えは浮上してくる）。

大政所の父が関弥五郎（兼員あるいは兼貞）であることは、先に紹介した（櫻井氏の研究）。櫻井氏は御器所の禰宜としているが、宝賀氏は『古代氏族系譜集成』において、美濃の刀鍛冶とし、その一族先祖系図を紹介している。ただし、弥五郎に関しては御器所に移り住んだと記しているので、御器所と関係あるのは確かであろう。禰宜であれ、鍛冶師であれ、当時の時代にあっては呪術に通ずるという点でも注目しておきたい。また御器所という地名から、木地師との関連も伺わせる。これらの事から弥右衛門も大政所も、純然たる農民階層とするには疑問が生じてくる。なにより大政所が加藤清正の母や祖母と関係があるとなると、なおさらである。加藤家は農民ではなく、元は斎藤家に仕える武士であったと云われているので、大政所が貧農の娘ならそんな姻族関係は成立しない。

櫻井氏が解明した姻族系図によれば、関氏の一族は、杉原氏や浅野氏も含んだネットワークを形成しており、秀吉と北政所との結婚も、身分違いの秀吉が横恋慕、野合の末に成就したとは云い難い。杉原一族の中に反対する声（朝日）もあっただろうが、秀吉という人材を得て、ネットワークがバックアップしたからではないのだろうか？

さて、これから豊臣一族の謎に迫って行くが、その前に略年譜を紹介してから、各系図によりアプローチしていくことにしたい。

（平成九年八月十六日）

豊臣一族略年譜（豊臣家興亡略史）

年号（西暦）	記録（一部推定含む）
寛正　6年（1465）	この頃 木下國吉（昌盛法師）（中村國吉）生まれる。
文明　4年（1472）	この頃 昌盛法師（國吉）出家（8歳）。
延徳 元年（1489）	この頃 昌盛法師還俗（木下長左衛門）（中村弥助）。
2年（1490）	この頃 木下吉高（木下長助）（中村弥吉・弥右衛門）生まれる。
永正 11年（1514）	この頃 関弥五郎（兼員）次女 仲（大政所）生まれる。
13年（1516）	この頃 大政所生まれる（一説 永正11年頃）。
天文　3年（1534）	この頃 智（瑞龍院日秀）生まれる。
5年（1536）	1月1日 秀吉誕生（太閤素性記、他）。
6年（1537）	2月6日 弥右衛門、仲の子として 秀吉生まれる。
9年（1540）	3月2日 秀長（小一郎）生まれる。11月6日 木下吉高（長助、中村弥吉・弥右衛門）没す。
11年（1542）	この頃 朝日（旭）生まれる（或いは天文12年）。
12年（1543）	1月2日 木下弥右衛門（妙雲院殿栄本虚儀）没す（秀吉 7歳、秀長3歳、朝日 1歳）。仲 筑阿弥と再婚（入り婿）する（別伝 天文8年頃 弥右衛門を離縁し、筑阿弥と再婚したか？）（詳細不詳）。
13年（1544）	この頃 秀吉 尾張の 光明寺へ入れられる。
20年（1551）	この頃 松下加兵衛に仕える。
22年（1553）	4月25日 関弥五郎（道円禅定門）没す。
23年（1554）	この頃 尾張に戻り 同郷の がんまく、一若の推薦で 信長に仕える（小者として）（信長仕官については 別伝あり）。
弘治 元年（1555）	この頃 生駒屋敷に出入りする。
永禄 元年（1558）	吉乃（織田信忠の生母）の 口添えで 信長に仕える。 9月17日 秀吉 加納馬場村 15貫文を拝領する。 12月29日 秀吉・秀長（当時長秀） 生駒家長宛に 受取状を 出し木藤（木下藤吉郎の略）と署名する。（『豊臣秀長のすべて』）
4年（1561）	浅野又右衛門養女 於ね（北政所）を娶る。
6年（1563）	2月頃 藤吉郎 川並衆の協力で 伏屋城を構築（勝村 公氏）。 （付論 美濃攻略と川並衆 参照）
8年（1565）	11月 藤吉郎 この頃 木下秀吉として、公式文書発給（坪内氏に対し 副状発給）。＊ この頃 ある程度の地位まで 出世していた事になる。
9年（1566）	9月に 墨俣に築城（『甫庵太閤記』の 創作か？）
10年（1567）	この頃 於次丸（羽柴秀勝）生まれる。
元亀 元年（1570）	4月 秀吉 金ヶ崎城撤退の時 殿軍として防戦に努め 信長 無事京へ戻る。6月28日 姉川の合戦。この頃 石松丸（羽柴秀勝）生まれる。
天正 元年（1573）	7月20日 この頃 秀吉 羽柴と改姓。8月28日 小谷城攻撃。9月1日 小谷城攻略。
2年（1574）	長浜に築城。9月頃より 筑前守を名乗る。
4年（1576）	10月14日 秀吉子 羽柴秀勝（本光院朝覚居士）没す。
7年（1579）	この頃 羽柴秀俊（豊臣秀保）（辰千代丸）生まれる。

豊臣一族略年譜（豊臣家興亡略史）

年号（西暦）	記録（一部推定含む）
天正 10年（1582）	6月21日 本能寺の変（明智光秀謀叛、信長自刃）。6月13日 山崎の合戦で 明智光秀を破る。6月27日 清洲会議で 三法師（秀信）を 信長の後継者とする事に成功。10月15日 養子 羽柴秀勝（信長四男）を喪主として、京都大覚寺で 信長の葬儀を行う。 この年 羽柴秀俊（豊臣秀俊・小早川秀秋）生まれる。
11年（1583）	4月8日 賤ヶ岳の戦い（佐久間盛政を破る）。 4月24日 柴田勝家北庄城で 自刃。
12年（1584）	羽柴秀俊（小早川秀秋） 秀吉の養子となる。4月9日 小牧・長久手の戦い。8月 大坂城の新亭に入る。11月に 織田信雄と講和。11月22日 従三位 権大納言となる。
13年（1585）	**3月10日 正二位 内大臣に叙任。7月11日 近衛（藤原）前久の 猶子となり、従一位 関白に叙任、藤原に改姓。**12月 丹波亀山城主 羽柴秀勝（於次）没す。羽柴秀勝（小吉）（豊臣秀勝） 名跡・遺領継承（亀山城主）。
14年（1586）	5月 朝日（旭） 徳川家康へ嫁ぐ。10月 秀吉 大政所を 岡崎へ送る。家康上洛、大坂城で 秀吉に謁見（臣従）する。 **12月 太政大臣に任ぜられ、豊臣姓を賜る（豊臣家成立）。**
15年（1587）	5月 九州平定。10月 北野大茶会。
16年（1588）	1月8日 秀長、羽柴秀保を養子とする。4月14日 後陽成天皇 聚楽第行幸。7月 刀狩令発布。
17年（1589）	5月27日 淀殿（淀君） 鶴松（棄丸）を産む。11月 小田原征伐発令（全国統一を目指す）
18年（1590）	1月8日 朝日（旭）没す。6月 伊達政宗、小田原参陣。7月5日 北条氏直 投降。7月9日 奥州仕置き・全国統一。
19年（1591）	**1月22日 豊臣秀長（大和大納言）没す。2月28日 千利休 切腹。8月 豊臣鶴松没す。12月28日 豊臣（羽柴）秀次 関白・左大臣となる。秀吉は 即日 太閤を称する。**
文禄 元年（1592）	3月 朝鮮出兵（文禄の役）。7月 大政所没す。9月 豊臣秀勝（小吉） 朝鮮で病没する。
2年（1593）	**8月3日 淀殿 拾丸（豊臣秀頼）を産む。**
3年（1594）	養子 秀俊（秀秋）を 小早川隆景の継嗣とする。
4年（1595）	4月16日 豊臣秀保 横死。7月8日 秀吉 秀次の関白職を解き 高野山へ追放。7月15日 秀次切腹。
慶長 元年（1596）	拾 この頃 秀頼と名乗る。
2年（1597）	朝鮮再出兵（慶長の役）。
3年（1598）	**3月15日 醍醐の花見。8月18日 豊臣秀吉 伏見城にて没す。** 秀頼 豊臣家を嗣ぐ。
5年（1600）	9月 関ヶ原の合戦（西軍 石田方敗れる）。徳川家康 天下の覇権を 事実上握る（豊臣家 65万石の大名に転落）。
6年（1601）	秀頼 従二位下 大納言となる。
8年（1603）	2月12日 徳川家康 右大臣・征夷大将軍となる。

豊臣一族略年譜（豊臣家興亡略史）

年号（西暦）	記録（一部推定含む）
慶長　3年（1598）	8月11日 朝日局（北政所生母）死去。8月16日 北政所 落飾 出家する（高台院）。
5年（1600）	9月 関ヶ原の合戦（西軍 石田方敗れる）。徳川家康 天下の覇権を 事実上握る（豊臣家65万石の大名に転落）。
6年（1601）	秀頼 従二位下 大納言となる。3月27日 木下家定（豊臣家定）播磨から備中に移封（徳川家康により）、足守二万五千石の領主となる（＊関ヶ原の合戦時は 北政所を守護する）。
7年（1602）	10月 小早川秀秋 没す（21歳）。
8年（1603）	2月12日 徳川家康 右大臣・征夷大将軍となる。 4月 豊臣秀頼 内大臣となる（11歳）。7月28日 家康の孫の千姫が 豊臣家に 嫁ぐ（家康 秀吉の遺言を実行）。
10年（1605）	4月12日 豊臣秀頼 右大臣となる。4月16日 徳川家康 秀忠に将軍職を譲る（徳川家が 武家の棟梁である事を明確にする）。
12年（1607）	正月 秀頼 右大臣を 解任され 九条忠栄が 右大臣 鷹司信房が左大臣に就任する（秀頼の 関白就任の道が 断たれる）。 3月25日 家康 豊臣家に 駿府城普請の割り当てを命じる。 閏 4月8日 結城秀康（家康次男、元秀吉養子）没す。
13年（1608）	2月 秀頼 天然痘にかかる。8月26日 木下家定（豊臣家定）京都で 没す（66歳）。
15年（1610）	淀君 家康討伐の密使を 前田利長に送る。
16年（1611）	3月 家康、秀頼に上洛を要求。3月28日 秀頼上洛し、二条城で家康と会見する。
19年（1614）	10月 大坂冬の陣（12月22日 停戦）。 10月27日 木下延俊長男 俊治 生まれる。11月9日 次男 縫殿助（延由＝豊臣国松）生まれる（前川ルポ）。
元和　元年（1615）	5月 大坂夏の陣。5月8日 淀殿ら主従 山里櫓で自刃、豊臣家滅亡。5月21日 国松丸 伏見で捕らえられ、後に六条河原で 斬首され、豊臣家の男子直系断絶する（8歳？）。
豊臣家のその後	（木下家、木場家口伝、その他）
元和　元年（1615）	5月7日 国松 大野兄弟らに守られ 大坂城を脱出（木下家）。 5月7日 秀頼、国松ら 馬場文次郎らに守られ 大坂城を脱出（木場家）。8月 後水尾天皇 密勅を 薩摩に下す。
7年（1621）	この頃 羽柴天四郎（秀綱）薩摩の谷村で生まれる（前川ルポ）。
寛永　元年（1624）	9月6日 豊臣吉子（於ね、高台院）没す（76歳）。
2年（1625）	4月24日 智（瑞龍院日秀）没す（92歳）。
6年（1629）	秀吉の猶子 八条宮智仁親王 没す。
7年（1630）	12月10日頃 木下宗連（豊臣秀頼？）宇佐清水寺より中津に来る（秀頼38歳）。（前川ルポによる）
14年（1637）	豊臣秀頼 谷山家の奥座敷で死す（45歳）。（偽装か？前川ルポ） 島原の乱（天草四郎挙兵）。（前川ルポ 羽柴天四郎秀綱と記す）
正保　2年（1645）	東慶寺尼（天秀尼）没す（37歳）（豊臣家正統直系断絶）。

豊臣一族略年譜（豊臣家興亡略史）

年号（西暦）	記録（一部推定含む）
正保　3年（1646）	2月26日 立石藩五千石分封が許可され 羽柴（木下）延由 立石へ入郷する。
4年（1647）	木下宗連（豊臣秀頼）谷山で没す。（前川ルポ）
明暦　4年（1658）	（万治元年）羽柴延由 没す（49歳）。（豊臣国松なら51歳）
寛文　5年（1658）	宇佐清水寺の木下宗連（豊臣秀頼?）没す（秀頼83歳）。（前川ルポ）
慶応　4年（1868）	閏 4月8日 明治天皇 豊国社再興の 御沙汰書を下す。
明治 10年（1877）	木場貞長 西南戦争で西郷軍に加わり 5月12日戦死する。
13年（1880）	豊国神社再興。
31年（1898）	10月25日 木下家一子相伝公開者 木下俊凞 生まれる。
35年（1902）	木場光明（13代）生まれる。
大正　5年（1916）	11月30日 羽柴喜久丸（豊臣俊朗、木下俊朗）没す（58歳）。羽柴家（立石豊臣家）断絶。
昭和 12年（1937）	木場佐吉（12代）大阪にて没す。
56年（1981）	前川和彦 木下俊凞元子爵への取材をベースに『豊臣家存続の謎（日本文芸社）』を 発表出版。
58年（1983）	木場貞幹（自称.豊臣家14世）『臨時増刊 歴史と旅<苗字総覧>』に『太閤の後裔は 滅びず－その後の豊臣家』を 発表。
59年（1984）	前川和彦『天草四郎・島原決起の謎（続・豊臣家存続の謎）』を日本文芸社より発表出版（木場家一子相伝を紹介）。
61年（1986）	4月13日 木下家一子相伝公開者 木下俊凞元子爵 没す。

豊臣家は 元和元年（1615）の 大坂夏の陣で 滅びた事になっている。秀吉の 男孫の国松丸は 捜し出されて斬首され、豊臣宗家の男子直系は 断絶した。
国松の妹は 秀頼正室の 千姫（徳川家康の孫）の養女分となり 助命され、鎌倉の 東慶寺に入り 尼となった（天秀尼）。正保 2年（1645）天秀尼が没し、豊臣家正統直系は 男系も女系断絶した。しかし 北政所一族 杉原流豊臣家の 豊後日出藩木下家には 国松が 九州に逃れ、藩主の次男とされ、分家立石家（羽柴家）の初代となったと云う口伝（一子相伝）があり それが事実なら 豊臣家は 陰の歴史の中で 存続した事になる。この一子相伝は 豊臣家十八世 木下俊凞元子爵により公開された。
（詳細は 前川和彦氏の『豊臣家存続の謎』を 参照されたい。）
さらに これに呼応するが如く もう一つの一子相伝が 自称 豊臣家正統十四世木場貞幹氏により『歴史と旅』誌上に公開された。木場家の一子相伝によれば、九州に逃れた秀頼は 島津領に入り そこで 子を成し、その子孫が 木場家であるという。更に 前川氏が 九州で集めた資料によれば 他にも 庶子があり その一人が 羽柴天四郎秀綱 つまり 天草四郎であるという。これについては 論評しようがないが 木下家の一子相伝については『寛政重修諸家譜』の 木下系図を検討すると 次男が長男より年長となり 尚且つ 国松の年齢と接近するので可能性が高まる。
木下俊治 慶長19年（1614）生まれる。寛文元年（1661）4月3日 没（48歳）。
木下延次 万治元年（1658）7月6日 没（49歳）。⇨生年は 1610年（慶長15年）頃となる。
（延由）＊ 国松が 元和元年に 5歳か 6歳なら 延次に重なる。
木下宗連 出雲守（実名未記載 某）、外記、宗連 生没年未記載。豊後中澤に閑居。
明確な記述が無く、秀頼を紛れ込ませても分からない。

秀吉の出自 諸説一覧　大政所の正式な名前は不詳（俗伝なか）

出典	父	母	備考
関白任官記(天正記)	禁中の畏き人 （正親町天皇？）	大政所	母は 萩中納言の女。
太閤素性記	木下弥右衛門		弥右衛門は 織田信秀鉄砲足軽。
日本史(フロイス)	美濃の百姓		秀吉は 蒔きを拾い売る。
武功夜話(秀吉編)	中村の村長		生駒屋敷で蜂須賀小六を知る。
甫庵太閤記	筑阿弥	大政所	母 日輪の夢をみて秀吉出生。 日吉丸と名付ける。
別冊歴史読本	中村の弥右衛門	大政所	＊豊臣秀吉その絢爛たる一生 母 美濃の刀鍛冶関兼貞の女
瑞龍寺木下家系図	弥右衛門	大政所	妙雲院殿栄本虚儀 天文12年没。
絵本太閤記	中村弥助昌吉 （剃髪 筑阿弥）	大政所	盛法師(中村昌盛)—昌高—昌吉 中村弥助——弥右衛門—弥助 母 持萩中納言保廉の娘。
尾州志略 （尾州史略？）	蓮華寺珪秀	大政所	実父珪秀、仮父弥右衛門、継父 筑阿弥。弥右衛門血縁無し。
豊臣秀吉大研究 （藤川 清）	蓮華寺珪秀	大政所 （なか） なか	珪秀は 蓮華寺十二世。 足利義視—持萩(三宝院)—なか （持萩中納言） 里人与太夫(愛人) 珪秀と離別後 筑阿弥と再婚。 弥右衛門は 関係無し。
（横地 清）	蓮華寺珪秀	なか	弥右衛門は 養父、筑阿弥は 継父。弥右衛門は 中村姓。 木下姓は 筑阿弥が 住んだ地名に由来する(上中村は 木下村)。 永禄元年、木藤と記した文書があるので、ねね方の姓という説は 否定される(横地氏)。
塩尻 尾参宝鑑	弥右衛門昌吉 （木下or中村）		国吉—昌高——昌吉——秀吉 （弥右衛門）
系図纂要	木下弥右衛門		日秀と秀吉は 同父母姉弟。 秀長と南明院は 異父兄弟(妹)
秀吉奇跡の天下取り （小林久三）	木下弥右衛門		樹蔭より木下に改める。 鉢屋衆樹蔭(このかげ)の棟梁。
希代の呪術師 秀吉の正体（月海黄樹）	(木下)弥右衛門	仲	仲は 御器所の禰宜 関弥五郎の娘。関一族は 杉原家とも姻族。 弥右衛門は 金属師？
	木下弥右衛門 筑阿弥(継父)	仲	散所長者(闇の一族棟梁) 木地師、鍛冶師・金属師、樹蔭 闇の巫女(木下家名跡) 同朋衆(闇の語り部)

主な太閤記 諸説一覧

タイトル	著者	備考
天正記（12巻）	大村由己	惟任謀叛記、柴田合戦記、関白任官記、小田原御陣などにより構成。 天皇落胤説 大政所を 萩中納言の女とする。皇胤説は 秀吉が 宣伝の為に 大村由己に書かせたもので姉の日秀がいる事からも無理がある。 秀吉誕生は 丁酉二月六日吉辰（天文6年）。 童名 日吉丸の名前無し（関白任官記）。 光明寺入寺の記載無い。永楽銭の話 無し。 草履暖め事件記載無し。
太閤軍記（2巻）	太田牛一	『太かうさまくんきのうち』が 現存。 童名 日吉丸の名前無し。永楽銭の話 無し。 光明寺入寺の記載無い。草履事件記載無し。
川角太閤記（5巻）	川角三郎右衛門	童名 日吉丸の名前無し。 光明寺入寺の記載無し。永楽銭の話 無し。 草履暖め事件記載無し。
甫庵太閤記（22巻）	小瀬甫庵	父を筑阿弥としつつ、日輪伝説も導入。 童名 日吉丸。弥右衛門水呑百姓説。 八歳で光明寺へ入る。 永禄元年 狩場の木下で信長に直訴して仕官。 この縁により木下藤吉郎と名乗る。 草履暖め事件記載無し。
豊鑑（4巻）	竹中重門	草履暖め事件記載無し。
太閤素性記（1巻）	土屋知貞	父を木下弥右衛門（鉄砲足軽）とする。 弥右衛門は 中中村（名古屋市中村区）の出身。 大政所は 御器所村の 出身。弥右衛門に嫁ぎ瑞龍院日秀と秀吉を生む。秀吉 七歳で 弥右衛門と死別。永楽銭一貫文を貰い、木綿針の行商をしながら駿河に向かう。 草履暖め事件記載無し。
絵入太閤記（7巻）	不詳	
絵本太閤記（84巻）	竹内確斎	草履暖めの逸話、割普請、長短槍仕合。 大政所の名前を於仲と記す。 蜂須賀小六と矢作川の橋で出会う。
真書太閤記（360巻）	栗原柳庵	蜂須賀小六と矢作川の橋で出会う。
平豊小説		野合の子（私生児説）⇒ 信憑性低い。 養父を木下弥右衛門としているが 弥右衛門は 木下姓ではないのでマユツバ。
新書太閤記	吉川英治	大政所の名前をお奈加と記す。 童名 日吉。
秀吉の伝説（エピソード）は 大部分が『甫庵太閤記』と『絵本太閤記』の 創作。		

出典『誰も知らなかった豊臣秀吉（後藤寿一、勁文社）』、『歴史読本』、『歴史と旅』、他

異聞豊臣系図

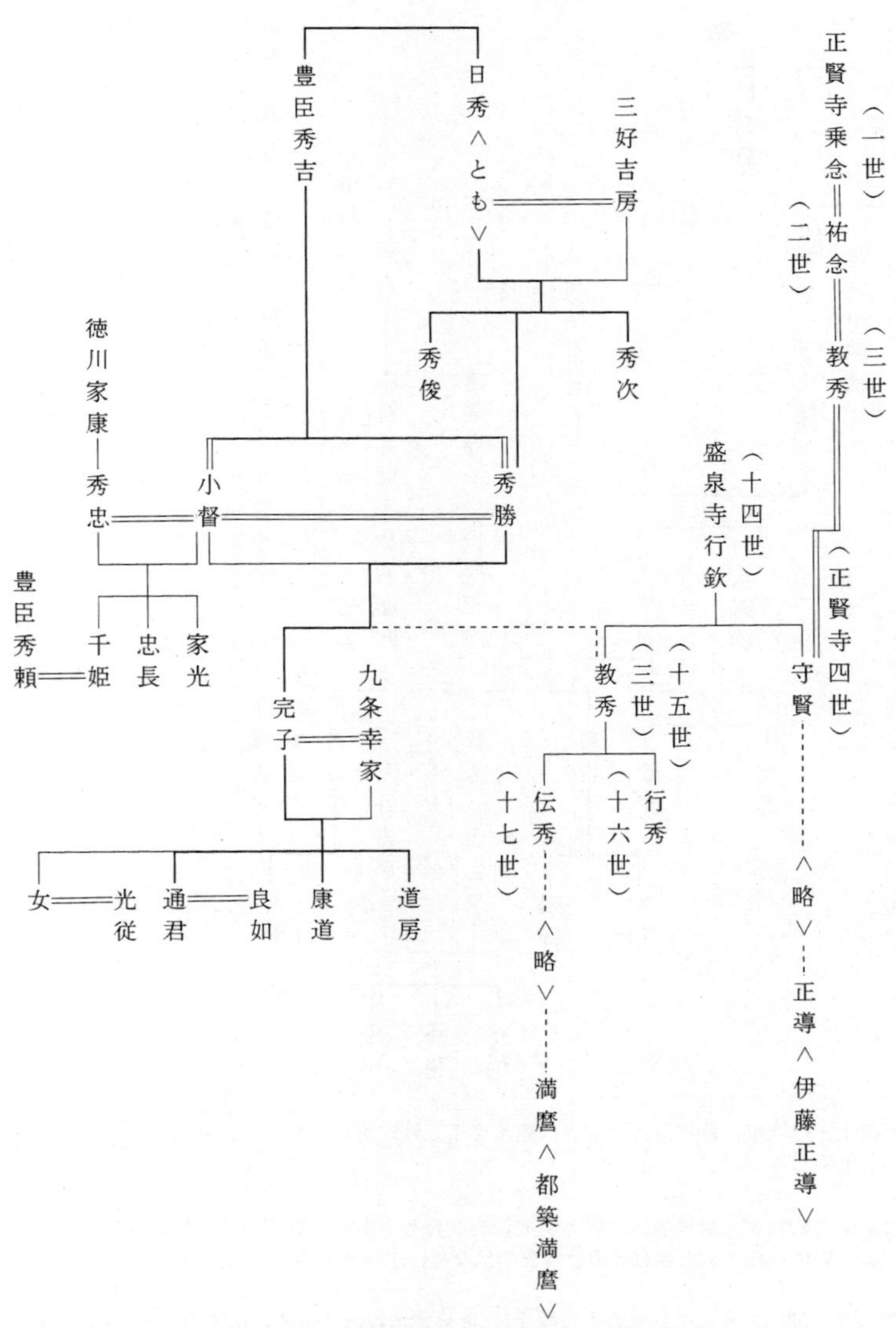

出典『見た聞いた考えた豊臣秀吉大研究（ブックショツプ「マイタウン」）』

異聞秀吉系図

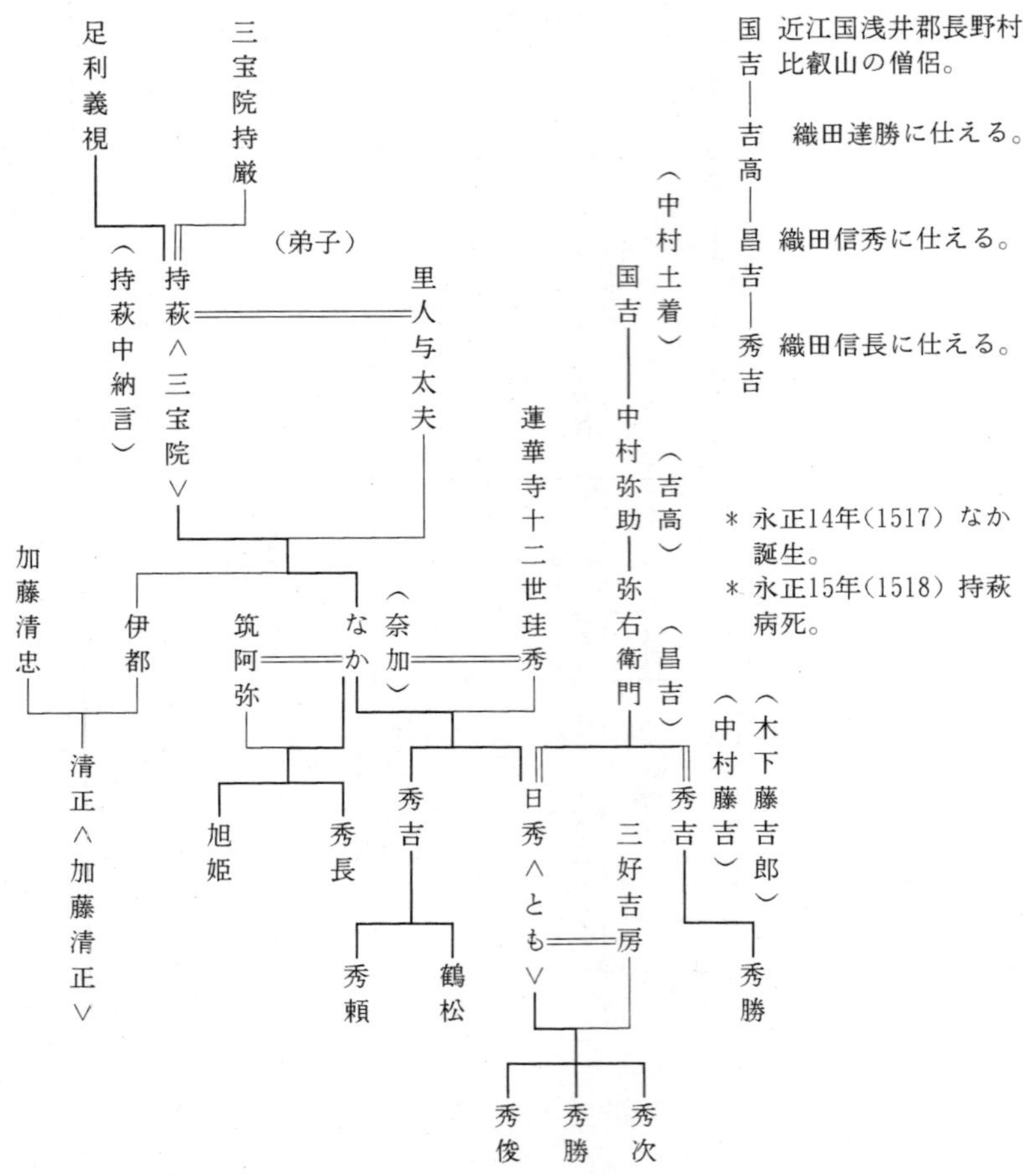

名古屋の郷土史研究家、藤川清氏は秀吉は蓮華寺十二世珪秀の隠し子で、弥右衛門は秀吉とは関係がないと主張。

名古屋の郷土史研究家、横地清氏は珪秀実父説を支持しつつも、弥右衛門も無関係ではなく、秀吉の養父と位置付けた。また弥右衛門は貧農ではなく、中村土着の大百姓と主張した。

出典『見た聞いた考えた豊臣秀吉大研究』（舟橋武志著、ブックショップ・マイタウン）

豊臣秀吉系図

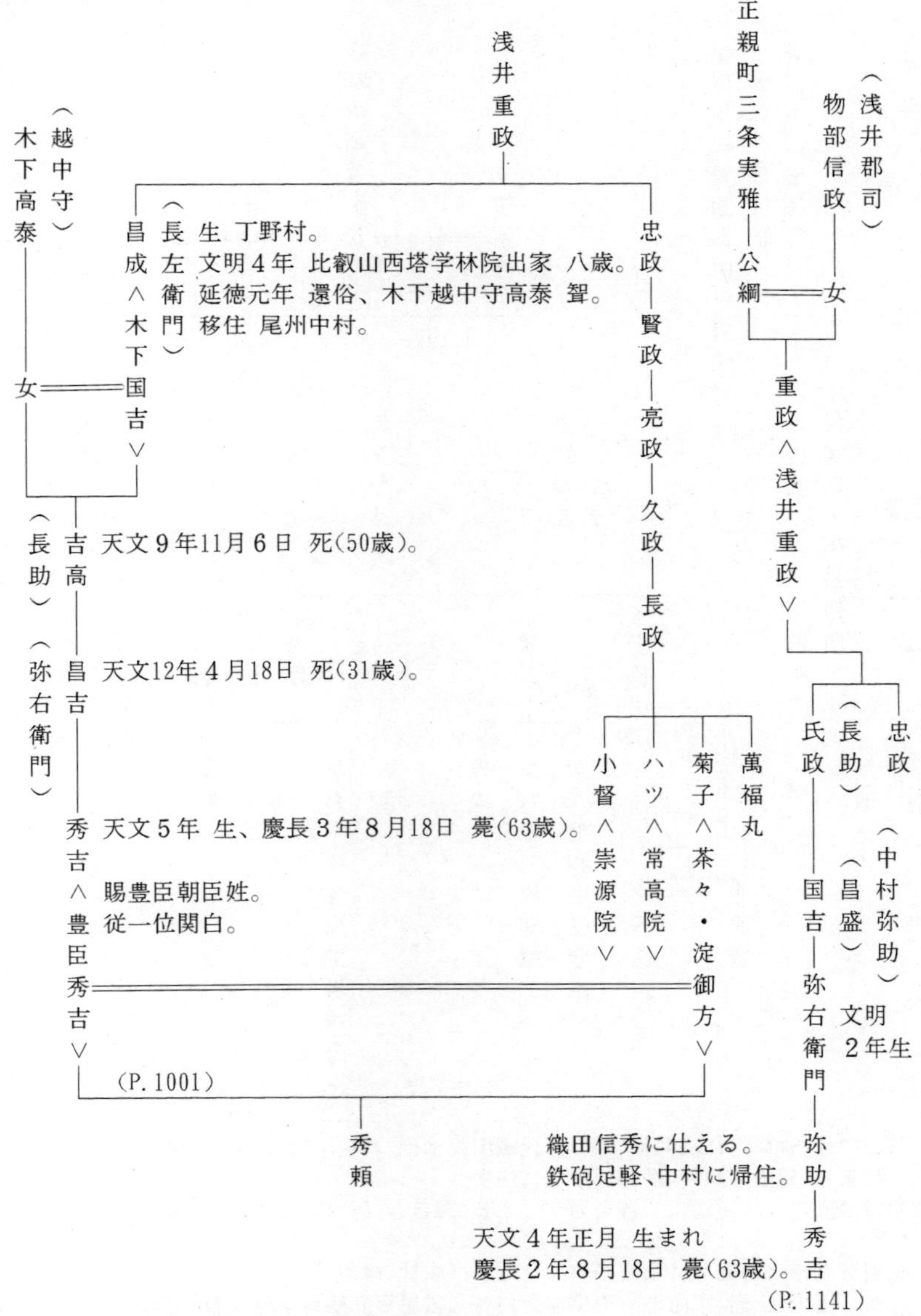

出典『古代氏族系譜集成(宝賀寿男 編、古代氏族研究会)』(原典『諸系譜』)

豊臣秀吉系図

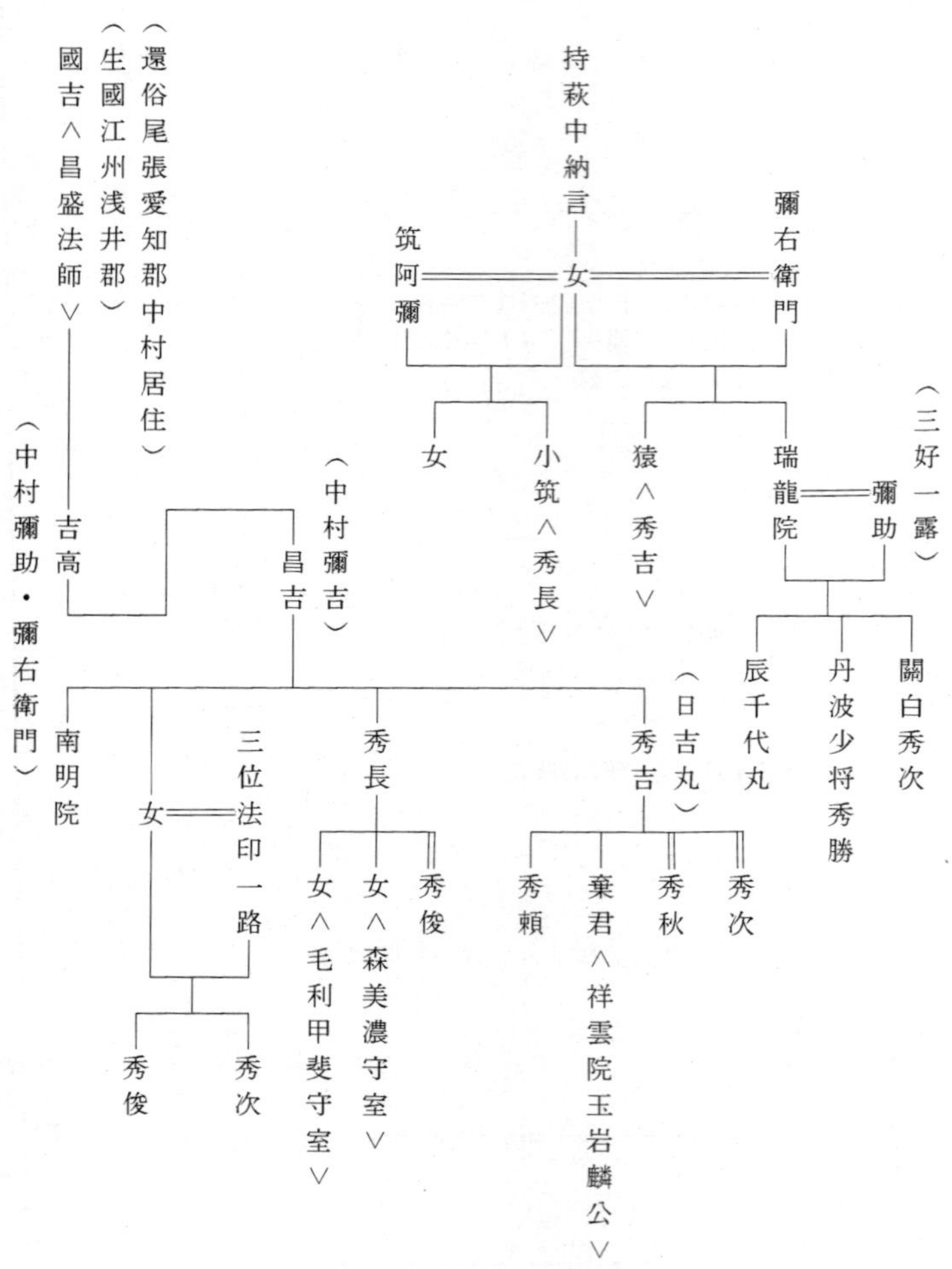

秀吉の先祖は 近江浅井郡の出身 比叡山の僧侶 昌盛法師（還俗名 國吉）。
近江より 尾張に移り 愛知郡中村に住す。
中村の國吉⇨中村國吉。吉を通字とする（國吉、吉高、昌吉、秀吉）。

出典『系譜と傳記 2（系譜學會）』（近藤出版社 復刻）
『塩尻 上巻（東海地方史学協会）』（名古屋市立鶴舞中央図書館 蔵）

異聞秀吉系図

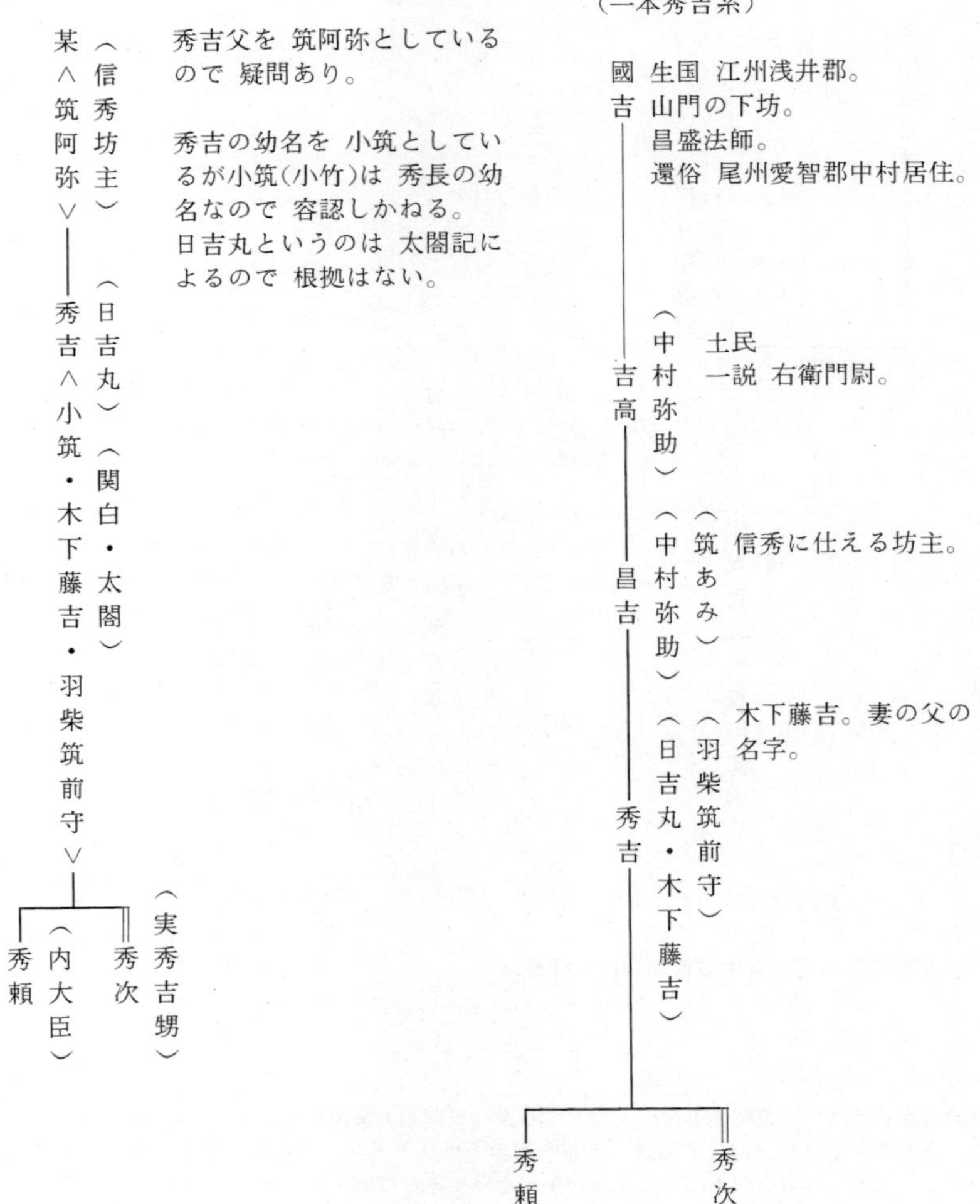

出典『尾陽雑記（愛知縣教育會. 編）』

同書の 一本秀吉系図は『塩尻』の 秀吉系図と通じる。
秀吉の前名は 中村藤吉、妻の縁で 木下藤吉（藤吉郎）と名乗る。
後に 羽柴と改姓する。

異聞秀吉系図

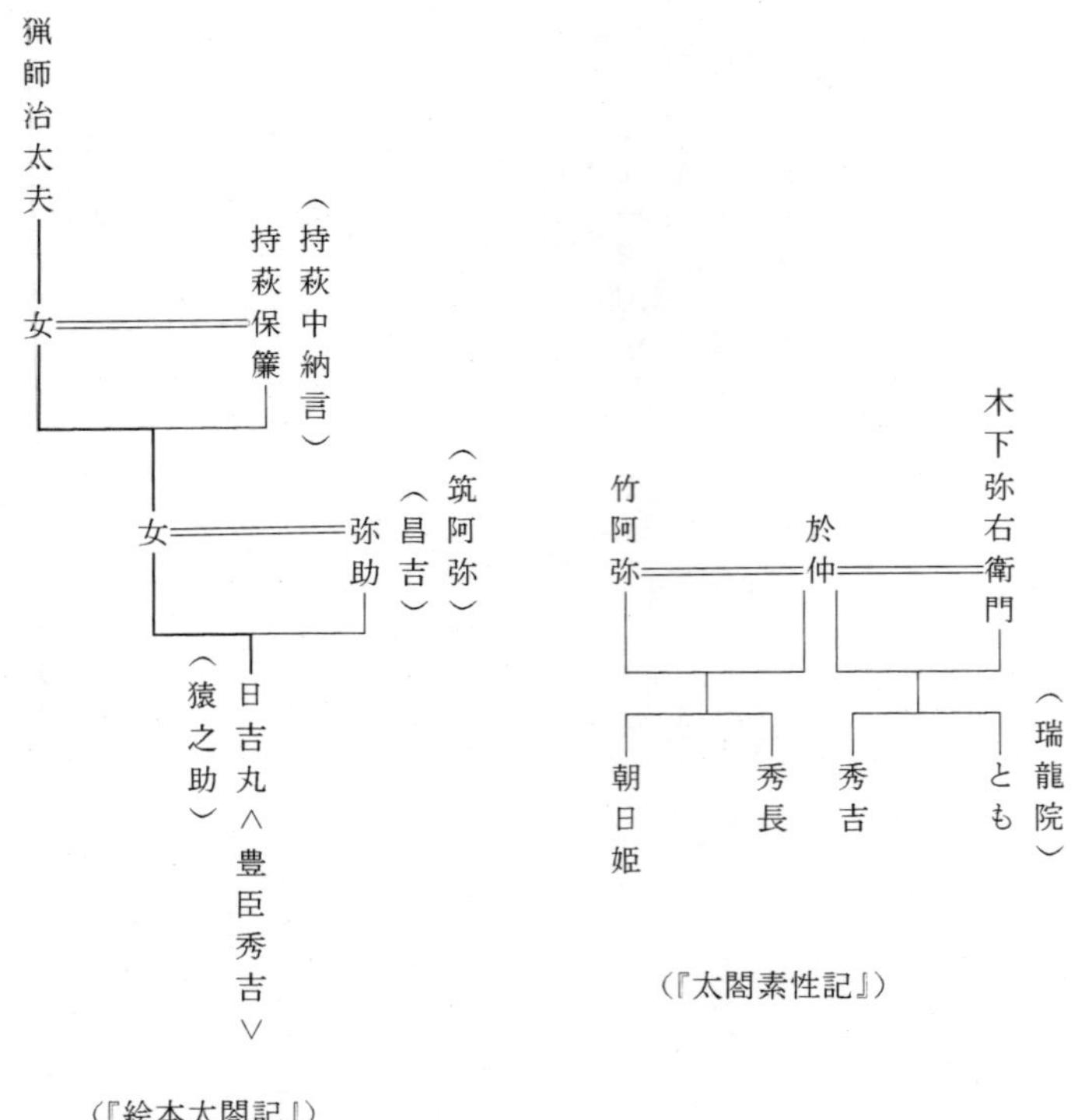

出典『豊臣秀吉(小和田哲男、中公新書)』

弥助（弥右衛門）と筑阿弥を同一人物とする説（筑阿弥実父説）と別人説（継父説）がある。また、秀吉の兄弟姉妹を同父する説（弥右衛門の子供）と異父とする説（秀吉・秀長異父兄弟説）がある。単純に弥右衛門の没年と秀長の生年だけでみれば同父兄弟ということになるが、大政所が弥右衛門の生前に離婚していたか不倫していれば、異父兄弟説が有力となる。秀長の幼名が小筑であるなら、筑阿弥の筑に由来したものか？　小和田氏は異父弟妹とするのは『太閤素性記』の誤伝であろうと思われると述べている（但し筑阿弥が秀吉の継父である事は認めている）。

一方弥右衛門は村長として年貢の徴収に追われ、痴呆症となり家を顧みず、妻女（大政所）は二人の子供を抱え、家計に苦しみ、弥右衛門生前に筑阿弥と再婚したという甚目寺の郷土史家寺尾大蔵氏の説が『豊臣秀長のすべて』（新人物往来社）で紹介されている。同書では「老人雑話」の一節を紹介し、秀長は異父弟としている。生前再婚なら異父弟説は成立する余地がある。

豊臣秀吉出自系図

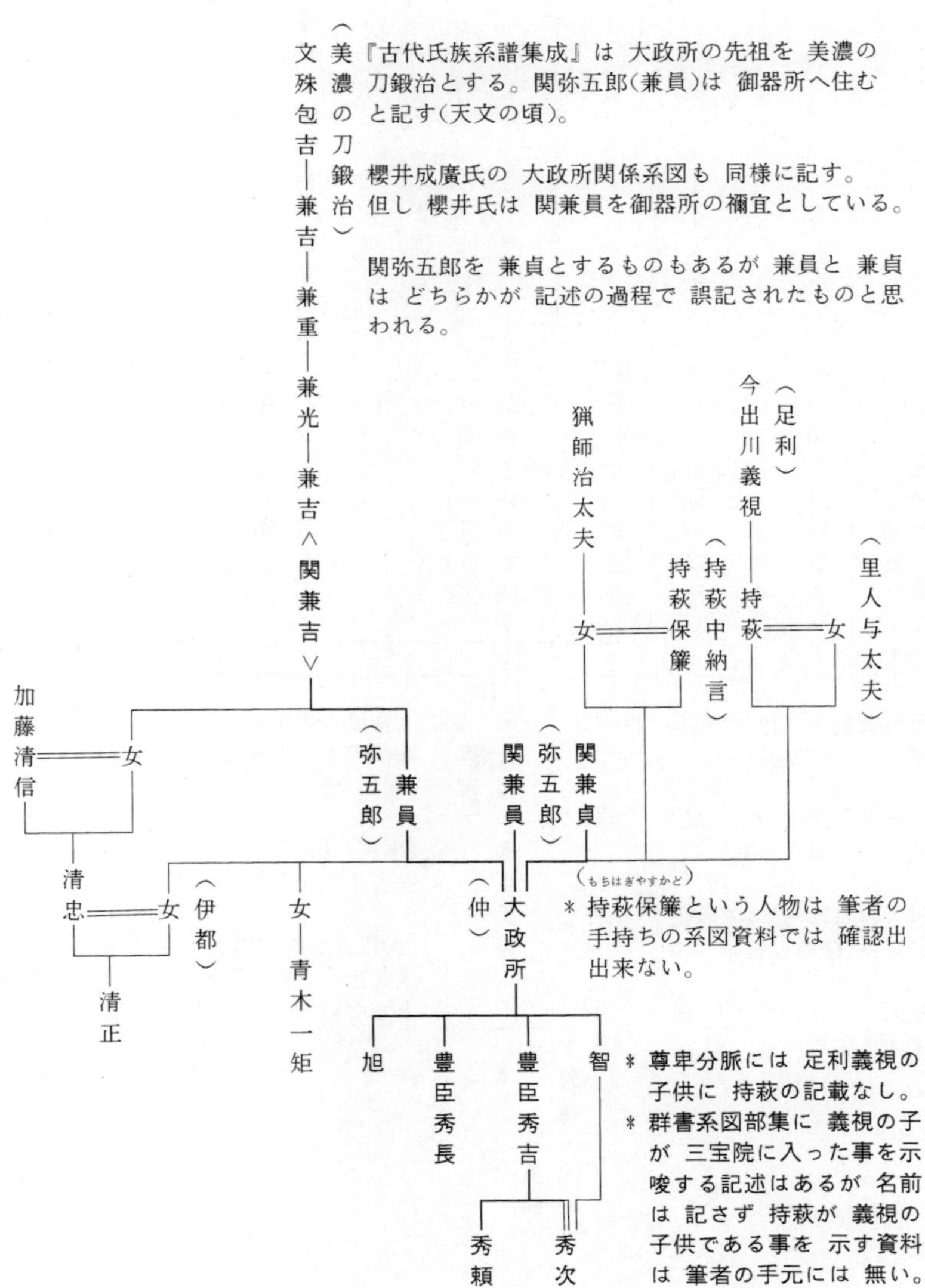
（美濃の刀鍛治）
文殊包吉―兼吉―兼重―兼光―兼吉＜関兼吉＞
『古代氏族系譜集成』は 大政所の先祖を 美濃の刀鍛治とする。関弥五郎（兼員）は 御器所へ住むと記す（天文の頃）。
櫻井成廣氏の 大政所関係系図も 同様に記す。但し 櫻井氏は 関兼員を御器所の禰宜としている。
関弥五郎を 兼貞とするものもあるが 兼員と 兼貞は どちらかが 記述の過程で 誤記されたものと思われる。
猟師治太夫
今出川義視（足利）
持萩（持萩中納言）
持萩保簾
女
女（里人与太夫）
加藤清信
女
兼員（弥五郎）
関兼員（弥五郎）
関兼貞
清忠
女（伊都）
清正
女―青木一矩
大政所（仲）
（もちはぎやすかど）
＊持萩保簾という人物は 筆者の手持ちの系図資料では 確認出来ない。
旭
豊臣秀長
豊臣秀吉
智
秀頼
秀次
＊尊卑分脈には 足利義視の子供に 持萩の記載なし。
＊群書系図部集に 義視の子が 三宝院に入った事を示唆する記述はあるが 名前は 記さず 持萩が 義視の子供である事を 示す資料は 筆者の手元には 無い。

豊臣秀吉出自系図

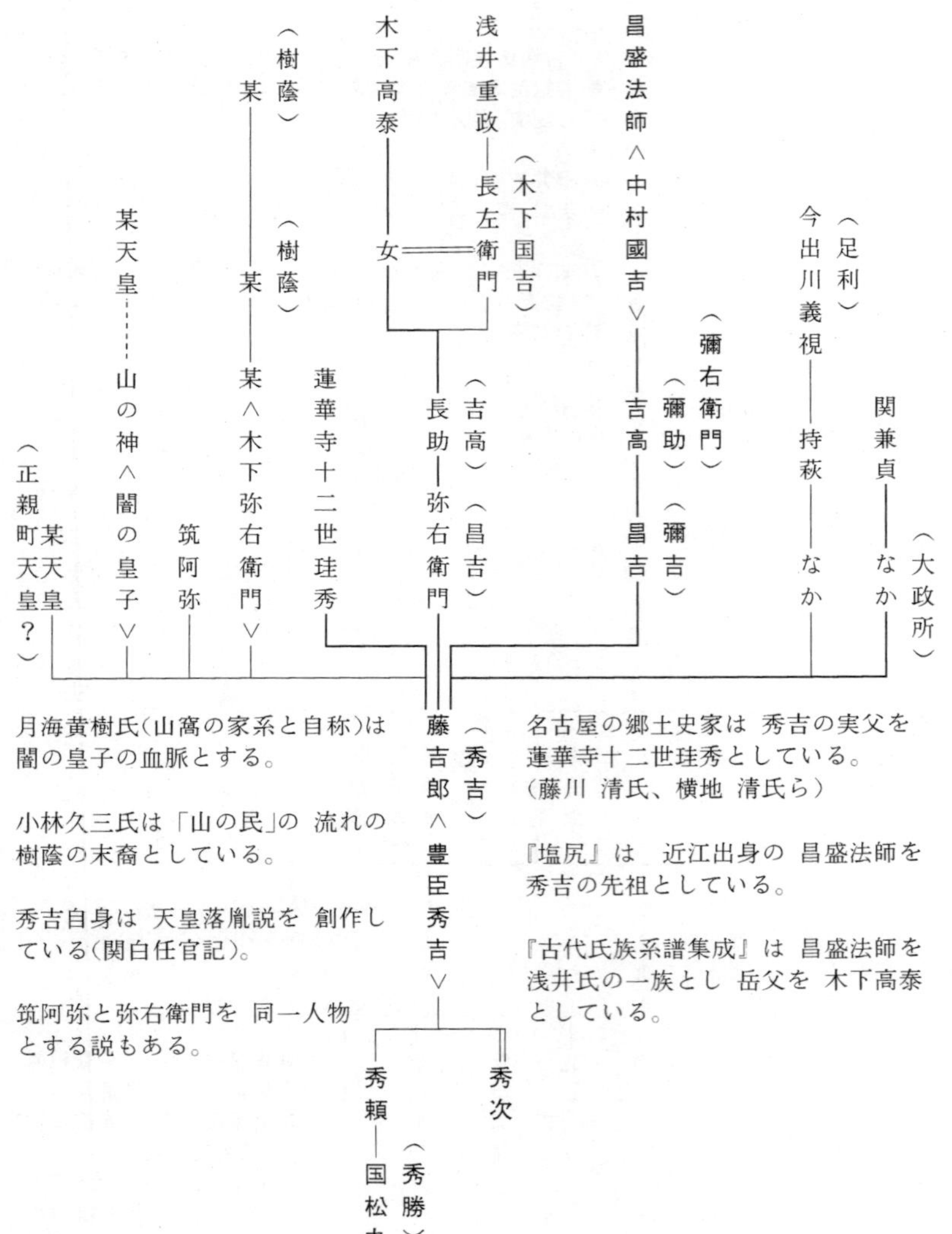

秀吉には 日吉山王伝説との絡みもあり、先祖が比叡山と関係があったという所伝も無視出来ない。『塩尻』の秀吉系図は注目すべきである。

月海黄樹氏が展開した秀吉系図

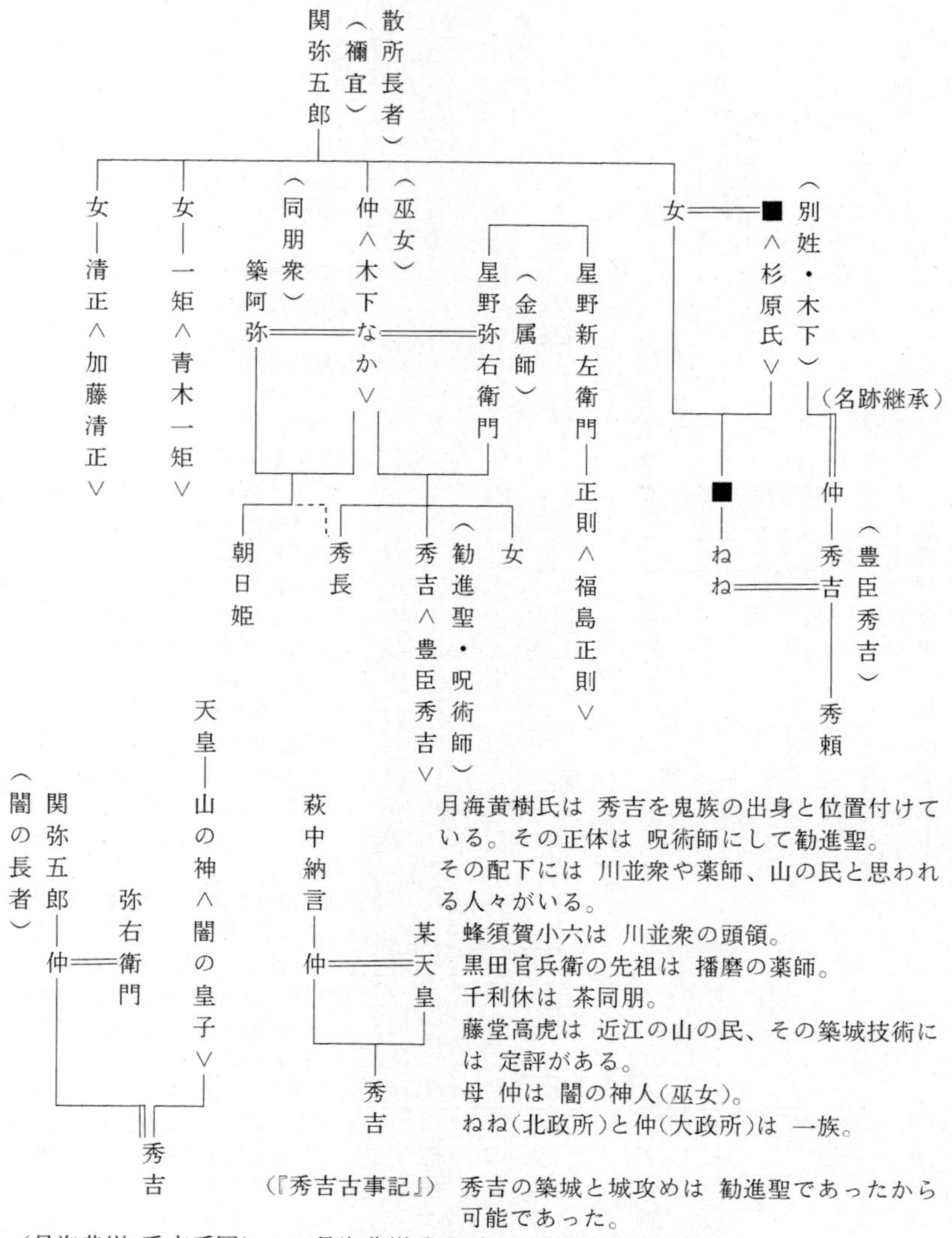

月海黄樹氏は 秀吉を鬼族の出身と位置付けている。その正体は 呪術師にして勧進聖。
その配下には 川並衆や薬師、山の民と思われる人々がいる。
蜂須賀小六は 川並衆の頭領。
黒田官兵衛の先祖は 播磨の薬師。
千利休は 茶同朋。
藤堂高虎は 近江の山の民、その築城技術には 定評がある。
母 仲は 闇の神人（巫女）。
ねね（北政所）と仲（大政所）は 一族。
秀吉の築城と城攻めは 勧進聖であったから可能であった。

＊月海黄樹氏は 自ら 山窩の末裔と称する。

出典『希代の呪術師 秀吉の正体（月海黄樹、徳間書店）』

後藤寿一氏による豊臣系図

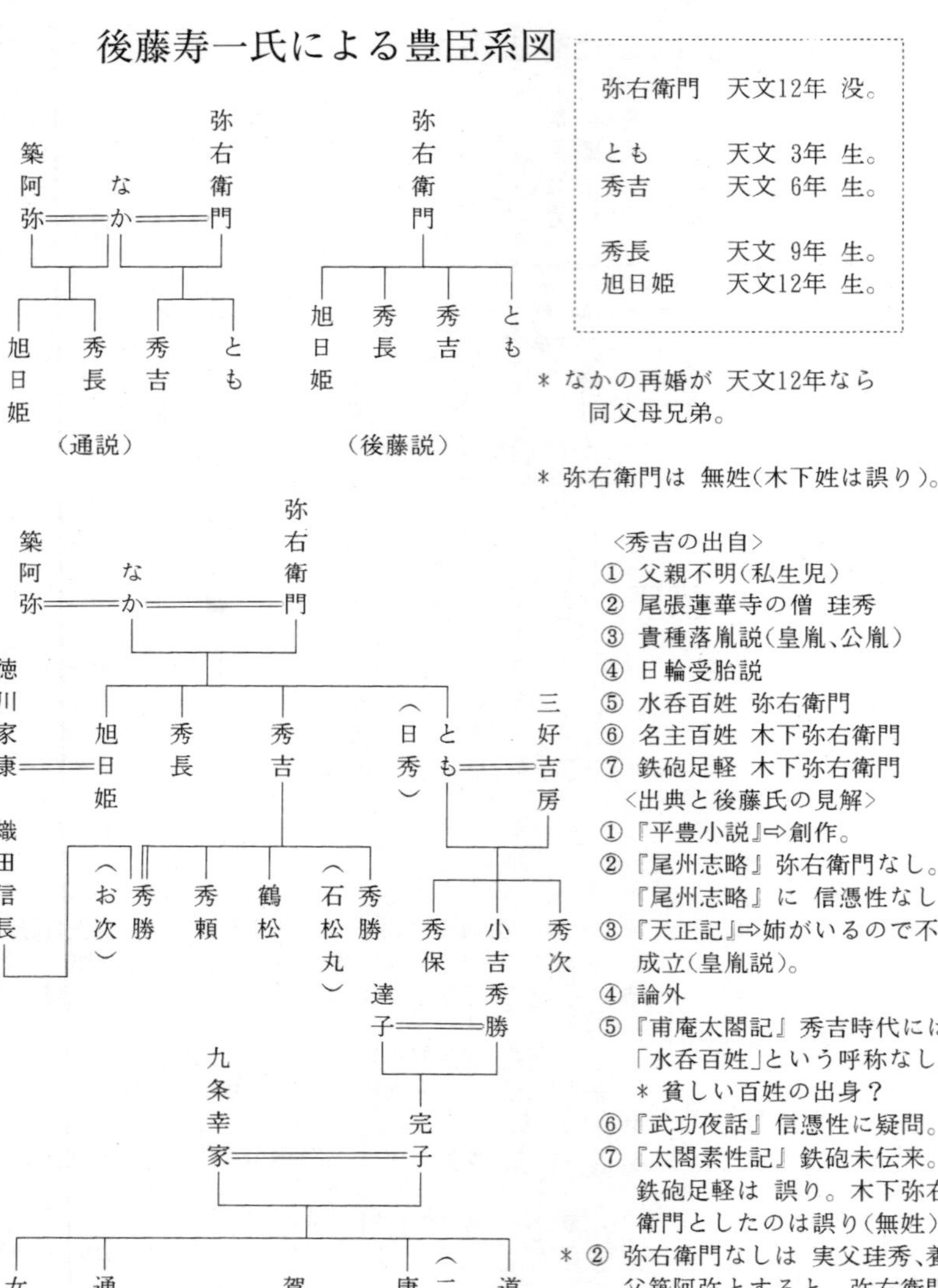

弥右衛門	天文12年 没。
とも	天文 3年 生。
秀吉	天文 6年 生。
秀長	天文 9年 生。
旭日姫	天文12年 生。

＊ なかの再婚が 天文12年なら 同父母兄弟。

＊ 弥右衛門は 無姓(木下姓は誤り)。

<秀吉の出自>

① 父親不明(私生児)
② 尾張蓮華寺の僧 珪秀
③ 貴種落胤説(皇胤、公胤)
④ 日輪受胎説
⑤ 水呑百姓 弥右衛門
⑥ 名主百姓 木下弥右衛門
⑦ 鉄砲足軽 木下弥右衛門

<出典と後藤氏の見解>

① 『平豊小説』⇨創作。
② 『尾州志略』弥右衛門なし。『尾州志略』に 信憑性なし。
③ 『天正記』⇨姉がいるので不成立(皇胤説)。
④ 論外
⑤ 『甫庵太閤記』秀吉時代には「水呑百姓」という呼称なし。
　＊ 貧しい百姓の出身？
⑥ 『武功夜話』信憑性に疑問。
⑦ 『太閤素性記』鉄砲未伝来。鉄砲足軽は 誤り。木下弥右衛門としたのは誤り(無姓)。

＊ ② 弥右衛門なしは 実父珪秀、養父築阿弥とすると、弥右衛門が 存在する必要はなくなる。

＊ 実父は 百姓兼樵夫の弥右衛門。
（後藤寿一氏の見解）

出典『誰も知らなかった豊臣秀吉(後藤寿一、勁文社)』

闇の秀吉系図（樹蔭略系）

藤原道隆―道宗＜乱裁道宗＞―丹波……＜略＞……丹波＜文立丹波＞

（あやたちみちむね）（丹波道宗）（文立丹波）（乱破道宗）

某（樹蔭）……＜略＞……某（樹蔭）―弥右衛門（木下）（因幡山窩）―藤吉郎（木下）（豊臣秀吉）＝淀君＝名古屋山三郎＝出雲阿国（出雲タタラ族？）

秀頼

藤吉郎は 文立丹波系統の分流 因幡山窩 樹蔭一族の末裔。

因幡の北山城攻めは 丹比孫之丞（上級山窩の末裔）一族の抹殺が目的であった（佐治芳彦）。

秀吉が 上月城の山中鹿之助を支援したのは 鉢屋衆を 毛利攻めに 利用する為。又 途中で支援を打ち切ったのは 信長の命令と自身の保身の為である（鉢屋衆壊滅）。

秀吉の木下姓は 弥右衛門が 樹蔭を 木下に改めたもの。

北条時政と 豊臣秀吉は 出身部族を裏切った（佐治氏）。

＊ 弥右衛門を 樹蔭とする点では 小林久三氏の説と同一線上にある（『秀吉奇跡の天下取り』参照）。

＊ 弥右衛門を 因幡山窩の末裔とするのは 山窩研究家の三角 寛が 山窩の末裔、但馬田地火（たじまたじべ）の但馬多治彦から『血絶の史伝（ちげのことつ）』を聞いた事による（佐治氏）。

秀吉の小田原征伐は 不服従の山窩抹殺が目的。
＊ 後北条氏は 鍛冶集団出身。伊勢新九郎（早雲）は伊豆の山人族を 味方に 伊豆から小田原へ進出した。
＊ 北条氏の 忍は 風魔と呼ばれた。

＊ 徳川家康も 天下を取り、基盤を固めるまでは 山の民を 利用した（服部半蔵、大久保長安ら）。

出典『漂泊の民 山窩の謎（佐治芳彦、新國民社）』

丸田淳一氏が展開した秀吉系図

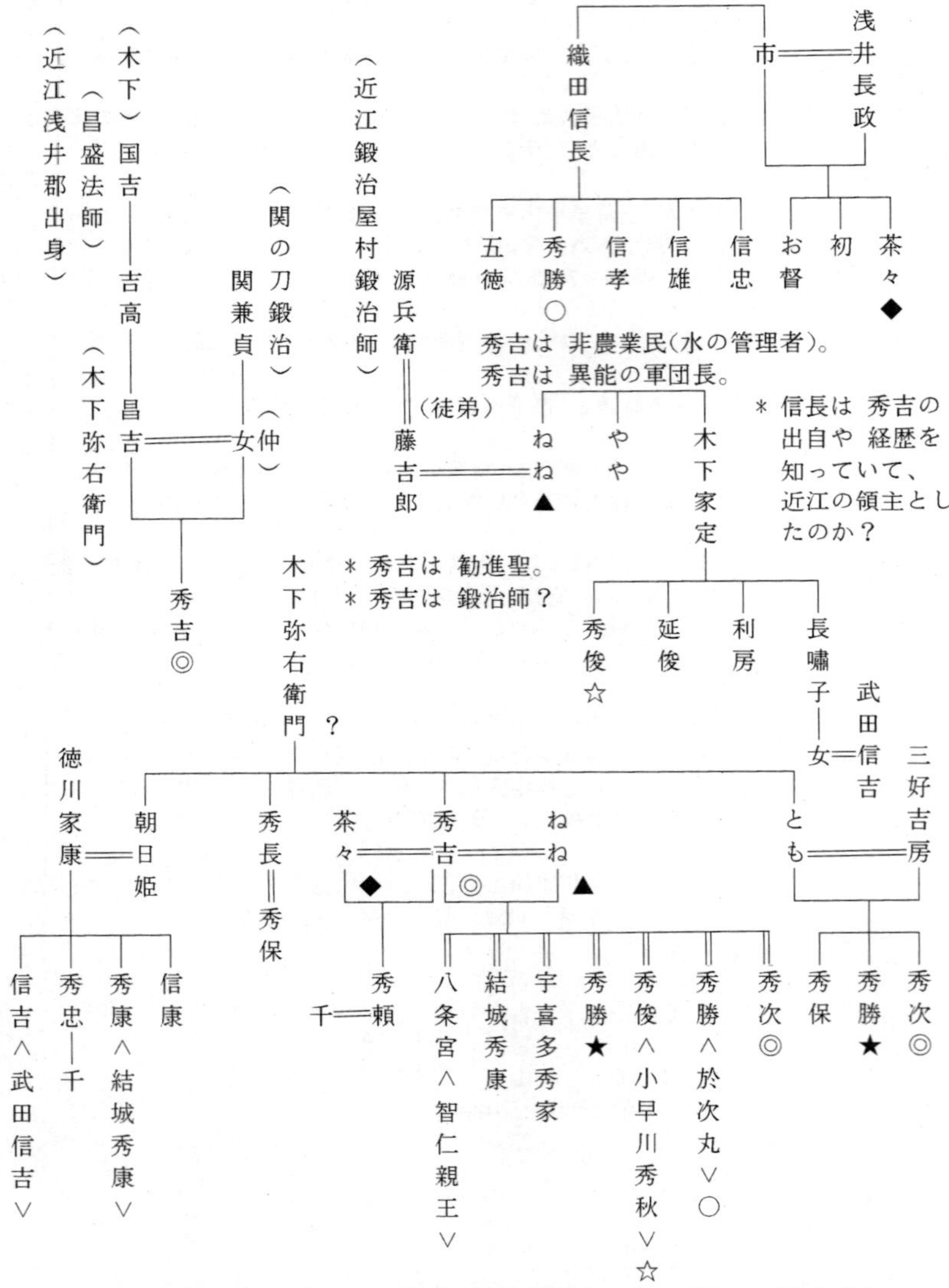

＊ 秀吉を『水の管理者（呪術師）』、勧進聖、非農業民とする見解は 月海黄樹氏の見解に通ずるものがある。

出典『秀吉の謎・新史観で解く「天下人」の正体（丸田淳一、学習研究社）』

『秀吉、奇跡の天下取り』で展開された小林久三説

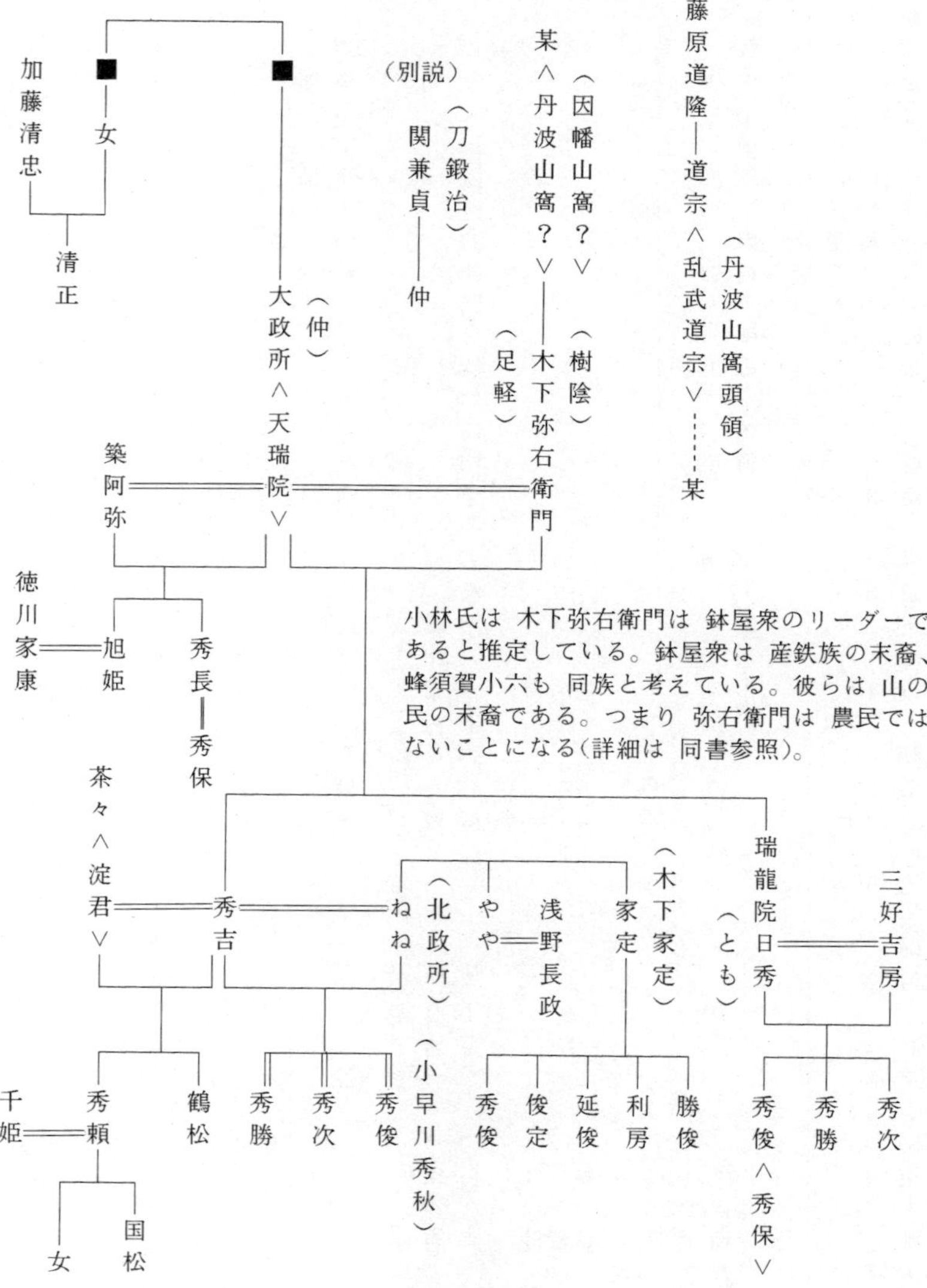

出典『秀吉、奇跡の天下取り（小林久三、ＰＨＰ）』　＊一部補筆。

小林久三氏が小説で展開した秀吉系図

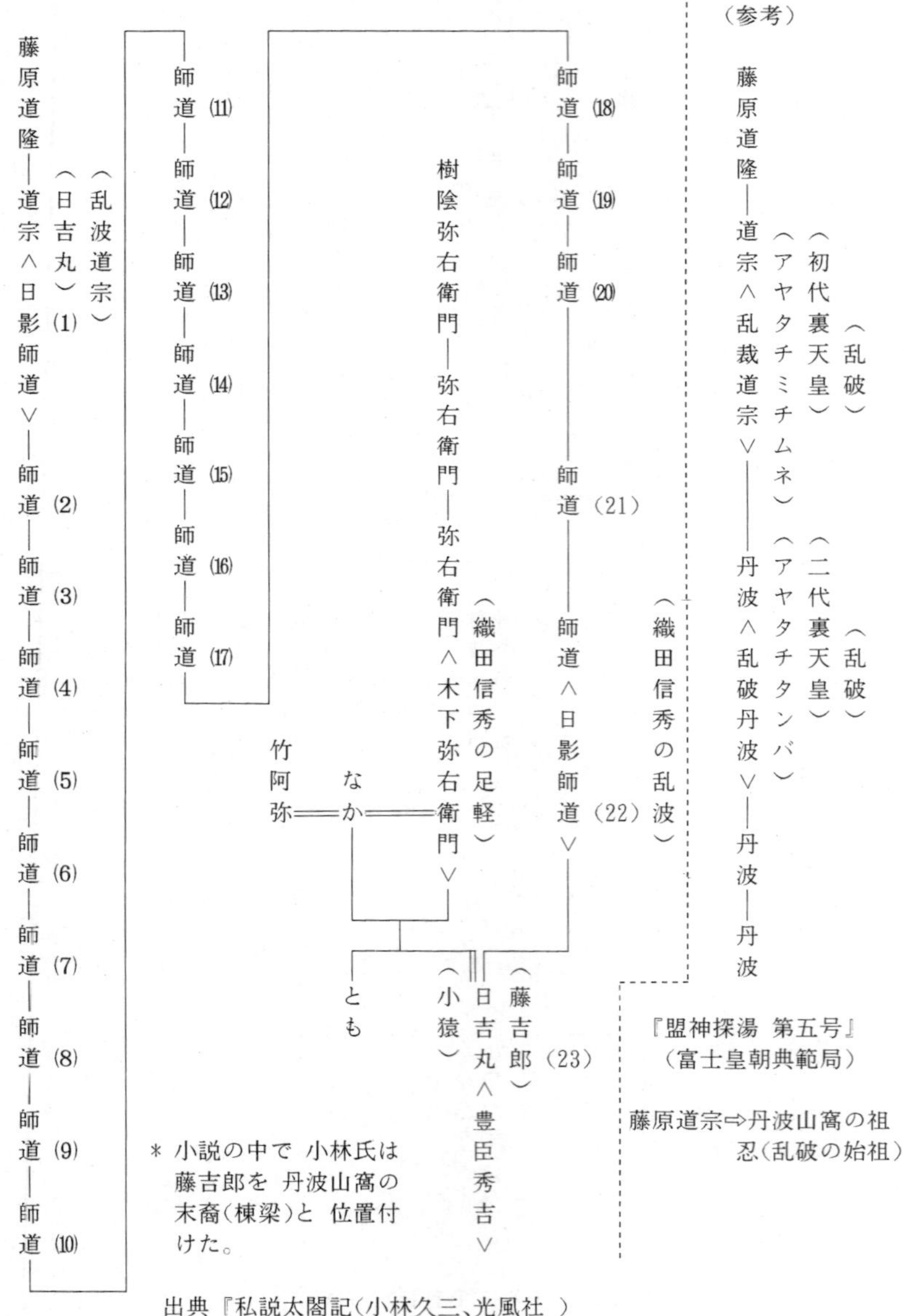

＊小説の中で 小林氏は藤吉郎を 丹波山窩の末裔（棟梁）と 位置付けた。

出典『私説太閤記（小林久三、光風社 ）

秀吉の出自と山の民

秀吉のルーツは如何なるものか？　父母の出自も謎だらけで、その実態は杳として知れない。

また秀吉自身も、戦国大名としては特異な存在で、その戦ぶりも諜報戦と土木工事が中心で、それが数々の伝説を生んでいる。墨俣一夜城伝説、鳥取城の餓え殺し、備中高松城の水攻め、石垣山の一夜城などその好例であり、それを実現したのは配下の異能集団である。

最も有名なのが、蜂須賀小六を中心とした尾張・美濃川並衆で、さらには播磨の山の民薬師の流れを組む黒田官兵衛も有名である。彼ら以外にも無名の異能な人々が秀吉軍団を形成し、当時の常識では予想もつかない行動で、秀吉を織田家の有力武将に、さらには天下人へと押し上げていくのである。

ではなぜ、織田家中で秀吉のみが特異な軍団を形成出来たのか？　若い時流浪したことで彼らと知り合い、協力が得られたという説はオーソドックスで違和感がない。しかし、それなら滝川一益も同様の軍団を形成出来たはずである。

滝川一益は一説には甲賀の出身で流浪の後、織田家に仕え、鉄砲の名人といわれている。しかし、秀吉の様な異能軍団は形成していない。織田家の関東管領にはなったが、本能寺の変が発覚後、関東から逃げ戻り、清洲会議の時には重臣の地位を失った。

となれば、単なる知り合いという関係ではなく、秀吉自身がその一族の有力者ということは、取りも直さず、弥右衛門か大政所の家系が、その一族の有力者でなければならない。

俗説も含めて秀吉の先祖系図を検討すると、播磨あたりから流れてきた山の民が、比叡山の僧侶となることで、その出自を隠し、還俗の後、尾張中村に移り住み、小さいながらも散所の長となり、三代目の弥右衛門の時、美濃の刀鍛冶の流れで御器所に移り住んでいた関氏の次女で、木下の名跡を継承していた大政所の所に入り婿となり、金属師として織田信秀に仕え、事故で体が不自由となり、中村に戻って残った土地を細々耕していたのが弥右衛門ではないのか?

となれば、秀吉が村長の息子であるという『武功夜話』の所伝も、年貢が苦しくて村民が逃散し、貧乏になっていたのなら、幼い頃の秀吉が貧農の息子と云われたことも頷ける。

また足軽として信秀に仕え、金属師としての作業中事故にあったのなら、鉄砲足軽で負傷したということも荒唐無稽・創作話とは言えなくなる。

名古屋の郷土史家によれば、弥右衛門は弥助とも云われ、中中村にかなりの土地を持っていたとのことで(『豊臣秀吉大研究』ブックショップマイタウン)、とても水呑百姓とは云えないと述べている。

その点から勘案して、『塩尻』の先祖系図は注目していいと思う。さらに宝賀寿男氏や櫻井成廣氏が示した関氏一族系図も同様のことが云える。

ここまでは系図研究という立場での表の見解。もう一つは想像の世界に入ってしまうが、月海黄樹氏や小林久三氏などが唱えている闇の一族という裏の見解である。

日本の歴史は天皇家を中心とする表の歴史と、まつろわぬ民によって織り成される裏の歴史がある。

坂上田村麻呂による東北遠征により、日本は天皇家と表の民による国家となった。しかし、まつろわぬ民が消滅したわけではなく、闇の一族として存在した。

源義経は源氏の御曹司と云われているが、その実、闇の一族であった可能性が高い。弁慶はさしずめ秀吉の蜂須賀小六というところであろうか？

天皇家でも闇の一族を利用した時代がある。南北朝時代の後醍醐天皇である。散所長者で悪党といわれた楠木一族や、白旗党余類といわれた新田一族である（新田一族は清和源氏の末裔ということになっている）。時代が下って登場するのが「美濃の蝮」斎藤道三である。

その後、天下を制したのが闇の皇子豊臣秀吉である。

さらに云えば秀吉の後の天下人徳川家康も闇の系譜、白旗党余類に繋がる可能性がある。この点については『徳川家康は二人だった』（八切止夫・番町書房）を参照されたい。

さて、話を元に戻そう。

秀吉の系譜は明確ではない。否、明確に出来なかったのではないか。

佐治芳彦氏や小林久三氏は、秀吉の父弥右衛門が樹蔭（このかげ）一族出身とし、そのルーツを丹波もしくは因幡としている。月海黄樹氏は関氏を散所の長者と考え、仲を闇の巫女、弥右衛門を金属師、筑阿弥を下級の呪術師（同朋衆）、秀吉は闇の皇子の血脈にして弥右衛門の子供、そして勧進聖・呪術師としている。丸田淳一氏も秀吉は非農業民としている。小林氏は小説家でもあるので、小説の中でも闇の系譜を展開している。

『私説太閤記』（光風社）において、日影一族を登場させ、さらに樹蔭一族を弥右衛門の家系として登場させている。もちろん、これはフィクションであるが、闇の系譜を示唆するものである。その初代乱波道宗（乱裁道宗）は忍者の祖と云われている。乱裁道宗（あやたちみちむね）については雑誌『盟神探湯』第五号（富士皇朝典範局）でも紹介されている。

ここから読み取れるものは、秀吉の家系がいくつかある山の民の棟梁家の血筋で、俗世では地位も上である蜂須賀小六が、闇の世界では藤吉郎より下位であったということである。もちろん、これを証明する手立てはない。

しかし、織田家中では無名と云ってもさしつかえない藤吉郎に、顔見知りであったとしても歳上であった小六が、義理や人情だけであれほど協力したのは不思議であったが、闇の世界の掟によれば、得心がいく。

信長もある段階から秀吉の出自と出身を知り、他の家臣以上に登用したのではないだろうか？　月海黄樹氏によれば、表向きはあくまで秀吉は信長の一家臣であったが、物資の調達、運送、諜報という戦の裏の部分を握っている秀吉は、実際には信長の陰の同盟者であるという。そのために信長は短期間に秀吉を昇進させ、それまでの重臣たちと見劣りしない地位まで引き上げたということになる。

秀吉を特別扱いした明確な例は、あれほど部下に厳しく、その意に従わなかった家臣を追放したりした信長が、柴田勝家との対立から北陸戦線を離脱した秀吉を処断せず、一時的に謹慎させただけで、松永弾正討伐や、中国遠征の司令官に任じていることである。これはきわめて異例である。異例といえば、一時は自分の両翼（信長は安土に城を築いたが、その両翼、坂本に明智光秀、長浜に羽柴秀吉を配した）であった明智光秀を、秀吉の幕下として、毛利討伐に派遣しようとしたことも異例だ。

当時、柴田勝家は北陸にあり、滝川一益は関東に、丹羽長秀は四国征伐のため浪速にあり、光秀のみが畿内の守護と家康接待のために残っていた。その光秀を接待役を解任し、領地を取り上げて派遣しようとしたのである。もちろん、新領地は与える約束をしたが、それは秀吉に協力して毛利を攻め、山陰地方の毛利領を奪ったらという条件付きの話である。なぜそこまで秀吉を支援したかは謎である。

しかし、その結果は本能寺の変を誘発し、信長滅亡ということになったのである。堺にいた家康は即座に独自のネットワークとルートを使って畿内を脱出したが、途中で別れた穴山梅雪は殺された。

信長暗殺の黒幕を秀吉としたり、家康とする説があるが、真相は闇の中である。ただし、光秀を破った後の朝廷や公家の慌て振りからみて（柴田勝家を破って織田信長の後継者の地位を固めていない秀吉に、正親町天皇が勧修寺晴豊を勅使として派遣し、太刀を下賜し、織田信孝と同格の地位に押し上げたか、また前関白近衛前久が信孝の追求を恐れて姿をくらましたか？）、何らかの係わりがあった可能性が残る。後に秀吉が一時藤原氏になるにあたって、なぜ他の摂関家でなく近衛家を選んだか、なぜ秀吉が正親町天皇の孫八条宮を猶子（準養子）とする時に、勧修寺家が側面から協力したかを考えれば、自ずと答えは浮上してくる。ただし、これは本書のテーマではないのでこの辺で止めておく。

さて、話が若干逸れたので元に戻そう。秀吉は天下人になると、天皇落胤説や公家の落胤説を唱え、あげく母大政所の家系も捏造しようとした。萩の中納言の娘、あるいは持萩中納言保廉の娘という形になって、後世の『太閤記』などに登場する。中納言なら従三位相当なので公家の家系の者なら関係系譜や資料が存在するはずであるが、『公卿辞典』（坂本武雄編、国書刊行会）には持萩という家名の公家は記載されていない（織田家や豊臣家、徳川家は武家の扱いなので除外されている）。もちろん、萩という家名の公家も記載されていない。また『尊卑分脈』にも保簾という人物は記載されていないし、かなり見たつもりだが持萩という家名は見出せなかった。この点からも秀吉の母を持萩中納言の娘とする説は否定される（少なくとも筆者の手元の資料では確認できなかった）。太田亮氏が『姓氏家系大辞典』で持萩という項目を立て（６０８１）、秀吉の母は持萩中納言の息女也と記したか理解に苦しむ（太田氏は項目は立てたが、その系譜は記載されてはいない）。名古屋の郷土史家で元刑事の藤川清氏は、大政所は足利義視（今出川義視）の子で、三宝院持厳の弟子であった持萩の娘としている。その上で、秀吉の父は蓮華寺の珪秀としている（『豊臣秀吉大研究』ブックショップマイタウン）。

しかし、持萩が秀吉の祖父であったとしても、足利義視の子とするのはどうか？『尊卑分脈』や『群書系図部集』には足利義視の子で僧籍に入った者に持萩の記載はない。『群書系図部集』には、義視の子が三宝院に入ったことを示唆する記述はあるが、名前（僧名も）は記さず、持萩が義視の子供であることを示す資料はない（少なくとも筆者の系図資料の中にはない）。秀吉は足利義昭の猶子になろうとして失敗したことがあるので、その事実を知っていたら利用したはずである。

ただし、蓮華寺僧侶の私生児という説はあるのでそれが珪秀である可能性は残る。また大政所の母方の祖父を猟師治太夫とする所伝の『絵本太閤記』もあるが、父を持萩中納言ということでは否定されるが、父が美濃の刀鍛冶関氏であるなら、その妻が猟師の娘であっても然して違和感はない。それにしても秀吉の外祖父を持萩中納言とする説は、系譜研究の立場からは否定される。闇の皇子という月海黄樹氏の説に関しては、考証するための系譜がないので系譜研究の立場からは検証のしようがない。これは佐治芳彦氏や小林久三氏の樹蔭略系についても同様である。系図資料というものは、基本的には表の歴史資料の一部なので、裏の系譜について比較考証することは不可能である。しかし、秀吉の持つ特異性から、その様な系譜に属した可能性までは否定できないが、系譜研究の立場からは比較考証できない以上肯定することはできない。

それでは昌盛法師の末裔とする説はどうか？　前にも秀吉と比叡山、特に日吉山王の関係については触れたが、その点からも頭から否定することはできない。昌盛法師（國吉）―吉高―昌吉―秀吉という系譜については、『塩尻』『古代氏族系譜集成』『尾陽雑記』などで取り上げられて紹介されているので、そういう所伝があったのであろうか？　この所伝は一部形を変えながら『絵本太閤記』などにも導入されているので、江戸時代にはそういう説が伝えられていたという事である。その系統は弥助、弥右衛門、弥吉などと名乗った様である。秀吉の姉智の婿（三好一路）も一時弥助を名乗っているので、入り婿になっていたかもしれない。

この系譜は太田亮氏が『姓氏家系大辞典』で紹介しているにもかかわらず、ほとんど注目されなかった。しかし、昌盛法師が還俗して近江から尾張の中中村あたりに移住し、昌吉（弥右衛門）に至るまでに、小さな村（集落）の長になっていれば、足軽として織田信秀に仕えたということも現実味を帯びてくる。鉄砲足軽というのは、鍛冶師として武器の改良、もしくは生産中に事故にあったことによって、そう誤り伝えられた結果ではないだろうか？　とにかく怪我により足軽を辞め、帰農してからは村民が逃散したりで、かなり貧乏だったのではないだろうか？　その結果それまで中村を名乗っていたのを、妻の家系に入り婿したのではないか？（秀吉が於ねと結婚する以前の永禄元年に木藤と受取状に署名しているのが事実なら、木下姓は妻の実家ではなく、母大政所の継承名跡姓ということになる）。そうであれば、弥右衛門や筑阿弥が大政所に入り婿したという所伝も、秀吉が村長の倅であったとする所伝も成立することになる。このことについては、一部前記の部分と重複したが、特に重要な事なので強調したい。

なお、これは筆者の推測にすぎないが、國吉が山の民の末裔で表の世界に現れたものならば、弥右衛門までは一族として陰の協力を得ていたことになる。また、秀吉が少年時代の一時期、一族に復帰した後に、再度俗世に戻っていたら支援は継続することになる。秀吉が少年時代のことをほとんど語っていないということは、その時期の行動については、山の一族以外には語れなかったという事ではないのか? 秀吉を山窩と断定する証拠はないが、何らかの形で山の民と繋がっていたことは、彼の行動が示している。溶け込みといわれる元山窩でも三代は繋ぎがあると言われている。秀吉を山窩であるとするなら、四代目であるので、一族に復帰しなければ、縁は切れることになる。あるいは関氏の縁で繋がっていたのかもしれない。「山窩」については私の研究テーマではないので、この辺で深入りは避けることにする（関心のある方は佐治芳彦氏の著作や八切止夫氏、三角寛氏などの著書を参考にされたい）。

ただ、秀吉の家系がどうあれ、秀吉の子供時代は零落して貧乏であったことは事実であろう。また継父で謎の人物筑阿弥も、陰の一族であったから、大政所と再婚して、秀吉が信長より所領を賜る永禄年間の初めまで木下家を守ったのではないだろうか?

大政所姻族系図（青木氏）

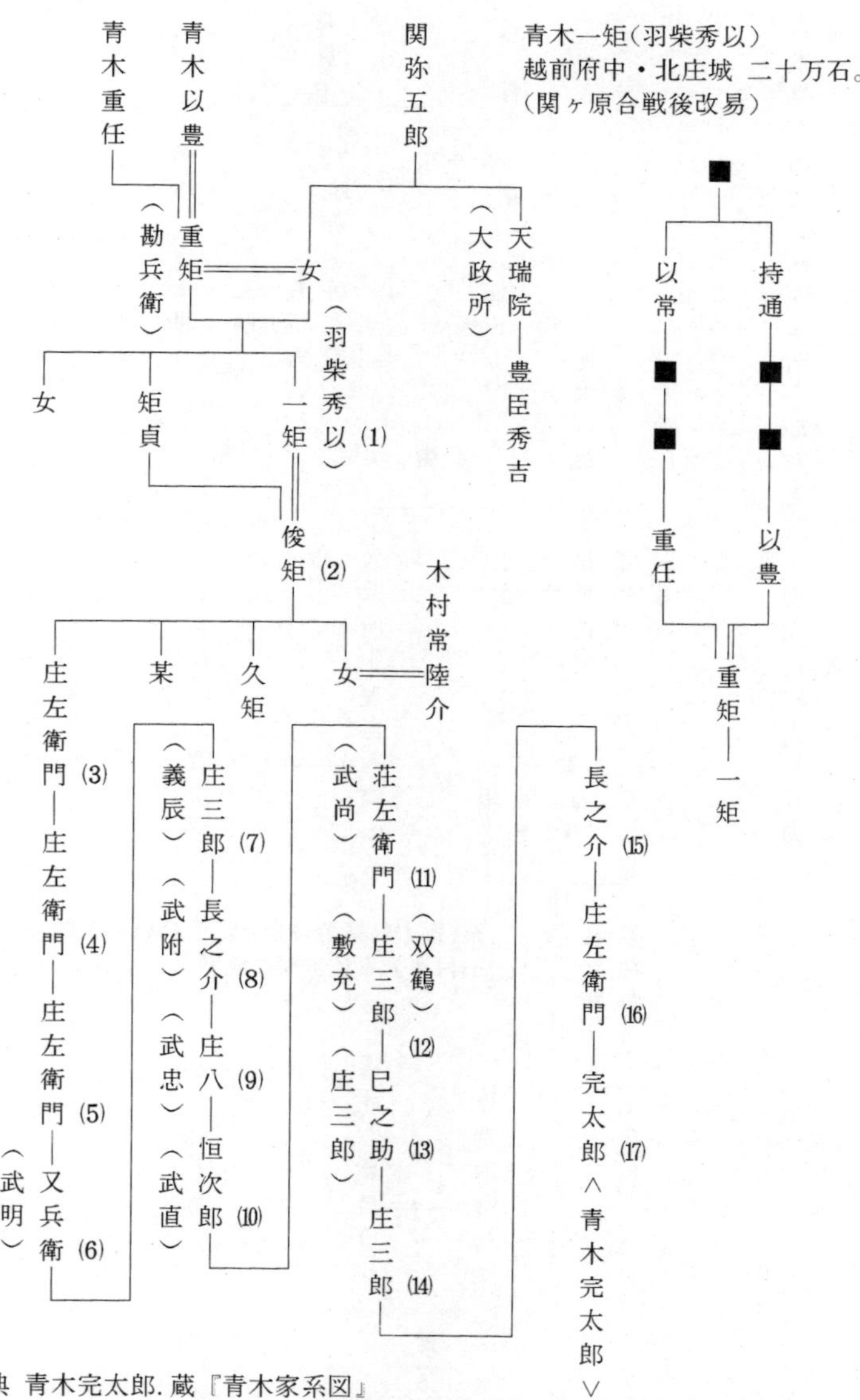

原出典　青木完太郎．蔵『青木家系図』
出典　『豊臣一族のすべて（別冊歴史読本一族シリーズ）』（新人物往来社）

青木氏姻族略系図

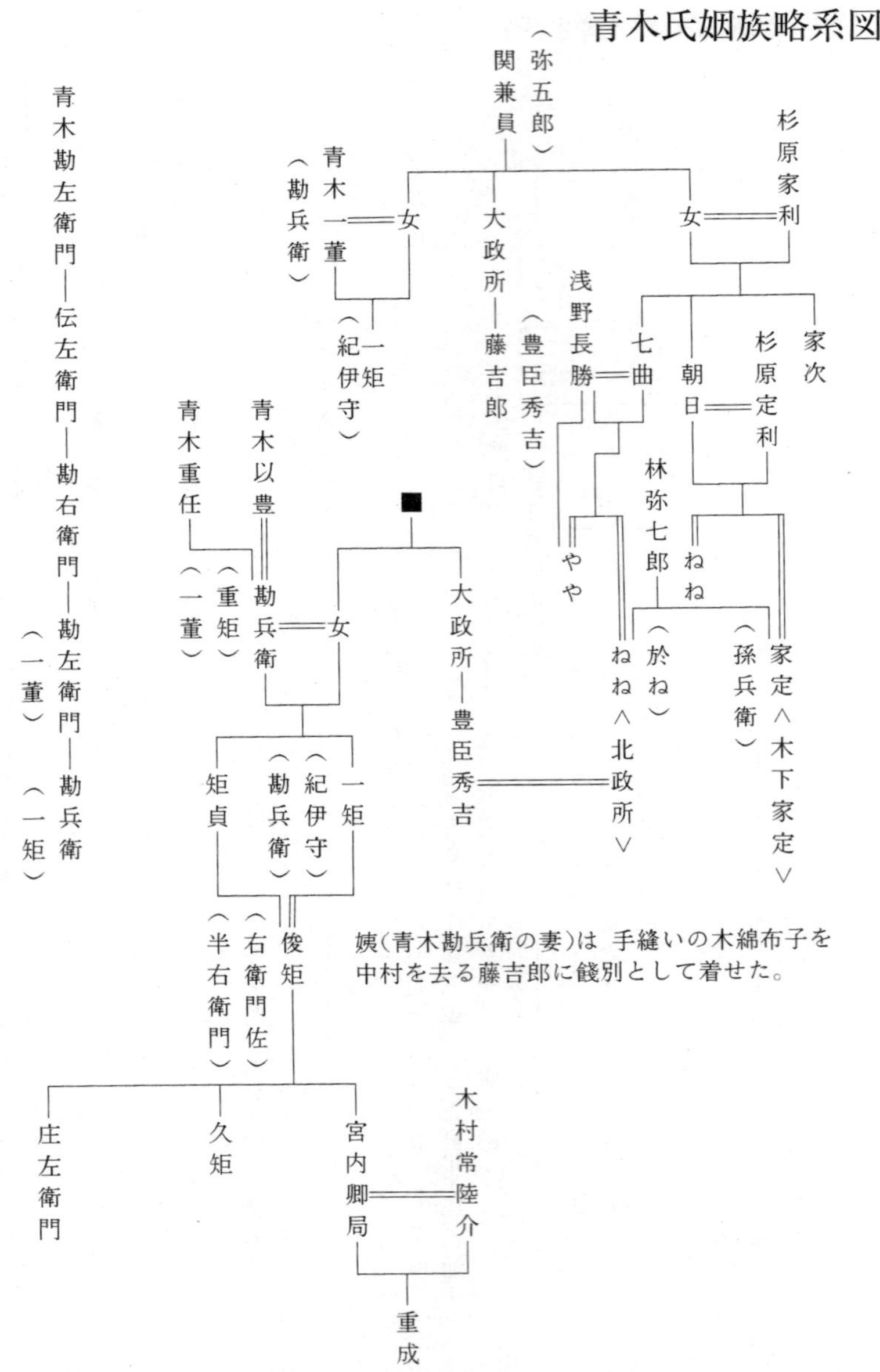

『「武功夜話」のすべて』(瀧喜義、新人物往来社)

関氏姻族系図

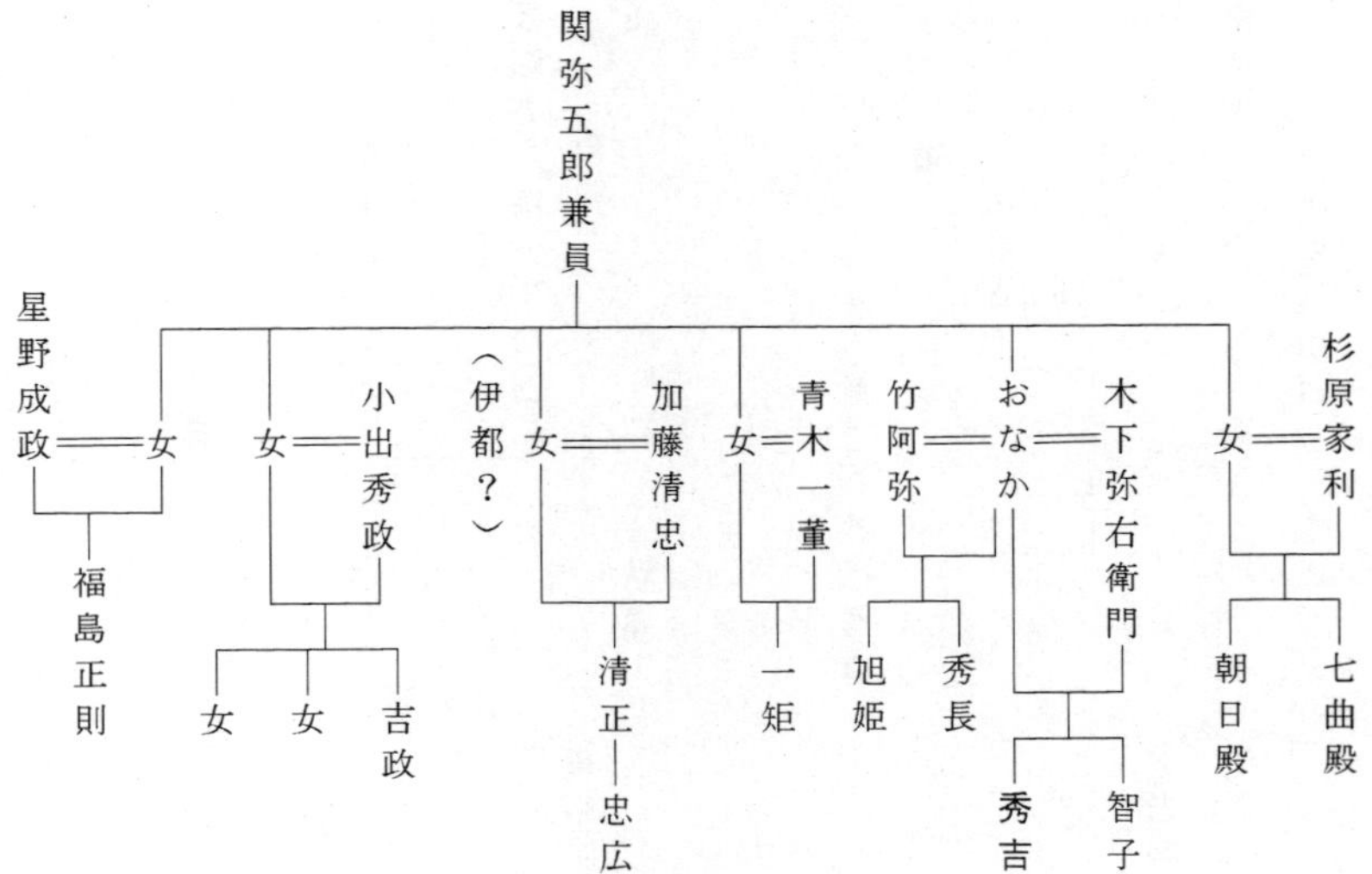

出典『現存する豊臣氏の血統（櫻井成廣）』抜粋。

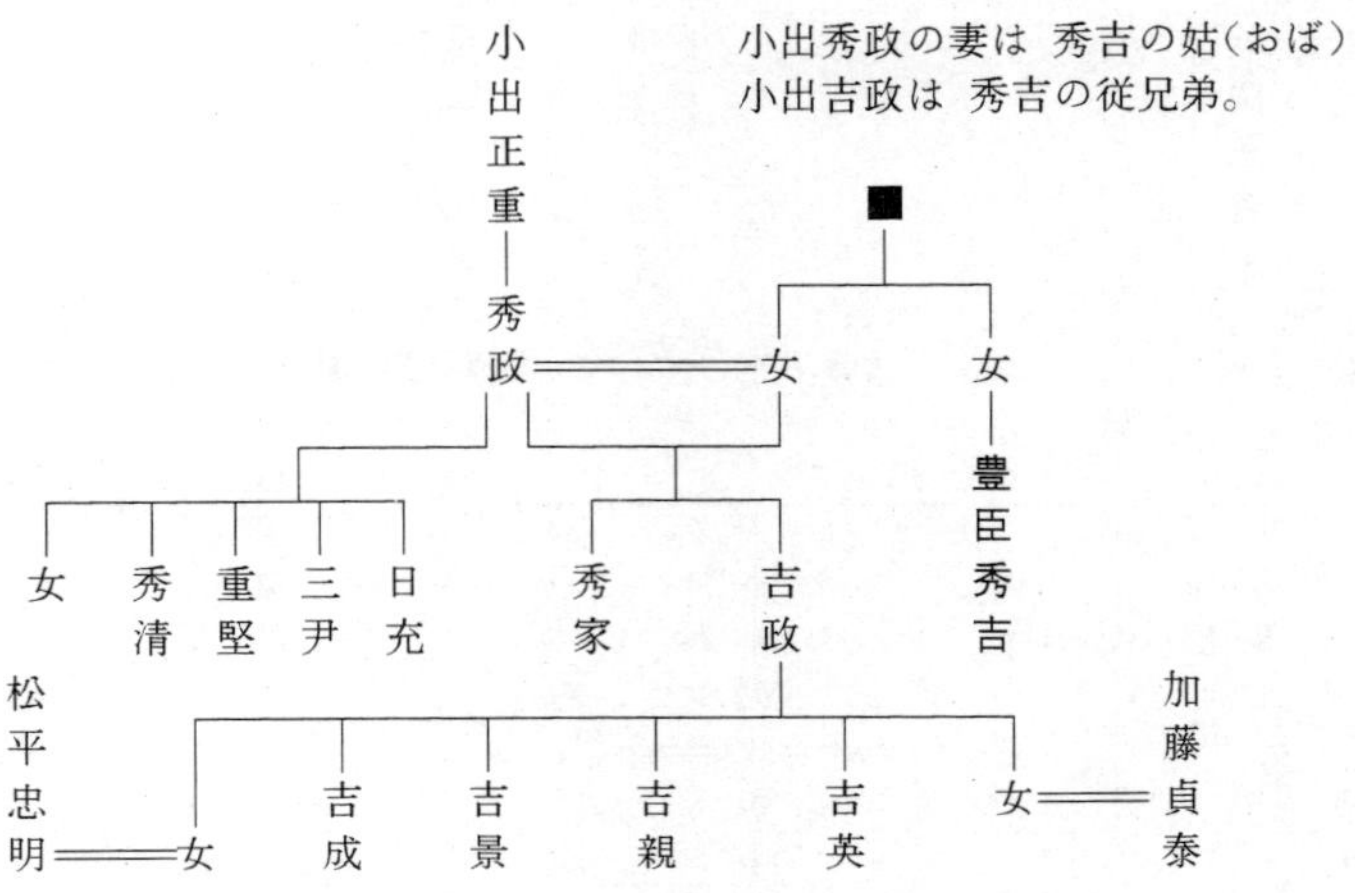

出典『寛政重修諸家譜・第十五（続群書類従完成会）』抜粋

加藤氏略系図

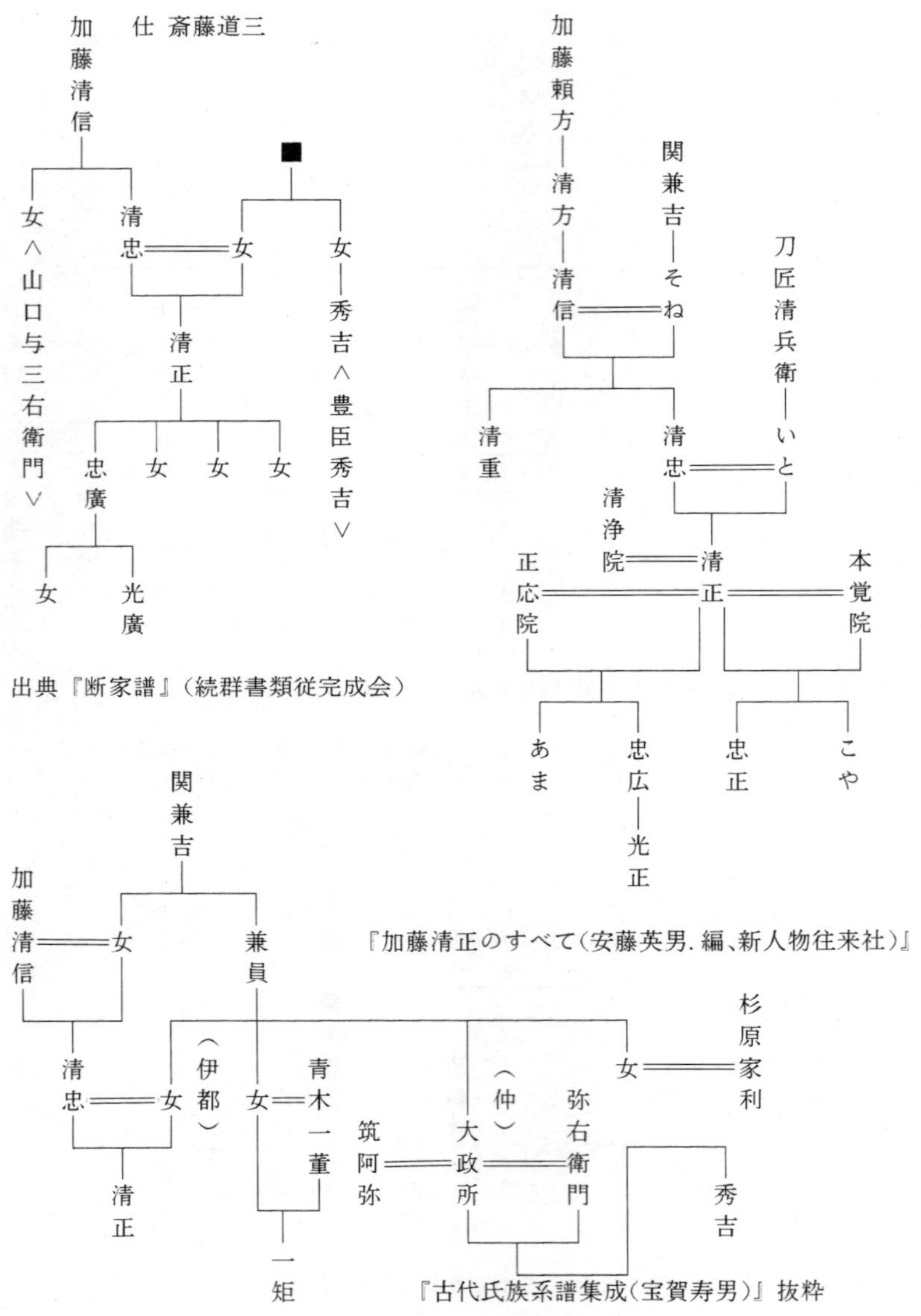

出典『断家譜』(続群書類従完成会)

『加藤清正のすべて(安藤英男.編、新人物往来社)』

『古代氏族系譜集成(宝賀寿男)』抜粋

加藤清正姻族系図

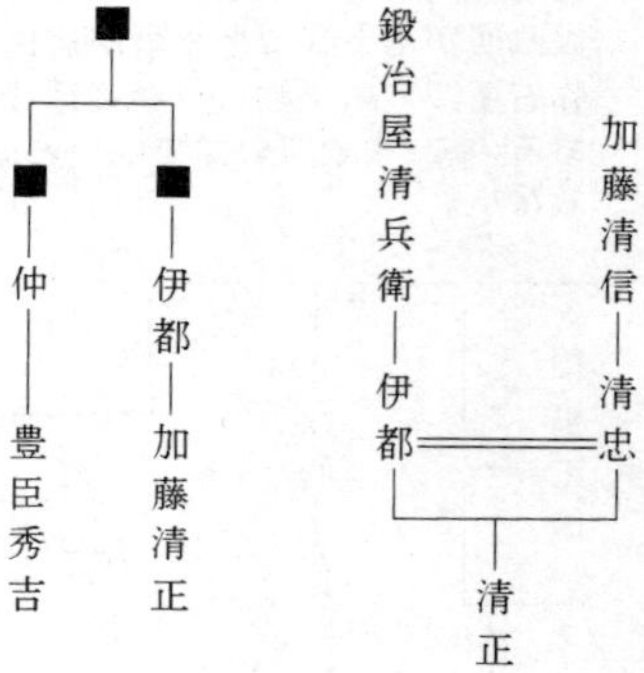

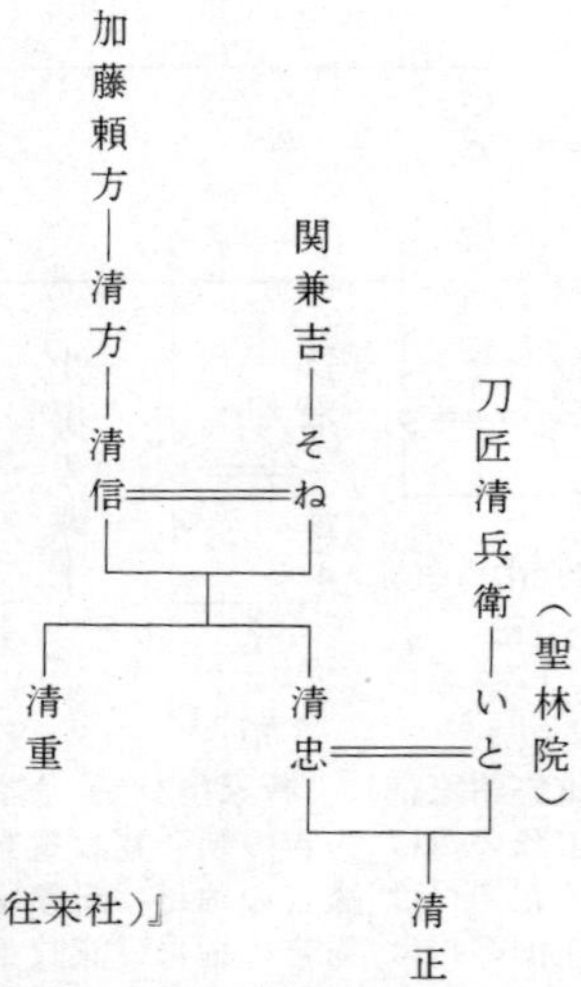

- ■
  - ■ — 仲 — 豊臣秀吉
  - ■ — 伊都 — 加藤清正

- 鍛冶屋清兵衛 — 伊都
- 加藤清信 — 清忠
- 伊都 ＝ 清忠
  - 清正

- 加藤頼方 — 清方 — 清信
- 関兼吉 — そね
- 清信 ＝ そね
  - 清重
  - 清忠
- 刀匠清兵衛 — いと（聖林院）
- 清忠 ＝ いと
  - 清正

出典『加藤清正のすべて（安藤英男.編、新人物往来社）』

- ■
  - 弥五郎 — 天瑞院 — 豊臣秀吉
  - 清兵衛 — 伊都 — 加藤清正

清兵衛の養女の高台所妹は 公式の系図資料では確認出来ない。高台所妹は 長生院（於や）しか確認出来ない。

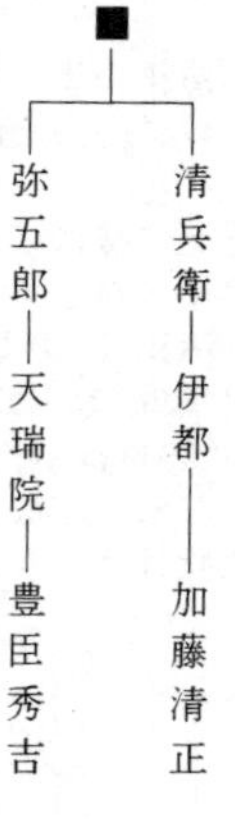

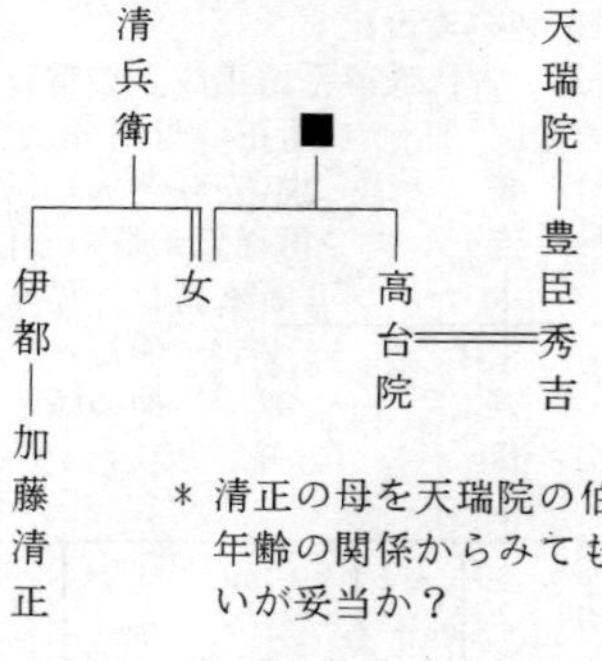

- 清兵衛
  - 伊都 — 加藤清正
  - 女（養女）
- ■
  - 高台院
- 高台院 ＝ 豊臣秀吉
- 天瑞院 — 豊臣秀吉

天瑞院と伊都が 従姉妹である為には 弥五郎と清兵衛が 義兄弟か実の兄弟でなければ成立しない。

＊ 伊都と天瑞院の母が 姉妹の場合は女系関係で 従姉妹となる。

＊ 清正の母を天瑞院の伯母とするのは 秀吉と清正の年齢の関係からみても かなり厳しい。従姉妹ぐらいが妥当か？

参考出典『豊臣一族のすべて（別冊歴史読本一族シリーズ）』

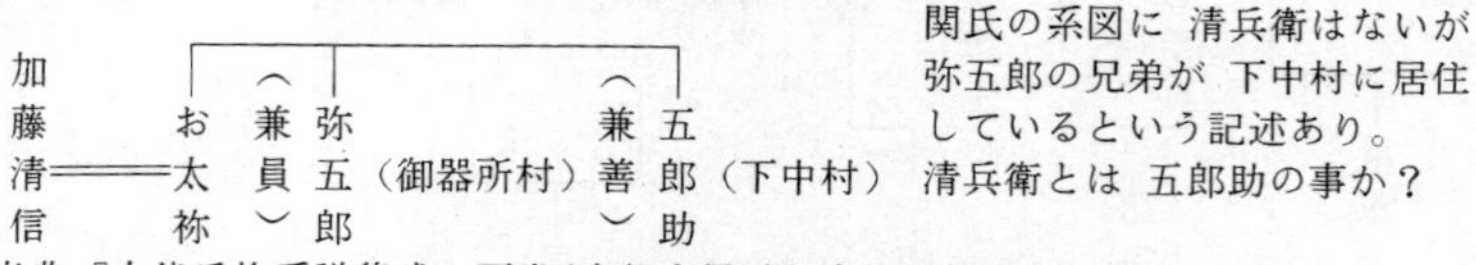

関氏の系図に 清兵衛はないが
弥五郎の兄弟が 下中村に居住
しているという記述あり。
清兵衛とは 五郎助の事か？

出典『古代氏族系譜集成・下巻（宝賀寿男.編、古代氏族研究会）』

大政所姻族系図

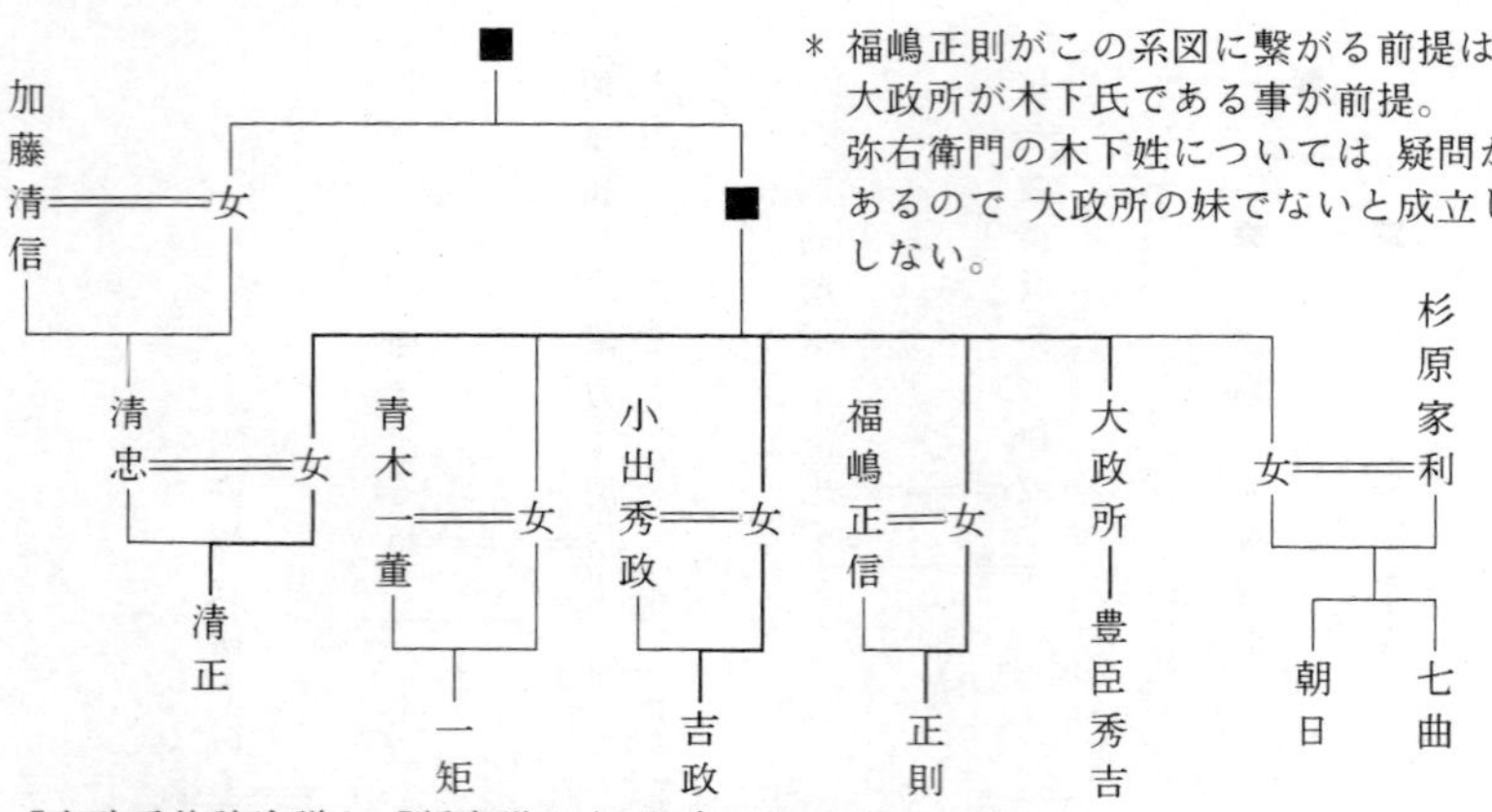

＊ 福嶋正則がこの系図に繋がる前提は
大政所が木下氏である事が前提。
弥右衛門の木下姓については 疑問が
あるので 大政所の妹でないと成立し
しない。

『寛政重修諸家譜』、『断家譜』を 基本に復元(太い系線)。

＊ 小出吉政の母は 秀吉の姨(『寛政重修諸家譜』)。

＊ 加藤清正の母は 秀吉の伯母(『断家譜』)。　　　　(異説あり)

＊ 福嶋正則の母は 秀吉の伯母(『寛政重修諸家譜』)。　　　　(異説あり)

＊『寛政重修諸家譜』杉原系図に 家利妻についての記載無し。

＊『古代氏族系譜集成』大政所の叔母を 加藤清信の妻、大政所妹を 清正の母とする。
別の妹を青木一矩の母と記す。おなかの弟に又右衛門を記し、ホウロク売人と記す。
おなか(大政所)の姉を 杉原家利の妻と記す。

＊『寛政重修諸家譜』、『断家譜』、『古代氏族系譜集成』を重ねると下記の様になる。

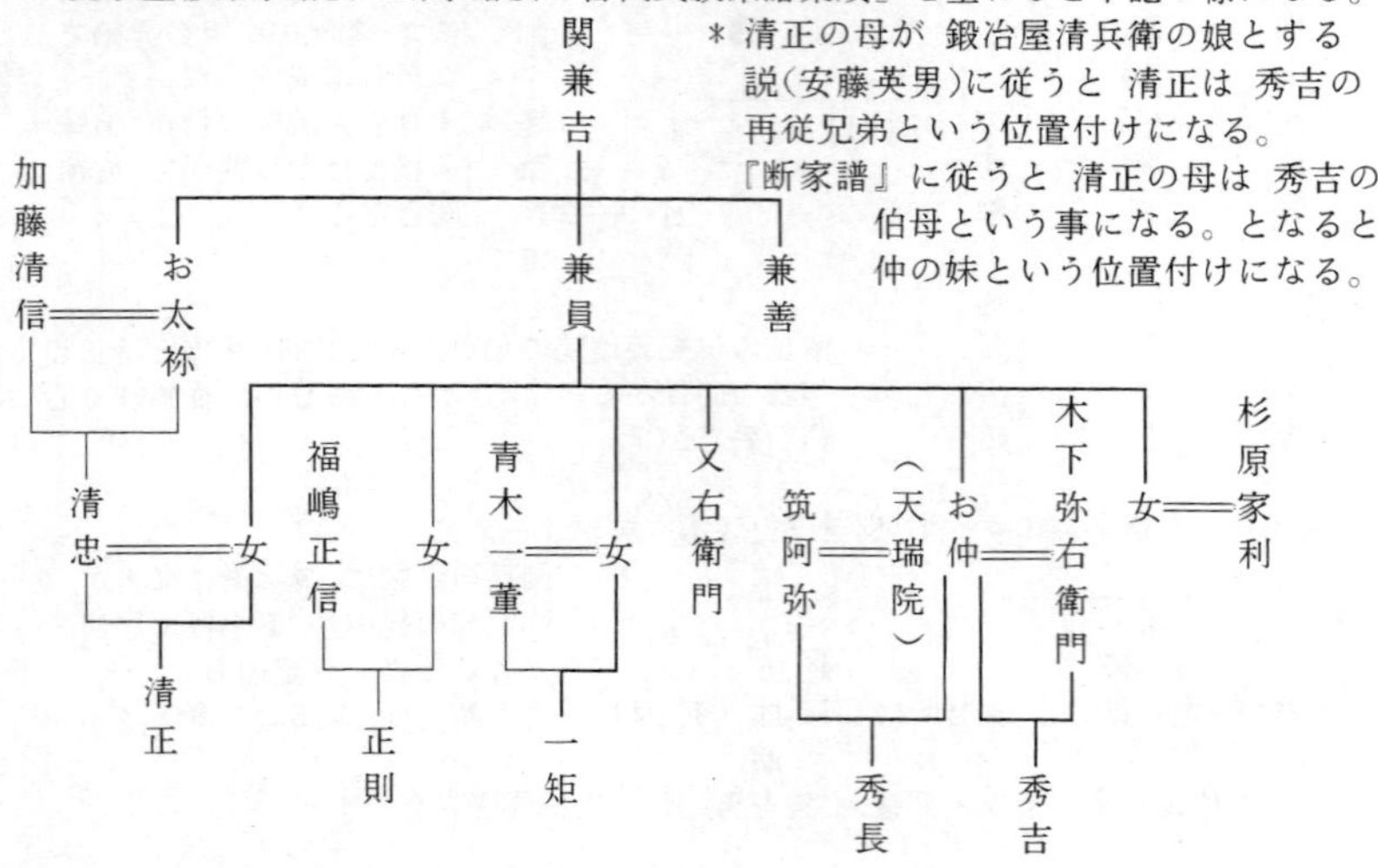

＊ 清正の母が 鍛冶屋清兵衛の娘とする
説(安藤英男)に従うと 清正は 秀吉の
再従兄弟という位置付けになる。
『断家譜』に従うと 清正の母は 秀吉の
伯母という事になる。となると
仲の妹という位置付けになる。

大政所系譜考

秀吉の父といわれる弥右衛門の家系については謎が多く、一応昌盛法師の末裔としたのは、前記の通りである。

さて、母大政所とその一族・姻族の系譜であるが、こちらは青山学院大学名誉教授の櫻井成廣氏が、豊臣家婦女系図（『現存する豊臣家の血統』）を発表され、歴史雑誌などでも紹介されているので、ここでは、その系図が公式系図によって裏付けられるか検討したい。

大政所の関係者は豊臣時代、徳川時代に大名になった家が数家存在するので、江戸時代の正式家譜『寛政重修諸家譜』とそれを補完する『断家譜』により検討していくことにする。

まず小出氏の項をみると、小出秀政の妻は秀吉の姑（おば）と記されている。その子吉政は秀吉とは従兄弟の位置付けとなる。これは櫻井系図を裏付けるものである。

次に加藤氏を見る。清正の家系は公式には断絶しているので『断家譜』で確認する。『断家譜』によれば、清正の母は秀吉の叔母になっている。これが誤りでなければ、櫻井系図と一致する。

次に福嶋正則の項をみると、正則の母は、秀吉の伯母と記している。ただし、『寛政重修諸家譜』は正則の父を正信と記すが、櫻井系図は星野成政と記すので、この点は再検討を要する。櫻井系図では大政所の姉は杉原家利の妻に記している。しかし、『寛政重修諸家譜』杉原氏および木下氏の項を見てもそれを裏付ける記述はない。しかし、『寛政重修諸家譜』『断家譜』で裏付けされない部分については『古代氏族系譜集成』などで確認することができた。同書によれば、加藤清正の祖母（加藤清信の妻）が大政所の叔母に当たり、母が大政所の妹に当たる。

また別の妹は青木一矩の母と記されている。しかし、小出秀政の妻については記載されていない。大政所の姉は杉原家利の妻と記されている。『寛政重修諸家譜』『断家譜』を基本ベースに『古代氏族系譜集成』を重ね合わせると、櫻井氏が作成した大政所一族・姻族系図にほぼ重なる。しかし、これにもいくつか異説があるので（加藤清正の母を鍛冶屋清兵衛の娘とする安藤英男氏の説、福嶋正則の父を福嶋正信とする『断家譜』『寛政重修諸家譜』）、全面的には信用できないが、何らかの関係があったことは示唆している。

櫻井系図がある程度の資料によって裏付けられたということは、大政所はただの百姓娘ではないことを示している。刀鍛冶の娘あるいは禰宜の娘という説は、かなりの説得性を帯びてくる。加藤清正の父は、斎藤家を離れて後刀鍛冶になったと云われるが、武士の家系であり、小出氏も武士の家系である。大政所が百姓娘なら姻族関係が生じる確率はかなり低い。その実家が豪農でもない限り、これら武家の家系と姻族になることはいくら戦国の世とはいえまずあり得ない。当然、弥右衛門の家系も水呑百姓などではあり得ない。

秀吉が生まれた当時零落していたことは事実であろうが、それでもいくばくかの財産を保持していたのではないだろうか？　大政所が美濃の刀鍛冶の家系の出身なら（『古代氏族系譜集成』）、当時美濃斎藤家に仕えていた加藤家が、大政所の実家と接点があり、叔母の一人が加藤家に嫁いだということになる。また大政所の姉が杉原家利に嫁いだのが事実なら、家系上は秀吉と高台院は同じネットワークに属することになる。また、櫻井系図が否定されたとしても、別説で回り姻族になる説もあるので、何らかの関係があったものと推定される。ただ杉原一族の中には秀吉との婚姻を歓迎しない動きもあり、秀吉が大名になった時に浅野家や木下家、その他の一族・姻族に比べて冷遇されたようである（長浜城主となった時、青木一矩は千二百石、杉原家次は千二百石、木下家定は三千石、しかし、杉原定利は僅か三百石、因に木村常陸介は千二百石、実弟小一郎は八千五百石、浅野長政は三千八百石）。瀧喜義氏は、杉原定利と朝日が、藤吉郎と於ねの結婚に反対した結果だろうとされている（『武功夜話』のすべて』）。

いままでの検討結果から、秀吉の両親は水呑み百姓ではなく、金属師あるいは刀鍛冶の家系の出身という答えが浮上する。秀吉自身も鍛冶屋の徒弟という説もある（中公新書『豊臣秀吉』小和田哲男）。水呑み百姓というのは明らかに誤りで（当時は水呑み百姓という言葉は無かったといわれる）、『太閤記』などは話を面白くするために、秀吉の家をあまりにも貧しく描写し過ぎたのである。秀吉の家系は名門・名家ではなかったが、庶民階層としてはそこそこの家系ということになる。表から秀吉の家系を眺めれば、そういう結論に到達する。裏から秀吉の家系を眺めれば、鉄の民、木の民、山の民、闇の民の姿がおぼろげながら浮上する。出雲、播磨、丹波、近江、美濃、このコースを逆に追えば美濃、近江、丹波、播磨、出雲、備中ということになるが、これは秀吉の仕官から中国攻めのコースにほぼ重なる。信長は秀吉のルーツと陰のネットワークの存在を知っていたのであろうか？　秀吉は大政所の姻族（加藤、福島、青木、木下、小出）と蜂須賀小六ら川の民（川並衆）の協力で、信長の難しい要求に答えていった。その過程で浅井家の旧臣を家臣に加え、さらには播磨の小寺家の家老で薬師の末裔の小寺官兵衛（黒田如水）を竹中半兵衛の後継参謀とした。さらには、毛利家の使僧安国寺恵瓊をも事実上自分の配下として、毛利との講和を有利に展開した。そして山崎の合戦で明智光秀を破り、事実上の天下人となったのである。その後、賤ヶ岳の合戦で柴田勝家を破り、小牧・長久手の合戦後は、妹と大政所を利用して家康と講和、義兄弟となる。つまり大政所とその一族・姻族は秀吉の天下取りには欠く事のできない存在であった。その系譜は前述したように櫻井系図に詳しい。

櫻井系図は『寛政重修諸家譜』や『断家譜』さらには『古代氏族系譜集成』などによりかなりの部分が裏付けられた。このことは前述した通りである。秀吉の母方のルーツは御器所だが、さらにその先は美濃にある。その先については定かでない。浅野家も青木家も加藤家も美濃と関係がある。加藤家も美濃と関係があり、その点からも母方のルーツを美濃に求めるのは大筋では誤りなかろう。

さて、ルーツに関してはこれくらいにして、豊臣家一族および子孫について見て行くことにする。豊臣家は単独の氏族ではなく、複合家系であるので、秀吉系の豊臣家だけを見ても意味はない。幻の豊臣家も含めた一族についても見て行くことにする。豊臣家は謎の一族である。一在野研究者としてどこまで迫れるかわからないが、公開された資料をベースに挑戦することにする。

豊臣秀吉家、豊臣秀長家、豊臣秀次家、豊臣秀勝家、杉原流豊臣家（木下家）、高台院流豊臣家、幻の豊臣家、これらの家系について紹介していくことにする。その要となるのは賜姓豊臣関白家（秀吉家）である。記述の都合上一部重複するが了承していただきたい。

豊臣秀吉家（豊臣宗家）

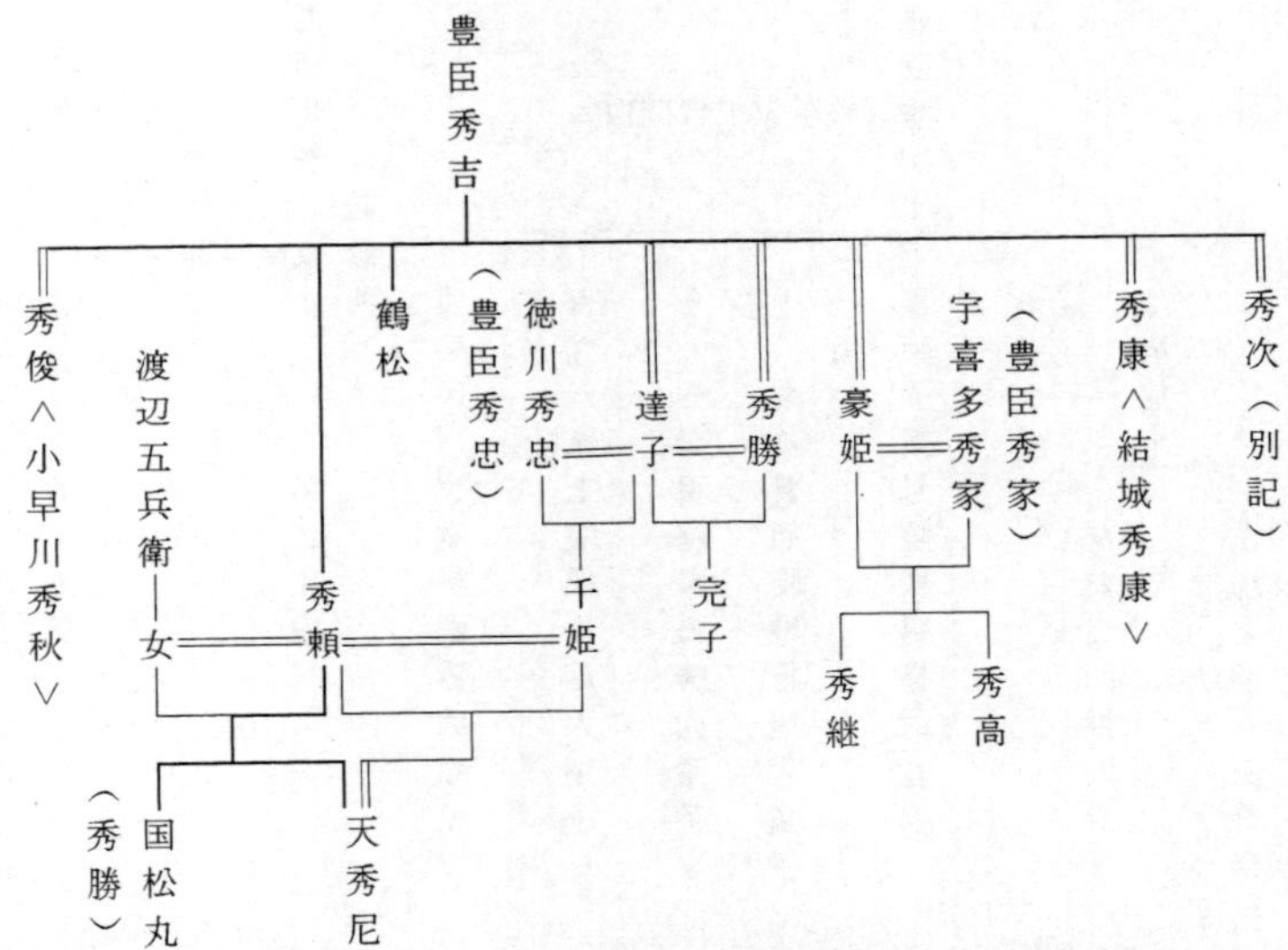

豊臣秀俊（小早川秀秋）（1582～1602）天正12年（1584）3歳で 秀吉の養子となる。
天正16年（1588）7歳で 秀吉の代理人となる。
文禄 3年（1594）13歳で 小早川隆景の養子となる。
慶長 5年（1600）19歳の時 関ヶ原の合戦。
慶長 7年（1602）21歳の時 病死。

豊臣秀勝（小吉秀勝）（1569～1592）天正13年（1585）羽柴秀勝（二代目秀勝）の遺領を継承する（三代目秀勝）（三好信吉.弟）（秀吉養子）。

文禄元年（1592）出兵中の朝鮮で病死（24歳？）。


豊臣秀康（結城秀康）（1574～1607）天正12年（1584）小牧・長久手の合戦後 秀吉の養子となる（徳川家康次男）（羽柴秀康）。

天正18年（1590）結城晴朝の養子となる。

慶長12年（1607）34歳で 病死。


豊臣秀次（三好信吉）（1569～1595）天正11年（1583）賤ヶ岳の合戦に従軍。

天正12年（1584）小牧・長久手の合戦で敗走する。

（秀吉より叱責を受け、謹慎処分を命じられる）

天正13年（1585）紀州平定で勘気を解かれる。

天正19年（1591）正式に 秀吉の後嗣となり、内大臣、次いで関白を譲られ、豊臣家二代目関白となる。文禄4年（1595）関白剥奪、高野山追放となり後に 切腹を命じられる。


豊臣秀頼（1593～1615）上記の各養子の除籍、追放、病死などにより豊臣宗家を継承する（豊臣家二代目、厳密には三代目）。

豊臣秀次家

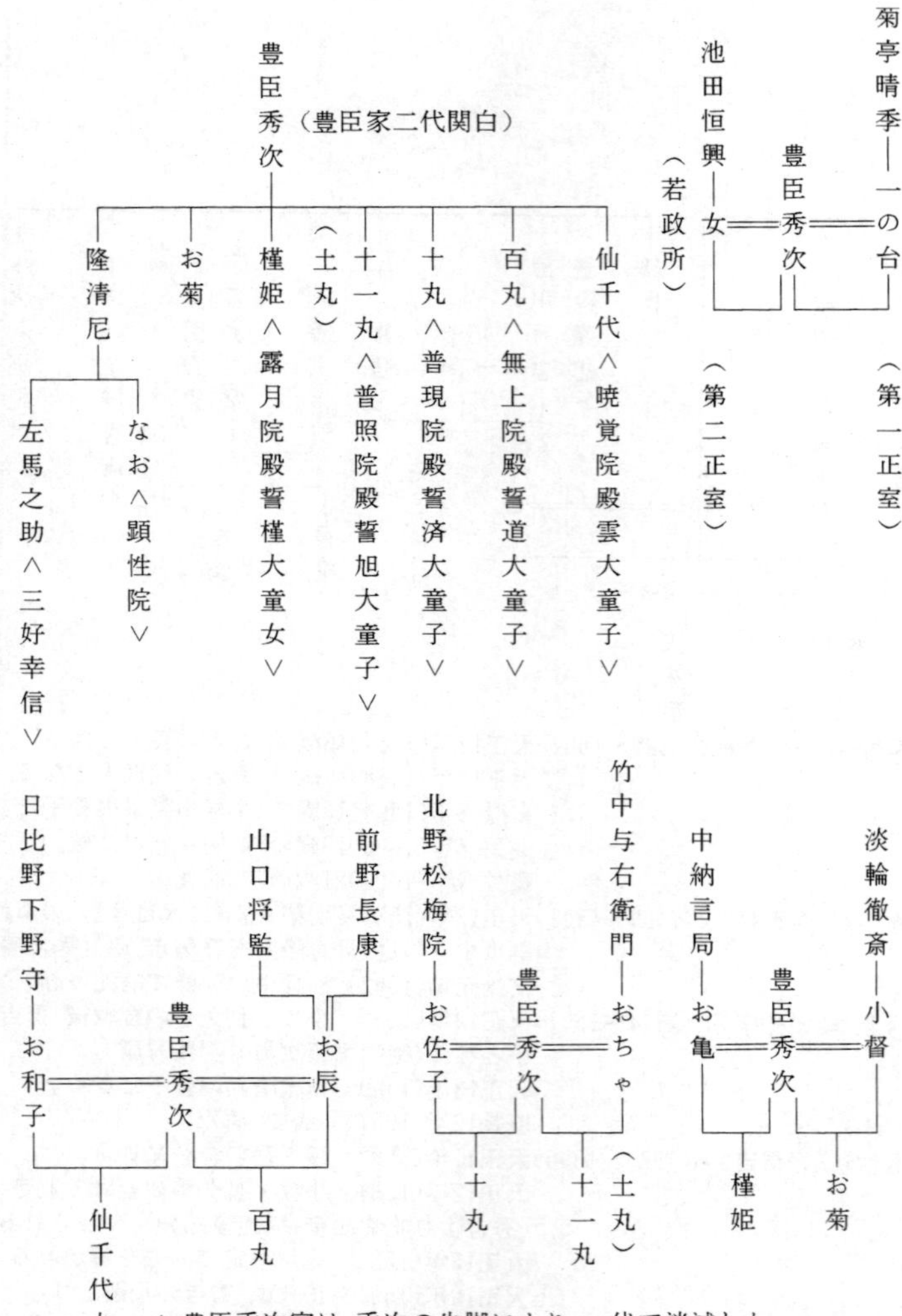

＊ 豊臣秀次家は 秀次の失脚により、一代で消滅した。
（妻妾・息女は 捕らえられ、虐殺された。）

＊『系図纂要（真名本）』十一丸に相当する部分 土丸に読めるので併記した。

＊ 十一丸は土丸が正解か？（活字版、土丸）

出典『系図纂要』、『「武功夜話」のすべて』、『豊臣一族のすべて』、他

豊臣秀吉　庶子・養子・猶子系図

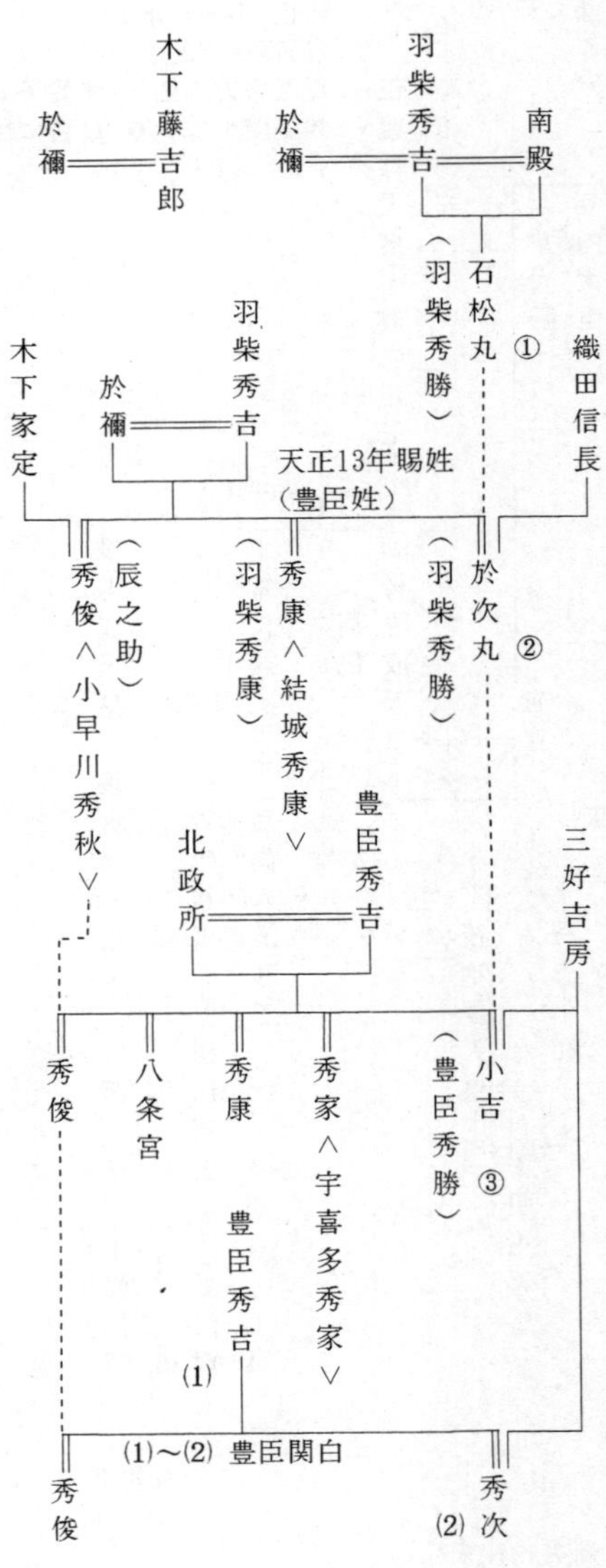

石松丸(羽柴秀勝)(庶子)　①
元亀元年?～天正4年(1570?～1567)
天正4年(1567) 10月14日没。
本光院朝覚居士
＊ ①～③⇨歴代の秀勝

於次丸(羽柴秀勝)(信長四男) ②
永禄10年～天正13年(1567～1585)
天正6年頃 秀吉の養子となる。
天正10年3月 初陣(児島城攻め)。
丹波亀山城主。権中納言。
天正13年12月10日没。

小早川秀秋(羽柴秀俊)(辰之助)
天正10年～慶長7年(1582～1602)
天正13年(1585) 秀吉の養子となる。
権中納言。豊臣秀俊。
文禄3年(1594) 小早川隆景の養子となる。関ヶ原の合戦 始め西軍、後東軍に内応。慶長7年10月没。

結城秀康(羽柴秀康)(家康次男)
天正2年～慶長12年(1574~1607)
天正12年11月 秀吉の養子となる。
羽柴秀康。天正18年7月 結城晴朝の養子となる。

豊臣秀勝(小吉秀勝)(秀吉甥)　③
永禄12年～文禄元年(1569~1592)
天正14年 秀吉の養子となる。
丹波亀山領主。
文禄3年9月9日 朝鮮 唐島で死去。

八条宮智仁親王（別記）

豊臣秀次(三好信吉)(秀吉甥)
永禄11年～文禄4年(1568～1595)
始め 三好康長(笑岩)の養子となる。
天正13年頃 秀吉の養子となるか？
(小牧・長久手の合戦の時は 三好姓)
天正19年11月28日 権大納言、12月4日 内大臣、12月27日 左大臣・関白。
文禄4年7月8日 失脚追放、15日 切腹。

＊ 養子体制は 秀頼の誕生により完全に崩壊した。(出典『歴史読本』、『歴史と旅』、他)

豊臣家（公家）系図

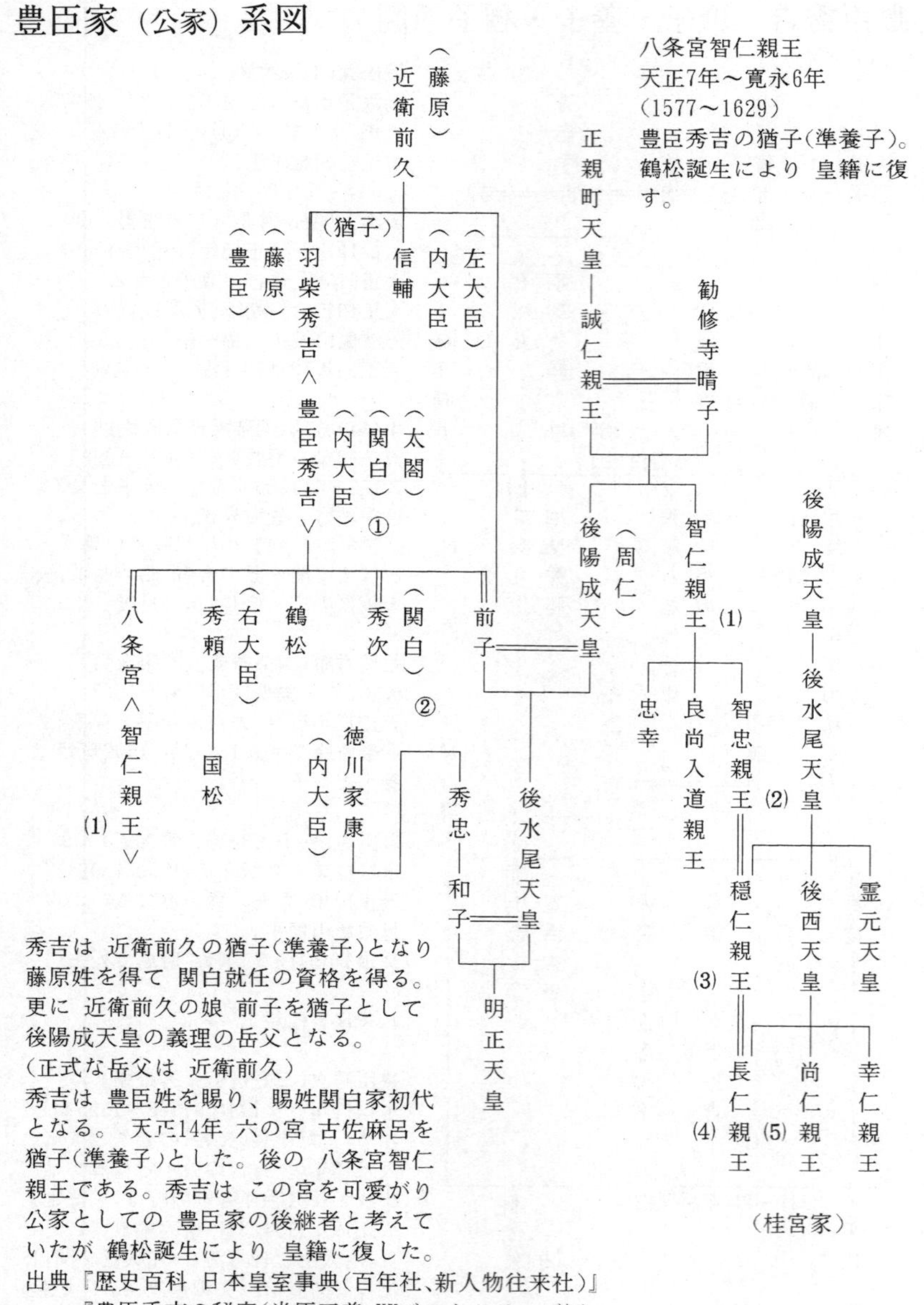

秀吉は 近衛前久の猶子(準養子)となり藤原姓を得て 関白就任の資格を得る。更に 近衛前久の娘 前子を猶子として後陽成天皇の義理の岳父となる。

(正式な岳父は 近衛前久)

秀吉は 豊臣姓を賜り、賜姓関白家初代となる。 天正14年 六の宮 古佐麻呂を猶子(準養子)とした。後の 八条宮智仁親王である。秀吉は この宮を可愛がり公家としての 豊臣家の後継者と考えていたが 鶴松誕生により 皇籍に復した。

出典『歴史百科 日本皇室事典(百年社、新人物往来社)』

『豊臣秀吉の秘密(米原正義、KKベストセラーズ)』

豊臣秀勝家

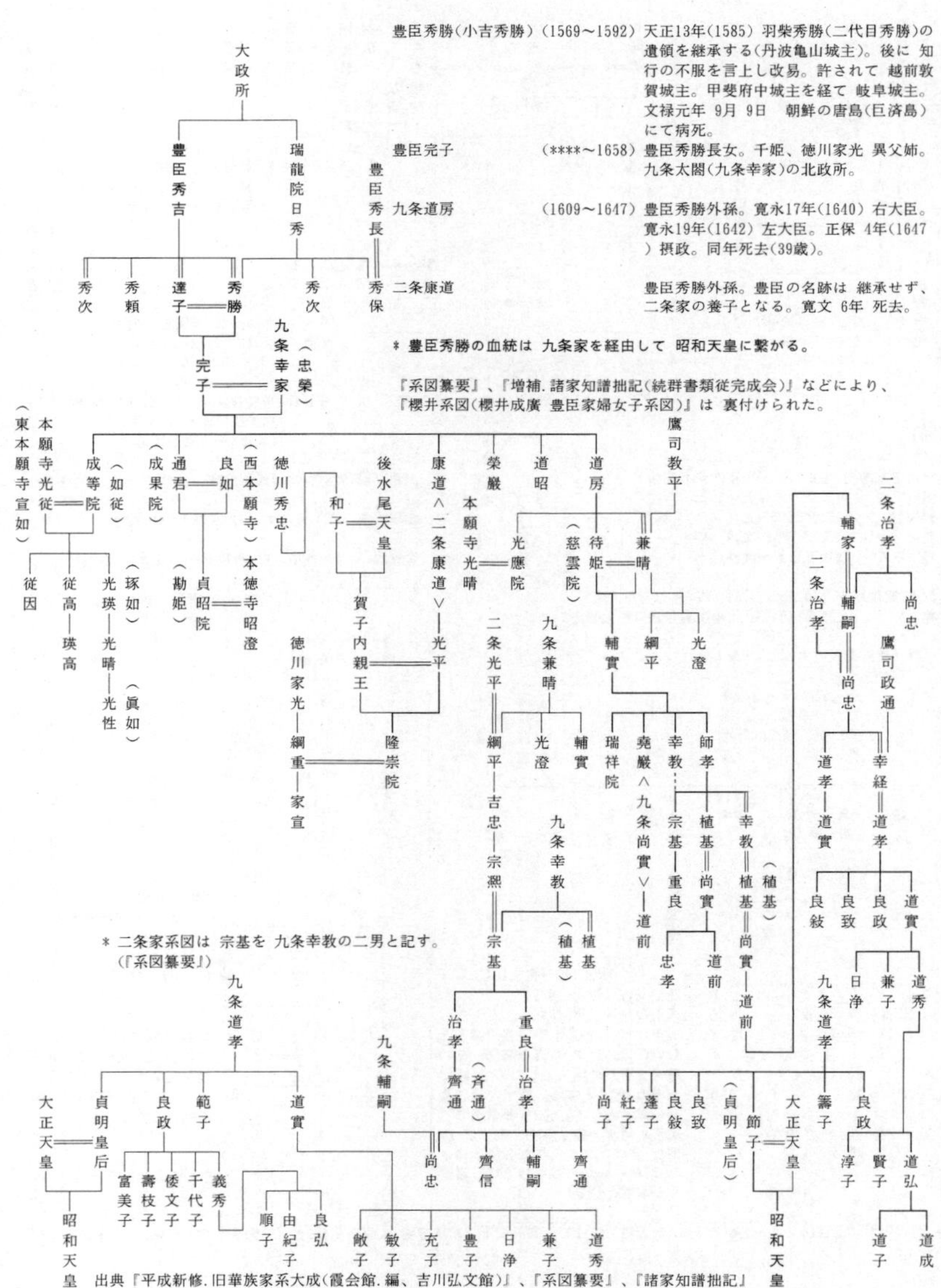
豊臣秀勝(小吉秀勝) (1569〜1592) 天正13年(1585) 羽柴秀勝(二代目秀勝)の遺領を継承する(丹波亀山城主)。後に 知行の不服を言上し改易。許されて 越前敦賀城主。甲斐府中城主を経て 岐阜城主。文禄元年 9月 9日 朝鮮の唐島(巨済島)にて病死。
豊臣完子 (****〜1658) 豊臣秀勝長女。千姫、徳川家光 異父姉。九条太閤(九条幸家)の北政所。
九条道房 (1609〜1647) 豊臣秀勝外孫。寛永17年(1640) 右大臣。寛永19年(1642) 左大臣。正保 4年(1647) 摂政。同年死去(39歳)。
二条康道 豊臣秀勝外孫。豊臣の名跡は 継承せず、二条家の養子となる。寛文 6年 死去。
＊ 豊臣秀勝の血統は 九条家を経由して 昭和天皇に繋がる。
『系図纂要』、『増補. 諸家知譜拙記(続群書類従完成会)』などにより、『櫻井系図(櫻井成廣 豊臣家婦女子系図)』は 裏付けられた。
＊ 二条家系図は 宗基を 九条幸教の二男と記す。(『系図纂要』)
出典『平成新修. 旧華族家系大成(霞会館. 編、吉川弘文館)』、『系図纂要』、『諸家知譜拙記』

豊臣秀長系図

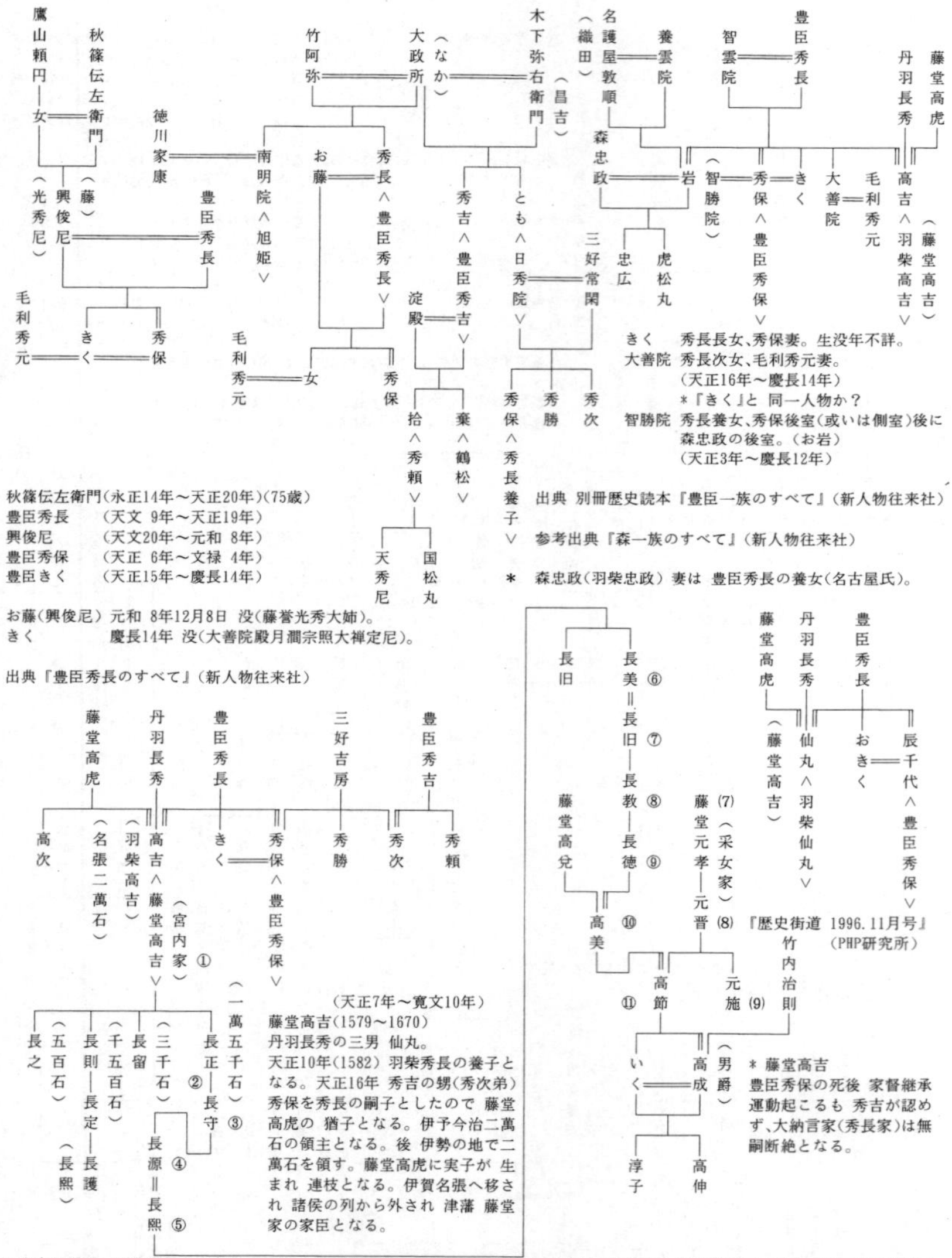

きく　秀長長女、秀保妻。生没年不詳。
大善院　秀長次女、毛利秀元妻。
(天正16年～慶長14年)
*『きく』と 同一人物か？
智勝院　秀長養女、秀保後室(或いは側室)後に森忠政の後室。(お岩)
(天正3年～慶長12年)
出典 別冊歴史読本『豊臣一族のすべて』(新人物往来社)
参考出典『森一族のすべて』(新人物往来社)
* 森忠政(羽柴忠政) 妻は 豊臣秀長の養女(名古屋氏)。
秋篠伝左衛門(永正14年～天正20年)(75歳)
豊臣秀長　(天文 9年～天正19年)
興俊尼　(天文20年～元和 8年)
豊臣秀保　(天正 6年～文禄 4年)
豊臣きく　(天正15年～慶長14年)
お藤(興俊尼) 元和 8年12月8日 没(藤誉光秀大姉)。
きく　慶長14年 没(大善院殿月潤宗照大禅定尼)。
出典『豊臣秀長のすべて』(新人物往来社)
『歴史街道 1996.11月号』(PHP研究所)
(天正7年～寛文10年)
藤堂高吉(1579～1670)
丹羽長秀の三男 仙丸。
天正10年(1582) 羽柴秀長の養子となる。天正16年 秀吉の甥(秀次弟)秀保を秀長の嗣子としたので 藤堂高虎の 猶子となる。伊予今治二萬石の領主となる。後 伊勢の地で二萬石を領す。藤堂高虎に実子が 生まれ 連枝となる。伊賀名張へ移され 諸侯の列から外され 津藩 藤堂家の家臣となる。
* 藤堂高吉
豊臣秀保の死後 家督継承運動起こるも 秀吉が認めず、大納言家(秀長家)は無嗣断絶となる。

* 高吉以下『三百藩家臣人名事典・5 (新人物往来社)』、高美以下『華族譜要(大原新生社)』、『系図研究の基礎知識(近藤出版社)』

三好氏・岩城氏系図（豊臣秀次女系系図）

豊臣秀次家は 断絶したが 孫の 幸信が 秀次の旧姓 三好氏の家名を再興した。秀次系の三好氏は 九代目の幸友で断絶 名跡は 岩城氏が継承した。
秀次の血統は 御田姫を通じて岩城家にも伝えられたが 秀隆の代で途絶えた。名跡は 伊達氏が継承し、その後も養子縁組で家系を継承現在に至る。

豊臣秀次は 始め 三好康長の養子となり 三好信吉と名乗る。
後に 秀吉の後嗣となり 豊臣関白家二代目となる。秀頼誕生後 秀吉側近に謀反の嫌疑をかけられ 関白職を剥奪され、高野山へ追放の後切腹処分となり、妻妾息女も虐殺された。追跡を逃れた隆清尼が 秀次の血統を伝えた。他に女があり、梅小路家に嫁いだとされるが 筆者の手持ちの系図資料では 確認出来なかった。

＊ 記載の都合上 宣隆以前は 省略した。詳細は『寛政重修諸家譜』などを 参照されたい。

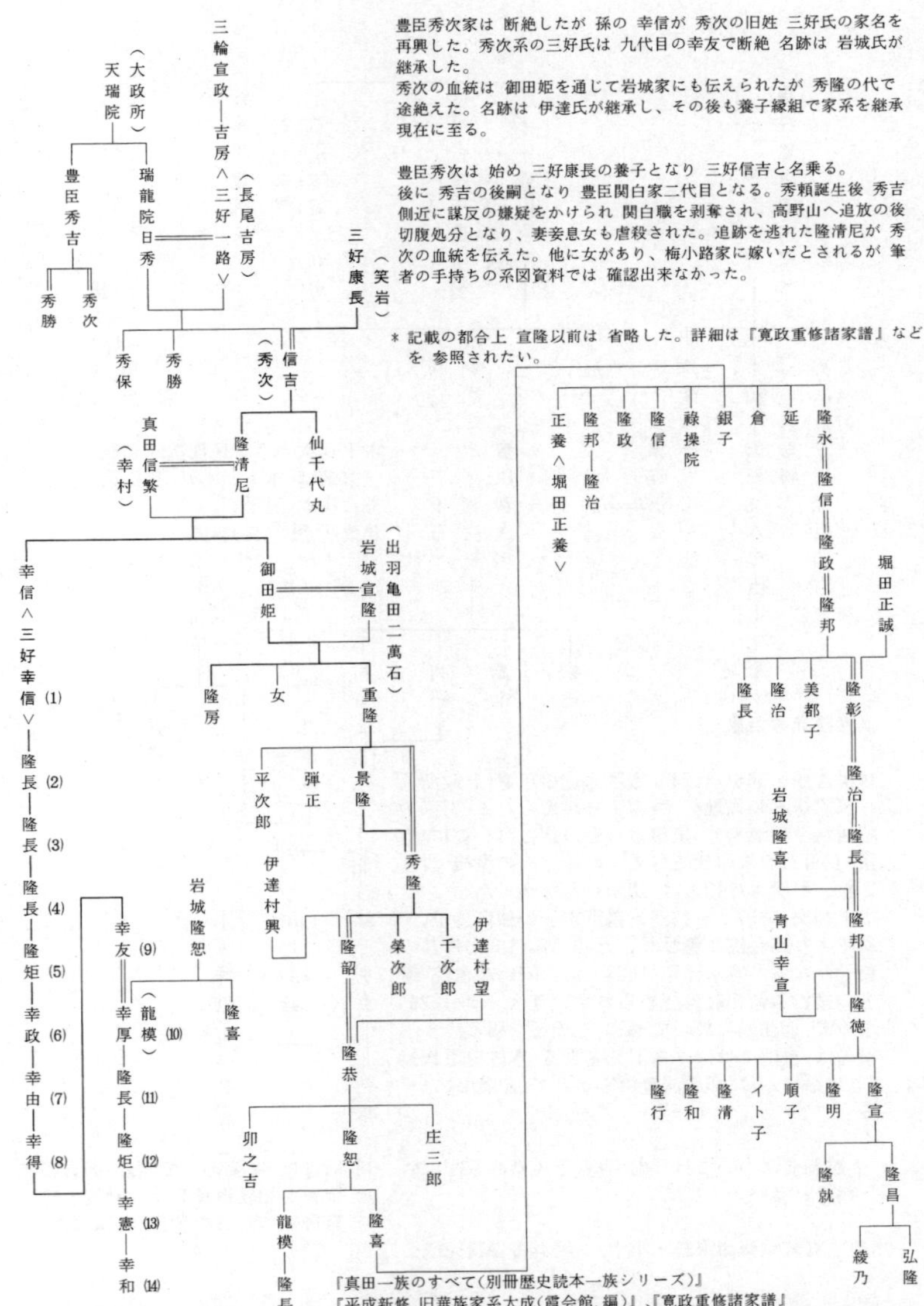

『真田一族のすべて（別冊歴史読本一族シリーズ）』

『平成新修．旧華族家系大成（霞会館．編）』、『寛政重修諸家譜』

『特集．戦国真田太平記（昭和60年5月号歴史読本）』、『真田一族と家臣団・その系譜を探る（田中誠三郎、信濃路）』、『華族譜要』

高台院流豊臣家

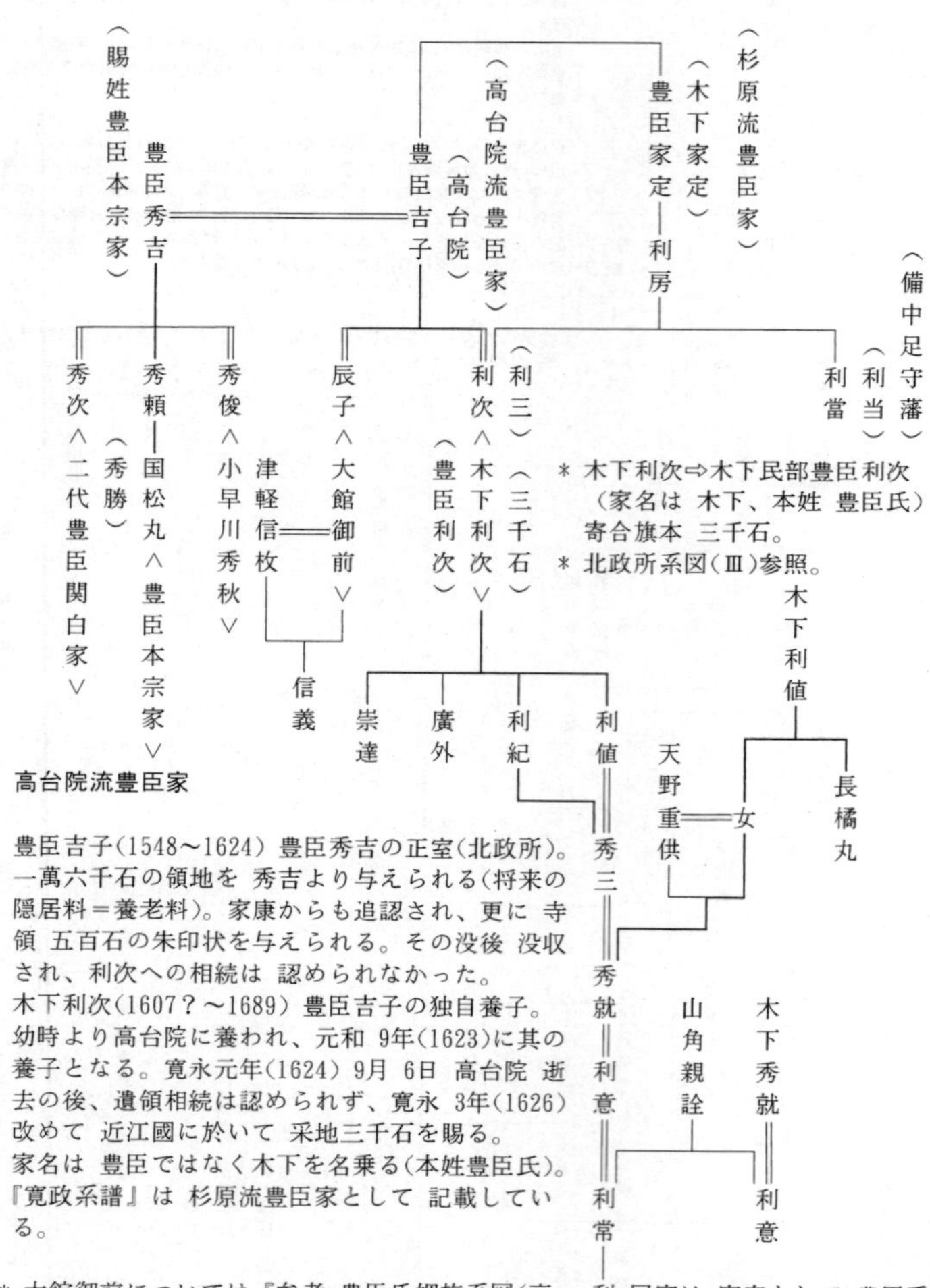

高台院流豊臣家

豊臣吉子（1548～1624）豊臣秀吉の正室（北政所）。一萬六千石の領地を 秀吉より与えられる（将来の隠居料＝養老料）。家康からも追認され、更に 寺領 五百石の朱印状を与えられる。その没後 没収され、利次への相続は 認められなかった。

木下利次（1607？～1689）豊臣吉子の独自養子。幼時より高台院に養われ、元和 9年（1623）に其の養子となる。寛永元年（1624）9月 6日 高台院 逝去の後、遺領相続は認められず、寛永 3年（1626）改めて 近江國に於いて 采地三千石を賜る。

家名は 豊臣ではなく木下を名乗る（本姓豊臣氏）。『寛政系譜』は 杉原流豊臣家として 記載している。

＊ 大館御前については『参考. 豊臣氏姻族系図（高台院）』参照。

出典『寛政重修諸家譜・第十八（続群書類従完成会）』

幻の豊臣一族

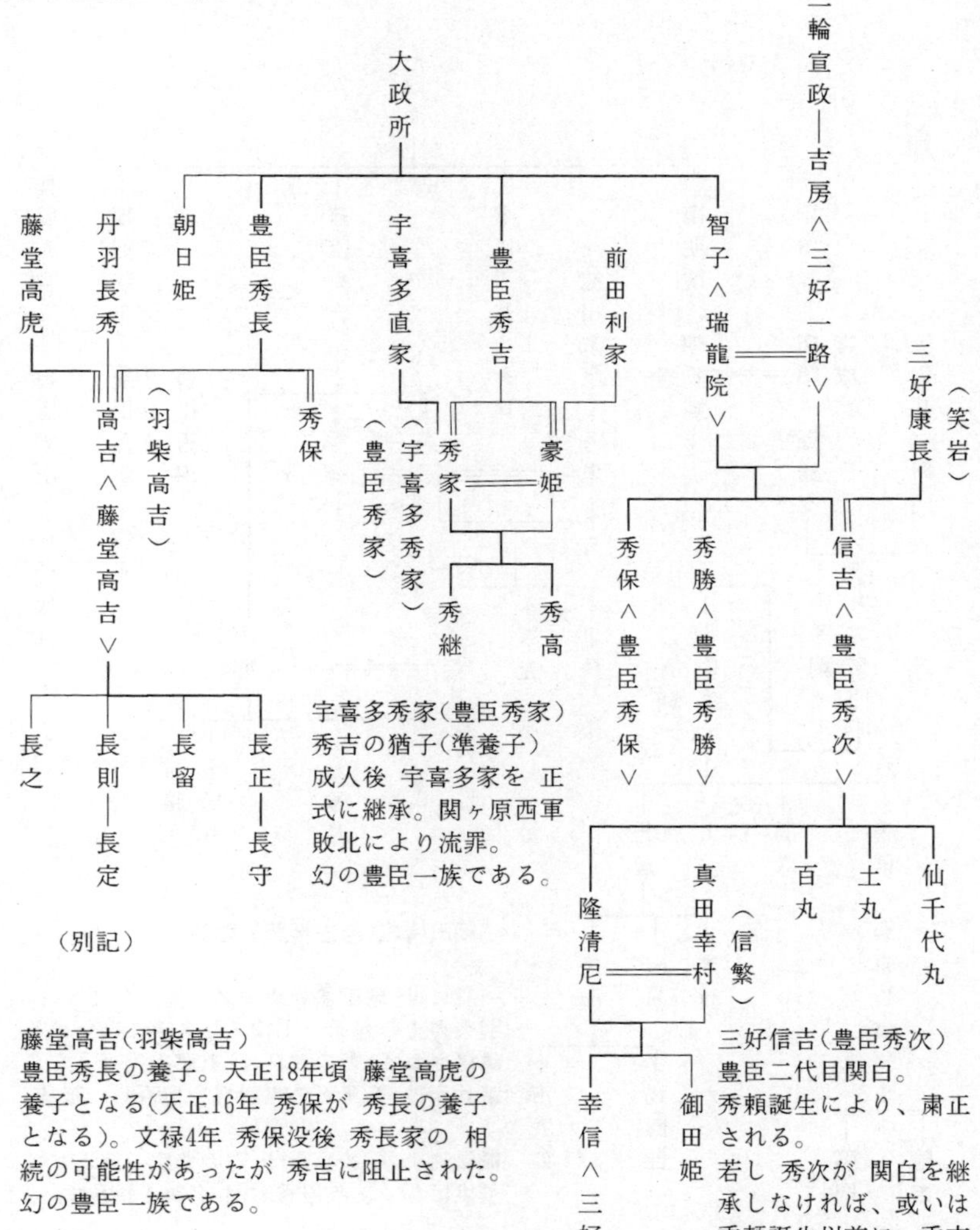

宇喜多秀家（豊臣秀家）
秀吉の猶子（準養子）
成人後 宇喜多家を 正式に継承。関ヶ原西軍敗北により流罪。
幻の豊臣一族である。

三好信吉（豊臣秀次）
豊臣二代目関白。
秀頼誕生により、粛正される。
若し 秀次が 関白を継承しなければ、或いは秀頼誕生以前に、秀吉が 没していたら 秀次家が 公家として 或いは 一大名として 存続した可能性もある。

藤堂高吉（羽柴高吉）
豊臣秀長の養子。天正18年頃 藤堂高虎の養子となる（天正16年 秀保が 秀長の養子となる）。文禄4年 秀保没後 秀長家の 相続の可能性があったが 秀吉に阻止された。
幻の豊臣一族である。

＊ 秀吉は 実子（鶴松）誕生後 養子を 切り離し、その 早死ににより後継者とした秀次一族も、秀頼誕生により 粛正した。秀長の養子秀保早死に（病死となってる）も 暗殺の可能性がある。高吉の相続拒否も大納言家の断絶が目的か？

幻の豊臣一族（副田氏）

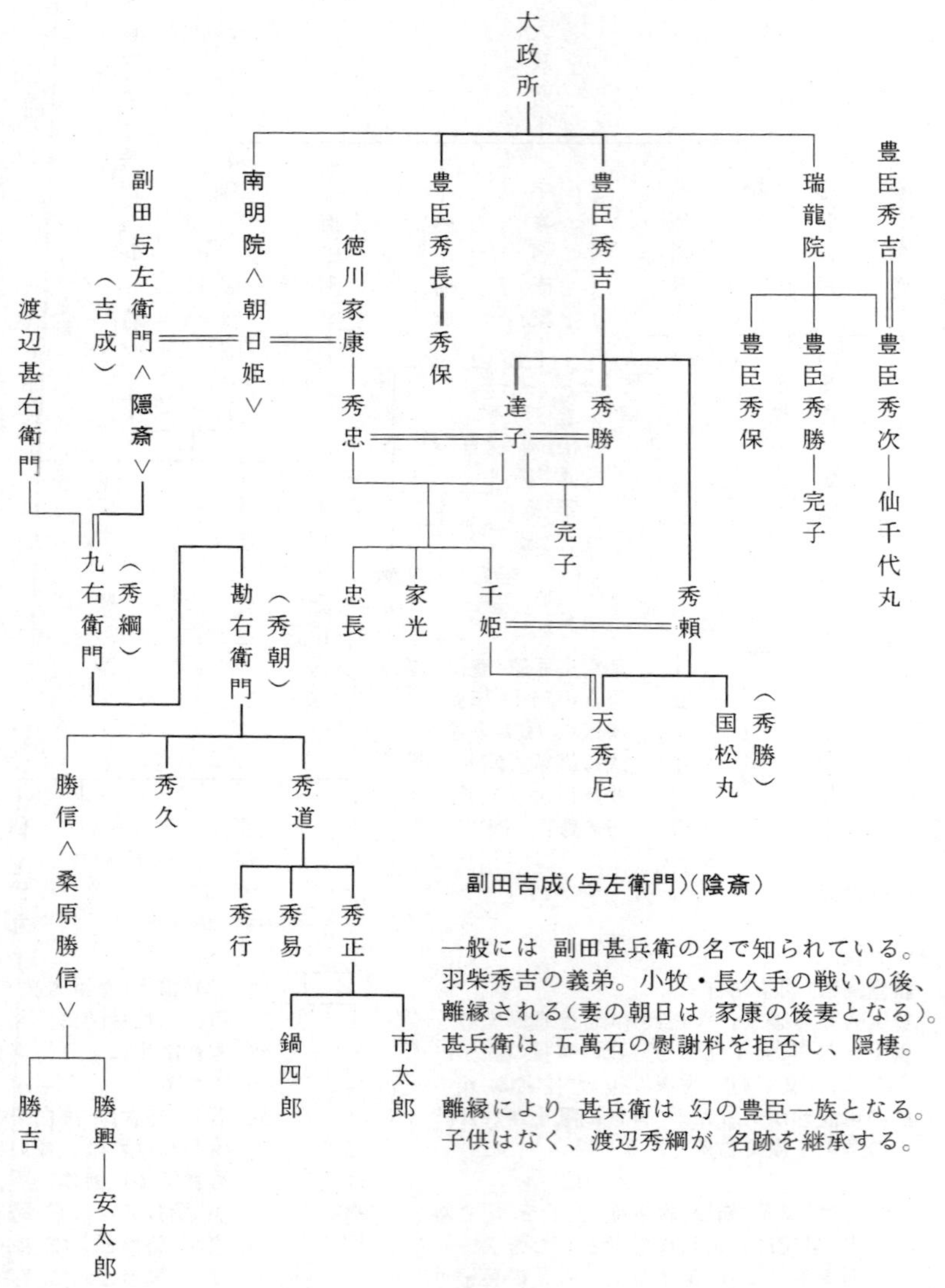

副田吉成（与左衛門）（陰斎）

一般には 副田甚兵衛の名で知られている。
羽柴秀吉の義弟。小牧・長久手の戦いの後、
離縁される（妻の朝日は 家康の後妻となる）。
甚兵衛は 五萬石の慰謝料を拒否し、隠棲。

離縁により 甚兵衛は 幻の豊臣一族となる。
子供はなく、渡辺秀綱が 名跡を継承する。

出典『名古屋叢書 続編 20 士林泝洄』（名古屋市立鶴舞中央図書館．蔵）

豊臣家の歴史

豊臣家は、天正十年（一五八二）山崎の合戦で明智光秀を破り、次いで天正十一年（一五八三）賤ヶ岳の合戦で柴田勝家を破り、織田家の覇権を事実上継承した羽柴秀吉が天正十二年（一五八四）の小牧・長久手の合戦の後、徳川家康と講和し、羽柴・徳川連合政権を樹立し（形式的には家康が秀吉に臣従）、東海から中国まで勢力下に治めた。この間、家康の臣従は天正十四年（一五八六）妹朝日姫の降嫁の後、さらに実母大政所の東下の後である。天正十三年（一五八五）三月には、内大臣、七月には近衛前久の猶子となり、藤原姓となり、関白に叙任。家康臣従後の天正十四年十二月、太政大臣に任じられ、豊臣姓を賜ることにより始まった。

豊臣・徳川連合政権ということに対しては異論もあるかと思うが、家康が織田家、北条家、さらには関東・奥州の諸大名と連合したら、秀吉の天下統一は成り立ち得なかった。せいぜい豊臣・毛利・上杉の連合政権ということで、東日本の徳川、中部・畿内・中国・四国の豊臣、九州の島津と天下は三分されたかも知れない。

家康臣従後は、九州まで平定し、関東の北条征伐と奥州仕置きを残すところまでこぎつけた（天正十五年九州平定）。天正十六年（一五八八）四月、後陽成天皇の聚楽第行幸により、天下人であることを内外に示す。この間に於ねの甥（豊臣秀俊・小早川秀秋）、徳川家康の次男（豊臣秀康・結城秀康）、実の甥小吉（豊臣秀勝）を養子とする。さらには後陽成天皇の実弟八条宮（智仁親王）を猶子とする。他に前田利家の娘、豪姫を養女としており、宇喜多秀家を猶子として豪姫の婿とした。この段階では、豊臣家（宗家）は、於ね（豊臣吉子）と養子・猶子により形成された。また、豊臣秀長も甥（豊臣秀保）を養子として、将来に備えた。

天正十七年（一五八九）五月二十七日、淀殿棄丸（豊臣鶴松）を産む。鶴松誕生により、八条宮皇籍に復す。十一月小田原征伐発令、全国統一を目指す。

翌年、天正十八年（一五九〇）一月、秀吉妹朝日（旭）姫、没す（家康との同盟関係は継続）。六月、伊達政宗小田原参陣。七月五日、北条家豊臣軍に降伏する。七月九日、奥州仕置き、全国統一完了。同年、秀康、結城晴朝の養子となり、豊臣家を除籍。

天正十九年（一五九一）一月二十二日、豊臣秀長（大和大納言）没す。二月二十八日、千利休切腹。八月、豊臣鶴松没す。豊臣秀次、秀吉の後継者となる。十二月二十八日、豊臣秀次関白・左大臣となる。秀吉は太閤を称する（豊臣家は太閤家と関白家の二重体制となる）。

文禄元年（一五九二）三月、朝鮮出兵。七月、大政所没す。九月、豊臣秀勝、朝鮮で病没。

文禄二年（一五九三）八月三日、淀殿拾丸（豊臣秀頼）を産む。

文禄三年（一五九四）、豊臣秀俊（北政所の甥）を、小早川隆景の継嗣（養子）とし、豊臣家を除籍する。この段階で、秀俊一門の杉原流豊臣家（木下家）は豊臣一門から家臣の列に降格された（ただし、高台院流豊臣家が存在したので準一門ということになる）。

文禄四年(一五九五)四月十六日、豊臣秀保横死。羽柴高吉(秀長養子、後藤堂高虎養子)を秀長家の後継者にする動きがあったが、秀吉はこれを阻止、秀長家を無嗣断絶とした。七月八日、秀吉、秀次の関白職を解き、高野山へ追放。七月十五日、秀次を切腹処分とする。八月二日、京都三条河原で秀次の妻妾・息女処刑(秀次家断絶)。この段階で、秀吉側近の謀略により、豊臣家は豊臣宗家(秀吉・秀頼)と高台院流豊臣家(北政所)のみとなる(養子・猶子は除籍、病死、処刑により消滅)。

分家豊臣家(秀長家)は無嗣断絶に追い込み、杉原流豊臣家(木下家)は秀俊(秀秋)除籍後、準一門に降格された。これが遠因となり、関ヶ原の合戦では中立もしくは東軍となり、家康の天下取りに貢献した。つまり複合混成家系としての豊臣家は、秀次家の断絶により崩壊し、これが豊臣家崩壊の序章となったのである。男系一門を持たなかった豊臣家が、女系や姻族により、混成家系豊臣一門を形成したにもかかわらず、愚かな秀吉側近と秀吉自身の盲愛により(秀吉の実子かどうか疑わしいのに)、養子体制を崩壊させ、大納言家を断絶させ、さらには秀吉没後、高台院流豊臣家やその一族の杉原流豊臣家(木下家)を豊臣家から離反させることになったのである。

慶長三年(一五九八)八月十八日、豊臣秀吉、伏見城で没す。秀頼、豊臣家を継承する。

慶長五年(一六〇〇)九月、関ヶ原の合戦で西軍(石田方)敗れる。徳川家康、事実上天下の覇権を握る(豊臣家六十五万石の大名に転落)。慶長六年(一六〇一)、豊臣秀頼、大納言となる。

慶長七年(一六〇二)十月、小早川秀秋没す。

慶長八年(一六〇三)二月十二日、徳川家康右大臣・征夷大将軍となる。四月、豊臣秀頼内大臣となる。七月二十八日、徳川家康の孫千姫、豊臣家に嫁ぐ。

慶長十年（一六〇五）四月十二日、豊臣秀頼、右大臣となる。四月十六日、徳川家康、秀忠に将軍職を譲る（徳川家が武家の棟梁であることを明確にする）。

慶長十二年（一六〇七）正月、秀頼、右大臣を解任され、九条忠榮が右大臣、鷹司信房が左大臣に就任する（秀頼の関白就任の道が閉ざされる）。三月二十五日、家康、豊臣家に駿府城の普請割りを命じる。閏四月八日、結城秀康（徳川家康次男、豊臣秀吉元養子）没す。

慶長十三年（一六〇八）八月二十六日、木下家定（豊臣家定）京都で没す。

慶長十六年（一六一一）三月二十八日、秀頼上洛し、二条城で家康と会見する。

慶長十九年（一六一四）十月、大坂冬の陣（十二月二十二日停戦）。

元和元年（一六一五）五月、大坂夏の陣。五月八日、淀殿ら自刃、豊臣家滅亡。五月二十一日、豊臣国松丸、伏見で捕らえられる（後に六条河原で斬首、豊臣家の男子直系断絶）。

寛永元年（一六二四）、豊臣吉子（高台院）没す（高台院流豊臣家断絶）。

寛永二年（一六二五）四月二十四日、豊臣秀次生母、瑞龍院日秀（とも）没す。

寛永十一年（一六三四）五月二十三日、樹正院（豊臣豪女・前田利家の娘豪姫、宇喜多秀家妻）没す。

同年九月一日松の丸殿（京極龍子）没す。

寛永十四年（一六三七）九月十八日、広沢の局（秀吉最後の側室）没す。

寛永十七年（一六四〇）十二月二日、お種殿（香の前）没す。

正保二年（一六四五）、東慶寺尼（天秀尼）没す（豊臣家正統直系断絶）。

明暦元年（一六五五）十一月二十日、秀吉猶子宇喜多秀家（豊臣秀家）没す。

万治元年（一六五八）、豊臣完子（豊臣秀勝の娘・九条関白北政所）没す。

寛文十年（一六七〇）、藤堂高吉（羽柴高吉元豊臣秀長養子）没す。

豊臣家は、関ヶ原の合戦の後、武家としての豊臣家は六十五万石の大名に転落したが、公儀としての豊臣家は依然としてその地位を保持した。

豊臣政権は家康との連立政権であったことは先に記したが、家康は北条家征伐および奥州仕置きの後、関東に封ぜられたが、これは豊臣政権において、肩書なき征夷大将軍の職務を与えられ、管轄権を委ねられたことを意味する。家康を本領の東海地区から切り離し、新領地での領国経営により勢力を削ぐことを目的とする説があるが、それなら、九州で島津家と拮抗させるか、奥州へ転封させて伊達家や上杉家あるいは蒲生家、南部家などと拮抗させた方がはるかに目的に沿う（現に蒲生家はそのために奥州へ転封となった）。

家康は、聚楽第行幸の時の誓詞提出時に、源姓で署名しており、これは空位になっている征夷大将軍の継承を意図していることになる。秀吉はそれを承知で小田原征伐後の関東に家康を封じ、東日本の押さえとした。秀吉の晩年、家康はいわゆる五大老の筆頭となり豊臣家を支えた。

秀吉の晩年には、豊臣家における色々な対立軸が交錯し、複雑な対立軸を形成した。これは石田三成や淀殿の野心（浅井家旧臣による豊臣家乗っ取り）による。さすがに秀吉は北政所には気を配ったが、石田三成ら奉行衆の讒言により、尾張・美濃衆の子飼い大名を過小評価し、冷遇した（朝鮮出兵における武断派批判）。豊臣秀次は関白職を剥奪され、切腹処分となり、豊臣秀俊は豊臣家を除籍、小早川家の養子となり、小早川秀秋となった。小早川秀秋は慶長の役（二回目の朝鮮出兵）の時、讒言され転封騒動となるが、徳川家康が引き伸ばし無効とした。

また、証拠はないが、豊臣秀保の横死は謀略の可能性もある。藤堂高虎の養子で、元大納言秀長の養子であった羽柴高吉の秀長家相続を拒否して断絶させた点でも、その可能性は皆無とは云えない。

養子は除籍して豊臣家の相続権を奪い、秀頼の相続権を確立した。さらに秀吉は淀殿に近い奉行衆の策謀により、遺言状により豊臣家の本城である大坂城からの北政所の追放を指示している（北政所を秀頼の後見人には指名しなかったばかりか伏見城入りを命じている）。

秀吉は、家康を伏見に置いて、秀頼の代理人としたが、政治の実務は五奉行に執行させ、その保護者を次席大老前田利家とした（名目上は秀頼の守役）。

慶長三年（一五九八）八月十八日、北政所は落飾した。慶長四年（一五九九）一月十日、秀頼が大坂城に入城、淀殿も同道する。北政所は大坂城を退去せず、九月に西の丸に家康を迎えて後、退去する。その後、伏見城へは入らず、三本木の屋敷に籠もる（秀吉の遺言を無視）。

北政所は、秀吉より化粧料（あるいは養老料）として一万六千石を与えられていたので、豊臣宗家を離れて、一家を建てた（後の高台院流豊臣家）。大坂城を出たことで豊臣宗家は分裂した。

豊臣家は、秀吉が朝廷より豊臣姓を下賜されたことによって始まったが、北政所も朝廷より豊臣吉子の名前を賜っている。豊臣宗家は秀吉と吉子の二人三脚で成り立っていたと云っても過言ではない。その相方を秀吉は裏切ったのである。大坂城は豊臣家の本宅である。その本宅から正妻を京都事務所へ移し、その後釜に妾を入れたのである。秀頼は秀吉の子供ということになっているので、別宅から本宅に移っても特に問題はない。形の上では北政所は秀頼の嫡母となっているのだから、北政所が大坂城を出る理由はない。しかし、彼女を大坂城から放逐しようとしたことが問題なのである。いかに賢婦人と云われ、秀吉の行状に耐えてきた北政所でも我慢の限度を越えたのであろう。猛烈な反撃にでる。すぐには大坂城を退去せず、西の丸に家康を入れ、翌年の関ヶ原の合戦では、一族、子飼いに家康への助力を指示している。彼らにとっては、北政所こそ豊臣家の主なのである。秀頼は豊臣家二世ではあるが、淀殿は主ではない。秀頼の単なる生母にすぎないのである。北政所が死没、あるいは離縁されていれば、その後釜に座ることも可能であったろう。

しかし、北政所は健在だし、離縁もされていないので無理な話であった。北政所も秀吉と並び、正統な豊臣家であった。秀頼は北政所の後見を得てこそ、正当な後継者の資格を獲得できるのである。淀殿側近の奉行衆は耄碌した秀吉を籠絡して、北政所を大坂城から退去させるべき遺言状を作成した。これが豊臣家分裂を招いた。

当初は、北政所と懇意であった家康に近いグループと、中間派である前田利家のグループ、淀殿を中心としたグループであったが、前田利家の死により、北政所に近いグループと、淀殿に近いグループに分裂した。

それは関ヶ原の合戦の時の東西両軍へと繋がっていく（一部当時の状況で西軍に付き内応という形になったものあるが）。

主な人物を列記すると次のようになる（内応は東軍と見なす）。西軍は、石田三成（事実上の総大将・五奉行）、宇喜多秀家（西軍副総帥・五大老・秀吉猶子）、小西行長、大谷吉継（三成親友）、安国寺恵瓊、名束正家（五奉行）、長宗我部盛親、島津義弘など。

対する東軍は、徳川家康（東軍総大将・五大老）、京極高知（松の丸殿の兄弟）、福島正則（秀吉縁戚）、浅野幸長（北政所縁戚・五奉行浅野長政の子）、織田有楽斎（織田信長の弟）、黒田長政、加藤嘉明、細川忠興（細川ガラシャの夫）、田中吉政、松平忠吉（家康の子）、藤堂高虎（元豊臣秀長家老・羽柴高吉養父）、池田輝政、山内一豊、有馬則頼、金森長近、古田重勝、筒井定次、生駒一正、井伊直政（家康家臣）、本多忠勝（家康家臣）ら。さらには、小早川秀秋（北政所の甥、元秀吉養子）、吉川広家（毛利家一門）、毛利秀元（豊臣秀長女婿、西軍で南宮山に在陣したが、東軍を攻撃せず）、寺沢広高、脇坂安治らである。

これ以外に全国の大名・有力陪臣を東西の系列でみると、次のようになる（全員を網羅したわけではないので誤解のないように）。

西軍、毛利輝元（五大老・西軍総大将・大坂城で秀頼を守護）、上杉景勝（五大老・会津より関東を牽制）、青木一矩（秀吉縁戚）、織田信高、織田秀信（三法師・信長嫡孫）、木下勝俊（北政所の甥、一説松の丸殿の実子、伏見城守護を放棄）、木下利房（北政所の甥、北国口を守備、関ヶ原本戦には参加せず）、小出吉政（秀吉縁戚、田辺城攻撃に参加、関ヶ原本戦不参加）、真田昌幸・信繁（上田で秀忠軍を釘付けにする）、杉原長房（北政所縁戚、田辺城攻撃に参加、関ヶ原本戦は不参加）、島左近（石田三成家臣）、増田長盛（五奉行・大坂城に在城）、大友吉統（豊後で黒田如水と戦う）。

東軍は、加藤清正（九州に在国中、西軍系の柳川城などを攻める）、亀井茲矩（上杉征伐、関ヶ原本戦参加）、木下延俊（北政所の甥、姫路に在城、丹波福知山城を攻撃）、黒田如水（九州で大友吉統らと戦う）、小出秀家（秀吉縁戚、上杉討伐、関ヶ原本戦参加）、真田信之（徳川秀忠に従軍、上田城を攻撃）、徳川秀忠（家康の子、上田で真田軍に釘付けにされ、関ヶ原本戦間に合わず）、藤堂高吉（羽柴高吉・元豊臣秀長養子、養父の藤堂高虎に従い関ヶ原本戦参加）、伊達政宗（上杉景勝を牽制）、蜂須賀豊雄（小六の孫、関ヶ原本戦参加）、細川幽斎（田辺城に籠城）、前田利長（前田利家の子・五大老・北陸で丹羽長重と戦う）、柳生宗矩（関ヶ原本戦に参加）、結城秀康（元秀吉養子・家康次男・宇都宮で上杉に備える）、稲葉正成（小早川秀秋重臣・関ヶ原で大谷隊を攻撃）、京極高次（松の丸殿兄妹・大津城で西軍の攻撃を受ける）。中立若しくは動向不明は、片桐且元（大坂城在城か？）、木下家定（北政所の兄・北政所を守護）、前田玄以（五奉行・大坂城在城）などである（昭和五十六年十月別冊歴史読本『決断・運命の関ヶ原』に詳しく紹介されている）。

関ヶ原の合戦は、形の上では豊臣家家臣団の内紛であり、西軍には西国の外様大名が加担し、東軍には徳川家康が加担し、次席大老の前田利長が家康に協力し、さらに反上杉の東北外様大名が間接的に協力したという構図である。

この間、豊臣秀頼と側近は目立った動きはしていない。もし豊臣対徳川の決戦なら秀頼が全面にでるべきであるし、北政所（豊臣家女主）の裁断を仰ぐべきである。

この合戦がそうでないことは、東軍の先鋒隊が福島正則ら豊臣系の大名であることが示している。

さらに云うなら、徳川の本隊は関ヶ原には参加しておらず（本隊は秀忠が指揮していた）、関ヶ原の合戦は豊臣家の内紛であることは明白である。

わかりやすく云えば、豊臣株式会社の本社総務部長に支社長や支店長が腹を立て、反旗を翻したようなものである（反大坂イコール＝親徳川とは言い難い。それを承知しているから、家康は関ヶ原での勝利後も、公儀としての豊臣家を存続させたのである）。石田三成を清廉潔白正義の士とせんがために、家康を貶す傾向があるが、秀吉を籠絡して北政所を大坂城より退去せしめ、それ以前に宗家（秀頼家）以外の豊臣家（秀長家、秀次家）を断絶せしめ、秀頼の相続を脅かす養子を放逐（豊臣秀俊の豊臣家除籍）して、豊臣家の基盤を弱めた三成は「豊臣家」の忠臣ではない。

天下人としての豊臣家は、秀吉個人に帰すべきものである。天下を統一した秀吉にすべての大名が臣従しているわけではない（形式的には臣従でも同盟関係もある）。秀吉の技量に敬意を表し、国家安定のために協力していたにすぎないのである（本能寺の変の直後から奥州仕置きまでのプロセスを見れば、明白である）。

秀吉は正統な武家の棟梁ではなかった。鎌倉以来武家の正統な棟梁は征夷大将軍（将軍）である。秀吉は畿内（東海・北陸・近畿）を再度平定したことで、内大臣ついで関白・太政大臣に叙任され、狭義の天下人となったのである（この段階では旧織田政権の棟梁の立場で、副天皇の地位を与えられた。従って武家の棟梁ではない）。

家康が上洛して大坂城で体面のおり、秀吉に陣羽織りを望み賜ったという所伝もあるが、これは副天皇秀吉より将軍を拝命したことを意味する。秀吉が家康を関東に封じたのは、これを形として表したことを意味する。

秀吉が関白に叙任される前、信長に追放された足利義昭は、毛利家に守られ健在であった。義昭は解任されたわけではないので、名目上は武家の棟梁であった。秀吉は猶子となって将軍職を継承しようとしたが、拒否され断念し、関白になる道を選択したのである。

その後、毛利・徳川両家との同盟関係を中核に、武力であるいは政治力で、全国の武将を臣従させ（従わないものは追放）、全国を統一、実力で武家の棟梁となった。

しかし、秀吉は武家の棟梁ではなく、武力を持った副天皇（関白）として、同様の地位についたにすぎない。

豊臣家が全国の武家の最上位に位置したことは否定されないが、全国をすべて支配下に置いたわけではない。同盟者である徳川領や毛利領では、直接、豊臣家の役人が検地を実施してはいない。豊臣家は歴代の武家の棟梁のなかでは特異な存在であったのである。

三成が豊臣家の忠臣であったなら何をすべきか？　まず、秀次の関白解任を阻止すべきであった。また、豊臣秀俊を豊臣家にとどめて一門大名とすべきであった。さらに豊臣秀保を謀殺（病死説の他に家臣が抱えて十津川に飛び込んだという説もある）すべきではなかったし、秀保の義兄弟となる羽柴高吉（藤堂高吉）の秀長家復帰と相続を認めるべきであった。また、大坂城には秀頼のみを迎え、北政所を後見人とすべきであった。そして何よりも朝鮮出兵を阻止すべきであった（豊臣家は、徳川家のように政治組織を作り上げていなかった。本来なら全国統一を完成した段階で、国内統治の基盤を整備すべきであった）。

三成が行ったことは、秀吉の名前で行われ、その罪は秀吉に帰されている。秀次が関白としてふさわしくなければ、他の養子を関白とするか、秀頼その人（まだ子供だが）を関白にして、豊臣家の一族か、幕下の有力大名を補佐役として、武家関白豊臣家を継続させるべきであった。

しかし、秀次解任以後は豊臣家の一族は関白には就任せず、その地位は藤原氏に戻ることとなった。

秀吉が健在の間はその実力により、世間も各大名達もその地位を黙認したが、豊臣家としては棟梁としての基盤を失っていたのである（太閤は前の関白の呼称にすぎない）。

この一点をみても、石田三成は断じて忠義の臣などではない。この時、秀吉の後の天下人を継承する人間は徳川家康しかいなかった。家康はすでに源氏として承認されており、征夷大将軍を継承する資格を有していたし、秀吉その人により、肩書無き征夷大将軍に任命されていたのである。そして何より天下家である豊臣家の筆頭大老であった。江戸時代以前においては、合戦の勝利者で朝廷の承認を受けたものが天下人であった。

織田信長しかり、豊臣秀吉しかり、俗に三日天下といわれる明智光秀しかり。故に彼らは朝廷工作を行うのである。

家康は関ヶ原の合戦より二年半後の慶長八年（一六〇三）二月、右大臣・征夷大将軍に任ぜられ、名実共に天下人となるのである。それまでの家康は事実上天下人であったが、豊臣家大老として政務を執行した。

慶長九年（一六〇四）北政所、高台寺建立を発願。慶長十年、幕府、高台院に協力し、高台寺建立（幕府、北政所が秀吉より賜った領地一万六千石を追認所領安堵し、寺領五百石の朱印状を与える）。この時点で、高台院流豊臣家は正式に発足したのである（それまでは形式的には豊臣宗家と一体であった）。

一方、豊臣宗家は多くの所領を失い、天下人の地位を滑り落ちた。それでも公儀としての豊臣家は、武家関白になりうる資格を保持しながら、家康の巧みな演出により存続した。

家康は自分が右大臣・征夷大将軍となった後、秀頼を内大臣としている。また孫娘の千姫を秀頼に嫁し、秀吉との約束を守っている。慶長十年（一六〇五）には、秀頼を右大臣としている。家康自身は隠居の身分となり、将軍職は秀忠に譲っている。これにより、家康は武家の棟梁は徳川家が世襲することを内外に明らかにした。しかし、この時点では関白に成り得る公儀としての豊臣家は否定していないが、徳川家は豊臣家の大老の立場からは完全に脱却した。この段階で、豊臣家が完全に右大臣を辞職して、一大名として徳川家に臣従するか、大名としての立場を放棄して、一公家として朝廷に仕えていたら存続できたかもしれない。しかし、淀殿はそんなことは考えもしなかった。秀頼の天下人を夢見ていた。故に大坂の陣を引き起こし、滅亡するのである。

豊臣家崩壊

如何に強固なものでも亀裂が走れば、やがては深まり崩れ去る。まして寄せ集めて無理やり固めたものなら、なおさらである。

豊臣家も例外ではない。豊臣家を滅ぼしたのは徳川家康だが、それは結果論に過ぎない。真の犯人が豊臣秀吉と石田三成であることは前述した。さらに付け加えるなら淀殿ということになる。

北政所が豊臣家を裏切って家康に加担したのが原因という見方もあるが、それは誤りである。

北政所は自身の豊臣家をどういう形にしろ存続させるために、間接的に協力したのである。その結果、家康は高台寺の建立を支援し、高台院流豊臣家の拠点としたのである。

秀吉没後の豊臣家は高台院（北政所）が望む「豊臣家」ではなかった。羽柴家から発展した豊臣家は、すでに秀吉の生前より実質的には瓦解していたのである。

重複するが前述の「豊臣家の歴史」より抜粋する。

天正十七年（一五八九）　鶴松誕生。八条宮（将来の関白候補）皇籍に復す（智仁親王）。
天正十八年（一五九〇）　秀康（徳川家康次男）豊臣家を除籍、結城晴朝の養子となる。
天正十九年（一五九一）　豊臣秀長没。千利休切腹（秀吉二本柱を失う）。鶴松没。豊臣秀次、関白となる。
文禄　元年（一五九二）　大政所没。豊臣秀勝朝鮮で病没。
文禄　二年（一五九三）　秀頼誕生。
文禄　三年（一五九四）　秀俊（北政所甥）豊臣家を除籍、小早川隆景の養子となる（小早川秀秋）。
文禄　四年（一五九五）　豊臣秀保（豊臣秀長養子）横死。秀吉羽柴高吉（羽柴秀長養子・藤堂高虎養子）の秀長家相続を承認せず。
秀吉、関白秀次を解任・追放・切腹処分としその妻妾子供を虐殺する。
豊臣家の養子体制および豊臣一門崩壊（豊臣宗家と北政所流豊臣家のみとなる）。
慶長　三年（一五九八）　豊臣秀吉、伏見城で没す。秀頼、豊臣家を相続。北政所落飾（高台院）。
慶長　四年（一五九九）　秀頼および淀殿、大坂城へ入城。北政所、大坂城西の丸に家康を迎え、大坂城を退去、京都に隠棲。

（豊臣宗家分裂、高台院流豊臣家正式に創立）

慶長　五年（一六〇〇）　関ヶ原の合戦で豊臣家家臣団と全国の大名、東西別れて争い、西軍（石田三成・宇喜多秀家）が敗れ、東軍（徳川家康・小早川秀秋・福島正則）が勝利する。

慶長　七年（一六〇二）　小早川秀秋没す。

系譜研究の立場で言えば、天正十七年から文禄四年の間に豊臣家一門は崩壊していたということになる。織田家にしても、徳川家にしても、男系の一族一門を有し、一部の同族争いはあっても、御屋形様（織田家にあっては織田信長、徳川家にあっては徳川家康）を中心とした一族一門軍団を形成していた。

また一門の子女は、近隣の大名や有力家臣との姻族関係形成のための駒となった。

しかし、豊臣家には男系の一門がいない（父弥右衛門の一族は公の資料では確認されない）。唯一弟（実弟説と異父弟説がある）の秀長がいるだけであった。

従って妻の一族や、姉の嫁いだ長尾吉房（三輪弥助、三好一路）やその子供達（三好信吉、豊臣秀勝、豊臣秀保）、あるいは猶子や養子縁組により疑似一門を形成し、さらには大政所の縁戚の一族を子飼いの家臣団とせざるを得なかった。

その疑似一門を除籍・処分・病没などで失い、折角苦肉の策で形成した一門をぶち壊しているのである。病没はやむを得ないとしても、除籍や処分は早計であったと云うべきであろう。

さらには妾可愛さに正妻を放逐しようなどとは、愚か者のそしりを免れない。杉原・木下・浅野家一族は、第二豊臣家（北政所流豊臣家）一門である。その一門まで離反させたら、豊臣家は秀吉亡き後は秀頼を残すのみとなってしまう。秀頼には一族一門がなく、わずかな側近に擁立される裸の王様である。秀吉も側近の奉行衆も、そこまで長期展望に立っては思慮を巡らせなかった。

目先の秀頼への豊臣家継承のみにとらわれ、対徳川戦略を疎かにしたことが、関ヶ原での西軍敗戦、さらには元和元年の豊臣家滅亡へと繋がっていくのである。

歴史にもしもは禁句だが、秀吉が猶子や養子をすべて豊臣家に止めていたら、家康がすんなり天下人の地位を奪取できたかどうかは疑わしい。

また天下人の地位を簒奪したとしても、豊臣家を滅ぼすことはできなかったのではないだろうか。八条宮が関白を継承して豊臣智仁となっていれば、武家としての豊臣家は消滅しても、公家の豊臣家は存続したのではないだろうか？　また、豊臣秀康が豊臣一門として健在であったなら、家康も対応に苦慮したことであろう。また、豊臣秀俊（小早川秀秋）が豊臣家に残っていたら、三成の関白継承の約束も真実味を帯び、違った展開になったかもしれない。また、羽柴高吉の秀長家相続を認めていたら分家豊臣家も存続することとなり、宗家が消滅しても豊臣家は存続することとなる。また、第二豊臣家も正式に豊臣を名乗り、複数の豊臣家が存続する可能性が残る。それをぶち壊したのは秀吉その人と、側近の奉行衆である。

関ヶ原勃発以前に豊臣家は崩壊分裂していたが、完全に崩壊していたわけではない。

高台院は淀殿とは対立したが、豊臣家の家名存続は望んでいたし、側室の一人、松の丸殿も豊臣家の行く末を案じていた。また、家康その人も豊臣家に存続のチャンスを与えていた。しかし、淀殿やその側近は現実を直視せず、徳川世襲政権確立と天下は回りものとする戦国の風潮を一掃するために、大坂の陣を引き起こし、豊臣家（正確には豊臣宗家）を葬った。これについては、次に記す略年譜を見てもらえば理解できると思う。

慶長　八年（一六〇三）　徳川家康、右大臣・征夷大将軍となる。豊臣秀頼、内大臣となる。千姫、豊臣家に嫁ぐ。

慶長　九年（一六〇四）　八月、家康、秀頼と共に故秀吉の七周忌にあたり、豊国社の臨時大祭を催す（平成六年『臨時増刊歴史と旅』）。

慶長　十年（一六〇五）　四月十二日、豊臣秀頼右大臣となる。四月十六日、徳川家康、秀忠に将軍職を譲る。上杉景勝・島津家久、大坂に参向し、秀頼の右大臣任官を祝す（家康特に処罰せず）。五月八日、家康、高台院を通じて、秀頼上洛を要請するが、淀殿これを拒否する。

慶長十二年（一六〇七）　正月、秀頼右大臣を解任され、九条忠栄（秀吉の義理孫の豊臣完子の夫）が右大臣、鷹司信房が左大臣となる（秀頼の左大臣および関白太政大臣就任への道が事実上閉ざされる）。三月二十五日、家康、豊臣家に駿府城の普請割りを命じる。閏四月八日、結城秀康（元秀吉養子）没。

慶長十六年（一六一一）　三月二十八日、秀頼上洛して、二条城で家康と会見する（北政所、加藤清正、浅野幸長らの斡旋による）。四月七日、浅野長政。常陸真壁で没す。六月二十四日、加藤清正、熊本城で没す。

慶長十八年（一六一三）　八月二十五日、浅野幸長没。

慶長十九年（一六一四）　三月九日、将軍秀忠、従一位右大臣に任官（右大臣兼征夷大将軍）、かつての家康と同格となる。

七月、方広寺鐘銘事件。片桐且元、弁明のために駿府に赴く。家康の謀臣、本多正純と金地院崇伝、片桐且元に条件を提示（淀殿の江戸下向、秀頼の参勤、大坂城からの退去）。淀殿と側近はこれを拒否し、旧豊臣系大名に秀頼の親書を送り助勢を要請する（大名で呼応するもの無し）。十月、大坂攻めを決定。十一月十九日、大坂冬の陣（十二月二十二日、講和成立、二十八日。停戦）。

元和　元年（一六一五）　五月、大坂夏の陣。五月八日、淀殿ら自刃（豊臣家滅亡）。五月二十一日、豊臣国松丸、伏見で捕らえられる（後に六条河原で斬首、豊臣家男子直系断絶）。千姫、秀頼の娘を養女にして、鎌倉東慶寺へ入れる。

寛永　元年（一六二四）　豊臣吉子（北政所・高台院）没す（高台院流豊臣家断絶）。

正保　二年（一六四五）　東慶寺尼（天秀尼）没す（豊臣家正統血統断絶）。

明暦　元年（一六五五）　十一月二〇日、宇喜多秀家（豊臣秀吉猶子）八丈島で没す。

この略年譜により、家康は将軍となり幕府を開いてからも、賜姓関白家としての豊臣家は、結城家と並び、制外の家として特別な処遇をしていたことがわかる。慶長十年、家康が右大臣・征夷大将軍を辞任した後、将軍職は秀忠に譲った。右大臣には秀頼が叙任された。

この時、家康の嫡男秀忠は秀頼より下位の地位にあった（権大納言）。公家の地位では将軍家（秀忠）より豊臣家の方が上位であったのである。これはどういうことか？　家康は正統な武家の棟梁である将軍職を徳川家が世襲する体制を作り上げたことで満足していたのではないか？　関ヶ原で勝利したのは豊臣系の大名であり、論功行賞では大幅に加増され、主に西国に封ぜられた。徳川家は彦根に井伊家を封じたが、彦根以西には譜代大名を封じていない。

西軍を破ったのが福島正則ら豊臣系の大名であり、彼らには石田三成らの奸臣を討伐したという意識はあっても、秀頼に弓を引いたという意識は皆無なのである。ただし、家康の名前で加増処理したことで、事実上の主従関係が成立したというメリットはあった。そのことは大坂の陣の時に立証される。その関係を確かなものにするために将軍となり、その地位を二年余りで嫡子の秀忠に譲ったのである。

これが豊臣家を除く全国の大名に承認されたことにより、徳川家は正式に武家の棟梁家となったのである。家康の将軍職就任は、家康個人の力量をほとんどの大名が認めていたからである。しかし、秀忠の将軍就任は徳川家が「棟梁家」となったことを意味し、同時に豊臣家の武家関白家としての地位の消滅を意味する。

しかし、公家関白家としての地位は保持していたのである。秀吉の時代は形式的には天皇家を頂点に武家関白としての豊臣家、西国将軍としての毛利、陰の征夷大将軍としての徳川の変則トライアングルが形成されていた（豊臣政権は豊臣家・毛利家・徳川家の連合政権）。

将軍就任以後、豊臣家大老の地位から正式に独立した家康は、天皇家と豊臣関白家と徳川将軍家のトライアングルを考えていたのではないか？　内大臣から右大臣となった時には、後任の内大臣に秀頼を叙任、さらには右大臣を辞任した後には、秀頼を叙任している。順調に叙任昇格すれば、左大臣、関白太政大臣という第六の摂関家としての豊臣家に見合うポストまで押し上げている。

家康は、この頃までは、武家社会から公家社会への転出（武門としての豊臣家の放棄）を期待していたのではないだろうか？　右大臣・征夷大将軍であった家康が将軍職を辞退した後、将軍職は秀忠に継承させ、右大臣の地位は秀頼に譲ったということになる。

また、豊臣家が武家として残るなら、武家関白家の資格を放棄して将軍家への臣従を要求し、そういう状況を作り出していったが、豊臣家は公家社会への転出も、将軍家への臣従も実行しなかった。

家康はかなり気長に待ったが、秀頼は無知で、淀殿は天下様の夢を見続けている。側近衆も世間知らずで、豊臣家の置かれた立場が理解できなかった。理解できていたら、秀忠の将軍職継承を全国の大名が承認した段階で、何らかのリアクションを起こせたはずである。ついに痺れをきらした家康は、武家関白になる道を閉ざして、一大名として臣従させるべく行動を起こす。

慶長十二年（一六〇七）正月、秀頼の右大臣を解任、右大臣に九条忠栄、左大臣に鷹司信房を叙任する。さらに駿府城の普請割りを命じる。慶長十六年には家康との会見のために上洛を要請、高台院および加藤清正や浅野幸長の斡旋により秀頼の上洛が実現、二条城の会見となった。

この時、家康は上客の待遇で出迎えたと伝えられている（『逆転の日本史〈つくられた秀吉神話〉』）。

家康は、秀頼個人に対しては、賜姓関白家の当主として、前右大臣として、上位の格式を認めている。この段階では、秀頼が大名から公家になれば、関白への道を開く腹積もりがあったのではないか？　家康も元右大臣である。個人として見れば同格である。しかし、家格でみれば、秀頼（豊臣家）は関白家であり、家康（徳川家）は右大臣家にすぎない。まして将軍家は朝廷内の家格で見れば、かなり低い（後に秀忠も右大臣に叙任されるが）。先に駿府城の普請割りを命じたのは、豊臣家が大名であるなら徳川家の下位にあるということを示したデモンストレーションにすぎない。

家康は、将軍職譲位によって武家の棟梁としての地位が確立してからも、気長に豊臣家の出方を見守っていた。しかし、豊臣家が自分の死後、武家として将軍家に反旗を翻したら将軍家（秀忠）の力量ではかなり厳しいと判断したのであろう。豊臣家がトライアングル構想の中に収まるか、関白家の家格を放棄して、一大名として将軍家に臣従するか、家康本人も決断を迫られた。自分の生存中なら豊臣家が反旗を翻しても、一部の大名を除き離反しないと判断したのであろう（この判断が正しいことは大坂の陣で証明される）。この会見の後、家康は自分の余命を勘案し、豊臣家追討を決断する。方広寺鐘銘事件はそれを決定的なものにする。それでも万が一、豊臣家が膝を屈したら存続させることは考えていた。片桐且元に示した条件はそれを示唆している。

かつて、五大老の一つ前田家は芳春院が江戸へ下向し、人質となることで家康と和解し、家中の親豊臣勢力を押さえて、関ヶ原では東軍方として北陸戦線で戦い、加賀百万石の基礎を築いた。同じく上杉家は関ヶ原の後、減封・転封を受諾し、家名存続を許された。

毛利家も吉川広家らの奔走で、防長二カ国への減封処置を受諾し、家名存続を許された。宇喜多秀家だけは、関ヶ原で西軍の副総帥であったので八丈島へ遠島となった（大名としての宇喜多家は消滅したが、家系は存続させた）。

後世、家康は豊臣家を滅ぼすことのみを考えていたように云われるが、関ヶ原以後、大坂の陣の直前まで豊臣家の家名存続を考えていたのである。結果として豊臣家を滅ぼしたので、贔屓の引き倒しでそのように云われるはめになったのである。筆者も老獪な家康は好まないが、やはり家康は直前まではそう考えていたと思う。先の五大老の処遇を見れば、明確である。大大名の場合、直接家康軍（東軍）と戦った宇喜多家以外、家名を存続させているのである。また関ヶ原で西軍であった島津家についても、政治判断により存続を認めているのである。豊臣家も同様である。

家康が求めたのは、「武家の棟梁家」から豊臣家が退くということだけである。慶長十年の秀忠の将軍継承の儀式の時、豊臣家が伺候しなかったことは、大名家であるなら将軍家への謀叛の嫌疑がかけられても仕方がない。ましてや、当時一部の大名が上洛の途上、豊臣家に伺候していたということは、後世の駿河大納言忠長事件に匹敵する出来事である。

しかし、家康自身は直接咎めたりはしていない。豊臣家を滅ぼしたのは、豊臣家家臣団が、淀殿側近の大野一派（強硬派）と片桐且元、石川貞政ら（穏健派）に別れ、当時大坂城に在城した織田常真（信雄）も穏健派の側にあって（悪意な見方では家康のスパイ説もある）、大坂の陣の直前には一枚岩でなかったことも災いした。

その元凶は、淀殿と大蔵卿の局一派にある。慶長十九年（一六一四）九月十八日、大坂に帰城した且元は家康の意向を伝えたが、その後不穏な空気を感じた且元は屋敷に引き籠もってしまった。且元籠居の報告は、九月二十五日には駿府の家康に届けられている（臨時増刊『歴史読本』九六年八月）。九月二十八日の夜までには、穏健派と目される石川貞政や織田常真は大坂城を脱出した。

この結果、豊臣家（豊臣宗家）存続を断念した家康は、十月一日、大坂攻めを決定し、諸大名に出陣を命じた。つまり、豊臣家は九月二十八日までに内部崩壊したことになる。

後に残ったのは淀殿のファミリー（マフィア）のみである。淀殿らは穏健派の退去後、関ヶ原西軍の浪人衆に大坂城入城を要請した。もちろん、旧豊臣系の大名にも援軍を要請したが、誰も応じなかった。

秀頼以外の大名は織田有楽斎のみである。十一月十九日、ついに戦いの火ぶたがきられた（大坂冬の陣）。十二月四日、真田軍により大坂城本城への攻撃を阻止されると、大砲による攻撃を加えつつ、秘密交渉を画策した。家康は常高院（淀殿と秀忠正室崇源院の姉妹）を通じて講和交渉を成立させ、軍を引いた。この段階で秀頼母子が浪人衆を解任し、大坂城を退去していれば、豊臣家は存続していたかもしれない（浪人衆にとっては裏切り行為となるが）。

事実、大坂城を裸城とした家康は、元和元年（一六一五）三月二十四日、大野治長より派遣された使者に対し、転封か浪人衆の追放を迫っている。四月五日、大坂方はこれを拒否し、翌日には家康は諸大名に大坂再出陣を命じている。

これ以後の経過については諸書に詳しいので割愛する。五月八日、淀殿は自刃し、大坂城は炎上落城する（公式見解では秀頼も自刃したことになっている）。ついに豊臣家は名実ともに崩壊・壊滅したのである。五月二十一日には脱出していた豊臣国松丸も捕らえられ、二十三日には処刑された。ここに至り通史の上では豊臣家の男子直系は断絶した。

豊臣宗家は歴史上から消え去ったのである。しかし、豊臣一門が完全消滅したわけではない。高台院流豊臣家は一万六千石で健在であり。第二豊臣家も豊後日出藩木下家として健在であった。さらに備中足守藩木下家も再興されるのである。崩壊・壊滅したのは豊臣宗家だけである。

高台院流豊臣家は寛永元年（一六二四）九月六日、高台院（豊臣吉子）の病没により断絶する。養子利次への遺領相続が認められず没収となった。利次には後に三千石が与えられ木下家（杉原流豊臣家）一門としてその家系は存続した。木下家は本姓豊臣氏を認められ、足守藩と日出藩の大名として存続した。幕府編纂の『寛政重修諸家譜』も豊臣氏、家名を木下と記している。また江戸時代に編纂された『系図纂要』も「豊臣朝臣」と記している。

しかし、この豊臣家は、秀吉没後、側近奉行衆の策謀により宗家一門からは外されており、高台院流豊臣家の一門という立場にすぎなかった。このことは前述した通りである。

こうして、天下家としての「豊臣家」は崩壊した。秀吉が豊臣家を創立してからわずか三十年余りの歴史である（一五八六～一六一五）。

しかし、豊臣家滅亡には後日談がある。秀頼・国松の生存伝説である。これは、薩摩と日出を舞台とした生存伝説である。これについては私家版小冊子『豊臣家家系譜考』でも紹介し、本書にも転載したが、このことについては、後で若干触れることにする。

この後は、秀吉に係わった人々の系譜を紹介し、秀頼親子の生存伝説を紹介して第二章を終わりにしたい。

研究という事で云えば、組み立てや展開が本来の学問（研究）から逸脱している点もあると思うが、その点は了解されたい。

豊臣秀吉婦女子系図

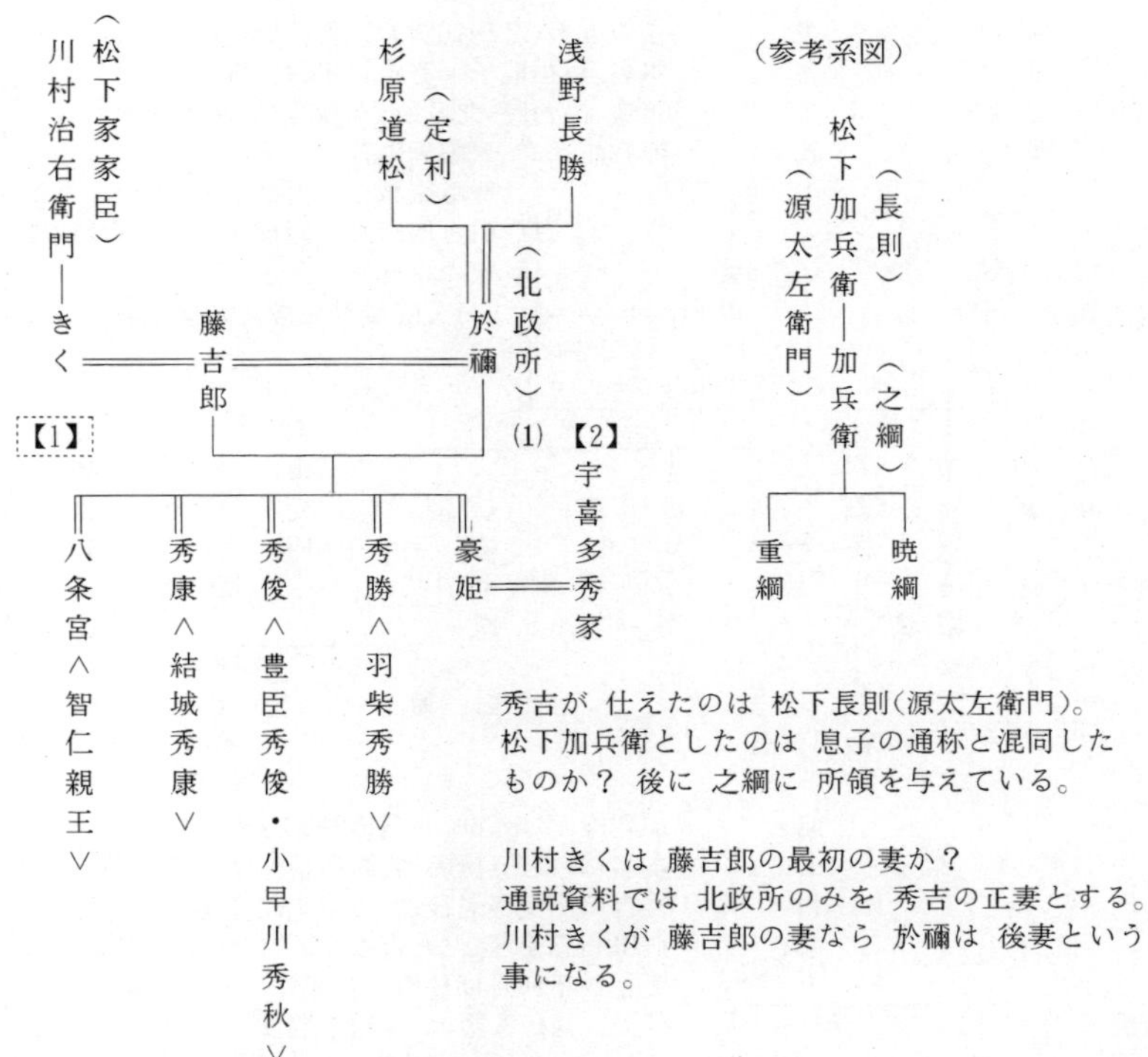

秀吉が 仕えたのは 松下長則(源太左衛門)。
松下加兵衛としたのは 息子の通称と混同したものか？ 後に 之綱に 所領を与えている。

川村きくは 藤吉郎の最初の妻か？
通説資料では 北政所のみを 秀吉の正妻とする。
川村きくが 藤吉郎の妻なら 於禰は 後妻という事になる。

出典『豊臣秀吉 99の謎(楠戸義昭、PHP文庫)』

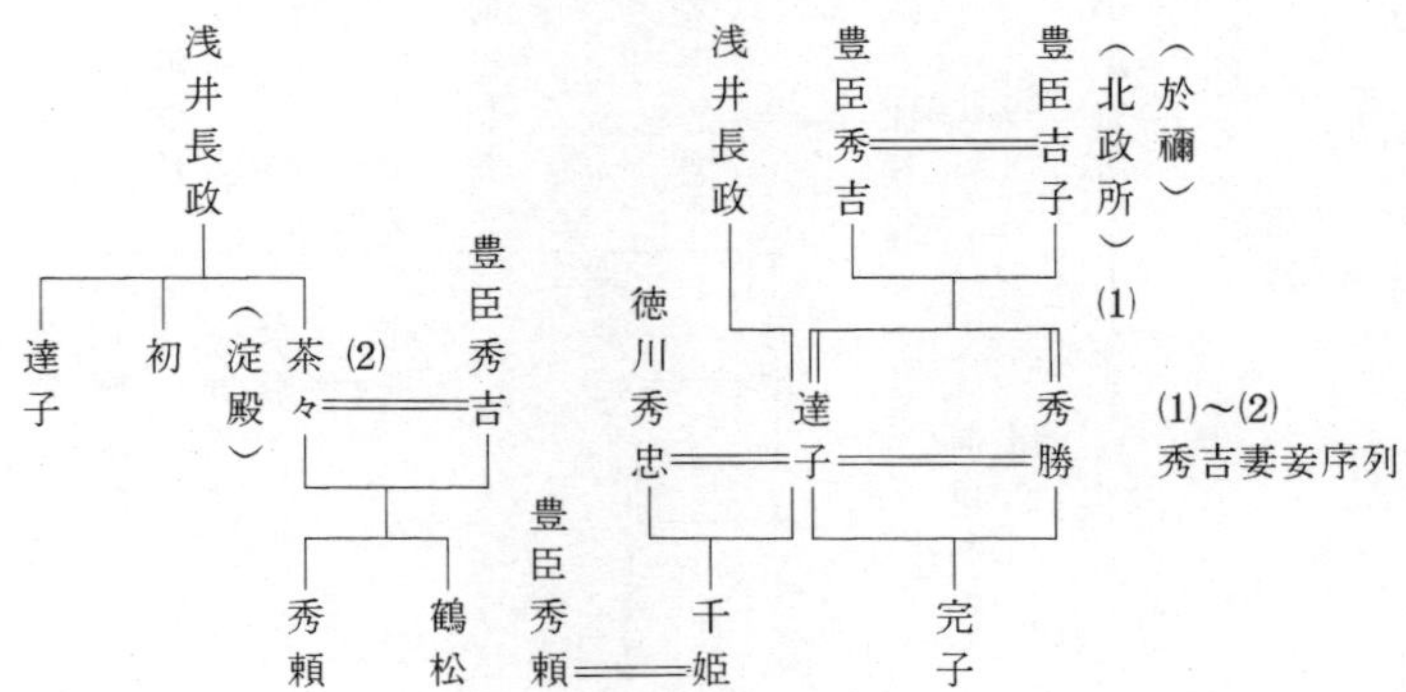

豊臣秀吉婦女子系図

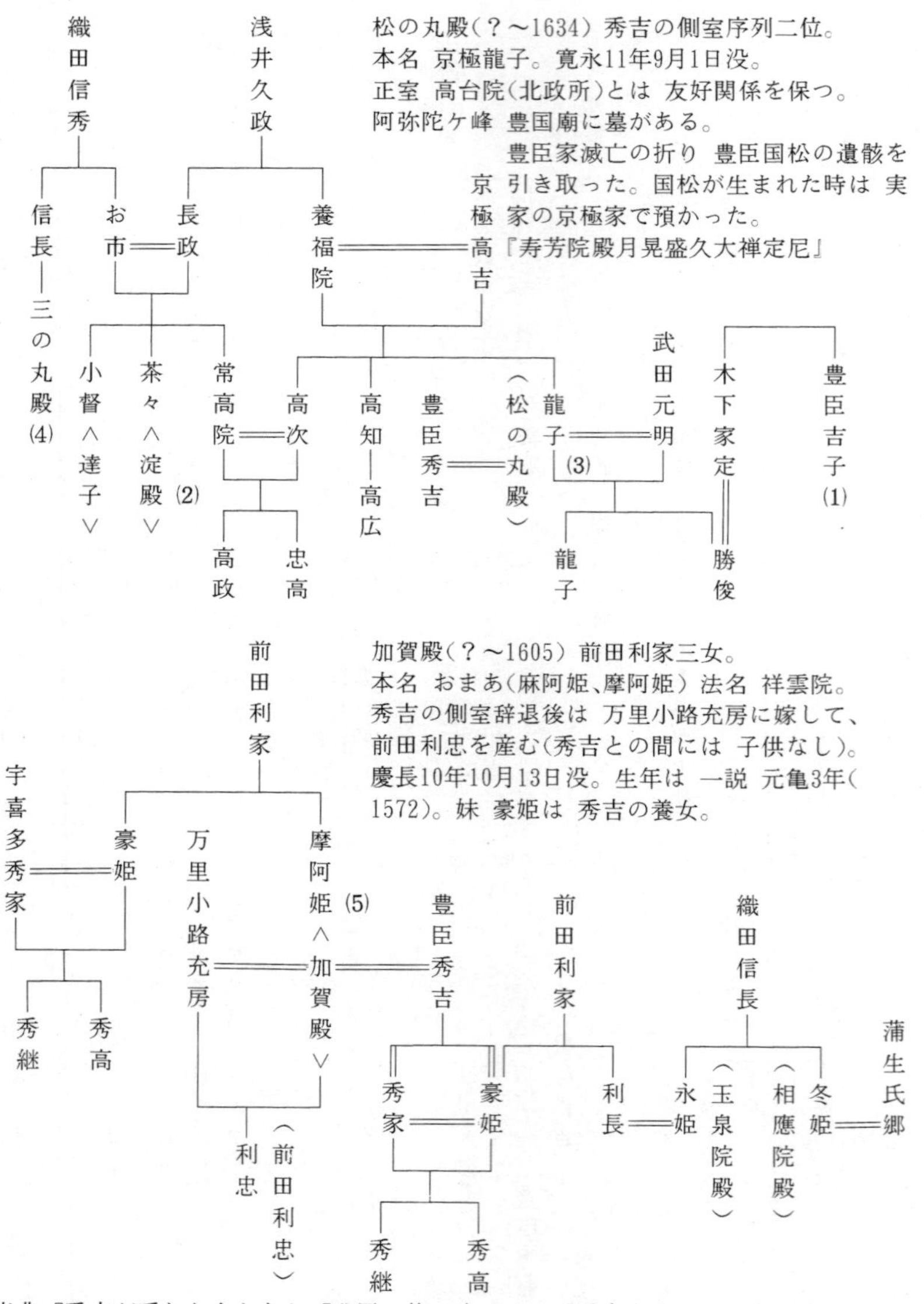

松の丸殿（？～1634）秀吉の側室序列二位。
本名 京極龍子。寛永11年9月1日没。
正室 高台院（北政所）とは 友好関係を保つ。
阿弥陀ケ峰 豊国廟に墓がある。
豊臣家滅亡の折り 豊臣国松の遺骸を引き取った。国松が生まれた時は 実家の京極家で預かった。
『寿芳院殿月晃盛久大禅定尼』

加賀殿（？～1605）前田利家三女。
本名 おまあ（麻阿姫、摩阿姫）法名 祥雲院。
秀吉の側室辞退後は 万里小路充房に嫁して、前田利忠を産む（秀吉との間には 子供なし）。
慶長10年10月13日没。生年は 一説 元亀3年（1572）。妹 豪姫は 秀吉の養女。

出典『秀吉が愛した女たち』、『豊臣一族のすべて』、『秀吉をめぐる88人』他

豊臣家婦女子系図

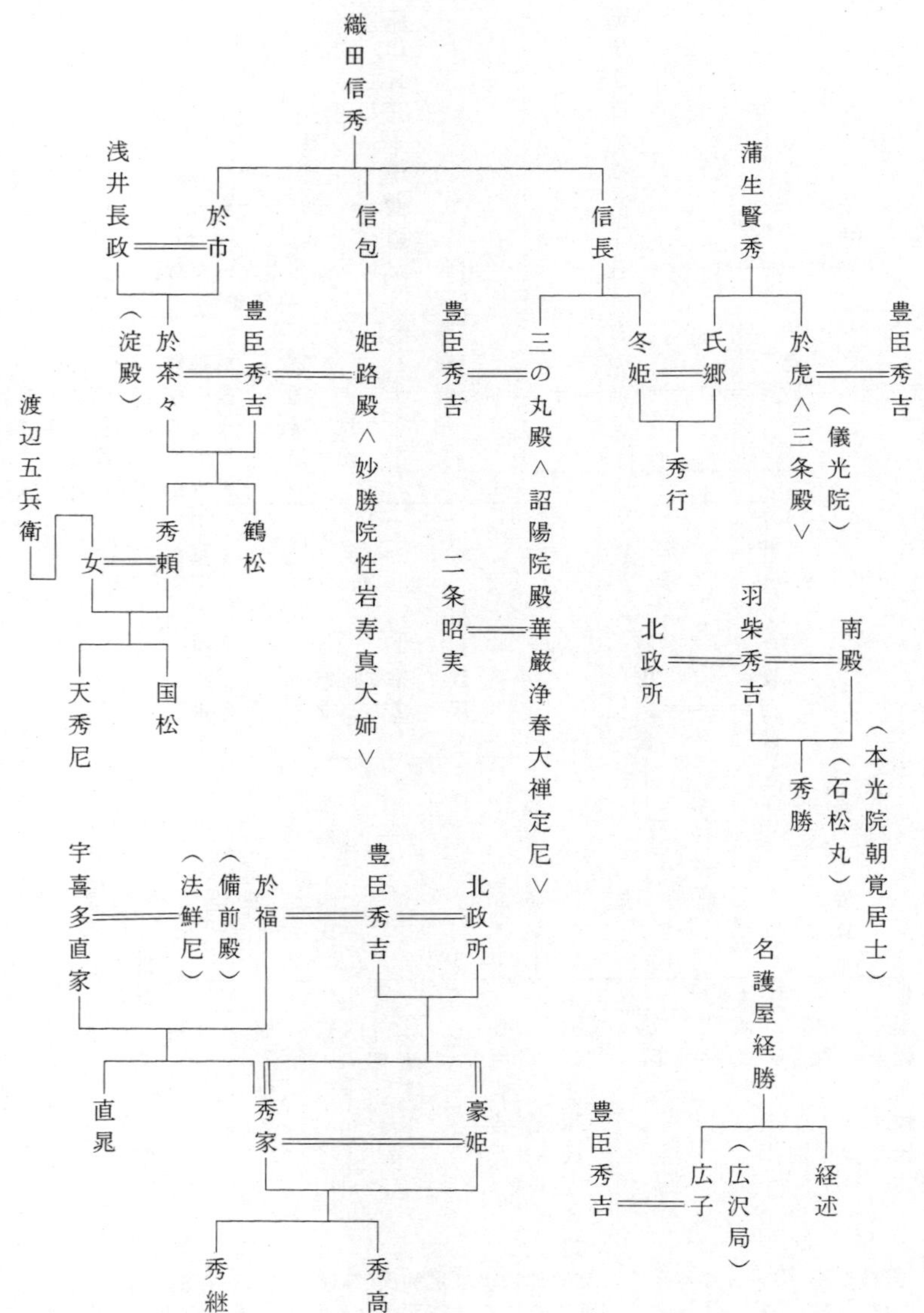
織田信秀
浅井長政
於市
信包
信長
蒲生賢秀
（淀殿）
於茶々
豊臣秀吉
姫路殿〈妙勝院性岩寿真大姉〉
豊臣秀吉
三の丸殿〈詔陽院殿華巌浄春大禅定尼〉
冬姫
氏郷
於虎〈三条殿〉
豊臣秀吉
（儀光院）
秀行
渡辺五兵衛
女
秀頼
鶴松
天秀尼
国松
二条昭実
羽柴秀吉
北政所
南殿
（本光院朝覚居士）
（石松丸）
秀勝
宇喜多直家
（法鮮尼）
（備前殿）
於福
豊臣秀吉
北政所
名護屋経勝
直晁
秀家
豪姫
豊臣秀吉
広子
（広沢局）
経述
秀継
秀高

豊臣秀吉婦女子系図

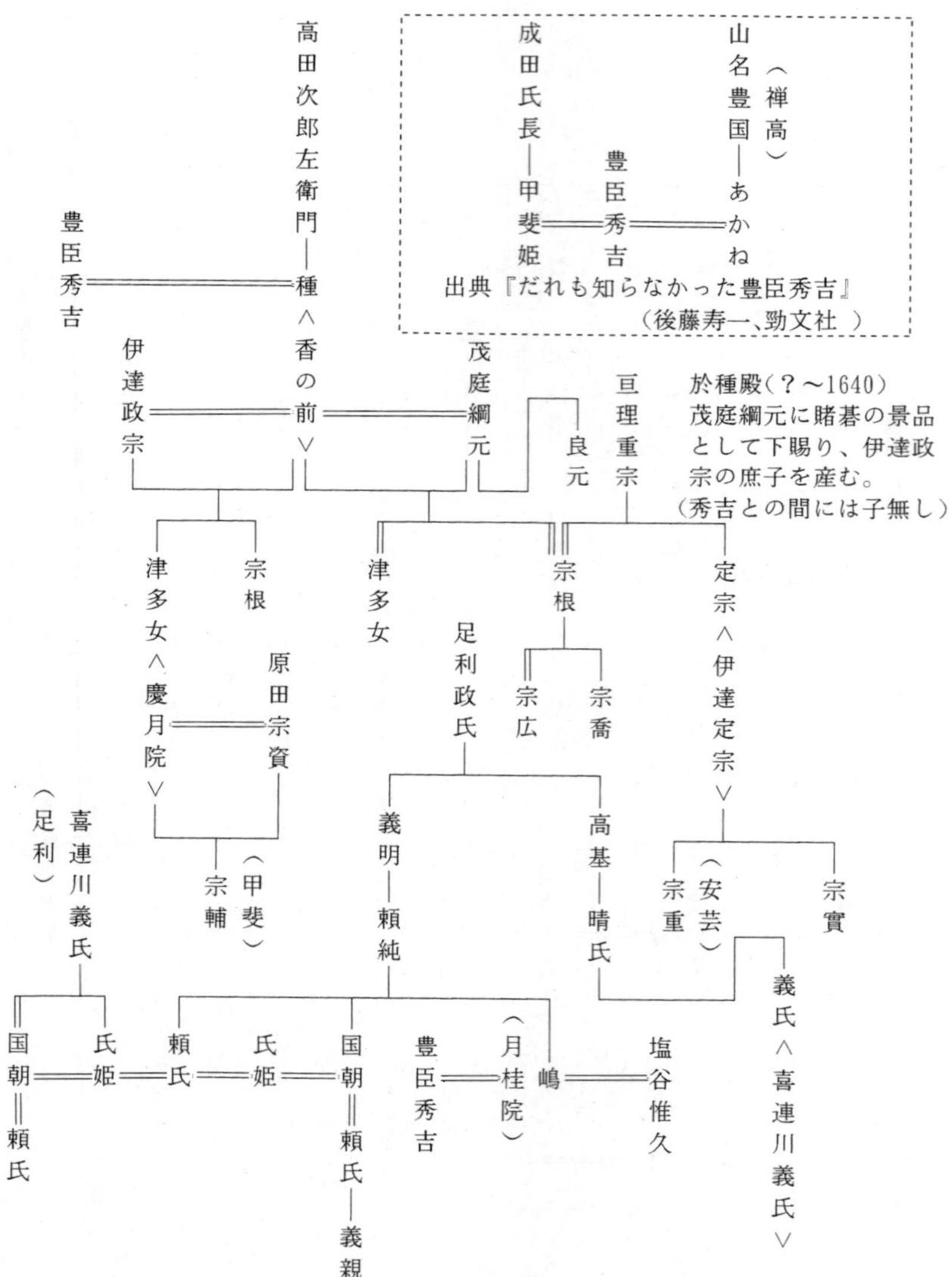

月桂院が 秀吉より与えられた領地により足利氏（喜連川家）は 存続した。
出典『豊臣一族のすべて』、『秀吉をめぐる88人』、『信長・秀吉・家康の一族総覧』

豊臣秀頼系図（天秀尼系図）

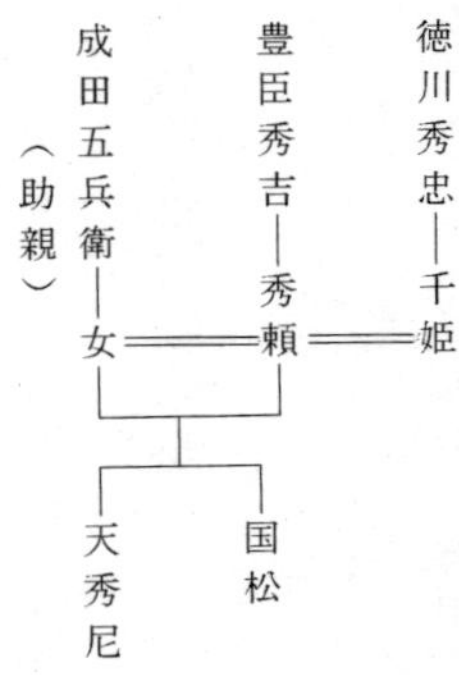

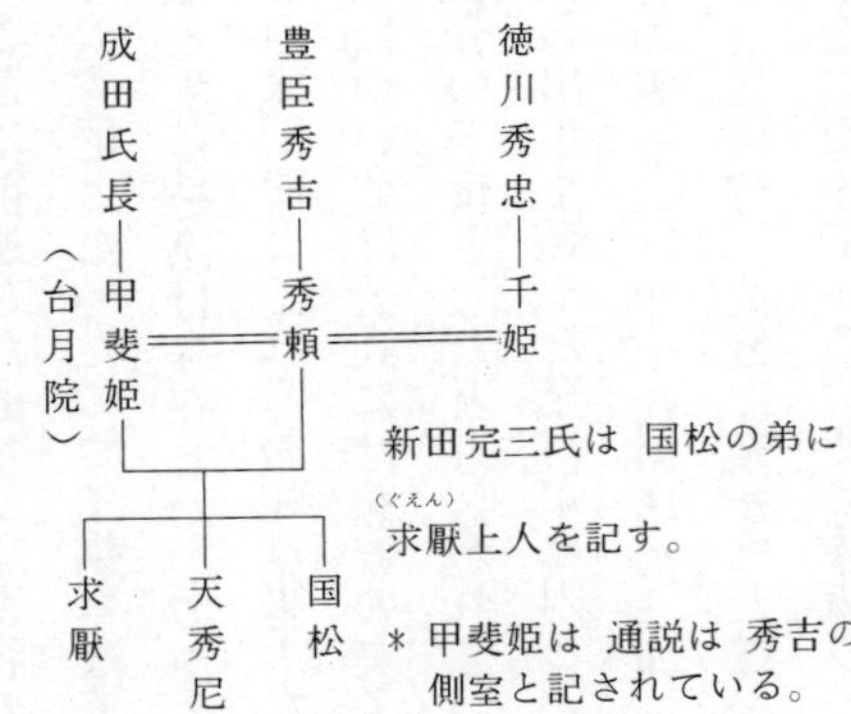

従来秀頼の岳父は
成田五兵衛とされた。

出典『現存する豊臣氏の血統（新田完三、臨時増刊歴史読本）』
＊『豊臣家崩壊（臨時増刊歴史読本）（新人物往来社）』

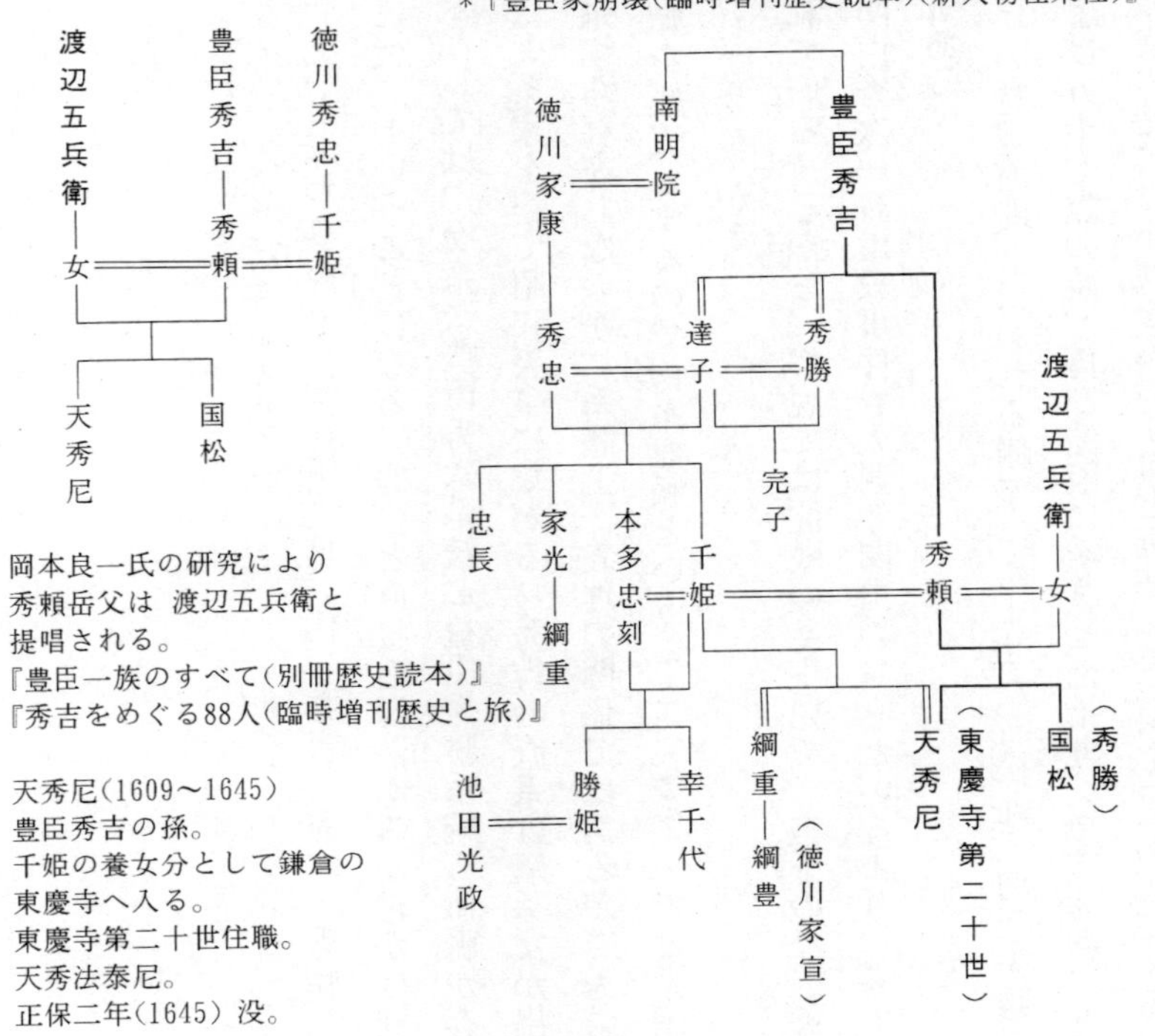

豊臣家存続の謎

豊臣家は俗に二代（秀吉・秀頼）で滅亡したと云われる（正確には三世二代、秀吉・秀次・秀頼）。国松および天秀尼まで含めても三代（四世三代）ということになる。秀吉と直接血縁があるか否かは別にして、「豊臣家」の系譜上に位置する血脈としては、女系（豊臣秀次系統と豊臣秀勝系統）血脈が存続したことは前述した通りで、秀勝の女系は九条家を経て昭和天皇に繋がる。秀吉の直系は嫡孫女が出家して天秀尼となったので子供はなく、女系すら存在しないが、系譜上（義理の関係ではあるが）秀吉を始祖とする系譜は存在したのである（秀頼を嫡流とするので傍系血脈ということになる）。では系譜上、豊臣家嫡流とされる秀頼は実子か義理子（養子）か？

秀頼については公式には秀吉の実子とされている。しかし、俗説では淀殿の私生児で、実子のない秀吉が自分の子供としたとも云われている。関白秀次一族虐殺事件も太閤と関白の対立というより、秀次が秀頼の出生を疑った発言が原因という説もある。

秀吉の実子は、四十代の始め（四十歳？）の時、南殿と云われる側室に産ませた石松丸（羽柴秀勝）と五十三歳の時、淀殿に産ませた鶴松、および五十七歳の時、再び淀殿に産ませた拾丸（豊臣秀頼）ということになっている。その秀吉は、五十八歳の時には小便を漏らすほど衰弱していたと云われている。

秀吉には多くの側室が存在したことは周知の事実である。しかし、豊臣秀吉になってからは淀殿以外の側室からは子供は生まれていない。しかし、側室の何人かは、その後嫁先で子供を産んでいるのである。側室序列二位の松の丸殿（京極龍子）は、側室になる前は、武田元明の妻で、娘（同名の龍子）と勝俊（木下長嘯子）を産んでいるが、側室になってからは、北政所の後援があったにも拘わらず、子供は産んでいない（豊臣家婦女子系図参照）。側室序列四位の加賀殿は、側室辞退後、万里小路充房に嫁し、庶子の前田利忠を産んでいる。賭碁の景品にされた於種殿（香の前）は、茂庭綱元に嫁し、伊達政宗の庶子亘理宗根と慶月院（伊達騒動の原田甲斐の母）を産んでいる。また、宇喜多直家の妻於福（備前殿）は、一時事実上の側室であったが、秀吉の子供は産んでいない。しかし、直家との間には秀吉の猶子となった宇喜多秀家を産んでいる。

　これらの状況証拠からみて、側室に子供が産まれなかったのは秀吉の側に欠陥があった可能性が高い。まして秀頼出生の翌年には、小便を漏らす程衰弱しているのである。これらのことが秀頼の出生を疑わせ、秀頼非実子説を浮上させることになるのである（江戸時代に捏造されたといわれるが、それなりの根拠があったということである）。

　しかし、秀頼の出生がどうあれ、秀吉が豊臣家の子供として認知しているので、通説では秀吉の実子とされているのである。当時の噂では、名古屋山三郎や淀殿の乳母の大蔵卿局の息子の大野治長らが秀頼の実父に擬せられた。

　しかし、秀吉にその噂が届いていたかどうかは不明だし、秀吉はわが子として五大老らに秀頼の後のことを託したのである。加藤清正などは己の死の直前まで、秀吉の遺児として守護したのである。

真相は淀殿だけが知っていたということであろうか？　もし秀頼が噂通り大野治長の子供であったなら、淀殿は豊臣家乗っ取りに成功し、父母（実父浅井長政、母お市の方、継父柴田勝家）の恨みを晴らしたことになると思うのだが……。しかし、豊臣家の家名にこだわっていたことを思えば、やはり秀吉の実子だったからであろうか？

その後の秀頼の生涯は、大坂城落城により終わったことになっている。筆者もそう信じていた。ところが昭和五十六年（一九八一）驚くべき本に出会った。前川和彦氏の『戦国の秘史　豊臣家存続の謎』（日本文芸社）である。

同書によれば、秀頼および国松は大坂城を脱出（残ったのは影武者）、薩摩に落ち、秀頼は薩摩の谷山に隠棲、一方、国松は薩摩から豊後日出藩木下家に匿われ、二代目藩主木下俊治（豊臣俊治）の弟となり、延由と名乗り、立石羽柴家を創設し、近代（大正年間）まで家系を伝えたと云う。この時、木下家では、秀頼を初代木下延俊（豊臣延俊）の弟木下出雲守（宗連）、国松を二代木下俊治の弟縫殿助延由として幕府に届けたと云われている。木下家では初代木下延俊臨終のおり、家臣長沢市之丞に日出藩三万石の内一万石を分封し延由に与え、立石で立藩し、羽柴家を再興させることを命じたといわれる。

しかし、長沢は幕府に秘密が漏れるのを恐れ、聞き間違えたふりをして五千石の分封にとどめた。三年ほど幕府とのやり取りがあり、正保三年（一六四六）五千石で立石羽柴家を立藩、二月二十六日、立石に入郷。これは奇しくも、豊臣家正統血統の天秀尼の没した翌年のことである。木下家ではその間の秘史を口伝にして嫡子（次代藩主）のみに相伝（一子相伝）した、と云う。

これは前川氏が旧豊後日出藩主木下家（豊臣家）十八世木下俊熈元子爵より取材のおり、明らかにされたことだと云う。詳細は同書を参照されたいが、衝撃的内容である。秀吉の直系が大坂を脱出し、九州で存続し、その秘史を第二豊臣家の木下家が一子相伝という形で伝えていたとは驚くべきことである。

もともと江戸時代に秀頼の薩摩落ちの伝説はあったが、それが木下家によって裏付けられたということである。しかし、物的証拠（書状、書き付けの類い）は幕府の隠密に探索されることを恐れ、残さず口伝という方法を取った。当然、学者はほとんど黙殺している。それ以前に木下氏本人が秀頼生存説を発表したが、無視されたと云うことである。

しかし、口伝というものはかなりの重みがあり、戦国時代、細川幽斎が古今伝授の伝承者ということで朝廷が必死で助けようとしたことでもわかる。そこらの成り上がりが家系譜を捏造し言い伝えたこととは全然次元が違うのである。江戸時代に豊臣宗家の血脈を匿うなどということが幕府に知れれば、謀叛の罪で家名断絶にも成りかねない、きわめて危険な事なのである。そんな危険を犯してまで相伝したということは、事実として信じたい気持ちにさせられる。

立石羽柴家（木下家）の系譜は、豊臣朝臣として寛政年間までは確認できるので（『寛政重修諸家譜』）、始祖伝説さえ立証できれば、伝説は史実となるのである。

その二年後、筆者は『臨時増刊 歴史と旅』で、もう一つの一子相伝を知ることとなる。それは元小学校教諭の木場（こば）貞幹（自称豊臣家正統十四世）氏が発表した「太閤の後裔は滅びず――その後の豊臣家」という小論である。

木場家の口伝によれば、秀頼・国松親子は大坂城を脱出し、薩摩に逃れて隠棲し、秀頼は谷村家の息女の「さと」を千姫に代わる正室として迎え、松千代（豊臣時忠・木場（こば）時忠）をもうけた。この薩摩落ちの時、馬場文次郎なる武士が脱出の手配を整えたと云う。薩摩に逃れた豊臣家は、秀吉の旧苗の木下と馬場文次郎の苗字より一文字づつ組み合わせ、仮の苗字として木場（こば）（本姓藤原氏）を創設したとのこと。

その後、日出藩木下家に探知され、国松は日出藩木下家に養子として引き取られた（もちろん、幕府への届けは木下家次男として実子として届出）。それまでの国松は、父とは別れて、伊集院で匿われていたという。薩摩に残った秀頼は、国松の異母弟松千代を豊臣家の嫡子としたと云う。そして家系に関することを口伝という形で時忠に伝えたという。

以後、歴代当主はその秘史を一子相伝で継承し、木場貞幹氏に至るという。木場貞幹氏は木場家としては十三代、秀吉を始祖とする豊臣宗家としては十四世を称する。

二つの一子相伝は、双方の家系については触れていないが秀頼・国松の生存を示唆するものである。木場（こば）家の一子相伝が『歴史と旅』で紹介された翌年の昭和五十九年、前川和彦氏は『豊臣家存続の謎』の続編『天草四郎・島原決起の謎』を日本文芸社より出版した。

同書では先の日出藩主木下家の一子相伝と木場家の一子相伝を紹介し、さらに「野史」（正体不明の文書・史料）やルポにより、薩摩に逃れた秀頼には数人の庶子があり、その一人が天草四郎時貞こと羽柴天四郎秀綱という驚くべき内容である。出典が「野史」という点で疑問は残るが、そういう物が存在したということは何らかの伝承があったということであろう。

また、島原の乱で原城に籠もった農民や浪人、婦女子は約三万七千人、対する幕府軍は十二万六千八百余人。農民一揆あるいはキリシタン一揆鎮圧としては異常なぐらいの動員人数である。前川氏はまるで大坂の陣の再現ではないかと述べている。知恵伊豆といわれた松平信綱が、首謀者のみならず婦女子まで皆殺しにしたということでも、この一揆が、ただの一揆ではないことを示唆している。

島原の乱については本書のテーマではないので深入りは避ける。

前川氏が『天草四郎・島原決起の謎』で紹介した秀頼の庶子については、私家版小冊子『豊臣氏家系譜考』で紹介したものを本書にも転載した（豊臣一族参考系図〈異説・虚説・異聞〉）ので、ここでは割愛する。前述系図を参照されたい。

立石木下家（羽柴家）と木場家については、もう少し検討していくことにする。どちらも事実であるなら、豊臣宗家は大坂の陣以後も存続し、現代に至るということなので、結果はどうあれ、検討する余地はあると思う。

史実であるなら、豊臣家は創設（一五八六）から四百年存続していることになり、大変興味をそそられる。ともかく豊臣家は、第二豊臣家が木下家として江戸時代存続し、明治になって華族制度が創設されると、豊後日出藩木下家も備中足守藩木下家も子爵に叙任されたことは歴史が示す事実である。

後は豊臣宗家が存続したか否かである。江戸時代なら大問題であろうが、今は平成の世の中である。豊臣家が存続していようが消滅していようが何の問題もない。

ましてや、立石羽柴家は、第二豊臣家日出藩木下家の分家なのである。江戸時代の初期には大名家の系譜は都合の良いように改竄されているわけで、木下家も真実を隠蔽するために改竄した可能性は大いにあり得る。

豊臣家存続の謎（二つの一子相伝）

	通史	木下家一子相伝	木場家一子相伝
氏名	豊臣秀頼	木下宗連（出雲守）	木下宗連（豊臣秀頼）
生没年	1593～1615	＊＊＊＊～1637	＊＊＊＊～1637
死亡場所	大坂城（自刃）	薩摩 谷山郷	薩摩 谷山郷
死亡年齢	23歳	45歳（1593生？）	45歳
木下宗連	木下出雲守（外記） 木下家定六男	木下出雲守（外記） 豊臣秀頼・木下是人	木下是人・豊臣秀頼 仮家名 木場氏
氏名	豊臣国松	木下縫殿助豊臣延由 （羽柴延由・豊臣国松）	（豊臣国松） 日出木下家に移る。
生没年	1608～1615	1614.11.9～1658.7.6	
死亡年齢	8歳	45歳	
死亡場所	京都六条河原	江戸藩邸	
戒名	漏世院雲山智西大童	江岸寺殿前掖庭月渕良照大居士	
歴代	豊臣秀吉（初代）	（豊臣秀吉）	豊臣秀吉（初代）
	豊臣秀頼（二代）	（豊臣秀頼）	豊臣秀頼（二代）
	豊臣国松（三代） （豊臣秀勝） ＊ 処刑・断絶	（豊臣国松）（羽柴延由） 木下延由（豊臣延由） 立石藩羽柴家初代	豊臣時忠（三代） 木場時忠（国松異母弟） 薩摩豊臣家・木場家
		木下延知（豊臣延知） 立石藩羽柴家二代	木場貞時（四代） 薩摩藩客分
		木下重俊（豊臣重俊） 立石藩羽柴家三代	木場貞幹（五代） 薩摩藩客分
		木下榮俊（豊臣榮俊） 立石藩羽柴家四代	木場貞道（六代） 薩摩藩客分
		木下俊徳（豊臣俊徳） 立石藩羽柴家五代	木場貞休（七代） 薩摩藩客分
		木下俊昌（豊臣俊昌） 立石藩羽柴家六代	木場貞紀（八代） 薩摩藩客分
		木下俊直（豊臣俊直） 立石藩羽柴家七代	木場貞顕（九代） 薩摩藩客分
		木下俊隆（豊臣俊隆） 立石藩羽柴家八代	木場貞幹（十代） 薩摩藩客分
		木下俊芳（豊臣俊芳） 立石藩羽柴家九代	木場貞長（十一代） 明治十年西郷軍に属。
		木下俊國（豊臣俊國） 立石藩羽柴家十代	木場佐吉（十二代）
		木下俊清（豊臣俊清） 立石羽柴家十一代	木場光明（十三代）
		羽柴俊朗（豊臣喜久丸） 立石羽柴家十二代	木場貞幹（十四代） 自称豊臣家正統十四世
		羽柴千香（無嗣断絶） （立石羽柴家）	『歴史と旅』に『太閤の後裔は滅びず』を発表。

『豊臣家存続の謎（前川和彦）』、『太閤の後裔は滅びず…その後の豊臣家（木場貞幹）』

豊臣家存続の謎（謎の人物 木下宗連）

木下宗連(A)	木下宗連(B)	木下宗連(C)
木下出雲守（外記） 木下家系図（木下俊凞 語） 豊臣秀頼同一人物 (1593～1637)(45歳) 大坂城落城直前脱出して 薩摩に入り 谷山に隠棲。 寛永14年(1637) 薩摩藩領 谷山郷で自刃。 寛永14年 島原の乱。 嫡子国松は 日出藩に引き 取られ 木下縫殿助延由(羽柴延由・豊臣延由)と名 乗る(立石羽柴家初代)。 (『豊臣家存続の謎』)	木下出雲守（外記） 木下是人 豊臣秀頼同一人物 (1593～1637) 馬場文次郎らの協力で 大坂城を脱出、薩摩に 入る。谷村さとを妻に 迎え木場時忠を儲ける。 寛永14年 谷山で自刃。 国松に代わり、時忠を 豊臣家の後嗣とする。 時忠 木場を家名として 豊臣姓を内伝。 (『太閤の後裔は滅びず』)	木下宗連（宇佐の宗連） 木下家定四男（六男の誤り） 号 了玄院詠誉宗連大居士。 寛永6年 3月15日 木下長嘯 子に 和歌を送る。 寛永7年 中津来訪。 寛永14年 出雲大社奉納の 和歌を作る。 寛永21年（正保元年と同年） 宇佐清水寺に 和歌三十一 首を奉じる。 寛文5年 6月10日没 83歳。 (1583～1665) (『天草四郎・島原決起の謎』)

前川氏は 歌人 木下宗連は 木下長嘯子の一人二役 若しくは 長嘯子の信頼出来る弟子が 替え玉を演じたと推理、本物の宗連(豊臣秀頼)は 死を装って 谷山より出て 島原の乱に密かに参加し 死亡(『天草四郎・島原決起の謎』P. 84) 或いは 脱出して 影武者の宗連と入れ替わったと推定(谷山を脱出した宗連は島原の乱には 参加せず 京や宇佐を訪れ、後に宇佐に定住⇨『天草四郎・島原決起の謎』P. 133)。寛永14年の 自刃は 薩摩に逃れた豊臣秀頼・木下宗連の存在を抹殺する為の 偽装工作であり、以後の宗連は 立石の羽柴延由(豊臣国松)を 宇佐から 密かに見守ったと云う事であろうか？『天草四郎・島原決起の謎(前川和彦、日本文芸社)』

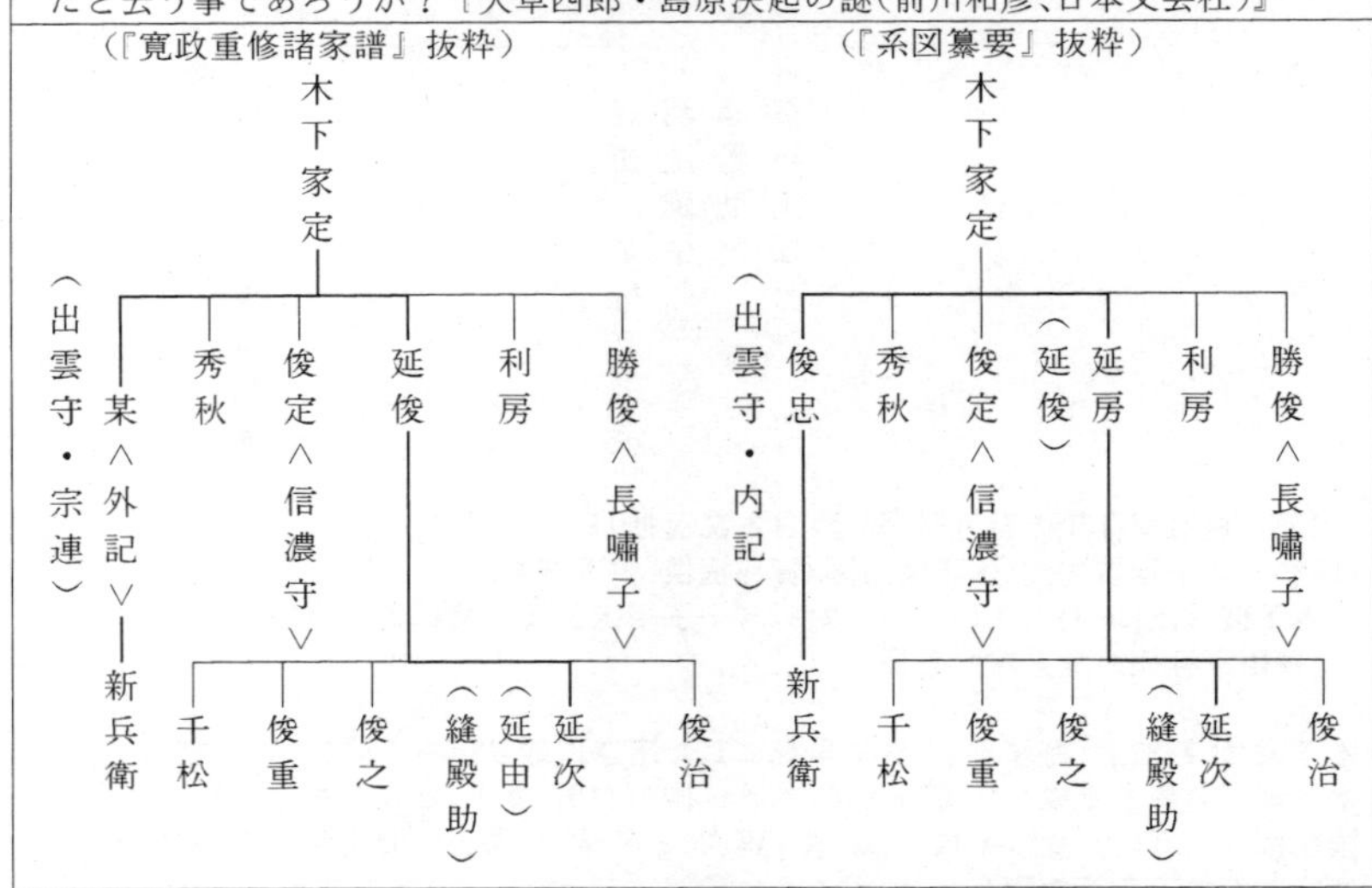

出典『続・豊臣家存続の謎 天草四郎・島原決起の謎』、『寛政重修諸家譜』、『系図纂要』

豊臣家存続の謎

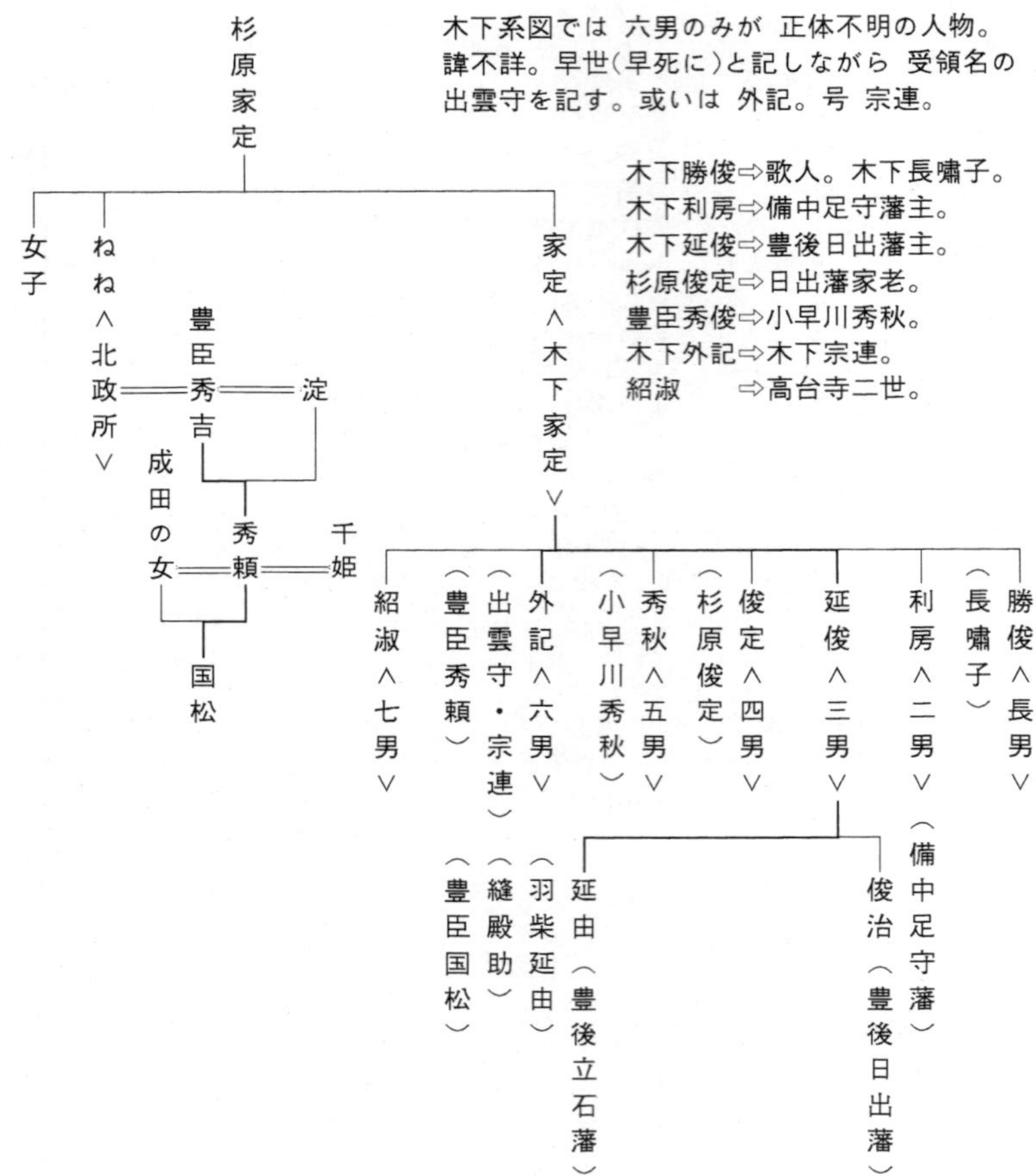

出典『豊臣家存続の謎(前川和彦、日本文芸社)』
(原典『木下延俊作成 木下家系図<資料提供 木下俊凞>』)
＊ 木下俊凞氏は 前川氏の取材に対し『一子相伝』及び関係資料を提示した。
(『豊臣家存続の謎』本文参照)

木下家は 系譜上 秀頼を 六男で早死にした宗連に取り込み、国松は 日出藩初代の木下延俊の養子と成し、幕府へは 木下延俊の次男(実子)として届け出た。
国松は 羽柴延由(寛政系譜では 木下延次)と名乗り 秀吉の旧家名 羽柴家を再興し、豊後立石で五千石を領した。

豊臣家存続の謎（歌人・木下宗連の系譜）

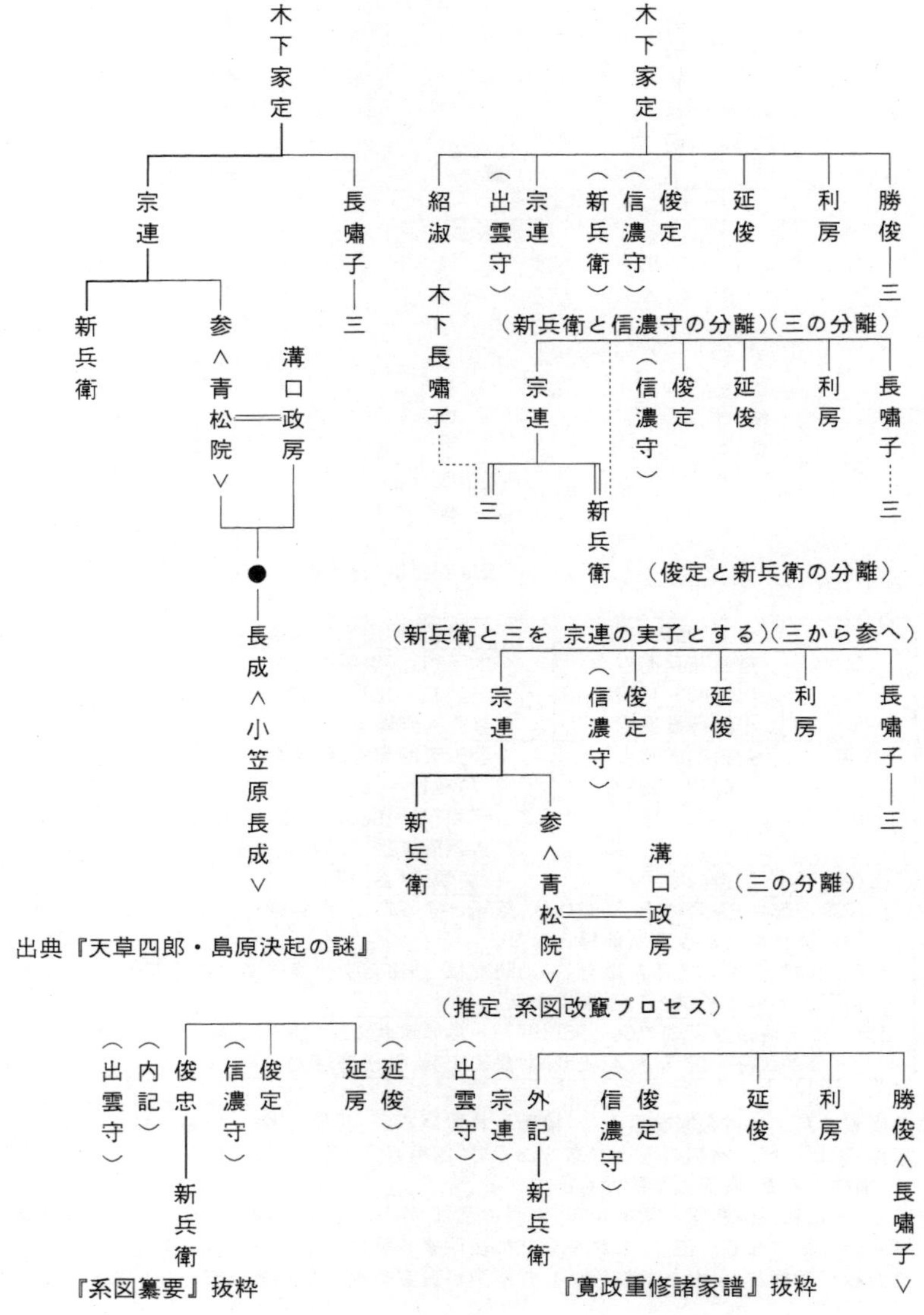
木下家定
宗連
長嘯子
新兵衛
参＜青松院＞
溝口政房
三
長成＜小笠原長成＞
出典『天草四郎・島原決起の謎』
紹淑
（出雲守）
（新兵衛）
（信濃守）
俊定
延俊
利房
勝俊
木下長嘯子
（新兵衛と信濃守の分離）（三の分離）
（俊定と新兵衛の分離）
（新兵衛と三を 宗連の実子とする）（三から参へ）
（三の分離）
（推定 系図改竄プロセス）
（出雲守）
（内記）
俊忠
延房
（延俊）
（宗連）
外記
勝俊＜長嘯子＞
『系図纂要』抜粋
『寛政重修諸家譜』抜粋

豊臣家存続の謎（天草四郎は豊臣家落胤か？）

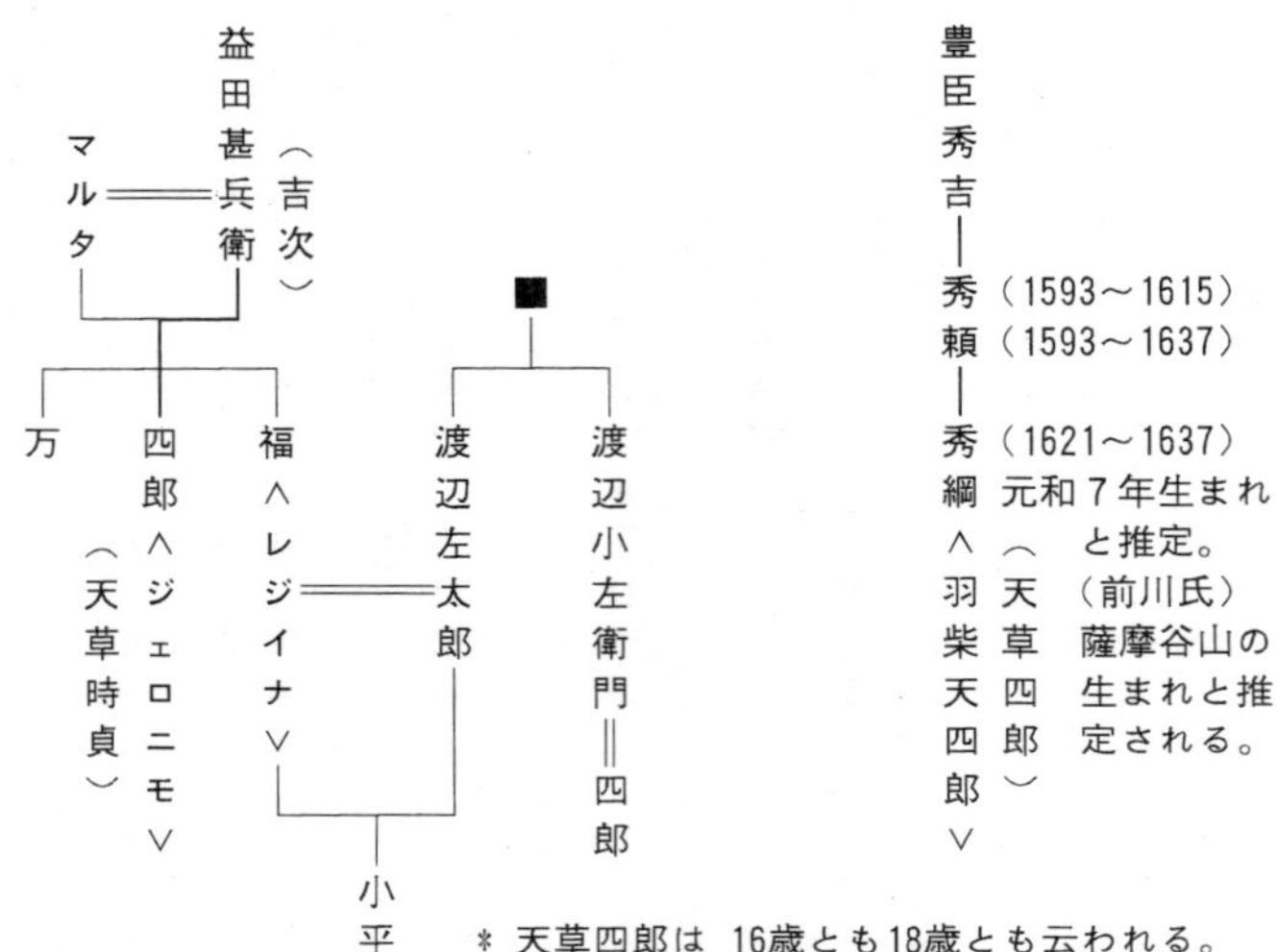

	通史	野史（前川氏による）
父	益田甚兵衛吉次 （1578?～1637?） 小西行長遺臣	木下宗連（豊臣秀頼） （1593～1615）（1593～1637） 豊臣秀吉嫡子
本名	益田四郎時貞 （1622?～1637?）	羽柴天四郎秀綱（秀頼四男） （1621?～1637?） 元和7年（1621） 一説 元和9年（1623）生まれ。 ＊ 秀頼落胤説『耶蘇天誅記』などによる。
出生地	肥後国宇戸郡	薩摩国 谷山郷
＊ 天草四郎を 秀頼の庶子 或いは 落胤とする為には 秀頼が大坂では死なず、九州に逃れたという事が前提となる。 ＊ 系図の整合性を考えた場合 益田時貞は 益田吉次の実子ではなく養子若しくは系図上の仮の子供という事になる。		
出典『続・豊臣家存続の謎　天草四郎・島原決起の謎（前川和彦、日本文芸社）』 『日本武将列伝 5 東西決戦編（桑田忠親、秋田書店）』		

豊臣家の系図は『系図纂要』に 掲載されているが 羽柴秀綱は 記載されていない。仮に 天草四郎が秀頼の落胤であるとして 四男とは 断定出来ない。木場家一子相伝を 加味すると 五男の可能性も出てくる。
若し 天草四郎が秀頼の落胤なら 島原の乱は キリシタン一揆ではなく、豊臣家再興戦という事になる。但し これを公式に証明する事は出来ない。唯、知恵伊豆といわれた松平信綱が 子女まで皆殺にした事実が真実を教えているのではないのか？

豊臣家存続の謎（野史にみる秀頼系図）

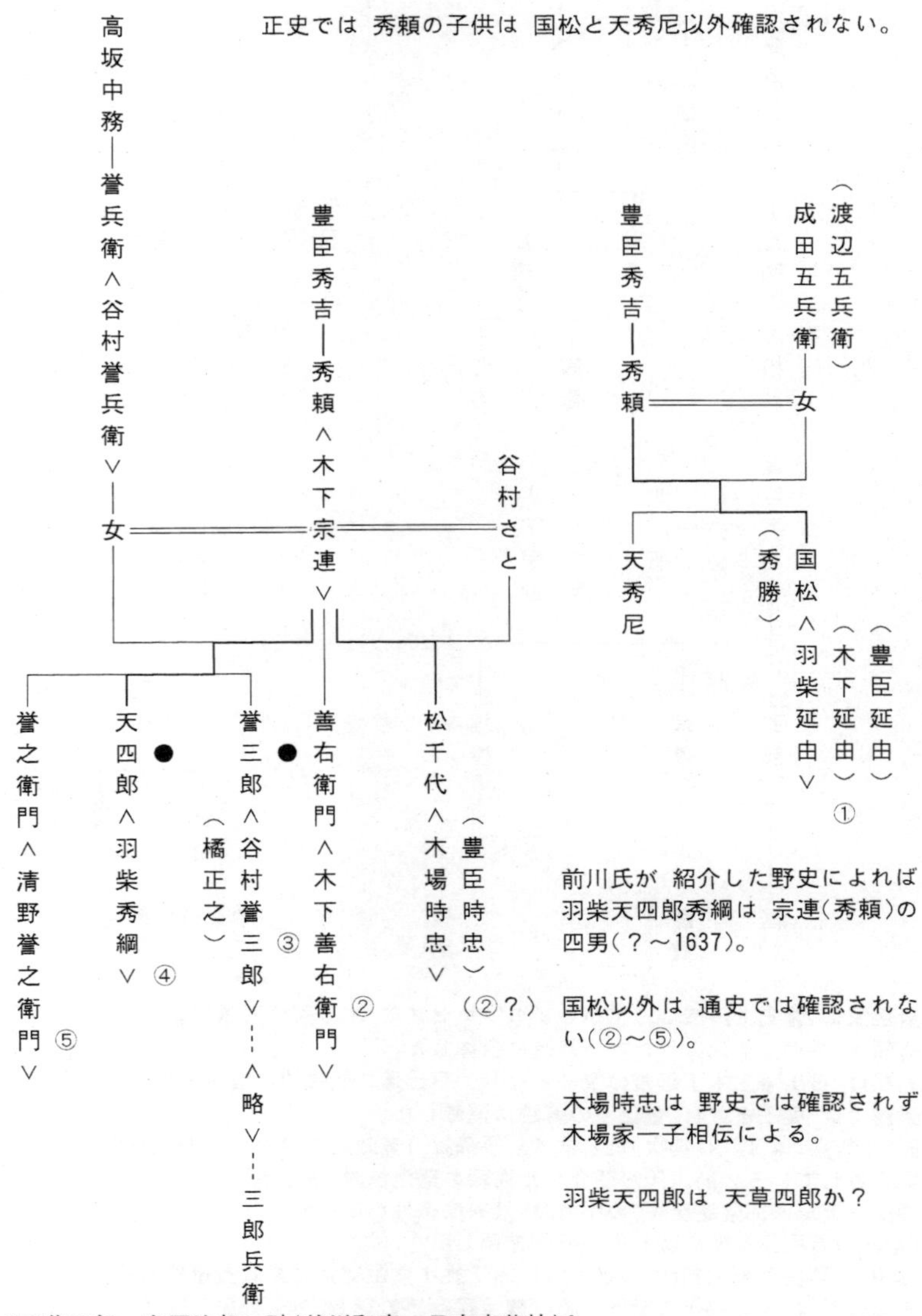

『天草四郎・島原決起の謎（前川和彦、日本文芸社）』

豊臣家存続の謎（木下系図改竄のプロセス）

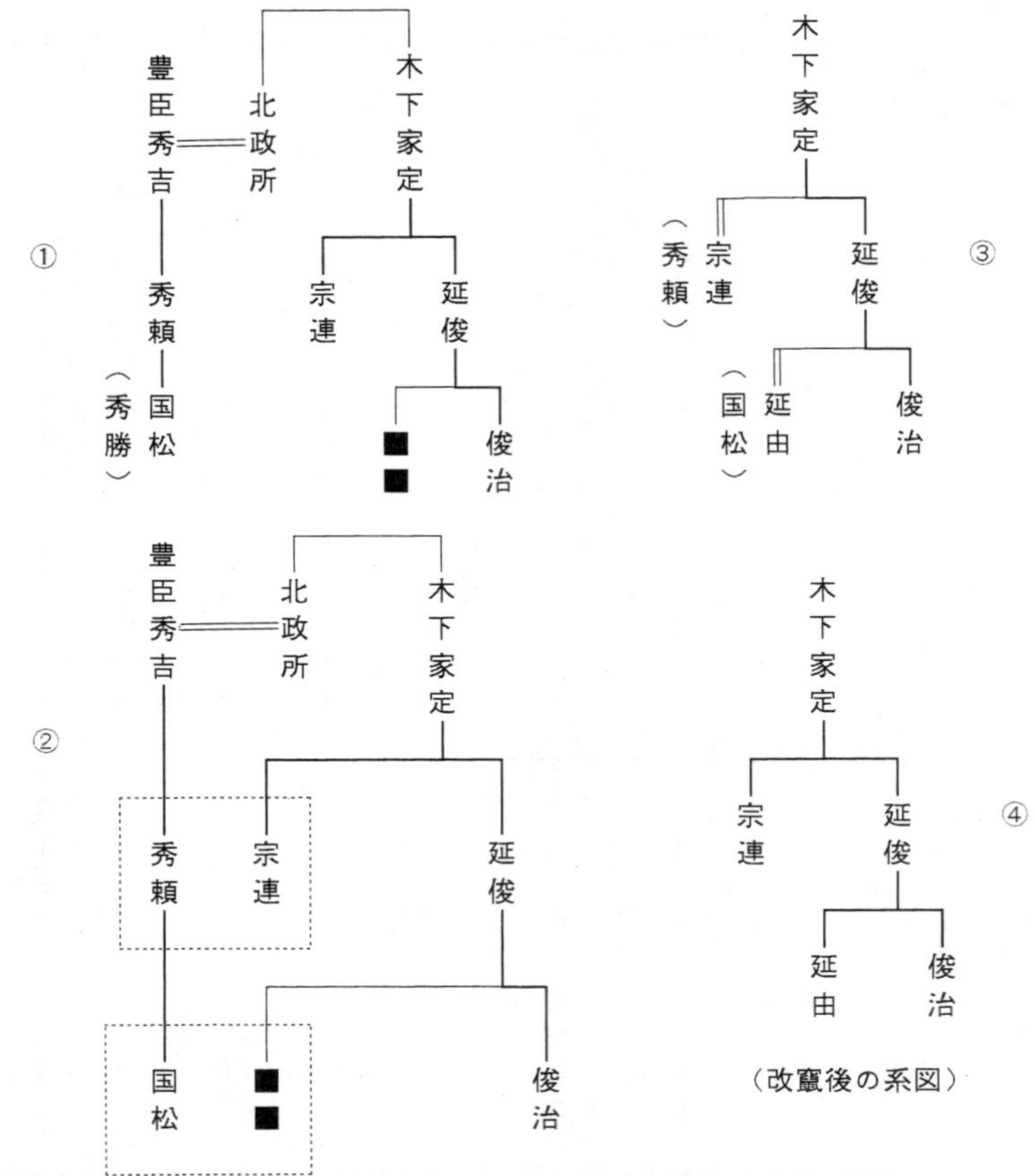

豊臣家は 歴史上消滅し、①から④のプロセスで 木下家の系譜に融合した。
秀頼は 系譜上早死にした木下宗連に合体した。
国松は 日出藩主木下延俊の養子となり、日出藩二代俊治の義弟となった。
系譜上は 実子とされ 豊臣家の痕跡は消滅した。
国松（秀勝）は 延由（延次）と名乗る。子孫は『寛政重修諸譜』、『系図纂要』などで紹介されている。前川氏が紹介した秀頼の落胤伝説（木下家一子相伝、木場家一子相伝、天草四郎落胤伝説）の中では 最も信憑性が高い。
（前記『豊臣家存続の謎』木下系図参照）
延由は 再興羽柴家初代。系譜上は 木下姓・豊臣朝臣（『寛政重修諸家譜』）。
その家系は 大正時代に断絶する（『豊臣家存続の謎』）。

豊臣家存続の謎（木場家一子相伝を検討する）

木場家については 比較考証するべき系図資料が筆者の手元にないので 先祖の部分に関しては 木場家の伝承と『鹿児島県姓氏家系大辞典』の 木場家の項目を比較する。近代の部分に関しては 姻族系図によりその信憑性を検討する。

<table>
<tr><th>鹿児島県姓氏家系大辞典</th><th>木場家一子相伝</th></tr>
<tr><td>原田一族木場氏(称蒲生氏庶流)
大隅郡佐多村木場山麓出身。
木場貞重を始祖とし 貞久、貞頼、貞綱、貞則以下 連綿と続き 子孫 川内市内に在住。その一系が 元小学校長木場柳一氏。</td><td rowspan="5">日向伊東氏一族の少年が 島津氏との戦いに敗れた後 拉致され人質同然となっていたが 後に客分待遇となった。この時 藩主から木場姓を与えられた(実は薩摩に逃れた豊臣秀頼が 谷村さとを第二の正室として迎え松千代を儲け 国松に代わる嫡子とした。藩主 島津家久と相談した秀頼は 仮の家名を豊臣家の旧家名 木下と 薩摩入国の 陰の功労者 馬場文次郎より一文字づつ取り木場とした)。木場時忠は賜姓関白豊臣家三代を継承し、貞時、貞幹、貞道、貞休、貞紀、貞顕、貞幹、貞長、佐吉、光明を経て 木場貞幹氏(自称豊臣家正統十四世)に至る。</td></tr>
<tr><td>桓武平氏渋谷氏流入来院氏庶流。
入来院静重の子 木場重安を祖とする。
木場重安、重是、重定以下 東郷に住む。</td></tr>
<tr><td>大隅郡佐多村 高木城主 木場氏。
(詳細不詳)</td></tr>
<tr><td>鹿児島衆 木場氏
木場猪右衛門
木場源左衛門
木場清左衛門</td></tr>
<tr><td>出水郡野田郷地頭 木場氏
木場次郎兵衛</td></tr>
<tr><td colspan="2">『鹿児島県姓氏家系大辞典(角川書店)』には 島津家客分の木場家は 紹介されていない。鹿児島には 木場姓の家系が幾つか存在しているが 自称豊臣家の 木場氏もその中の一流で 秀頼の薩摩落ち伝説を取り込んだものなのであろうか？</td></tr>
</table>

先祖系譜においては 木場家伝承を証明する事は出来なかったが 近代の姻族系図はどうであろうか？

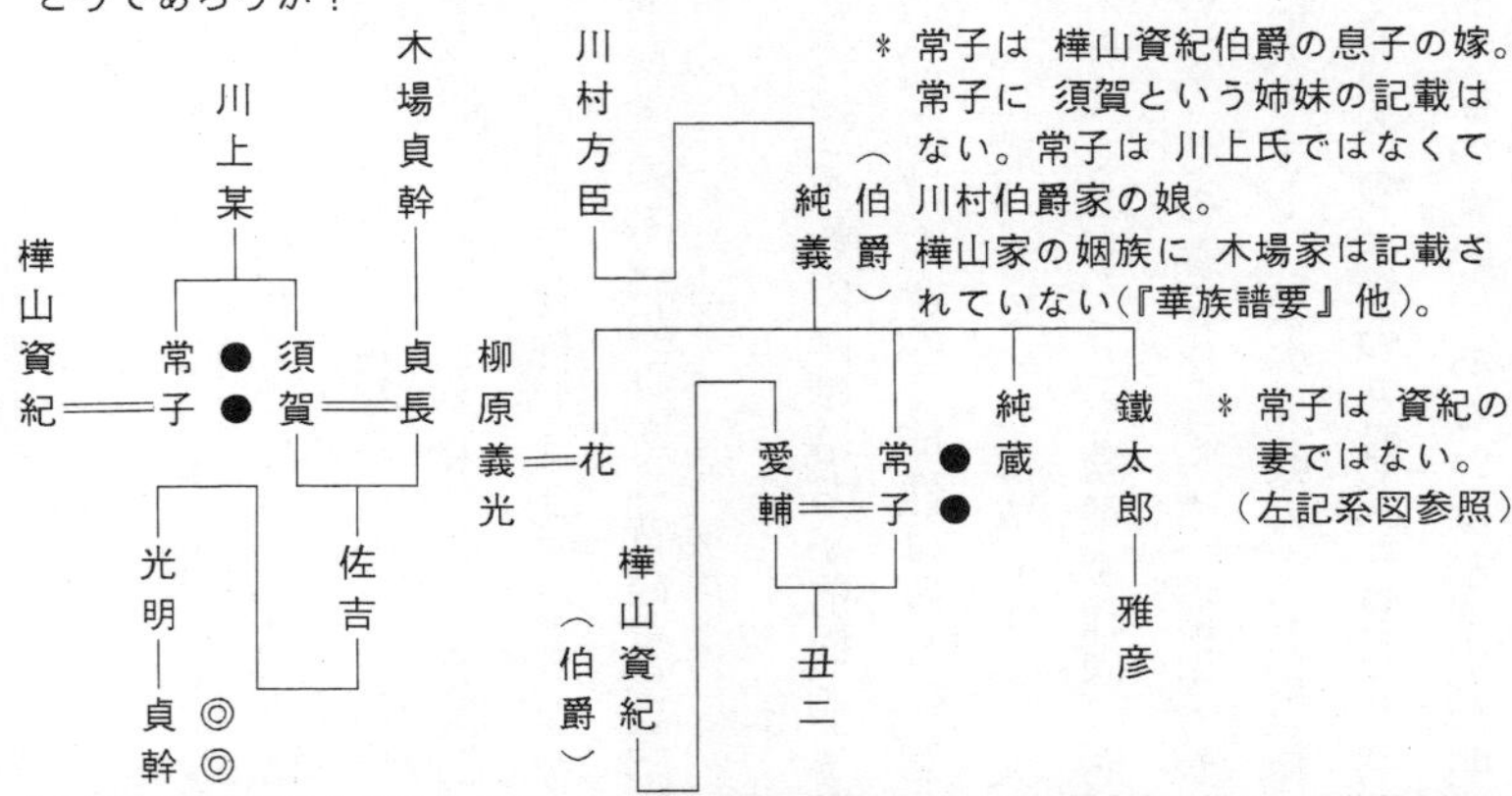

（木場家伝『歴史と旅』P.96）『平成新修旧華族家系大成(霞会館.編)』、『華族譜要』

系図の改竄は、先祖を飾るために行われることが多い。しかし、先祖の正体を隠すために行われることもある。

大坂城で滅亡したことになっている豊臣家が存続するためには、豊臣家であることを隠すしかない。幸い豊臣家には、第二豊臣家というべき木下家が存在した。豊臣宗家が木下家になっても、豊臣朝臣（豊臣氏）であることにはかわりがないので、それが唯一の選択ということになろうか？　前川氏は『豊臣家存続の謎』と『続・豊臣家存続の謎 天草四郎・島原決起の謎』によって、木下家一子相伝や木場家一子相伝および野史によって、秀頼の庶子を紹介しているが、通常の資料では証明できなかった（少なくとも筆者手持ちの資料では証明できない）。僅かに立石羽柴家の系譜のみが『寛政重修諸家譜』『系図纂要』などによって確認されるのみである。

天草四郎を秀頼の落胤とする説（「野史」）や、木場（こば）家の一子相伝は、秀頼の薩摩落ちが前提となる。大坂城落城の時、秀頼が確実に死亡したという証拠はないので、いくばくかの可能性は残している。木下家の一子相伝は、秀頼が死亡していた場合でも、国松が逃亡に成功していれば成立する。大坂城落城の時、何人かの著名な浪人が脱出に成功し、その後、捕らえられていることを勘案すれば、あり得る話である。まして国松は、大坂方の人間でも一部の人間を除いて、その存在を知らず、徳川方が京で捕縛した国松が本物という証拠はどこにもない。国松は大坂城に入るまで、松の丸殿の実家の京極家で養育されたと云われる。また、処刑された「国松」の遺骸を引き取ったのは松の丸殿と云われる。

となると、国松の救助には、淀殿とは仲の良くなかった北政所や松の丸殿、あるいは木下家が関わっていた可能性もある。京で処刑された国松は影武者で、京極家縁者の可能性もある。京極家には淀殿の妹も嫁しているのでその可能性は考えられないことではない。

また、秀頼が薩摩に逃れ木下宗連となり、木下長嘯子と音信のあった木下宗連となっていたら、なおその可能性は高くなる。

木下長嘯子は、一説に武田元明の落胤（松の丸殿実子）と云われている。となれば、北政所、松の丸殿、木下家、京極家、木下長嘯子らが、蔭で豊臣家本宗家存続のために協力したことも考えられるわけで、豊臣家生存伝承の中では、木下家一子相伝が最も信憑性が高いということになる。

豊臣家が第二豊臣家たる木下家の系譜に融合してしまえば、徳川家にとっては「豊臣家」の歴史上からの消滅を意味し、何の脅威もなくなる。木下家は豊臣朝臣（豊臣氏）として存在しており、そのことは幕府も承認している。「豊臣家」の存在は認めない幕府も、豊臣氏の存在は否定しておらず、豊臣家の末裔が木下家の一族である限りは、徳川家にとっても何の脅威にもならなかったのである。

豊臣家が木下家へ系図融合（改竄）したことは、歴史上からの完全消滅を意味し、同時に第二豊臣家としての存続を可能にした。木下家の一子相伝は、そのことを示唆するものである。隠されたものであるがゆえに、決定的に証明することはできないが、他の存続伝承に比べれば、何度も強調するが、最も可能性が高いと思う。

日出の木下家が国松の薩摩落ちを掴んでいたのなら、幕府の諜報機関もそのことを知っていたと思われる。しかし、氏としての豊臣は保持しても、家名としての豊臣を放棄したことで黙認したのではないだろうか？

近世木下家（杉原流豊臣家）略系図

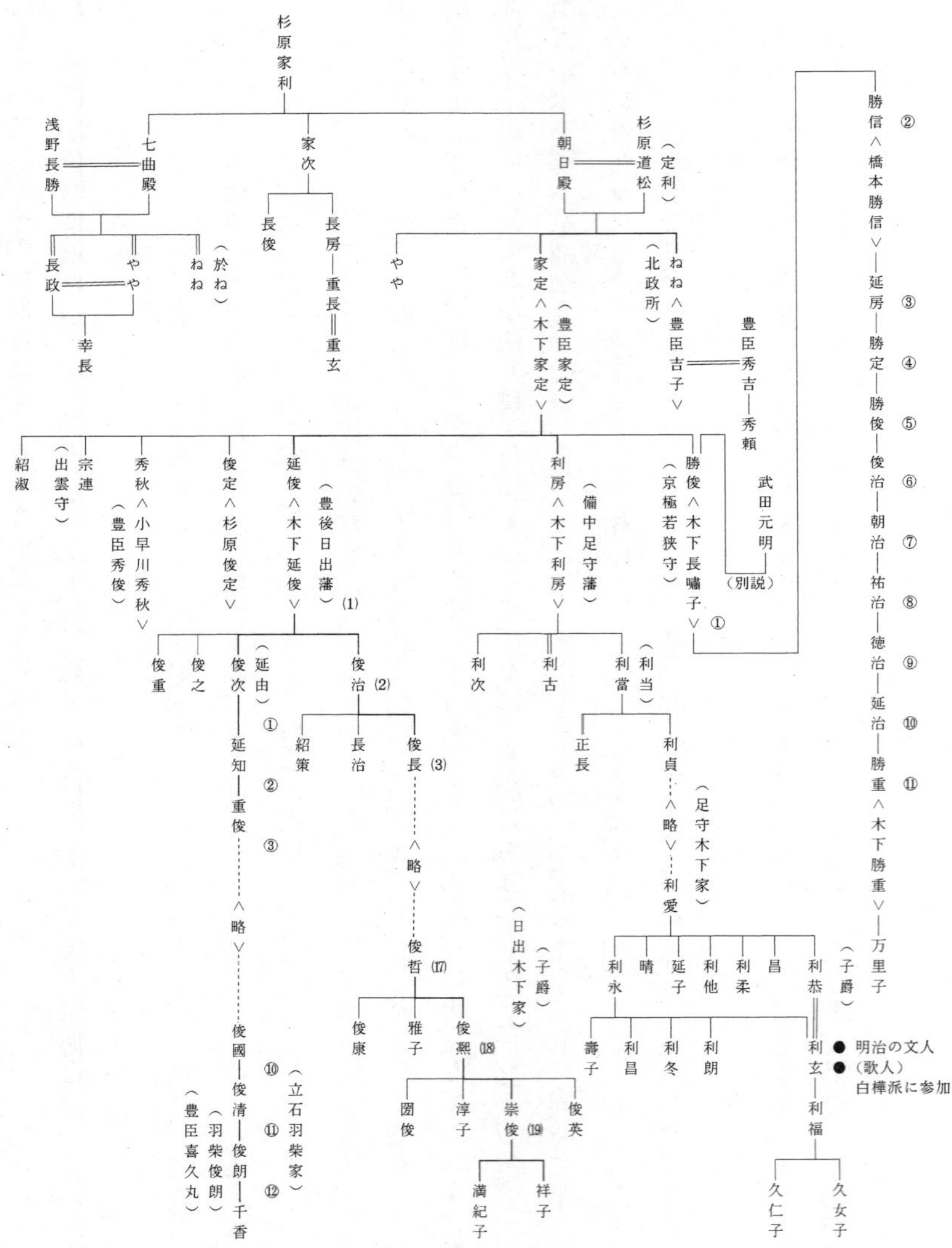

出典『平成新修旧華族家系大成（霞会館. 編、吉川弘文館）』、『華族譜要（大原新生社）』、『豊臣一族のすべて』、他

木下長嘯子系図（1）

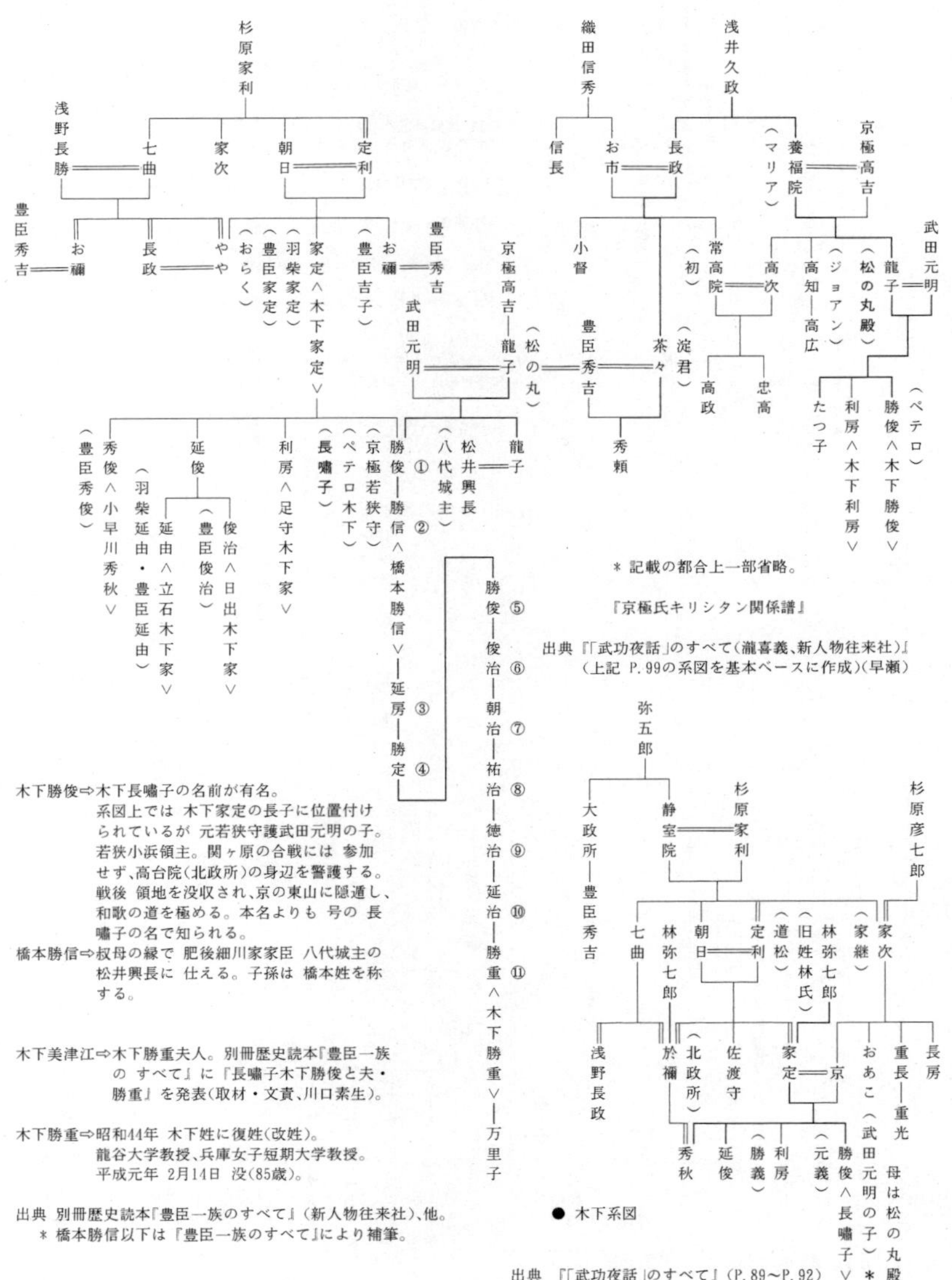

木下勝俊⇨木下長嘯子の名前が有名。
系図上では 木下家定の長子に位置付けられているが 元若狭守護武田元明の子。若狭小浜領主。関ヶ原の合戦には 参加せず、高台院（北政所）の身辺を警護する。戦後 領地を没収され、京の東山に隠遁し、和歌の道を極める。本名よりも 号の 長嘯子の名で知られる。

橋本勝信⇨叔母の縁で 肥後細川家家臣 八代城主の松井興長に 仕える。子孫は 橋本姓を称する。

木下美津江⇨木下勝重夫人。別冊歴史読本『豊臣一族の すべて』に『長嘯子木下勝俊と夫・勝重』を発表（取材・文責、川口素生）。

木下勝重⇨昭和44年 木下姓に復姓（改姓）。
龍谷大学教授、兵庫女子短期大学教授。
平成元年 2月14日 没（85歳）。

出典 別冊歴史読本『豊臣一族のすべて』（新人物往来社）、他。
＊ 橋本勝信以下は『豊臣一族のすべて』により補筆。

木下長嘯子系図 (2)

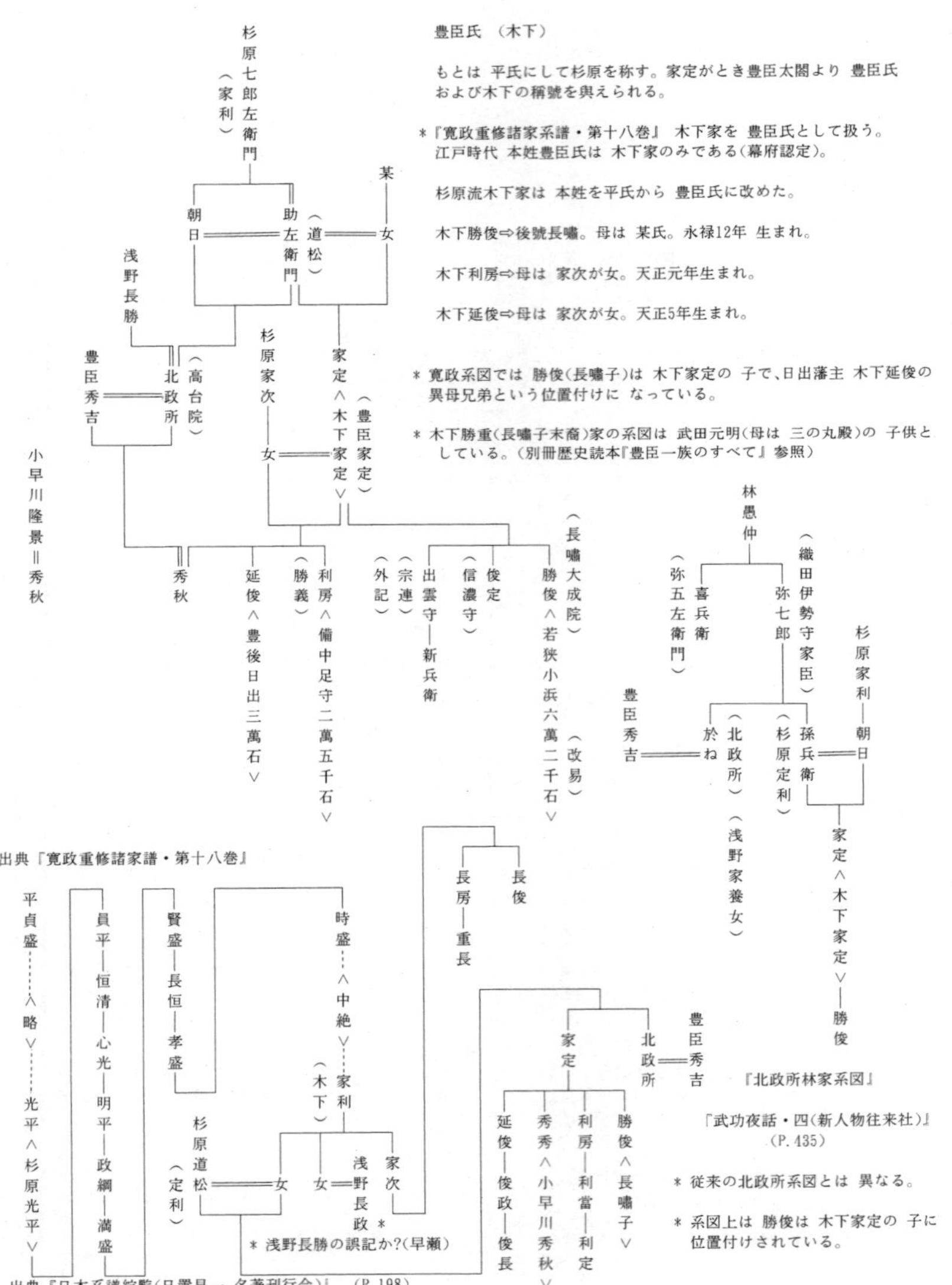

豊臣氏 （木下）
もとは 平氏にして杉原を称す。家定がとき豊臣太閤より 豊臣氏および木下の稱號を與えられる。
＊『寛政重修諸家系譜・第十八巻』 木下家を 豊臣氏として扱う。江戸時代 本姓豊臣氏は 木下家のみである(幕府認定)。
杉原流木下家は 本姓を平氏から 豊臣氏に改めた。
木下勝俊⇨後號長嘯。母は 某氏。永禄12年 生まれ。
木下利房⇨母は 家次が女。天正元年生まれ。
木下延俊⇨母は 家次が女。天正5年生まれ。
＊ 寛政系図では 勝俊(長嘯子)は 木下家定の 子で、日出藩主 木下延俊の異母兄弟という位置付けに なっている。
＊ 木下勝重(長嘯子末裔)家の系図は 武田元明(母は 三の丸殿)の 子供としている。(別冊歴史読本『豊臣一族のすべて』参照)
杉原七郎左衛門（家利）
朝日
助左衛門（道松）
某
女
浅野長勝
豊臣秀吉
北政所（高台院）
杉原家次
家定＜木下家定＞（豊臣家定）
小早川隆景＝秀秋
秀秋
延俊＜豊後日出三萬石＞
利房（勝義）＜備中足守二萬五千石＞
出雲守（外記）（宗連）—新兵衛
俊定（信濃守）
勝俊（長嘯大成院）＜若狭小浜六萬二千石＞（改易）
出典『寛政重修諸家譜・第十八巻』
林愚仲
喜兵衛（弥五左衛門）
弥七郎（織田伊勢守家臣）
於ね（北政所）（浅野家養女）
孫兵衛（杉原定利）
杉原家利—朝日
家定＜木下家定＞—勝俊
『北政所林家系図』
長房—重長
長俊
平貞盛……＜略＞……光平＜杉原光平＞
員平—恒清—心光—明平—政綱—満盛
賢盛—長恒—孝盛
時盛……＜中絶＞……家利（木下）
杉原道松（定利）＝女
女＝浅野長政＊
家次
＊ 浅野長勝の誤記か?(早瀬)
家定
北政所＝豊臣秀吉
勝俊＜長嘯子＞
利房—利當—利定
秀秀＜小早川秀秋＞
延俊—俊政—俊長
出典『日本系譜綜覧(日置昌一、名著刊行会)』 (P. 198)
「武功夜話・四(新人物往来社)」 (P. 435)
＊ 従来の北政所系図とは 異なる。
＊ 系図上は 勝俊は 木下家定の 子に位置付けされている。

豊臣一族のふるさと

豊国神社（名古屋市中村区）

境内にある
「豊公誕生之地」の碑

木下長嘯子邸址（中村公園）

豊太閤像
名古屋市中村区の常泉寺にある

浅野氏一族系図 (1)

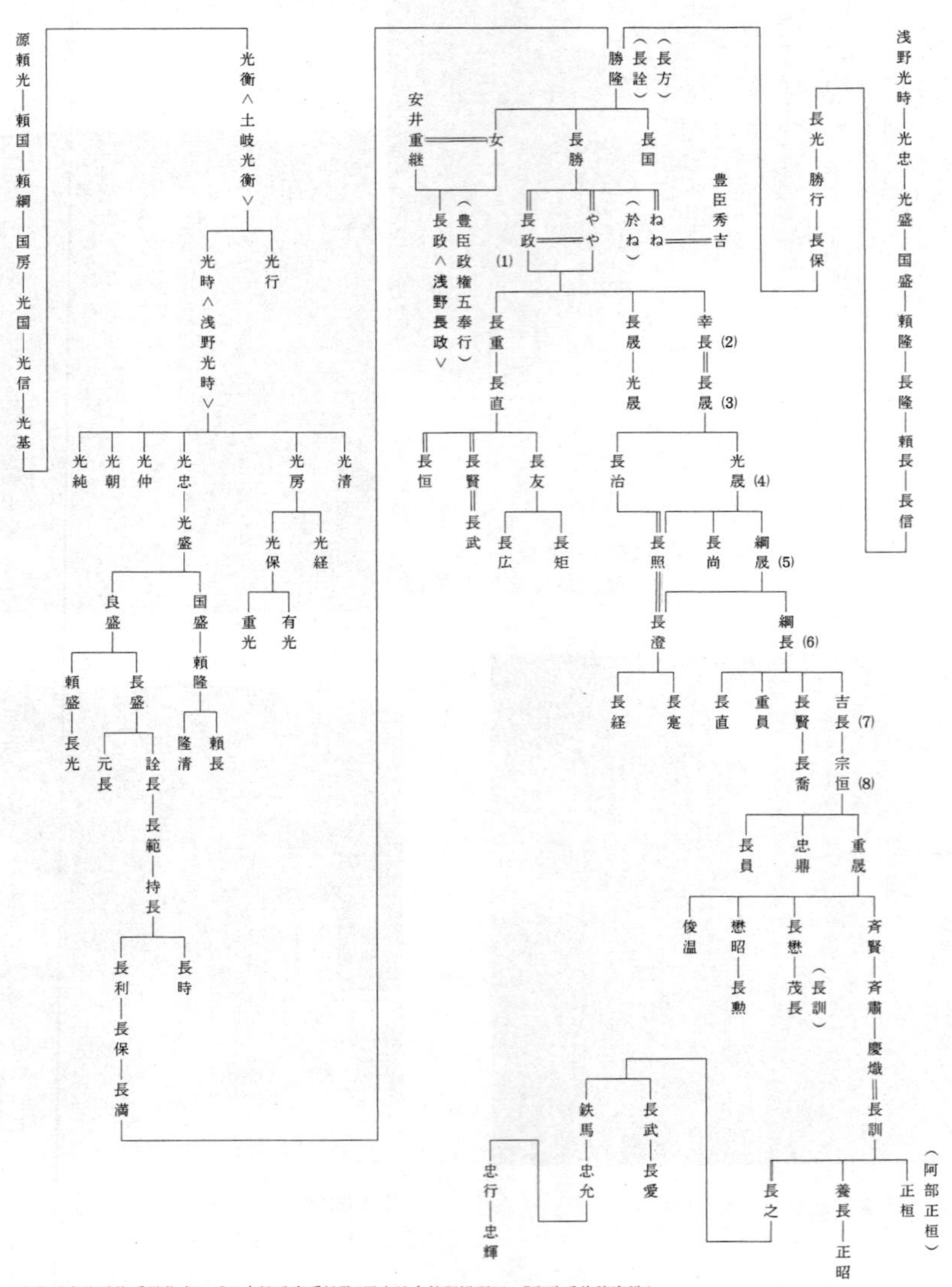

出典『古代氏族系譜集成』、『日本姓氏家系総覧(歴史読本特別増刊)』、『寛政重修諸家譜』

浅野氏一族系図 (2)

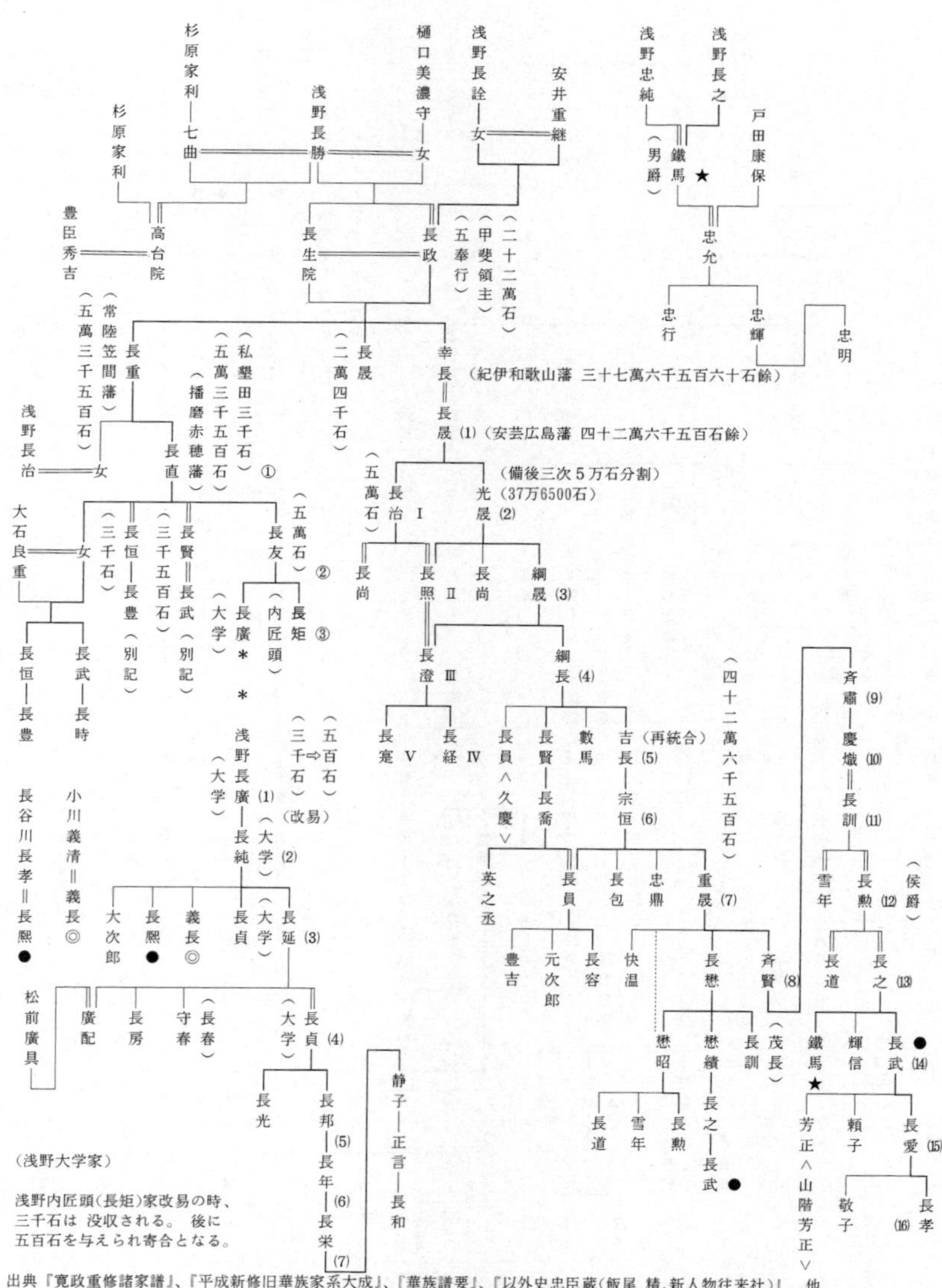

出典『寛政重修諸家譜』、『平成新修旧華族家系大成』、『華族譜要』、『以外史忠臣蔵(飯尾 精、新人物往来社)』、他

浅野氏一族系図（3）

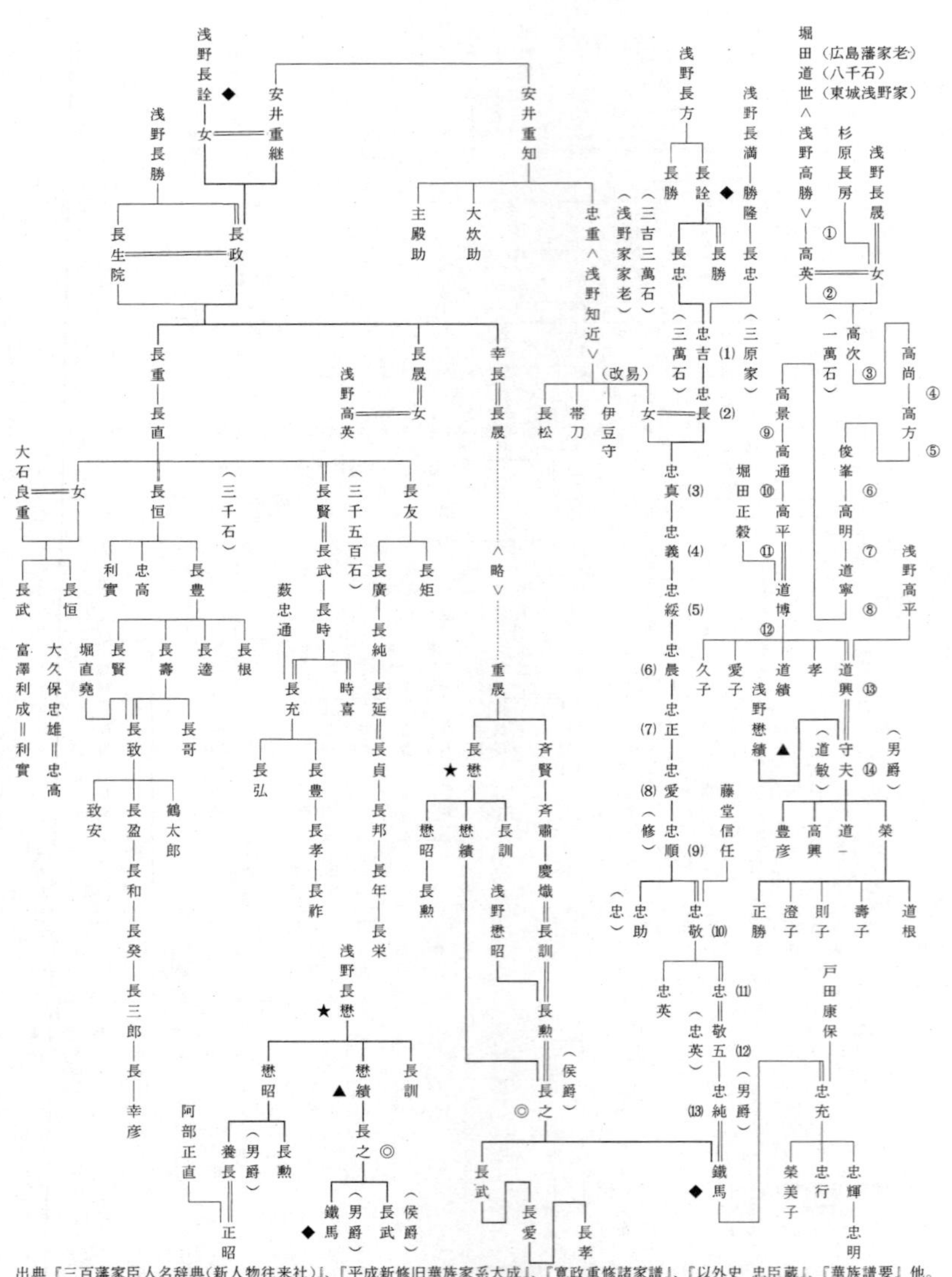

出典『三百藩家臣人名辞典（新人物往来社）』、『平成新修旧華族家系大成』、『寛政重修諸家譜』、『以外史 忠臣蔵』、『華族譜要』他。

浅野氏姻族系図

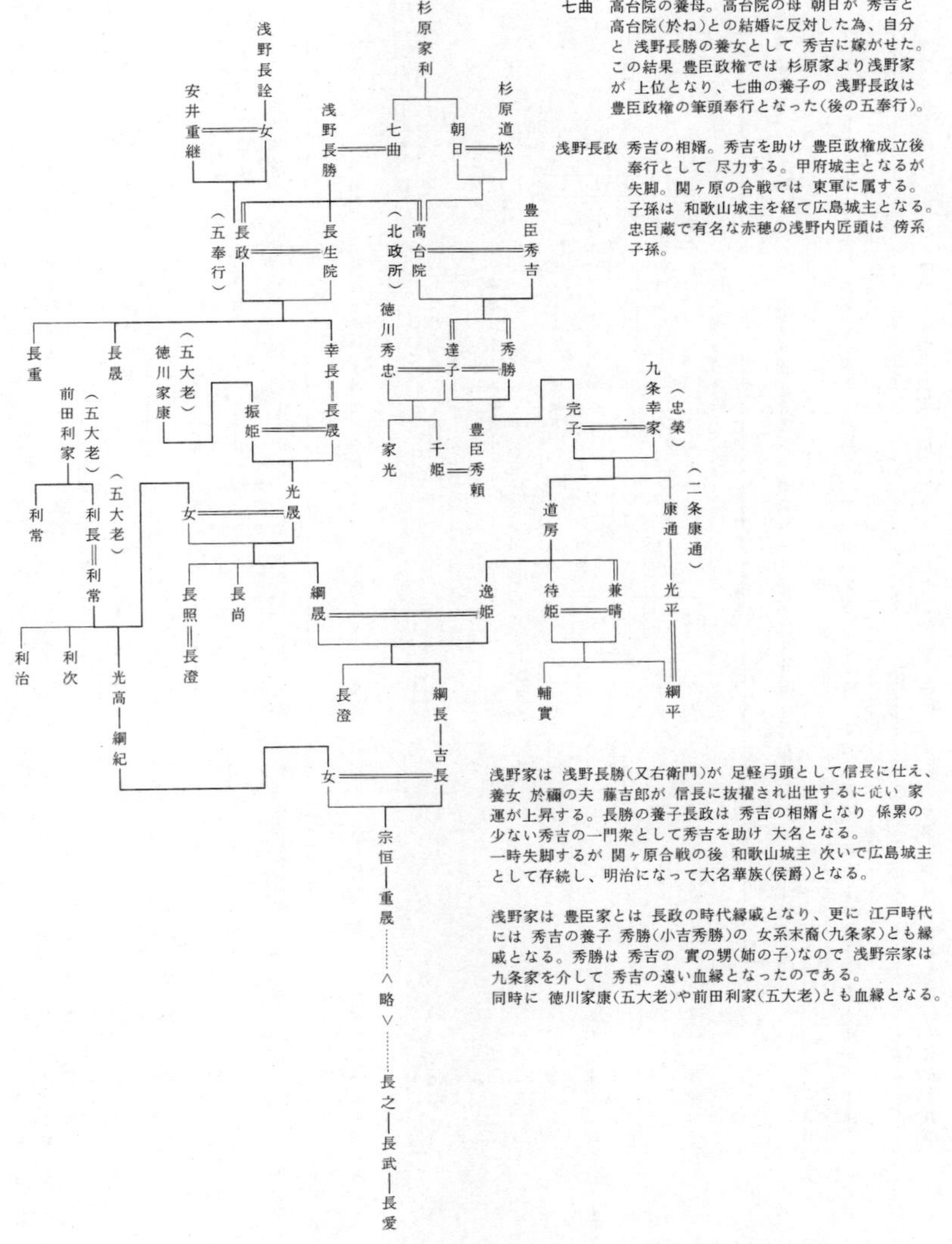

七曲　高台院の養母。高台院の母 朝日が 秀吉と高台院(於ね)との結婚に反対した為、自分と 浅野長勝の養女として 秀吉に嫁がせた。この結果 豊臣政権では 杉原家より浅野家が 上位となり、七曲の養子の 浅野長政は豊臣政権の筆頭奉行となった(後の五奉行)。

浅野長政　秀吉の相婿。秀吉を助け 豊臣政権成立後奉行として 尽力する。甲府城主となるが失脚。関ヶ原の合戦では 東軍に属する。子孫は 和歌山城主を経て広島城主となる。忠臣蔵で有名な赤穂の浅野内匠頭は 傍系子孫。

浅野家は 浅野長勝(又右衛門)が 足軽弓頭として信長に仕え、養女 於禰の夫 藤吉郎が 信長に抜擢され出世するに従い 家運が上昇する。長勝の養子長政は 秀吉の相婿となり 係累の少ない秀吉の一門衆として秀吉を助け 大名となる。
一時失脚するが 関ヶ原合戦の後 和歌山城主 次いで広島城主として存続し、明治になって大名華族(侯爵)となる。

浅野家は 豊臣家とは 長政の時代縁戚となり、更に 江戸時代には 秀吉の養子 秀勝(小吉秀勝)の 女系末裔(九条家)とも縁戚となる。秀勝は 秀吉の 實の甥(姉の子)なので 浅野宗家は九条家を介して 秀吉の遠い血縁となったのである。
同時に 徳川家康(五大老)や前田利家(五大老)とも血縁となる。

出典『寛政重修諸家譜』、『日本姓氏家系総覧(歴史読本特別増刊)』、『豊臣一族のすべて(別冊歴史読本)』、他。

加藤氏一族系図 (1)

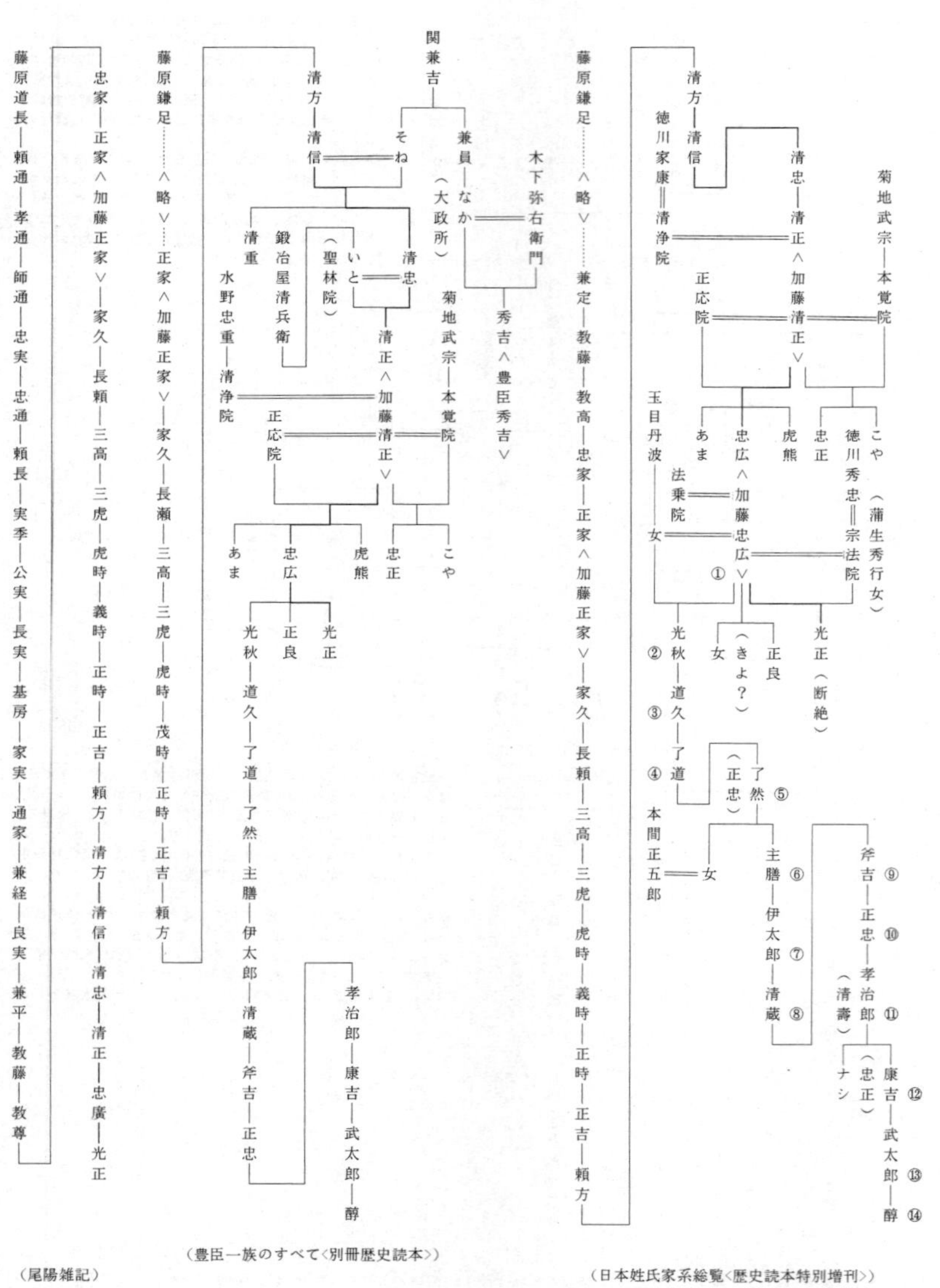

(尾陽雑記)

(豊臣一族のすべて<別冊歴史読本>)

(日本姓氏家系総覧<歴史読本特別増刊>)

加藤氏一族系図 (2)

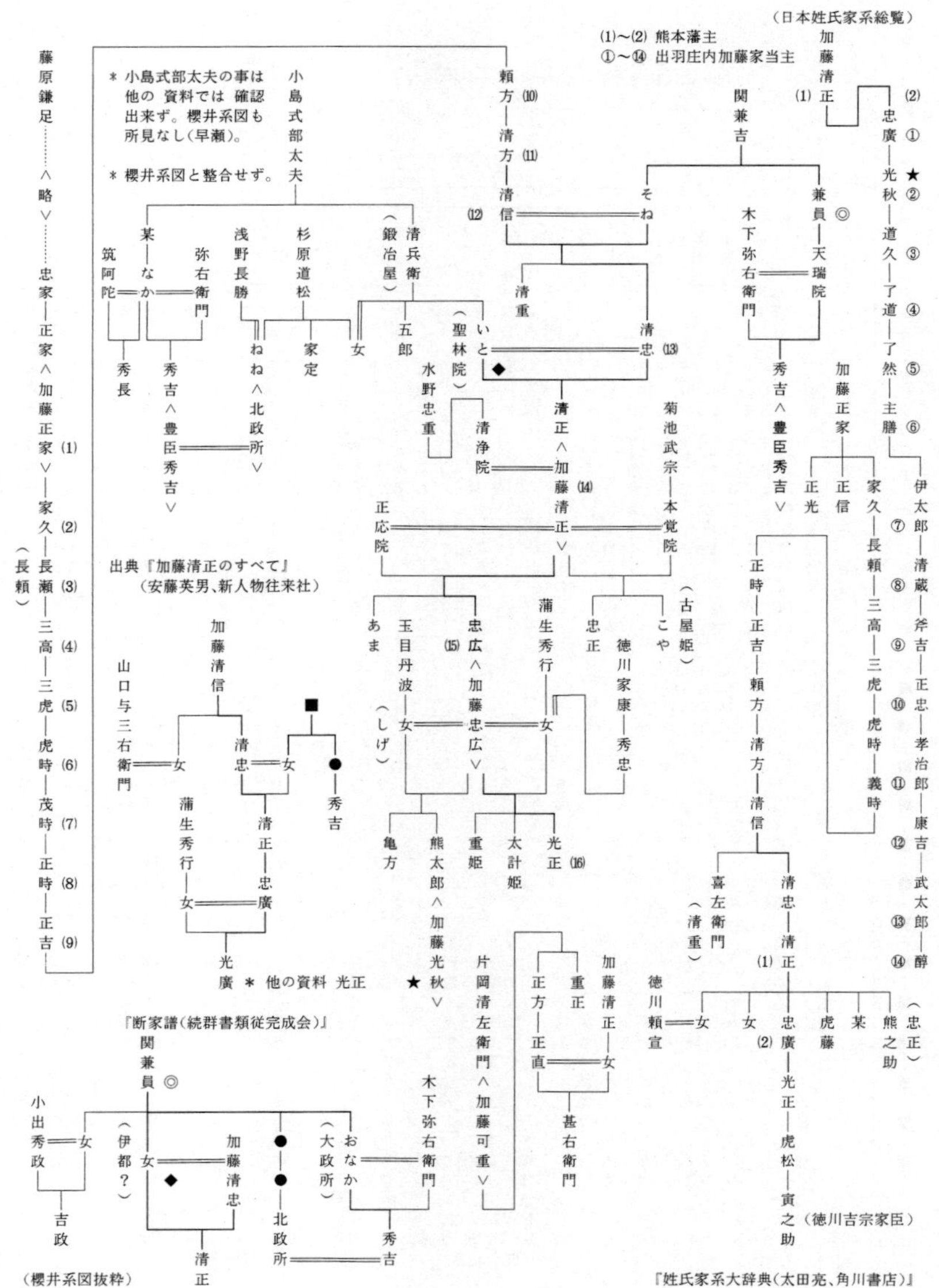
(日本姓氏家系総覧)
(1)〜(2) 熊本藩主
①〜⑭ 出羽庄内加藤家当主
＊小島式部太夫の事は他の資料では確認出来ず。櫻井系図も所見なし(早瀬)。
＊櫻井系図と整合せず。
出典『加藤清正のすべて』(安藤英男、新人物往来社)
＊他の資料 光正
『断家譜(続群書類従完成会)』
(櫻井系図抜粋)
(徳川吉宗家臣)
『姓氏家系大辞典(太田亮、角川書店)』

小出氏一族系図 (1)

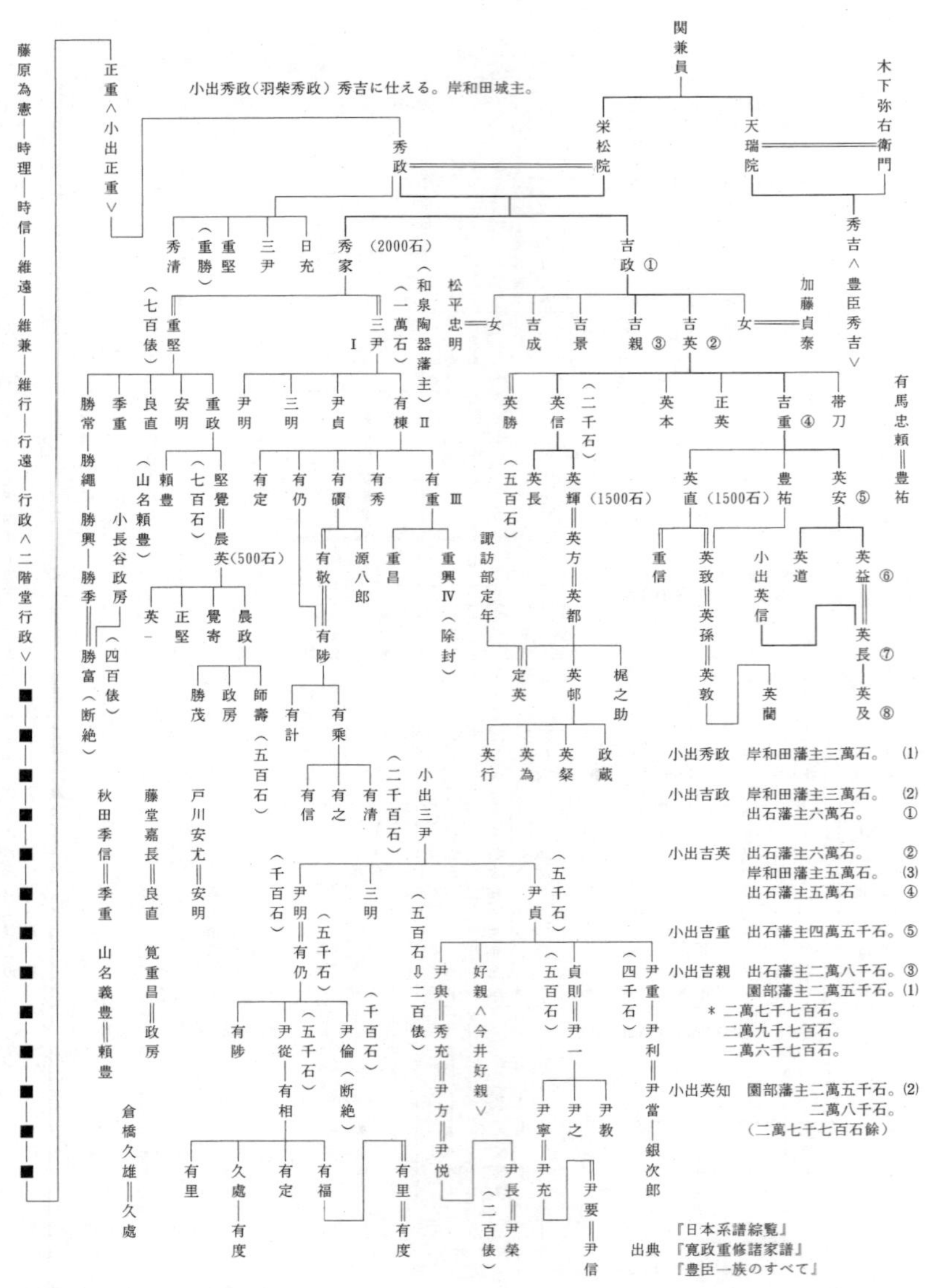

藤原為憲―時理―時信―維遠―維兼―維行―行遠―行政〈二階堂行政〉
正重〈小出正重〉
小出秀政（羽柴秀政）秀吉に仕える。岸和田城主。
関兼員
木下弥右衛門
栄松院
天瑞院
秀政
秀吉〈豊臣秀吉〉
秀清
（重勝）
重堅
三尹
日充
秀家 (2000石)
吉政 ①
（七百俵）
重堅
三尹 Ⅰ
（一萬石）
（和泉陶器藩主）Ⅱ
松平忠明＝女
吉成
吉景
吉親 ③
吉英 ②
女＝加藤貞泰
勝常―勝縄―勝興―勝季＝勝富（断絶）
季重
良直
安明
重政
尹明
三明
尹貞
有棟
英勝（五百石）
英信
（二千石）
英本
正英
吉重 ④
帯刀
有馬忠頼＝豊祐
小長谷政房
（山名頼豊）
頼豊
（七百石）
堅覚＝長英（500石）
（四百俵）
有定
有仍
有礩
有秀
有重 Ⅲ
英長
英輝（1500石）＝英方＝英都
英直（1500石）
豊祐
英安 ⑤
有敬＝有陟
源八郎
重昌
重興 Ⅳ（除封）
諏訪部定年
重信
英致＝英孫＝英敦
小出英信
英道
英益 ⑥＝英長 ⑦―英及 ⑧
英一
正堅
覺寄
晨政
勝茂
政房
師壽（五百石）
有計
有乗
定英
英邨
梶之助
英蘭
英行
英為
英粲
政蔵
有信
有之
有清
（二千百石）
小出三尹
秋田季信＝季重
藤堂嘉長＝良直
戸川安尤＝安明
山名義豊＝頼豊
寛重昌＝政房
倉橋久雄＝久處
（千百石）尹明＝有仍（五千石）
三明
（五百石⇩二百俵）
（五千石）尹貞
尹與＝秀充＝尹方＝尹悦
好親〈今井好親〉
（五百石）貞則＝尹一
（四千石）
尹重―尹利＝尹當―銀次郎
有陟
尹従（五千石）―有相
尹倫（千百石）（断絶）
尹寧＝尹充
尹之
尹教
尹要＝尹信
有里
久處―有度
有定
有福
有里＝有度
尹長＝尹榮（二百俵）
小出秀政　岸和田藩主三萬石。 (1)
小出吉政　岸和田藩主三萬石。 (2)
出石藩主六萬石。 ①
小出吉英　出石藩主六萬石。 ②
岸和田藩主五萬石。 (3)
出石藩主五萬石 ④
小出吉重　出石藩主四萬五千石。⑤
小出吉親　出石藩主二萬八千石。③
園部藩主二萬五千石。(1)
＊二萬七千七百石。
二萬九千七百石。
二萬六千七百石。
小出英知　園部藩主二萬五千石。(2)
二萬八千石。
（二萬七千七百石餘）
出典　『日本系譜綜覧』
『寛政重修諸家譜』
『豊臣一族のすべて』

小出氏一族系図 (2)

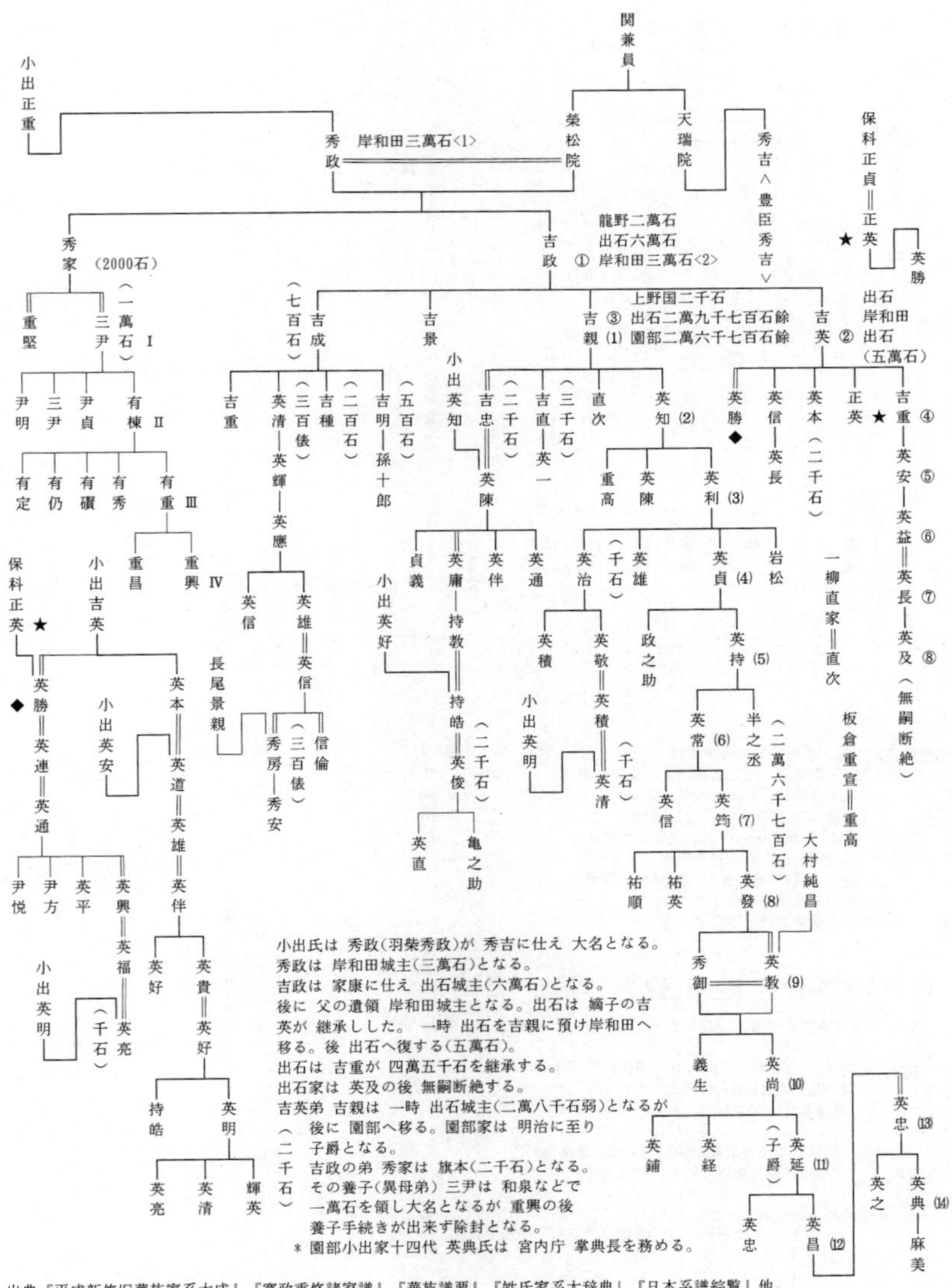

小出氏は 秀政(羽柴秀政)が 秀吉に仕え 大名となる。
秀政は 岸和田城主(三萬石)となる。
吉政は 家康に仕え 出石城主(六萬石)となる。
後に 父の遺領 岸和田城主となる。出石は 嫡子の吉
英が 継承しした。 一時 出石を吉親に預け岸和田へ
移る。後 出石へ復する(五萬石)。
出石は 吉重が 四萬五千石を継承する。
出石家は 英及の後 無嗣断絶する。
吉英弟 吉親は 一時 出石城主(二萬八千石弱)となるが
後に 園部へ移る。園部家は 明治に至り
子爵となる。
吉政の弟 秀家は 旗本(二千石)となる。
その養子(異母弟) 三尹は 和泉などで
一萬石を領し大名となるが 重興の後
養子手続きが出来ず除封となる。
* 園部小出家十四代 英典氏は 宮内庁 掌典長を務める。

出典『平成新修旧華族家系大成』、『寛政重修諸家譜』、『華族譜要』、『姓氏家系大辞典』、『日本系譜綜覧』他。

福嶋氏系図 (1)

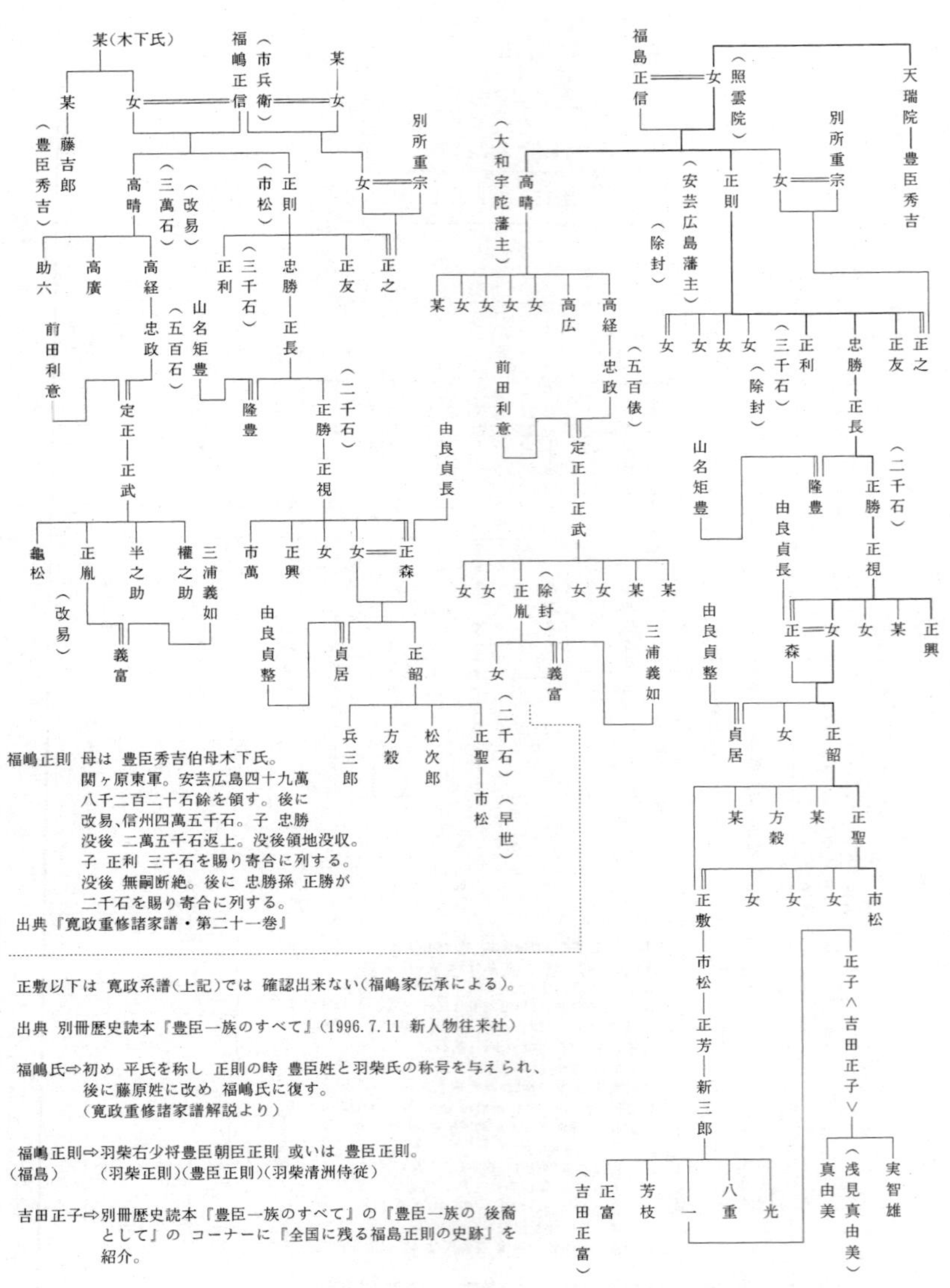

福嶋正則 母は 豊臣秀吉伯母木下氏。
関ヶ原東軍。安芸広島四十九萬八千二百二十石餘を領す。後に改易、信州四萬五千石。子 忠勝没後 二萬五千石返上。没後領地没収。子 正利 三千石を賜り寄合に列する。没後 無嗣断絶。後に 忠勝孫 正勝が二千石を賜り寄合に列する。

出典『寛政重修諸家譜・第二十一巻』

正敷以下は 寛政系譜(上記)では 確認出来ない(福嶋家伝承による)。

出典 別冊歴史読本『豊臣一族のすべて』(1996.7.11 新人物往来社)

福嶋氏⇨初め 平氏を称し 正則の時 豊臣姓と羽柴氏の称号を与えられ、後に藤原姓に改め 福嶋氏に復す。
(寛政重修諸家譜解説より)

福嶋正則⇨羽柴右少将豊臣朝臣正則 或いは 豊臣正則。
(福島)　　(羽柴正則)(豊臣正則)(羽柴清洲侍従)

吉田正子⇨別冊歴史読本『豊臣一族のすべて』の『豊臣一族の 後裔として』の コーナーに『全国に残る福島正則の史跡』を紹介。

福島正則の系譜

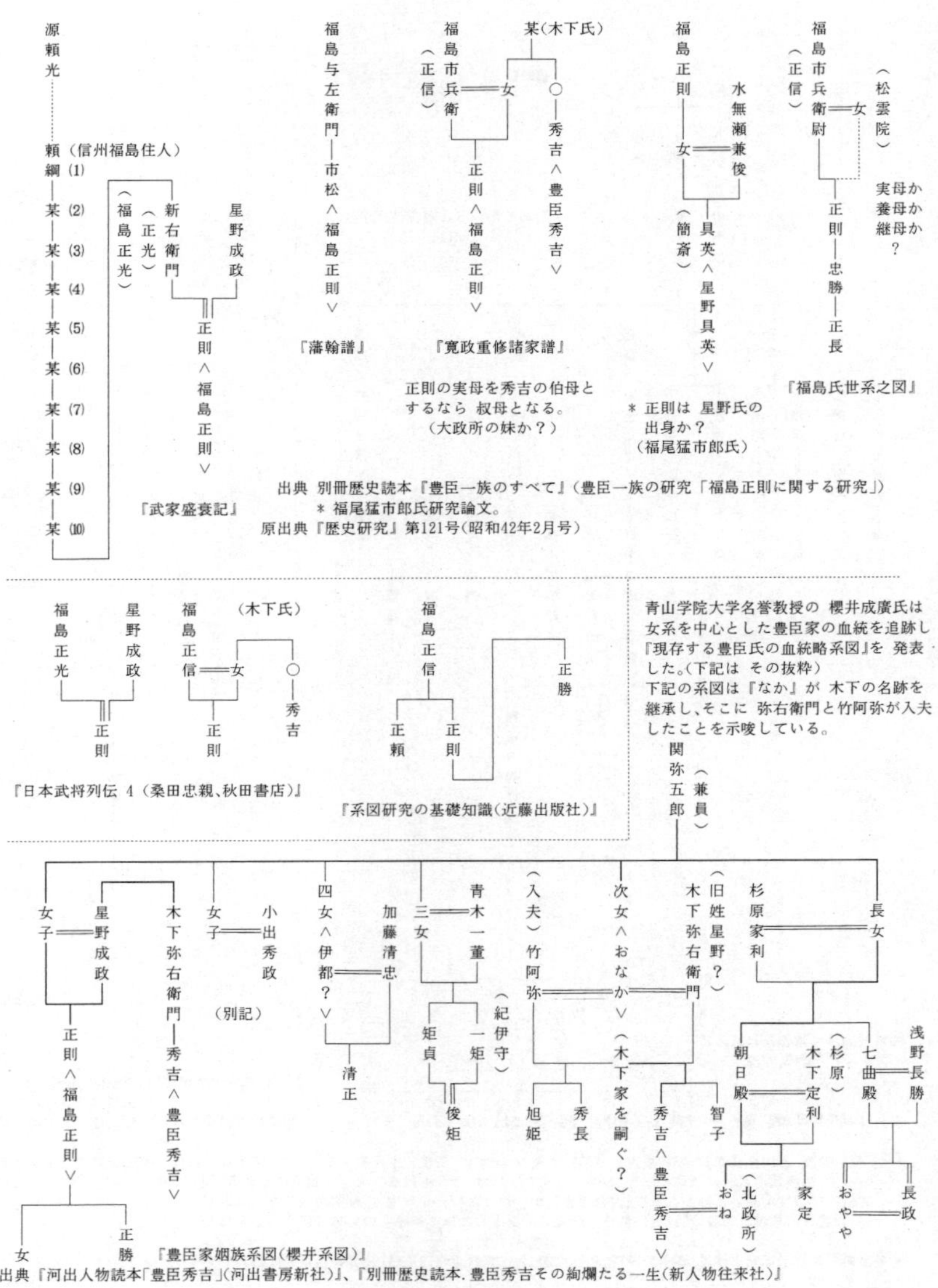

源頼光
頼綱 (信州福島住人) (1)
某 (2)
某 (3)
某 (4)
某 (5)
某 (6)
某 (7)
某 (8)
某 (9)
某 (10)
(福島正光)
新右衛門(正光)
星野成政
正則<福島正則>
『武家盛衰記』
福島与左衛門
市松<福島正則>
『藩翰譜』
某(木下氏)
福島市兵衛(正信)
女
○
秀吉<豊臣秀吉>
正則<福島正則>
『寛政重修諸家譜』
正則の実母を秀吉の伯母とするなら 叔母となる。
(大政所の妹か?)
福島正則
水無瀬兼俊
女
具英<星野具英>
(簡斎)
* 正則は 星野氏の出身か?
(福尾猛市郎氏)
福島市兵衛尉(正信)
女(松雲院)
実母か養母か継母か?
正則
忠勝
正長
『福島氏世系之図』
出典 別冊歴史読本『豊臣一族のすべて』(豊臣一族の研究「福島正則に関する研究」)
* 福尾猛市郎氏研究論文。
原出典『歴史研究』第121号(昭和42年2月号)
福島正光
星野成政
正則
福島正信
(木下氏)
女
○
正則
秀吉
『日本武将列伝 4 (桑田忠親、秋田書店)』
福島正信
正頼
正則
正勝
『系図研究の基礎知識(近藤出版社)』
青山学院大学名誉教授の 櫻井成廣氏は女系を中心とした豊臣家の血統を追跡し『現存する豊臣氏の血統略系図』を 発表した。(下記は その抜粋)
下記の系図は『なか』が 木下の名跡を継承し、そこに 弥右衛門と竹阿弥が入夫したことを示唆している。
関弥五郎(兼員)
女子
星野成政
正則<福島正則>
女
正勝
木下弥右衛門
秀吉<豊臣秀吉>
女子
小出秀政
(別記)
四女<伊都?>
加藤清忠
清正
三女
青木一董
矩貞
一矩(紀伊守)
俊矩
(入夫)竹阿弥
次女<おなか>
(木下家を嗣ぐ?)
木下弥右衛門(旧姓星野?)
旭姫
秀長
秀吉<豊臣秀吉>
智子
杉原家利
長女
朝日殿
木下定利(杉原)
七曲殿
浅野長勝
おね(北政所)
家定
おやや
長政
『豊臣家姻族系図(櫻井系図)』

出典『河出人物読本「豊臣秀吉」(河出書房新社)』、『別冊歴史読本.豊臣秀吉その絢爛たる一生(新人物往来社)』

福島氏系図 (2) (深栖氏一族系図)

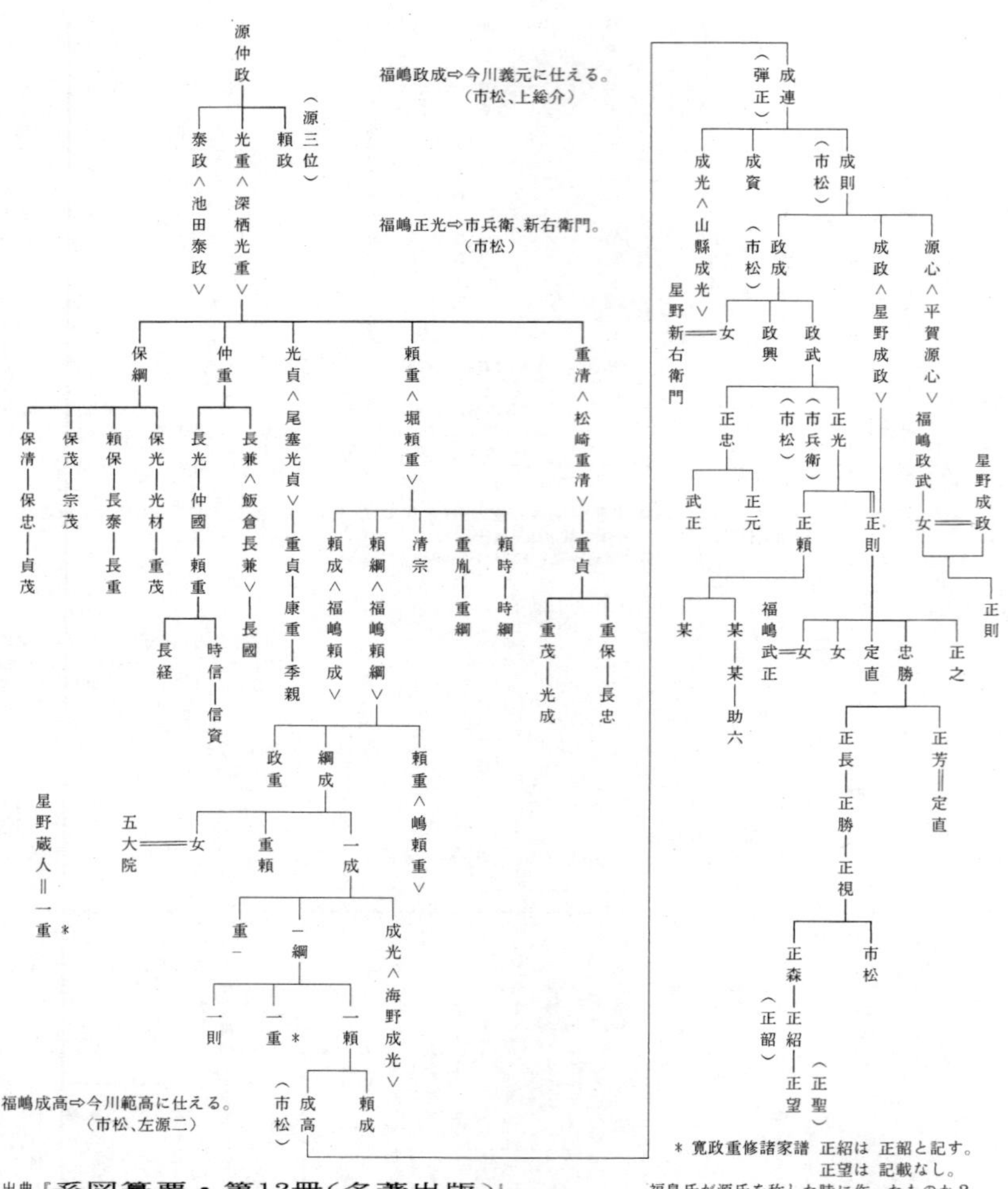

出典『系図纂要・第12冊(名著出版)』

*『尊卑分脈(吉川弘文館)』堀頼重の子 頼時、重胤は 記すが 清宗以下記載なし。他の 深栖氏一族は『尊卑分脈』で確認される。

従って 福嶋氏の系図については 全面的に信用するには 疑問も残る。又『寛政重修諸家譜』とも 完全には 一致しない。

比較的信憑性が高いといわれる『三大系譜集』が一致しないという事は 疑問が残るという事である。

『寛政重修諸家譜』編纂の時 古い部分を割愛して提出した旗本福嶋家の見識に従うのが妥当か？


参考出典『新訂増補國史体系. 尊卑分脉(吉川弘文館)』、『寛政重修諸家譜(続群書類従完成会)』

福嶋氏系図 (3)

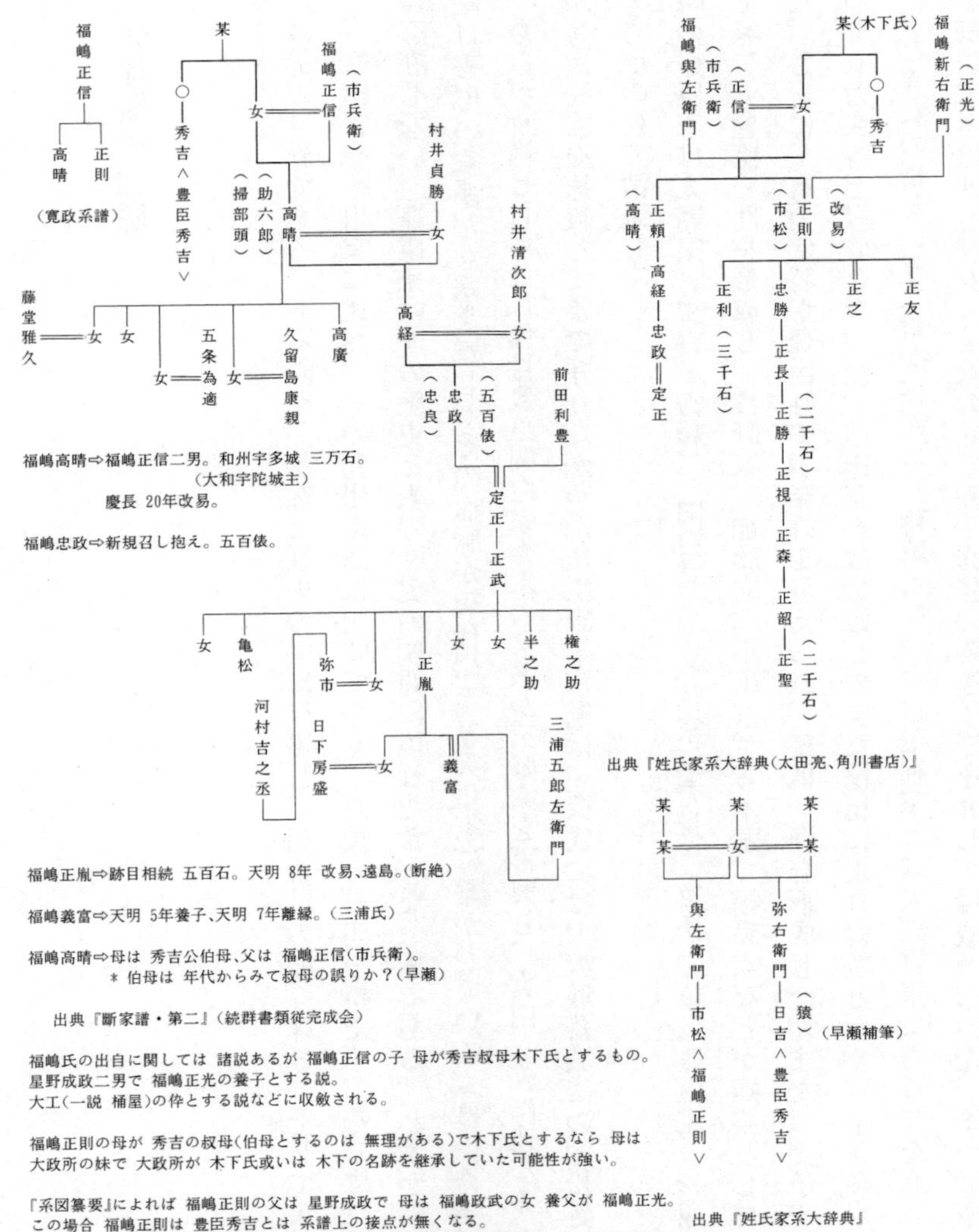

福嶋高晴⇨福嶋正信二男。和州宇多城 三万石。
（大和宇陀城主）
慶長 20年改易。

福嶋忠政⇨新規召し抱え。五百俵。

福嶋正胤⇨跡目相続 五百石。天明 8年 改易、遠島。(断絶)

福嶋義富⇨天明 5年養子、天明 7年離縁。（三浦氏）

福嶋高晴⇨母は 秀吉公伯母、父は 福嶋正信(市兵衛)。
＊ 伯母は 年代からみて叔母の誤りか？(早瀬)

出典『断家譜・第二』(続群書類従完成会)

出典『姓氏家系大辞典(太田亮、角川書店)』

（早瀬補筆）

出典『姓氏家系大辞典』

福嶋氏の出自に関しては 諸説あるが 福嶋正信の子 母が秀吉叔母木下氏とするもの。
星野成政二男で 福嶋正光の養子とする説。
大工(一説 桶屋)の伜とする説などに収斂される。

福嶋正則の母が 秀吉の叔母(伯母とするのは 無理がある)で木下氏とするなら 母は
大政所の妹で 大政所が 木下氏或いは 木下の名跡を継承していた可能性が強い。

『系図纂要』によれば 福嶋正則の父は 星野成政で 母は 福嶋政武の女 養父が 福嶋正光。
この場合 福嶋正則は 豊臣秀吉とは 系譜上の接点が無くなる。
『系図纂要』の系図は 星野成政を 福嶋氏の出身とすると 世代の問題でやや無理がある。
駿河福嶋氏の系図に正則の系を繋げたものか？ 旗本福嶋家の系図に従うのが妥当か？

天瑞院の血脈

豊臣家は謎の一族である。ある時期、忽然と歴史の中に登場し、超新星の如く輝き、そして呆気なく消滅した。織田家や徳川家に比べ、その先祖系譜は明確でなく、直接の一門を持たず、そして、公式には子孫は存在しない。豊臣家は闇の歴史と表の歴史の狭間に現れた希有な一族である。わずかに秀吉の姉瑞龍院日秀尼の家系が女系を残し、その血脈が現代に至り天皇家に繋がっている（豊臣秀勝系図）。そして、秀吉が断絶せしめた二代目豊臣関白家秀次の女系が三好家を再興し、真田一族に連なる。

秀吉が秀次一族を抹殺してまで守りたかった豊臣家本宗家は、公式には大坂城落城後の国松処刑とその後の天秀尼の死で消滅した。

最盛時の豊臣家は太閤家（秀吉・秀頼）、関白家、大納言家（秀長・秀保）、第二豊臣家（杉原流豊臣家・木下家）で豊臣一門を形成し、浅野家、加藤家、小出家、青木家、福島家などが姻族として一門を形成した。さらに、有力武将が豊臣姓や羽柴姓を与えられ、疑似一門を形成した。また、養子や養女などによって有力武将と縁戚となった。前田家とは豪姫との養女縁組により縁戚となり、宇喜多家も猶子（準養子）と養女の婿という二重関係により縁戚となった。毛利家とは大納言家（秀長）を介して縁戚となり、徳川家とは妹と養女（淀殿の妹で養子秀勝の妻達子）を介して縁戚となった。また近衛家と二重に猶子関係を結ぶことで、天皇家とも縁戚となった。さらには、第二豊臣家の木下家を介して、小早川家（毛利家一門）とも縁戚となった。また、秀長の養子、羽柴高吉（丹羽長秀の子で、後に藤堂高虎の養子）を介して、丹羽長秀とも縁戚となった。しかし、秀長の子で、後に秀保が没した後、高吉の豊臣家復帰を承認せず、大納言家は断絶し、高吉は幻の豊臣一門となった。藤堂高虎で、幻の豊臣一族である。宇喜多秀家は関ヶ原で敗れて流罪となり、その間に豊臣宗家は滅亡してしまい、幻の一族となってしまった。副田家は秀吉により羽柴家との縁戚を解除され、野に下ったので、幻の豊臣一族となってしまった。秀吉と家康が別の方法で和解していたら、副田家は姻族一門としてそれなりの地位に付いたのではないだろうか（家宰か奉行）？

豊臣家は成立当初から一門崩壊の兆しがあったのである。副田家が離れ、養子秀康を離籍し、猶子八条宮（智仁親王）は皇籍へ復帰し、秀長家は秀吉により断絶となり、秀次家は抹殺された。秀勝家は秀勝の死亡で男子なく消滅した。秀俊は小早川家に出され、第二豊臣家（木下家）は一門から準一門へ事実上の降格となった。そして、秀吉の死によって豊臣家は事実上崩壊した（豊臣宗家も秀頼家と高台院流豊臣家に分裂）。大政所の縁戚により形成されていた姻族一門も、関ヶ原の合戦では一部は成り行きで西軍に属したが、大部分は徳川家康に加担し、東軍の勝利に貢献した。石田三成の存在が、豊臣家および豊臣家臣団を分裂させ、豊臣家滅亡へと向かわせたのである。

豊臣家の系譜上の始祖は天瑞院である。弥右衛門も筑阿弥もほとんど存在感がない。闇の系譜と表の系譜を繋ぐ接点に位置するだけの存在といっても言い過ぎではない。もしかしたら二人とも闇の系譜に属したが故に、秀吉の系譜より抹消されたのかも知れない。弥右衛門については秀吉の姉瑞龍院日秀尼により供養されているので痕跡があるが、筑阿弥については皆無である。まさに幻の一族である。

豊臣家は、この二人の男をほとんど無視している。豊臣家の始祖は天瑞院なのである。杉原流木下家も青木家も小出家も加藤家も福島家も浅野家も、天瑞院の系譜ネットワークの上に存在するのである。

このことによっても、天瑞院は決して唯の百姓女などではない。豊臣宗家の血脈は公式には消滅しているが、天瑞院の血脈は前述したように昭和天皇および現在の皇室に繋がっているのである。天瑞院なくして秀吉の天下取りはなかったといっても言い過ぎではない。

公式には弥右衛門には一門が存在しない。秀吉にも秀長という弟一人が存在するのみである。後はすべて女系・姻族一門である。信長のような織田一門や、家康のような松平・徳川一門は存在しないのである。秀吉の一門を知るということは、天瑞院の一族系譜を知るということである。従って本章でも、天瑞院の一族系譜と女系系譜の紹介にかなりのスペースを割いた。また、第二豊臣家の木下家、その縁戚の浅野家、大政所縁戚の青木家、加藤家、小出家、そして福島家の系譜もあわせて紹介したので、豊臣家一族系譜の解明の参考にされたい。

以上で第二章を終える。「織豊興亡史」としては区切りとなるが、次章で徳川系図についても簡潔に考察したい。多くの歴史関係書が、作為が明白な徳川=新田一族末裔系図を未だに無批判に掲載している。霞会館（旧華族会館）を拠点とする旧華族集団は健在である。ふだんは庶民と同じ社会に溶け込みながら、別の空間では独自の世界を展開する霞会館会員。旧公爵である徳川宗家は、華族の最上位に位置する。そこには目に見えぬ圧力が存在するのか？　徳川家については、先祖系譜への疑問と家康その人の血脈への疑問がある。一介の在野研究者に圧力がかかるとは思えぬので、自由に探索してみたい。

第三章　謎の家康系図

——徳川家家系譜考

疑問の家康系図

徳川家の系譜は筆者が高校生の時に参考にした山川出版社の『日本史小辞典』によれば、松平氏は本姓在原氏。新田氏の末裔親氏を養子にして源姓に改姓、親氏、泰親、信光、親忠、長親、信忠、清康、広忠を経て、家康に至り、徳川と改称する。ただし、新田末裔説は家康が世に出てから新田一族得川氏に結びつけたものとしている。

また、ほとんどの本が、新田義重―得川義季―世良田頼氏―教氏―家時―満義―政義―親季―有親―親氏とし、親氏が松平信重の養子となり、松平親氏となり、親氏―泰親―信光―親忠―長親―信忠―清康―広忠―徳川家康―秀忠―家光とつなげている。筆者も特に疑わなかった。しかし、山川の『日本史小辞典』でも少し触れているように、松平氏は新田系得川氏とは繋がらないことは明らかで、得川氏末裔説は後世の仮冒ということになる。そう理解するのは高校を卒業し、系図関係の本を集め出してからである。一般の歴史書では、新田末裔系図が堂々と紹介されていることは、緒論「軽視される三英傑系図考証」で紹介したとおりである。しかし、就職してしばらくして、ある古本屋で一冊の本と出会って、別の疑問が生じてきた。

家康は本当に松平家の嫡子なのであろうかという疑問である。ある本とは、昭和四十七年に出版された『徳川家康は二人だった』（八切止夫・番町書房）という本である。

八切氏によれば、天下を取った徳川家康は願人坊主あがりで、若いころ今川家の人質だった竹千代（岡崎信康）を誘拐し、三河一向一揆で松平元康と戦っている時に、戸田某に奪われ織田家に送られた。その後、偽って元康に降伏し、その後、森山で元康が斬殺された後の混乱に乗じて、偽松平元康となり、築山殿と偽装結婚して松平家を乗っ取り、信長と同盟を結ぶ。数年後、藤原氏徳川家康と改名し、三河守となり、正式に三河の国守となる。

つまり徳川家康は、岡崎信康と松平元康と世良田元信（偽松平元康・徳川家康）の三人を合成したものということになる。

次に異聞家康系図を目にしたのは、昭和五十二年発行の『別冊歴史読本・徳川家康その重くて遠き道』（新人物往来社）においてである。同誌では神坂次郎氏が『史疑徳川家康事蹟』（村岡素一郎・民友社・明治三十五年）により、異聞家康系図を紹介している。これは八切説に通じるものである。

ついで昭和六十一年一月から昭和六十三年十一月まで『静岡新聞』に掲載され、平成元年五月に新潮社より刊行された隆慶一郎氏の『影武者徳川家康』が、小説という形を取りながらも、異聞家康系図を世に問うている。筆者は文庫版の同書を入手し、復元系図を紹介した（後述）。同書は野武士の世良田二郎三郎元信（元願人坊主）が、一向一揆で知りあった本多弥八郎正信によって家康の影武者に仕立てられ、関ヶ原の陣中で暗殺された家康にかわって天下を取ったという筋立てである。さらに闇で秀忠および柳生宗矩と戦いながら、秀忠の謀略で豊臣家が滅びるまで保護し、豊臣家滅亡後、秀忠の暗殺計画により負傷し、それが原因で元和二年、お梶（家康側室、事実上の二郎三郎正室）に見取られ、駿河で没したということである。八切説でも村岡説でも隆説でも共通して登場するのが世良田二郎三郎元信である。

各説での位置付けは微妙に異なるが、「ささら者」の出身で、売られて願人坊主となり、さらには野武士になったというところまでは、ほぼ共通している。後は、どの段階から家康になったか、ということである。

岡崎信康や亀姫との血縁はどの説でも否定されるが、秀康以下との血縁は差が生じる。織田家との同盟締結以前にすりかわったのなら、東海道一の弓取り、豊臣政権の大老、徳川初代将軍は世良田元信改め徳川家康ということになる。そして、それは家康の影ではなく、偽松平元康ということになる。

隆説に従うなら、関ヶ原までの家康は通史と同じで、松平家の嫡男元康改め徳川家康で、関ヶ原以後は影武者徳川家康の世良田元信が本物の家康に成り替わって徳川家康になったということである。本物が死んでしまった影武者は、一定の役割（家督・権力の継承）が終われば、消される運命にある。関ヶ原以後、家康と秀忠の間に権力闘争があったとする説（二重文書の存在）もあるので、影武者家康が己の生存のためにあらゆる手段を講じて抵抗したということであろうか？

豊臣家が関ヶ原以後十五年も存続したのは、影武者家康の延命策と考えれば、なんとなく納得できる。大坂夏の陣で豊臣家が滅びたのは、影武者家康の万策尽きた結果（秀忠の勝利）ということになる。その一年後に家康が没したのは、秀忠側による暗殺を示唆している（これとは別に大坂夏の陣で死亡した家康に替わり近在の家康に似た百姓を身代わりに立て戦後処理を行い、その後、その影武者を鯛のテンプラに事寄せて毒殺したという説もある）。どちらにしても、徳川初代将軍徳川家康は三河松平家とは血縁がない、ということである。のちに駿河の徳川家康（大御所）と繋がりの深かった本多正信・正純親子が、秀忠政権から抹殺されるのは、案外そのあたりに原因があったかもしれない。

しかし、これらの史疑は通史を覆すまでには至っていない。

『歴史群像』（一九九四年八月号通巻十四号・学習研究社）で、これら史疑を紹介している（「徳川家康は五人いた!?」）。とくに「史疑」のルーツともいうべき村岡素一郎氏の『史疑徳川家康事蹟』についてはかなり詳しく紹介し、村岡説に批判を加えた史学界の大御所桑田忠親氏の否定批判に対して、「史疑」を紹介した工藤章興氏が松平氏の系図が明確でないこと、家康の事蹟が必ずしも明確でないことなどを指摘し批判している。

桑田氏は『日本武将列伝』（秋田書店）で新田末裔松平・徳川系図を紹介しているが、系図考証は行っていない。工藤氏は桑田氏が批判の材料にした資料の食い違いや手法を批判し、あわせて駒沢大学教授の所理喜夫氏の『徳川家康の系譜と略譜』という論考により、新田末裔説の根拠のないことも指摘している。つまり、家康が松平氏であったとしても、新田末裔とする通説は否定されるのである。また、家康は源氏を称する前は藤原氏を称しているので、正統な源氏の末裔でないことは明らかである。

筆者（早瀬）は所氏の論考は知らないが、松平信重の次に「源氏の末裔の親氏」を繋げ、系図上では松平信重の存在すら無視するような系図の記述からみても、また親氏、泰親、信光の系譜関係が必ずしも明確でないことなどをなどからみても、偽系図であることは明らかである。つまり、徳川家康が本物の松平元康であったとしても、出自（系譜）の謎は残るのである。

異聞家康系図

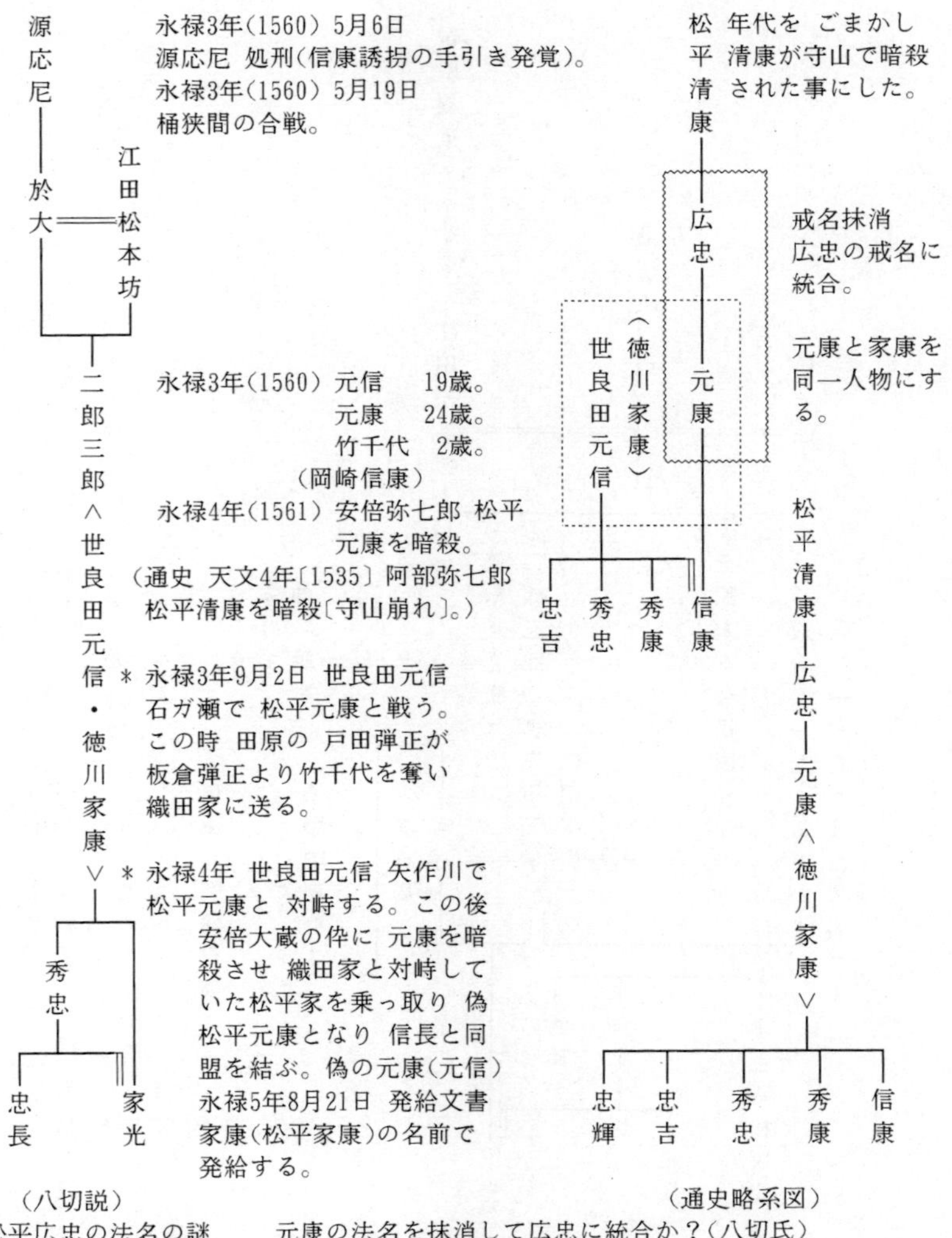
源応尼
於大
江田松本坊
二郎三郎〈世良田元信・徳川家康〉
秀忠
忠長
家光
永禄3年(1560) 5月6日
源応尼 処刑(信康誘拐の手引き発覚)。
永禄3年(1560) 5月19日
桶狭間の合戦。
永禄3年(1560) 元信 19歳。
元康 24歳。
竹千代 2歳。
(岡崎信康)
永禄4年(1561) 安倍弥七郎 松平元康を暗殺。
(通史 天文4年〔1535〕阿部弥七郎 松平清康を暗殺〔守山崩れ〕。)
* 永禄3年9月2日 世良田元信 石ガ瀬で 松平元康と戦う。この時 田原の 戸田弾正が 板倉弾正より竹千代を奪い 織田家に送る。
* 永禄4年 世良田元信 矢作川で 松平元康と 対峙する。この後 安倍大蔵の伜に 元康を暗殺させ 織田家と対峙していた松平家を乗っ取り 偽松平元康となり 信長と同盟を結ぶ。偽の元康(元信) 永禄5年8月21日 発給文書 家康(松平家康)の名前で 発給する。
松平清康
年代を ごまかし 清康が守山で暗殺 された事にした。
広忠
戒名抹消 広忠の戒名に 統合。
世良田元信(徳川家康)
元康
元康と家康を 同一人物にする。
忠吉
秀忠
秀康
信康
松平清康—広忠—元康〈徳川家康〉
忠輝
忠吉
秀忠
秀康
信康
(八切説)
(通史略系図)

松平広忠の法名の謎　　元康の法名を抹消して広忠に統合か？(八切氏)
『瑞雲殿広政道幹大居士』、『大樹院殿大居士』(共に 大樹寺)
『成烈院大林寺居士』(松広寺)、『慈光院大林居士』(法蔵寺)

出典『徳川家康は二人だった(八切止夫、番町書房)』

異聞家康系図

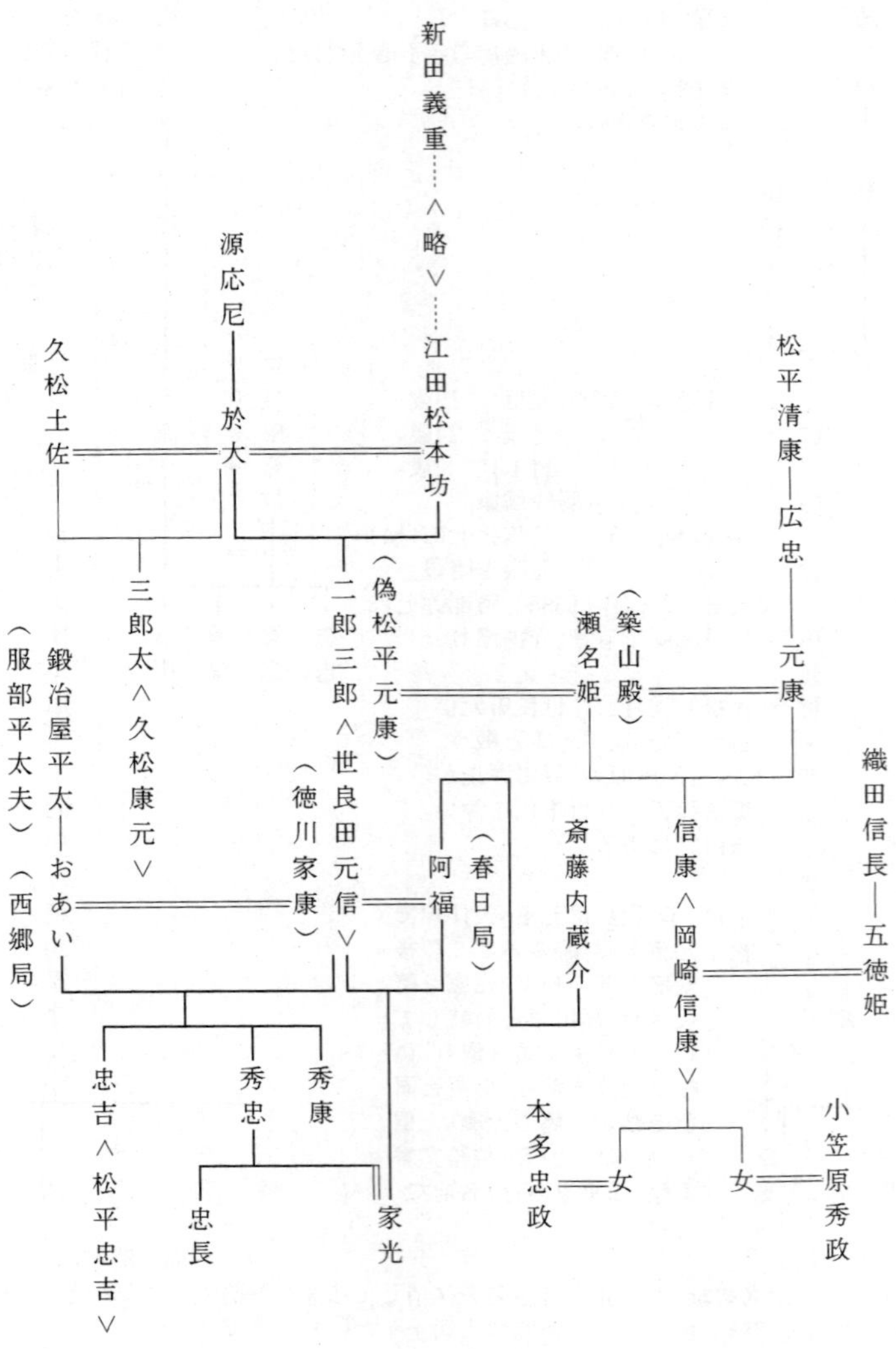

出典『八切日本史⑥ 徳川家康は二人だった（八切止夫、番町書房）』

謎の家康系譜（『歴史群像』No.14）

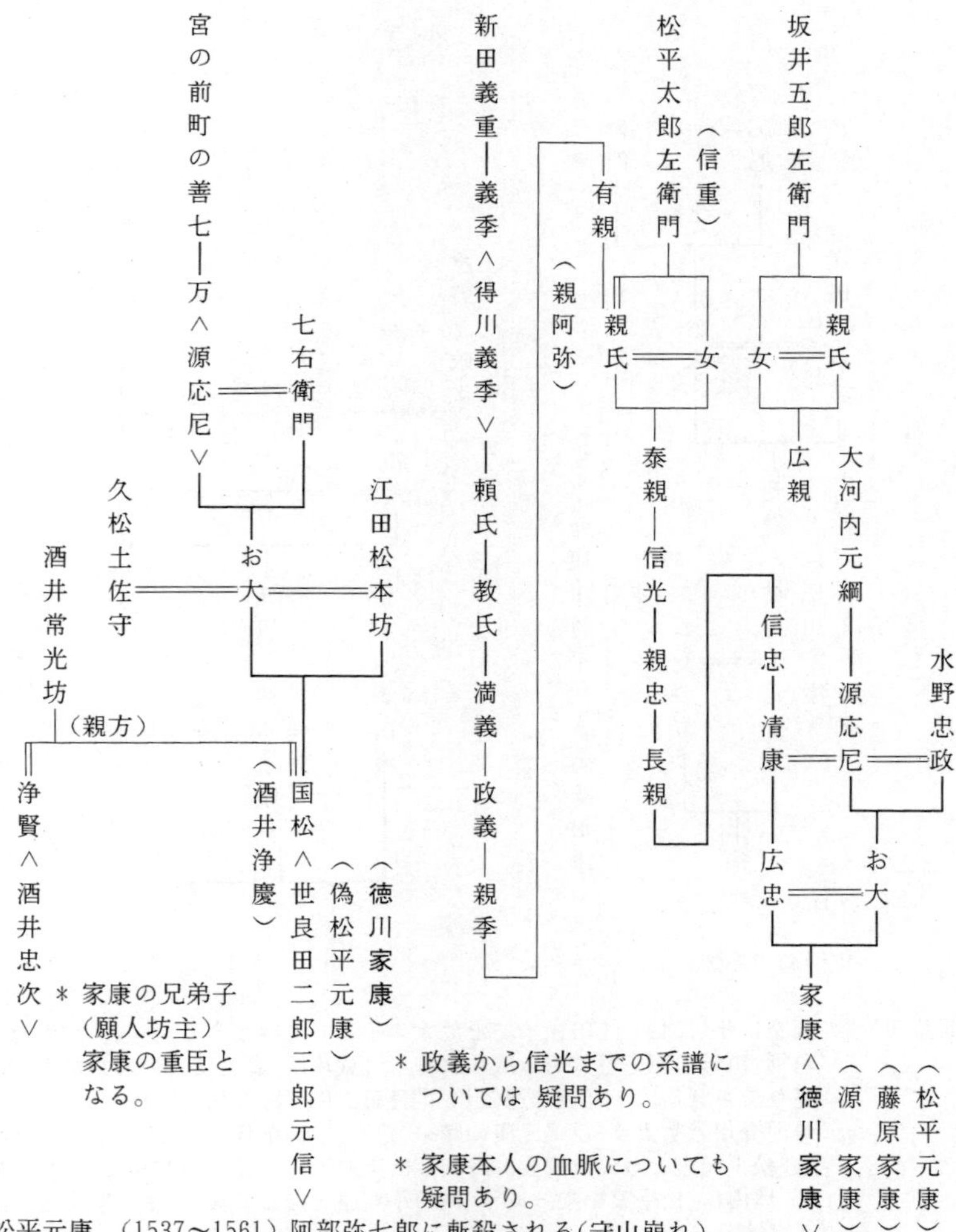

松平元康　（1537～1561）阿部弥七郎に斬殺される（守山崩れ）。
替え玉家康（1615～1616）（吉田村矢惣次）＊大坂夏の陣で死亡後 家康となる。
偽松平元康（1561～1616）（世良田二郎三郎元信）。織田・徳川同盟前に元康となる。
影武者家康（1590～1610）（世良田二郎三郎元信）。1600年 家康暗殺後 家康となる。
＊10年間は 影武者として、その後は 家康本人として幕府開設。
改ざん家康（1560～****）（岡崎信康）。幼少期の家康（竹千代）は 松平信康（竹千代）。

異聞家康系図（史疑徳川系図）

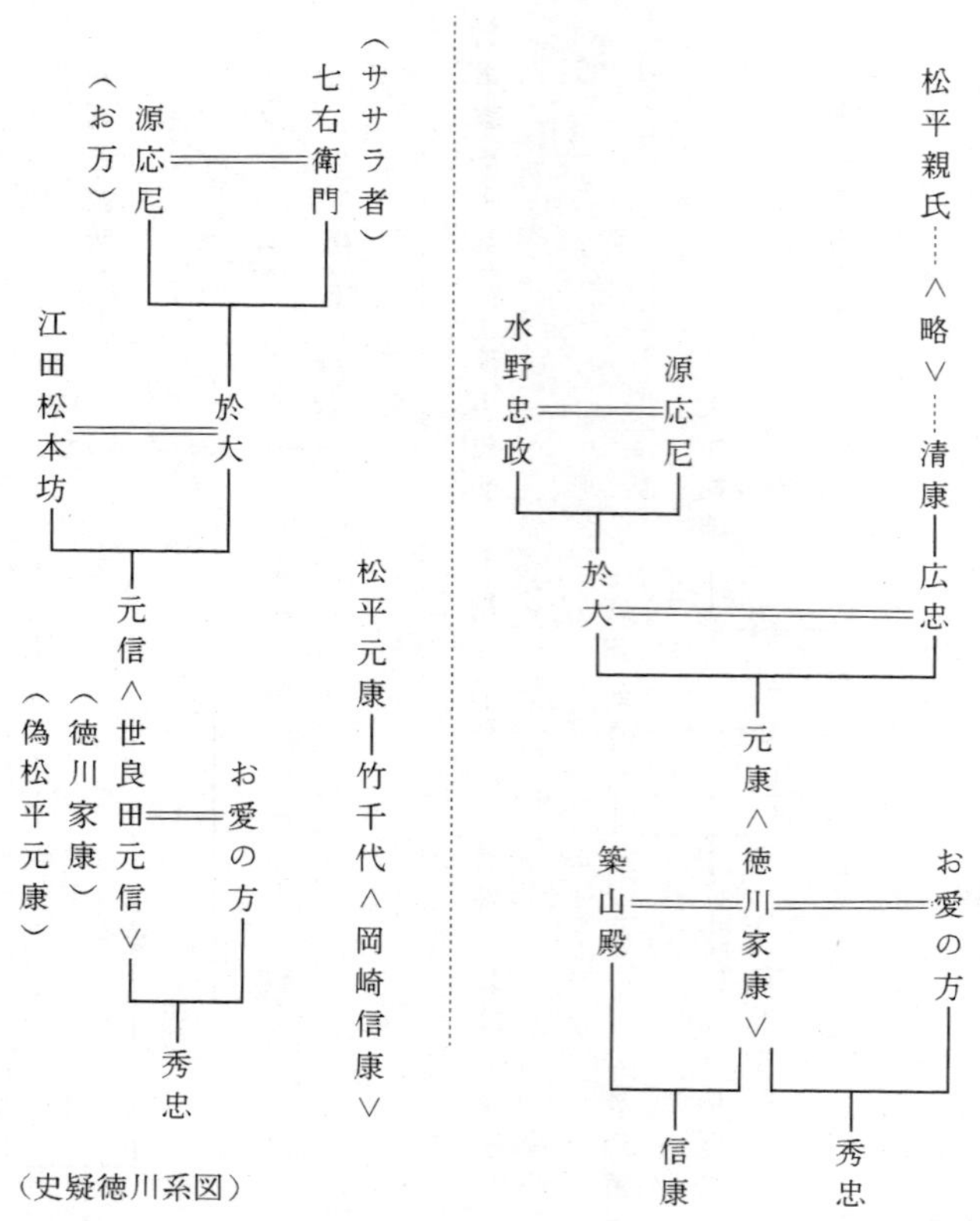

（史疑徳川系図）

世良田元信　天文11年（1542）江田松本坊と於大の子として生まれる。三歳で 両親と離別 祖母の源応尼に引き取られる。九歳の時 願人坊主の酒井常光坊に売り渡される。十九歳で還俗し 世良田二郎三郎元信と名乗る。
駿河今川屋敷より 松平元康の嫡子 竹千代（岡崎信康）を誘拐する。その後 松平元康と戦い大敗し、降伏して臣従する。元康暗殺後 対信長戦略を 理由に 松平家を乗っ取り 偽松平元康となる。後に 徳川家康と改姓改名する。

＊ 今川・織田家の人質となっていた竹千代は 松平信康（岡崎信康）。
＊ 守山崩れで殺されたのは 松平元康。

出典『徳川家康その重くて遠き道（別冊歴史読本 伝記シリーズ 9）（新人物往来社）』
原出典『史疑徳川家康事蹟（村岡素一郎）』

影武者徳川家康関係系図

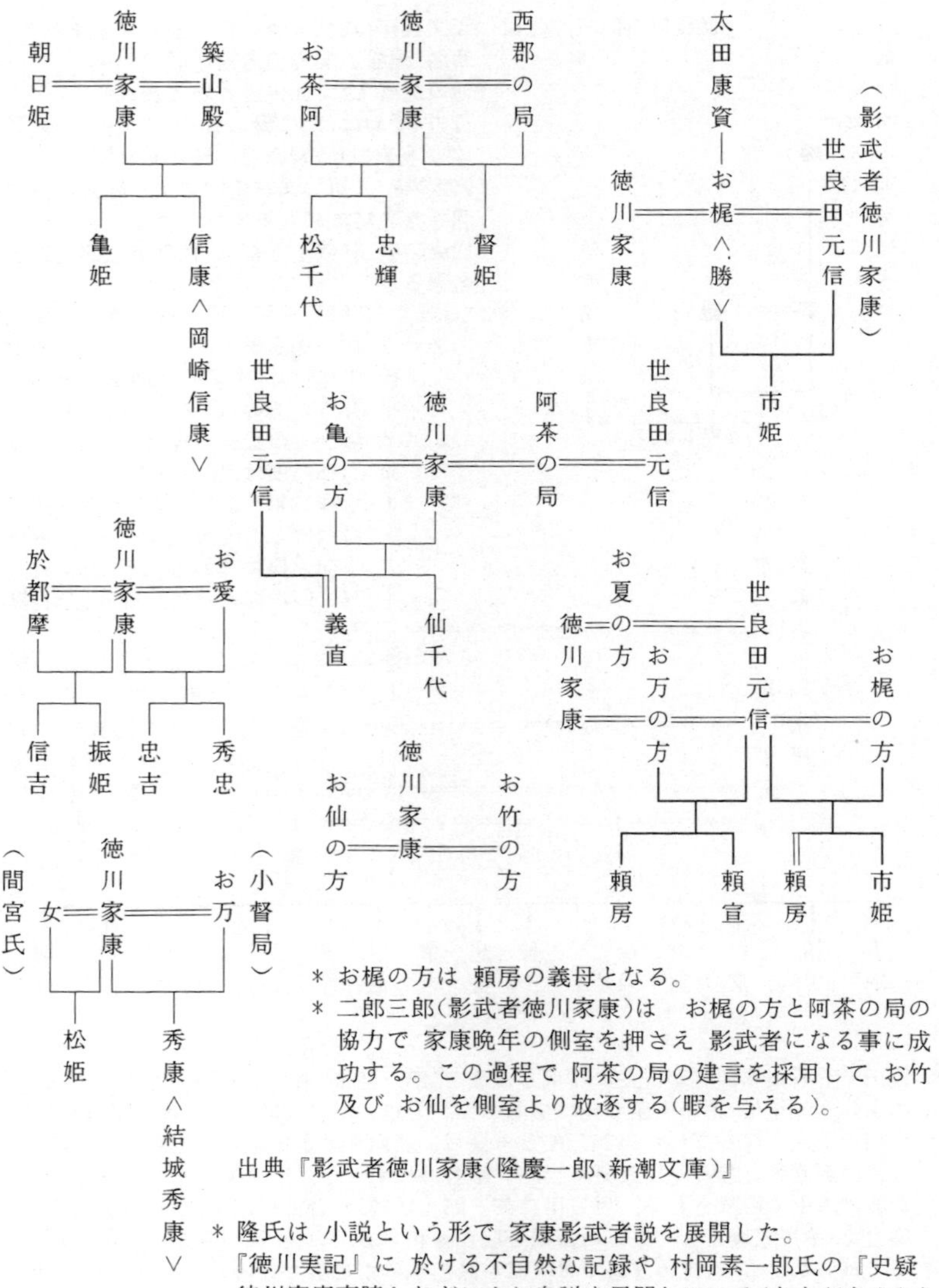

＊ お梶の方は 頼房の義母となる。

＊ 二郎三郎（影武者徳川家康）は お梶の方と阿茶の局の協力で 家康晩年の側室を押さえ 影武者になる事に成功する。この過程で 阿茶の局の建言を採用して お竹及び お仙を側室より放逐する（暇を与える）。

出典『影武者徳川家康（隆慶一郎、新潮文庫）』

＊ 隆氏は 小説という形で 家康影武者説を展開した。『徳川実記』に 於ける不自然な記録や 村岡素一郎氏の『史疑 徳川家康事蹟』などにより自説を展開している（あとがきより）。

＊ 全体系図は 次ページ参照。

影武者徳川家康の系譜

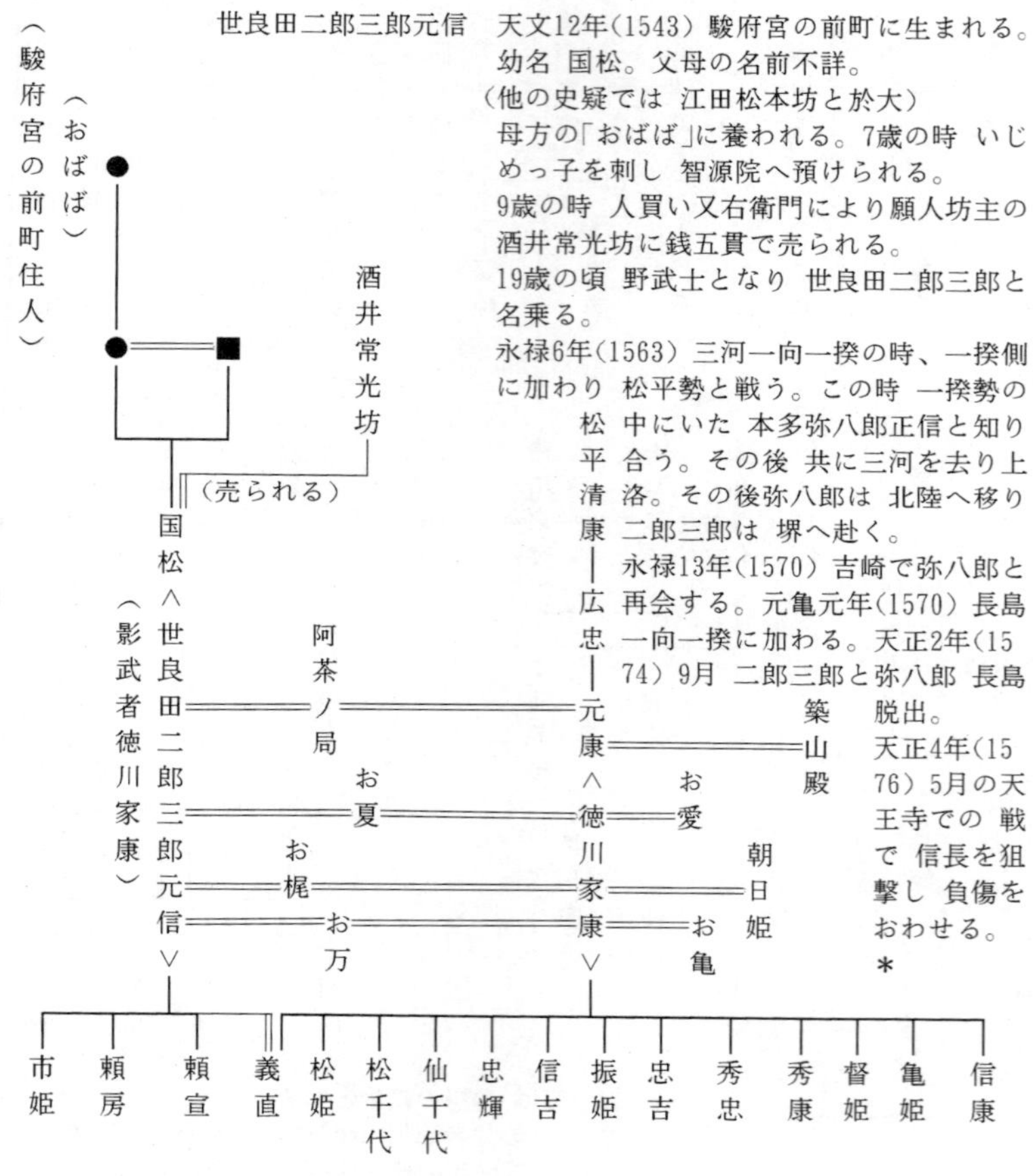

世良田二郎三郎元信
天文12年（1543）駿府宮の前町に生まれる。

幼名 国松。父母の名前不詳。

（他の史疑では 江田松本坊と於大）

母方の「おばば」に養われる。7歳の時 いじめっ子を刺し 智源院へ預けられる。

9歳の時 人買い又右衛門により願人坊主の酒井常光坊に銭五貫で売られる。

19歳の頃 野武士となり 世良田二郎三郎と名乗る。

永禄6年（1563）三河一向一揆の時、一揆側に加わり 松平勢と戦う。この時 一揆勢の中にいた 本多弥八郎正信と知り合う。その後 共に三河を去り上洛。その後弥八郎は 北陸へ移り 二郎三郎は 堺へ赴く。

永禄13年（1570）吉崎で弥八郎と再会する。元亀元年（1570）長島一向一揆に加わる。天正2年（1574）9月 二郎三郎と弥八郎 長島脱出。

天正4年（1576）5月の天王寺での 戦で 信長を狙撃し 負傷をおわせる。
＊
（駿府宮の前町住人）
（おばば）
酒井常光坊
（売られる）
国松〈世良田二郎三郎元信〉
（影武者徳川家康）
阿茶ノ局
お夏
お梶
お万
松平清康
広忠
元康〈徳川家康〉
築山殿
お愛
朝日姫
お亀
市姫
頼房
頼宣
義直
松姫
松千代
仙千代
忠輝
信吉
振姫
忠吉
秀忠
秀康
督姫
亀姫
信康

＊ 天正8年 石山本願寺が信長に降伏した後 二郎三郎は 消息を絶つ。天正10年 6月 本多弥八郎正信 徳川家康の元に帰参する。天正16年（1588）8月、本多正信 北条氏規の下人となっていた二郎三郎と再会し、表向きは本多忠勝の推挙という事で家康の影武者となる。慶長5年（1600）陰暦9月 関ヶ原に布陣中の家康が島左近の刺客に陣中で暗殺される。世良田二郎三郎元信（影武者徳川家康）が 本多忠勝の協力で 徳川家康として東軍の指揮を取り勝利する。以後 徳川秀忠、柳生宗矩と闇で戦いながら 秀忠の謀略で豊臣家が滅亡するまで陰で守護しながら生き 大坂夏の陣後の 秀忠の暗殺計画により負傷し、元和2年（1616）4月 駿府で死去する。

出典『影武者徳川家康（隆慶一郎、新潮文庫）』

御當家御系図（徳川氏系図）

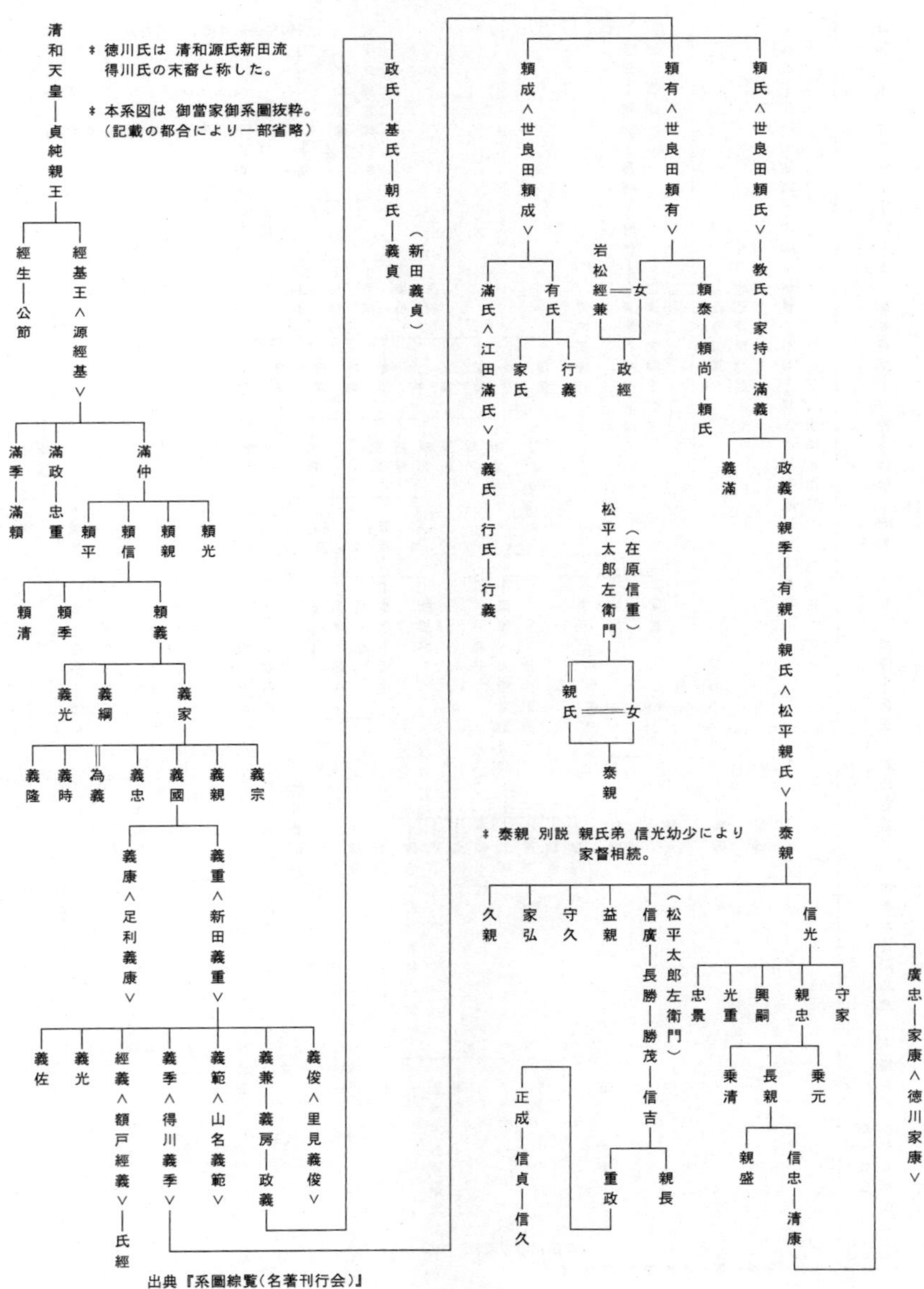
＊徳川氏は 清和源氏新田流得川氏の末裔と称した。
＊本系図は 御當家御系圖抜粋。（記載の都合により一部省略）
清和天皇—貞純親王
經生—公節
經基王（源經基）
滿季—滿頼
滿政—忠重
滿仲
頼平
頼信
頼親
頼光
頼清
頼季
頼義
義光
義綱
義家
義隆
義時
為義
義忠
義國
義親
義宗
義康（足利義康）
義重（新田義重）
義佐
義光
經義（額戸經義）—氏經
義季（得川義季）
義範（山名義範）
義兼—義房—政義
義俊（里見義俊）
政氏—基氏—朝氏—義貞（新田義貞）
頼成（世良田頼成）
頼有（世良田頼有）
頼氏（世良田頼氏）—教氏—家持—滿義
滿氏（江田滿氏）—義氏—行氏—行義
有氏
家氏
行義
岩松經兼
女
政經
頼泰—頼尚—頼氏
義滿
政義—親季—有親—親氏（松平親氏）—泰親
松平太郎左衛門
（在原信重）
親氏
女
泰親
＊泰親 別説 親氏弟 信光幼少により家督相続。
久親
家弘
守久
益親
信廣—長勝—勝茂—信吉
（松平太郎左衛門）
信光
忠景
光重
興嗣
親忠
守家
乗清
長親
乗元
親盛
信忠—清康
廣忠—家康（徳川家康）
重政
親長
正成—信貞—信久
出典『系圖綜覧（名著刊行会）』

新田松平家譜

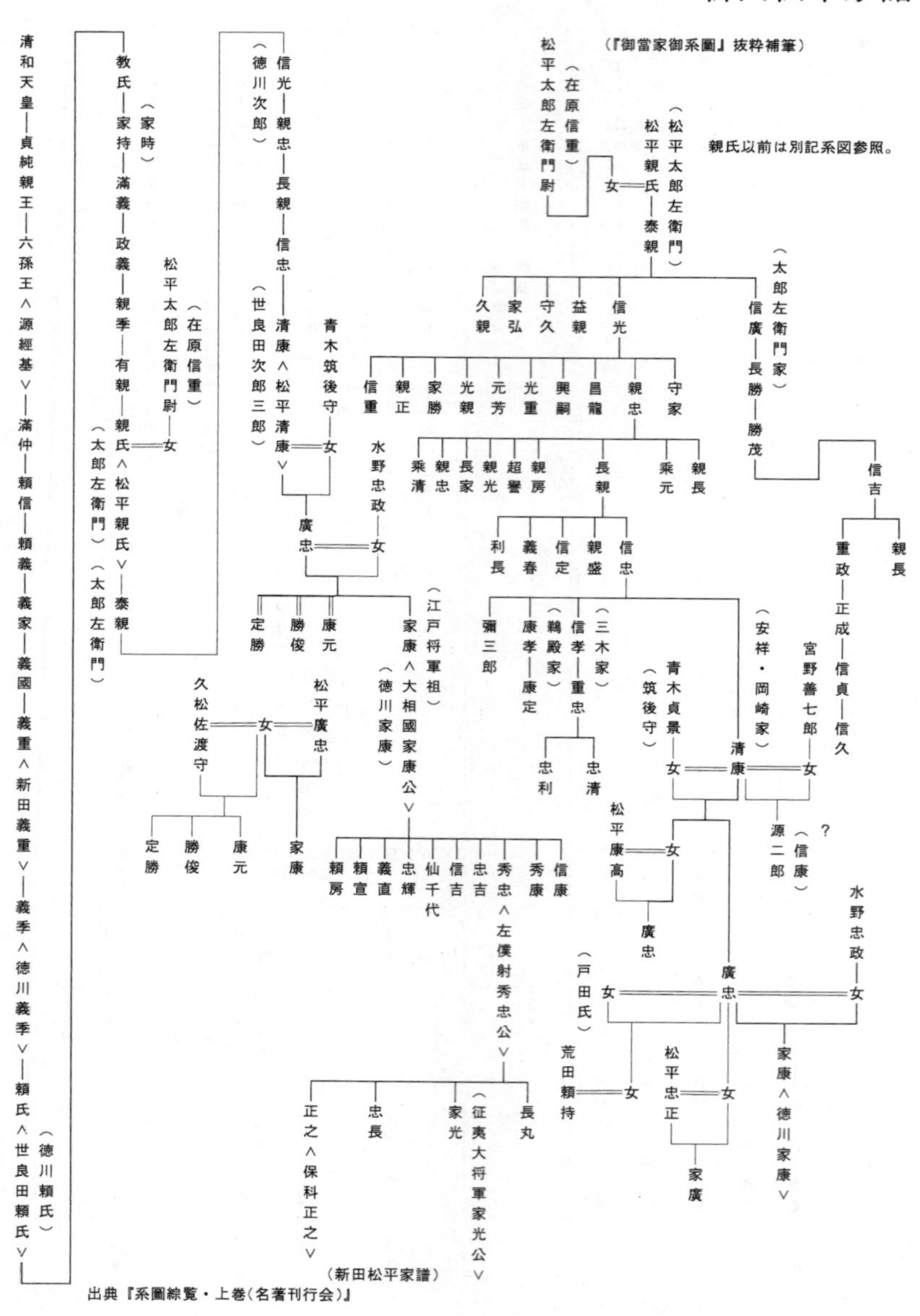

出典『系圖綜覧・上巻(名著刊行会)』

得川氏系図（尊卑分脈）

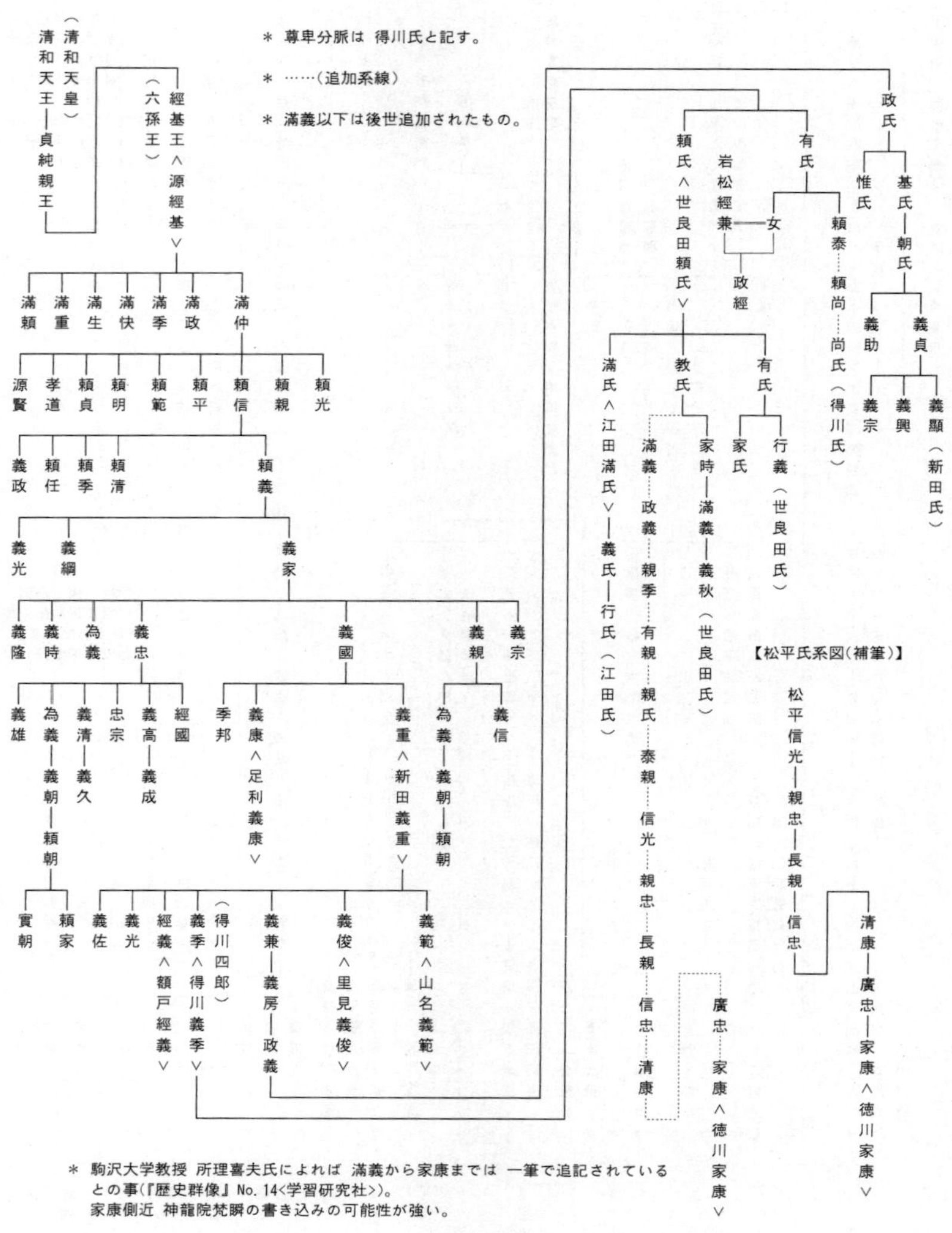

出典『新訂増補 國史大系 尊卑分脉 第三篇（吉川弘文館）』

徳川氏系図

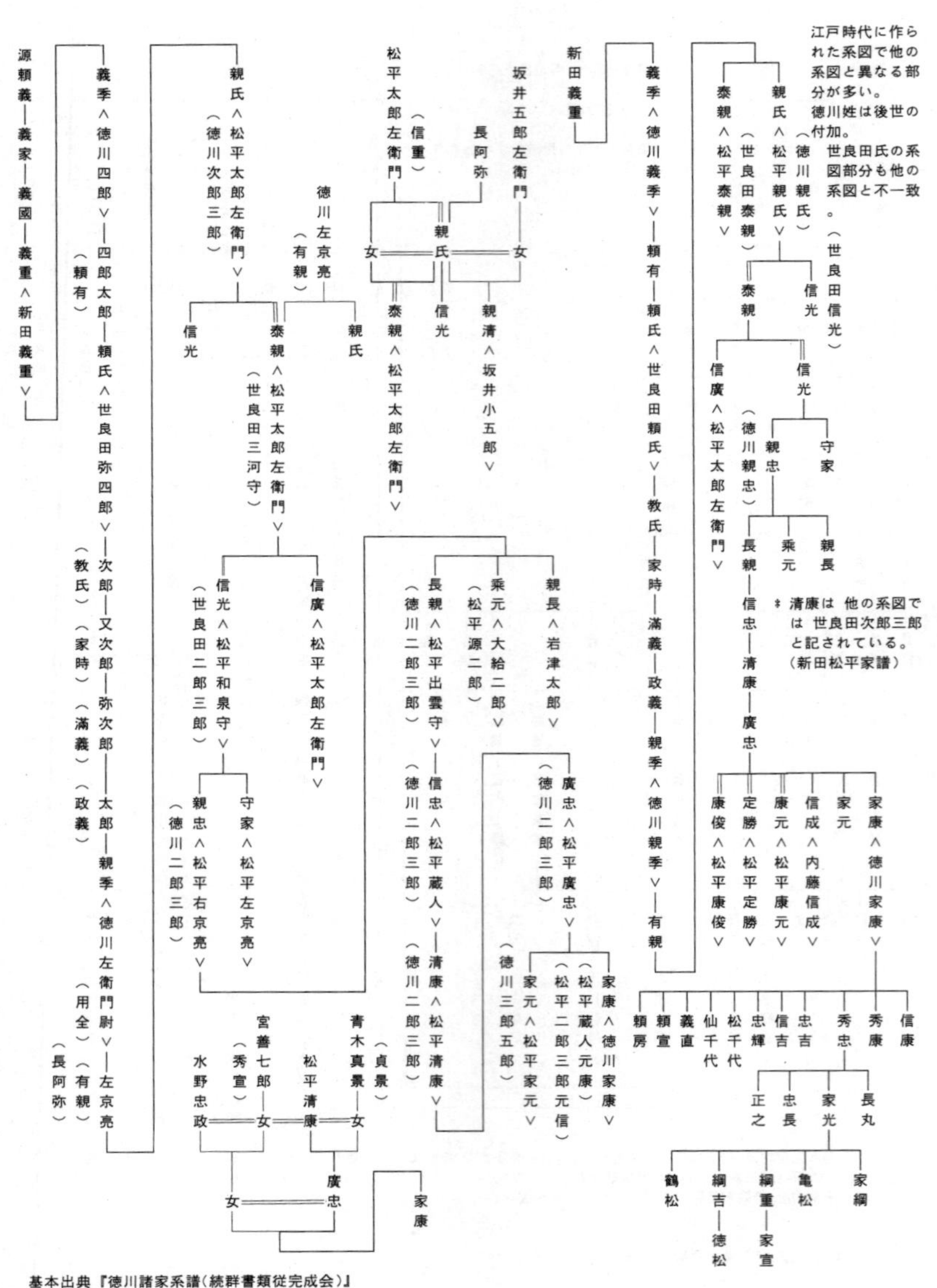

基本出典『徳川諸家系譜（続群書類従完成会）』

徳川氏（源朝臣）系図

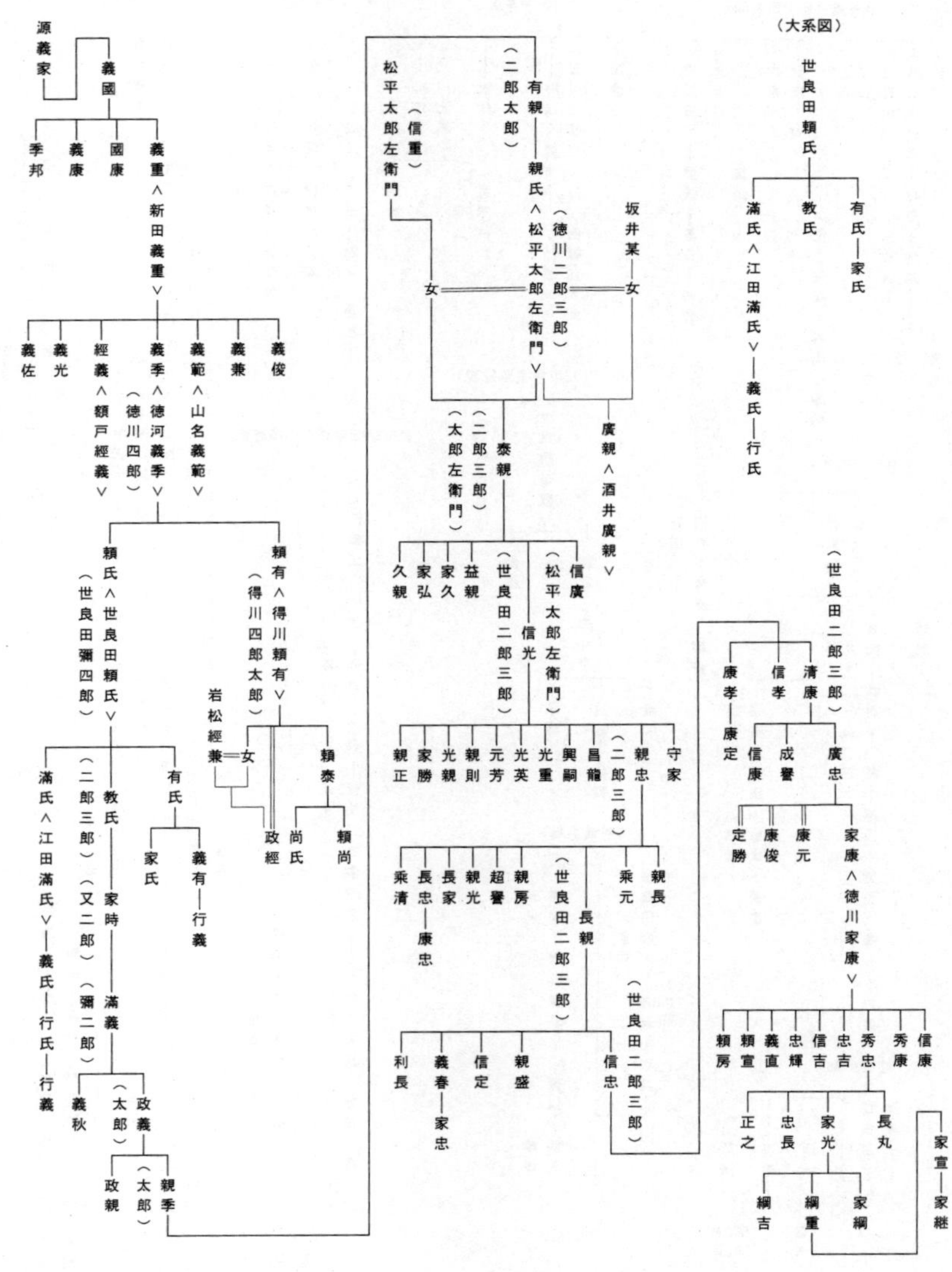

出典『系図纂要 第九冊（名著出版）』

徳川氏参考系図

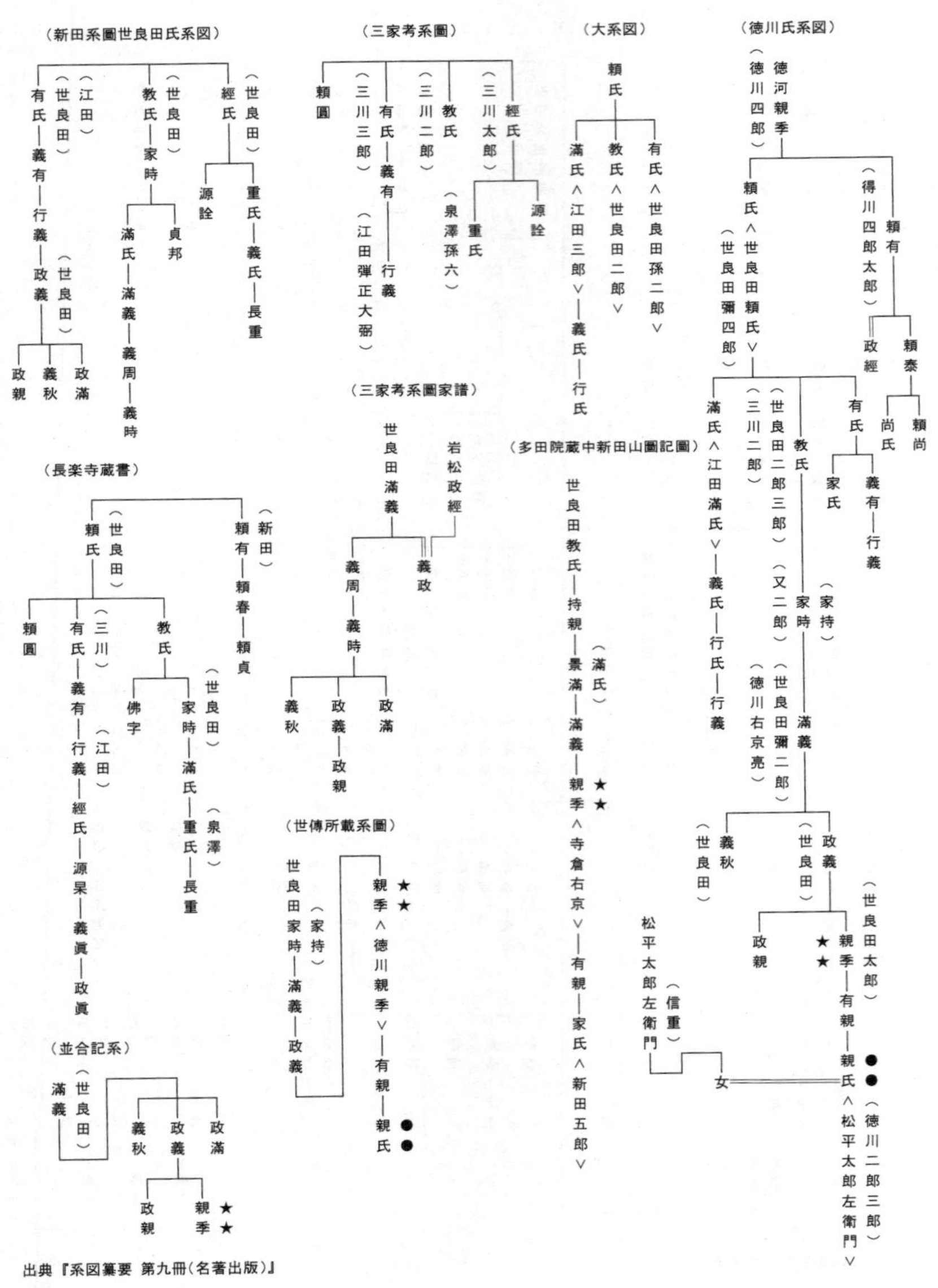

出典『系図纂要 第九冊（名著出版）』

世良田氏（清和源氏）系図

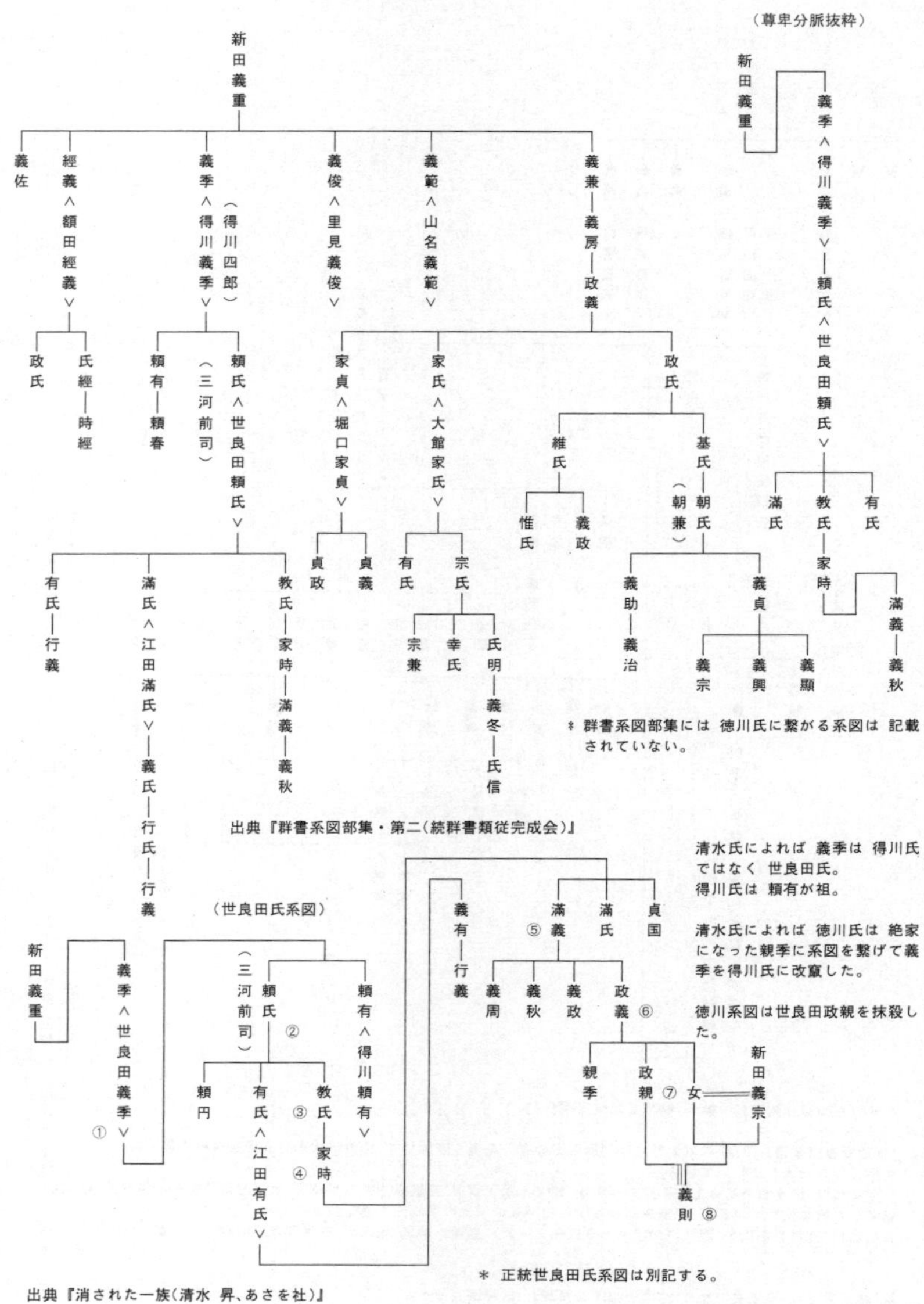
（尊卑分脈抜粋）
新田義重
義季〈得川義季〉―頼氏〈世良田頼氏〉
満氏
教氏―家時
有氏
満義―義秋
新田義重
義佐
經義〈額田經義〉
政氏
氏經―時經
義季〈得川義季〉
（得川四郎）
頼有―頼春
（三河前司）
頼氏〈世良田頼氏〉
有氏―行義
満氏〈江田満氏〉―義氏―行氏―行義
教氏―家時―満義―義秋
義俊〈里見義俊〉
義範〈山名義範〉
義兼―義房―政義
家貞〈堀口家貞〉
貞政
貞義
家氏〈大館家氏〉
有氏
宗氏
宗兼
幸氏
氏明―義冬―氏信
政氏
維氏
惟氏
義政
基氏―朝氏
（朝兼）
義助―義治
義貞
義宗
義興
義顕
＊ 群書系図部集には 徳川氏に繋がる系図は 記載されていない。
出典『群書系図部集・第二（続群書類従完成会）』
（世良田氏系図）
新田義重
義季〈世良田義季〉①
（三河前司）
頼氏②
頼円
有氏〈江田有氏〉
教氏③―家時④
頼有〈得川頼有〉
義有―行義
⑤満義
満氏
貞国
義周
義秋
義政
政義⑥
親季
政親⑦
女
新田義宗
義則⑧
清水氏によれば 義季は 得川氏ではなく 世良田氏。
得川氏は 頼有が祖。
清水氏によれば 徳川氏は 絶家になった親季に系図を繋げて義季を得川氏に改竄した。
徳川系図は世良田政親を抹殺した。
＊ 正統世良田氏系図は別記する。
出典『消された一族（清水 昇、あさを社）』

松平諸流略図

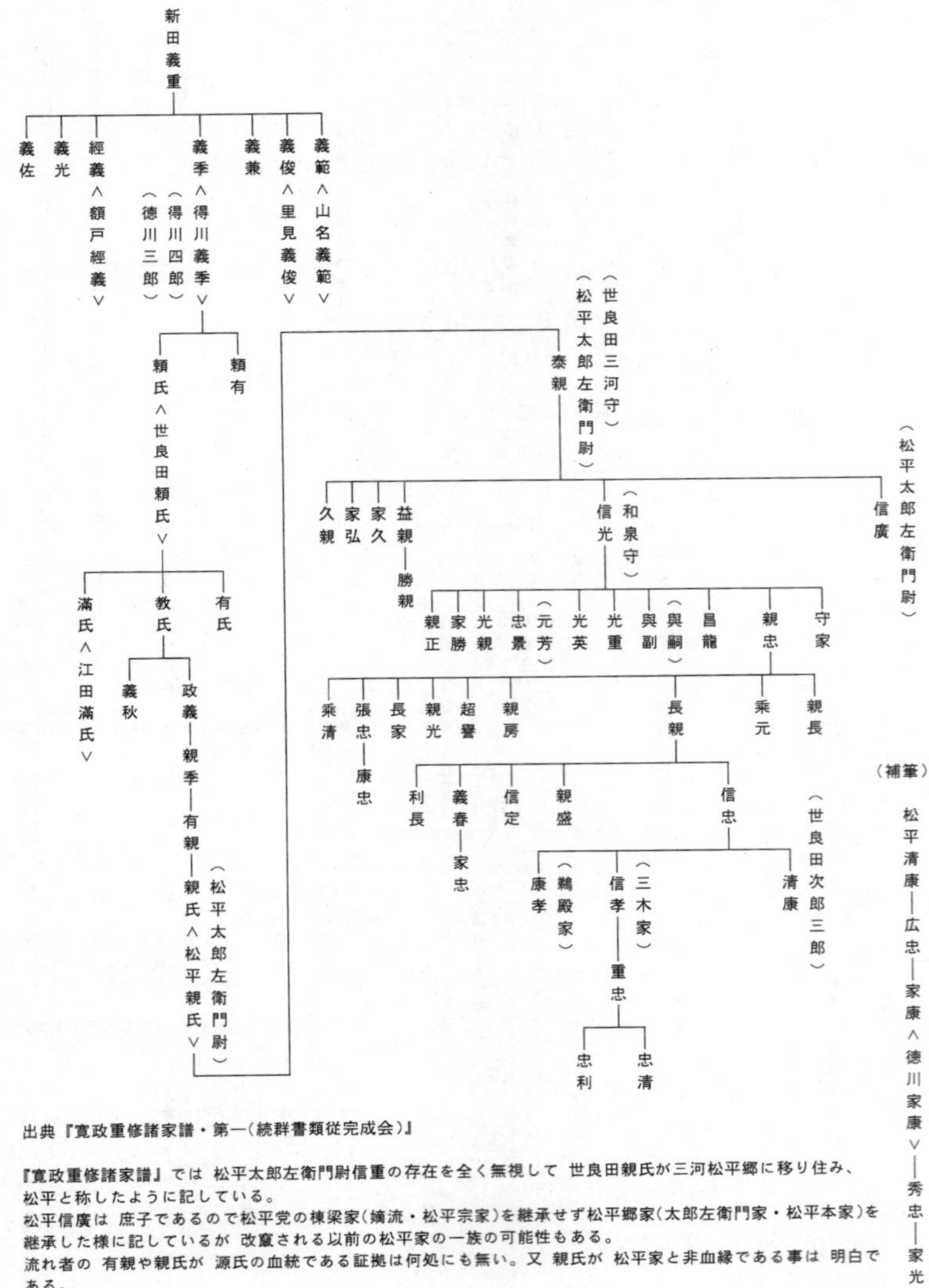

出典『寛政重修諸家譜・第一（続群書類従完成会）』

『寛政重修諸家譜』では 松平太郎左衛門尉信重の存在を全く無視して 世良田親氏が三河松平郷に移り住み、松平と称したように記している。
松平信廣は 庶子であるので松平党の棟梁家（嫡流・松平宗家）を継承せず松平郷家（太郎左衛門家・松平本家）を継承した様に記しているが 改竄される以前の松平家の一族の可能性もある。
流れ者の 有親や親氏が 源氏の血統である証拠は何処にも無い。又 親氏が 松平家と非血縁である事は 明白である。

＊ 本系図では 清康までなので 清康以下を補筆した（早瀬）。

世良田氏系図（『消された一族』）

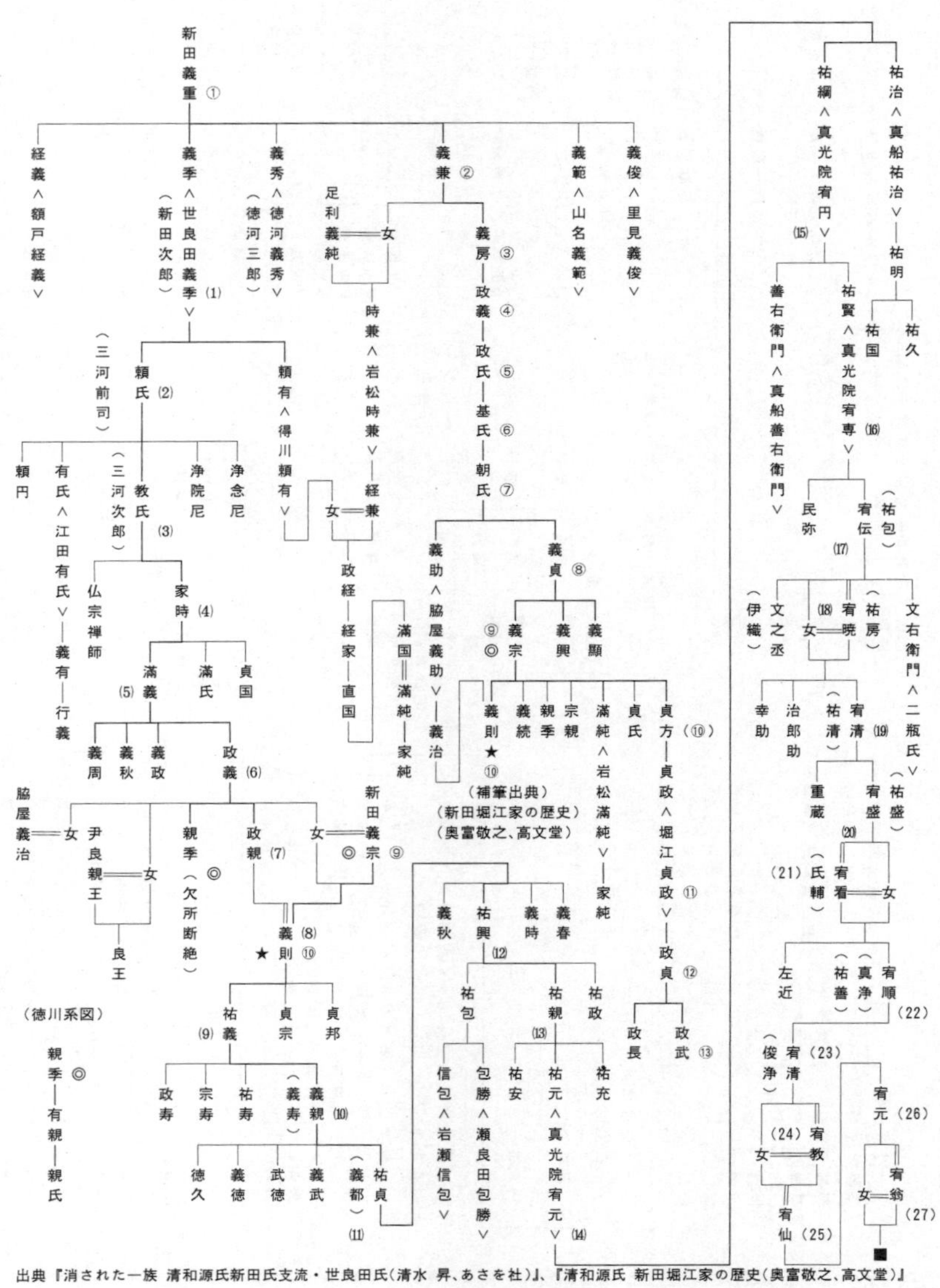

出典『消された一族 清和源氏新田氏支流・世良田氏（清水 昇、あさを社）』、『清和源氏 新田堀江家の歴史（奥富敬之、高文堂）』

消された一族

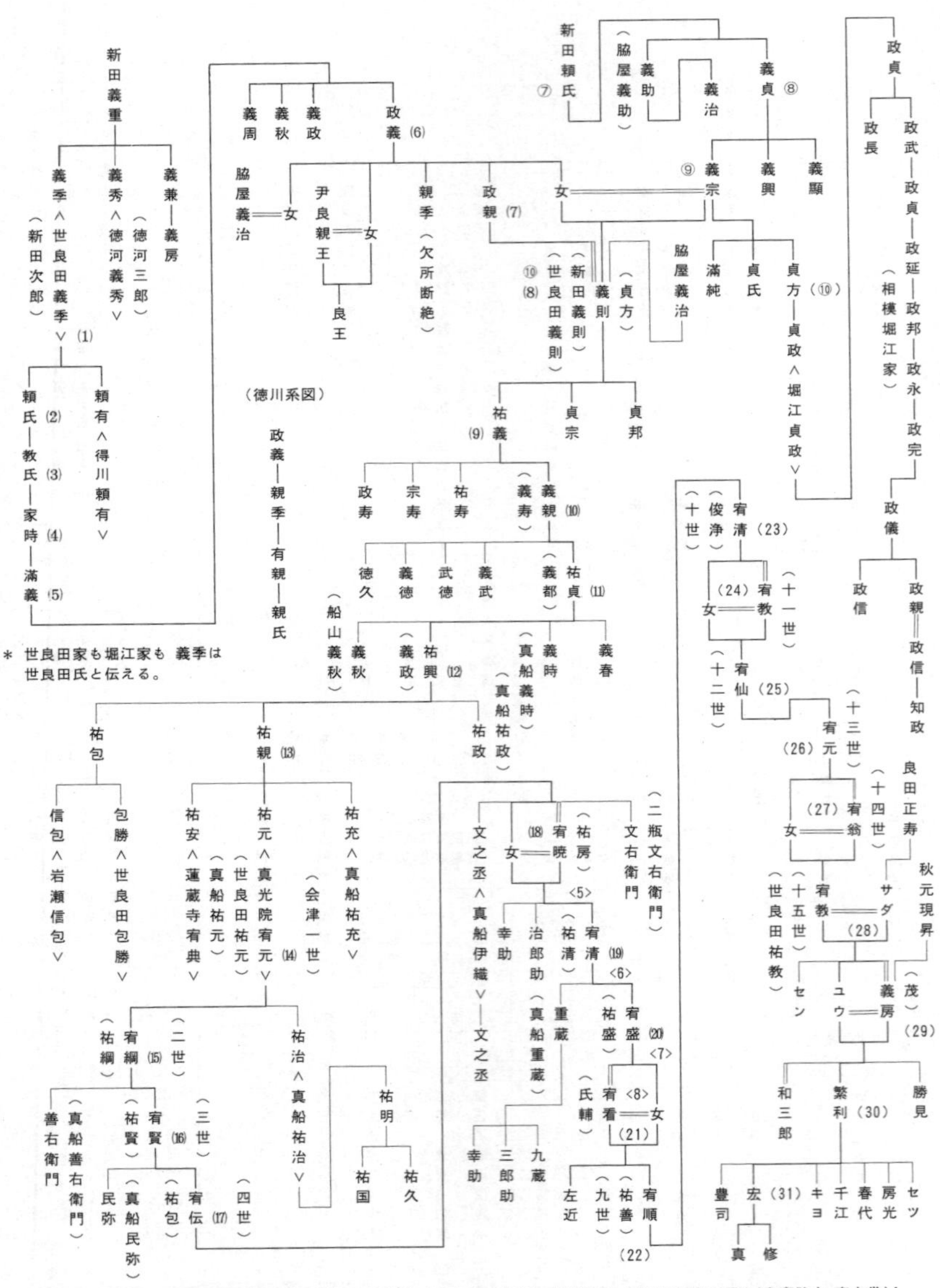

＊ 世良田家も堀江家も 義季は世良田氏と伝える。

出典『消された一族 清和源氏新田氏支流・世良田氏(清水 昇、あさを社)』、『清和源氏 新田堀江家の歴史(奥富敬之、高文堂)』

明確に否定される新田末裔系図

桑田忠親氏（『武将列伝』執筆当時は国学院大学教授）は『日本武将列伝5』（秋田書店、一九七二）において、松平信重を無視した徳川略系図を紹介していることは前述したが、新田末裔説に関してはすでに疑問が指摘されている。家康は天下を取る以前から系図を改竄しており、新田末裔系図はその最終段階で完成したものである。

家康は永禄四年（一五六一）織田信長と和し、今川氏より独立、三河平定のために諸勢力と戦い、九月には西三河を平定する。永禄六年（一五六三）、家康と改名する（松平家康）。同年秋、三河一向一揆勃発。翌年、これを平定し三河を統一する。永禄九年（一五六六）、姓を徳川と改める（本姓藤原氏、藤原家康）。家康は藤原氏になることにより、従五位下三河守となり、正式に朝廷より三河国主として認知される。つまり、この時の徳川家康は藤原家康である。しかし、藤原徳川系図は、現在の系図集には記載されておらず、幻の系図である（筆者の所持する各種系図集には記載されていない）。家康が源氏に改姓したのは、国際日本文化センターの笠谷和比古氏によれば、天正十六年（一五八八）後陽成天皇の聚楽第行幸の時の誓詞提出の時に、源家康と署名したとのことである（『逆転の日本史・つくられた秀吉神話』洋泉社）。この年、信長に追放されていた室町将軍足利義昭は出家して昌山と号した（この年に正式に征夷大将軍は空位になった）。笠谷氏によれば、家康の源姓改姓は足利義昭の出家・将軍職辞任と連動しているとのこと。この時、家康は足利一門の吉良氏より系図を借り受け、源氏系新田徳川系図を創作したといわれる。またこの時『尊卑分脈』を改竄したのは、家康側近の神龍院梵舜と云われる（『歴史群像』一九九四年八月号、通巻十四号）。

桑田氏は『日本武将列伝』において、堂々とこの新田徳川系図を紹介しているのである。

家康側近は新田一族の中に得川氏を創設して、その後に新田正統支族の世良田系図を挟み、絶家した親季の後に流浪人（時宗の僧侶）長阿弥（有親）、徳阿弥（親氏）を加えて松平氏に繋げたのである。その事実を隠蔽するために『尊卑分脈』を改竄する過程で徳河親秀（徳河三郎）を抹消し、世良田氏初代の世良田義季（新田次郎）を得川義季（得川四郎）と改め、本来世良田氏の傍系であった得川氏を直系の先祖に改竄した。二代目の頼氏は本来の世良田姓とし、得川氏より分家派生したように記している。『尊卑分脈』では、教氏―家時―満義―義秋という系図を記しながら、家康に繋がる系図は破線で教氏…満義…政義…親季…有親…親氏…泰親…信光…親忠…長親…信忠…清康…廣忠…家康として、家時は記していない。『歴史群像』でも同様の系図を紹介している。得川義季は家康側近が徳河親秀（徳川三郎）を抹消し、世良田義季と合体創作した幻の人物である。

江戸時代に原本の成立した『群書系図部集』や『系図纂要』も、得川義季先祖説を踏襲している。このことに関しては、世良田氏の末裔は世良田義季が得川姓であったことはないと真っ向から否定している（『消された一族』清水昇著・あさを社）。

また、奥富敬之著の『清和源氏新田堀江家の歴史』でも、義季は世良田義季と記している。

正統な新田一族は義季を得川氏とは認めていない。現在流布している系図は、江戸時代に改竄されており、徳川系図に関しては比較的信憑性の高いと云われる『尊卑分脈』や『系図纂要』でも信用できない。世良田氏系図そのものも改竄されているので、正統世良田氏系図とは完全に一致しないことは、前述の系図を比較すれば明らかである。世良田氏は家康側近により七代の政親が抹殺され、その兄弟で欠所断絶（『消された一族』）となった親季をその替わりに位置付けている。その結果、世良田政親の家系は世良田氏の系図上から抹殺された。政親の家系については『消された一族』（清水昇・あさを社）に詳しいのでそちらを参照されたい。

ただし、世良田家八代目の義則を新田宗家十代目とすることに関しては、堀江家系図などから見て疑問が残る。世良田家を継承した義則は脇屋義助の孫との説もあるので、新田宗家とする説に関しては疑問を呈しておく。世良田政親の家系について考証する資料を持ち合わせていないが、これは各系図集の調査対象から外れていたということでやむを得ない。まして徳川家が新田得川世良田氏末裔を称している以上、地方に埋もれた世良田家が世良田氏宗家を称することなど不可能であろう。また宗家と主張しても黙殺されるであろう。世良田氏は、六代の政義と実弟で世良田における政義の代理人（六代代行）の義政の死後、急速に衰退し、公史の上では所在が不明となる。新田宗家や世良田一族は南朝を援けて各地で戦い、南北朝合一の後は後南朝に協力するがやがて足利方に追われ地下に潜った（山の民のルートにより各地に潜伏、やがて足利氏に対抗する力を失っていく）。

このことが徳川氏（松平氏）を世良田氏に結びつけることを容易にしたのではないだろうか？　家康は系図改竄により新田の末裔となることに成功していたが、秀吉没後は堂々と源氏を公言し、武士の正統な棟梁たる征夷大将軍の位を手に入れる。天下を取った家康は、新田末裔であることの証しとして、世良田義季（家康側近によれば得川義季）やその一族子孫縁（ゆかり）の寺を再興し、寺領を与え保護している（慶長八年天海僧正に長楽寺を復興させ、慶長十六年には新田義重の菩提を弔うために、現在の太田市に大光院を創建した）。しかし、新田一族特に系図を割り込ませた世良田一族（世良田・江田・得川）については何の保護も与えていない。唯一、足利新田系の岩松氏に当初二十石後に百二十石を与え交代寄合（准大名）に准じる格式を与えた。この岩松家は明治時代には建武の親政の時の新田一族の功績により男爵を与えられる（新田男爵家）。

家康が新田の末裔なら、岩松家にわずか百二十石の御家人の家禄しか与えなかったのは宗家を軽んじる行為である。せめて交代寄合として五千石ぐらいは与えるべきであろう。新田の宿敵足利家の分家関東足利家（喜連川家）には五千石を与え格式は十万石並を与えていたことと比較すれば、雲泥の差である（ちなみにこの足利家は明治時代に子爵となる）。このことをとって見ても徳川家が新田末裔としたことが、武家の正統な棟梁となる手段にすぎなかったことは明らかである。

それでは徳川家（松平氏）は如何なる血脈に属するのか？　天下を取った家康が本物の家康であったとして如何なる系譜の末裔なのか？　先祖の親氏は松平家を継承しているので、家系上では在原氏あるいは家紋の関係や松平家の発祥地の関係からすると加茂氏ということになる。そういう系図が存在するのか？　それを示唆する系図集を筆者は十年ほど前に入手した。信長や秀吉の所でも引用紹介した『古代氏族系譜集成』（宝賀寿男編著・古代氏族研究会）がそれである。これは明治の系譜研究家・鈴木真年の研究を宝賀氏が再発掘再編したものである。

加茂氏一族系図 (1)

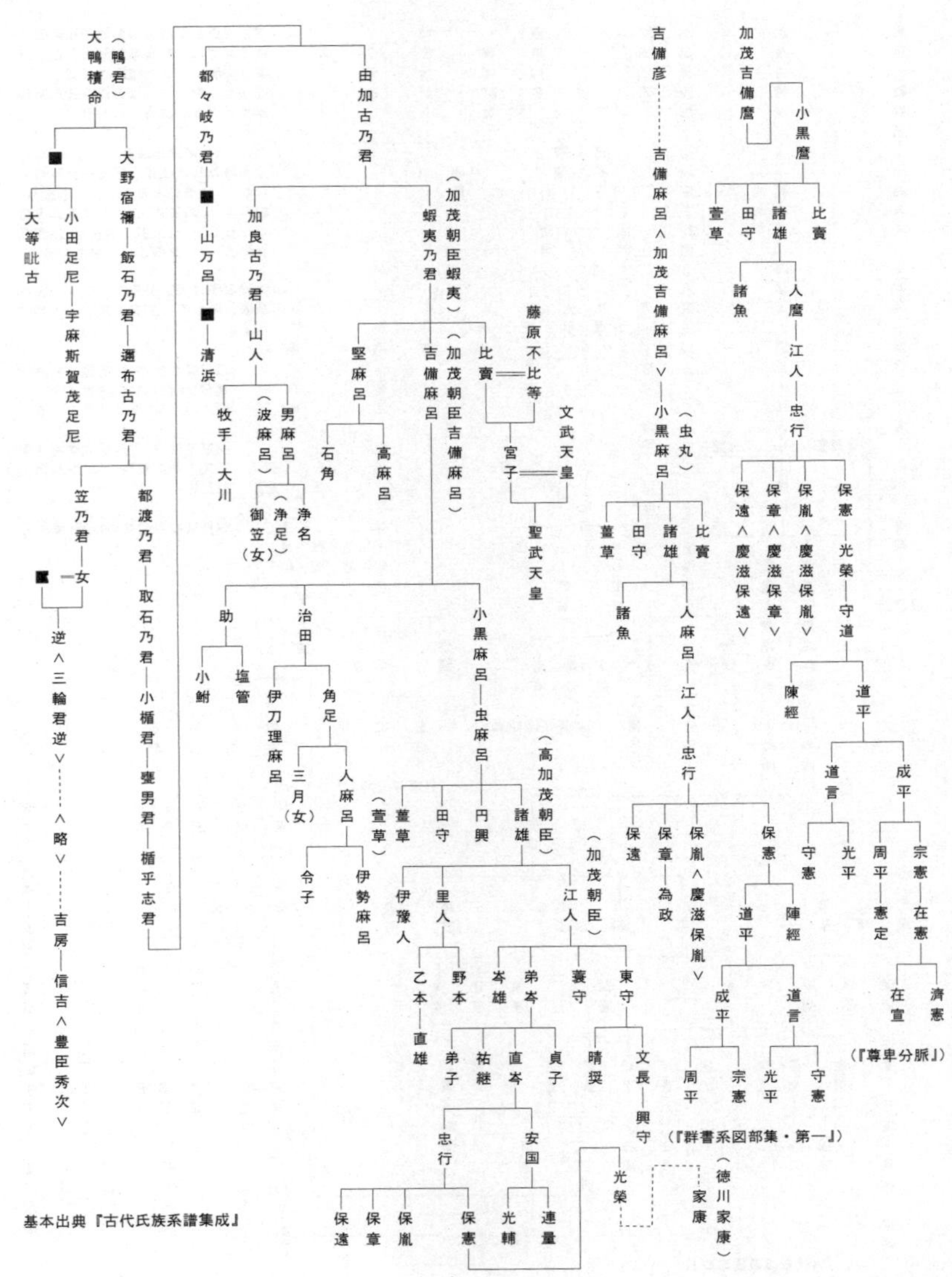

基本出典『古代氏族系譜集成』

加茂氏一族系図 (2)

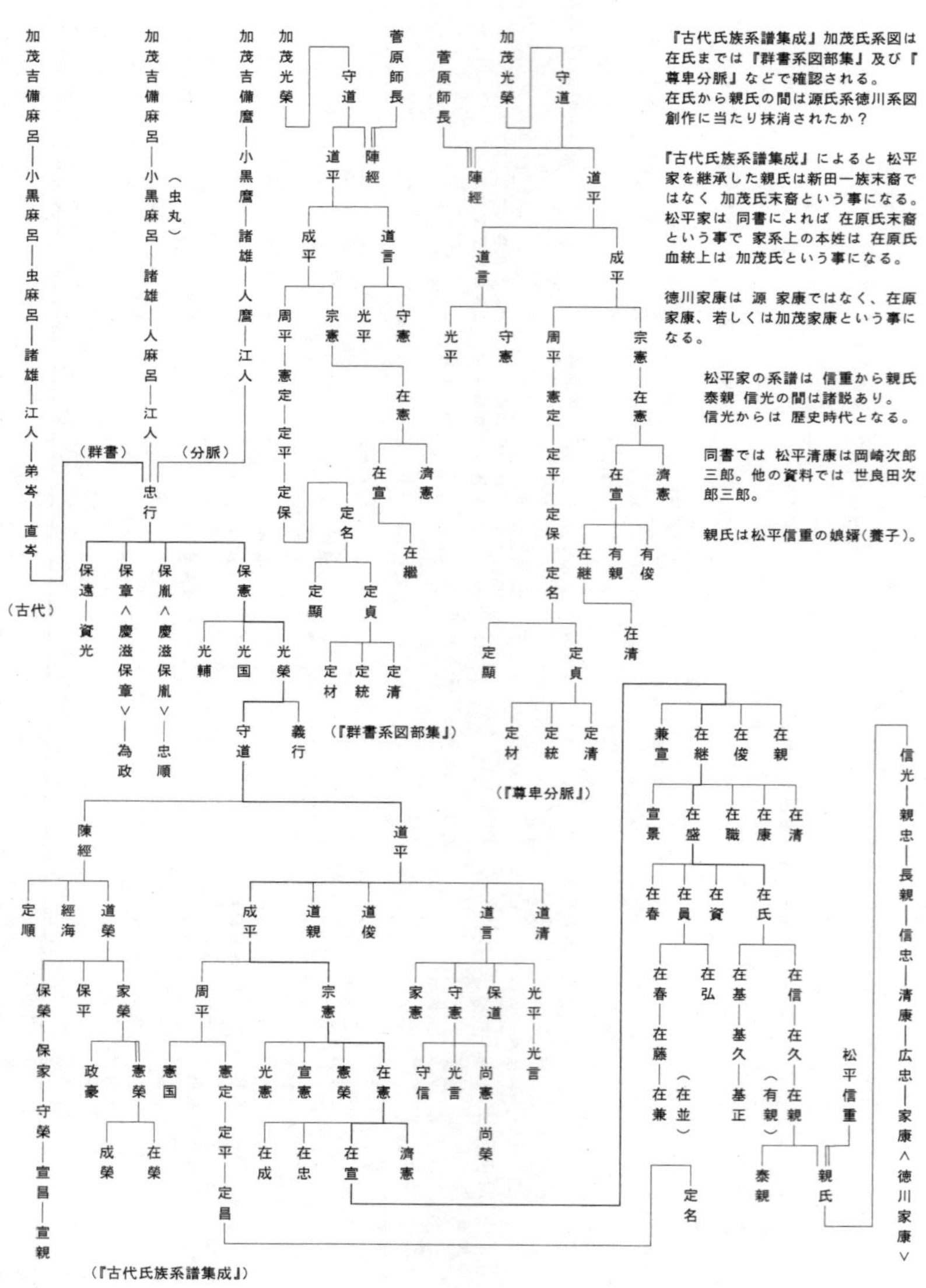

『古代氏族系譜集成』加茂氏系図は在氏までは『群書系図部集』及び『尊卑分脈』などで確認される。
在氏から親氏の間は源氏系徳川系図創作に当たり抹消されたか？

『古代氏族系譜集成』によると 松平家を継承した親氏は新田一族末裔ではなく 加茂氏末裔という事になる。松平家は 同書によれば 在原氏末裔という事で 家系上の本姓は 在原氏 血統上は 加茂氏という事になる。

徳川家康は 源 家康ではなく、在原家康、若しくは加茂家康という事になる。

松平家の系譜は 信重から親氏 泰親 信光の間は諸説あり。信光からは 歴史時代となる。

同書では 松平清康は岡崎次郎三郎。他の資料では 世良田次郎三郎。

親氏は松平信重の娘婿(養子)。

加茂氏一族系図 (3)

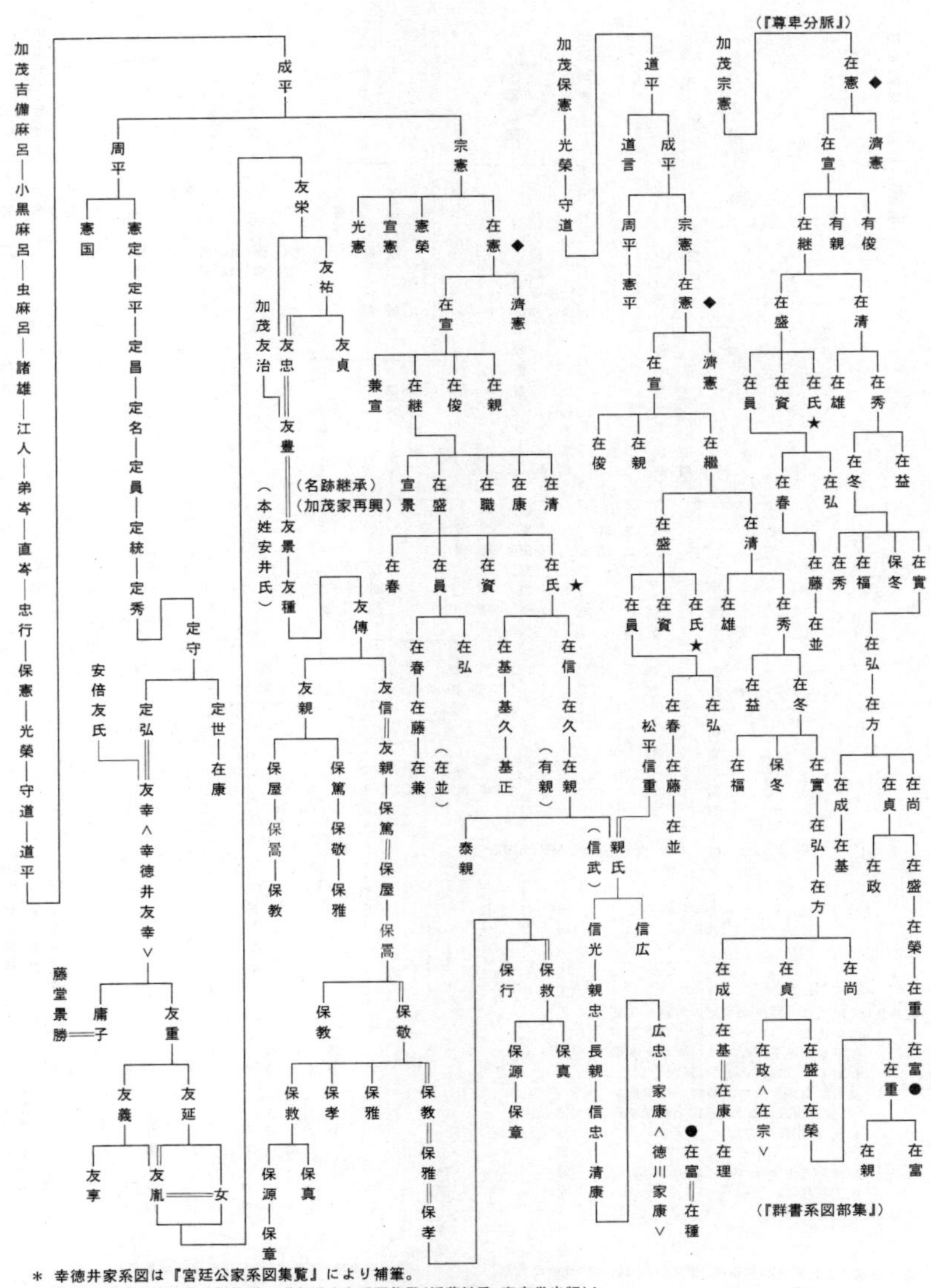

＊ 幸徳井家系図は『宮廷公家系図集覧』により補筆。
基本出典『古代氏族系譜集成』、『宮廷公家系図集覧（近藤敏喬、東京堂出版）』

加茂氏一族系図 (4)

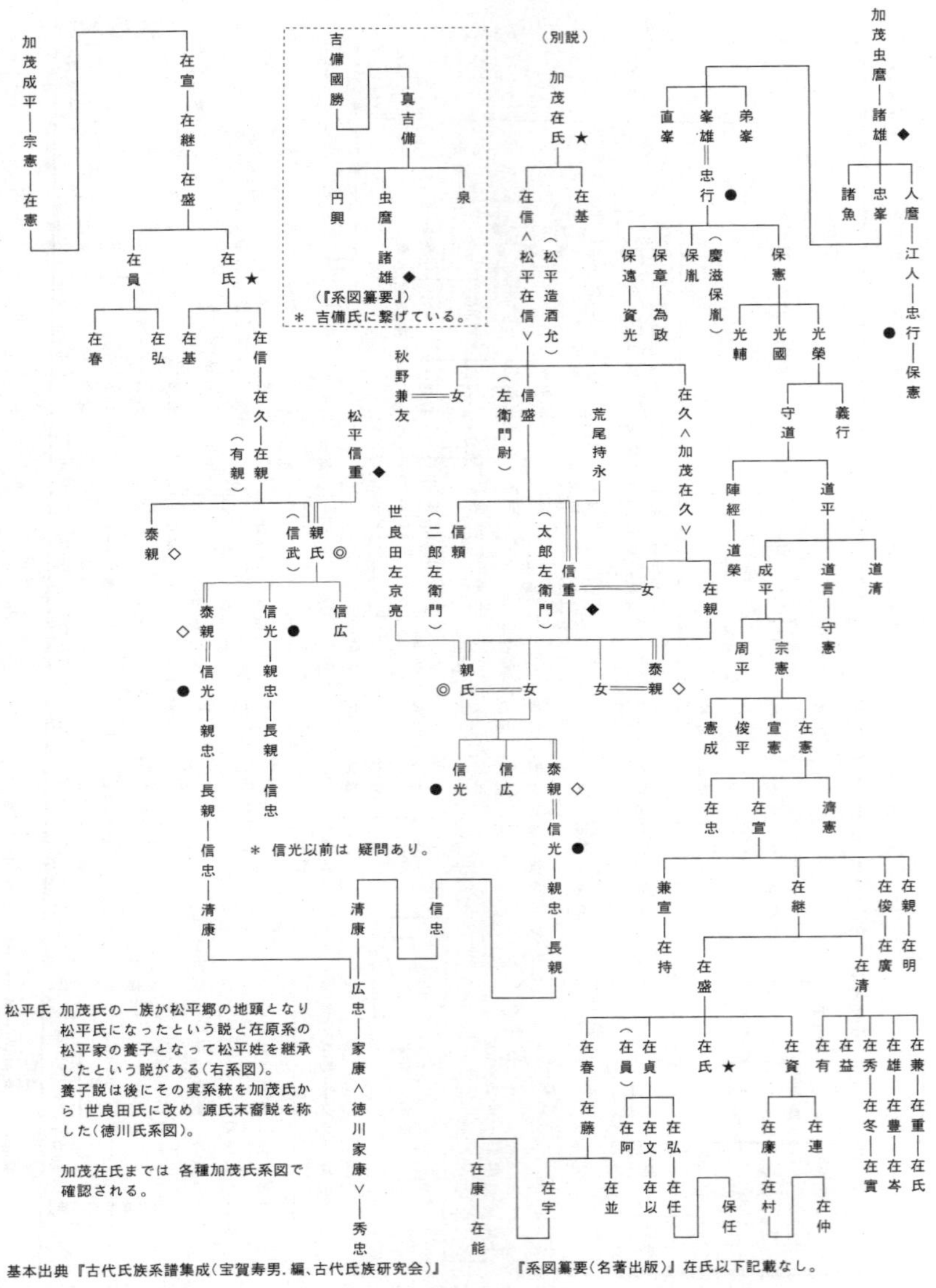

松平氏　加茂氏の一族が松平郷の地頭となり松平氏になったという説と在原系の松平家の養子となって松平姓を継承したという説がある(右系図)。
養子説は後にその実系統を加茂氏から 世良田氏に改め 源氏末裔説を称した(徳川氏系図)。

加茂在氏までは 各種加茂氏系図で確認される。

基本出典『古代氏族系譜集成(宝賀寿男,編、古代氏族研究会)』　　『系図纂要(名著出版)』在氏以下記載なし。

在原氏一族系図 (1)

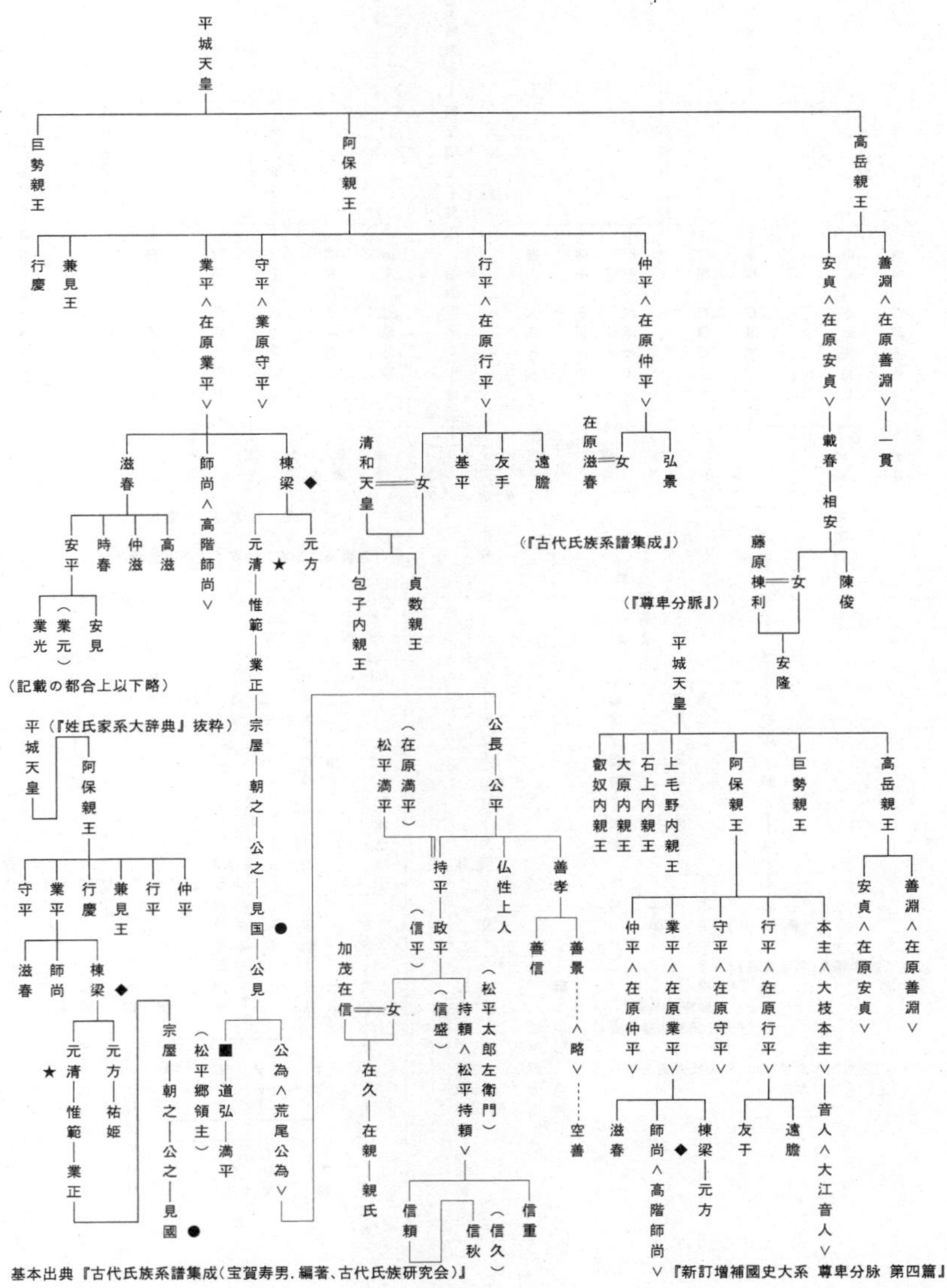

基本出典『古代氏族系譜集成(宝賀寿男．編著、古代氏族研究会)』

『新訂増補國史大系 尊卑分脈 第四篇』

在原氏一族系図 (2)

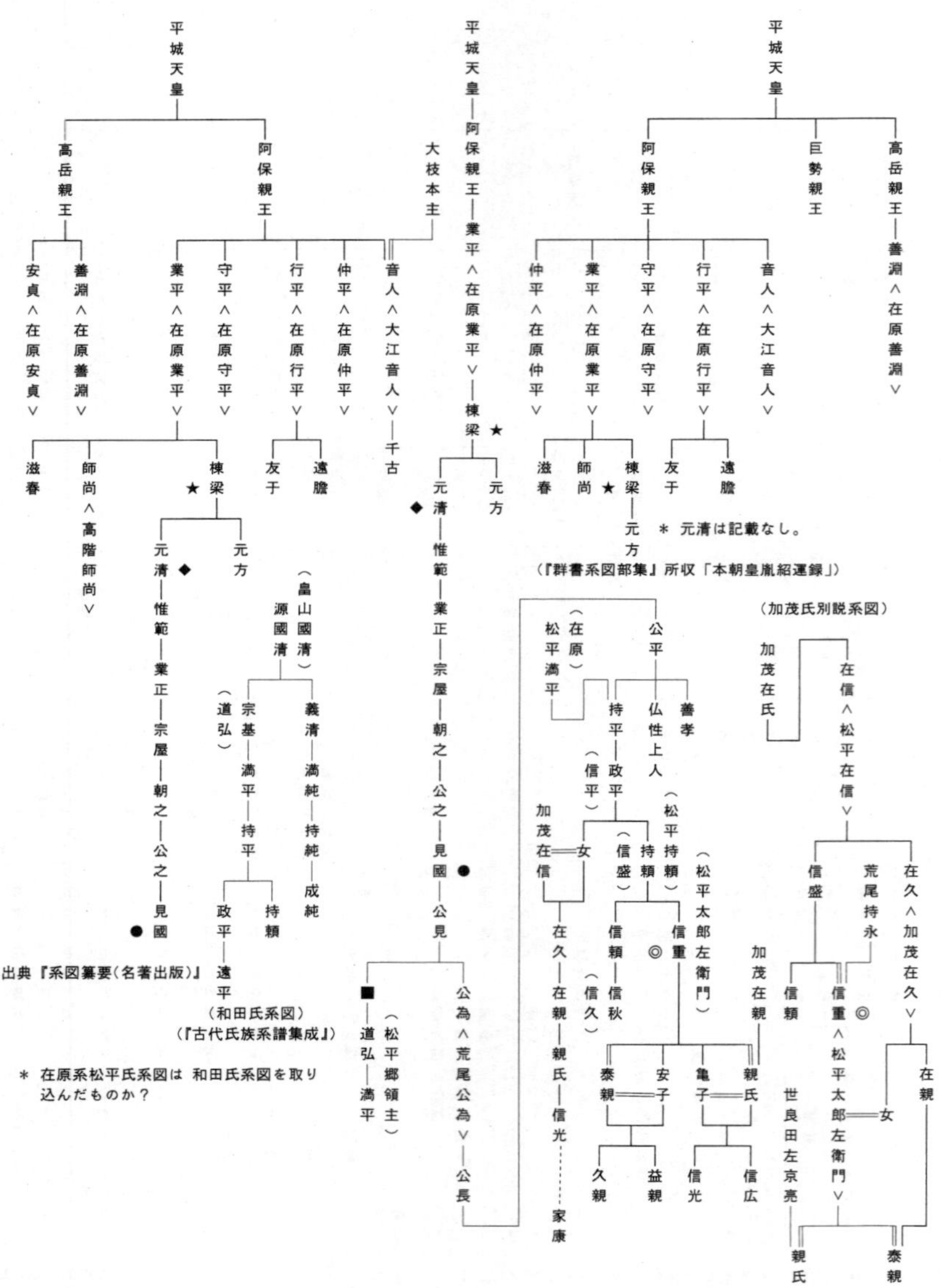
平城天皇
高岳親王
阿保親王
大枝本主
安貞〈在原安貞〉
善淵〈在原善淵〉
業平〈在原業平〉
守平〈在原守平〉
行平〈在原行平〉
仲平〈在原仲平〉
音人〈大江音人〉―千古
滋春
師尚〈高階師尚〉
★棟梁
友于
遠膽
元清◆―惟範―業正―宗屋―朝之―公之―見國●
元方
（畠山國清）
源國清
義清―満純―持純―成純
宗基―満平―持平
（道弘）
政平―遠平
持頼
出典『系図纂要(名著出版)』
（和田氏系図）
（『古代氏族系譜集成』）
＊ 在原系松平氏系図は 和田氏系図を取り込んだものか？
平城天皇―阿保親王―業平〈在原業平〉―棟梁★
◆元清―惟範―業正―宗屋―朝之―公之―見國●―公見
元方
■道弘―満平
（松平郷領主）
公為〈荒尾公為〉―公長
平城天皇
阿保親王
巨勢親王
高岳親王―善淵〈在原善淵〉
仲平〈在原仲平〉
業平〈在原業平〉
守平〈在原守平〉
行平〈在原行平〉
音人〈大江音人〉
滋春
師尚
★棟梁―元方
友于
遠膽
＊ 元清は記載なし。
（『群書系図部集』所収「本朝皇胤紹運録」）
公平
（在原）
松平満平
持平―政平
（信平）
仏性上人
善孝
加茂在信＝女
（信盛）
持頼
（松平持頼）
（松平太郎左衛門）
在久―在親―親氏―信光……家康
信頼―信秋
（信久）
◎信重
泰親＝安子
亀子＝親氏
加茂在親
久親
益親
信光
信広
（加茂氏別説系図）
加茂在氏
在信〈松平在信〉
信盛
荒尾持永
在久〈加茂在久〉
信頼
信重◎〈松平太郎左衛門〉＝女
在親
世良田左京亮
親氏
泰親

松平氏一族略系図

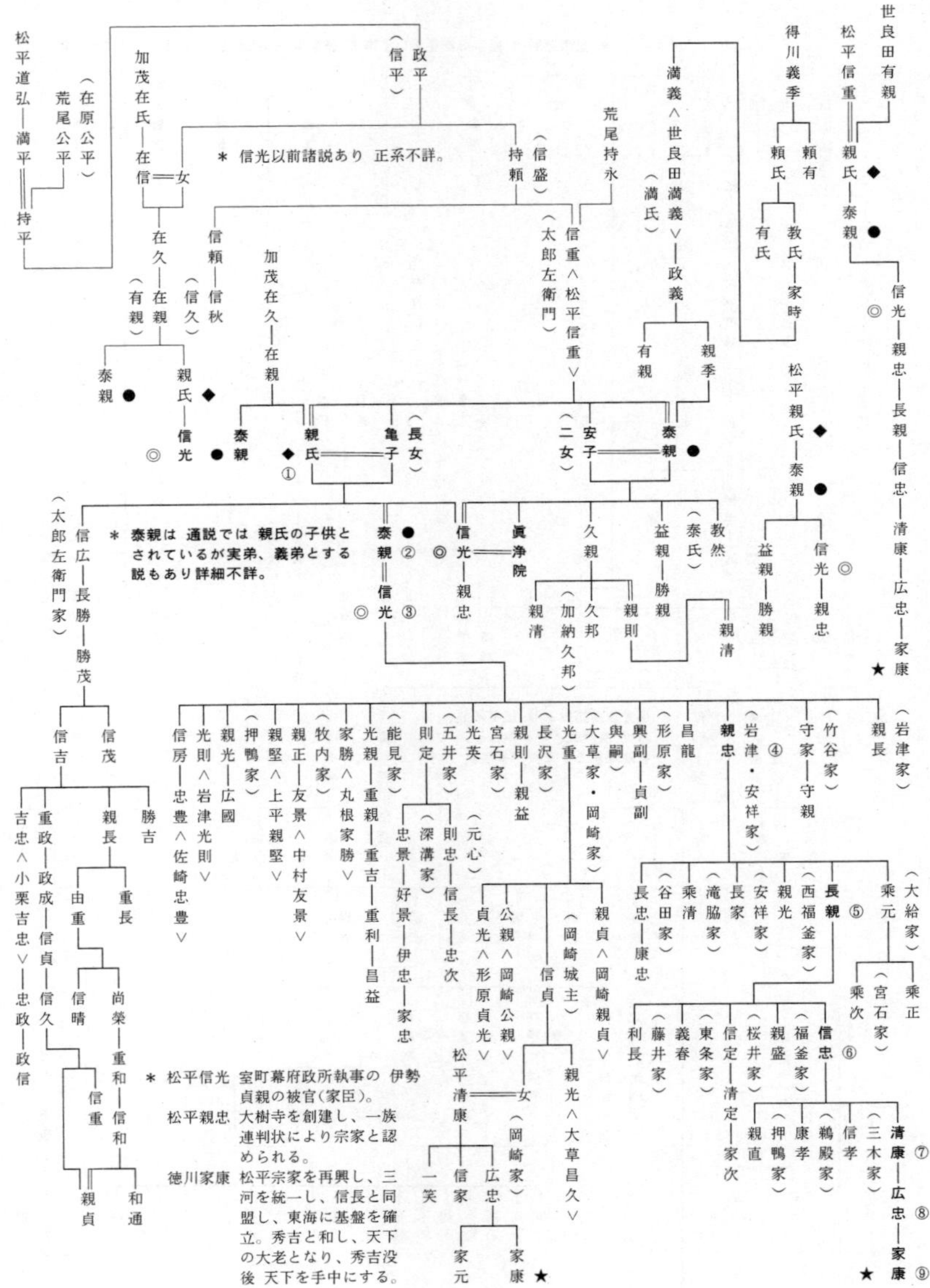
＊ 信光以前諸説あり 正系不詳。
＊ 泰親は 通説では 親氏の子供と されているが実弟、義弟とする 説もあり詳細不詳。
＊ 松平信光 室町幕府政所執事の 伊勢貞親の被官(家臣)。
松平親忠 大樹寺を創建し、一族連判状により宗家と認められる。
徳川家康 松平宗家を再興し、三河を統一し、信長と同盟し、東海に基盤を確立。秀吉と和し、天下の大老となり、秀吉没後 天下を手中にする。

松平氏先祖系図

＊ 松平道弘は 松平郷領主という事で 便宜上 松平道弘と表記した（荒尾氏一族？）。

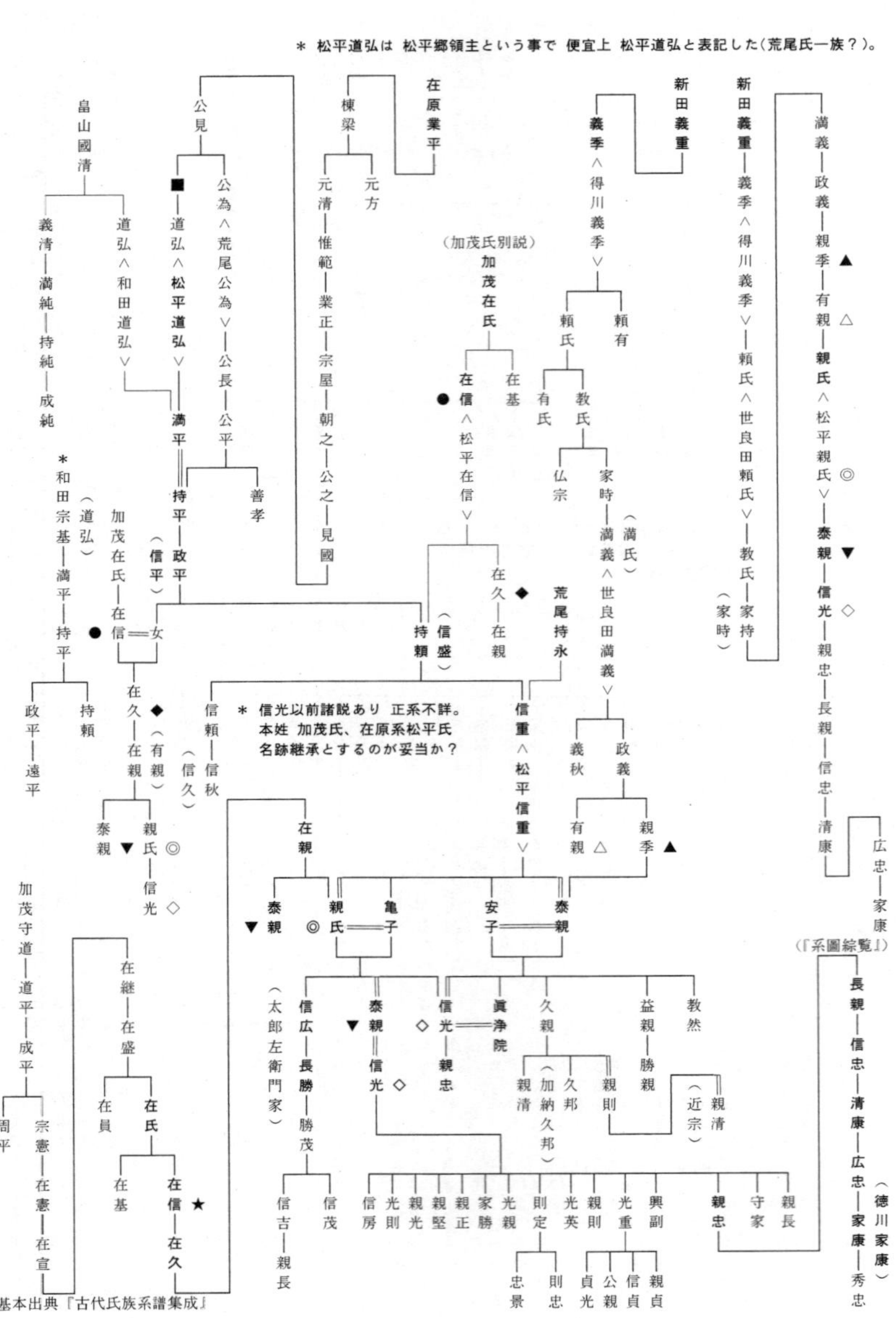

基本出典『古代氏族系譜集成』

浮上する加茂・在原系図

『古代氏族系譜集成』においては、加茂氏系図と別説加茂氏系図および在原氏系図を紹介している。そして当然のことながら、新田氏末裔系図を紹介している。ただし、こちらは他の資料で紹介されている新田末裔系図と異なり、泰親を世良田氏の末裔で松平信重の次女の婿としている。親氏は長女の婿で加茂氏の末裔としている（親氏・泰親義兄弟説）。松平（徳川）氏の出自を明らかにするためには、事実上の初代松平親氏の血脈を探らなければならないし、家系上の本姓（松平氏の）も探らなければならない。

加茂氏系図では、加茂忠行の後胤加茂在氏の曾孫在親（有親）の子を親氏と記し、松平信重の養子（入り婿）としており、泰親は親氏実弟としている。また通説で松平氏三代目とされる信光は、親氏の子に位置付けている。別説加茂氏系図では在氏の子の在信が松平郷の地頭となり、松平造酒允と称しその子が信盛、その後が養子の信重（荒尾持永の子、松平太郎左衛門）で長女の婿が親氏（世良田左京亮の子）、次女の婿が泰親（加茂在親の子）、親氏の子は信光としている。ただし、親氏の後の家督は泰親が継ぎ、その後信光が継承したように記している。一方、在原氏系図では、在原業平の孫元清の後胤在原見国の曾孫道弘が松平郷の領主となり、その孫の持平（実は在原見国の後胤荒尾公平の子）の孫持頼

（信盛）が松平を名乗り、その子が太郎左衛門信重となる。松平親氏は加茂在親の子供で、信重長女の婿、泰親は信重の次女の婿となっている。親氏の後は泰親が継ぎ、その後は親氏の子供の信光が継いでいる。

松平信重（太郎左衛門）から信光に至る間の系譜は諸説あり改竄を示唆している。「御当家系図」「新田松平家譜」（名著刊行会『系図綜覧』所収）、『徳川諸家系譜』（続群書類従完成会）、『系図纂要』（名著出版）、『寛政重修諸家譜・第一』（続群書類従完成会）などでも、実子系譜であったり、家督系譜であったり一致しない。

親氏を信重の婿とする点では共通しているが、泰親と信光の位置に差異がある。信光から一致するということは、松平家が伝説から歴史時代に入ったことを示している。

系譜考証されていない雑誌・書籍では、親氏、泰親、信光は実子相続（実線系線表示）で表記している。この三代は実子相続より家督（養子）相続と見る方が妥当であろう。

また、十四松平あるいは十八松平といわれる諸家がすべて血族であるとする系譜には、疑問がないわけではないが、この点については比較考証する資料を持ち合わせていないので通説に従っておく（姻族関係であったものが血縁にすり替えられた可能性もあるし、まったく関係ないものが清康の三河平定や家康の天下取りにより系譜を結びつけた可能性もある）。

さて、話を元に戻して再度、松平系譜を検討しよう。まず加茂系図であるが、『古代氏族系譜集成』で示された加茂氏系図は、他の資料でどこまで裏付けされるのであろうか？『尊卑分脈』においては加茂在氏まで、『群書系図部集』においてもやはり加茂在氏まで、『系図纂要』においても同様に加茂在氏までは確認される。つまり在氏までは都に住んだか加茂郡に住していたなら、中央と接点があったということである。

在氏以下親氏に至る系譜は、筆者の手持ちの資料では『古代氏族系譜集成』以外確認されない。同書では親氏と泰親は実の兄弟で、ともに松平信重の娘婿になって松平姓になったとしている。松平信重は在原姓としている。その一方で同書は別説の加茂氏系図も紹介し、そちらでは加茂在氏の子の在信を松平家の祖として持頼（信盛）、信重と系譜を繋げ、長女の婿を世良田親氏、次女の婿を加茂泰親とし、親氏の後は泰親が継ぎ、その後親氏の子の信光が泰親より家督を相続したとしている。信重は持頼実子ではなく、荒尾持永次男とも記している。古い部分は在原系図とも一部重なる。

一方、在原系図であるが、『尊卑分脈』では、在原棟梁の子に元方の記載はあるが、元清の記載はない。『群書系図部集』所収の『本朝皇胤紹運録』も同様である。しかし、『群書系図部集』所収の「在原氏系図」では元清から見國までを記している。また『系図纂要』でも元清から見國まで記しているのでそういう系図が存在したのであろう。

しかし、公見以下については筆者の手持ちの資料では『古代氏族系譜集成』以外記載されていない。察するに、三河の土豪の松平氏が在原氏末裔と称する荒尾氏と姻族（養子または猶子）関係となり、後に系を繋げたものであろうか？

持頼と信重は別説加茂氏系図とも重なる。親氏と泰親を信重の娘婿とする点は同じだが、在原氏系図は、親氏を加茂在親の子、泰親を世良田親季の子としている点で異なる。

とにもかくにも、親氏と泰親が実の兄弟か義理の兄弟かは別にして、松平の系譜上の兄弟に位置付けられる点では両系図は一致する。

徳川系図などでは泰親を親氏の子（信重の女系の孫）としているが、信光以前諸説あるということは徳川系図が偽系図であることを明確に示している。また、親氏または泰親を世良田氏の末裔とするのは、家康を新田の系譜に繋げようとする作為以外のなにものでもない。

世良田氏と得川氏の系譜の不明瞭なことは、先に紹介した世良田氏系図が語っている。手持ちの資料の枠内で推察されるのは、松平氏が三河の土豪で在原氏末裔の伝承を持つ荒尾氏と姻族となることにより在原氏を称し、信重の代に縁戚の三河加茂氏から親氏および泰親を娘婿に迎え家督を相続させ、信光の代より室町幕府政所執事伊勢氏の被官となり、徐々に力を得て松平党を形成し、清康の代に一時三河を平定し、足利氏末裔今川氏に対抗する意味あいで新田氏末裔世良田氏を称したものと思われる（これは家康が松平家を再興し、三河を統一信長と提携して天下を伺うようになってから創作した可能性もある？）。

一応、松平氏は本姓在原氏、血統上は加茂氏としておく。歴史雑誌によれば、松平信光は加茂朝臣を称したとの記述もあり、新田末裔説が否定される点に鑑みても、このあたりが妥当であろうと思われる。

松平氏は、清康の頃より源氏を自称し、家康が三河の大守となるにあたり、飛騨の三木氏が姉小路氏となった先例にならい、藤原氏を称して三河守を許されて、正式に三河大守（国主）となり、名実共に松平一族の棟梁（宗家）となった。

甲斐の大守の武田氏は源氏、飛騨の姉小路氏は藤原氏、尾張の国主の織田氏は自称平氏末裔、美濃の土岐氏は源氏、斎藤氏は藤原氏、伊勢の北畠氏は村上源氏、近江の六角氏と京極氏は宇多源氏、信濃の小笠原氏は源氏、越後の上杉氏は藤原氏、駿河の今川氏は源氏、小田原の北條氏は平氏、室町将軍家は源氏、若狭の守護武田氏は甲斐武田氏の同族で源氏ということで、畿内および東海・北信越周辺の国主は藤原氏、源氏、平氏なのである。越前の事実上の国主朝倉氏のみが日下部氏である。

朝廷に正式に認められ叙任されて国主になる者はおおむね源平藤なのである。

家康が藤原を称したのは、三河守叙任にあたり、藤原氏に斡旋を依頼したことによる。

織田信長は一般には弾正忠として知られているが、系図によると尾張守に叙任されている。

土豪から成り上がった松平氏が中央より国主と認められるためには、在原氏や加茂氏では具合が悪かったので藤原氏を称したものと思われる。

しかし、武家の棟梁となるためには源氏でなければ具合が悪いということで新田末裔系図を創作した。

家康は秀吉と講和後上洛、この頃藤原から源に改姓したらしい。後陽成天皇の聚楽第行幸の時、誓詞を提出しているが、その時の署名は源家康であったらしい（国際日本文化研究センター教授・笠谷和比古氏による）。

つまり家康は、秀吉の天下統一が成就しつつある天文十六年に武家の棟梁としての征夷大将軍就任を視野に入れていたことになる。秀吉がその出自の卑しさ故に源氏にも平氏にもなれず、藤原氏の猶子になることで仮の藤原氏となり、武力を持った公家の棟梁に就任し、その官職により天皇の代理人として公武の頂点に立ったことは秀吉編で記したが、本来武士が認めた武士の棟梁ではなかった。

そのことが家康を武家の棟梁にすることを可能にした。豊臣政権は豊臣・毛利連合政権であった。家康との講和後は豊臣・徳川・毛利連合政権となる。

これは豊臣家の天下が、毛利家と徳川家との戦いに完全勝利せずに秀吉の政治力によって成立したことによる。

秀吉は家康を豊臣政権の軍事部門の事実上の棟梁として自分の陣羽織りを与えたといわれている。すでに毛利家や大友家などの協力により西日本を支配していた秀吉にとって、東日本（関東・東北）の制圧こそが全国統一に取って不可欠となる。小田原北条氏征伐とそれに続く家康の東国への転封は、肩書なき征夷大将軍就任を意味していた。

本気で秀吉が家康の勢力を削ぐのなら、中国か九州へ転封させ、毛利家と島津家を牽制させればよかった。しかし、秀吉はそうせずに関東へ家康を封じた。これは長期に東北・関東を押さえ、その間に豊臣政権を安定させることを意図していた。信長と異なり秀吉は主に政治力により全国を平定したので、当然時間稼ぎが必要となる。自分の家臣団の中に関東・東国を押さえる力量の武将はおらず家康に頼らざるを得なかった。

秀吉は奥羽の独眼竜（伊達政宗）の押さえとして、蒲生氏郷を会津へ移し（信長の娘婿だった氏郷を警戒していたので）、その没後は上杉景勝を封じた。上杉の会津転封は奥州を押さえる家康の側面支援と家康その人の牽制にある。関ヶ原の合戦は秀吉の戦略を逆手に取ったものである。とにもかくにも家康は秀吉より肩書なき征夷大将軍の地位を与えられ、海道一の弓取りから関東の覇者へと成長していくのである。

秀吉が家康の源姓を黙認したことは大きな意味を持つ。秀吉が意識し理解していたかは別にして、これは家康に次代の武家の棟梁の地位を認めたことを意味するからである。家康の新田末裔系図の創作は加茂氏あるいは在原氏からの藤原氏への改姓以上の意味を持ち、また私称源氏から公認源氏への改姓としてもそれは同様である。当時公家の棟梁は藤原氏、武家の棟梁は源氏か平氏という不文律があり、他姓の者がその地位に取って替わることはなかった。唯一の例外が豊臣姓を創始した秀吉である。

武家の政権は実質的には平清盛（平氏）にはじまり、源頼朝（源氏）、北条氏（自称平氏）、足利尊氏（源氏）、織田信長（自称平氏）、豊臣秀吉（自称平氏後藤原氏後豊臣氏）、徳川家康（自称藤原氏後源氏）へと継承されていくのである。

平氏、源氏、平氏、源氏、平氏、源氏（徳川氏）という流れの必然により、正式な武家の棟梁として天下を支配しようとした家康は源姓に改姓したのである。徳川系図が偽系図であることは一流の学者でなくても、公開されている系図集を比較することで容易に確認できる。先に各系譜集を紹介しているのでそちらを参照されたい。

しかしながら本来の系譜を明らかにすることはきわめて難しい。ある程度推定を加味した系図しか作れないことも事実である。それは在氏から信光に至る部分を裏付けることのできる信憑性の高い系図が存在しないからである。筆者としては『古代氏族系譜集成』などを踏まえ、加茂氏あるいは在原氏末裔松平氏自称源氏の徳川家康ということにしておく。

本章のタイトルを「謎の家康系譜」としたが、謎はいまだ解明されぬまま残されている。これらの謎解きについては、在野・専門を問わず多くの系図研究者による本格的な解明を待ちたいと思う。

最後に「徳川家」（得川家ではない）について触れ、家康の章を終わらせることにする。

徳川家の成立と系譜

近世徳川家が家康によって創設されたことは歴史的事実であるが、その出自血脈に疑問があることは影武者説もふくめ前述したとおりである。家康は徳川幕府初代将軍であり、近世徳川宗家初代当主である。では、家康はいつ徳川家を創設したのか？

歴史雑誌などによると、永禄三年（一五六〇）今川義元が桶狭間で織田信長に敗れた後、今川家より自立し松平家を再興、翌永禄四年、信長と同盟を結び、大名としての松平家を復活させる。この頃、源元康と源姓を私称している（家名は松平）。永禄六年発給の書状にも源元康と署名しているとのこと。永禄九年（一五六六）十二月には徳川氏への改姓と三河国主としての承認を朝廷に要請している。この時、近衛前久が斡旋し、神祇職の吉田兼右が協力して万里小路資房の家で、藤原姓徳川の先例を見つけ、それにより藤原姓徳川の系譜を作り、上奏して、正親町天皇の勅許を得て松平を徳川に改め、従五位下三河守に叙任された（公式には藤原姓を称し、あわせて源姓も私称したらしい）。こうして松平家康は永禄九年十二月に藤原姓の徳川家康となった。つまり永禄九年に藤原姓の徳川家が創設されたのである。

しかし、その系譜は公式には存在せず、各種系図集にも記載されていない。この時作られた系図は吉田兼右あたりの創作なのであろう。一土豪では国主に叙任される先例はないということで創作されたものであろう。とにかく家康は徳川氏になることで松平一族を超越し、藤原氏として三河守に叙任されることで、大名として朝廷に正式に認知された。尾張国主平信長と三河国主藤原家康は同盟を結び、天下取りへと向かうのである。天正十四年（一五八六）発給文書にも藤原家康と署名しているとのことで、この時も公式には藤原姓を称していたが、同じ年の里見氏との同盟締結に際しては、新田末裔源氏を私称している。

天正十六年の聚楽第での誓詞提出の時には源家康と署名しているので、国際文化研究センターの笠谷和比古教授はこの頃を源姓改姓の時期とみなしている（『逆転の日本史・作られた秀吉神話』）。この天正十六年という年は、室町幕府十五代将軍足利義昭が正式に出家引退した年である。この数年前に秀吉は足利義昭の猶子になり、無姓の羽柴氏（一時平氏を自称）を源氏に改めようとしたが、拒否され、藤原氏の猶子となり、その資格により関白に叙任された。従ってこの時点で源氏に改姓することは将来の征夷大将軍就任への道を開くことを意味する。この時に藤原系徳川家より新田源氏系徳川家に系図を組み替えるために、足利支族の吉良氏より系図を借り、現在流布する系図を整えたといわれる。

家康が秀吉の生前から源氏に改姓したことは特別の意味を持つが、そのことについては前述しているので割愛する。徳川家は永禄九年、藤原姓で創設され、天正十六年に現在の徳川家に改められ、慶長八年（一六〇三）征夷大将軍に叙任され徳川将軍家が成立した。

家康の松平家再興、徳川家の創設、徳川将軍家成立までの過程で、旧松平一族は家康の軍門に下り、家臣団に組み込まれた。家康は譜代の家臣団の力と自らの知略により将軍となったが、その間に一門はないに等しい存在であった。桜井松平家のように宗家乗っ取りを企てた一族すら存在するのである。十四松平とも十八松平ともいわれるが、すべての松平家が大名に昇格したわけではない。そのことについては記載する余裕がないので割愛する。各歴史雑誌や系図集を参考にされたい。

家康は豊臣家が男系一門の不在と組織の脆弱さにより崩壊したことを反面教師にして、徳川氏の一門創設と宗家の地位の確立に努める。長男信康は築山殿の事件で信長の圧力により殺しているので、次男秀康を秀吉の養子に出し、後には秀吉が関東の名族結城氏の養子に出す時にも異議を唱えず承認した。覇気の強い秀康を家康が嫌ったという説もある。そして三男の秀忠を後継候補者とした。

四男の忠吉は東条松平家の後継者として徳川家より除籍。五男の信吉には武田家の名跡を継承させ徳川家より除籍。六男の忠輝は弟松千代没後の長沢松平家を継承させ除籍。七男の松千代は長沢松平家を継承したが、早世。八男の仙千代は平岩親吉の養子となったが、早世。

つまり、関ヶ原合戦までに秀忠以外は徳川家を除籍され、家康領国内の親藩大名となっていた。一族ではあるが、「徳川一門」という地位は与えなかったのである。

しかし、秀忠が後継候補者としての地位を失う場合には取って替わる可能性を残していた。とくに松平忠吉と松平忠輝にはその可能性があった。松平忠吉は井伊直政が後見人となり、関ヶ原では島津勢と戦い負傷したが、それなりの活躍をしている。この時には秀忠は徳川本隊を率いていたが、上田で真田勢に敗れ、なおかつ関ヶ原の合戦に間に合わないという大失態を演じている。また松平忠輝は伊達政宗の娘婿となっていたので、その野望に利用される可能性を残していた。

家康は将軍家（徳川宗家）の地位確立のために、二年の在位で将軍職を秀忠に譲り、自身は源氏の長者の地位を保持して秀忠を後見した。そして九男の義直や十男の頼宣、そして十一男の頼房を徳川家に残し、分家させて徳川一門を形成した。この三人は家康が事実上天下を取ってからの出生であり、先の兄弟と異なり、徳川の家系維持のための戦力として優遇されたのである。またこの段階で、この三兄弟は秀忠の地位を脅かす存在でなかったことも幸いした。

松平忠吉にしても松平忠輝にしても、天下平定までは貴重な戦力であったが、天下平定後は危険な存在であった。二人にその意志があったかどうかは別にして、徳川宗家に対する謀反、つまり将軍職簒奪の可能性があったのである。

充分小説のネタになり得る存在である。松平忠輝は大久保長安事件（一般には幕府金山奉行の地位を利用して採掘した金を横領隠匿したことになっているが、隠れキリシタンで伊達政宗と提携して忠輝を擁立して幕府乗っ取りを企てたという説もある）、それに関連した大久保忠隣失脚事件（一般には家康側近の本多正信・正純と秀忠側近の大久保忠隣との対立の結果ということになっているが、大久保長安事件との関連との見方もある。また家康監禁暗殺、忠輝擁立による幕府転覆計画の露見という説も読み物などでは取り上げられている）などとのかかわりの嫌疑で家康没後失脚したともいわれる（一般には重臣との対立などを幕府に咎められた結果ということになっている）。

松平忠吉についても謀反の嫌疑ではないが将軍候補に擁立する動きはあったようだが、東条松平家（あるいは深溝松平家）の名跡を継承していたこともあり、最終的には秀忠が後継候補となり将軍職を継承した（井伊直政らが推し、大久保忠隣らが阻止したとも云われる）。忠吉は初代尾張藩主（清洲松平家）となり、西国で謀反が起こった場合の防波堤としての役割を与えられた。忠吉は秀忠の同母弟であり忠吉その人に野心がなかったのであろう。その後の秀忠との関係は良好であったようである（同母兄弟が対立関係にあると最悪のケースになることは織田信長・織田信行の家督争いが証明している）。

しかし、その没後、養子による名跡継承は行われず、清洲家は無嗣断絶となり、遺領は徳川義直が継承し、御三家筆頭尾張徳川家（名古屋家）初代藩主となった。秀忠の異母兄結城秀康は関ヶ原の合戦後関東より越前に転封となり、松平姓を許され六十七万石の大大名となり、豊臣家と並ぶ制外の家となったが、不満を持ち続けていたようで、家康も秀忠もかなり気を配っていた様である。

しかし、その家は二代目忠直の時改易となり、その後の越前家は幕府の介入を受け、また減封処分により並の親藩大名へと転落して行く。こうして将軍家（宗家）を機軸とする徳川一門とその外郭としての新松平一族が形成されていくこととなる（松平一族で大名となった者の大部分は新松平一族である）。徳川一門は三代将軍家光の時代に駿河大納言忠長を改易処分して宗家の地位を確固たるものにし、七代家継まで家光の血統が継承する。直系宗家断絶の後は御三家の紀伊徳川家より吉宗が宗家を継承した。吉宗の血脈は御三卿や有力大名にも及ぶ。尾張徳川家は一時吉宗の血脈に乗っ取られた（その後、尾張家分家の高須家より相続して尾張系が復活）。御三家卿の創設は、事実上御三家に替わる一門の創設でもあった。

最後の将軍徳川慶喜は水戸家の出身だが、御三家卿の一つの一橋家の養子になることで継承権を確保した。明治時代の当主家達は田安家の出身である。徳川家は永禄九年、藤原姓の徳川家として創設され天正十六年に源姓に改められた。そして慶応四年（一八六八）に将軍家としての徳川家は瓦解した。徳川家達によって存続を許された徳川家は、華族制度導入の後、公爵に叙せられ貴族の最高位を占めた。最後の将軍慶喜も後に許され、公爵に叙せられている。徳川家は現在も霞会館会員として存続している。

徳川家系図（一門略系）

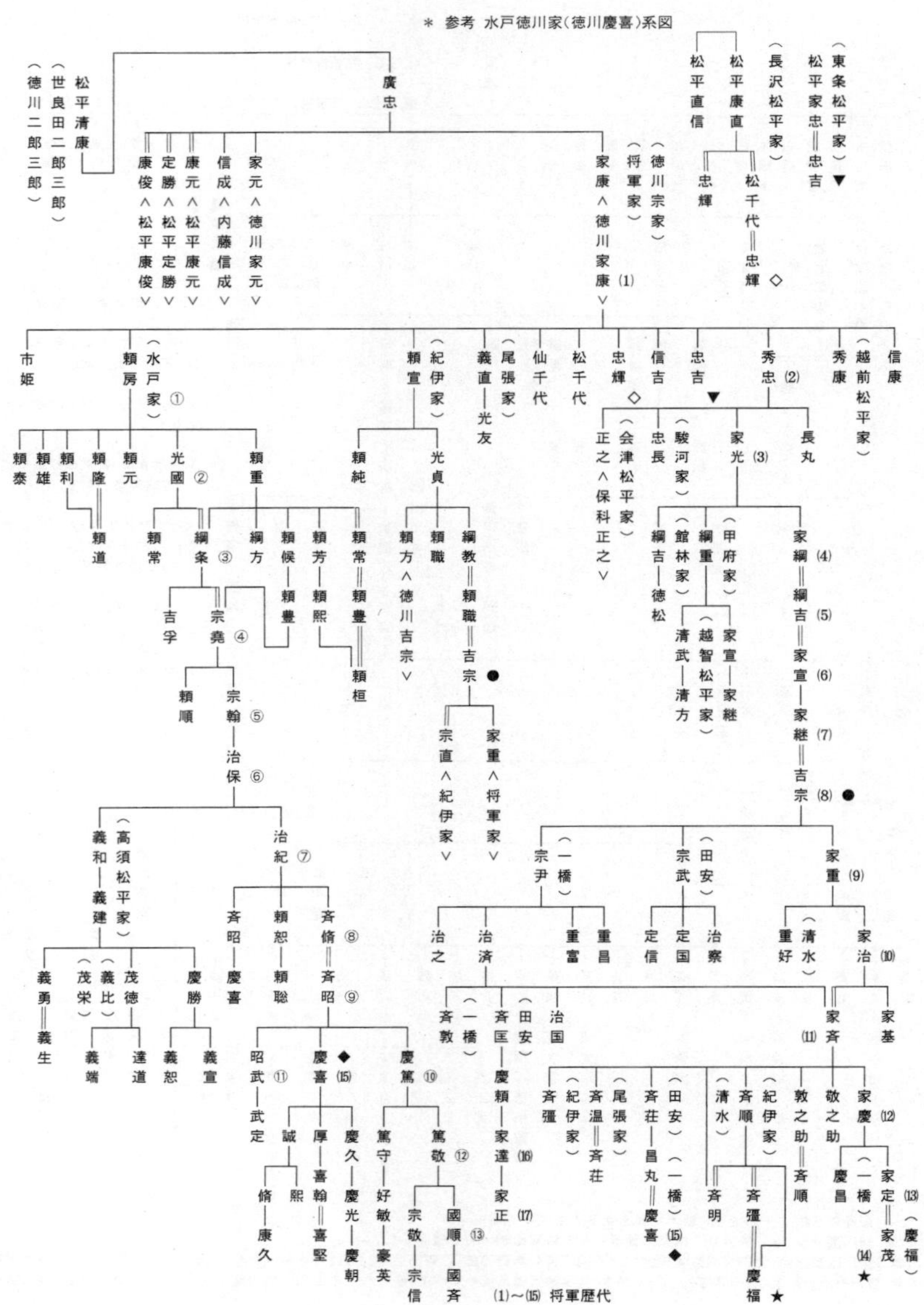
＊ 参考 水戸徳川家（徳川慶喜）系図
松平清康（世良田二郎三郎）（徳川二郎三郎）
廣忠
家元〈徳川家元〉
信成〈内藤信成〉
康元〈松平康元〉
定勝〈松平定勝〉
康俊〈松平康俊〉
（徳川宗家）（将軍家）家康〈徳川家康(1)〉
（東条松平家）松平家忠＝忠吉▼
（長沢松平家）松平康直
松平直信
松千代＝忠輝◇
忠輝
信康
（越前松平家）秀康
秀忠(2)
忠吉▼
信吉
忠輝◇
松千代
仙千代
（尾張家）義直―光友
（紀伊家）頼宣
（水戸家）頼房①
市姫
長丸
家光(3)
（駿河家）忠長
（会津松平家）正之〈保科正之〉
光貞
頼純
頼方〈徳川吉宗〉
頼職
綱教＝頼職＝吉宗●
宗直〈紀伊家〉
家重〈将軍家〉
頼重
光國②
頼元
頼隆＝頼道
頼利
頼雄
頼泰
頼常
綱条③
綱方
頼候―頼豊
頼芳―頼煕
頼常＝頼豊＝頼桓
吉孚
宗堯④
頼順
宗翰⑤―治保⑥
（高須松平家）義和―義建
治紀⑦
斉昭―慶喜
頼恕―頼聡
斉脩⑧＝斉昭⑨
義勇＝義生
（茂栄）（義比）茂徳
義端
達道
慶勝
義恕
義宣
昭武⑪―武定
慶喜◆(15)
慶篤⑩
誠
熙
脩―康久
厚―喜翰＝喜堅
慶久―慶光―慶朝
篤守―好敏―豪英
篤敬⑫
宗敬―宗信
國順⑬―國斉
（甲府家）綱重
（館林家）綱吉―徳松
家宣―家継
（越智松平家）清武―清方
家綱(4)＝綱吉(5)＝家宣(6)―家継(7)＝吉宗(8)●
（一橋）宗尹
（田安）宗武
家重(9)
治之
治済
重富
重昌
定信
定国
治察
重好（清水）
家治(10)
斉敦（一橋）
斉匡（田安）―慶頼―家達(16)―家正(17)
治国
家斉(11)
家基
斉彊
（紀伊家）斉温＝斉荘
（尾張家）
斉荘（田安）
昌丸＝慶喜(15)（一橋）◆
（清水）斉順
（紀伊家）
敦之助＝斉順
敬之助
家慶(12)
斉明
斉彊＝慶福★
慶昌（一橋）
家定(13)＝家茂(14)★
（慶福）
(1)〜(15) 将軍歴代

徳川家系図（将軍家）

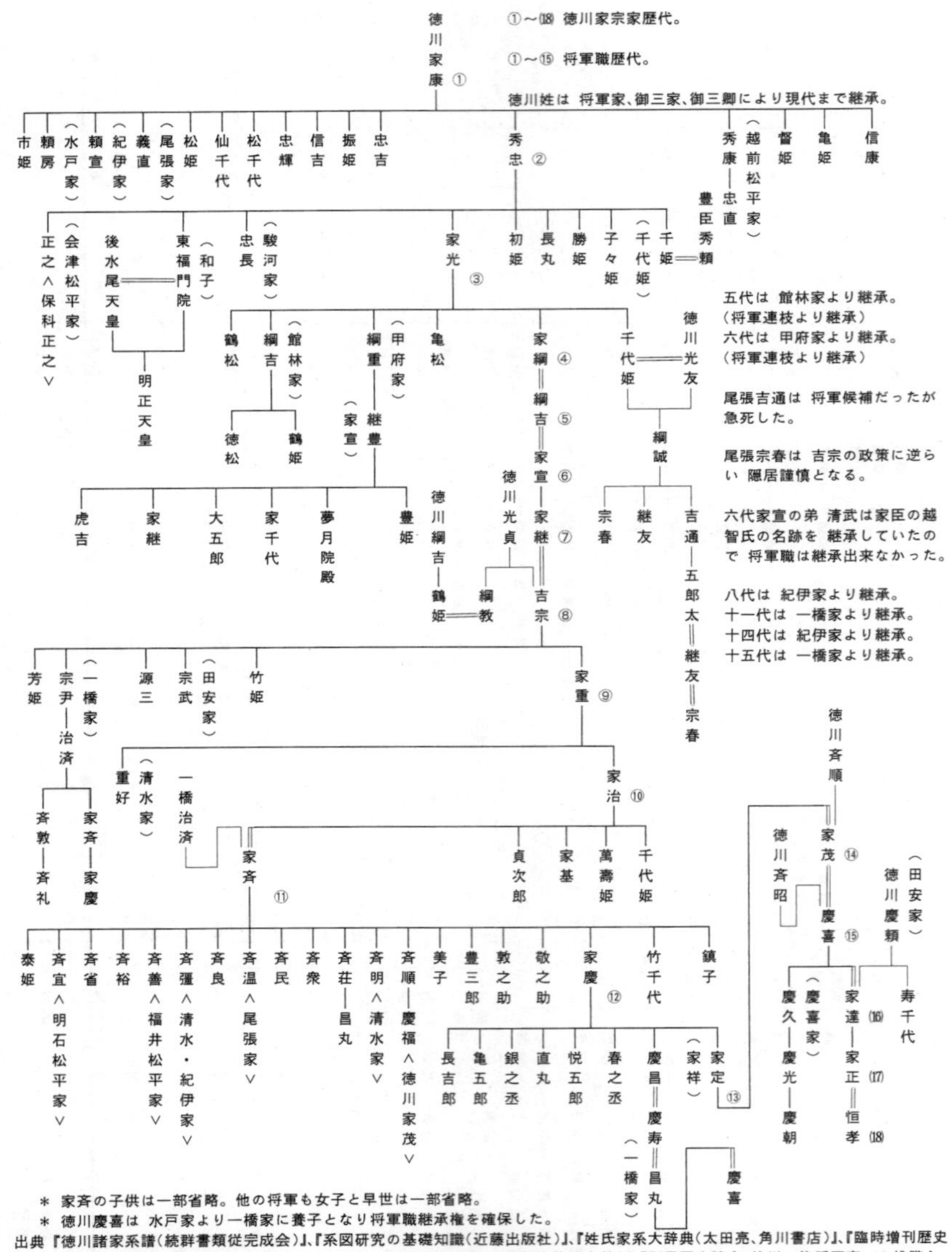

＊ 家斉の子供は一部省略。他の将軍も女子と早世は一部省略。
＊ 徳川慶喜は 水戸家より一橋家に養子となり将軍職継承権を確保した。

出典『徳川諸家系譜（続群書類従完成会）』、『系図研究の基礎知識（近藤出版社）』、『姓氏家系大辞典（太田亮、角川書店）』、『臨時増刊歴史と旅 徳川将軍家総覧（秋田書店）』、『歴史読本 特集徳川御三家のすべて（新人物往来社）』、『別冊歴史読本 徳川一族将軍家への挑戦』

徳川家系図（御三卿）

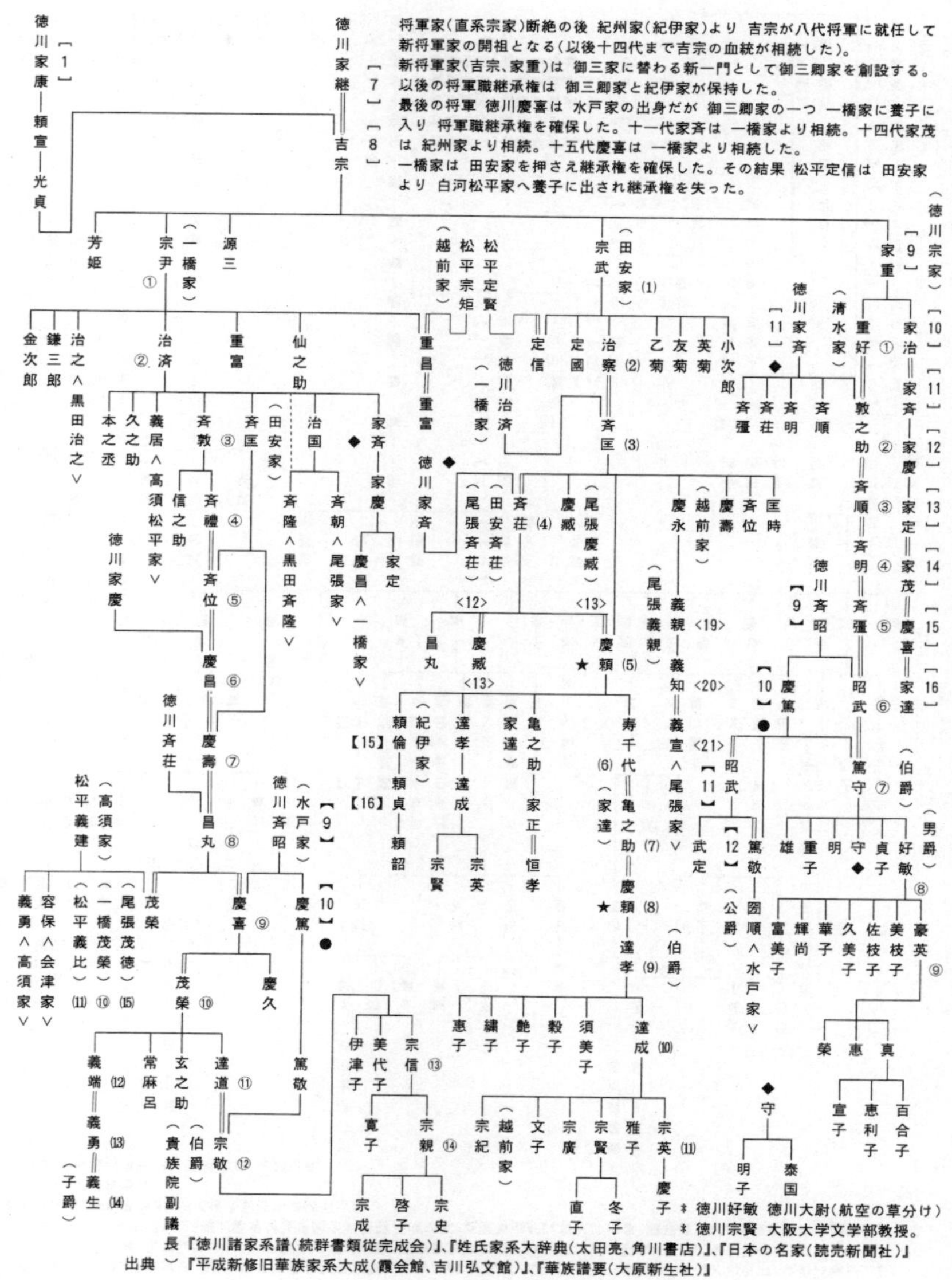
将軍家（直系宗家）断絶の後 紀州家（紀伊家）より 吉宗が八代将軍に就任して
新将軍家の開祖となる（以後十四代まで吉宗の血統が相続した）。
新将軍家（吉宗、家重）は 御三家に替わる新一門として御三卿家を創設する。
以後の将軍職継承権は 御三卿家と紀伊家が保持した。
最後の将軍 徳川慶喜は 水戸家の出身だが 御三卿家の一つ 一橋家に養子に
入り 将軍職継承権を確保した。十一代家斉は 一橋家より相続。十四代家茂
は 紀州家より相続。十五代慶喜は 一橋家より相続した。
一橋家は 田安家を押さえ継承権を確保した。その結果 松平定信は 田安家
より 白河松平家へ養子に出され継承権を失った。
＊徳川好敏 徳川大尉（航空の草分け）
＊徳川宗賢 大阪大学文学部教授。
出典 『徳川諸家系譜（続群書類従完成会）』、『姓氏家系大辞典（太田亮、角川書店）』、『日本の名家（読売新聞社）』
『平成新修旧華族家系大成（霞会館、吉川弘文館）』、『華族譜要（大原新生社）』

徳川家宗家一門（徳川宗家、慶喜家一族）

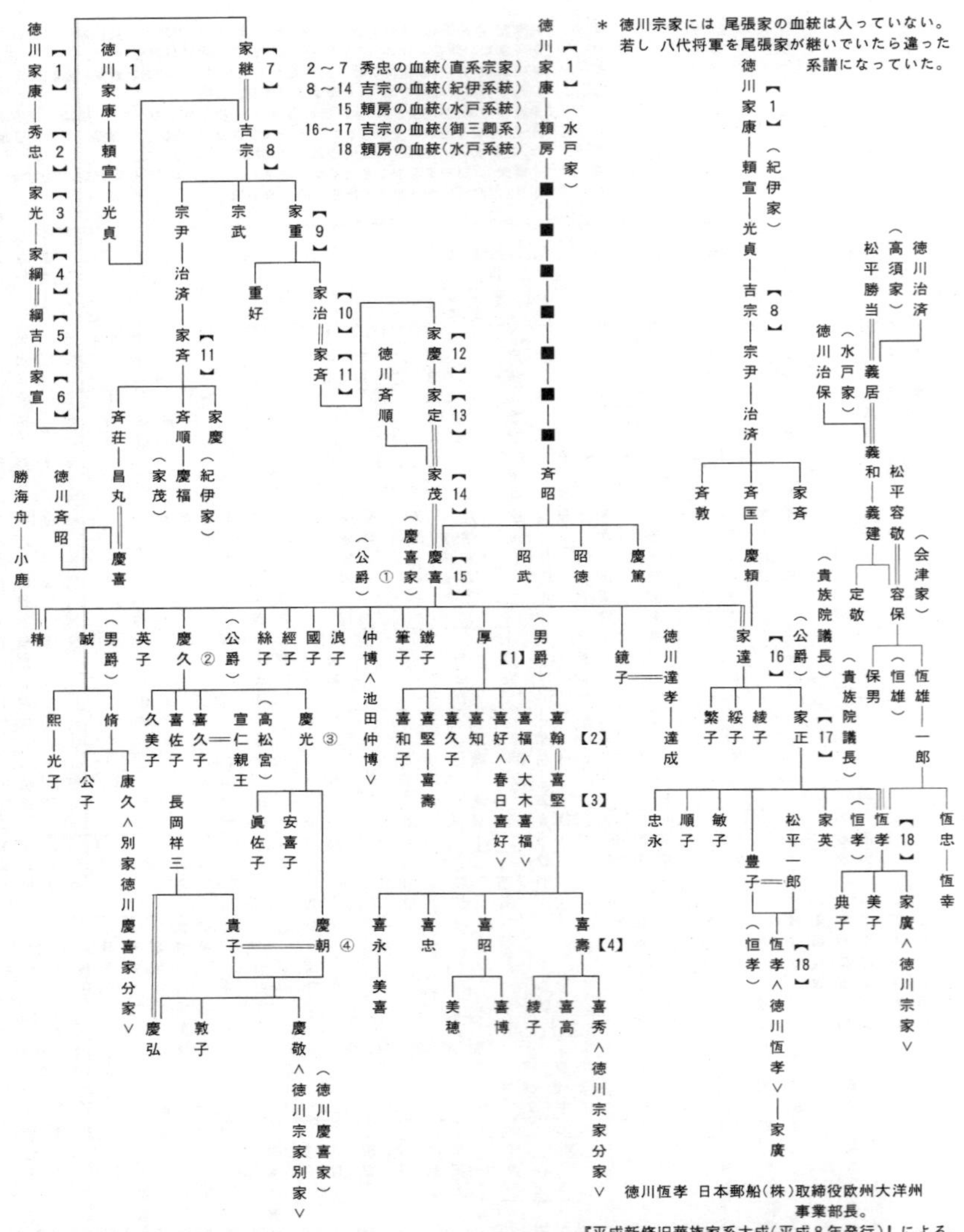

＊ 徳川宗家には 尾張家の血統は入っていない。若し 八代将軍を尾張家が継いでいたら違った系譜になっていた。
2～7 秀忠の血統(直系宗家)
8～14 吉宗の血統(紀伊系統)
15 頼房の血統(水戸系統)
16～17 吉宗の血統(御三卿系)
18 頼房の血統(水戸系統)
徳川恆孝 日本郵船(株)取締役欧州大洋州事業部長。

『平成新修旧華族家系大成(平成8年発行)』による。

出典『平成新修旧華族家系大成(霞会館、吉川弘文館)』、『華族譜要(大原新生社)』、『系図研究の基礎知識(近藤出版社)』
『日本の名家(読売新聞社)』、『日本の名門100家(中嶋繁雄、立風書房)』、『臨時増刊 歴史と旅 日本名門総覧(秋田書店)』
『別冊歴史読本/ビジネス版 Who's Who 特集 日本の名門1000家(新人物往来社)』、『歴史と旅 特集 日本の名門100家(秋田書店)』

尾張徳川家

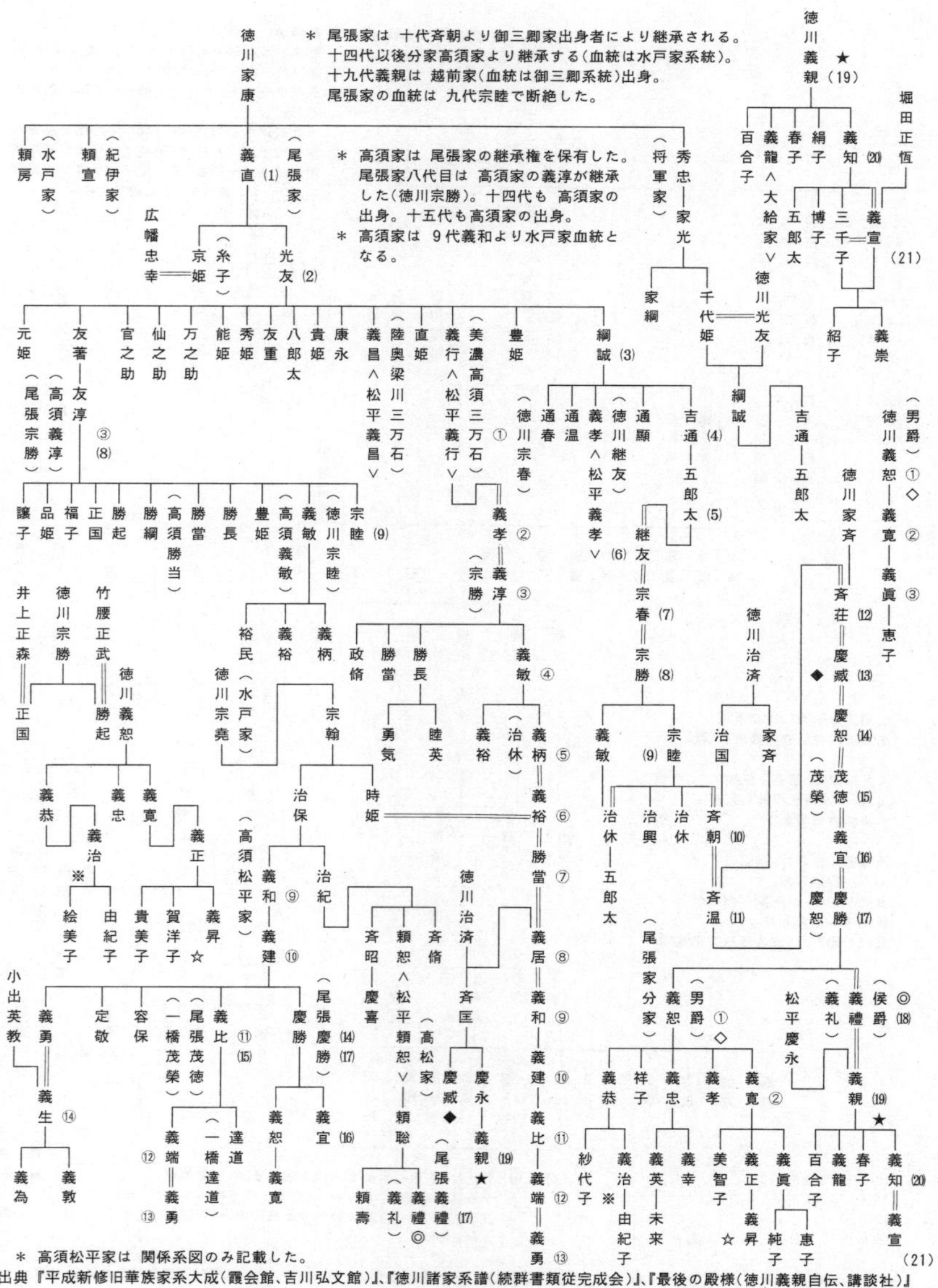

＊ 尾張家は 十代斉朝より御三卿家出身者により継承される。
十四代以後分家高須家より継承する（血統は水戸家系統）。
十九代義親は 越前家（血統は御三卿系統）出身。
尾張家の血統は 九代宗睦で断絶した。
＊ 高須家は 尾張家の継承権を保有した。
尾張家八代目は 高須家の義淳が継承した（徳川宗勝）。十四代も 高須家の出身。十五代も高須家の出身。
＊ 高須家は 9代義和より水戸家血統となる。
＊ 高須松平家は 関係系図のみ記載した。
出典『平成新修旧華族家系大成（霞会館、吉川弘文館）』、『徳川諸家系譜（続群書類従完成会）』、『最後の殿様（徳川義親自伝、講談社）』

尾張徳川家一門（高須松平家）

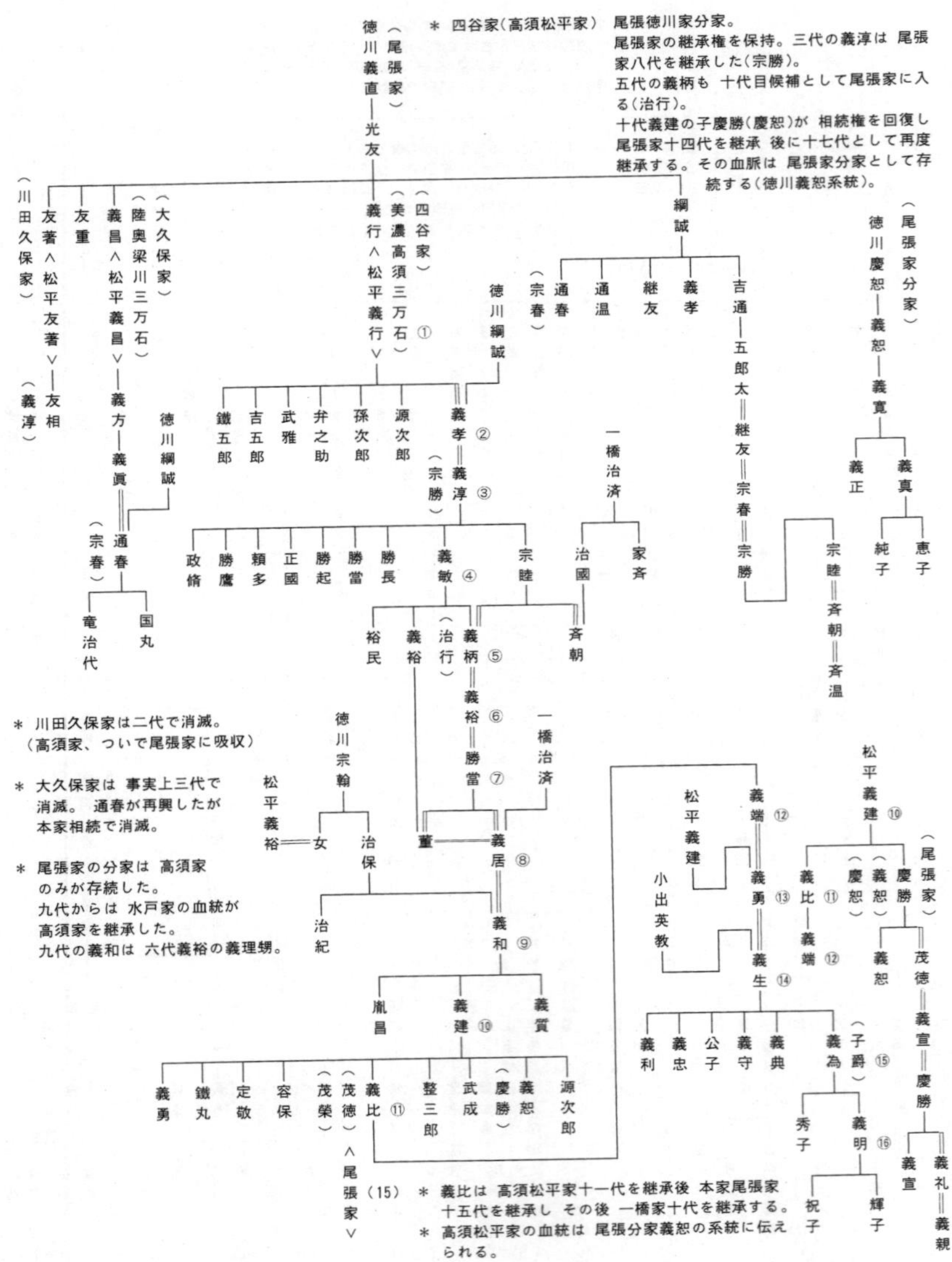

出典『徳川家諸家系譜』、『平成新修旧華族家系大成』、『華族譜要』、『別冊歴史読本 徳川将軍家血族総覧』、『系図研究の基礎知識』、他

紀伊徳川家

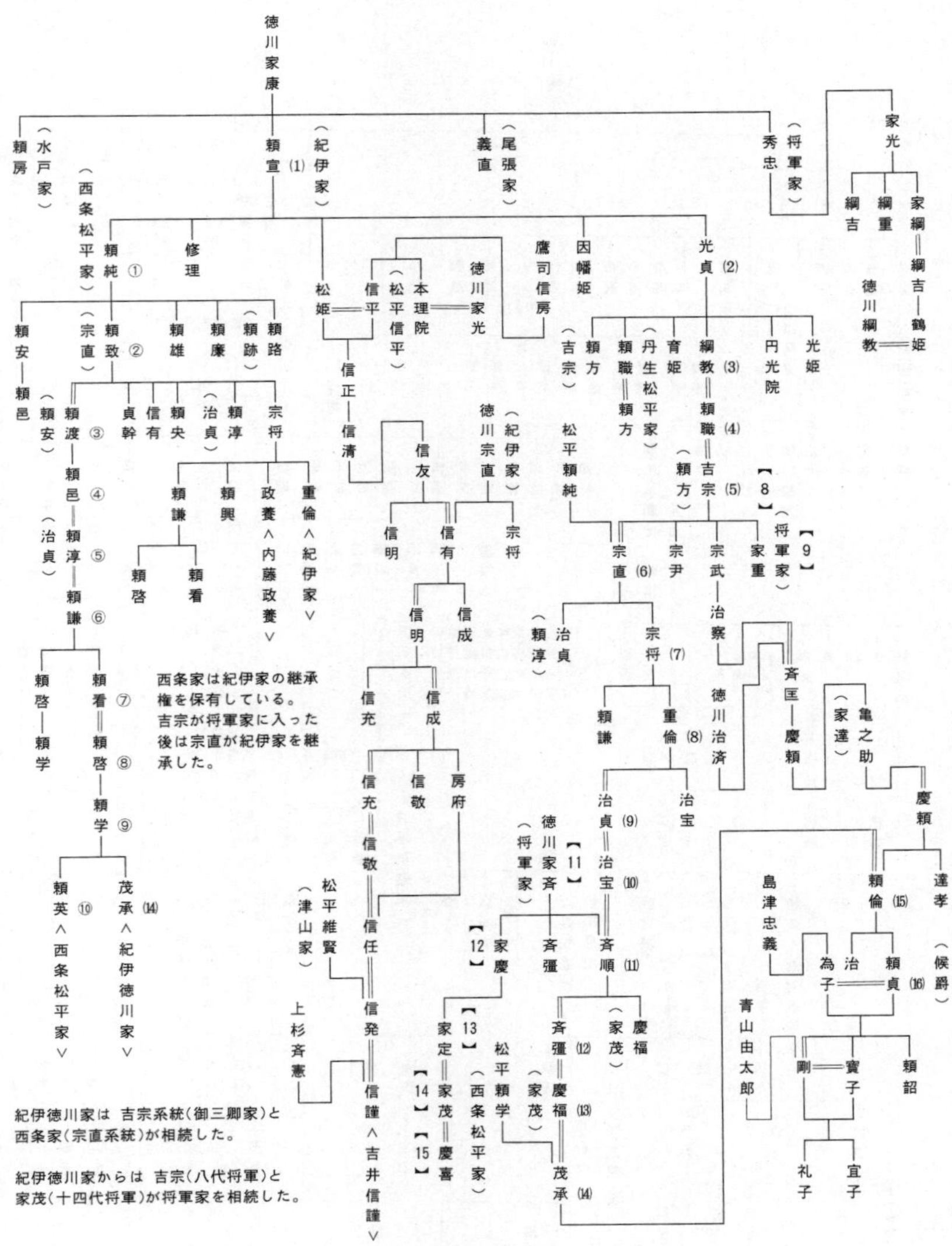

西条家は紀伊家の継承権を保有している。
吉宗が将軍家に入った後は宗直が紀伊家を継承した。
紀伊徳川家は 吉宗系統（御三卿家）と西条家（宗直系統）が相続した。
紀伊徳川家からは 吉宗（八代将軍）と家茂（十四代将軍）が将軍家を相続した。

出典『平成新修旧華族家系大成』、『華族譜要』、『徳川諸家系譜』、『日本の名家』、『別冊歴史読本 徳川一族 将軍家への挑戦』、他

紀伊徳川家一門（西条松平家）

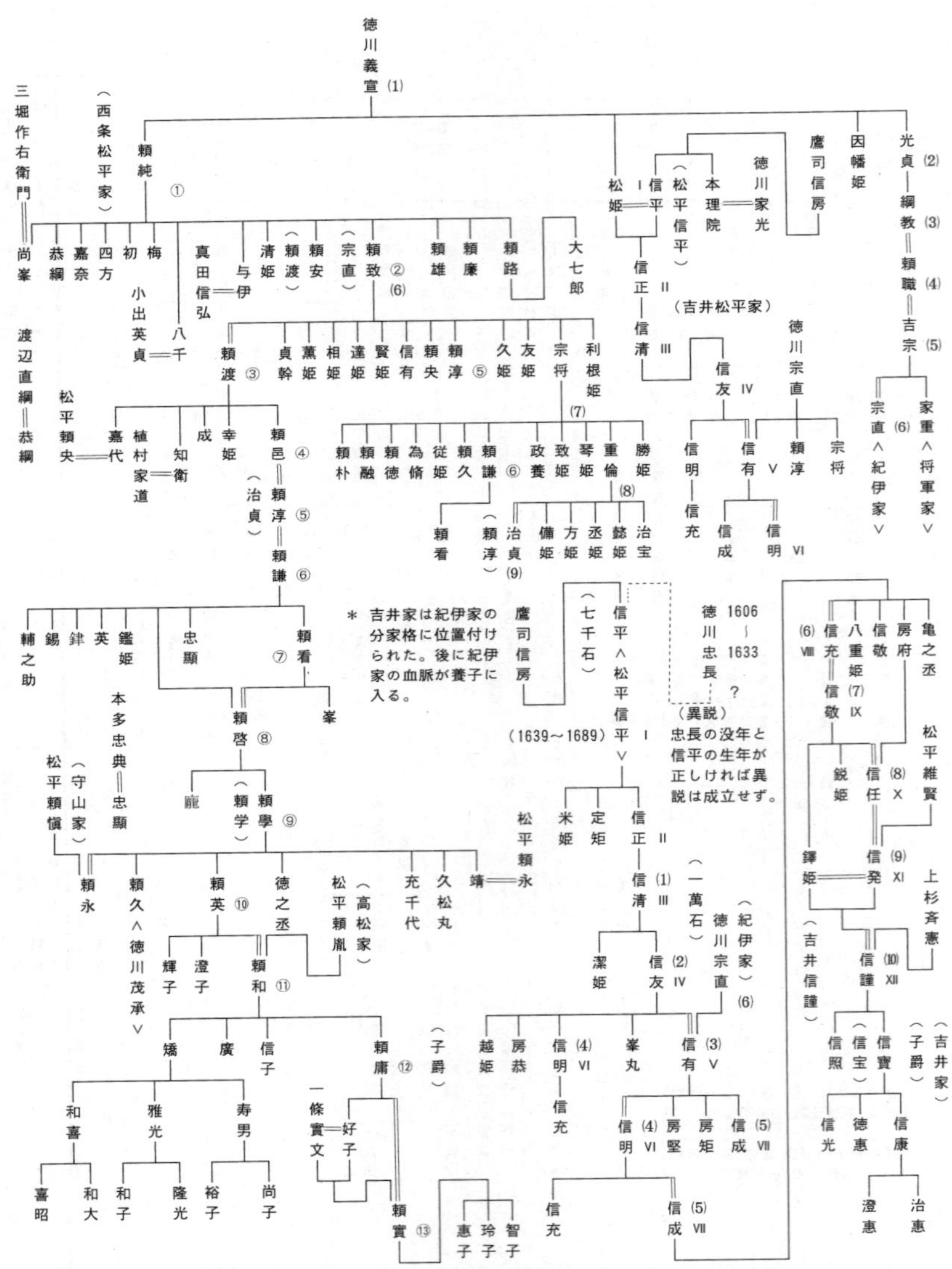

出典『別冊歴史読本 徳川一族 将軍家への挑戦』、『別冊歴史読本 徳川将軍家血族総覧』、『徳川諸家系譜』、『系図研究の基礎知識』

水戸徳川家

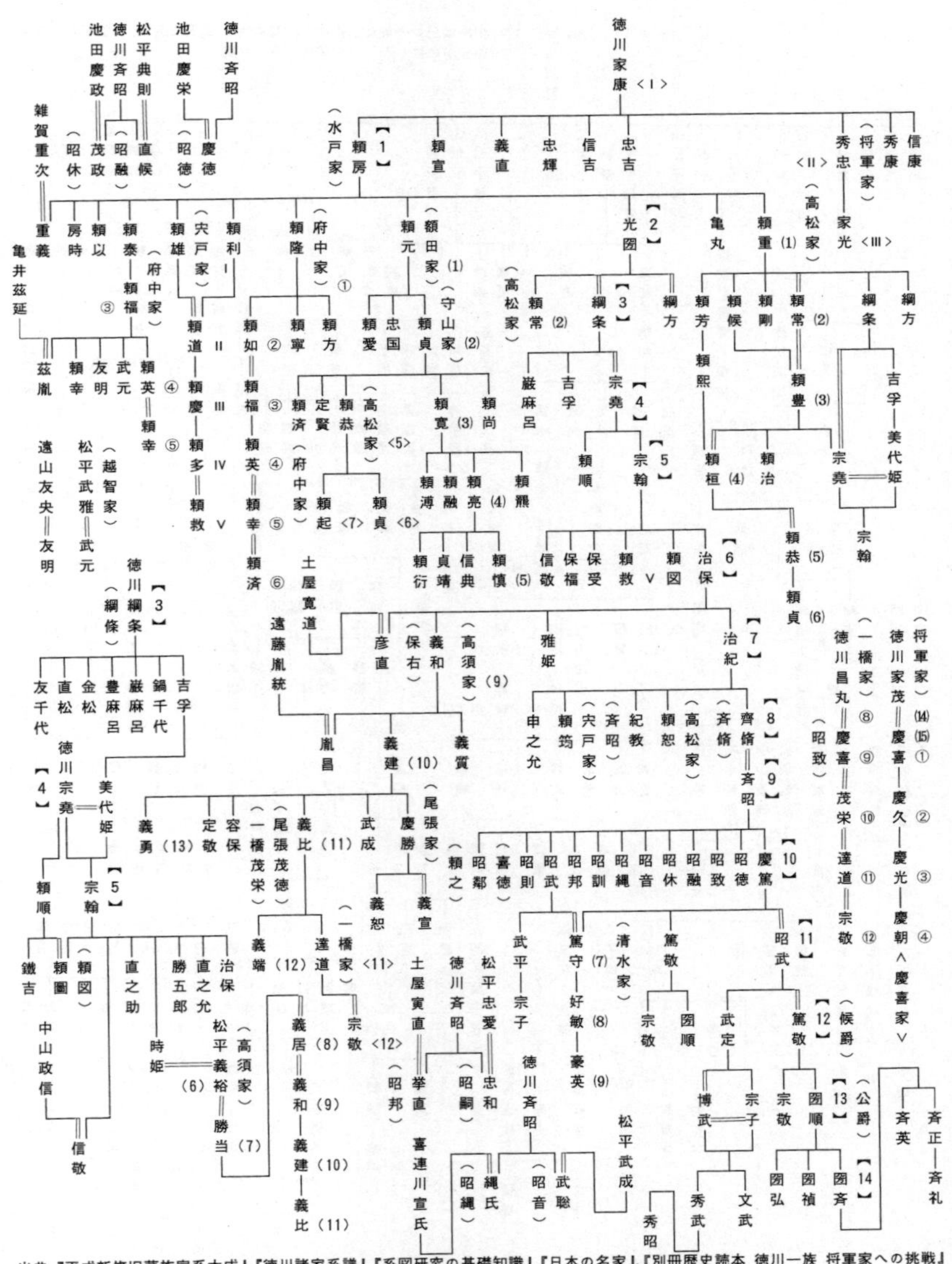

出典『平成新修旧華族家系大成』、『徳川諸家系譜』、『系図研究の基礎知識』、『日本の名家』、『別冊歴史読本　徳川一族　将軍家への挑戦』

水戸徳川家一門（高松、守山、宍戸、府中松平家）

＊ 光圀は兄の子供に水戸家の家督を譲り 以後水戸家は 高松松平家の血統が相続した（三代 綱條、四代 宗堯）。

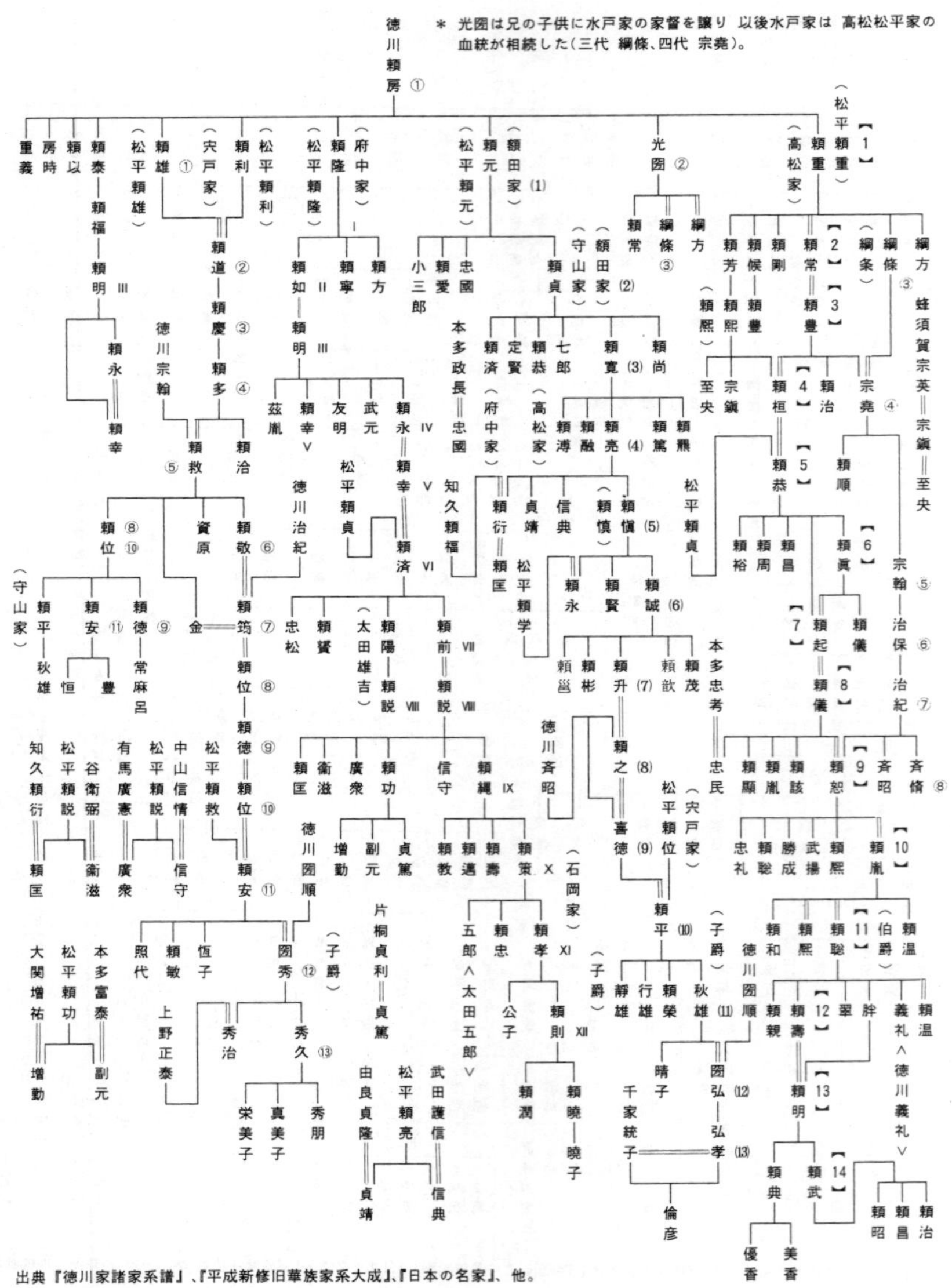

出典『徳川家諸家系譜』、『平成新修旧華族家系大成』、『日本の名家』、他。

徳川家康と息子達 (1)

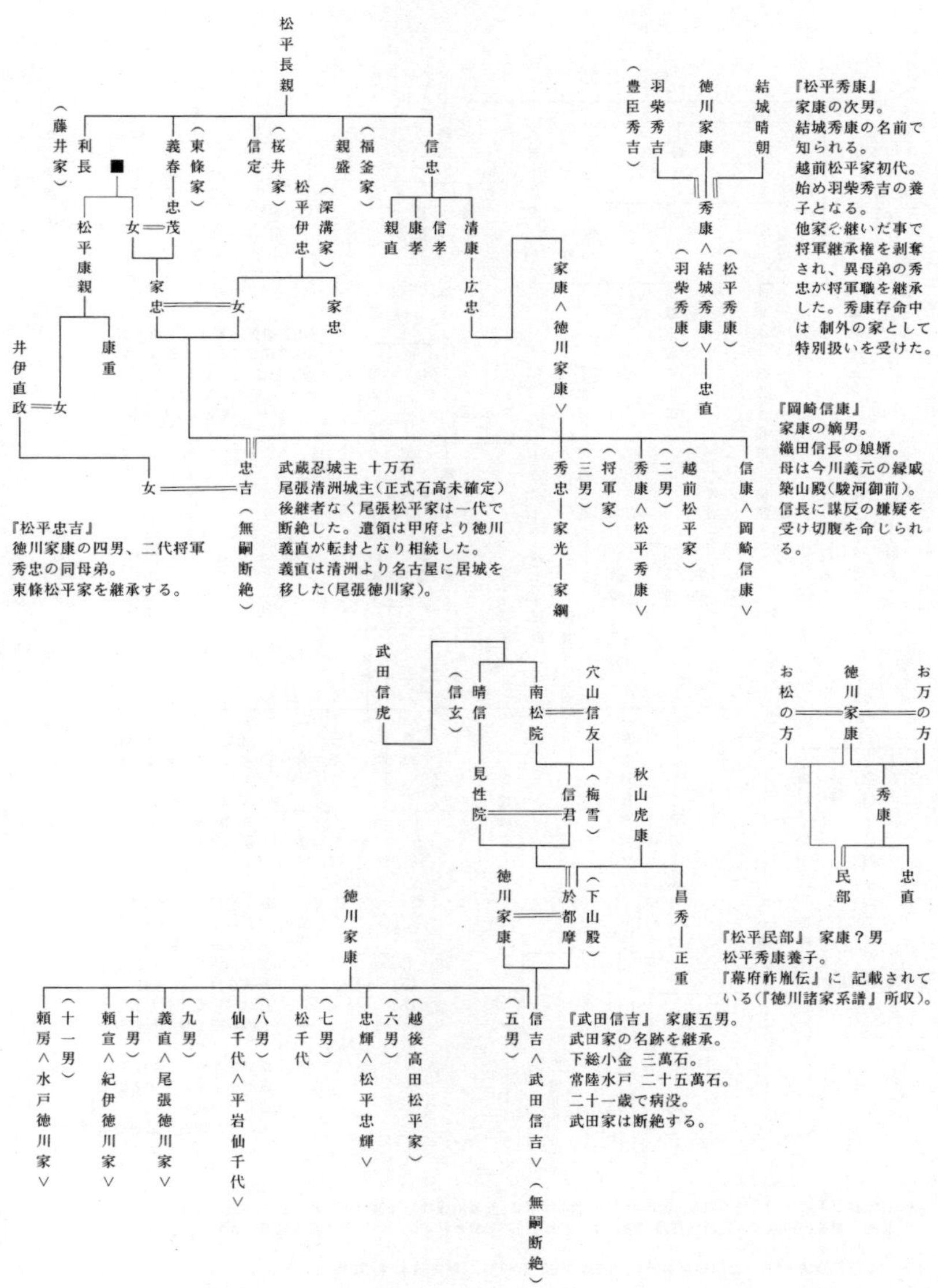
松平長親
利長（藤井家）
義春（東條家）
信定（桜井家）
親盛（福釜家）
信忠
松平伊忠（深溝家）
親直
康孝
信孝
清康
広忠
家康〈徳川家康〉
■
松平康親
女
忠茂
家忠
女
家忠
康重
井伊直政
女
忠吉（無嗣断絶）
武蔵忍城主 十万石
尾張清洲城主（正式石高未確定）
後継者なく尾張松平家は一代で断絶した。遺領は甲府より徳川義直が転封となり相続した。
義直は清洲より名古屋に居城を移した（尾張徳川家）。
『松平忠吉』
徳川家康の四男、二代将軍秀忠の同母弟。
東條松平家を継承する。
秀忠（三男）（将軍家）―家光―家綱
秀康〈松平秀康〉（二男）（越前松平家）
信康〈岡崎信康〉
結城晴朝
徳川家康
羽柴秀吉（豊臣秀吉）
秀康〈結城秀康〉（松平秀康）（羽柴秀康）
忠直
『松平秀康』
家康の次男。
結城秀康の名前で知られる。
越前松平家初代。
始め羽柴秀吉の養子となる。
他家を継いだ事で将軍継承権を剥奪され、異母弟の秀忠が将軍職を継承した。秀康存命中は 制外の家として特別扱いを受けた。
『岡崎信康』
家康の嫡男。
織田信長の娘婿。
母は今川義元の縁戚築山殿（駿河御前）。
信長に謀反の嫌疑を受け切腹を命じられる。
武田信虎
晴信（信玄）
南松院
穴山信友
見性院
信君（梅雪）
秋山虎康
徳川家康
於都摩（下山殿）
昌秀
正重
お松の方
徳川家康
お万の方
秀康
民部
忠直
『松平民部』 家康？男
松平秀康養子。
『幕府祚胤伝』に 記載されている（『徳川諸家系譜』所収）。
徳川家康
頼房（十一男）〈水戸徳川家〉
頼宣（十男）〈紀伊徳川家〉
義直（九男）〈尾張徳川家〉
仙千代（八男）〈平岩仙千代〉
松千代（七男）
忠輝（六男）〈松平忠輝〉（越後高田松平家）
信吉（五男）〈武田信吉〉（無嗣断絶）
『武田信吉』 家康五男。
武田家の名跡を継承。
下総小金 三萬石。
常陸水戸 二十五萬石。
二十一歳で病没。
武田家は断絶する。

徳川家康と息子達 (2)

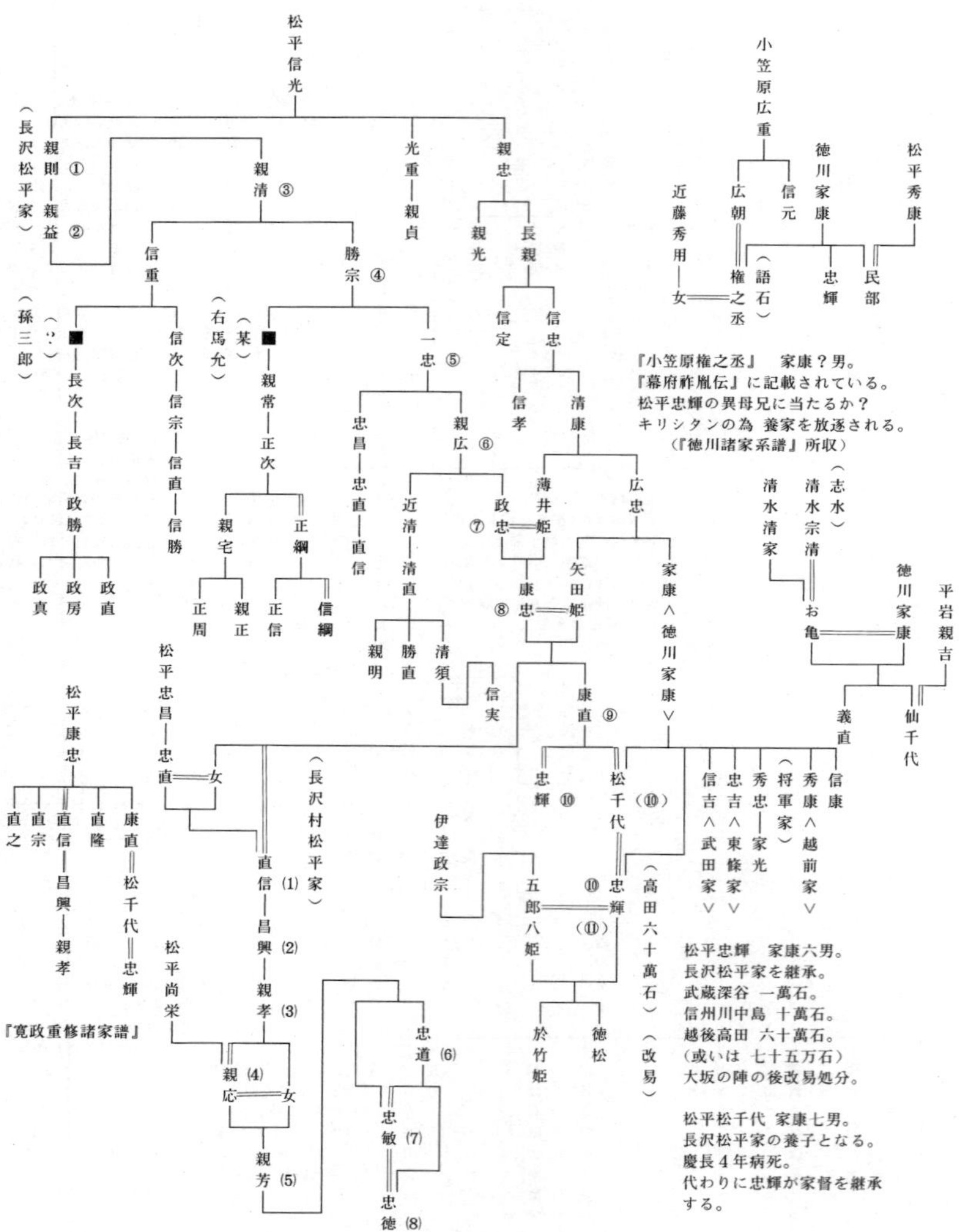

＊ 長沢村松平家は『姓氏と家紋 第60号（日本家系図学会、近藤出版社）』所収 小川恭一氏の小論により補筆。
＊ 長沢松平家の系図は『寛政重修諸家譜・第一』P. 210に記載されているのでそちらを参考にされたい。

出典『寛政重修諸家譜』、『徳川諸家系譜』、『姓氏と家紋 第60号』、『歴史読本 特集 徳川家康と13人の息子 一九九三年 十月号』、他。

複雑怪奇な徳川系図

家康の先祖に関しては、松平信光以前に関して諸説あり、新田義重から家康に至る系図が偽りであることは専門家の指摘を待つまでなく、本書の比較考証のみでも明らかである。公開されている資料がこれだけ異なると、その系図が偽系図であることは専門家でなくとも指摘できよう。さらに家康その人の出自に関しても異聞系図により疑問が生じてくる。秀吉ほどではないが家康も影のネットワークを持っていたことは間違いないので、闇の系譜に属する可能性も完全には否定できない。白旗党余類出身にしろ、野武士出身にしろ、あるいは影武者にしろ、とにかく天下統一（完全な武家政権としての）を成し遂げた事実だけは否定できない。

家康以前の系譜が謎に包まれていることは明らかであるが、子孫に関しても謎はある。家康がただ一人（松平元信、松平元康、徳川家康）だとしても謎が残る。通常の系図にはあまり紹介されていない松平民部、小笠原権之丞の存在である。彼らが家康の何男であるかは明らかでない。

さらに、松平松千代は二人存在した可能性も残る。すなわち、松平忠輝の双子の兄の松千代と長沢松平家を継いだ松千代である。通常松千代は忠輝の弟とされているので、後の松千代が系譜上抹殺された松千代の名前を継いだ可能性も残る。この点については比較考証する基本資料を持ち合わせていないので示唆するにとどめておく。

また三代将軍家光の系譜についても家康の子である可能性（春日局が家康の側室なら充分考えられる）があり、謎である。家康が信長に恨みを抱いていたのなら織田家血脈の忠長ではなく、実子の家光に家督を相続させる道を開いたことも頷ける。ただ筆者の手元には立証する資料がないので、この問題は示唆するにとどめておく。家康は十三人（あるいは十四人）の息子を擁していたが、その扱いにはずいぶん落差がある。気性の荒い息子と柔順な息子。天下を取る以前に出生した息子と天下取り以後出生の息子。他家に養子に出された息子と徳川家に残った息子。その差は歴然である。

家康は関東に移されると自領地内で有力家臣を大名に取り立て（譜代大名）、養子に出した息子も大名に取り立てた（親藩大名）。

松平忠吉、武田信吉、松平忠輝は家康取り立ての大名である。結城秀康は秀吉の時代からの大名なので別格である。家康は彼らを徳川一族の外郭とは考えたが、徳川姓は名乗らせず、一門から除外した。

家康は天下取り後の徳川一門として、将軍家のほかに尾張徳川家、紀伊徳川家、水戸徳川家の三分家を創設し、宗家断絶の場合の将軍職継承権を与えた。

本書においても、将軍家一門と三分家および三分家の継承権を持つ松平家もあわせて紹介した。

宗家断絶後は紀伊家の吉宗が宗家を継承して八代将軍に就任した。吉宗を初代とする第二将軍家は御三家に代わる一門として御三卿家を創設した。

この間、尾張家は宗春失脚後、将軍家の圧力を受け、一時は将軍家に乗っ取られた感さえある（後には継承権を持つ高須松平家が継承権を復活した）。紀伊家は西条松平家が継承し、その後は吉宗系統と西条家（宗直系統）が継承した。水戸家は高松松平家の血統が相続し、幕末同家の慶喜が一橋家を相続して将軍職継承権を確保して最後の将軍に就任した。

尾張家からはついに将軍に就任する者が出なかった。八代将軍職継承争いに敗れた尾張家は事実上、将軍職継承権を剥奪され、尾張宗家は事実上断絶に追い込まれた（系図参照）。

本書では徳川一門を紹介したが、甲府徳川家の庶流の越智松平家については、事実上甲府家の継承権を剥奪されていたので割愛した（甲府家を継承していれば宗家継承の最有力候補）。

越前家についても宗家の継承権を剥奪されていたので割愛した。また会津松平家（保科家）については当初から継承権がなかったので除外した。

徳川系図もじっくり眺めると複雑怪奇で謎を秘めている。本来のテーマは家康に至る系譜の謎への挑戦であったが、なかなか難解で明確な系譜を復元することはできなかった。しかし、『日本武将列伝5』で日本史の権威桑田忠親氏が示した徳川系図が偽系図であることが明確になったことでよしとしよう。

徳川系図（先祖系図）が偽系図であることは、筆者が言わずとも、先学の方々が指摘してきたところである。しかるに、その偽系図は未だ訂正されていない。日本の各家の系図はほとんど偽系図（改竄系図）であるとはいえ、学術書や歴史の専門雑誌の系譜ぐらい訂正するか参考系図を紹介してもよさそうなものである。

本書においても各系図資料を参考としたが、とくに宝賀寿男氏の『古代氏族系譜集成』の加茂氏系図、在原氏系図は参考になった。また、地方小出版の本であるが、『消された一族』（清水昇、あさを社）は新田末裔を否定する上で参考になった。

しかし、それ以外では新田末裔系図が未だまかり通っている現状である。

なお、今回は家康の系譜がテーマなので旧松平家（十八松平家）は必要部分を除き割愛した。松平一族全体の紹介は、次に松平一族について扱う機会まで保留する。

とにもかくにも徳川一族は養子関係も含め、複雑な相続により家系を現代まで伝え、徳川・松平姓以外の家系も含めれば、家康の血脈はかなりの広がりをみせているが、本書ではそこまで追跡する余裕はないので省略する。

徳川家は家康の深慮遠謀により、織田家や豊臣家を凌駕し、二百六十年余天下家の地位を保持し続け明治に至った。

三河の土豪から起こり、信長および秀吉の時代を生き抜き、ついに天下を取った稀にみる家系であることは動かしがたい事実である。卓越した資質・能力そして有能な家臣団を擁し、強運を持ちあわせた家康は稀にみる武将である。現代風に述べるなら、事実上倒産した会社を再建し、一大コンツェルンを構築したということになる。家康という存在がなければ徳川家は成立せず、前身の松平家も戦国の嵐の中で織田家か今川家か、あるいは武田家に飲み込まれていたことであろう。あるいは同族の松平家に滅ぼされていたかもしれない。

そんな家康の系譜について挑戦した「謎の家康系図」であるが、多くの謎を残しながらもこれで筆を置くことにする。

終章　天下人の系譜

応仁の乱の勃発により、それまでも強力とはいえなかった室町幕府は事実上崩壊し（形式的には存在した）、世は群雄割拠の戦国時代へと突入していく。

守護大名は一部が戦国大名へ変身したが、大部分は守護代や又代、あるいは国人領主・土豪に取ってかわられた。

中央においては細川氏の家宰の三好氏が実権を握り、その三好氏も家臣の松永弾正や三好三人衆に実権を奪われていく。さらに将軍弑逆事件も勃発する。彼らは傍系の公方を傀儡将軍として擁立した。しかし、彼らは畿内の一部を支配するのみで天下人とはなり得なかった。

この時、尾張を統一し、駿河の今川義元を破り、さらには美濃を併合した織田信長が、弑逆された十三代足利義輝の実弟の足利義秋（後の十五代将軍足利義昭）を擁立して上洛し、義昭を将軍職に就けた。

しかし、すぐに天下人となったわけではない。同盟を破棄した浅井氏や越前の朝倉氏を滅ぼし、美濃から京までの地域を支配下に収めて、ようやく天下人としての足掛かりを確保したにすぎない。蜜月であった義昭とは不仲になり、ついには数度の合戦の後、義昭を京より放逐し、形式的に存続していた室町幕府に終止符を打った。

信長は安土を拠点に京を押さえ、畿内、北陸、近江、伊勢、美濃、尾張、信濃の一部、甲斐、関東の一部まで支配下に収め（同盟関係の家康の領国三河、駿河も含む）、事実上日本の中央を統一した。さらには播磨、備前も信長の勢力下に入り、越後の上杉、関東の北條、中国の毛利、四国の長宗我部と対峙するまでに勢力を拡大した。

朝廷を押さえ、右大臣を拝命していた信長は、征夷大将軍あるいは関白に就任することも可能な地位に昇っていた。本能寺で倒れなければ、初の平姓の将軍が誕生していたかもしれない。

この事実によって筆者は信長を戦国の初代天下人と見なした。信長は明智光秀の謀反により本能寺に倒れた。信長の天下は明智光秀の手に落ちるかに見えた。

しかし、光秀は京および近江・丹波など自分の旧領を押さえたのみで信長の旧領全部を掌握することはできなかった。信長の旧臣は臣従せず、一部与力衆を押さえたのみで、筒井氏や細川氏は離反した。結局、山崎で秀吉を中核とした織田軍団（羽柴秀吉、丹羽長秀、神戸信孝ら）に敗れ、光秀の天下は十一日余りで終わった（俗に明智の三日天下と云われる）。

秀吉を中心とした織田家旧臣は、織田家の天下人の地位を回復した。しかし、その後継者についてはしばらく定まらず、清洲での重臣会議に委ねられた。

信長の遺児の中では織田信雄と神戸信孝が後継者の地位を争い、信孝には柴田勝家、滝川一益らが加担した。

信雄は光秀討伐では何の戦功もなく、それどころか安土城を灰燼に帰した疑いさえある。

一方、神戸信孝は秀吉軍に合流し、光秀討伐の合戦に参加したという実績がある。ただし、後援者の柴田や滝川には何の戦功もないどころか、各出先より這々の体で逃げ帰っている（滝川は関東の拠点を失った）。

この重臣会議の時、秀吉は嫡流血統論により信長の嫡孫の三法師（後の織田秀信）を擁立し、後見人に収まった。この時には丹羽長秀らが秀吉を支持して柴田の主張を退けた。

この結果、三法師が二代目の天下人となった。この時、秀吉は信雄を懐柔するために、信雄にも後見人の地位を与えている。その後、柴田勝家の妻となっていた市姫（お市の方）が信長追善の法要を挙行したのに対抗して、養子の羽柴秀勝（信長の四男）を祭主にして、京で大法要を挙行して、信長の後継者であることを宣伝した。秀吉と勝家の対立は深まり、ついに両者は賤ヶ岳で雌雄を決することとなった。結果は柴田勝家の自刃で幕を閉じ、秀吉はこの勝利により事実上の天下人となった。

天正十二年（一五八四）小牧・長久手で織田信雄・徳川家康の連合軍と戦い、局地戦では敗れたものの、政治力（外交戦略）で事実上勝利した。

この間、秀吉は内大臣から関白となり、無姓の羽柴氏から藤原氏となり、さらに豊臣姓を創設（形式上は朝廷より賜姓）して藤原より改姓して第六の関白家としての豊臣家を創設した。ここに秀吉は名実共に二代目天下人となった。

秀吉は、形式上家康を臣従させ、豊臣・徳川・毛利の連合政権樹立に成功する。これにより東海から中国までを支配下に収め、信長の天下を拡大した。秀吉は四国・九州を支配下に収め、その目を関東に転じた。

秀吉は家康を通じて北条家の臣従を画策するが、小田原城の能力を過信した強行派により拒否され、ついに小田原攻めとなる。地方の大名どうしの合戦には耐えた小田原城も、天下を相手にしては勝てるはずもなく、結局降伏を余儀なくされた。ここに北条早雲以来の北条家は没落した。秀吉は家康を関東に封じ、東日本の押さえとした。北条家を下した豊臣軍は、関東平定後、東北に進出し、奥州仕置きを断行し、豊臣家に臣従しなかった大名を改易した。ついに秀吉は信長がなし得なかった全国統一を完成したのである。

しかし、豊臣政権も永続政権ではなかった。秀吉は国内統治体制を整える前に朝鮮出兵を強行し、自ら政権基盤を破壊した。また一族を次々に抹殺あるいは追放して、一族崩壊を招いた。

秀吉の天下を継承したのは徳川家康である。家康は石田三成という愚臣を体よく利用し、関ヶ原の合戦を誘発し、旧豊臣一族（北政所、小早川秀秋、福島正則ら）の協力を得て、石田三成の西軍を破り事実上の天下人となった。

家康は二年間は豊臣家筆頭大老として、西軍大名の処断を行い、自己の天下継承の基盤作りに邁進した。家康は正式な武家の棟梁となるべく朝廷工作を行い、ついに源氏長者・征夷大将軍となり、全国武将の頂点に立った。家康は徳川永久政権構築のため二年で将軍職を秀忠に譲り、家康自身は源氏長者・大御所となり二重政権を樹立した。

家康は豊臣家に対し大名として臣従するか、公家となって大坂城を放棄するか、いくつかの選択肢を用意したが、天下人を夢見る無知な秀頼母子は生き残るための選択肢を拒否し、滅亡することになったのである。

ついに家康は戦国三代目の天下人として天下を再統一し戦国時代に終止符を打ったのである。信長により始まった戦国天下人の系譜は信長、(光秀、秀信)、秀吉を経て、家康に至り完成したのである。

光秀は天下取りに失敗し、秀信は二代目天下人の自覚がないまま秀吉にその地位を横領され、柴田勝家は織田家の天下維持に失敗し、家康は一度は天下を秀吉に拐われたが、雌伏の時を耐え抜きついに天下人となったのである。

天下人の三人は美濃を制し天下を制した。壬申の乱の時代よりこの地区を押さえた者が天下を制した。頼朝の鎌倉軍は、美濃で反頼朝派の新宮行家を破り、足利尊氏は近江の佐々木氏や美濃の土岐氏と提携することで室町幕府の基礎を固めた。信長は美濃を併合することで、天下取りの足掛かりを掴んだ。秀吉も賤ヶ岳合戦の前に、近江と美濃を押さえている。家康は関ヶ原での勝利により天下人の地位を手に入れた。

家康は天下を取ると、尾張に松平忠吉(家康四男)を配し、松平家が無嗣断絶の後は、義直を尾張へ配した(尾張徳川家)。三英傑が尾張・三河の出身であることが天下取りを可能にした。そして三人はそれぞれに強力な運を持っていた。土岐氏は戦国の当主に人物がなく、せっかく美濃を押さえながらも天下を取れず、あげく斎藤道三に美濃を奪われた。その斎藤家も信長に滅ぼされた。本能寺で信長を滅ぼした光秀が天下を取れなかったのは、生前より織田家家中に味方がいなかったことと戦略の不味さ、そして運のなさによる。

愛宕山における連歌会などにより、光秀に天下取りの意志があったという見方もあるが、筆者はそうは思わない。

織田家の天下は、かつての三好政権と異なり、かなり大規模なものである。これを奪い実効支配するにはかなり大規模な軍団が必要となる。本能寺の変直前の信長軍団は、一つの方面軍団が対立する大大名と互角に戦う力を持っており、それ故に信長はある程度天下を維持できたのである。

柴田勝家は前田利家ら与力大名の協力で上杉氏に対峙し、滝川一益は前橋を拠点に越後と関東を牽制し、同盟軍の家康は岡崎、浜松、駿府を拠点に東海道を押さえ北条氏を牽制した。丹羽長秀は神戸信孝を擁立して新たに四国方面軍を形成し、大坂住吉で渡海の準備を行っていた。秀吉は西国方面軍として備中で毛利軍と対峙していた。光秀の場合は方面軍は預けられていないが、しいて云えば遊軍兼近畿管領とでもいうべき立場で、京の周辺を守護する位置にあった（近江と丹波に拠点を与えられていたことからもそのように推察される）。

この当時、滝川は関東に在り、柴田は北陸に在陣、秀吉は中国攻めの真っ最中、丹羽長秀は大坂で四国攻めの準備中、家康は堺見物中でわずかな家臣しか引き連れていない。謀反を起こすには絶好の機会であったが、事前準備は充分でなかった。縁戚の筒井や細川とも密議をせず、四国方面軍の中にいた津田信澄（光秀娘婿、信長に殺された織田信行の遺児）とも示し合わせた形跡がない。信澄は本能寺の変勃発後、光秀との関係を疑われ殺されている。

もし（歴史にもしは禁句だが）光秀が天下取りを意識して充分な準備をしていたのなら、少なくとも筒井、細川、津田の三家とは事前協議をしたはずだし、光秀が三家を訪ねても縁戚なのだから三家が漏らさぬ限り問題はない。もっとも時代の流れを読み取るに敏感な細川家が加担するという保証はないが、少なくとも織田家譜代でない筒井と父を信長に殺された信澄は勝算があれば、光秀についた可能性はある。信澄が大坂で神戸信孝と丹羽長秀を牽制していれば、山崎の合戦も違った展開になったかもしれない。

謀反という点に関してはそれなりの準備をしたかもしれないが、天下横領という点では準備不足もはなはだしい。秀吉ですら山崎の合戦の後、清洲会議、賤ヶ岳の合戦での勝利までのあいだに天下横領のために、いろいろな謀略・工作を行っているのである。それに比べれば、光秀の戦略など稚技に等しい。信長謀殺だけで天下を横領できるほど甘くないことは秀吉が実証している。また徳川家康も後に名分を伴う天下取りの難しさを世に知らしめている（家康は正式な武家の棟梁となることで謀反の汚名を回避した）。天下を取るにはいくつかの条件、資質、運が必要で、どれが欠けても天下は取れない。まして戦国の天下人となるとなおさらである。少し横道にそれるが簡単に触れておこう。

織田信雄の場合　武将としての力量が劣り、人望がない（清洲会議でも重臣が支持せず）。

神戸信孝の場合　武将としては信雄より勝り、支持者もあった（柴田勝家ら）が、政治力・洞察力に欠ける部分があり、信長の後を継ぐほどの器量がなかった（信長が天下人でなく、一大名なら後継者にはなり得た可能性はある）。

織田秀信の場合　信長の嫡流であったが、武将として見るべきものはなく、天下人の器量ではない。

柴田勝家の場合　織田家筆頭宿老であったが、政治力に欠ける（勝家に政治力があるなら三法師を擁立し、神戸信孝をその後見人として、自分はその後見という立場で実効支配の基盤を作る）。勝家が北陸を拠点に上杉と対峙していたことも不利な条件。

丹羽長秀の場合　織田家次席宿老で山崎の合戦にも参加したことでは評価されるが、無傷の四国方面軍を持ち、神戸信孝を擁しながら、自軍のみで明智軍に挑めなかったということでは天下の武将としての力量には欠ける。政治力も秀吉には劣る。

滝川一益の場合　問題外。

前田利家の場合　本能寺事件の時は柴田勝家の与力で、単独の軍事力では天下は取れない。秀吉が死んだ時には豊臣家次席大老だったが万全な健康状態でもなく、天下取りの野心はないように見受けられる（関ヶ原以前に死亡）。

毛利輝元の場合　毛利王国を維持するのがやっとで天下を取る力なし。秀吉との連合政権樹立で毛利王国を安泰にしたことは評価されるが、これは叔父小早川隆景の補佐による。政治力、洞察力に欠け、石田三成に利用された。

黒田如水の場合　洞察力では秀吉に匹敵するが、警戒されて高禄は与えられず、九州へ追いやられた。畿内播磨あたりで大名になっていたら（大大名になっていたら）家康に対抗した可能性もある（才子才に溺れ事実上失脚）。

蒲生氏郷の場合　信長にも評価され娘婿になっていたが、秀吉に警戒され会津へ追いやられ、天下取りのチャンスを失う（秀吉生前に病死暗殺説も俗説としてある）。

伊達政宗の場合　秀吉にも家康にもそれなりに評価された力量の持ち主だが、拠点が東北という地理的条件の悪さと生まれた時代が少し遅かったという不運がある（秀吉の関東進出以前に奥州を統一していたらどうなっていたか……）。

石田三成の場合　官僚としてはそれなりの能力を持つが、武将としての能力は女城主にも勝てないほどで問題外。政治力でも家康より数段劣る。豊臣家の中心武将に人望なし（豊臣譜

戦国天下人の系譜

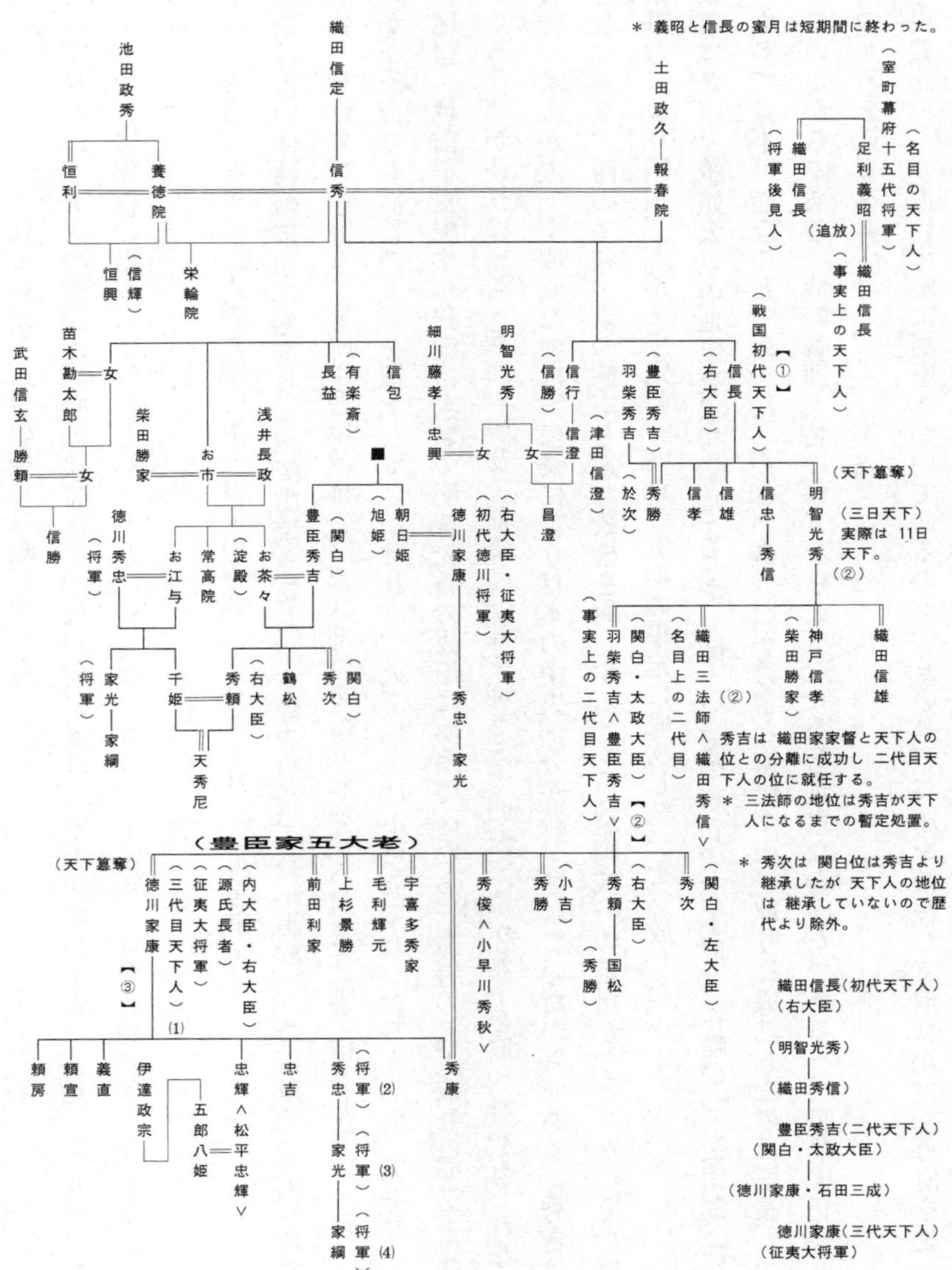

＊ 義昭と信長の蜜月は短期間に終わった。
織田信定
池田政秀
土田政久
恒利
養徳院
信秀
報春院
（室町幕府十五代将軍）（名目の天下人）
足利義昭
織田信長（将軍後見人）
（追放）
織田信長（事実上の天下人）
恒興（信輝）
栄輪院
（戦国初代天下人）【①】
武田信玄
苗木勘太郎
女
長益（有楽斎）
信包
細川藤孝
明智光秀
信行（信勝）
羽柴秀吉（豊臣秀吉）
信長（右大臣）
柴田勝家
お市
浅井長政
忠興
女
女
信澄（津田信澄）
勝頼
女
■
朝日姫（旭姫）
徳川家康（初代徳川将軍）（右大臣・征夷大将軍）
昌澄
秀勝（於次）
信孝
信雄
信忠
秀信
（天下簒奪）
明智光秀
（三日天下）
実際は 11日天下。
（②）
信勝
徳川秀忠（将軍）
お江与
常高院
お茶々（淀殿）
豊臣秀吉（関白）
家光（将軍）
家綱
千姫
秀頼（右大臣）
鶴松
秀次（関白）
天秀尼
秀忠
家光
羽柴秀吉（事実上の二代目天下人）
（関白・太政大臣）〈豊臣秀吉〉【②】
織田三法師（名目上の二代目）〈織田秀信〉（②）
柴田勝家
神戸信孝
織田信雄
秀吉は 織田家家督と天下人の位との分離に成功し 二代目天下人の位に就任する。
＊ 三法師の地位は秀吉が天下人になるまでの暫定処置。
（豊臣家五大老）
（天下簒奪）
徳川家康（三代目天下人）（征夷大将軍）（源氏長者）（内大臣・右大臣）【③】(1)
前田利家
上杉景勝
毛利輝元
宇喜多秀家
秀俊〈小早川秀秋〉
秀勝（小吉）
秀頼（右大臣）
国松（秀勝）
秀次（関白・左大臣）
＊ 秀次は 関白位は秀吉より継承したが 天下人の地位は 継承していないので歴代より除外。
頼房
頼宣
義直
伊達政宗
五郎八姫
忠輝〈松平忠輝〉
忠吉
秀忠（将軍）(2)
家光（将軍）(3)
家綱（将軍）(4)
秀康
織田信長（初代天下人）
（右大臣）
（明智光秀）
（織田秀信）
豊臣秀吉（二代天下人）
（関白・太政大臣）
（徳川家康・石田三成）
徳川家康（三代天下人）
（征夷大将軍）

代といえる武将の多くは敵に回った）。

これを見れば、秀吉や家康が当時の武将としては如何に優れているかがわかる。また、運もあったことが……。特に秀吉の場合には信長という主君に仕えなければ天下に知られた武将にすらなれなかったであろう。

信長、秀吉、家康の三人の戦国天下人は実力と運により天下統一に邁進した。

信長は古い体制の破壊に邁進し（比叡山焼き打ち、本願寺討伐、将軍追放）、秀吉はその上に新たな体制作りを進めていった。家康は豊臣政権のプラス部分を踏襲しながら封建体制を構築していった。

いかな秀吉でも信長の天下を継承していなければ、天下統一は不可能であったろう。信長が近江・美濃・尾張・越前を支配する程度の大名で明智光秀の謀叛にあっていたら、秀吉の天下取りなど不可能であったろう。かわりに三河・駿河・甲斐・信濃の一部を押さえていた家康が天下を取ったかもしれない。

秀吉、家康が天下を取れたのは、信長により日本の中央部分が統一されていたからである。秀吉はそれを受け継ぎ、西の毛利、東の徳川と連合政権を樹立することで全国統一の足掛かりとした。その巨大な軍事力により四国、九州を平定し、関東、奥羽の平定に成功し統一を完成した。

家康は豊臣家筆頭大老の地位を保持したことが、関ヶ原での勝利、天下取りに結びついたのである。他の大名では不可能なことであった。くどいようだが秀吉と家康が天下取りに成功したのは信長とつながっていたからである。他の戦国大名の幕下なら天下取りなど覚束なかったであろう。最後に信長と同時代の大名を見てみよう。

今川義元　古い体制に胡座（あぐら）をかいているので、せいぜい将軍を補佐して崩れかけた幕府を延命させるのが精一杯だろう。武田信玄との戦いもあるので長期的に上洛を継続するのは不可能であろう。

武田信玄　上杉や今川との勢力争いがあるので長期上洛は不可能（経済力の点でも問題あり）。

上杉謙信　天下統一の力量なし。関東管領であっても関東を平定できず。

毛利輝元　先にも記したが問題外（前述参照）。

長宗我部元親　古い体制の軍団なので四国統一が限度。上洛しても天下は取れず。

後は問題外である。島津家は中央から遠く九州支配が限度である。奥州も遠方であるし、奥州を統一できる大名は存在しなかった。

三好氏も天下を維持できないことは歴史が証明している。六角氏や京極氏および朝倉氏には天下を取る力量がなかったことは、三好氏同様歴史が証明している。

信長が歴史の檜舞台に登場しなかったなら戦国時代は続き、天下統一は大幅に遅れていたことであろう。いかに信長、秀吉、家康の三英傑が他の戦国大名に抜きん出ていたかこのことによっても明らかであろう。

これで『織豊興亡史――三英傑家系譜考』の筆を置く。

（平成十年一月三日）

『織豊興亡史』出典・参考文献一覧

＊本文および基礎系図で出典を明示したもの以外の参考出典も含む。
＊小説でもある程度資料となり得るものは参考資料とした。
＊読者の便を考え、入手困難な資料については所蔵図書館を明記したので活用されたい。

『平成新修 旧華族家系大成』（霞会館・吉川弘文館）
『華族譜要』（維新史料編纂会編・大原新生社）
『織田信長 その激越なる生涯』（別冊『歴史読本』新人物往来社）
『織田系譜に関する覚書』（新井喜久夫・『清洲町史』所収）（愛知学院大学蔵）
『姓氏家系大辞典』（太田亮・角川書店）
『新編姓氏家系辞書』（太田亮著・丹羽基二編・秋田書店）
『姓氏』（丹羽基二著・樋口清之監修・秋田書店）
『日本武将一〇〇選』（和歌森太郎監修・秋田書店）
『古代氏族系譜集成』（宝賀寿男編・古代氏族研究会）
『織田信長──物語と史蹟をたずねて』（土橋治重・成美堂出版）
『織田信長のすべて』（岡本良一編・新人物往来社）
『新訂 寛政重修諸家譜』（続群書類従完成会）
『桓武平氏國香流系図』（千葉琢穂編・展望社）
『織田信長事典』（新人物往来社）
『系図纂要』（名著出版）
『信長と秀吉』（井上悦夫・日本の歴史文庫・講談社）
『系図研究の基礎知識』（近藤安太郎編・近藤出版社）
『織田信長の系譜』（横山住雄・教育出版文化協会）
『新編 犬山城史』（横山住雄・文化出版）

『織田家の人びと』（小和田哲男・河出書房新社）
『武功夜話のすべて』（瀧喜義・新人物往来社）
『武功夜話 四』（吉田蒼生雄全訳・新人物往来社）
『日本姓氏家系総覧』（『歴史読本』特別増刊・新人物往来社）
『信長・秀吉・家康の一族総覧』（『歴史と旅』臨時増刊・秋田書店）
『織田信長総覧』（『歴史と旅』臨時増刊・秋田書店）
『特集 織田信長一族の謎』（『歴史読本』昭和六十一年九月号・新人物往来社）
『戦国大名系譜人名事典』（山本大・小和田哲男編・新人物往来社）
『姓氏家系総覧』（『歴史と旅』臨時増刊・秋田書店）
『戦国大名家三七〇出自総覧』（『歴史読本』臨時増刊・新人物往来社）
『戦国大名家系譜総覧』（『歴史読本』臨時増刊・新人物往来社）
『戦国大名家総覧』（『歴史と旅』臨時増刊・秋田書店）
『日本系譜綜覧』（日置昌一・名著刊行会）
『群書系図部集』（続群書類従完成会）
『日本史総覧』（新人物往来社）
『日本史小百科7 家系』（豊田武・近藤出版社）
『立体分析 織田信長の正体』（別冊『歴史読本』歴史人物シリーズ・新人物往来社）
『戦国時代人物総覧』（別冊『歴史読本』特別増刊・新人物往来社）
『特集織田信長 KING OF ZIPANGU』（『歴史と旅』平成四年三月号・秋田書店）
『特集織田信長の謎』（『歴史読本』昭和五十九年三月号・新人物往来社）
『戦国三大英雄信長・秀吉・家康』（『歴史読本』一九九六年三月号・新人物往来社）
『日本「名家・名門」総覧』（別冊『歴史読本』事典シリーズ・新人物往来社）
『日本名門総覧』（『歴史と旅』臨時増刊・昭和六十年一月号・秋田書店）
『特集 織田信長一族の女性たち』（『歴史読本』一九九二年三月号・新人物往来社）
『戦国武将ものしり事典』（奈良本辰也監修・主婦と生活社）
『史説 道三と信長』（童門冬二・大陸書房）

『姓氏家系総覧』（『歴史と旅』臨時増刊・秋田書店）
『名門・名族・名家の謎』（『歴史と旅』臨時増刊・秋田書店）
『人物往来　Who'sWho日本の名門一〇〇〇家』（別冊『歴史読本』ビジネス版・新人物往来社）
『旅とルーツ』（日本家系図学会）
『日本の名門一〇〇家』（中嶋繁雄・立風書房）
『織田家家系譜考』（早瀬晴夫編・私家版）
『日本史小辞典』（山川出版社）
『尾州織田興亡史』（瀧喜義・ブックショップマイタウン）（犬山市立図書館蔵）
『楽田村史』（名古屋市立鶴舞中央図書館蔵）
『名古屋叢書続編士林泝洄』（名古屋市立鶴舞中央図書館蔵）
『角川日本地名大辞典23　愛知県』（角川書店）（名古屋市立鶴舞中央図書館蔵）
『国宝犬山城図録』（横山住雄・教育出版文化協会）（犬山市立図書館蔵）
『史跡散策　愛知の城』（山田柾之）（名古屋市立鶴舞中央図書館蔵）
『国宝犬山城』（城戸久・名古屋鉄道株式会社）（犬山市立図書館蔵）
『岩倉市史』（扶桑町図書館蔵）
『斎藤道三と稲葉山城史』（村瀬茂七著・雄山閣）
『竹中半兵衛』（池内昭一・新人物往来社）
『校訂美濃諸城攻略の編年』（私家版）（資料提供　勝村公）
『郷土文化』第四十九巻第二号・通巻第一七一号（名古屋郷土文化会）（資料提供　勝村公）
『郷土文化』第五十巻第二号・通巻第一七四号（名古屋郷土文化会）（資料提供　勝村公）
『信長犬山美濃を平定』（梅田薫・美濃文化財研究会）
『信長公記』（角川文庫）
『境川のむかしと今』（岐南町歴史民俗資料館）（資料提供　小島誠治）（岐南町図書館蔵）
『岐南町史・通史編』（資料提供　小島誠治）（岐南町図書館蔵）
『尾濃葉栗見聞集』（資料提供　小島誠治）（岐南町図書館蔵）
『美濃明細記』（資料提供　小島誠治）（岐南町図書館蔵）

『尾張國諸家系図』（加藤國光編・展望社）
『地方別　日本の名族　北陸編』（新人物往来社）
『富樫氏庶流旗本坪内家一統系図並由緒』（各務原市歴史民俗資料館編）（各務原市立中央図書館蔵）
『姓氏と家紋』（日本家系図学会・近藤出版社）＊『旅とルーツ』の前身
『江南市史資料　（四）　文化編』（江南市史編纂委員会）（名古屋市立鶴舞中央図書館蔵）
『生駒家戦国史料集』（生駒陸彦・松浦武編）（名古屋市立鶴舞中央図書館蔵）
『見た聞いた考えた豊臣秀吉大研究』（舟橋武志著・ブックショップマイタウン）（扶桑町立扶桑図書館蔵）
『豊臣秀長のすべて』（新人物往来社）
『逆転の日本史　つくられた秀吉神話』（洋泉社）
『豊臣秀吉　その絢爛たる一生』（別冊『歴史読本』新人物往来社）
『現代語訳　武功夜話　秀吉編』（加来耕三訳・新人物往来社）
『特集「太閤記」秀吉戦記』（『歴史と旅』平成八年三月号・秋田書店）
『特集　秀吉七つの「超」能力』（『歴史と旅』平成八年八月号・秋田書店）
『日本で一番出世した男　豊臣秀吉の秘密』（米原正義・ＫＫベストセラーズ）
『秀吉　奇跡の天下取り』（小林久三・ＰＨＰ）
『私説太閤記』（小林久三・光風社）
『豊臣家の人々』（司馬遼太郎・中公文庫）
『秀吉の謎　新史観で解く「天下人」の正体』（丸田淳一・学習研究社）
『誰も知らなかった豊臣秀吉』（後藤寿一・勁文社）
『希代の呪術師秀吉の正体』（月海黄樹・徳間書店）
『豊臣秀吉』（小和田哲男著・中公新書）
『豊臣一族のすべて』（別冊『歴史読本』一族シリーズ・新人物往来社）
『秀吉をめぐる八十八人』（『歴史と旅』臨時増刊・平成八年五月十日号・秋田書店）
『豊臣秀吉総覧』（『歴史と旅』臨時増刊・昭和六十一年七月号・秋田書店）
『特集　豊臣一族の謎』（『歴史読本』昭和六十一年三月号・新人物往来社）
『河出人物読本　豊臣秀吉』（河出書房新社）

『豊臣秀吉 七つの謎』（新人物往来社）
『豊臣秀吉 天下統一への道』（別冊『歴史読本』一九八九年六月号・新人物往来社）
『豊臣秀吉天下平定への智と謀』（歴史群像シリーズ45・学習研究社）
『秀吉軍団 戦国を駆け抜けた夢の軍兵たち』（ビッグマンスペシャル歴史クローズアップ人物・世界文化社）
『豊臣秀吉 その傑出した奇略の研究』（ビッグマンスペシャル歴史人物シリーズ3・世界文化社）
『豊臣秀吉99の謎』（楠戸義昭・PHP文庫）
『<戦国おもしろ意外史>秀吉側近99の謎』（楠木誠一郎・二見書房）
『秀吉が愛した女たち』（別冊『歴史読本』新人物往来社）
『豊臣家崩壊』（『歴史読本』臨時増刊・一九九六年八月・新人物往来社）
『歴史百科 日本皇室事典』（百年社・新人物往来社）
『歴史百科 日本姓氏事典』（百年社・新人物往来社）
『豊臣氏家系譜考（豊臣家興亡略史）』（早瀬晴夫編・私家版）
『戦国の秘史 豊臣家存続の謎』（前川和彦・日本文芸社）
『続・豊臣家存続の謎 天草四郎・島原決起の謎』（前川和彦・日本文芸社）
『太閤の後裔は滅びず……その後の豊臣家』（木場貞幹）（臨時増刊『歴史と旅』昭和五十八年八月「苗字総覧」所収）
『歴史群像』六月号№13（学習研究社）
『系譜と伝記 2』（系譜学會）（近藤出版社復刻）
『塩尻 上巻』（東海地方史学協会）（名古屋市立鶴舞中央図書館蔵）
『尾陽雑記』（愛知縣教育會編）
『漂泊の民 山窩の謎』（佐治芳彦・新國民社）
『断家譜』（続群書類従完成会）
『加藤清正のすべて』（安藤英男・新人物往来社）
『諸家知譜拙記』（続群書類従完成会）
『三百藩家臣人名事典』（新人物往来社）
『真田一族のすべて』（別冊『歴史読本』一族シリーズ）
『特集 戦国真田太平記』（『歴史読本』昭和六十年五月号・新人物往来社）

『真田一族と家臣団・その系譜を探る』（田中誠三郎・信濃路）
『日本武将列伝』（桑田忠親・秋田書店）
『鹿児島県姓氏家系大辞典』（角川書店）
『意外史　忠臣蔵』（飯尾精・新人物往来社）
『徳川家康　その重くて遠き道』（別冊『歴史読本』新人物往来社）
『徳川将軍家血族総覧』（別冊『歴史読本』新人物往来社）
『徳川慶喜　幕末の群像と最後の将軍の野望』（ビッグマンスペシャル・世界文化社）
『歴史群像』（一九九四年八月号№14・学習研究社）
『最後の殿様徳川義親自伝』（徳川義親・講談社）
『徳川一族将軍家への挑戦』（別冊『歴史読本』新人物往来社）
『日本の名家』（読売新聞編集部編・読売新聞社）
『徳川諸家系譜』（続群書類従完成会）
『徳川家康は二人だった』（八切止夫・番町書房）
『消された一族　清和源氏新田支流・世良田氏』（清水昇・あさを社）
『清和源氏新田堀江家の歴史』（奥富敬之・高文堂出版社）
『特集　徳川家康の一族』（『歴史読本』昭和五十八年六月号・新人物往来社）
『特集　徳川家康と十三人の息子』（『歴史読本』一九九三年十月号・新人物往来社）
『特集　徳川御三家のすべて』（『歴史読本』昭和六十一年五月号・新人物往来社）
『特集　徳川将軍家の謎』（『歴史読本』昭和六十年六月号・新人物往来社）
『特集　家康・秀忠・家光徳川将軍家の野望』（『歴史読本』昭和六十一年十一月号・新人物往来社）
『特集　怒涛の三代将軍徳川家光』（『歴史読本』昭和六十二年新春号・新人物往来社）
『清和源氏七四〇氏族系図』（千葉琢穂編・展望社）
『徳川慶喜家にようこそ』（徳川慶朝・集英社）
『戦う将軍　徳川慶喜』（『歴史読本』一九九八年二月号・新人物往来社）
『影武者　徳川家康』（隆慶一郎・新潮社）

『清和源氏の全家系⑥新田諸族と戦国争乱』（奥富敬之・新人物往来社）
『特集 徳川御三家の野望』（『歴史読本』一九八九年五月号・新人物往来社）
『特集 武門の棟梁征夷大将軍』（『歴史と旅』昭和五十八年十月号・秋田書店）
『特集 武門源氏の系譜と姓氏』（『歴史と旅』昭和五十五年四月号・秋田書店）
『特集 家康覇王への道』（『歴史読本』臨時増刊・一九八三年三月・新人物往来社）
『征夷大将軍系譜総覧（『歴史読本』臨時増刊・一九七九年六月・新人物往来社）』
『徳川十五代将軍家謎の血族事件』（『歴史読本』一九九六年六月号・新人物往来社）
『天下人の血脈 源氏将軍の謎と系譜』（『歴史読本』一九九六年五月号・新人物往来社）
『特集 清和源氏の名族』（『歴史と旅』平成八年一月号・秋田書店）
『徳川三〇〇藩血族総覧』（別冊『歴史読本』新人物往来社）
『戦国武将二〇七傑』（別冊『歴史読本』愛蔵保存版・新人物往来社）
『宮廷公家系図集覧』（近藤敏喬・東京堂出版）
『天皇家から出た名族』（『歴史と旅』臨時増刊・平成七年一月・秋田書店）
『天皇家と日本の名族』（別冊『歴史読本』新人物往来社）
『家系の歴史』（中沢茎夫・雄山閣）
『現代家系論』（本田靖春・文芸春秋）
『明智光秀』（桑田忠親・新人物往来社）
『明智光秀野望！本能寺の変』（別冊『歴史読本』一九八九年十一月号・新人物往来社）
『復刻版・皇胤志』（日本歴史研究所）（国立国会図書館蔵）

あとがき

歴史は何度かの大きなうねりを伴いながら永い時を流れて行く。わが国の歴史においても同様である。平安な時代と動乱の時代。自分が生きるなら平安な時代を望み、興味を持って歴史を眺めるなら動乱の時代こそ面白い。前著『南朝興亡史』では南北朝の動乱の時代にスポットをあてた。今回は戦国時代にスポットをあて、三家の系譜を眺めながら、織田、豊臣の興亡の歴史を追跡した。

家康の関ヶ原と大坂の陣（夏・冬）での勝利により天下家としての両家の歴史は終わった。以後両家が天下家に復帰することはなかった。

尾張織田家の傍系中の傍系勝幡織田家（弾正忠家）より興った信長の織田家、闇の中から出現した秀吉の羽柴・豊臣家。この両家は一度は天下に覇を唱え、一大光彩を放った。

両家は信長・秀吉という巨星を失うと急速に衰えていった。大名の家が組織ではなく、当主の力量に左右された戦国時代では仕方がないことであった。両家が天下に覇を唱えたのは信長・秀吉という当時としてはスバ抜けた頭脳の持ち主を当主に戴いたことによる。

さらに云えば、豊臣家の場合は、信長という存在がなければ、はたして歴史上に登場したかも疑問である。それは豊臣家ばかりでなく、前田家や池田家などにも云える。柴田勝家や滝川一益あるいは明智光秀にも云える。彼らは信長の家臣でありながら、地方の大名に匹敵する力を持つことができた。このまま信長の天下統一が完成していたら、大大名になっていただろう。しかし、明智光秀の謀叛により信長の天下は瓦壊した。しかし、織田帝国は一部失ったが、即座に崩壊することなく、存続した。

光秀は織田帝国の横領には失敗し、秀吉を中核とした織田軍団と山崎で戦い、滅亡した。

天下を奪回した織田軍団は三法師（秀信）を擁立して、織田帝国を再興するかにみえたが、巧みな秀吉の工作により天下人の地位を失うこととなる（宿老筆頭柴田勝家の無策による）。

織田家中の大部分の根回しに成功した秀吉は、賤ヶ岳で柴田軍を破り、織田政権の事実上の後継者としての地位を確かなものにした。

賤ヶ岳の勝利により朝廷にも信長の後継者であることを認めさせ、官位を得て名実ともに地保を固めていった。この過程で養子の秀勝が生きてくる。当時秀吉の嫡男で信長の実子であった秀勝を巧く利用している。平安時代より武士は家系を大切にする。秀勝の存在は連珠の捨て石の如く効いていた。織田信雄も北畠家を継いでいたし、信孝も神戸家を継いでいた。それでも清洲会議の時には織田家の継承権を主張していた。織田家当主の地位は三法師に与えた秀吉も、天下人の位まで与えるつもりはなく、秀勝を信長の法要の喪主とすることで、羽柴家も天下人の継承権があることを宣伝したのである。信長の生前、子供をなす可能性が残っているのに信長の子供を養子に迎えた秀吉の慧眼には驚かされる。

成り上がりの秀吉には系図研究の価値はないと思われがちだが、姻族（婚姻および養子縁組）・女系まで見れば、なかなかどうして一考の価値はある。晩年まで男系のなかった秀吉は姻族と女系により疑似一門を形成している。そこに羽柴・豊臣政権成立の秘密がある。

また、信長の家系であるが、各資料や先学の研究結果を突きあわせていくと、傍系の出身であることは否定されないが、それほど低い家格でないことが明らかになった。これは宝賀寿男氏（日本家系図学会会員、元大蔵官僚、富山県副知事）の研究による所が大である（『旅とルーツ』参照）。その結果『武功夜話』の織田系図には矛盾があることも明らかとなった。

織田家が平家落胤であることは明確に否定された。ただし、織田系図は完全に復元することはできなかった。これは古岩倉家が完全に抹殺されていたことと、清洲織田家の系譜が混乱していたことによる。一応、複合推定系図という形でまとめておいた。公開された資料での比較考証という手法では限界があるので、完全解明には専門家の研究成果に期待したい。

織豊時代に終止符を打った徳川家康の系譜についても触れておいた。徳川家の系図も改竄されているので難しいが、各系図を比較すると、系図上にその矛盾点が明らかとなる。じっくり比較すれば、噛み合わない部分が出現するので、古い部分と新しい部分だけが各資料共通して裏付けられるキセル系図であることがわかる。つまり中間部分を改竄し、都合の良いように書き換えているのである。これにより新田末裔系図は完全に否定されたのである。

となれば本姓は何かということになるが、在原末裔説と加茂氏末裔説が浮上してくる。家紋の葵の紋からは加茂神社との関連も伺わせるので加茂氏末裔説が有力か？

宝賀氏が『古代氏族系譜集成』で示した系図によれば、松平氏は在原氏末裔で、姻族関係により加茂氏より親氏を養子に迎えたという説と、別説加茂氏系図により松平太郎左衛門（信重）が加茂氏末裔で世良田左京亮の息子の親氏を養子としたという説を紹介しているが、世田良氏（実名不記載）を書き込んでいるのは新田との関連を示唆しようという意図を感じるのでにわかには受け入れがたい。在原末裔の松平信重が姻族関係により、加茂氏より養子に迎えたと考える方が納得できる。

ただし、親氏を加茂氏の出身としながら、泰親を親氏の相婿（義弟）で世良田氏の出身とする点については疑問を感じる。加茂氏系図によれば、泰親も親氏の実弟で兄弟で松平氏の娘婿になったとする見方もあるので、そちらの方か妥当のような気がする。但し、親氏以前の数代は各種系図では確認できなかったので（在氏から親氏に至る間）一応宝賀説に従っておく（家系上は在原氏で親氏は加茂氏末裔）。

そうはいっても信光に至る部分でも異説があって正系は定かでないので、三河加茂神社領内の土豪が信光の代に伊勢氏などと結び、近隣を征服して松平氏の地保を固め、数代を経て家康に至り三河一国を統一して戦国大名への道を歩んだ、と考えるのが最も妥当な線かもしれない。信州から三河および尾張津島に至るルートには後南朝伝承もある（大橋・祖父江系図）ので、その辺から世田良氏の伝承も取り入れたのかもしれない。

こうして一年かけて整理しなおしてみると、三英傑の系図は桑田忠親氏が『日本武将列伝』に掲載しているものとは、古い部分に関して一致しないことが明確となった。もちろん、それ以前から疑問は感じていたが、手持ちの資料を充分に検討する時間がなかったのでそのままになっていた。この間、世間では『武将列伝』に類する系図が多くの書籍、雑誌に掲載され定説化してしまっている。

一方、太田亮（『姓氏家系大辞典』の編著者）氏の研究成果も一部の研究家やマニアを別にすれば、それほど高い評価は受けていない。また、宝賀寿男氏の『古代氏族系譜集成』も自費出版で、一般の書籍流通ルートには乗っていないので、一部の研究家やマニアしか知らない。かくいう筆者も日本家系図学会の会員だったので、その存在を知ることができたのである。『古代氏族系譜集成』については、鈴木真年の研究の丸写しと酷評する人もいるが（筆者が『南朝興亡史』で『古代氏族系譜集成』の系図の一部を紹介したのに対し同書を批判する手紙を頂いた）、筆者（早瀬）はそうは思わない。鈴木真年の研究がベースになってはいるが、他の資料も加味して解説もされ、氏の見解も添えられているので、それはまさに酷評であると思う。元近藤出版社社長の近藤安太郎氏のように評価し、自著の中で紹介している人もいるのである（『系図研究の基礎知識』）。

前書きでも述べたが、日本には偽系図が多いため、系図に対する歴史学界での評価は低い。欧州の王国のように紋章院とか貴族協会などの組織が系譜や家紋を管理したり、中国・朝鮮のように族譜という形で同族系譜が管理されるということがなかったわが国では、偽系図を作ることが容易であったからである。しかも、祭司権や財産権だけでなく、家名も継承する養子制度と、氏と名字（苗字）という二重構造は、より複雑な改竄を可能にした。

このような系図ではあるが、いくつかの系図集を重ねあわせると、筆者のような在野の研究者でも矛盾点を見つけ出すことができる。本書で紹介した織田系図や松平系図などはその好例であろう。ましてや充分な資料が入手可能で分析スタッフも抱えた学者が真摯に系譜研究に取り組めば、もっと成果があがり、偽系図（公開されている系図）は整理されるのではないだろうか？

本書の構想は前著脱稿後にはじまった。以前作った小冊子や手持ちの系図集を引っ張り出し、あるいは歴史雑誌を引っ繰り返して関係部分を探し、図書館で参考資料を複写したり、友人に頼んで史跡を案内してもらったり、地元の研究家の方に教授を賜りある程度の資料を集め、平成八年一月五日より執筆をはじめ、執筆後に入手した資料も随時加え、勤めのかたわら、約一年がかりで完成した。

途中で、『武功夜話』における織田系図に関する記述矛盾から墨俣一夜城に関しても疑問を抱くに至り、『信長公記』を読み返してみると、秀吉が一夜城を築く以前に墨俣に砦があったことが判明した。さらに他の本によると、秀吉は墨俣築城以前からそれなりの地位にあり、添え状を発給していることも判明した。筆者は系図資料の収集を専らとし、歴史研究が趣味ではなかったので、恥ずかしながら通説俗説どおり墨俣の功績が藤吉郎出世の端緒と思っていたのである。

この問題については、さらに父親の関係で扶桑町文化財保護委員の勝村公（かつむらただし）氏の知遇を得て、同氏が信長の尾張北部併合や美濃攻略史について研究されていることを知り、多方面にわたってご教示いただいた。その結果、伏屋城（砦）の存在を知り、同氏に現地をご案内いただくこととなり、それがきっかけで岐南町図書館の小島誠治氏（岐南町社会教育指導員）からもご教示と資料提供を受けることとなった。そのような次第で、当初の構想にはなかった美濃攻略と川並衆についての論考を付論として追加することになった。

小島氏から提供された「木曾川流路図（木曾八流図）」は、いわゆる一夜城の構築は、伏屋なら問題はないが、墨俣では材木を流して現地に集めることが不可能であることを示していた。木曾川の流れは現在と大いに異なり、とくに天正十四年以前の木曾川は現在より遥か北を流れていた。境川を経由して長良川に合流するが、墨俣ではなく、墨俣のやや下流で合流していたのである。この点からも『武功夜話』には疑問があり、伏屋のことに言及した次第である。『武功夜話』の系図の記述矛盾に気が付かなければ、墨俣一夜城伝説をそのまま信用していたところであった。なお、「伏屋一夜城」については、勝村氏が『郷土文化』で論考を発表されているので、詳細はそちらを参考にされたい。

民衆出身とされる秀吉の系譜も、実はそれほど単純でなく複雑怪奇である。『塩尻』系図と桜井系図を裏付ける形で追跡した結果、秀吉がたんなる百姓夫婦の子供でないことが明らかとなった。母の家系は一大ネットワークを形成しており、秀吉の妻北政所もそのネットワーク上に存在したのである。そして秀吉の直系こそ消えたが、豊臣家の系統が存続していることも明らかになった（桜井系図がおおいに参考になった）。また、家康の系譜が新田末裔であることは、完全に否定された。もちろん、それが家康その人を否定するものではないことは言うまでもない。

すでに先人の手垢のついた三英傑の家系譜考であるが、このような形で総合的にまとめなおすことで今後の研究の一助となれば著者望外の喜びである。

末尾になったが、本書執筆に当たり引用させて頂いた文献の著者各位、取材に同行していただいた浅田昌宏氏、快く資料をご提供下さった扶桑町文化財保護委員の勝村公氏、および岐南町図書館の小島誠治氏に、この場を借りて厚くお礼を申し上げる次第である。

なお、諸般の事情により篋底（きょうてい）に眠っていた本書も、ようやく武田崇元氏のご尽力で、「今日の話題社」より刊行の運びとなった。脱稿から三年を要し、ご協力いただいた方々に対して、心苦しい思いであったが、ようやく解放される思いである。

平成十三年四月十日

早瀬　晴夫

[著者略歴]
早瀬 晴夫（はやせ はるお）
昭和30年、愛知県生まれ。会社勤務のかたわら、独学で系図学を学ぶ。論文「前野長康一族と前野氏系図」（『旅とルーツ』日本家系図学会、芳文館出版）、「前野長康と坪内・前野氏系図」（『在野史論』第八集、歴史研究会、新人物往来社）などで、家系研究家としての地歩を確立しつつある。著書に『南朝興亡史（後南朝と熊沢家略記）』がある。
日本家系図学会理事、同扶桑支部長、歴史研究会会員。
480-0103　愛知県丹羽郡扶桑町大字柏森字丙寺裏16-8

織豊興亡史——三英傑家系譜考——

2001年7月10日　初版第１刷発行
2004年3月30日　初版第２刷発行

著　者　早瀬晴夫

装　幀　関原直子

発行者　高橋秀和

発行所　今日の話題社
東京都品川区上大崎2-13-35ニューフジビル2F
TEL03-3442-9205 FAX03-3444-9439

印刷・製本　あかつきBP株式会社

ISBN4-87565-508-8 C1021